JN146156

民事訴訟法講義案

(三訂版)

は　し　が　き

　本教材は，当研修所研修生が民事訴訟実務を理解するのに必要な理論的事項を取り上げ，併せて，実務的な観点も踏まえて解説をしたものである。その意味では，本書は，裁判所書記官が実務の傍ら根拠等を確認する際のハンドブックとしても利用できると思われる。本教材では，平成10年までの最高裁判例（判例解説は平成7年度分）を取り上げて解説した。
　新しい民事訴訟法についての解説書が未だ十分に出揃っておらず，また，実務においてもよりよい民事訴訟実務慣行の確立に向けて動いている時期に作成したものであるため，本書には未だ不十分な点が少なくないと思われるが，今後なお研究の上，完成を期することとしたい。
　　　平成11年3月

　　　　　　　　　　　　　　　　　　　　　　　　　　　裁　判　所　書　記　官　研　修　所

　本教材は，当研修所養成部研修用として平成11年3月刊行したものに，民法の一部を改正する法律（平成11年法律第149号［成年後見制度］），任意後見契約に関する法律（同第150号），民事訴訟法の一部を改正する法律（平成13年法律第96号［文書提出命令関係］）等の施行に伴う修正を加え，更に加筆補正を行ったものである。
　　　平成14年2月

　　　　　　　　　　　　　　　　　　　　　　　　　　　裁　判　所　書　記　官　研　修　所

　上記加筆補正後，民事訴訟法等の一部を改正する法律（平成15年法律第108号［計画審理，提訴前証拠収集処分等］），人事訴訟法（同第109号），司法制度改革のための裁判所法等の一部を改正する法律（平成15年法律第128号）知的財産高等裁判所設置法（平成16年法律第119号），裁判所法等の一部を改正する法律（平成16年法律第120号），破産法（平成16年法律第75号）等が施行されたことに伴う修正を加え，裁判所職員総合研修所が創設されたことを機に従前の記述を全面的に見直して改訂版としたものである。本教材では，平成16年7月までの最高裁判例（判例解説は平成13年度分）を取り上げて解説した。
　なお，従前付していた参照文献リストについては，膨大なものとなったので今回の改訂に際し割愛することとした。
　　　平成17年3月

　　　　　　　　　　　　　　　　　　　　　　　　　　　裁　判　所　職　員　総　合　研　修　所

　上記改訂後，民法の一部を改正する法律（平成16年法律第147号），会社法（平成17年法律第86号）等が施行されたことに伴う修正と補正を加えた。
　　　平成19年3月

　　　　　　　　　　　　　　　　　　　　　　　　　　　裁　判　所　職　員　総　合　研　修　所

は し が き

　上記修正補正後，犯罪被害者等の権利利益の保護を図るための刑事訴訟法等の一部を改正する法律（平成19年法律第95号）が施行されたこと等に伴う修正を加えた。
　　　平成21年2月
　　　　　　　　　　　　　　　　　　　　　　　　　　　裁 判 所 職 員 総 合 研 修 所

　上記改訂後，民事訴訟法第132の10第1項に規定する電子情報処理組織を用いて取り扱う督促手続に関する規則の一部を改正する規則（平成21年最高裁判所規則第9号）が施行されたこと等に伴う修正を加え，更に加筆補正を行ったものである。
　　　平成22年3月
　　　　　　　　　　　　　　　　　　　　　　　　　　　裁 判 所 職 員 総 合 研 修 所

　上記修正補正後，外国等に対する我が国の民事裁判権に関する法律（平成21年法律第24号），民事訴訟法及び民事保全法の一部を改正する法律（平成23年法律第36号），家事事件手続法（平成23年法律第52号），非訟事件手続法（平成23年法律第51号），民事訴訟規則の一部を改正する規則（平成27年最高裁判所規則第6号）等が施行されたことに伴う修正を加え，平成27年2月までの最高裁判例（判例解説は平成22年度分）を取り上げて解説するなどして，更に加筆補正を行ったものである。
　　　平成28年3月
　　　　　　　　　　　　　　　　　　　　　　　　　　　裁 判 所 職 員 総 合 研 修 所

凡　　例

1　法　　令
下記2法令については，下に記すとおり略語を用い，その他の法令については正式名を用いた。

　　　　［略　語］　　　　　［正式名］
　　　　　法　　　　→　　民事訴訟法
　　　　　規　則　　→　　民事訴訟規則

2　判　　例
(1)　判例の引用に当たっては，原則として，民事判例集登載の最高裁判決に限定した。末尾の［　］内の数字は，参照すべき最高裁判所判例解説・民事篇の解説番号である。

　　　　　最二小判昭41.3.18民集20－3－464［23］
　　　　　　　→最高裁判所第二小法廷昭和41年3月18日判決
　　　　　　　　最高裁判所民事判例集20巻3号464頁所収
　　　　　　　　最高裁判所判例解説昭和41年度解説番号23所収

　なお，最大判昭……とあるときは，最高裁判所大法廷判決の意である。

(2)　例外的に，最高裁判所民事判例集登載判例以外の判例を引用する場合には，次の例による。

　　　　　大判大13.3.3民集3－105
　　　　　　　→大審院大正13年3月3日判決
　　　　　　　　大審院民事判例集3巻105頁所収

　なお，大民連中間判……とあるときは，大審院民事連合部中間判決の意である。

　　　　　最一小判昭57.12.2集民137－573
　　　　　　　→最高裁判所第一小法廷昭和57年12月2日判決
　　　　　　　　最高裁判所裁判集（民事）137号573頁所収

　　　　　最三小判昭37.2.13判時292－18
　　　　　　　→最高裁判所第三小法廷昭和37年2月13日判決
　　　　　　　　判例時報292号18頁所収

　　　　　最三小判平8.5.28判タ910－268
　　　　　　　→最高裁判所第三小法廷平成8年5月28日判決
　　　　　　　　判例タイムズ910号268頁所収

　　　　　広島高判昭31.12.8下民集7－12－3699
　　　　　　　→広島高等裁判所昭和31年12月8日判決
　　　　　　　　下級裁判所民事裁判例集7巻12号3699頁所収

　　　　　仙台高判昭39.5.27訟月10－7－940
　　　　　　　→仙台高等裁判所昭和39年5月27日判決
　　　　　　　　訟務月報10巻7号940頁所収

目　次

第1章　民事訴訟法

第1　民事訴訟法……………………………………………………………………………… 1
　1　意義　1
　2　民事紛争における民事訴訟の位置付け　1
　　(1)　自主的紛争解決方法
　　(2)　中間的紛争解決方法
　　(3)　強制的紛争解決方法
　3　裁判による解決　2
　　(1)　訴額・特色等による裁判所（裁判手続）の選択
　　(2)　本案訴訟と民事保全手続及び強制執行手続との関係
　4　民事訴訟法の特質──実体法との連動と手続法としての固有の要請　4
　　(1)　実体法との関係
　　(2)　手続法固有の要請
　　(3)　学習上の視点
　5　民事訴訟法の沿革　5
　6　民事訴訟法と民事訴訟規則　7
　7　民事訴訟法の特色──訴訟機能の充実・司法サービスの観点から　7
　　(1)　集中審理
　　　ア　争点整理手続の整備と多様化，イ　訴訟資料の充実，ウ　裁判所の積極的関与，エ　当事者による主体的手続形成
　　(2)　裁判所間の機能分担
　　　ア　簡易裁判所の機能強化，イ　最高裁判所の機能強化
　　(3)　裁判官と裁判所書記官との機能分担
　　　ア　裁判所書記官の権限拡充，イ　裁判官と裁判所書記官との連携協働関係の緊密化
第2　第一審判決手続の基本的な流れと本書の構成………………………………………10
　1　訴えの提起～訴訟の開始　10
　2　訴訟の審理～口頭弁論（争点整理手続）・証拠調べ　11
　　(1)　手続の概要
　　(2)　審理の内容
　3　判決　12
第3　民事訴訟法と書記官事務………………………………………………………………13
　1　裁判所書記官の一般的職務　13
　　(1)　事件に関する記録その他の書類の作成及び保管
　　(2)　法律において定める事務

目　　次

　　　(3)　調査事務
　２　民事訴訟と書記官事務　　14
　　　(1)　第１ステージ（訴状の受理から第１回口頭弁論期日まで）
　　　(2)　第２ステージ（第１回口頭弁論期日後から争点整理手続の終結，期日間準備）
　　　(3)　第３ステージ（集中証拠調べ期日の準備と実施）
　　　(4)　第４ステージ（終局に関する事務）
　３　裁判官と書記官との協働的訴訟運営　　20
　４　小括　　20

第２章　裁　判　所

第１　裁判所の意義……………………………………………………………………22
第２　主たる構成員……………………………………………………………………22
　１　裁判官　　22
　２　裁判所書記官　　22
　３　裁判所速記官　　22
第３　裁判機関の構成…………………………………………………………………23
　１　種類──合議制と単独制　　23
　２　大規模訴訟の特則　　23
　３　特許権等に関する訴訟の特則　　23
　４　受命裁判官・受託裁判官　　23
第４　裁判所職員の除斥，忌避及び回避……………………………………………24
　１　意義　　24
　２　裁判官　　24
　　　(1)　除斥
　　　(2)　忌避
　　　(3)　回避
　３　裁判所書記官　　25
第５　民事裁判権………………………………………………………………………25
　１　意義　　25
　２　範囲　　25
　３　裁判権の欠缺　　26
第６　管轄……………………………………………………………………………26
　１　意義　　26
　２　職分管轄　　27
　３　事物管轄　　27
　４　土地管轄　　28
　　　(1)　意義

目　　次

　　(2) 裁判籍
　　　　ア　意義，イ　普通裁判籍，ウ　特別裁判籍
　5　指定管轄　　　29
　6　合意管轄　　　30
　　(1) 意義
　　(2) 要件
　　(3) 態様
　　(4) 効力
　7　応訴管轄　　　31
　8　専属管轄　　　32
　　(1) 意義
　　(2) 範囲
　　(3) 効果
　　(4) 特許権等に関する訴訟についての管轄
　9　管轄権の調査　　　33
　　(1) 原則
　　(2) 調査の範囲
　　(3) 調査の時期
　　(4) 調査の標準となる時点
　　(5) 調査の結果
第7　訴訟の移送……………………………………………………………34
　1　意義　　　34
　2　移送原因　　　34
　　(1) 管轄違いに基づく移送
　　　　ア　趣旨，イ　適用範囲，ウ　地方裁判所による簡易裁判所事件の自庁処理
　　(2) 遅滞回避・衡平確保のための移送
　　　　ア　趣旨，イ　移送要件の緩和と考慮要因
　　(3) 当事者の合意に基づく必要的移送
　　(4) 簡易裁判所から地方裁判所への移送
　　(5) 特許権等に関する訴訟についての裁量移送
　3　移送の裁判とその効果　　　37
第8　共助……………………………………………………………………39
　1　意義　　　39
　2　国内共助　　　39
　　(1) 裁判所間の共助
　　(2) 裁判所書記官の間の共助
　　(3) 他官庁との間の共助
　3　国際共助　　　39

目　　次

第3章　当　事　者

第1　当事者の意義……………………………………………………………………40
　1　意義　40
　2　当事者の確定　40
　　(1)　確定の必要性
　　(2)　確定の基準
　　(3)　当事者の同一性の調査
　　(4)　表示の訂正と任意的当事者変更
第2　当事者能力………………………………………………………………………42
　1　意義　42
　2　当事者能力を有する者　42
　　(1)　民法上の権利能力者
　　(2)　法人でない社団又は財団で，代表者又は管理人の定めのあるもの
　3　当事者能力の訴訟上の効果　44
第3　訴訟能力…………………………………………………………………………44
　1　意義　44
　2　訴訟能力の基準　44
　3　訴訟無能力者及び制限訴訟能力者　45
　　(1)　未成年者及び成年被後見人
　　(2)　被保佐人及び被補助人
　　(3)　人事訴訟における訴訟能力
　4　訴訟能力の調査　46
　　(1)　総説
　　(2)　訴訟能力を欠く場合
　　　　ア　追認，イ　補正，ウ　訴訟能力の欠缺が訴訟に及ぼす影響
第4　弁論能力…………………………………………………………………………47
第5　代理人……………………………………………………………………………47
　1　代理制度の必要性　47
　2　意義　48
　3　代理権　48
　4　代理人の種類及び地位　48
　　(1)　法定代理人
　　　　ア　意義，イ　代理権の範囲，ウ　法定代理人の地位の特異性
　　(2)　任意代理人
　　　　ア　意義，イ　代理権の授与，ウ　代理権の範囲，エ　訴訟代理人の地位
第6　補佐人……………………………………………………………………………51

1　意義　51
2　要件　51
3　補佐人の地位　51

第4章　訴えの提起

第1　訴えと請求……………………………………………………………………52
　1　訴えの意義　52
　　(1)　第一審訴訟手続の開始
　　(2)　訴訟主題の提示
　2　訴えの種類　53
　　(1)　給付の訴え
　　(2)　確認の訴え
　　(3)　形成の訴え
　3　訴訟上の請求（狭義）　56
　　(1)　意義
　　(2)　訴えと訴訟上の請求との関係
　　(3)　請求の単一性（個数）
　　(4)　請求の同一性
　　(5)　請求の特定と訴訟物（請求の特定識別・単複異同の決定基準）
　　　　ア　請求の特定の必要性，イ　訴訟物の意義，ウ　旧訴訟物理論（実体法説），エ　新訴訟物理論（訴訟法説），オ　小括
　　(6)　請求の特定の形式と法的性質決定
　　(7)　請求の特定の方法
　　(8)　請求の特定要素
　　　　ア　物権，イ　債権，ウ　担保物権，エ　物権的請求権，オ　形成権
第2　処分権主義……………………………………………………………………61
　1　総説　61
　2　訴訟過程における処分権主義の発現　62
　　(1)　訴訟の開始
　　(2)　審判対象の特定提示（審判範囲の限界設定）
　　(3)　訴訟の終了
　3　処分権主義の排除　62
第3　申立事項と判決事項…………………………………………………………63
　1　趣旨・機能　63
　2　申立事項の質的範囲と量的範囲　63
　3　一部請求と判決確定後の残部請求　64
　　(1)　問題の所在

目　　次

　　(2)　訴訟物の範囲決定の観点からのアプローチ
　　(3)　既判力の正当化根拠からのアプローチ
　　(4)　判例理論（明示説）
　　(5)　後遺損害
　4　債務不存在確認　67
　　(1)　問題の所在
　　(2)　全部不存在確認請求の場合
　　(3)　債務の上限を明示する一部不存在確認請求の場合
　　(4)　債務の上限を明示しない一部不存在確認請求の場合
　　(5)　債務者の自認額についての既判力の肯否
第4　訴えの利益……………………………………………………………………69
　1　総説　69
　2　各種の訴えに共通する訴えの利益　69
　　(1)　請求が裁判所の処理に適する具体的な権利関係の存否の主張であること
　　(2)　法律上訴えの提起が禁止されていないこと
　　(3)　通常訴訟以外に特別に規定されている救済手続によるべきことと定められていないこと
　　(4)　当事者間に訴訟を利用しない旨の特約がないこと
　　(5)　その他訴えの提起を不必要又は不適法とする特別の事情がないこと
　3　給付の訴えの利益　70
　　(1)　現在の給付の訴え
　　(2)　将来の給付の訴え
　4　確認の利益　71
　　(1)　対象選択の適否
　　(2)　方法選択の適否
　　(3)　即時確定の利益
　5　形成の訴えの利益　75
第5　当事者適格……………………………………………………………………75
　1　意義　75
　2　正当な当事者――一般の場合　75
　　(1)　給付の訴え
　　(2)　確認の訴え
　　(3)　形成の訴え
　3　正当な当事者――第三者の訴訟担当　76
　　(1)　法定訴訟担当
　　　ア　担当者のための法定訴訟担当（管理処分権能の付与による訴訟担当），イ　権利義務の帰属主体のための法定訴訟担当（職務上の当事者）
　　(2)　任意的訴訟担当
第6　請求の複数……………………………………………………………………77

目　次

　　1　総説　77
　　2　訴えの併合（請求の客観的併合）　77
　　　(1)　意義と要件
　　　(2)　併合の態様
　　　　　ア　単純併合，イ　予備的併合，ウ　選択的併合
　　　(3)　併合訴訟の審判
　　　　　ア　併合要件の調査，イ　審理の共通，ウ　終局判決
　　3　訴えの変更　79
　　　(1)　意義
　　　(2)　態様
　　　(3)　要件
　　　　　ア　請求の基礎に変更がないこと，イ　著しく訴訟手続を遅滞させないこと，ウ　事実審の口頭弁論終結前であること，エ　訴えの併合の一般的要件を具備していること
　　　(4)　手続
　　　(5)　請求の拡張・減縮
　　4　反訴　82
　　　(1)　意義
　　　(2)　要件
　　　　　ア　反訴請求が本訴請求又はこれに対する防御方法と関連すること，イ　本訴が事実審に係属し，かつ口頭弁論終結前であること，ウ　著しく訴訟手続を遅滞させないこと，エ　反訴の目的である請求が他の裁判所の専属管轄に属しないこと，オ　反訴請求につき訴えの併合の一般的要件を具備していること
　　　(3)　手続
　　5　中間確認の訴え　83
　　　(1)　意義
　　　(2)　要件と手続
　第7　訴訟の開始手続……………………………………………………………………………………84
　　1　訴え提起の方式　84
　　2　訴状の記載事項　84
　　　(1)　必要的記載事項
　　　　　ア　当事者及び法定代理人の表示，イ　請求の趣旨，ウ　請求の原因
　　　(2)　準必要的記載事項
　　　(3)　請求原因という用語の多義性
　　3　訴状受理後の手続　87
　　　(1)　事件の分配
　　　(2)　訴状審査
　　　(3)　被告への送達
　　　(4)　口頭弁論期日の指定

目　　次

　　(5)　最初にすべき口頭弁論期日前の参考事項聴取
第8　訴え提起の効果……………………………………………………………………90
　1　訴訟係属　　90
　　(1)　意義
　　(2)　効果
　2　二重起訴の禁止（重複訴訟の禁止）　　90
　　(1)　意義
　　(2)　要件——事件の同一性
　　　ア　当事者の同一，イ　審判対象の同一
　　(3)　効果——二重起訴の取扱い
　3　実体法上の効果　　93
　　(1)　時効中断
　　　ア　根拠，イ　発生時期，ウ　範囲，エ　消滅
　　(2)　法律上の期間遵守
　　(3)　その他

第5章　訴訟の審理と進行

第1　序説………………………………………………………………………………95
　1　訴訟の審理　　95
　2　審理の基本構造——裁判所と当事者との作業分担　　95
第2　口頭弁論の意義と審理方式に関する諸原則……………………………………96
　1　口頭弁論の意義　　96
　　(1)　最広義の口頭弁論
　　(2)　広義の口頭弁論
　　(3)　狭義の口頭弁論
　　(4)　最狭義の口頭弁論
　2　口頭弁論における審理方式に関する諸原則　　97
　　(1)　公開主義
　　　ア　意義，イ　公開の停止
　　(2)　双方審尋主義
　　(3)　口頭主義
　　(4)　直接主義
　　　ア　弁論の更新，イ　受命・受託裁判官による証拠調べ
　　(5)　審理モデルとしての口頭弁論
　3　必要的口頭弁論の原則　　100
　　(1)　判決手続
　　(2)　決定手続

目　　次

第3　裁判所の訴訟指揮と手続の進行・弁論の整序……………………………………………102
　　1　総説　102
　　2　訴訟指揮権　102
　　　(1)　訴訟指揮権の主体
　　　(2)　訴訟指揮権の内容
　　　(3)　訴訟指揮権行使の形式
　　3　訴訟進行に関する当事者の関与　102
　　　(1)　職権進行主義からの帰結
　　　(2)　当事者に申立権を付与して裁判所に応答義務を生じさせる場合
　　　(3)　裁判所の訴訟指揮権が当事者の意思に拘束される場合
　　　(4)　裁判所の手続選択に際し当事者の意見聴取が必要とされる場合
　　4　責問権　104
　　　(1)　意義
　　　(2)　放棄・喪失の根拠
　　　(3)　放棄・喪失の対象となる瑕疵
　　　(4)　方式・態様
　　5　訴訟進行の時間的規制──期日・期間　104
　　　(1)　総説
　　　(2)　期日
　　　　ア　意義，イ　期日の指定，ウ　期日の呼出し，エ　期日の開始と終了，オ　期日の変更，延期及び続行
　　　(3)　期間
　　　　ア　意義，イ　種類，ウ　期間の計算，エ　期間の伸縮，付加期間
　　6　訴訟進行の確実性担保──送達　108
　　　(1)　意義
　　　(2)　送達機関
　　　　ア　送達事務取扱機関，イ　送達実施機関
　　　(3)　送達を要する書類の範囲とその方式
　　　　ア　副本送達によるもの，イ　謄本送達によるもの，ウ　正本送達によるもの，エ　原本送達によるもの
　　　(4)　送達受領者
　　　(5)　方法
　　　　ア　交付送達，イ　書留郵便に付する送達，ウ　公示送達
　　　(6)　送達報告書
　　　(7)　送達の瑕疵
　　　　ア　一般論，イ　個別問題
　　7　訴訟手続の停止　114
　　　(1)　総説

目　次

　　　(2)　中断
　　　　　ア　意義，イ　中断事由，ウ　中断しない場合，エ　中断の解消，オ　中断の効果
　　　(3)　中止
　　　　　ア　意義，イ　中止事由，ウ　中止の終了，エ　中止の効果
　　8　弁論の併合・分離・制限　　117
　　　(1)　弁論の併合
　　　(2)　弁論の分離
　　　(3)　弁論の制限
第4　裁判資料の収集…………………………………………………………………… 118
　　1　弁論主義の根拠　　118
　　2　弁論主義の内容　　119
　　　(1)　主張責任
　　　　　ア　主張責任の機能，イ　訴訟資料と証拠資料との峻別，ウ　主張共通の原則
　　　(2)　自白の拘束力
　　　(3)　職権証拠調べの禁止
　　3　弁論主義の適用をめぐる諸問題　　121
　　　(1)　対象事実の範囲
　　　　　ア　主要事実，間接事実，補助事実，イ　主要事実と間接事実の区別，ウ　不特定概念と主要事実
　　　(2)　事実主張の程度
　　　　　ア　事実主張の具体性，イ　主張事実と認定事実の同一性
　　　(3)　若干の具体的問題――主張の要否・欠缺と主張の解釈
　　　　　ア　代理，イ　過失相殺，ウ　所有権移転経過（所有権の主張立証の特質），エ　債権譲渡と原因行為，オ　手形法16条1項
　　4　釈明権（弁論主義の補充・修正と攻撃防御機会の実質化）　　128
　　　(1)　意義
　　　(2)　釈明権の行使
　　　(3)　釈明権の範囲
　　　(4)　釈明処分
　　5　職権探知主義　　130
　　　(1)　意義
　　　(2)　適用範囲
　　　(3)　職権調査
第5　口頭弁論における当事者の行為……………………………………………………… 132
　　1　本案の申立てと攻撃防御方法の提出　　132
　　　(1)　本案の申立て
　　　(2)　攻撃防御方法の提出
　　　　　ア　意義，イ　法律上の主張，ウ　事実上の主張，エ　相手方の主張に対する認否，オ　立

目　　次

　　　　証（証拠の申出）
　　2　訴訟行為　　134
　　(1)　概念
　　(2)　訴訟行為と私法規定
　　　　ア　序説，イ　行為能力に関する規定，ウ　表見法理，エ　意思表示に関する民法規定の適用，オ　付款
　　(3)　訴訟契約＝訴訟上の合意
　　　　ア　問題の所在，イ　一般的基準，ウ　訴訟上の合意の効果
　　(4)　形成権の訴訟上の行使
　　　　ア　問題の所在，イ　私法行為説（併存説），ウ　訴訟行為説，エ　新併存説
　　(5)　訴訟行為の瑕疵と治癒
　　　　ア　瑕疵の補正，イ　瑕疵の治癒
　　3　攻撃防御方法の提出時期　　138
　　(1)　口頭弁論の一体性
　　(2)　適時提出主義
　　(3)　攻撃防御方法の却下
第6　口頭弁論期日における当事者の欠席………………………………………………………140
　　1　当事者の欠席に対する手当ての必要性　　140
　　2　当事者の一方の欠席　　140
　　3　当事者双方の欠席　　141
　　4　審理の現状に基づく判決　　142
第7　口頭弁論調書と訴訟記録…………………………………………………………………142
　　1　口頭弁論調書　　142
　　(1)　調書の意義
　　(2)　調書の作成
　　(3)　調書の形式的記載事項
　　(4)　調書の実質的記載事項
　　(5)　供述録取事務と記録化
　　　　ア　要領調書と逐語調書，イ　録音テープ等の調書代用制度，ウ　調書省略，エ　供述録取方法の機能分化
　　(6)　調書の証明力
　　2　訴訟記録の閲覧・謄写　　147
　　(1)　訴訟記録の意義
　　(2)　当事者による訴訟記録の閲覧・謄写請求
　　(3)　第三者による訴訟記録の閲覧・謄写請求
　　(4)　秘密保護のための閲覧等制限
　　　　ア　意義，イ　手続
　　(5)　秘密保持命令と訴訟記録

目　　次

第8　口頭弁論の準備……………………………………………………………… 150
　1　準備の必要性　　150
　2　準備書面　　150
　　(1)　意義
　　(2)　準備書面の記載事項
　　(3)　準備書面の提出・送付
　　(4)　準備書面等の提出期間の裁定
　　(5)　準備書面の提出・不提出の効果
　　　　ア　不記載・不提出の効果，イ　記載・提出の効果
　3　提訴前証拠収集処分等　　153
　　(1)　制度趣旨
　　(2)　提訴予告通知
　　(3)　提訴前照会
　　　　ア　予告通知者の提訴前照会，イ　被予告者の提訴前照会，ウ　提訴前照会の期間限定
　　(4)　提訴前証拠収集処分
　　　　ア　要件，イ　処分，ウ　手続，エ　収集結果の利用
　4　当事者照会制度　　157
　　(1)　意義
　　(2)　要件
　　(3)　回答義務
　　(4)　除外事由
第9　争点及び証拠の整理手続……………………………………………………… 158
　1　総説　　158
　2　準備的口頭弁論　　160
　　(1)　意義
　　(2)　開始手続
　　(3)　実施場所
　　(4)　なし得る訴訟行為
　　(5)　準備的口頭弁論の終了
　　(6)　準備的口頭弁論終了の効果
　3　弁論準備手続　　162
　　(1)　意義
　　(2)　開始手続
　　(3)　実施場所――当事者の立会権と関係者公開
　　(4)　なし得る訴訟行為
　　(5)　弁論準備手続の終結
　　(6)　弁論準備手続終結の効果
　4　書面による準備手続　　166

(1) 意義
　　(2) 開始手続
　　(3) 手続の主宰者
　　(4) 準備書面等の提出期間の必要的裁定
　　(5) 電話会議の方法による争点協議
　　(6) 手続の終結
　　(7) 要約書面陳述後又は証明すべき事実確認後の攻撃防御方法の提出
　5　進行協議期日　168
　　(1) 意義
　　(2) なし得る訴訟行為
　　(3) 電話会議装置の利用
第10　計画審理……………………………………………………………… 171
　1　計画審理の趣旨　171
　2　審理計画の策定義務と内容　171
　　(1) 審理計画を策定しなければならない事案
　　(2) 当事者との協議
　　(3) 審理計画を策定すべき時期
　　(4) 策定すべき審理計画の必要的事項と任意的事項
　　(5) 計画変更の柔軟性
　3　審理計画の効力　173
第11　専門委員制度………………………………………………………… 173
　1　専門的知見を必要とする事件と専門委員制度の意義　173
　2　専門委員　174
　3　専門委員が関与する類型と手続要件　174
　4　裁判所と専門委員の期日外アクセスと裁判所書記官の関与　176
第12　知的財産権訴訟における裁判所調査官の手続関与制度……………… 176
　1　知的財産権訴訟と裁判所調査官　176
　2　知的財産に関する事件における裁判所調査官の事務　176

第6章　証　　拠

第1　事実認定と証拠・証明………………………………………………… 178
　1　証拠の必要性　178
　2　証拠の意義　178
　　(1) 証拠方法，証拠資料，証拠原因
　　(2) 証拠能力，証拠力（証明力・証拠価値）
　　(3) 直接証拠，間接証拠
　3　証明の意義　179

目　　次

　　(1)　証明と疎明
　　(2)　厳格な証明と自由な証明
　　(3)　本証と反証
　4　証明の対象　　180
　　(1)　証明を要する事項
　　　　ア　事実，イ　法規・経験則
　　(2)　証明を要しない事項
　　　　ア　主張されていない事実，イ　当事者間に争いのない事実，ウ　顕著な事実
　5　裁判上の自白　　182
　　(1)　効力
　　　　ア　証明不要効，イ　審判排除効（対裁判所拘束力），ウ　撤回禁止効（対当事者拘束力）
　　(2)　撤回
　　　　ア　相手方の同意がある場合，イ　自白内容が真実に反し，かつ錯誤に基づく場合，ウ　刑事上罰すべき他人の行為によって自白がなされた場合
　　(3)　対象
　　　　ア　主要事実，イ　間接事実，ウ　補助事実，エ　公知の事実に反する自白，オ　権利自白
　6　擬制自白　　186
第2　証拠調べ通則……………………………………………………187
　1　証拠の申出　　187
　　(1)　申出の意義
　　(2)　申出の方法
　　(3)　申出の時期——争点整理手続・集中証拠調べとの関係
　　(4)　相手方の陳述機会の保障
　　(5)　申出の撤回
　2　証拠の採否　　188
　　(1)　採否の判断の裁量性
　　(2)　唯一の証拠方法
　　(3)　証拠決定
　　　　ア　意義，イ　証拠決定の要否，ウ　証拠決定の時期，エ　口頭弁論との関係
　3　証拠調べ期日　　191
　　(1)　証拠結合主義
　　(2)　期日の実施と当事者の立会
　　(3)　裁判所外での証拠調べ
第3　人証に関する証拠方法と証拠調べ手続……………………………192
　1　総説　　192
　2　証人尋問　　192
　　(1)　意義
　　(2)　証人適格

目　　次

　　(3)　証人義務

　　　　ア　出頭義務，イ　供述義務，ウ　宣誓義務

　　(4)　尋問手続

　　　　ア　申出，イ　呼出し・人定・宣誓，ウ　尋問の順序，エ　尋問の制限，オ　尋問実施方法

　3　付添い，遮へいの措置，ビデオリンク方式による尋問　　199

　　(1)　制度の趣旨等

　　(2)　付添い

　　(3)　遮へいの措置

　　(4)　ビデオリンク方式による尋問

　4　当事者尋問　　203

　　(1)　意義

　　(2)　被尋問者

　　(3)　補充性の緩和

　　(4)　証拠方法として尋問に応ずる義務

　　(5)　尋問手続

　5　大規模訴訟に係る証人等尋問の特則　　204

　6　鑑定　　204

　　(1)　意義

　　(2)　鑑定人適格

　　(3)　鑑定義務

　　(4)　鑑定手続

　　　　ア　開始，イ　手続，ウ　鑑定人の忌避，エ　鑑定の嘱託

　7　証拠調べとしての審尋（参考人，当事者本人）　　206

第4　物証に関する証拠方法と証拠調べ手続……………………………………………207

　1　総説　　207

　2　書証　　207

　　(1)　意義

　　(2)　文書の意義・種類

　　　　ア　文書の意義，イ　種類

　　(3)　文書の証拠能力

　　(4)　文書の証拠力

　　　　ア　形式的証拠力，イ　実質的証拠力

　　(5)　書証手続

　　　　ア　開始，イ　証拠調べ手続

　　(6)　文書提出命令

　　　　ア　文書提出義務，イ　申立て，ウ　審理，エ　文書提出命令の申立てに対する裁判，オ　文書不提出の効果

　　(7)　文書送付嘱託

目　次

　　(8)　文書提出命令，文書送付嘱託及び文書提示の申立てと目録の記載
　3　検証　225
　　(1)　意義
　　(2)　検証受忍義務
　　(3)　検証手続
　4　公証人による私署証書に対する宣誓認証制度　　226
第5　調査嘱託……………………………………………………………………………226
第6　証拠保全……………………………………………………………………………226
　1　意義　226
　2　証拠保全手続　227
　　(1)　申立て
　　(2)　管轄裁判所
　　(3)　審理
　　(4)　手続
　　(5)　事後の手続との関係
第7　自由心証主義………………………………………………………………………228
　1　意義　228
　2　内容　228
　　(1)　証拠方法の無制限
　　　ア　証拠調べの結果，イ　弁論の全趣旨
　　(2)　証拠力の自由評価
　　　ア　裁判上の自白との関係，イ　推定規定との関係，ウ　証明妨害に対する制裁規定との関係，エ　証拠共通の原則
　3　損害額についての証明度の軽減　　230
第8　証明責任……………………………………………………………………………231
　1　証明責任の意義　231
　2　民事訴訟の脊柱としての証明責任　　232
　　(1)　当事者の訴訟活動の指標としての証明責任
　　　ア　主張責任，証拠提出責任，イ　本証と反証
　　(2)　裁判所の訴訟指揮の指標としての証明責任
　　　ア　意義，イ　否認と抗弁，ウ　抗弁の種類・態様
　3　証明責任の分配基準　235
　　(1)　意義
　　(2)　法律要件分類説
　　　ア　一般論，イ　修正要因，ウ　具体例，エ　問題点1―履行不能の帰責事由，オ　問題点2―準消費貸借における旧債務，カ　問題点3―背信行為と認めるに足りない特段の事情
　4　証明責任の転換　240
　5　法律上の推定　240

(1) 意義
　(2) 法律上の事実推定
　　　ア　意義，イ　推定規定を利用する当事者の立証活動，ウ　相手方の防御活動，エ　具体例
　(3) 法律上の権利推定
　(4) 「推定」の用例
　　　ア　法定証拠法則，イ　解釈規定，ウ　暫定真実

第7章　裁判によらない訴訟の完結

第1　総説 ……………………………………………………………………………… 243
第2　訴えの取下げ …………………………………………………………………… 243
　1　意義　243
　2　要件　244
　3　手続　245
　4　効果　246
　　(1) 訴訟係属の遡及的消滅
　　(2) 再訴の禁止
　5　取下げの有無・効力についての審理　247
第3　請求の放棄・認諾 ……………………………………………………………… 247
　1　意義　247
　2　放棄・認諾の要件　247
　3　手続　249
　4　放棄・認諾の効果　249
　　(1) 訴訟終了効
　　(2) 執行力，形成力
　　(3) 既判力
第4　訴訟上の和解 …………………………………………………………………… 250
　1　意義　250
　2　訴訟上の和解の要件　251
　3　手続　251
　　(1) 時期・方法・場所
　　(2) 手続
　　　ア　期日出席の原則，イ　書面受諾和解，ウ　裁定和解
　4　訴訟上の和解の効果　253
　　(1) 訴訟終了効
　　(2) 執行力
　　(3) 既判力
　5　訴訟上の和解の瑕疵と救済方法　255

目　　次

6　和解の解除　　255
7　訴訟上の和解の性質論　　256

第8章　終局判決

第1　裁判の意義と種類……………………………………………………………… 258
　1　総説　　258
　2　裁判の意義　　258
　3　裁判の種類　　258
　　(1)　裁判機関（主体）の差異
　　(2)　審理方式・告知方法・不服申立方法（手続）の差異
　　(3)　裁判事項（対象）の差異
第2　判決の種類…………………………………………………………………… 260
　1　中間判決　　260
　　(1)　意義
　　(2)　中間判決事項
　　　ア　独立した攻撃防御方法，イ　中間の争い，ウ　請求の原因
　　(3)　中間判決の効力
　2　全部判決と一部判決　　261
　　(1)　意義
　　(2)　一部判決の許否
　3　裁判の脱漏と追加判決　　262
　4　本案判決と訴訟判決　　262
　　(1)　本案判決
　　(2)　訴訟判決
　5　訴訟要件　　262
　　(1)　意義
　　(2)　種類
　　(3)　訴訟要件の調査
　　　ア　調査の開始についての職権調査事項と抗弁事項，イ　判断資料収集についての職権探知と弁論主義
　　(4)　本案判決との関係
　　(5)　存否の判定時期
　　(6)　調査の結果
第3　判決の成立と確定…………………………………………………………… 265
　1　判決内容の確定　　265
　2　判決書（判決原本）の作成　　266
　3　判決の言渡し　　266

(1) 言渡し
　　　(2) 調書判決制度
　　4　判決の送達　　267
　　5　自己拘束力　　267
　　　(1) 意義
　　　(2) 判決の変更
　　　(3) 判決の更正
　　6　羈束力　　268
　　7　判決の確定　　269
　　　(1) 意義
　　　(2) 確定時期
　　　(3) 確定の範囲
　　　(4) 確定証明
　第4　終局判決に付随する裁判……………………………………………… 270
　　1　仮執行宣言　　270
　　　(1) 意義
　　　(2) 仮執行宣言の要件
　　　(3) 仮執行宣言の裁判
　　　(4) 仮執行宣言の効力
　　　(5) 仮執行宣言の失効
　　2　訴訟費用の裁判　　271
　　　(1) 訴訟費用
　　　(2) 訴訟費用負担の法則
　　　(3) 訴訟費用の裁判
　　　(4) 訴訟費用額確定手続
　　　(5) 訴訟費用の担保
　　　　　ア　意義，イ　担保取消し，ウ　他の法令への準用
　第5　既判力……………………………………………………………………… 274
　　1　意義　　274
　　2　既判力を有する裁判　　275
　　　(1) 確定した終局判決
　　　　　ア　本案判決，イ　訴訟判決
　　　(2) 決定・命令
　　　(3) 確定判決と同一の効力を認められる裁判，調書等
　　　(4) 外国裁判所の確定判決
　　3　既判力の作用　　276
　　　(1) 後訴に対する影響力
　　　(2) 消極的作用と積極的作用

目　　次

　　　　ア　意義，イ　後訴の訴訟物が前訴の訴訟物と同一の場合，ウ　前訴の訴訟物が後訴の訴訟物の先決問題となる場合，エ　後訴請求が前訴請求と矛盾関係にたつ場合
　　(3)　既判力の双面性
　4　既判力の時的限界——標準時（基準時）　278
　　(1)　標準時
　　(2)　口頭弁論終結時の意義
　　(3)　既判力の遮断効（失権効）
　5　既判力の物的限界——客観的範囲　280
　　(1)　意義
　　(2)　根拠
　　(3)　判決理由中の判断
　　(4)　例外：相殺の抗弁の判断
　　　　ア　根拠，イ　判断の順序，ウ　既判力の及ぶ範囲，エ　一部請求と相殺
　　(5)　責任なき債務と主文判断
　　　　ア　相続債務に関する給付訴訟と限定承認，イ　給付訴訟と不執行の合意，ウ　小括
　6　既判力の人的限界——主観的範囲　284
　　(1)　原則：当事者間における相対的紛争解決
　　(2)　例外：既判力の拡張の必要性と許容性
　　　　ア　訴訟担当の場合の利益帰属主体，イ　口頭弁論終結後の承継人，ウ　請求の目的物の所持人，エ　訴訟脱退者，オ　一般第三者への既判力の拡張
　7　定期金賠償確定判決変更の訴え　288
　　(1)　意義
　　(2)　変更判決の対象となる確定判決の範囲
　　　　ア　定期金賠償を命じた判決であること，イ　前訴の口頭弁論終結前に生じた損害についての判決であること
　　(3)　訴え及び変更判決の要件
　　　　ア　前訴の口頭弁論終結後に，後遺障害の程度，賃金水準その他の損害額の算定の基礎となった事情に著しい変更が生じたこと，イ　確定判決変更の訴え提起日以後に支払期限が到来する定期金に係る部分を対象とするものであること，ウ　第一審裁判所の専属管轄
　　(4)　訴え及び変更判決の性質
　　(5)　執行停止
　8　外国裁判所の確定判決の効力　290
　　(1)　意義
　　(2)　承認の要件
第6　執行力　………………………………………………………………………………291
　1　意義　291
　2　債務名義と執行文　291
　3　執行力の範囲　292

第7 形成力……………………………………………………………………………… 292
  1 意義　292
  2 形成力の範囲　292
   (1) 時間的範囲
   (2) 主観的範囲
第8 付随的効力…………………………………………………………………………… 293
  1 参加的効力　293
  2 訴権喪失効　293
  3 法律要件的効力　293
  4 反射効　293

第9章　多数当事者訴訟

第1 序説………………………………………………………………………………… 295
第2 共同訴訟…………………………………………………………………………… 295
  1 総説　295
   (1) 共同訴訟の制度目的と必要性
   (2) 共同訴訟の訴訟法的効果
    ア　審理の併合，イ　証拠共通・主張共通，ウ　訴訟進行の統一，エ　訴訟共同の強制
   (3) 共同訴訟の類型
  2 通常共同訴訟　298
   (1) 意義
   (2) 通常共同訴訟の審判
    ア　併合要件，イ　共同訴訟人独立の原則
  3 必要的共同訴訟　300
   (1) 意義
   (2) 固有必要的共同訴訟
    ア　他人間の法律関係の変動を生じさせる訴訟，イ　数人が共同してのみ管理処分すべき財産に関する訴訟
   (3) 類似必要的共同訴訟
    ア　意義，イ　共同訴訟参加
   (4) 必要的共同訴訟の審判
  4 共同所有関係紛争と共同訴訟　303
   (1) 問題の所在
   (2) 議論の状況
    ア　出発点—実体法的考慮，イ　修正要因—訴訟政策的考慮による共同訴訟強制の縮小化，ウ　反対説—訴訟政策判断優位による共同訴訟強制の拡大化，エ　小括
   (3) 共有不動産に関する当事者適格をめぐる判例理論

目　　次

　　　　ア　共有者が原告となって提起する場合の原告適格（能動訴訟），イ　共有者が被告とされる場合の被告適格（受動訴訟），ウ　共有者内部での紛争
　5　訴えの主観的追加的併合　　　307
　　(1)　意義
　　(2)　議論の状況
　　(3)　判例
　6　訴えの主観的予備的併合　　　307
　　(1)　意義
　　(2)　議論の状況
　　(3)　立法の試み
　7　同時審判共同訴訟　　　308
　　(1)　意義・制度趣旨
　　(2)　訴えの主観的予備的併合との関係
　　(3)　同時審判移行の要件
　　　　ア　共同訴訟であること，イ　共同被告の一方に対する訴訟の目的である権利と共同被告の他方に対する訴訟の目的である権利とが法律上併存しえない関係にあること，ウ　事実審の口頭弁論終結時までに原告が申出をしたこと
　　(4)　審判手続
　　(5)　原告の申出を看過して分離した場合の取扱い
第3　選定当事者··310
　1　意義　　　310
　2　選定の要件　　　310
　　(1)　原告又は被告となるべき者が多数存在すること
　　(2)　多数者が共同の利益を有すること
　　(3)　選定当事者は，共同の利益を有する者の中から選定されること
　3　選定の方法　　　311
　4　選定当事者による訴訟追行　　　311
　5　選定者の地位　　　311
第4　訴訟参加··311
　1　総説　　　311
　2　補助参加　　　312
　　(1)　意義
　　(2)　補助参加の要件
　　(3)　補助参加の手続
　　　　ア　補助参加の申出，イ　補助参加の許否
　　(4)　補助参加人の訴訟上の地位
　　　　ア　独立性と従属性，イ　補助参加人のなし得る訴訟行為
　　(5)　補助参加人に対する裁判の効力

　　　　ア　性質, イ　参加的効力と既判力との対比
　　(6)　共同訴訟的補助参加
　　　　ア　意義, イ　問題点
　3　訴訟告知　　316
　　(1)　意義
　　(2)　手続
　　(3)　効果
　4　独立当事者参加　　316
　　(1)　意義
　　(2)　訴訟構造と片面的独立当事者参加
　　(3)　要件
　　　　ア　他人間に訴訟が係属していること, イ　参加の利益が存すること, ウ　当事者の双方又は一方を相手方として自己の請求の審判を求めること
　　(4)　手続
　　(5)　審判
　　(6)　二当事者訴訟への還元
　　　　ア　取下げ・却下, イ　旧当事者の脱退
第5　訴訟承継……………………………………………………………………………321
　1　訴訟承継制度の意義と必要性　　321
　2　当然承継　　322
　　(1)　意義
　　(2)　当然承継の原因
　　(3)　手続
　　　　ア　訴訟手続の中断が生じる場合, イ　訴訟手続の中断が生じない場合
　3　特定承継（参加承継・引受承継）　　323
　　(1)　承継原因
　　(2)　承継のイニシアティヴ
　　(3)　手続
　　　　ア　参加承継, イ　引受承継, ウ　承継の効果

第10章　上訴・再審訴訟手続

第1　上訴制度序説……………………………………………………………………327
　1　事件の再審理の必要性　　327
　2　上訴と同一審級再審理との機能分担　　327
　3　上訴の意義と種類　　327
　4　上訴の要件　　328
　　(1)　意義

目　　次

　　(2)　上訴の一般的要件
　　(3)　要件具備の標準時
　　(4)　上訴の効果
第2　控訴審手続……………………………………………………………………… 330
　1　意義　　330
　2　控訴提起の方式　　331
　　(1)　控訴状の提出
　　(2)　控訴状の方式
　　(3)　控訴状を受理した第一審裁判所での取扱い
　　(4)　控訴裁判所での控訴状の取扱い
　3　控訴提起の効力　　332
　　(1)　確定遮断効
　　(2)　移審効
　　(3)　控訴の不可分
　4　控訴の取下げ　　332
　　(1)　意義
　　(2)　要件
　　(3)　方式・効果
　5　附帯控訴　　333
　　(1)　意義
　　(2)　要件及び方式
　　(3)　効果
　6　控訴審の審理　　334
　　(1)　審理構造
　　(2)　審理の対象・手続
　　　ア　審理手続，イ　審理の対象，ウ　控訴審の弁論——続審制と集中審理
　7　控訴審の判決　　336
　　(1)　控訴棄却
　　(2)　原判決取消し
　　　ア　取消原因，イ　自判，ウ　差戻し，エ　移送
第3　上告審手続……………………………………………………………………… 338
　1　意義　　338
　2　上告理由　　338
　　(1)　最高裁判所への上告
　　(2)　高等裁判所への上告
　3　上告の提起　　339
　　(1)　上告状等の提出
　　(2)　原裁判所における事件処理

4　上告受理申立て（裁量上告）　　340
　　　(1)　意義
　　　(2)　手続
　　5　上告審の審理　　342
　　　(1)　上告理由の調査
　　　(2)　書面審理と口頭弁論
　　6　上告審の終局判決・決定　　342
　　　(1)　上告却下
　　　(2)　上告棄却
　　　(3)　原判決破棄
　　　　ア　通常破棄（必要的破棄），イ　特別破棄（裁量的破棄），ウ　破棄後の手続
　　　(4)　最高裁判所への移送
　　7　特別上告　　344
第4　抗告手続……………………………………………………………………345
　　1　意義　　345
　　2　抗告をすることができる裁判　　345
　　　(1)　口頭弁論を経ないで訴訟手続に関する申立てを却下したこと
　　　(2)　特に個別的に又は特別の定めがある場合に限って抗告が許されている決定又は命令
　　　(3)　決定又は命令で裁判すべき根拠がないのにされた決定又は命令
　　3　抗告の提起　　346
　　　(1)　抗告裁判所
　　　(2)　当事者
　　　(3)　抗告の方式
　　　(4)　抗告の時期
　　4　審理手続　　347
　　　(1)　再度の考案
　　　(2)　抗告審の手続
　　5　再抗告　　348
　　6　特別抗告　　348
　　7　許可抗告　　348
　　　(1)　意義
　　　(2)　許可抗告の対象となる裁判
　　　(3)　抗告許可の申立て
　　　(4)　抗告許可の裁判
第5　再審……………………………………………………………………………349
　　1　意義　　349
　　2　再審事由　　350
　　　(1)　意義

目次

 (2) 種類
 (3) 再審の二次性
3 再審の訴えの要件　351
 (1) 再審の対象
 (2) 出訴期間
 (3) 当事者適格
 (4) 管轄
4 訴訟手続　352
 (1) 訴えの提起
 (2) 審理及び裁判
5 準再審　353

第11章　簡易裁判所の訴訟手続の特則

第1 通常訴訟手続の特則 …………………………………………………………… 354
 1 序説　354
 2 訴え提起手続の簡素化　354
  (1) 口頭による訴えの提起
  (2) 請求の原因と紛争の要点
 3 複雑困難な訴訟の地方裁判所への移送　355
  (1) 不動産訴訟の必要的移送
  (2) 反訴提起に基づく必要的移送
  (3) 裁量移送
 4 審理手続の簡素化　356
  (1) 書面による準備の省略
  (2) 擬制陳述の拡張
  (3) 書面尋問
  (4) 口頭弁論調書の簡略化
 5 司法委員の立会　357
 6 判決書の簡素化　357
 7 和解に代わる決定　357
  (1) 意義
  (2) 要件
  (3) 効果
第2 訴え提起前の和解 …………………………………………………………… 358

目　　次

第12章　手形・小切手訴訟手続

第1　意義……………………………………………………………………………… 360
第2　手形訴訟の提起………………………………………………………………… 360
　1　請求適格　360
　2　訴訟提起時における原告の手続選択　360
　3　管轄裁判所　361
第3　手形訴訟における審理手続の特則…………………………………………… 361
　1　集中迅速審理　361
　　(1)　期日指定・呼出し
　　(2)　一期日審理の原則
　2　証拠制限　361
　3　反訴禁止　363
第4　手形判決………………………………………………………………………… 363
　1　手形判決の表示　363
　2　訴訟判決　363
　　(1)　請求の全部又は一部が手形訴訟としての適格を欠くとき
　　(2)　一般的訴訟要件を欠くとき
　3　本案判決　363
第5　通常訴訟手続への移行………………………………………………………… 363
　1　総説　363
　2　手形判決前の通常移行──原告の申述　364
　　(1)　移行の申述と効果
　　(2)　移行後の手続
　　(3)　併合訴訟の一部についての通常移行
　3　手形判決後の通常移行──手形判決に対する異議　364
　　(1)　手形判決に対する不服申立て
　　(2)　異議申立て
　　(3)　異議の取下げ
　　(4)　異議申立ての効果
　　(5)　異議後の通常手続
　　(6)　異議後の通常手続における新判決

第13章　少額訴訟に関する特則

第1　意義……………………………………………………………………………… 367
第2　手続対象の限定………………………………………………………………… 367

目　　次

- 第3　手続の選択と通常訴訟への移行……………………………………………………368
  - 1　総説　368
  - 2　原告の手続選択権　368
  - 3　被告の移行申述権　369
  - 4　職権による移行決定　369
- 第4　審理手続の特則……………………………………………………………………370
  - 1　総説　370
  - 2　一期日審理の原則　370
  - 3　証拠調べの制限（即時性）　371
  - 4　証人等の尋問　371
    - (1)　総説
    - (2)　証人の任意的宣誓
    - (3)　証人等の尋問順序
    - (4)　尋問事項書の提出不要
    - (5)　電話会議の方法による証人尋問
    - (6)　証人等の陳述の調書への記載
  - 5　反訴禁止　373
- 第5　裁判及び強制執行の特則…………………………………………………………373
  - 1　総説　373
  - 2　判決言渡しの特則　373
    - (1)　即日言渡しの原則
    - (2)　例外
  - 3　支払猶予判決　374
    - (1)　意義
    - (2)　支払猶予判決が許容される理論的根拠
    - (3)　支払猶予判決の内容
      　　ア　期間的制限，イ　支払猶予の方法
    - (4)　支払猶予判決に対する不服申立て
  - 4　必要的仮執行宣言　376
  - 5　単純執行文の不要　376
  - 6　少額訴訟債権の強制執行　376
- 第6　不服申立て…………………………………………………………………………376
  - 1　不服申立方法の制限　376
  - 2　異議審の審理・判決　377
    - (1)　異議の効果
    - (2)　異議審の基本的性格と審理・判決手続

目　　次

第14章　督促手続

第1　意義 …………………………………………………………………………… 379
第2　申立て ………………………………………………………………………… 379
　1　申立て先　　379
　2　要件　　379
　3　手続　　379
第3　申立てに対する処分 ………………………………………………………… 380
　1　申立ての却下処分　　380
　2　支払督促の発付　　380
　3　支払督促の更正　　380
第4　仮執行宣言 …………………………………………………………………… 381
　1　申立て・処分　　381
　2　効力　　381
第5　督促異議 ……………………………………………………………………… 381
　1　意義　　381
　2　異議の効果　　382
　　(1)　仮執行宣言前の督促異議
　　(2)　仮執行宣言後の督促異議
　　(3)　訴訟手続への移行
第6　移行後の訴訟手続 …………………………………………………………… 382
第7　電子情報処理組織を用いて取り扱う督促手続の特則 …………………… 383
　1　特則の趣旨　　383
　2　申立てに関する特則　　384
　3　督促異議に関する特則　　384

第1章　民事訴訟法

第1　民事訴訟法
1　意義

訴訟とは，広い意味では，国家機関が紛争ないし利害の衝突を強制的に解決，調整するために，対立する利害関係人を関与させて行う法的手続をいう。このうち，私法によって規律される生活関係を対象とするのが民事訴訟であり，その手続と作用を規律する法規としては，民事訴訟法だけでなく，人事訴訟法，行政事件訴訟法，民事調停法，家事事件手続法，民事訴訟費用等に関する法律，破産法，民事再生法，会社更生法や民法・商法などに存する手続規定のほか，民事訴訟規則，民事調停規則，家事事件手続規則など広範にわたっている。民事訴訟法は，これらの民事訴訟手続に準用される重要な基本規定を多く含む基本法典である。また，その紛争解決は，実体法の適用の可否を検討することを通じてなされるのであり，これらの領域との関連において，民事訴訟法の位置付けを理解しておかなければならない。

2　民事紛争における民事訴訟の位置付け

例えば，交通事故の事案について考えてみよう。交通事故を起こしてしまった人物と事故に遭った人物の間については，民事事件として，不法行為（民法709条）に基づく損害賠償請求事件が考えられ，加害者を被告人とする刑事事件としては，過失運転傷害罪（場合によっては，道路交通法違反）が考えられるほか，免許取消という行政処分を受けたときは，これを不服と考えれば，行政不服審査，行政事件訴訟という行政事件にもなり得る。このように一つの事実関係の中でも，その切り口，断面によって，紛争が切り分けられる。

このうち，交通事故の被害者が不法行為を理由に損害賠償を求めた場合，この民事紛争の解決方法としては，いくつかのものがある。

(1)　自主的紛争解決方法

その被害者が民法709条によって取得する損害賠償請求権は，そもそも行使することも，行使せずに放置するのも，あるいは積極的に放棄してしまうのも自由であり，行使する場合でも全額について行使するのか一部についてだけ行使するのか，そして1回で行使するのか何回かに分けて行使するのかなど，これもまた当事者の意思によって決定することができる。これは実体法上の「私的自治の原則」に基づくものということができる。このような点から，民事紛争の対象は，私的自治の原則に由来する私的性格を有することとなる。

したがって，紛争の解決方法としては，まずは，当事者が自らの意思で交渉して解決してしまう方法があり，いわゆる「示談」と呼ばれているものである。法的に言うと，これは裁判外の和解，民法上の和解契約（民法695条）である（このほか，交通事故については弁護士会に仲裁センターも設けられており，裁判外での解決が可能となっている。）。

もっとも，相手方が約束した事柄を任意に履行してくれないときには，最終的な解決に窮するわけで，次にこの履行の確保の観点から一歩進んだ制度が求められるといえる。

(2)　中間的紛争解決方法

この点，簡易裁判所の調停（民事調停法1条）や訴え提起前の和解（法275条。即決和解と

第1章　民事訴訟法

もいう。）がある。これは当事者が互いに譲り合って紛争を解決する点では，上記(1)と同様であるが，成立した内容が調書に記載されることによって，確定判決と同一の効力が与えられ（民事調停法16条，法267条），相手方が給付を約したときは，その条項には執行力が付与され，申立人としては，相手方が任意に履行しなかったときには，改めて裁判を経ずに，直ちに強制執行を申し立てることができる（民事執行法22条7号）。また，公証人が作成する公正証書に執行受諾文言を付した執行証書が作成されたときも，同様に強制執行を申し立てることができる（民事執行法22条5号）。これらは，当事者が自主的に解決する場合に，後日に新たな紛争を残さないようにするというメリットがあるのであって，当事者の自主的解決を基本に，その合意ができたときに公の効力を付与するものである。

(3)　強制的紛争解決方法

しかし，以上の方法は，いずれも当事者が自主的に解決することに同意している場合の解決方法であって，そもそも相手方が争っている場合には，十分に対応することができない。相手方の意思に反してでも強制的に紛争を解決しようとする場合には，当事者双方を対等に手続に関与させ，双方の言い分等を十分に聞いて，公平な立場から裁定を下す裁判所の関与が不可欠となる。この場合に機能するのが民事訴訟であり，その手続を定めたのが民事訴訟法である。その意味で，民事訴訟は紛争解決のための終局的方法であるが，このような最後の手段が存在することによって，裁判の結果を予測しながら，訴訟手続を利用する場合のメリット（手続の厳格さや公正など）やデメリット（時間・費用のコスト）を勘案しつつ，訴訟以外の方法による紛争解決を視野に入れることも可能となるのであって，民事訴訟制度の存在と上記(1)及び(2)の制度とは互いに影響を及ぼし合う関係にある。

したがって，民事紛争の解決手段のうちで，このような地位を占める民事訴訟法を学習することの意義は，民事紛争解決の最も基本的なポリシーを学ぶことにつながるのである。

3　裁判による解決

(1)　訴額・特色等による裁判所（裁判手続）の選択

民事紛争の解決手段のうちで，上記のような位置付けを有する民事訴訟であるが，更に特色を活かした手続が細分化されて設けられていたり，あるいは，それらの手続を担う裁判所も機能的に充実させたりしているなどの特色がある。例えば，手形・小切手は流通の円滑と決済の迅速を特色としており，これについて訴訟手続を利用する場合には，そのような実体法の趣旨を訴訟上も尊重するよう配慮されているし，訴額が小さいためこれに見合った手続で1回の審理で解決を図る少額訴訟手続や，更には実質的には争いがないとみられる場合に簡略された手続で，かつ，低廉な費用で解決を図る支払督促などがあり，また，これらの手続は，地方裁判所又は簡易裁判所の機能に照らして適切に分担されている。

これらの手続は，いずれも民事訴訟法を基本とし，その特別手続としての位置付けを与えられている。したがって，民事法及び同実務の分野について学習をするときには，民事訴訟法を学ぶことが必要かつ適切である。そして，民事訴訟法も簡易裁判所におけるそれについては，簡易裁判所の機能を考慮して特則をおいている（法270条以下）のであるから，まずは地方裁判所における民事訴訟手続について学ぶことが重要となる。これから学ぶ民事訴訟法は，裁判所が扱う手続のうちで，上記のような位置付けを有するものである。

第1　民事訴訟法

(2) 本案訴訟と民事保全手続及び強制執行手続との関係

　ところで，民事訴訟は，このように当事者間の（私的）紛争を第三者としての国家機関である裁判所が裁定することで紛争の解決を図ろうとするものであるが，例えば，「BはAに対し500万円を支払え。」という原告A勝訴の請求認容判決が出されたとする。しかし，Bがいつまで経っても任意に支払わない場合には，Aとしては，この判決を利用して，裁判所に対して強制執行の申立てをして（民事執行法22条1号），最終的に500万円を回収する手段をとることができる。ここに民事訴訟法と民事執行法とが連動する場面が生じることになる。そこで，民事訴訟と民事執行との関係を検討することが必要となる。

　民事執行手続には，裁判所が担当するものと執行官が担当するものとがあるが，裁判所が担当する場合（訴訟の場合には「受訴裁判所」というのに対し，執行の場合には「執行裁判所」という。），同じ裁判所が取り扱う手続でありながら，当然のことながら法の趣旨によって異なる特色を有する。すなわち，執行手続においては，既に権利関係が確定されていることを前提にしていることから，再度当事者を対立関与させて慎重に判定するという二度手間をかけずに，迅速に権利関係を実現することに主眼がおかれる。執行機関は，法律が定める債務名義が提出されて執行開始要件（民事執行法29条ないし31条）が具備されているときは，当該債務名義に記載されている権利関係を迅速に実現するため職権進行が図られる。むしろ民事執行法上の救済手段（例えば，請求異議の訴え［民事執行法35条］や法定の停止文書［民事執行法39条］）を利用して，債務者等において，当該執行手続を排除又は停止させるために行動を起こさなければならないものとされている。既に民事訴訟手続において，当事者を対立関与させて慎重に判断されて判決が作成されていることを想起すれば，このような手続の組立ての合理性は容易に理解できよう。

　また，民事訴訟手続が開始されると，その手続の厳格さ等のゆえに裁判所による最終的な判断までの間には時間的隔離が生じるため，その間に強制執行の対象財産が処分されてしまうと，詐害行為取消訴訟など別途の法的手段を講じなければならないなど，権利者の権利実現にとって好ましくない事態が生ずることとなる。そこで，このような場合には，民事保全法所定の仮差押命令（これは裁判の文言に着目したものにすぎず，裁判の法的形式は「決定」である。）を得て，仮差押登記をしておくことにより，仮にその後に財産が処分されてもこれを無視して執行手続に移行することができるのである。このように民事保全法は，民事訴訟を本案（本来の案件の意味である。）として，将来の強制執行を保全して，民事執行手続による権利の実現・債権の回収を実効的なものとするために存在する。ここでも民事訴訟法と民事執行法との連携を前提に，その間にタイムラグが生じることによる不都合を回避するために民事保全法が存在するといえる。ここに民事保全法を含めた民事手続法の連携関係がみられる。そして，民事保全法においては，義務者に意図的な財産処分をさせないためにその審理は原則として密行的に行われることが要請され，また迅速に裁判がなされることも必要となる。その資料についても「証明」ではなく，「疎明」の程度で足りるものとしてそのような要請に応えるとともに，一方当事者が提出した資料をもとに判断するのが原則である。このような審理構造は民事訴訟におけるそれと比較すると，非常に特異なものと評することができるが，上記のとおり，その合理性と必要性は十分に認められる。このような特殊な手続

構造・審理構造は，民事訴訟における基本原理を「なぜ」「どこまで」修正するのかという観点をもつことによって，よりよく理解することができる。このようなところからも民事訴訟法を学ぶことは民事手続法の基本を学ぶことにつながることが理解できよう。

4 民事訴訟法の特質——実体法との連動と手続法としての固有の要請

(1) 実体法との関係

訴訟は実体法と手続法とが共働し交錯する場である。法治国家として私法体系の確立したところでは，私人間等の民事紛争は，通常，一定の私法上の権利（義務）又は法律関係の存否をめぐる主張の対立という形をとり，訴訟においても私法の定める権利又は法律関係の発生・変更・消滅を規定する法規の要件に該当する事実の存否についての主張の対立と，それを証拠によって証明できるか否かという争いになる。裁判所は，これらの論争の結果に基づいて要件事実の存否を認定し，権利又は法律関係の存否を判定する。このように，訴訟においては，実体私法は裁判内容の規準として作用する。また，訴訟は，私法上の権利関係を規定する実体法秩序が機能不全に陥った状態にあるからこそ救済を求めて提起され，これを契機に裁判所が解決に乗り出すともいえるから，私法上の権利又は法律関係は，訴訟を通じて具体化，実在化され，その権利性が復元されるともいえる。その意味において，民事訴訟は，実体法上の権利関係を観念的に形成・処分するプロセスということができる[注1]。

(2) 手続法固有の要請

このような私法上の権利関係の判定・形成をどのような手続形式で行うかを規律する法規が民事訴訟法である。

ところで，民事訴訟の手続形式を法で規律するのは，裁判権の恣意的な行使を防止するとともに，当事者の訴訟上の権能を保障することによって，裁判の公正とこれに対する国民の信頼を確保しようとする趣旨である。また，手続は，裁判所・当事者その他の関係人の行為が積み重ねられ，裁判に至るという行為の連鎖として構成され，手続を構成する各個の行為は，先行行為が後行行為の基礎となり，後行行為は先行行為によって作出された訴訟状態を維持しつつ，その上に展開される。そのため，手続は明確であることを要し，また，その覆滅を避ける配慮が重要となる（手続安定の要請）。しかも，裁判制度が国家の設営に係るものである以上，効率的・経済的に処理すること（訴訟経済の要請）が国民全体の利益に適い，そのため，手続の方式・内容を法規で規律することによって，大量的，集団的現象である訴訟事件に対して，裁判所が定型的，画一的処理を行うこと（画一的処理の要請）を可能にし，迅速な事件処理（迅速性の要請）に資するという側面もある。

(3) 学習上の視点

上記(1)で訴訟法と実体法との間には密接な関係があることを，(2)では手続法固有の観点からの要請があることをみてきたが，実はこのような複眼的な視点は，これから学習する民事訴訟法全体を通して必要となる。

民事訴訟の対象は，本来的には私的自治に委ねられた生活領域に関する紛争であるから，

(注1) これに対し，民事執行は，観念的存在である権利関係を事実的に実現するプロセスということができる。

当事者が訴えにより強制的公権的解決を求めたとしても，訴訟では，実体法上の権利行使の自由に照応して，当事者の申立ての範囲を超えて判決することはできず（処分権主義［法246条］），その判断も当事者が提出した資料に基づき，かつ，当事者間に争いのある限度で（法179条）なされることを要するとされており（弁論主義），さらに，判決によらずに訴訟を終了させることもできる（法第2編第6章）。また，個別的な制度に視点を移してみても，例えば，実体法が制限能力者制度による保護を図っている趣旨は，訴訟無能力者制度（法31条以下）を設けて訴訟法においても尊重されていることにもあらわれている。このように，実体法と訴訟法との間に連動・対応関係があることは，(1)に照らして当然のことであろう。

しかし，(2)で述べた観点から，両者は完全に連動・対応しているわけではなく，手続の安定，訴訟経済等の要請，更には紛争解決の効率性ないし実効性確保の観点などから，実体法とは必ずしも対応しない部分も生ずる。例えば，上記の制限能力者制度でいうと，実体法上の制限能力者制度は，その保護のために制限能力者がした法律行為について取消権を認めているが，訴訟には手続安定の要請が強く働くために，制限能力者がした訴訟上の行為についても，取り消されるまで有効という実体法の解釈を訴訟法でも維持すべきかどうかについて検討しなければならない。したがって，手続法解釈の問題として，実体法との連続性とその切断の要否を検討する場面が多く現れてくる。

5 民事訴訟法の沿革

(1) わが国の民事訴訟法は，まず明治中期における最新の法典であったドイツ民事訴訟法を継受して，当事者主義的色彩の濃い内容で，明治23年法律第29号として制定公布され，明治24年1月1日から施行された。その後，手続の煩瑣，訴訟遅延の解消，審理の円滑な進捗と適正を確保することを狙いとして，大正15年法律第61号により全面的に改正され，職権主義的要素が強化された（移送規定の拡大と職権化，準備手続制度の創設，職権証拠調べの規定の新設など）。

(2) 第二次世界大戦後，昭和23年法律第149号による改正により，職権証拠調べの規定の削除，交互尋問制の導入，簡易裁判所創設に伴う手続の特則の整備等が行われ，当事者主義の復活と手続の多様化が図られた。また，昭和39年法律第135号により手形・小切手訴訟が設けられ，この種の訴訟の迅速化に寄与してきた。

(3) ところで，民事訴訟法第6編には強制執行に関する規定がおかれていたが，担保権実行についての競売法（明治31年法律第15号）と手続的に統合され，独立の単行法である民事執行法（昭和54年法律第4号，昭和55年10月1日施行）が制定された。このため，民事訴訟法から強制執行手続に関する規定が削除された。これにより長年にわたる懸案であった執行手続上の不備，運用上の障害に対する手当がなされ，執行手続の適正化・合理化が図られた。

(4) 同様に，民事訴訟法第6編には，仮差押え・仮処分に関する規定もおかれていたところ，強制執行と同様に時代にそぐわなくなっていたが，判例・実務がその欠陥をカバーして保全処分の適正かつ迅速な運用を行ってきた。しかし，解釈運用に委ねたままでは規定と運用との乖離が激しいことから，規定を整備し，効力の明確化を図るため，民事執行法の制定に伴い，同法に取り込まれていた保全執行に関する規定と民事訴訟法に取り残されていた保全命令手続とを統合し，民事保全法（平成元年法律第91号，平成3年1月1日施行）が成立した。

第1章　民事訴訟法

(5)　このように，民事保全手続と民事執行手続が，それぞれ単行法として制定されて民事訴訟と密接な関連を有する部分の適正化・合理化が図られたが，訴訟手続自体はなお従来のままであった。この間，訴訟遅延の批判に対し実務上の工夫（準備的口頭弁論を専門的に行う試み等）がなされたがなお十分な成果が挙がらないまま，その後も事件は増加し，その内容自体も複雑困難なものが増加したために，窮状を打開すべく東京・大阪地裁をはじめとする各地の裁判所において，民事訴訟事件の適正迅速な処理について研究がなされ，方策案が公表されるなどした。その後，いわゆる「弁論兼和解」の活用や「集中証拠調べ」などの実務上の工夫と実践例が紹介され，全国的に審理の充実・促進に向けた研究と実践がなされ[注1]，そのような訴訟実務の運営改善に向けた大きなうねりが結実し，利用しやすく，分かりやすく，適正で迅速な民事訴訟制度の構築を企図したのが，平成8年法律第109号による民事訴訟法である（平成10年1月1日施行）。これは民事訴訟法を民事訴訟に関する手続に純化させるため，一部改正ではなく新法制定の形式によったものである。主要な改正点は，以下の4点である。

ア　争点及び証拠の整理手続の整備

　　充実した審理によって迅速に効率的に紛争解決を図るためには，早期に争点及び証拠の的確な整理を行い，立証すべき事実を明確にした上，これにターゲットを絞った証拠調べを行う必要がある。そのため，法は争点整理のための手続を整備し，かつ，これを多様化させ，事件に応じた適切な方法を選択して実施することを可能にしている（第5章第9以下参照）。

イ　証拠収集手続の拡充

　　充実した審理を行うためには，訴訟主体である当事者によって，争点等の整理に向けた準備が十分に行われることが必要である。そこで，弊害が生じないように配慮しつつ，文書提出命令の対象となる文書を拡張し，また，当事者が必要な情報を直接に相手方から入手できるよう当事者照会制度を設け，証拠収集手続を拡充している（第5章第8の4，第6章第4の2(6)参照）。

ウ　少額訴訟手続の創設

　　訴訟手続は，一般に専門的法律知識が必要になる場面が多く，これまでのところ，一般市民による利用の阻害要因になっているとの指摘があったことなどから，比較的低額の市民紛争について，手続負担を軽減して，分かりやすく適正・迅速な解決を受けられるよう特別な訴訟手続を簡易裁判所に創設している（第13章参照）。

エ　最高裁判所に対する上訴制度の整備

　　憲法判断及び法令解釈の統一という重大な職責を担う最高裁判所の機能を十全に発揮させるには，おびただしい数の上告事件のうち，真に最高裁判所での審判に適するものを選別しなければならない。そのため，上告理由を制限して一般的な負担軽減を図るとともに，重要な法律問題を含む事件については，最高裁判所が上告として受理できるとする上告受理（裁量上告）制度を設けるほか，従来は決定手続の最終審は高等裁判所であったが，高

[注1]　「民事訴訟のプラクティスに関する研究」司法研究報告書40－1，「民事訴訟の審理の充実と書記官の役割」書記官実務研究報告書22－1，「少額事件の簡易迅速な処理に関する研究」司法研究報告書42－1，「民事訴訟の新しい審理方法に関する研究」司法研究報告書48－1

等裁判所の許可により，更に最高裁判所での審理の機会が付与される許可抗告制度を設けて法令解釈の統一が図られるようにしている（第10章第3の4，同章第4の7参照）。

(6) 上記のとおり，平成8年改正法においては，文書提出命令の対象となる文書が拡張されたが，公務文書の提出義務については，情報公開制度の検討と並行して総合的な検討を加えて，公布後2年を目途に追加的な立法措置をとるものとされていたところ，民事訴訟法の一部を改正する法律（平成13年法律第96号）により，公務秘密記載文書についても一般的提出義務の対象として拡充を図る一方で，当該文書の特質を考慮して除外事由の審理手続が整備されるなどした（平成13年12月1日施行）。

(7) 平成8年改正法の趣旨が裁判実務の努力によって浸透定着することで，民事裁判の適正と迅速とが相当程度改善されたが，社会経済の複雑化，高度化，国際化などに伴い，複雑な訴訟や専門的な訴訟については，なお手続の遅滞が生じていることが少なくないとの指摘があった。そこで，民事訴訟法等の一部を改正する法律（平成15年法律第108号）により，計画審理・専門委員制度が導入された。また，知的財産権訴訟については，同法律により管轄が集中されたことに加え，知的財産高等裁判所設置法（平成16年法律第119号）により，審理のより一層の適正迅速を図るべく改正がなされた。そして，審理の充実と迅速を図るためには，当事者が早期に訴訟資料に接することができるようにすることで，より早期に適切な訴訟資料が提供されることなどを狙いとして，前記平成15年改正法により，提訴前証拠収集処分が創設された。これらは，専門訴訟の迅速適正化と証拠収集手続の拡充の側面から平成8年改正法の延長線上の改正として位置付けることができる。

また，平成8年改正法の特色の一つに，簡易裁判所の機能強化という点があるところ，これによる簡易裁判所の紛争解決機能への期待の高まりを反映して，司法制度改革のための裁判所法等の一部を改正する法律（平成15年法律第128号）によって，簡易裁判所の事物管轄の基準となる訴額が90万円から140万円に，平成15年改正法により，少額訴訟の上限訴額が30万円から60万円に，それぞれ引き上げられた。

さらに，この間，実質的意義の民事訴訟法の範疇では，会社更生法及び破産法並びに人事訴訟法の改正・制定等が実現している。

6 民事訴訟法と民事訴訟規則

平成8年改正法により，民事訴訟法は全400箇条となり，また，法3条による規則委任により全240箇条にわたる民事訴訟規則が制定され，その後の上記各一部改正法により，法・規則いずれについても条文は増加している。この点，法と規則の役割分担が問題となるが，法律では当事者の権利義務に重大な影響を及ぼす事項や訴訟手続の大綱となる事項を定め，訴訟手続の詳細は規則に定められている。また，機動的に改正して時代に即応する必要の高い事項は規則に規定がおかれるなどしている。その意味で，規則には法の趣旨を具体化する重要な規定も多く，法律と規則との連携に留意しなければならない。

7 民事訴訟法の特色──訴訟機能の充実・司法サービスの観点から

民事訴訟法制定の目的は，民事訴訟を国民に利用しやすく，分かりやすいものとし，適正かつ迅速な裁判を実現するため，民事訴訟に関する手続の基本法を定めることにある。言い換えると，集中審理を実現することによって民事訴訟の機能を充実することにあるといってよい。

第1章　民事訴訟法

そのためには，訴訟手続自体の合理化は当然のこととして，併せて，その中核的な基礎の機能的分担（各裁判所間，裁判官と書記官）について合理的かつ適正な範囲で見直しを図ることが必要であり，これによって，質の高い司法サービスの提供を目指すものといえよう。

(1) **集中審理**

民事訴訟の審理を充実させ，かつ，効率的に行い，適正迅速な紛争解決を行うことは，民事訴訟法の基本理念である。これは司法サービスの強化という本来の目的に直結するものであり，そのため，法は争点中心審理主義ともいうべき各種の手続の整備を行っている。

ア　争点整理手続の整備と多様化

法は，争点及び証拠の整理を目的とする手続について，公開型（準備的口頭弁論［法164条］），原則非公開型（弁論準備手続［法168条］），期日外型（書面による準備手続［法175条］）という3タイプを設けている。これは率直な討論・協議等を通じて真の争点を認識・整理し，その後に予定されている集中証拠調べ（法182条）の対象事項を明確にして審理の充実と迅速化を両立させようとする趣旨である。のみならず，争点整理手続と集中証拠調べ手続の段階とを一応区別する手続構成は，訴訟進行についてメリハリをつけて分かりやすくするという副次的効果を有するといえる。

イ　訴訟資料の充実

争点整理を充実させ，集中証拠調べを実効性の高いものとするためには，必要にして十分な訴訟資料が早期に提出されることが不可欠である。そのため，法は訴状，答弁書・準備書面の記載事項を充実させるとともに（規則53条，79条～81条），これらには重要な書証の写しを添付しなければならないこととしている（規則55条，80条，81条）。攻撃防御方法の提出時期についても，随時提出主義から，タイムリーに提出することを要請する適時提出主義に改めた（法156条）。また，書証の申出についてもこれに先行して写しを（必要に応じて証拠説明書を添付して）提出しなければならないこととし（規則137条），人証の申出もできる限り一括して行わなければならないものとし（規則100条），集中審理の実現に向けて規定が整備されている。

そして，必要にして十分な訴訟資料の提出を受けるには，当事者による準備活動の充実も不可欠であり，前記5(5)イ及び(7)のとおり，平成8年改正法と平成15年改正法により，証拠収集手続の拡充も図られている。

ウ　裁判所の積極的関与

上述のとおり，訴訟審理は当事者による主体的な準備活動が充実することによって，初めて円滑に行われ，かつ内容的にも充実したものとなる。しかし他方，公的制度としての訴訟制度を利用して行われる以上，裁判所も期日における審理の充実化を目指して積極的に活動することが必要となる。そのため，最初の口頭弁論期日前における参考事項聴取（規則61条）と，期日外釈明（法149条1項，規則63条）とが設けられ，前者によって最初の期日における審理を充実させ，その後も，後者によって期日間におけるタイムリーな釈明によって期日審理を充実させることが可能となっている。また，当事者による準備活動に指針を与えるとともに，裁判所が適切な進行管理を行うことができるようにするため，裁判長は，準備書面の提出又は証拠申出をすべき期間を定めることができることとしており（法

162条），裁判所による積極的な関与が期待されている。
 エ　当事者による主体的手続形成
　　他方，訴訟主体としての当事者に期待される役割もまた強化されており，当事者が自律的，主体的に手続を形成してゆく責務を負っていることも明確にしている。すなわち，訴訟手続は，訴えの開始から終局判決に至るまで，当事者及び裁判所の互いに関連しあう多数の行為の連鎖であって，それは，制度の利用者である原・被告の利害及び制度運営にあたる裁判所の利益等とを調整しつつ築かれる三面的な訴訟法律関係として理解することができる。この点，旧法では，手続進行については職権進行主義のみを明らかにしていたこともあり，当事者相互において直接に働きかけることは必ずしも予定されていなかった。しかし，法はその2条において，当事者の訴訟追行上の責務についても明定し，当事者相互において直接に働きかけることを内容とする規定を設けた（争点整理手続終了後の攻撃防御方法提出についての説明義務［法167条，174条，178条］，当事者照会制度［法163条］など）ほか，当事者が直接かつ主体的に手続を形成することを予定し（準備書面・証拠申出書の直送［規則83条，99条2項］など），当事者の訴訟主体性（権能と責務）はより明確化されている。

(2) **裁判所間の機能分担**
　　訴訟の本来的機能を充実・強化するには，訴訟手続自体の改革のみならず，それを担う裁判所相互間の機能分担を明確にする必要がある。法は，上記(1)が地方裁判所及び高等裁判所に関する改革であるといえることとの対比において，併せて，簡易裁判所と最高裁判所の手続に関する改革をも行っている。
 ア　簡易裁判所の機能強化
　　簡易裁判所は比較的軽微な事件を対象として，一般市民に利用しやすい裁判所を目指して創設され，運用上もその理念を実現すべく様々な工夫がなされてきた。しかし，基本的には地方裁判所における訴訟手続を準用し，簡易裁判所の特質を考慮した特則が少なかったため，簡易裁判所の審理も地方裁判所型の重厚な審理手続によらざるをえず，これに加えて，いわゆる信販関係事件の急増により，一般市民が利用しやすい訴訟手続という理念からすれば必ずしも十分とはいえない状況にあるとされていた。そこで，法は，簡易裁判所の特色に見合った合理的な手続にするため，訴訟手続の簡素化を図ったほか，少額訴訟手続を創設した。これらの規定・制度の活用により，簡易裁判所本来の機能が発揮されることが期待されている。
 イ　最高裁判所の機能強化
　　前記5(5)エのとおり，旧法下における最高裁判所に対する上告には，その実質は独自の法令解釈に基づくものや，事実認定に対する不満によるものが少なくなく，そのために最高裁判所の本来的機能である，憲法判断や法令解釈の統一による法的安定の確保という重大な職責遂行が阻害されているとの指摘があった。そこで，法は，最高裁判所に対する上告理由を制限して負担軽減を図るとともに，他方においては，旧法よりも最高裁判所での判断を求め得る機会を拡大し，合理的かつ適正な範囲の事件を審理対象とし，その機能強化を図っている。

(3) **裁判官と裁判所書記官との機能分担**

第1章　民事訴訟法

　　上記の2点はハード面での改革として位置づけられるが，法は，いわばソフト面ともいえる裁判官と裁判所書記官の在り方を検討し，また，裁判官と裁判所書記官との適切な連携による効率的で充実した訴訟運営の展開を期待している。これもまた質の高い司法サービスを提供しようとするものといえよう。

　ア　裁判所書記官の権限拡充

　　第1に，法は，従前からの書記官事務である送達事務，調書作成事務，証明事務などに加え，訴訟費用額の確定，各種嘱託手続，公示送達，支払督促を裁判所書記官の権限としている。これは，裁判所書記官を，その呼称はともかく，訴訟記録の作成・保管等の事務のみならず，実質的には一定の資質を備えた法律的専門職として位置づけることにより，裁判官を判断作用に専念させ，結果的に訴訟制度全体の効率化・充実化を図ることを可能にするものといえる（もっとも，旧法下において，既に書記官が実質的に担っていたものを法律上も認知したものが多い。）。

　イ　裁判官と裁判所書記官との連携協働関係の緊密化

　　第2に，充実し，しかも，効率的な訴訟運営を円滑に行うには，当事者の準備活動の充実・円滑性が重要となるし，裁判所が当事者からの情報を収集し，取捨選択することも必要となる。この場合，当事者に対し，裁判所からの指針を伝達し，あるいは当事者からの情報を受領するのには，裁判所の対外的窓口としての機能を果たしている裁判所書記官を通じて行うのが適切である。従前の訴訟運営改善の過程においてこのことが再認識され，規則に取り込まれている。すなわち，訴状の記載事項の補正の促し（規則56条），最初の口頭弁論期日前の参考事項聴取（規則61条2項），期日外釈明のための処置（規則63条）等がそれであり，これらにより，裁判所書記官にも訴訟の開始時点から事件に対する実質的関与の機会が与えられることとなり，裁判官と緊密な意思疎通を図り，事案の理解度を高め，手続過程全体について，連携協働して訴訟運営にあたることが予定されている。これらの規定の適切な運用によって，裁判官が担う判断作用の純化，書記官の進行管理事務及び公証事務の実質化・効率化，過誤防止等が可能となり，質の高い司法サービスを提供することが期待されているといえる（後記第3参照）。

第2　第一審判決手続の基本的な流れと本書の構成

1　訴えの提起〜訴訟の開始

　訴えの提起は，裁判所に対する紛争の提示である。誰が（原告），誰を相手方として（被告），いかなる権利又は法律関係につき（訴訟物），どのような判決を求めているのか，ということが，訴えにおいて明らかにされることによって訴訟手続が開始される。そこでまず，本書では，訴えをどこの裁判所に提起するのか等に関する一般的問題を第2章で，どのような者が当事者として訴訟主体になることができるかという当事者に関する一般的問題を第3章で，それぞれ取り上げる。

　訴えにおいては，審判の対象が特定・表示されなければならない。訴えにおいて示された審判対象について，当事者が攻撃防御を尽くし，裁判所が判断するのであるし，訴えによって提示された審判対象は裁判所を拘束し，裁判所は当事者が申し立てていない事項について裁判す

ることができない（法246条）。したがって，審判の対象は民事訴訟手続の基礎であって，明確に特定され，かつ表示されていなければならない。また，訴えを提起し，訴訟の審判対象を提示するのが当事者（原告）の権能であることの裏返しとして，これを終了させる権能もまた当事者にある（訴えの取下げ，請求の放棄・認諾，訴訟上の和解）。このように，訴訟の開始，訴訟物の特定，訴訟の終了を当事者の権能とする建前を，「**処分権主義**」という。これは訴訟の対象たる私法上の権利関係についての私的自治に対応する，民事訴訟の基本原則の一つである。訴えについて扱うのが本書第4章である。処分権主義に基礎を置く訴訟の終了事由については，裁判に至らずに訴訟を終了させるものであるから「終局判決」の前（第7章）で取り上げる。

2 訴訟の審理〜口頭弁論（争点整理手続）・証拠調べ

訴えが提起された裁判所に対し，判決をするための資料（訴訟資料）が当事者から十分に提出されなければならない。裁判所が訴訟資料に接するための手続が，口頭弁論と証拠調べである。

(1) 手続の概要

訴えの提起があったときは，訴状の審査（法137条）を経た上，被告に訴状を送達し（法138条1項），裁判長は，口頭弁論の期日を指定し，当事者を呼び出す（法139条）。訴訟では，原則として，口頭弁論を経ることなしに判決をすることは許されない（**必要的口頭弁論の原則**［法87条1項］）。

民事訴訟法は，早期に争点を発見・整理し，これに焦点を絞り，集中的に証拠調べを実施するという集中審理モデルを採用している。

そこでまず，裁判所は事件進行の見通しを立てることが必要であり，このため，法及び規則は，最初の口頭弁論期日前における事前準備として，記載の不十分な訴状や紛争の断片的な事実しか記載していない訴状について，補正を促して十分な資料を提出させたり（法137条，規則56条），訴訟の進行その他参考事項について当事者から聴取したりすること（規則61条）などを定めている。また，訴状・答弁書その他の準備書面の記載事項の充実を図り（規則53条，79条〜81条），当事者が争点に関する情報等を早期に開示し合うことにより，審理も充実したものとなることが期待されている。

最初の口頭弁論期日に原告は出頭したが被告は欠席し，あらかじめ答弁書その他の準備書面を提出してもいない場合は，直ちに判決をするのに熟したといえることから（法158条，159条3項・1項），裁判所は，口頭弁論を終結して判決を言い渡す（いわゆる欠席判決）。

これに対し，被告が出頭し，あるいはあらかじめ答弁書その他の準備書面を提出して争う姿勢を明らかにしている場合には，必要に応じ，口頭弁論期日を重ね，あるいは争点整理手続へ移行させる。争点整理手続では，当事者相互において，更には裁判所も交えて事実関係ないし法律上の問題点等についても適宜討論を尽くし，主張の裏付けとなる文書等の証拠を吟味しつつ，真の争点を認識・確定し，立証計画を策定する。その後，整理された争点に的を絞り，集中的に証人尋問等の証拠調べが実施され（法182条），速やかに終結が図られる。この間，和解が試みられることもある（法89条）。

期日の指定・変更など，訴えによって開始された後の手続進行の主導権は裁判所にあり（**職権進行主義**），当事者の合意による変更は基本的に厳しく制限されている（法93条）。

第1章　民事訴訟法

(2) 審理の内容

　　民事訴訟では，訴訟資料の収集提出は当事者の権能かつ責任とされる（**弁論主義**）。すなわち，裁判所は，当事者が主張しない事実を判決の基礎としてはならず，当事者間に争いのない事実（自白された事実）はそのまま判決の基礎としなければならない。また，証拠調べの必要が生じた場合には，取り調べるべき証拠は，当事者が申し出たものだけに限られ，職権による証拠調べは原則として許されない。審理の最終的な対象である実体法上の権利又は法律関係が当事者の任意処分を許すものである以上，これを基礎づける訴訟資料についても当事者の自律的処分を認める趣旨である。

(3)　以上の訴訟審理について扱うのが，本書第5, 6章である。

3　判決

(1)　当事者の主張や証拠が出尽くし，訴訟が裁判をするのに熟するに至ったときは，裁判所は口頭弁論を終結し，終局判決により，当該審級における審理を終了する（法243条）。

　　判決は，訴えに対する裁判所の応答である。裁判権や訴えの利益など訴訟要件を欠く場合は，訴えを却下する（訴訟判決）。訴訟要件を具備するときにおいて，訴訟物として主張された権利又は法律関係の存在（ないし不存在）が認められるときは請求認容の本案判決がなされ，認められないときは請求棄却の本案判決がなされる。

　　判決の言渡しがあっても，不服のある当事者は法定の上訴期間内に控訴を提起することができる。この期間を徒過したときは，判決は確定して本体的効力が発生し，紛争解決又は将来の紛争予防の機能が期待される。

(2)　判決による訴訟の終了について扱うのが，本書第8章であり，その後，第9章以下において，当事者が複数の場合の規律，不服申立手続や上記の通常訴訟手続に対する特別手続を取り上げる。

第3 民事訴訟法と書記官事務

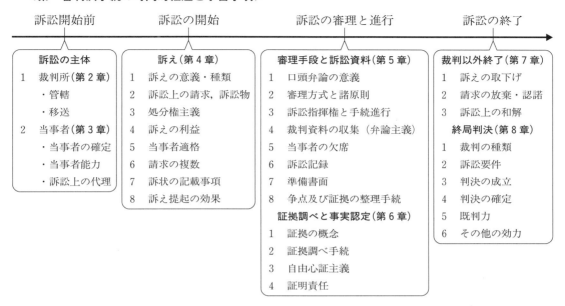

第3 民事訴訟法と書記官事務

1 裁判所書記官の一般的職務[注1]

(1) 事件に関する記録その他の書類の作成及び保管

　　書記官は、裁判所の事件に関する記録その他の書類の作成及び保管についての事務を行う（裁判所法60条2項）。その具体的な内容や事務処理方法は、法令及び通達等によって定められている。

　　書記官は、裁判所の手続及び取り扱う事件について他種多様な書類を作成しているが、その中でも重要かつ代表的なものとしては、民事訴訟事件における口頭弁論調書、刑事訴訟事件における公判調書がある。一般に、調書は、手続の経過及び要領を公証するために作成される公の証明文書であるが、この手続に関する証明文書の作成が、手続を主宰する裁判官ではなく、裁判所書記官の職務権限とされているのは、審理の内容、手続進行及び判断作用を裁判官の役割としてこれに集中させ、それらの公証についてはそのための専門的教育と訓練を積んだ書記官の役割として分担することで、それぞれの機能を十全に発揮させるとともに、独立の官職としての書記官が審理内容及び手続についての公証について責任をもつことで、公正を確保しつつ国民の信頼を維持するためである。

　　また、書類ないし記録の保管は、上記のような公証事務の集積結果として事件の全貌を明らかにするために事件処理上重要なものであって、書記官の保管権限であり責任でもある。

（注1）　本文のほかに訟廷事務（事件の受付、保管金の取扱いなど）が含まれ、最高裁判所規程及び通達等に具体的な内容及び手続が定められている。

第1章　民事訴訟法

(2) **法律において定める事務**

　　裁判所法の他に書記官が行うべき事務として法定されているものがある（裁判所法60条2項）。民事訴訟法のみならず，民事執行法や破産法などにも数多くの事務ないし準判断作用が書記官が取り扱うべきものとして規定されている。書記官がこれまでの実務において果たしてきた役割を法令上も認知して明文化したものがほとんどであり，実務におけるたゆまぬ努力と研鑽の成果ともいえる。

(3) **調査事務**

　　書記官は，裁判所の事件に関し，裁判官の命を受けて，裁判官の行う法令及び判例の調査その他必要な事項の調査を補助する（裁判所法60条3項）。法令や判例等の調査は，本来的には判断作用をつかさどる裁判官の職務であるが，書記官が裁判官を事実上補佐し援助することを通じて，裁判官が判断作用に集中できる環境の設定も求められているということができる。

2　民事訴訟と書記官事務

　以上の書記官の一般的職務の概要からすると，裁判官と書記官とは，互いに独立した機関としての法令上の地位を与えられ，立場，地位，権限，職責がそれぞれ異なる以上，託された役割をそれぞれ十分に果たすべく，基本スタンスを明確にしながら職務を確実かつ迅速に遂行することが求められるといえよう。そして同時に，裁判官と書記官とは，当然にその視座も異なるものの，一つの事件が紛争の解決に向けて手続が進行してゆく過程に関与するものである以上，それぞれの職務を的確に遂行する上では，裁判官と書記官との間で事件に関する情報が的確に共有され，事件に対する認識も共通化されていることが必要となる。前者は，前記1(1)の事務が書記官固有のものとされている裁判所法の趣旨から抽出することができ，後者は，同様に1(3)の事務が裁判所法上明示されていることからも窺うことができる。そして，これを前記1(2)の法令に定める事務のうち，民事訴訟法に定める事務及び関連事務(注1)について概観しながら投影してみることで，民事訴訟における書記官事務の位置付けと理解が明確になるものと思われる。

　以下，民事訴訟手続の流れに沿って，主要な書記官事務について解説する（各事務や根拠となる法令の解説等は，各章の記述を参照）。

（注1）　平成8年改正法がこれまでの実務における訴訟運営改善に向けた実践の成果を随所に取り込んでいるものであることは前記のとおりであるが，書記官事務の観点からみると，事件の進行について書記官も積極的に関与する「進行管理事務」から，より事案の内容の理解を深めて実質的な関与を図る「審理充実事務」へという標語で代表されるような実践の成果が，平成8年改正法・同規則において，明確にされているといえる。

第3　民事訴訟法と書記官事務

＜集中審理と書記官事務の全体的イメージ＞
　　　☆　調書作成事務等を除く，いわゆる審理充実事務についてのイメージ図である。

＜書記官事務ステージ＞　　　　　　　　　　＜手続段階＞

第1ステージ
　訴状受理から第1回口頭弁論期日まで
　（訴状審査，補正の促し，参考事項聴取）
　（送達事務）
　（進行予測と終局可能事件の準備）
　＝第1回期日で争いの有無による事件の振り分け

第2ステージ
　第1回口頭弁論期日後，争点整理手続終了まで
　1　期日間準備
　　（当該争点整理手続の特色等の理解）
　　（期日外釈明補助，準備書面提出促し）
　2　争点把握と記録化メニューの選択
　　（争点把握＆立証計画の把握）
　　（供述記録化メニューの選択・確認）
　　（証拠調べ期日立会準備）

第3ステージ
　集中証拠調べへの連携・準備
　（集中証拠調べ実施上の環境整備・期日の実質化）

第4ステージ
　終局に向けての準備と終局事務
　調書作成，判決書の点検
　和解案の調整と事前準備

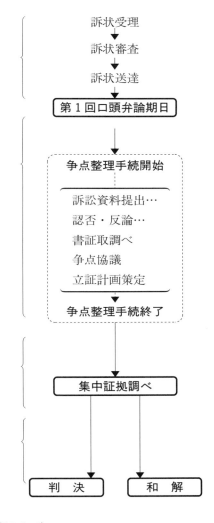

(1)　第1ステージ（訴状の受理から第1回口頭弁論期日まで）
　ア　訴状の受付・事件の配布
　　　訴状をはじめとする書面による各種申立ては，受付分配通達に従って受理し，各裁判所の裁判官会議で定められた裁判事務分配の定めに従って，事件を担当部又は係に配布する。これらの事務は，訟廷事務に属し，原則として事件係においてこれを取り扱う。
　イ　訴状審査と補正の促し
　　　事件の配布を受けた書記官は，管轄や手数料額のほか，訴状の適法要件である必要的記載事項（法133条2項）及び審理充実の観点からの準必要的記載事項（規則53条1項），添付書類（規則55条）を点検する。記載事項に関しては，請求が特定され，欠席判決をする

第1章　民事訴訟法

ことができる程度に具体的に記載されているかどうかを審査し，不備がある場合には，裁判官と補正の促し（規則56条）の要否を協議して，その結果ないし裁判官の命に従い事務を処理する。これにより，書記官は，手続の開始当時から事件の内容等についての情報を共有し，裁判官の進行方針等について認識を共通化させながら，書記官事務を有効適切に遂行する契機を得ることとなる。

　ウ　参考事項聴取

　　原告（代理人）からアンケート形式の進行照会書が提出されたときはその記載内容をもとに，また，第1回口頭弁論期日の調整をする際に，可能であれば，送達方法，争いの有無，訴え提起前の交渉の有無など事件の進行を検討する上で参考となる事情を聴取する（規則61条）。訴状の記載事項とこれらの情報に基づき，可能な範囲で，裁判官は，第1回口頭弁論期日における進行予定をイメージするのが通例である。事件の進行を検討する上で有用な情報は，第一次的には対外的窓口としての機能を果たす書記官に提供されることが多いため，それらに基づいて送達事務を行ったり，裁判官への情報提供を行って進行についての具体的な打合せを行ったりすることが相当である。

　エ　第1回口頭弁論期日の指定と訴状副本・呼出状等の送達

　　第1回口頭弁論期日は，訴え提起の日から30日以内の日に指定しなければならない（規則60条2項。迅速審理の要請）。早期に期日を指定して，後述のように実質的に争いのある事件とそうでない事件とを振り分け，迅速な訴訟進行を図るためである。他方，前記のように，訴状の記載事項の充実と添付書類の点検，参考事項聴取の結果を踏まえて第1回口頭弁論期日を充実するという方策（充実審理の要請）も考えられるところであり，両者の調整が必要となるが，後者の観点は第1回口頭弁論期日を実施するのに必要な限度にとどめ，前者の観点を基本とするのが相当であろう[注1]。

　　原告代理人と調整するなどして期日指定の準備を終えたら，裁判官の指定印の押捺を受け，訴状副本，期日呼出状及び答弁書催告状等を被告に送達する（法138条1項，139条）。この送達事務は，被告に手続保障を付与する前提条件であり，迅速・確実に遂行しなければならない。

（注1）　実務での実践例のうち参考になるものとして，次のようなものがある。
① 進行照会回答書や原告代理人からの聴取結果等から判断して，送達が速やかに完了する見込みのものについては30日以内という規則に従い期日を指定するようにし，送達困難で調査を要する見込みのときには30日を超えてもやむを得ないとの考え方で期日指定をする。
② 移送申立てが予想される事件については，原告への求意見（規則8条1項）や職権による期日変更の時間的余裕を考慮して期日を指定する。
③ 公示送達事件については，第1回口頭弁論期日に弁論を終結することができるよう，原告に立証関係についての準備を促すとともに，その準備及び送達完了までの日数を見込んで期日を指定する。
④ 債務者が死亡し，その相続人を被告とする訴訟については，相続放棄の期間（3か月）経過後の期日を指定する。
⑤ 命令による訴状却下，判決による口頭弁論を経ない訴え却下の対象となる可能性のある事件や外国送達を要する事件については，30日以内の指定にこだわらない。
⑥ 本人訴訟は，弁護士代理人がついている事件の弁論とは別の，比較的余裕のある時間帯に指定して，時間を十分にとる。
⑦ 原告代理人が遠隔地から出廷する場合には，午後の時間帯に指定する。

オ　被告からの反応の有無と第1回口頭弁論期日審理の予測

　　第1回口頭弁論期日に限ったことではないが，書記官が手続を明確に公証し調書の記載事項に遺漏がないようにするためには，期日における審理の予測をしておくことが必要である。

　　被告から反応がなく欠席が見込まれる事件，被告から争わない旨の答弁書が提出された事件，被告に対し公示送達を行った事件については，第1回口頭弁論期日で終結されることが予測されるわけであるから，そのための準備を行う。

　　これに対し，被告から応訴して争う意思が示された事件については，答弁書提出の指示をし，又は提出された答弁書の記載内容をもとに第1回口頭弁論期日における審理の進行について，裁判官と打合せをしておくなど認識の共通化を図っておくことが重要となる。このほか電話や窓口などで被告から様々な問い合わせがなされることがある。これらに対して，書記官は，進行に関する参考事項を聴取したり，公正らしさを失わないよう配慮しながら手続について教示したりする機会をもつこととなる。

カ　期日立会及び調書作成

　　書記官は，口頭弁論期日に立ち会い，その期日調書を作成する（裁判所法60条2項）。当該口頭弁論期日ごとに調書を作成し（法160条1項），当該期日の実施に関する事項及びそこで行われた訴訟行為等を記載して訴訟手続の経過を記録することは書記官の公証事務の中心的事務である。

(2) **第2ステージ（第1回口頭弁論期日後から争点整理手続の終結，期日間準備）**

　第1回口頭弁論期日において，実質的な意味で争点整理の必要がある事件か否かなどの振り分けがなされる。そして，事案解明ないし争点整理の方向へ事件が進行するときには，第1ステージで行った事務の成果を基盤として，その後も事件の進行管理，審理情報の蓄積を行い，裁判官と協働して訴訟運営に参画しながら，書記官事務を適切，正確に遂行することが必要となる。

　争点中心の集中審理を実現するためには，当事者の準備活動が十分になされ，課題に応じた訴訟資料が的確に提出されることが必要であり，裁判所としても事案の内容を早期に理解し，審理の見通しを立てて適切に訴訟指揮を行うことにより争点の解明を行うことが必要となる。書記官としては，このような争点整理の運用を支えるために，以下のような事務を行うのが通例である。

ア　準備書面等の提出期限管理及び内容の点検

　　上記のような争点整理の運用を可能にするためには，まずは当事者が主体的に準備活動を行い，十分な訴訟資料を裁判所及び相手方に提示することが必要であるが，それが期日当日に提出されたのでは，相手方の認否及び反論のために続行することを余儀なくされ，期日は空転せざるを得なくなる。そのため準備活動に指針を与え，期日審理を適切なものとするために書記官において提出期限の管理[注1]を行うことが適切である。

(注1)　準備書面等の提出期限管理の前提として，提出期間の裁定（法162条）が行われることが多い。このような訴訟指揮上の裁判がなされたときは，その旨調書に記載するだけでなく，提出期限の（つづく）

第1章　民事訴訟法

　　イ　期日外釈明補助

　　　裁判所は期日における審理を充実させるため，期日間において釈明を求めることがあり（法149条1項），このような措置をとるときには，書記官に命じて行わせることができるものとされている（規則63条1項）。そして，釈明が攻撃防御方法に重要な変更を生じ得る事項についてなされたときには，書記官はその内容を訴訟記録上明らかにしなければならない（規則63条2項）。

　　ウ　和解関連事務

　　　期日間で代理人が相互に和解交渉を行い和解条項案が提出されたり，期日における協議を踏まえて当事者が検討し今後和解を進めるに当たっての条件や和解骨子等が提出されたりすることがある。このような場合，どのような趣旨の書面かを確認して，裁判官との打合せを経てその取扱いを決めるのが通例である。実質的に合意に至っていることが確認されたときには，当該和解条項を点検して疑問があるときは，当該箇所を代理人に教示したり，未だ一方当事者の希望や条件にとどまり合意に至っていないときには，裁判官としては，その書面の内容を踏まえて次回期日の進行や和解の方向性を考えるのが通例であるから，裁判官に対し，そのような書面として記録とともに交付したりすることが考えられる。

　　エ　有効適切な期日への立会と期日調書の作成

　　　争点及び証拠等の整理手続が選択される場合，弁論準備手続が選択されることが多い。争点整理は，後に改めて述べるように，流動性が高いこともあって，初期的な段階にあるものについては，書記官が立ち会うことによって公証しなければならないような実質的な内容が伴わない段階の事件も相当数存在する。また，争点整理を行っていても，当該期日内で一応の区切りをつけた上で，その後引き続き和解協議を行うこともある。他方，争点整理がほぼ完了に近づき，裁判所と当事者との間で証拠調べによって証明すべき事実が何であるかについての共通認識が得られる段階に至り，そのための立証計画を策定する段階になると，書記官が実質的にも手続に関与・立会を行い，公証するのが相当な事項もある。このように争点整理過程の流動性を加味すると，立会の目的及びこれによって得られる効果と立会による時間的拘束が他の事務への支障をもたらさないかどうかなどを総合し，さらに他の代替手段によって同様の効果を得ることができないかどうかなどをも検討して，立ち会う期日を選別することが行われている。

　　　立ち会わなかった期日の内容については，書記官は裁判官からメモの交付を受けたり，口頭で説明を受けたりするなどして，当該期日における協議の概要や次回以降の進行予定などを把握することが行われている。

　　　期日調書の作成については，立ち会った期日の調書を作成する場合には，裁判官と打合せをして実質的な記載内容を検討することが行われており，立ち会わなかった期日の調書を作成する場合には，実質的な記載をすべき事項がない期日ということであるから，出頭当事者，期日指定時刻，次回期日などを記載するにとどまることが多い。

（つづき）数日前に提出期限を改めてFAXなどにより伝えて，期限の遵守を求めることなどが行われている（その意味で，提出期限を定めるときには，次回期日までに相手方及び裁判所が書面を検討するための時間的余裕を考慮するだけでなく，提出予定者の準備・調査に必要な時間的余裕を勘案するのが通例である。）。

(3) 第3ステージ（集中証拠調べ期日の準備と実施）
　ア　証人等の出頭確保
　　集中証拠調べを実施するについては，証人等の出頭を確保することは重要な意義を有する。期日の空転を防止して，全体として迅速な進行を図るためには，代理人を通じて出頭の確認や促しをしたり，事案や出頭見込みに応じて代理人とも十分な連絡を取った上で，出頭を促す事務連絡を書記官が発出したりする例もある。このような対応をするためには，立証計画を協議する期日に立ち会い，呼出証人か同行証人かの別に注意し，そして，事案の内容に照らして出頭見込みが高いのか低いのかを把握しておくことが大切である。
　イ　供述調書の作成方法の選別
　　事案ないし争点と当該人証との関連性や供述内容に応じて，適切な方法を選択して供述録取を行うことが必要である。具体的には，供述録取のメニューとしては，逐語的に記載する録音反訳方式等，争点指向性の高い要領調書，そして録音テープ等への記録（規則68条1項）とがある。立証計画を策定する段階に至った事件の弁論準備手続期日に立ち会うことで，いかなる方法を選択するのが相当かについて，書記官と裁判官とで協議をしている例が多い。
　　なお，予想に反して尋問途中で方法を変更しなければならない場合もなくはない。したがって，臨機応変な対応が可能になるよう準備しておくことも必要である。
　ウ　供述調書の作成
　　上記の各供述録取方法の円滑な運用方法に習熟し，速やかに調書を作成する。調書の作成が迅速になされることで，裁判全体の迅速化に資することにもなる。

(4) 第4ステージ（終局に関する事務）
　ア　判決原稿の点検
　　判決書が誤字脱字が多く不正確であったり，内容的にも証拠との整合性を欠いたりすると，国民の裁判に対する信頼を損なうおそれがある。また，民事判決は，判決書原本に基づく言渡しが原則である（法252条）から，誤りが含まれていると更正決定（法257条）をせざるを得ない。そのため，書記官が判決原稿を点検する。
　イ　和解調書の作成
　　和解が成立したときは，給付・確認・形成の各条項の性質に注意しながら，速やかに調書を作成する。特に，給付条項については，後に執行文付与の申立てがなされ，強制執行を予定するものであるから，執行機関に対し疑義を生じさせないよう注意する。
　ウ　証明事務，訴訟記録の保管・閲覧謄写
　　書記官は，記録の正本（特に，判決正本，和解調書正本など），謄本及び抄本の作成及びその証明（一般証明）のほか，裁判の確定証明[注1]など重要な証明事務を行う。
　　これらの証明事務を行う前提として，訴訟記録の保管事務もまた書記官の重要な職務で

（注1）　戸籍届出を要する事件（離婚など），登記関係訴訟（意思表示を命じる判決。民事執行法174条1項），配当異議訴訟（民事執行法90条）などは，強制執行手続を要するわけではないが，当該訴えの目的を達するためには，判決正本のみならず確定証明を要する事件である。

第1章　民事訴訟法

あり，これに関連して，訴訟記録の閲覧謄写に関する事務もある。

　エ　執行文付与事務

　　判決や和解調書に基づいて強制執行をする場合，執行文の付与を受けなければならない（民事執行法25条，26条）。いわば訴訟手続と執行手続とを架橋する役割を担うのが執行文制度であり，書記官が執行文を付与すべき場面においては，その付与事務を通じて，書記官において当該判決や和解条項が強制執行に適するかどうかを判断する作業を行うこととなる。

　オ　記録の整理

　　終局した事件の訴訟記録を整理し，終局事由（取下げ，和解，判決確定，上訴等）に応じた事務処理を行う。特に控訴審への記録の送付はできるだけ速やかに行う。

3　裁判官と書記官との協働的訴訟運営

　上記のとおりの民事訴訟法上の書記官事務を実効的にする中核的な要素は，書記官が裁判官と緊密な連携を図ることによる情報の共有と認識の共通化であるところ，これは書記官と裁判官との間で相互に情報を発信し，それらを基礎にした事案の解明把握や進行についての意思疎通が十分になされることによって形成されるものである。したがって，書記官と裁判官とが互いにそれぞれの役割を十分に果たすことで職務遂行についての信頼関係を醸成し，そしてより適正な紛争の解決を指向して緊密な連携協働関係を構築することが，更に適切な事務の遂行と迅速かつ充実した審理につながるという意味で，好循環が生じていくものと考えられる。このように適正な事務遂行と緊密な連携協働関係の下に訴訟運営に当たることで，書記官と裁判官とが最大効率の司法サービスを国民に対し提供してゆくことが求められているといえる。

4　小括

　以上のような民事訴訟における書記官事務の根拠であると同時に，的確に事務を遂行する際の指針となり，協働的訴訟運営に参画していくに当たり，どのように行動するかを考える際の視点を提供するのが民事訴訟法及び同規則である。したがって，書記官は民事訴訟法規を理解しておく必要があるし，上記のような観点から，民事訴訟法の学習を進めることが肝要となる。

第3 民事訴訟法と書記官事務

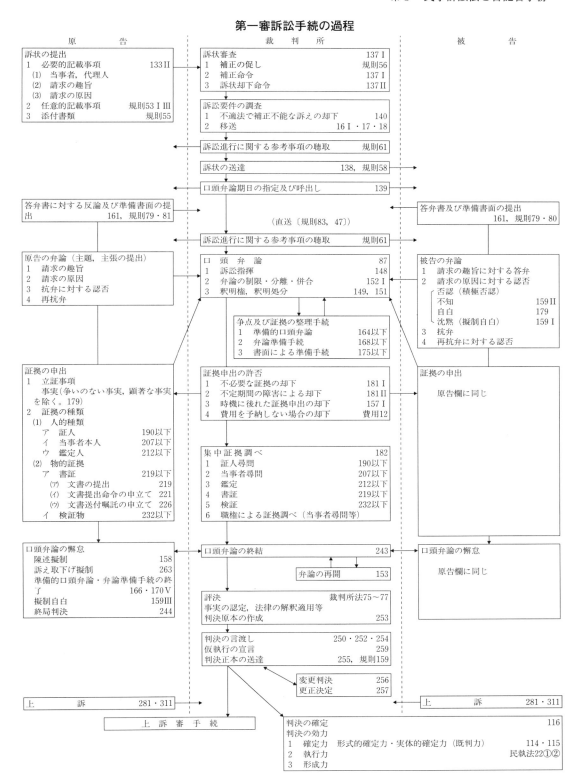

第2章 裁判所

第1 裁判所の意義

法律上「裁判所」という語は様々な意味で用いられているが,抽象的には司法権を行使する国家機関を指す。具体的には,広義では,裁判官,裁判所書記官,家庭裁判所調査官,裁判所事務官,裁判所技官,執行官などの職員が配置されて,裁判事務のほか,司法行政事務をも分担処理する包括的組織体としての官署を指し(国法上の裁判所),狭義では,事件を担当する1人又は数人の裁判官で構成する機関をいう。民事訴訟法では,直接に民事裁判権を行使する裁判機関を指し(訴訟法上の裁判所),訴訟事件を処理する場合は「受訴裁判所」といい,強制執行事件等を処理する場合には「執行裁判所」などという。

第2 主たる構成員

1 裁判官

裁判官の任務は,主として裁判をすることであって,その他の職員の行為は裁判とは呼ばない。裁判官は国家の官吏として一定の資格を持つ法律専門家の中から,内閣によって任命される(憲法79条1項,80条1項)。

なお,裁判官の事実認定及び法適用の任務を十全に果たさせるためには,個々の事件におけるその職務活動に対する一切の干渉が排除されなければならず(憲法76条,裁判所法48条,81条),また,訴訟運営に必要な情報が十分に供給される必要がある。

2 裁判所書記官

裁判所書記官は,裁判所におかれる単独制の国家機関で,その独立した権限として,事件記録などの書類の作成,保管,公証その他の法定の事務を掌る(裁判所法60条1項,2項)。民事訴訟では,口頭弁論その他の期日の審理についての調書の作成(法160条1項,規則1条2項,法254条2項),判決原本その他の記録の保管,記録の閲覧,謄写の許可,公証事務として訴訟上の事項の証明書の交付(規則158条,50条2項,法91条,規則33条,48条),書類の送達事務(法98条2項,110条,111条)のほか,執行文付与(民事執行法26条),訴訟費用額の確定処分(法71条),支払督促の発付・却下処分(法382条,385条,386条,391条)などを担当し,極めて多岐にわたる職務を担っている。書記官は,独立の国家機関としてこれらの職務を行うものであるから,裁判官が書記官に代わってその職務を行うことはできないし,書類の作成・変更に関し,裁判官の命令を受けた場合に,その作成・変更を正当でないと認めるときは,命令どおりの作成・変更に加えて,自己の意見を書き添えることができる(裁判所法60条4項,5項)。

3 裁判所速記官

裁判所速記官は,裁判官の命に従い,事件に関する速記及びこれに関する事務を掌る(裁判所法60条の2)。速記官による速記は,主として証人,当事者本人の供述について行われており,その速記録は,裁判所が引用を適当でないと認めたときを除き,調書の一部として引用される(規則70条～72条)。

第3 裁判機関の構成

1 種類——合議制と単独制

　　裁判機関には，数人の裁判官による合議制と1人の裁判官による単独制とがある。合議制は，構成裁判官が相互にその知識経験を補充し合い，慎重な審理を通じて正当な結論が導かれる蓋然性が高く，各裁判官の主観性が除去され得る。単独制は，敏活で機動的な訴訟運営が可能となり，裁判の迅速化が期待される。

　　両者の長短所を考慮して，最高裁判所（5人又は15人）及び高等裁判所（3人又は5人）は合議制であり，簡易裁判所は単独制を採用している。地方裁判所は，原則として単独制であるが，事件によっては合議制（原則3人構成）で審判し，又はすることができる（裁判所法26条）。

　　合議制の場合，構成員の1名が裁判長となり，他の裁判官は陪席裁判官と呼ばれる。裁判長は合議体の評議を整理するが（裁判所法75条2項），評決権は陪席裁判官と同等である。裁判長は，発言機関として合議体を代表し，口頭弁論の指揮，証拠調べの主宰，判決の言渡しなどを行うほか，簡単な事項及び迅速な処理を要する事項について，単独で裁判所の権限を行う（法35条1項，93条1項，108条，137条，162条，176条，規則31条1項，103条，民事執行法32条2項後段，36条1項後段）。

2 大規模訴訟の特則

　　上述のとおり，地方裁判所の合議制は3人構成が原則であるが，例外として当事者が著しく多数で，かつ，尋問すべき証人又は当事者本人が著しく多数である訴訟については，5人の合議体で審理・裁判をする旨の決定をその合議体ですることができる（法269条1項）。この場合，判事補は同時に3人以上合議体に加わることや，裁判長になることはできない（法269条2項）。合議体の継続性と慎重な審理を確保しつつ，機動的な尋問を実施することにより（法268条参照），大規模訴訟の審理の効率化・適正化を図る趣旨である。

3 特許権等に関する訴訟の特則

　　また，特許権等に関する訴訟については，特殊な専門的技術事項が問題となり，その適正・迅速な裁判のためには，審理につき特殊なノウハウが必要とされることから，その種の訴訟に精通した裁判官によって慎重に審理されることが望ましいし，その専門的技術事項や特殊なノウハウの帰趨が企業活動に対し大きな影響を与える場合もあることから，5人の裁判官による審理及び裁判をすることができるものとされている（法269条の2）。すなわち，特許権等に関する訴訟，特許権及び実用新案権に関する審決等に対する訴訟について，その帰趨が企業活動に与える影響の重大性やその審理において問題となる専門技術性の程度を考慮して，慎重な審理をするために合議体の構成員を5人とすることができるものとされている。また，これらの事件が控訴されたときは，特許権等に関する訴訟の特別の支部である知的財産高等裁判所において取り扱われることになるため，知的財産高等裁判所において5人の裁判官で構成された合議体による審理がされることによって，事実上，控訴審の段階で早期に裁判例が統一されることも期待されているといえる。

4 受命裁判官・受託裁判官

　　合議体の構成員のうちの一部の裁判官が命を受けて一定の職務行為を行う場合があり，その裁判官を受命裁判官という（法89条，規則32条，35条，法171条，185条，195条，206条など）。受

第2章　裁　判　所

命裁判官に職務を行わせるかどうかは合議体で決定し，その指名は裁判長が行う（規則31条1項）。

　裁判所間の共助として，他の裁判所から一定の事項の処理（例えば，証拠調べ，和解）を嘱託された裁判所において当該事項の処理に当たる裁判官を受託裁判官という（法89条，規則32条，35条，法185条，195条，206条など）。

第4　裁判所職員の除斥，忌避及び回避
1　意義
　裁判に対する国民の信頼を確保するため，裁判の公正の一般的な担保として，裁判所は一定の資格を有し，かつ研鑽を積んだ裁判所職員で組織されている。しかし，個々の事件について担当裁判官や裁判所書記官が，その事件について特殊な関係にある場合には，不公正な裁判がなされ又はその誤解を受けるおそれがある。このため，裁判の公正らしさの確保を目的として，当該裁判官ないし書記官を職務執行から排除しなければならない。これが除斥・忌避・回避の制度である。

2　裁判官
(1)　除斥
ア　法23条1項に列挙されている事由があると（注1），その事件に関する限り，法律上当然に職務執行から排除されることをいう。除斥原因があれば，知・不知を問わず訴訟行為は無効である。したがって，裁判所は，申立てにより又は職権で除斥の裁判をするが（法23条2項），この裁判は確認的なものである。

イ　除斥の申立てがあれば，その裁判（法25条）があるまで訴訟手続を停止する（法26条本文）。例外的に，急速を要する行為（例えば，証拠保全，執行停止など）をすることができるが（法26条ただし書），その後申立理由ありとの裁判が確定した場合，急速を要するとしてなされた行為の効力をどのように解するかについては争いがある。これに対し，急速を要しない行為であるにもかかわらず，これがなされた後に申立理由なしとの裁判が確定した場合には，その行為の違法性は治癒されると解されている。

(2)　忌避
ア　除斥原因以外に裁判官が不公正な裁判をするおそれがある場合に，当事者の申立てによって，裁判をもって，その裁判官を職務執行から排除することをいう。忌避の裁判は当事者の申立てのみによってなされるが（法24条1項，規則10条），忌避の申立ては，訴訟係属前にすることはできないし，忌避の原因を知って，裁判官の面前で弁論し又は弁論準備手続で申述した後は，することができない（法24条2項）。

　忌避の裁判が確定することによって，当該裁判官は職務行為ができなくなり，その裁判は形成的である。

（注1）　調停に関与している場合（最三小判昭30.3.29民集9－3－395［27］），第一審の証人尋問に関与しても裁判自体に関与しない場合（最二小判昭32.6.7民集11－6－983［53］），労働審判に関与している場合（最三小判平22.5.25民集234－99）には，法23条1項6号に該当しない。なお，最二小判昭36.4.7民集15－4－706［37］参照。

イ　忌避の申立てがあれば，除斥の場合と同様に，忌避の目的を達成するため訴訟手続を停止し(注1)，急速を要する行為以外はさせないこととしている（法26条）。急速を要する行為は常に有効であり，急速を要しない行為であっても，申立理由なしとの裁判が確定すれば，その違法性は治癒される（最三小判昭29.10.26民集8－10－1979［99］）。

(3)　回避

除斥又は忌避の原因があると考える裁判官が，自発的に職務執行から離脱することをいう。回避するには，司法行政上の監督権を有する裁判所の許可を要する（規則12条）。

3　裁判所書記官

裁判官に関する除斥，忌避及び回避の規定は裁判所書記官に準用される（法27条前段，規則13条）。ただ，書記官は裁判に関与しないから，法23条1項6号のような裁判を前提とする規定の準用はない（最二小判昭34.7.17民集13－8－1095［57］)(注2)。書記官に対する除斥，忌避の裁判及び回避の許可は，その書記官の属する裁判所がなし（法27条後段，規則13条），簡易裁判所の書記官に対する回避の許可は，その簡易裁判所の司法行政事務を掌理する裁判官（裁判所法37条）がする（規則13条）。

第5　民事裁判権

1　意義

具体的事件を法の解釈適用によって解決する国家権力の権能を裁判権といい，そのうち，民事事件を処理する権能を民事裁判権という。これには，裁判によって法律関係を確定又は形成し，執行によって義務を強制的に実現することのほか，これに付随して送達・公証事務を行うことなど広範なものが含まれる。この裁判権は，全国の多数の裁判所によって分担して行使される。この裁判所間の裁判権行使の分担の定めを管轄といい，この定めによって個々の裁判所が行使できる裁判権の範囲が管轄権である。

2　範囲

わが国の民事裁判権がいかなる範囲で（誰に対し，どのような事件について）及ぶのかという問題がある。

(1)　人的範囲（限界）については，わが国にいるすべての人に及ぶのが原則であり，例外として，天皇には及ばない（最二小判平元.11.20民集43－10－1160［23］）。なお，外国国家に対し，我が国の民事裁判権が及ぶかどうかについては，これまで国家が独立した主権を有することを根拠に，外国国家の行為や財産について，原則として，わが国の民事裁判権から免除されると考えられてきた（絶対免除主義）。しかし，昨今，外国国家が私人と同様の活動を行う場合が増加し，このような場合にまで，民事裁判権を免除するのは相当でなく，免除を制限す

(注1)　これは忌避の申立があったのに，訴訟手続を進めてしまうと，忌避の目的を達成しえないことを考慮したものであるが，忌避原因が極めて抽象的であること（法24条1項）と相まって，訴訟指揮に対する主観的不満を理由に不当な延引策に利用されることがある。このような，いわゆる忌避権の濫用に対しては，実務上，法25条3項の規定にもかかわらず，刑事訴訟法24条2項を類推適用して，忌避申立てを受けた裁判官が自らこれを却下する扱いがある（簡易却下）。

(注2)　刑事訴訟法上はこの趣旨が明確にされている（刑事訴訟法26条）。

べきであると考えられるようになり（制限免除主義），最高裁もこの立場を採用するに至った（最二小平18.7.21民集60-6-2542［36］）。さらに，平成21年に「外国等に対する我が国の民事裁判権に関する法律（平成21年法律第24号）」が制定され，外国国家等に対して我が国の民事裁判権が及ぶ範囲について定められている。

(2) 物的範囲（限界）については，国際裁判管轄の問題ともなる。すなわち，民事紛争が渉外的要素を伴う場合に，いずれの国の裁判所が事件を裁判すべきかという問題がある。特に，飛躍的に国際化が進んでいる経済取引の状況，あるいは離隔を感じさせないほどの通信・運送技術の進歩に照らし，国際的な民事紛争が増加している現状にある。このような場合に，管轄裁判所の決定は，単に適用される実体法・手続法の問題に止まらず，そもそも当事者の訴訟追行上の利益に決定的に影響するといえる。これまで，この点を解決する規定は置かれず，旧法当時から引き続き，もっぱら解釈に委ねられていたが，「民事訴訟法及び民事保全法の一部を改正する法律（平成23年法律第36号）」が成立し，民事訴訟法が改正され，立法による解決が図られた。

国際裁判管轄に関する規定は，その発生原因たる事実（法3条の2～3条の8），特別の事情による訴えの却下（法3条の9），専属管轄の規制（法3条の10），国際裁判管轄の調査に関する職権証拠調べ（法3条の11），管轄の標準時（法3条の12）で構成されており，その他にも国際裁判管轄に関連する規定が新設された（中間確認の訴えにつき法145条3項，反訴につき法146条3項等）。

3 裁判権の欠缺

裁判権の及ばない者は，当事者として裁判や執行を受けることはないし，証人・鑑定人となる義務もない。裁判権が及ぶことは訴訟要件の一つであり，公益に直接に関わる問題であるから，職権探知事項であり，これを欠くときは，訴えは不適法として却下される。

第6 管轄

1 意義

(1) 裁判権を行使する機関として裁判所が設置されているが，種々の目的から，多種多様の裁判所があり，同種の裁判所も多数併存している。これらの裁判所間に裁判事務の配分を定めておくことは，裁判所からすると裁判権の効率的な行使のために必要であるし，当事者からすると裁判所利用の便宜のために必要となる。このような裁判所間の裁判権の分掌の定めを管轄という。裁判所からみて裁判権を行使できる権限の範囲を管轄権といい，特定の事件からみて，その事件を処理できる裁判所を管轄裁判所という。

(2) 管轄は，裁判権と区別しなければならない。裁判権は，日本の裁判所がその事件の審判をすることができるかどうかの問題であるのに対し，管轄は，日本の裁判所がその事件を審判することを前提とした上で，日本のどの裁判所が審判できるのかという問題である。したがって，管轄の概念は，裁判権の概念よりも狭い。また，管轄は，外国に対しては日本の裁判権の限界を示すものであるが，日本の裁判所にとっては，合目的的理由に基づく分量的な事務配分であって，裁判権を質的に制限するものではない。裁判所の活動はその管轄の範囲内に止まるが，その裁判の効力は，日本の全地域に及ぶ。

第6 管　　轄

(3) 管轄は種々の視点から分類することができる。①管轄を定める標準による分類として，裁判所の機能に着目するもの（職分管轄），複数種類の第一審裁判所間の分配を規定するもの（事物管轄）及び同一種類の第一審裁判所間の分配を規定するもの（土地管轄），②管轄の定まる根拠が法律によるもの（法定管轄）とそれ以外のもの（指定管轄，合意管轄）という分類，③法定管轄の性質による分類として，他の管轄の発生を排除するもの（専属管轄）と競合的に発生し得ることを認めるもの（任意管轄）という分類などが可能である。

2　職分管轄

異質の司法作用を，機能を異にする機関に配分する管轄であり，どの種類の手続をどの種の裁判所に担当させるかという観点である。

(1) 例えば簡易裁判所には，少額訴訟手続，督促手続，訴え提起前の和解手続が，家庭裁判所には，家事調停，家事審判事件のほか人事に関する訴訟がその職分として配分されている。また，判決手続を分担する判決裁判所と民事執行手続を分担する執行裁判所の管轄も区別されている（民事執行法3条）が，これも職分管轄の例である。

(2) 審級管轄も職分管轄の一種である。審級とは，上訴の系列における下級の裁判所と上級の裁判所との関係をいう。現行審級制度は三審制であって，第一審は簡易裁判所又は地方裁判所，第二審はこれに対応して地方裁判所又は高等裁判所，第三審は高等裁判所又は最高裁判所である。

(3) 同一裁判所内の分掌である事務分配は司法行政の問題であって，管轄のように訴訟法上の効果をもつものではない。高等裁判所と同支部，地方裁判所と同支部という，いわゆる本庁と支部との関係も司法行政上の区分であって，その間には事務分配が行われるが，管轄を異にするものではない[注1]。

3　事物管轄

第一審を担当する簡易裁判所と地方裁判所との間では，訴訟物の価額又は性質によって，事件が配分される。これを事物管轄という。

(1) 民事訴訟事件については，行政事件を除き，訴訟物の価額が140万円を超えない事件は簡易裁判所に[注2]，それ以外の事件は地方裁判所に管轄権がある。ただし，訴訟物の価額が140万円を超えない不動産に関する事件については，地方裁判所と簡易裁判所とが競合して管轄権を有する（裁判所法24条1号，33条1項1号）。

(2) 訴訟物の価額（訴額）の算定

　ア　訴訟物の価額によって，事物管轄と裁判所（国）に納付すべき申立ての手数料の額が決定される（法137条，288条，314条，民事訴訟費用等に関する法律3条，4条，6条）。

　イ　訴訟物の価額は，訴えをもって主張する利益によって算定する（法8条1項）。すなわち，

(注1)　したがって，本庁と支部及び支部相互間では，訴訟の移送（第2章第7参照）の問題は生じない。これらの間で事件を移転させることを，実務上「回付」という。

(注2)　事件の難易度は必ずしも訴額に依存するものではないが，一般には，主として訴額に応じた経済的な観点から合理的な手続の選択が認められるべきであり，その意味で比較的少額の事件については，当事者の簡易迅速な手続処理の利益を優先して簡易裁判所の事物管轄とする趣旨である。もっとも，事案が複雑で地方裁判所での慎重な審理に適する場合には，移送することが可能である（法18〜19条）。

第2章 裁判所

原告の請求がそのとおり認容された場合に原告が直接受ける経済的利益を，客観的かつ金銭的に評価して算出した額である。

訴訟物の価額は，訴訟物が財産権上のものである場合に限り存在するものであるから，非財産権上の訴訟の場合には算定不能であるし，財産権上の訴えであっても算定が著しく困難な場合がある。そこで，これらの場合にはその価額は140万円を超過するものとし（法8条2項），申立手数料額の算定については，訴額は160万円とみなされることとし（民事訴訟費用等に関する法律4条2項），これを明確化している[注1]。

ウ 一つの訴えで数個の請求を併合する場合には，その価額を合算する（法9条1項本文）。一つの訴えで数個の請求を併合するとは，訴訟物が別個であり，かつ，その各々が独立の経済的価値を有する場合をいい，併合の態様・時期を問わないし，客観的併合の場合だけでなく，主観的併合の場合も含む[注2]。

以上の価額合算の原則に対する例外として，法は二つの場合を規定する。その1は，一つの訴えで数個の請求をする場合であっても，主張する利益が各請求について共通であるときは合算しない（法9条1項ただし書）[注3]。その2は，果実，損害賠償等の請求が附帯請求として，主たる請求に併合される場合には，附帯請求の価額は算入しない（法9条2項）[注4]。

エ 訴訟物の価額の算定は訴え提起の時を標準としてなされる（法15条）。

オ 裁判所は，職権によって訴訟物の価額の算定をするものであり，必要があれば職権で証拠調べをすることができる（法14条）。

4 土地管轄

(1) 意義

全国に同種類の第一審裁判所が多数設置されていることから，一定区画に関係のある事件はどこの裁判所の管轄とするかを定める必要がある。この定めが土地管轄である。各裁判所の管轄区域は法定されている（下級裁判所の設立及び管轄区域に関する法律）。

(2) 裁判籍

ア 意義

土地管轄は，事件と一定の関係を有する地点を定め，この地点をその管轄区域内にもつ

(注1) どのような場合が「極めて困難であるとき」に該当するかは解釈問題である。これまでに判例で問題となったものとしては，ホテルの営業受託者たる地位確認訴訟に関する最三小判昭49.2.5民集28－1－27 [17] や，住民訴訟に関する最一小判昭53.3.30民集32－2－485 [13] などがある。これら以外には，人格権に基づく差止請求訴訟，商法等の規定に基づく取締役等の違法行為の差止請求訴訟，従業員たる地位の確認等が挙げられる。

(注2) 法38条後段の共同訴訟に関して，判例は，いずれの共同訴訟人に係る部分も，受訴裁判所が土地管轄権を有しているものについて，法7条ただし書により法9条の適用が排除されることはないとして，各請求の訴額を合算して事物管轄を判断している（最二小判平23.5.18民集65－4－1755，最二小判平23.5.30集民237－1）。

(注3) これは従前の実務の取扱いを明文化したものであって，例えば，主債務者に対する請求と保証人に対する請求とを併合した場合も経済的利益の共通性を基礎に合算しないとするのがこれにあたる。請求の基礎となる実体法上の権利の性質，事案の内容等を考慮して，利益の共通性を判断することとなろう。

(注4) もっとも，もしこれらを主たる請求と併合せずに別訴で請求するときは，本来は独立の訴訟物なのであるから，それらの額によって訴額が定まる。

裁判所に当該事件についての管轄権を認めるという方法で決定される。この事件と裁判所の管轄区域との関係を決定する地点を裁判籍という。裁判籍は，ある者を被告とする一切の訴訟について，一般的かつ原則的に認められる場合と，ある限定された種類又は範囲の事件についてのみ認められる場合とがある。前者を普通裁判籍といい，後者を特別裁判籍という。

イ　普通裁判籍（法4条）

　事件の内容・性質に関係なく一般的に認められる裁判籍であって，訴えは，原則として被告の住所又は主たる事務所というその本拠地所在の裁判所に提起することを要する。これは，もっぱら被告の応訴の利益を考慮した形式となっており，一方的に訴えを提起されて裁判手続に巻き込まれる被告の応訴・防御上の利益を保護する趣旨である。

ウ　特別裁判籍

　(ｱ)　事件の内容等を考慮して，普通裁判籍と競合して認められるのが特別裁判籍である。この場合，訴えを提起しようとする者は，競合する数個の裁判籍のうち，いずれかを選択すればよい。

　(ｲ)　財産権上の訴えの特別裁判籍は法5条列挙のとおりであり，義務履行地，事務所・目的物の所在地，不法行為地等とされている。これらは原告の訴えの便宜等のために普通裁判籍を拡張するものであるが，請求の基礎となる行為との関係でみると，いずれも被告の取引行為又は不法行為との場所的関係を考慮しており，証拠の所在地と結びつけることにより，被告の応訴上の利益や訴訟審理の便宜にも配慮しているといえる。

　(ｳ)　関連裁判籍——併合請求の裁判籍（法7条）

　　関連裁判籍とは，他の事件又はその訴訟手続と関連を有することに基づいて，これに関係のある裁判所に管轄が認められる場合をいう。例えば，併合請求の裁判籍（法7条），当事者参加（法47条），反訴（法146条）などの裁判籍がこれにあたる。

　　併合請求の裁判籍（法7条）は，原告の併合提起の便宜のほか，訴訟経済上の理由や，これを認めても被告の応訴上の不利益は大きくないことなどを考慮したものであるが，併合請求の中には多様なものが含まれており，関連性の程度も様々である。そこで，法7条は，同一被告に対し数個の請求を併合提起する場合（請求の客観的併合）のほか，数人の被告に対する請求を一つの訴えで併合提起する場合（請求の主観的併合，共同訴訟）のうち，法38条前段（権利義務の共通又は事実上及び法律上の原因の同一）の場合に限定して裁判籍を認めている(注1)。

5　指定管轄（法10条）

　法定の管轄権のある裁判所が，法律上（例えば，裁判官の除斥・忌避による執務の不能）又は事実上（例えば，裁判官の病気，天災地変による裁判所の執務不能）裁判権を行うことができな

（注1）　法7条ただし書が共同訴訟につき法38条前段の場合に限定したのは，その後段における請求相互間の関連性が希薄であることに照らし，被告が無関係な場所の裁判所へ応訴を余儀なくされるおそれを考慮したものであり，旧法下での争いにつき，判例（大決昭9.8.22新聞3746－11）・通説を採用して立法的に解決したものである。法7条は，土地管轄についての規定であり，事物管轄について規定するものではない。したがって，法38条後段の共同訴訟であっても，受訴裁判所がいずれの共同訴訟人に係る部分も土地管轄権を有しているのであれば，事物管轄については，法9条本文により訴額を合算して判断する。

第2章　裁 判 所

いとき，又は裁判所の管轄区域が明確でないため管轄裁判所の定まらない場合に，当事者の申立てにより，関係裁判所に共通の直近上級裁判所が管轄裁判所を定める。これによって定まる管轄を指定管轄（裁定管轄）という。指定された裁判所は，その事件についてのみ管轄権を有する。

6　合意管轄（法11条）

(1)　意義

法定管轄は，公益的要求の強い専属管轄を除けば，主として当事者の公平と便宜とを考慮して定められているから，その範囲で，当事者の合意によって法定管轄を変更することが許されている。この合意によって定まる管轄を合意管轄という[注1]。

(2)　要件

ア　第一審の管轄に関すること

合意管轄は，当事者の訴え提起の便宜を考慮して認められた管轄であるから，上訴審裁判所についての管轄合意は許されない。第一審である限り，土地及び事物管轄のいずれでもよい。

イ　一定の法律関係に基づく事件に関すること

法律関係が特定されていないと，合意による管轄裁判所に訴えを提起することについての利害を十分に判断することができず，被告の管轄の利益を害するおそれがあるからである。したがって，甲乙間に将来起こるべき一切の訴えなどという漠然とした決め方は許されない。もっとも，一定の法律関係であればよいから，1個の法律関係でなく数個のそれであってもよく，現在の法律関係に限らず，将来のそれであってもよい（例えば，甲乙間のA家屋の賃貸借契約に基づく一切の紛争と定めるのはよい。）。

ウ　書面をもってすること

当事者の意思を明確に書面化することにより後日の紛争を予防する趣旨である。この趣旨が達せられる限り，別異の書面によることも差し支えないし，申込みと承諾が異時でもよい。

エ　専属管轄の定めがないこと

当事者の意思による管轄権の発生も，公益的要請に基づく専属管轄に反する合意までも許容するものではない。

オ　管轄裁判所が特定されること

合意の趣旨から管轄裁判所が特定されていることが必要であるが，1個か数個かは問わないし，法定管轄の一部を排除する消極的合意でもよい[注2]。

カ　合意の時期については制限はないが，訴訟が管轄裁判所に係属した場合は，合意によってその管轄権を失わせることはできないから（法15条），その後の合意は移送（法17条，19

(注1)　平成8年改正法の検討過程では，消費者保護の見地から，法人ないし商人の場合に限定すべきかどうか，専属的合意をしても付加的合意の効力しか認めないとする考え方はどうかなどについても検討されたが，合理的な利用を確保しつつ限定を加えることの立法技術上の問題もあって，見送られた。

(注2)　一切の裁判所を排除する旨の合意は，合意の解釈の問題ではあるが，不起訴の合意とみられる場合もあろう。

第6　管　轄

条）を申し立てる前提としての意味を有するに止まる。
(3)　態様
排他的合意，選択的（付加的）合意，専属的合意がある。すなわち，競合する法定管轄の一部を排除するか，法定管轄外の裁判所に付加的に管轄を認めるか，法定管轄の有無を問わず，特定の裁判所にだけ管轄を認めるという形でなされる（ただし，この専属的合意管轄は法律上の専属管轄とは全く同列というわけではない[法16条2項ただし書かっこ書，20条1項かっこ書，299条1項ただし書かっこ書参照](注1)。）。

(4)　効力
ア　管轄の合意は，直接かつ即時に，管轄権を発生又は消滅させる。専属的合意も法律上の専属管轄の効力をもつものではないから，合意と異なる裁判所に訴えを提起しても，応訴管轄を生ずる余地がある。

イ　管轄の合意の効力は当事者のみを拘束し，第三者に及ばないのが原則である。しかし，当事者の一般承継人のほか，当事者の権利を代わって行使するにすぎない破産管財人や債権者代位訴訟における債権者は合意に拘束される。特定承継人にも及ぶかどうかは，目的たる権利関係の内容が当事者の意思によって定めることができるかどうかによって決まる。管轄の合意は，権利行使の条件として，その権利の内容をなすとみられるからである。したがって，債権のように当事者の意思によってその内容を定めることができる権利関係については，特定承継人にもその効力が及ぶが，物権はその内容が法定されており，管轄の合意をその内容に含ませることはできないから，その効力は特定承継人に及ばない。

ウ　管轄の合意について争いがあるときは，その立証責任は合意の存在を主張する者が負担する。

エ　管轄の合意の要件効果はもっぱら訴訟法によって定まる（その意味では訴訟行為の一つといってよい。）が，合意自体は訴訟外で実体法上の取引行為に付随してなされる行為であるから，意思表示の瑕疵については民法の規定を類推適用すべきである（第5章第5の2(2)エ）。

7　応訴管轄（法12条）

(1)　原告が土地管轄又は事物管轄違いの第一審裁判所に訴えを提起した場合，被告が管轄違いの抗弁を提出しないで本案について弁論をし，又は弁論準備手続において申述したときは，その裁判所は他に専属管轄権を有するものがない限り，自らが管轄裁判所になる。

(2)　本案につき弁論するとは，原告の主張する訴訟の目的たる権利又は法律関係について事実上又は法律上の陳述をすることをいう。すなわち，被告が口頭弁論で請求原因その他の事実について認否をすることは本案について弁論したことになるが，単に期日の変更又は延期を申し立てたり，訴訟要件の欠けていることを理由に訴え却下を申し立てたりするのは，本案の弁論ではない。ただし，「原告の請求を棄却する。」との陳述をしたに止まる場合については争いがある。学説は，訴訟要件の一つである管轄の問題を争わずに請求の排斥を求めるものであるとして，本案の弁論に含まれると理解する見解が強いが，判例（大判大9.10.14民録

(注1)　専属的な管轄の合意がなされても，それはあくまで当事者の合意を基礎とするものであり，公益的要請に基づく法律上の専属管轄とは同列ではないことを法は明示しているのである。したがって，専属的合意管轄の場合であっても，要件を充足するときは，移送（法16条～19条）することは可能である。

第2章　裁判所

26-1495）は，請求の理由の有無に触れずに，一応請求棄却の判決を求めておいて，認否は次回にするとして期日の続行を求めている限りでは，事実上又は法律上の争点に移っていないとして，請求棄却を求める旨の答弁は本案の弁論には含まれないとしている[注1]。また，被告は管轄違いの裁判所に出頭する義務はないから，本案に関する陳述を記載した準備書面を提出しただけでは期日に出頭しなければ応訴したことにはならない。

8　専属管轄

(1)　意義

法定管轄の中で，特に訴訟事件処理の適正迅速という公益的要求に基づいて，ある事件を特定の裁判所の管轄にのみ属するものとし，同一事件について他の裁判所が管轄を持つことを排除するような性質の管轄の定めを専属管轄という。

(2)　範囲

審級管轄，職分管轄（例えば，民事執行法19条，民事保全法6条など）は，原則として専属管轄とされる。そのほか，専属管轄の場合には，法律が個別的にその旨規定している（法117条2項，340条，破産法126条2項，人事訴訟法4条，会社法835条1項，862条など）。

(3)　効果

専属管轄の定めのある事件については，他の一般規定による管轄は生じないし（法13条），裁判所も訴訟を移送できない（法16条2項ただし書，20条1項。ただし，20条の2第1項）。専属管轄に違反した判決は常に上訴をもって争うことができる（法299条1項ただし書，312条2項3号）が，専属管轄違反は再審事由ではないから，確定すれば判決の瑕疵は治癒される。

(4)　特許権等に関する訴訟についての管轄

平成8年改正法は，特許権等に関する訴えについては，特別裁判籍を拡張して，東京，名古屋，仙台又は札幌高等裁判所の管轄区域内に所在する地方裁判所が管轄権を有する場合には東京地方裁判所にも，大阪，広島，福岡又は高松高等裁判所の管轄区域内に所在する地方裁判所が管轄権を有する場合には大阪地方裁判所にも管轄権を認めて，専門的処理を行っている裁判所での裁判を受ける機会を拡大した（競合的広域管轄）。平成15年改正法は，これを更に進めて東京又は大阪地方裁判所の専属管轄としている（法6条1項）。そして，その控訴審の管轄についても東京高等裁判所の専属管轄として，事件の集中を図っている（法6条3項）[注2]。東京高等裁判所には，特別の支部として知的財産高等裁判所が設けられており，知的財産高等裁判所については，専門的処理体制が整備されるとともに，司法行政上もその独立性に配慮されている（知的財産高等裁判所設置法［平成16年法律第119号］）。知的財産権に関する事件における裁判所調査官の権限拡大・明確化や関係法令上の民事訴訟法の特則等については

（注1）　判例の見解は，被告が出頭した上で現実に実質的に「弁論をし」なければ応訴したとはいえないと考えるものである。その意味では第1回期日を開きながら，なお管轄権の発生未定の状態が生じることになるが，本来的な管轄裁判所で裁判を受ける被告の利益を重視している見解といえよう。
（注2）　管轄は，多種多様な民事事件を各種・各地の裁判所にどのように分掌させるのが合理的かという司法政策的観点に基づき決定されるものであるが，知的財産権訴訟については管轄の集中が図られた。すなわち，知的財産権訴訟については，平成8年改正法では競合管轄としていた点で原告の意思を重視する要素を残していたが，平成15年改正法では特定の裁判所に専門的知見と事件を集積させ，それに基づき更に一層適正な裁判の実現を指向する司法政策的考慮に基づき専属管轄化が図られたのである。

後述する（第5章第7の2(5)，同章第12参照）。

　特許権等に関する訴訟についての専属管轄化が図られた趣旨に照らせば，東京地方裁判所と大阪地方裁判所との間においては，そのいずれかで審理される限りにおいては，専属管轄とした趣旨に合致する。したがって，そのいずれかである限りは，併合請求による管轄，合意管轄(注1)，応訴管轄(注2)を発生させることは妨げられない（法13条2項）。また，中間確認の訴えや反訴の要件，第一審の管轄違いの主張の制限や上告の理由においては，専属管轄に違反した場合について，特別の規律がなされているが，東京地方裁判所と大阪地方裁判所との間では，これらの特別の規律の適用はなく，民事訴訟法の一般原則によることとなる（法145条2項，146条2項，299条2項，312条2項3号）。これらの点が，通常の専属管轄の効果とは異なる。

　なお，平成15年改正法では，意匠権，商標権，著作者の権利（プログラムの著作物についての著作者の権利を除く。），出版権，著作隣接権若しくは育成者権に関する訴え又は不正競争防止法による営業上の利益の侵害に係る訴えについては，上記と同様の趣旨ではあるものの，専属管轄とするまでの強度の要請ではないとの考慮から，競合的広域管轄としている（法6条の2）。

9　管轄権の調査
(1)　原則
　受訴裁判所は，訴えについて，管轄権を有する場合にのみ本案の判決をすることができる。すなわち，管轄権の存在は訴訟要件である。したがって，裁判所は，その存在について疑いがあれば，職権で調査しなければならない。そのためには，職権で証拠調べをすることができる（法14条）。

(2)　調査の範囲
　専属管轄の存否は職権調査かつ職権探知事項であるが，その余の任意管轄事項については，当事者間に争いがなければ証拠調べの必要はなく，原告の主張に基づいて管轄を認定すれば足りる。ただ，事物管轄の基準となる訴訟物の価額は，他面，手数料算定の根拠ともなるので，職権で調査しなければならない。

　訴訟上の請求の種類，性質及び範囲並びに請求を理由づける事実によって管轄が定まる場合（例えば，不法行為地や義務履行地で定まる土地管轄など）において，被告がこれを争うときは，裁判所はどの程度審理をすべきかが問題になる。原告が現に主張するところをそのまま基準として管轄を定めるとの見解もあるが，被告の不利益を考慮して一応の証拠調べをしなければならないとの見解が相当であろう。ただし，管轄権の有無に関する決定の中でされた事実認定は，受訴裁判所及び移送を受けた裁判所を拘束しないと解するのが相当である。また，管轄が訴訟物に直接関係のない事実（例えば，住所，財産所在地など）によって定まる場合は，その事実の存否を調査し確定した上，これを基準として管轄を定めなければならない。

(注1)　大阪地方裁判所に管轄が認められる場合であっても，当事者の合意により東京地方裁判所に管轄を生じさせてその審判を受けることが可能である。
(注2)　大阪地方裁判所に管轄が認められる場合であっても，東京地方裁判所に訴えが提起され，被告がこれに応訴することにより，東京地方裁判所において審理を受けることが可能である。

調査すべき事実について疑いがあるとき，又は移送の申立てがあったときには，原告がその事実の存在を立証しなければならないし，裁判所も職権で存否を調査することができる。

(3) **調査の時期**

受訴裁判所は，管轄について，訴訟のいかなる段階でも調査することができる。ただし，控訴審では，任意管轄違反を理由として第一審判決の取消しを求めることができないから（法299条1項），管轄の調査もこの限度において制限を受ける。

(4) **調査の標準となる時点**

管轄は訴え提起の時を標準として定める（法15条）。したがって，管轄を定める事情がその後変更（例えば，物価の上昇，住所の変更など）しても管轄は変わらない（管轄の恒定）。管轄原因の変動に伴って管轄が変動するとすれば，管轄原因の変動が争いとなるたびに審理が渋滞するし，裁判所は常に管轄原因の変動に留意しなければならず，手続が不安定となるからである。しかし，訴訟物の変更があったときは（例えば，請求の拡張など），管轄に影響することがある。

(5) **調査の結果**

管轄権の存在が認められればそのまま本案の審理を進める。なお，この場合において，被告から管轄違いの抗弁が提出されているときには，それについて中間判決（法245条）又は終局判決の理由中で判断する。管轄権がないと認めれば，決定で，管轄権のある裁判所に移送する（法16条1項）。ただし，地方裁判所は，その管轄区域内の簡易裁判所の事件ならば，その専属管轄に属しない場合には，移送しないで自ら審判してもよい（法16条2項）。

第7 訴訟の移送

1 意義

訴訟の移送とは，訴訟の係属している裁判所が，裁判をもって，その訴訟を他の裁判所に移転・送致することをいう。訴訟の移送には，第一審訴訟の移送のほかに，上訴審における移送（例えば，法309条，324条，325条）がある。その立法趣旨はそれぞれ異なるが，移送制度に一貫して流れるのは，訴訟経済の要請と抽象的画一的処理の方式を具体的事案に即して弾力的に調整しようとする思想である。

2 移送原因

(1) **管轄違いに基づく移送（法16条）**

ア 趣旨

原告が管轄のない裁判所に訴えを提起した場合に，他の訴訟要件が欠けている場合と同じように訴えを却下すれば，原告は，訴えを提起し直す手数と費用とを要するのみならず，訴え提起に基づく時効の中断，期間遵守の利益（例えば，行政事件訴訟法14条）を失う結果を生ずることもある。他方，被告は管轄裁判所で審判を受けることに異議はないはずである。そこで，被告の管轄の利益を害せずに原告の不利益を救済するため，申立てにより[注1]又は

(**注1**) 同趣旨の旧法30条は，当事者の移送申立権も不服申立権も明記していなかった。しかし，管轄の存否は当事者の利害に密接に関わるため，平成8年改正法では移送申立権を付与し，これを却下した決定に対し即時抗告（法21条）を許すこととして，実体審理の前提部分についても手続保障を確保している。

職権で，受訴裁判所がその訴訟を管轄裁判所に移送することが認められている。

イ　適用範囲

　　第一審の管轄裁判所を誤った場合であれば，土地・事物の管轄を問わないし，高等裁判所や最高裁判所に訴えを提起したような場合にも，本条により移送することができる（最決昭22.9.15集民1－1）。上訴が管轄権を有しない上級裁判所に提起された場合はどうか。審級管轄は自動的に定まっていて，管轄違いの裁判所への上訴によって移審の効力は生じないし，移送を認めると判決の確定時期を不明確ならしめるとして本条の適用を否定する見解もあるが，判例（大決昭8.4.14民集12－629，最判昭25.11.17民集4－11－603，最決昭23.5.13民集2－5－112）は肯定している。

ウ　地方裁判所による簡易裁判所事件の自庁処理

　　地方裁判所は管轄区域内の簡易裁判所の管轄事件について，その専属管轄に属する場合を除き，相当と認めるときは，申立てにより又は職権で，自ら審判することができる（法16条2項）。これは，簡易裁判所が地方裁判所の管轄区域内に散在して配置されていることが多く，証人・訴訟代理人等の出頭の便宜の観点から地方裁判所で審理することが相当な場合もあるし，また，簡易裁判所の訴訟手続が簡易化されていることから，慎重に審理するのが相当な場合には地方裁判所の訴訟手続で審理するのが適当な場合もあること，さらに関連事件が既に地方裁判所に係属している場合などに地方裁判所が受理することを可能にする趣旨である。自庁処理の相当性の判断は，地方裁判所の合理的な裁量にゆだねられているものと解されている（最二小決平20.7.18民集62－7－2013［21］）。なお，地方裁判所が自ら審理する旨の決定に対しては，即時抗告ができない。この，自庁処理決定は，管轄権を設定する意義を有することとなる。

(2)　**遅滞回避・衡平確保のための移送（法17条）**

ア　趣旨

　　法は普通裁判籍のほかに数多くの特別裁判籍を設けていることから，一つの訴えにつき数個の管轄裁判所が競合し得る。この場合，原告はその一つを任意に選択して訴えを提起できるが，原告が選択する裁判所が常に審理に適するとは限らないし，管轄合意の利用と相まって被告の応訴上の利益を損なう場合もあり得る。そこで，第一審裁判所は，訴訟がその管轄に属する場合であっても，訴訟の著しい遅滞を避け，又は当事者間の衡平を図るため必要があると認めるときは，申立てにより又は職権で，訴訟の全部又は一部を他の管轄裁判所に移送することができることとしている。

イ　移送要件の緩和と考慮要因

　　旧法31条では，「著キ損害又ハ遅滞ヲ避クル為」という要件を設定していた。この点，企業活動等は全国規模で展開しているためその相手方たる消費者は全国に散在していることが多い現状にあって，広範な定型約款の利用により，被告の住所地等からは遠隔の地にある原告企業の本店等の所在地の裁判所を管轄裁判所とする合意が当該契約内容に織り込まれていることが多い[注1]。そのためいったん訴訟になると，被告の応訴上の利益が損な

(注1)　実務上，管轄の合意に関する条項が，賃貸借契約書，割賦販売契約書，普通保険約款，銀行取引約定書などに含まれていることが多い。

第2章　裁判所

われ，訴訟経済に反する事態が生じていた(注1)。そこで，平成8年改正法の審議過程において，管轄合意に対する規制を加えることも検討されたが，むしろ個々の事案ごとに当事者双方の事情と訴訟経済を考慮して弾力的な運用を図るのが望ましいことから，本条の移送要件を緩和することによって対応し，著しい損害に代えて，当事者間の衡平を要件としている。

　　法が移送要件の判断に際して考慮すべき事情として列挙するものは，①当事者の住所，②尋問を受けるべき証人の住所，③使用すべき検証物の所在地，④その他の事情である。いずれも「訴訟の著しい遅滞を避け」，又は「当事者間の衡平」を確保するため，すなわち，審理効率，訴訟経済又は当事者間の実質的対等関係を実現するために必要な事情を十分に考慮しなければならない(注2)。

(3) **当事者の合意に基づく必要的移送（法19条1項）**

　ア　第一審裁判所は，簡易裁判所と地方裁判所とを問わず，当事者の申立て及び相手方の同意があるときは，原則として，申立てに係る地方裁判所又は簡易裁判所に移送しなければならない（法19条1項本文）。

　イ　旧法31条ノ3第1項本文では，申立て及び同意に基づく必要的移送が可能なのは，簡易裁判所に訴えが提起された場合であって，しかも，その所在地を管轄する地方裁判所への移送が申し立てられた場合に限られていた。しかし，平成8年改正法では，合意管轄を許容している趣旨を訴え提起後に及ぼしてこれを拡張し，旧法が規定していた①簡易裁判所からその所在地を管轄する地方裁判所への移送のほか，②簡易裁判所から他の簡易裁判所へ，③地方裁判所から他の地方裁判所へ，④簡易裁判所からその所在地を管轄する地方裁判所以外の地方裁判所へ，⑤地方裁判所から簡易裁判所へも本条により移送が可能となった。

　ウ　ただし，移送により著しく訴訟手続を遅滞させることとなるとき(注3)，又は上記イ①の申立て以外の場合であって，被告が本案において弁論をし，若しくは弁論準備手続におい

（注1） そのため，旧法下の裁判実務では，合意管轄条項を付加的合意であると解釈して旧法31条（現行法17条）により移送するというテクニックが駆使されていた。しかし，旧法31条は「専属管轄ニ属スルモノヲ除ク」としていたことから，専属管轄の合意がある場合には同条による移送はできないとするのが多数説及び下級審裁判例の大勢であったから，そのような解釈手法にも限界があった。そこで，本文で述べるように，移送要件を緩和するとともに，移送の制限事由としての「専属管轄」から当事者が合意で定めた専属管轄を除くことにより，専属的な管轄の合意がある場合であっても移送ができるよう規定を改めている（法20条1項かっこ書）。

（注2）「訴訟の著しい遅滞」，「当事者間の衡平」という概念は要件としては概括的なものであるため，法は考慮事情を具体的に規定している。①②からは，当事者又は証人の裁判所への出頭の労力，時間及び費用の点を検討し，また，②③からは，証拠調べの種類と難易度等を検討し，これらに加え，④その他の事情として，請求の種類・内容，当事者の身体的な事情，訴訟代理人の有無及びその事務所の所在地，当事者双方の経済力等を斟酌し，総合した上で，訴訟の完結を遅滞させるおそれはないかどうか（公益的理由），「当事者間の衡平」を害しないかどうか（当事者の利益）を判断することとなる。そして，両者は同格であるから，当事者の利益保護の観点から移送を許容する範囲が拡大されたといえる。

（注3） これは公益的要請を優先する趣旨であるが，そもそも合意による必要的移送が認められる根拠は，合意管轄が許容される根拠と同様，公益上の問題が生じない限りにおいて当事者の意思を尊重すべきという点にあるから，合意管轄と本条とはパラレルに理解される必要がある。

て申述した後は(注1)，本条による移送はできない（法19条1項ただし書）。
  (4) 簡易裁判所から地方裁判所への移送
   　簡易裁判所は，国民に身近な裁判所として訴訟手続の簡素化が図られ，少額軽微事件を簡易迅速に解決することを狙いとして創設されたものであり，したがって，簡易裁判所の管轄に属する事件であっても，その趣旨に適合しない訴えについては，地方裁判所へ移送するのが相当である。そのため法は，①裁量移送（法18条），②不動産訴訟の必要的移送（法19条2項），③反訴提起に基づく必要的移送（法274条）の三つを規定している（第11章第1の3参照）。
  (5) 特許権等に関する訴訟についての裁量移送（法20条の2）
   　特許権等に関する訴訟は東京又は大阪地方裁判所の専属管轄とすることによって，より一層の審理の充実と迅速化を図っていることは前述のとおりであるが，そのような訴訟であっても，その審理において専門的技術的事項が問題とならない場合（例えば，相続による特許権の帰属が争われている事件や単なる経済的理由からライセンス料を支払わない事件など）には，専門的処理体制が整っている東京又は大阪地方裁判所で審理を受ける必要性は乏しく，これらの訴訟について専属管轄を維持することがかえって当事者又は証人の住所等の事情を考慮すると，当事者に著しい損害又は遅滞が生ずることも考えられる。そこで，法は，これらの事情を考慮して，当事者の便宜，審理の実質効率の観点から，民事訴訟法の一般原則による地方裁判所にこれらの訴訟を移送することができるものとしている（法20条の2）。法17条による裁量移送の考え方を専属管轄を離脱する局面においても及ぼしたものであり，訴訟を移送すべき裁判所を決定するに際しては，法17条に列挙されている事由が考慮されることとなる。
 3 移送の裁判とその効果
  (1) 移送の申立ては，理由を明らかにした書面でしなければならない（規則7条）。期日においてする場合は口頭で行うことができる。法17条（遅滞回避裁量移送），法18条（簡易裁判所の裁量移送），法20条の2（特許等訴訟における裁量移送）の申立てがあったときは，反論の機会を与えるため，裁判所は，相手方の意見を聴くことを要する（規則8条1項）(注2)，(注3)。裁判所が職権でこれらの移送決定をするときは，当事者双方の意見を聴取することができる（規則8条2項）。
  (2) 移送の裁判は決定でなされ，これに対しては即時抗告によって不服申立てをすることがで

（注1）　本文イ①を除いているのは旧法を維持したものである。これに対し，イ①以外の場合につき時期的制限を付しているのは，被告が応訴意思を表明し本格的に審理が開始された後に合意移送を認めるのは，訴訟経済に反することとなるほか，忌避ができない場合（法24条参照）にその潜脱を許すことにもなるからである。
（注2）　実務においては，本案前の派生紛争についての審理を迅速にするために，意見書の提出期限を定めた上で（ただし，期限を徒過しても強制力を発動するような拘束力はない。），移送申立書を相手方に送付して意見を聴取することが多い。
（注3）　第1回口頭弁論期日前に被告から移送申立書が提出されたとき（実務上，移送申立てが却下されたときに備えて答弁書も併せて提出されることが多い。）は，原告の意見を聴取した上でこれに対する判断をする必要があり，通常は，被告は移送申立てに対する判断がなされるまで出頭しないことが多いので，第1回口頭弁論期日では実質的な審理に入らず，延期又は期日を取り消して次回期日を追って指定とすることが多い。

第2章　裁判所

きる（法21条。ただし，法274条2項）。
(3)　移送の裁判が確定したときは，移送の裁判をした裁判所の書記官は，移送を受けた裁判所の書記官に対し訴訟記録を送付しなければならない（規則9条）。
(4)　移送の裁判が確定したときは，訴訟は初めから移送を受けた裁判所に提起されたものとみなされるから（法22条3項），訴え提起に基づく時効の中断，法律上の期間遵守の効力は保持される。
(5)　移送前の移送裁判所で行われた訴訟行為が移送後もその効力を保持するかどうかについては，場合を分けて考えなければならない。
　ア　本来的に管轄権を有する裁判所が移送した場合（例えば，法17条～19条）には，移送前の訴訟行為は当然その効力を保持するから，移送を受けた裁判所は，裁判官の更迭の場合と同様に，弁論更新の手続（法249条2項）をすればよい。
　イ　これに反し，本来管轄権を有しない裁判所が管轄裁判所に移送した場合（例えば，法16条）には，①移送前の移送裁判所の訴訟行為はすべて有効，②移送された事件について専属管轄の定めがある場合には，移送裁判所の移送前の訴訟行為はその効力を失うが，それ以外の場合にはその効力を保持する，③専属管轄の定めの有無にかかわらず，移送裁判所のした訴訟行為はすべて無効とする，との三つの考え方がある。専属管轄違反は上訴理由とされているし（法299条1項，312条2項3号），専属管轄の定めのない事件についても，法308条2項の規定から，本来管轄権のない裁判所における訴訟行為は無効とすべきであるとの趣旨が窺われるから，③説が妥当であろう。したがって，この場合には，移送を受けた裁判所は最初から手続をやり直すことになる。もっとも，例えば，移送裁判所における当事者の自白は，移送後は裁判外の自白として受移送裁判所において主張することができるし，人証の証拠調べの結果は，書証として提出することができる。
(6)　受移送裁判所は，確定した移送の裁判によって拘束され（法22条1項），受移送裁判所は，これと異なる見解の下に，他の裁判所に再移送することはできない（法22条2項）。これは管轄に関する各裁判所の見解の相違による移送の繰り返しを避けるためである。
　　移送の裁判が専属管轄の定めに違反してなされた場合の拘束力について，積極，消極の考え方がある。本条が再移送による不安定さを防止するためにあり，移送の裁判自体について抗告による不服申立ての途が開かれているのであるから，積極説が相当である。この立場によれば，上級審で一審の専属管轄違いを主張することはできなくなり，法299条1項ただし書，312条2項3号の例外の場合となる。
　　移送後，別個の理由によって再移送できるかについても，積極，消極の考え方があるが，事由を異にすれば前の移送の裁判の効力は及ばないと解すべきであるから，再移送を妨げないと解するのが相当であろう。例えば，管轄違いを理由として移送を受けた裁判所が，著しい遅滞を避けるため，あるいは原告が請求を拡張して訴額が140万円を超えた場合には，再移送することができる。

第8 共助

1 意義
　裁判所その他の司法機関が互いに協力補助し合うことをいう。法律の定めによる協力であるから，法律上の共助ともいわれる。

2 国内共助
(1) **裁判所間の共助**
　裁判所は裁判事務について，互いに必要な補助をしなければならない（裁判所法79条）。共助は，事件の係属する裁判所が，その事件についての特定の事項の処理を他の裁判所に嘱託する関係をいい，事件そのものの処理を他の裁判所に譲ってしまう移送とは異なる。例えば，和解の試みの嘱託（法89条），証拠調べの嘱託（法185条，195条，210条，規則142条）などがあるが，この嘱託事項を処理する裁判官を嘱託裁判所との関係で，受託裁判官という。

(2) **裁判所書記官の間の共助**
　例えば，送達の嘱託（規則39条）などがある。

(3) **他官庁との間の共助**
　例えば，調査の嘱託（法151条1項6号・2項，186条）などがある。

3 国際共助
　条約又は相互保証に基づいて，送達，証拠調べなどについて，外国の裁判所との共助が認められる場合がある（法108条，184条）。

第3章　当事者

第1　当事者の意義
1　意義
　訴訟は，利害の対立する紛争関係人を当事者として手続に対立的に関与させて，それぞれの主張や証拠を互いにぶつけ合える地位と機会を対等に付与するという構造を有する（二当事者対立の原則）。私法上の権利関係の存否をめぐり対立する利害関係人が訴訟当事者である。すなわち，訴え又は訴えられることによって判決の名宛人となるべき者を当事者という（法115条1項1号参照）。訴訟当事者であるためには，自己の名において判決を求めればよく，必ずしも権利者自身である必要はない（例えば，他人の権利関係の確認を求める場合や破産管財人［破産法80条］など）。このことからも窺えるように，当事者という概念は純粋に形式的な概念である。

　当事者の呼称は，判決手続においては，原告・被告（上訴審では，控訴・上告を提起する者を控訴人・上告人，その相手方を被控訴人・被上告人），強制執行手続，民事保全手続，督促手続においては，債権者・債務者，訴え提起前の和解手続，証拠保全手続においては，申立人・相手方，抗告手続においては，抗告人・相手方，再審手続においては，再審原告・再審被告という。

2　当事者の確定
(1)　確定の必要性
　個々の訴訟において，誰が当事者として扱われるべきかを決定することを当事者の確定という。訴訟において誰が原告で誰が被告であるかが分からないと，裁判や執行の直接の名宛人が決まらないから，裁判権の発動が無意味になる。また，判決手続において，人的裁判籍，裁判官の除斥原因，判決の効力の人的限界（法115条），訴訟手続の中断（法124条1項），訴訟事件の同一性（法142条），証人能力の有無等を判断するには，まず誰が当事者であるかを確定する必要がある[注1]。

(2)　確定の基準
　何を基準として当事者を確定するかについては見解の対立がある。

　民事訴訟は，特定人の特定人に対する，特定の請求に対して，裁判所が法を適用して公権的判断を下す手続であるから，その出発点において，何人の何人に対するいかなる請求についての審判要求であるかが明確であることを要する。訴訟の開始は訴え提起行為による以上，訴状に当事者として表示された者（当事者欄のみならず請求の趣旨及び原因欄を含む訴状の記載を客観的合理的に解釈して決定する。）を当事者とする表示説が，基準として明確かつ客観的であり，相当である[注2]。

（注1）　実務上は，当事者は明白であることが通常であり，ほとんど問題とはならないが，他人の氏名を使って訴えを提起し，あるいは応訴する場合（氏名冒用訴訟）や，ある者を被告として訴えを提起したら既に死亡していた場合（死者を被告とする訴訟）などで問題となる。
（注2）　本文の表示説のほか，①原告又は裁判所の意思によるとする意思説，②訴訟手続上当事者として行動し，あるいは当事者として扱われた者とする行動説，③当事者適格を有する者とする適格説，④これから手続を進めてゆく段階（行為規範）では表示説によって検討し，手続終了後判決効を受ける者を決定する段階（評価規範）では正当な当事者として手続関与の機会を保障された者とする規範分類説や　（つづく）

第1　当事者の意義

(3) 当事者の同一性の調査

　裁判所は，訴え提起に際して当事者が誰であるかを調査しなければならないが，そればかりでなく，訴訟進行中でも疑問となった場合には，職権でいつでも調査しなければならない。

　当事者が実在しないときは，訴えは不適法として却下される。もしこれを看過して判決し，それが確定しても，当事者である名宛人が実在しないから，内容に適合する効力を生じない。死者を被告とする訴訟はこの場合に属する。

　事実上当事者として訴訟に関与している者が果たして当事者であるかが疑われる場合，裁判所は当事者でない者の訴訟関与を排斥しなければならない。その際，当事者の確定は，訴状に表示されているところの客観的解釈によるのであり，当事者がまず確定され，この者が当事者であることを前提として，同一性が調査吟味されなければならない。いわゆる氏名冒用訴訟については，このような調査が必要となる。

　冒用が原告側においてなされると，被告側においてなされているとを問わず，当事者は訴状に表示されている被冒用者である。したがって，訴状に表れていない冒用者を当事者とし，訴状における当事者の表示を訂正することによって手続を続行することは許されない。もし訴訟手続進行中に，裁判所に氏名冒用の事実が明らかになったら，裁判所は，当事者でない冒用者を訴訟関与から排斥しなければならない。すなわち，原告側の氏名冒用の場合であれば，代理権を欠く場合に準じて，訴えを却下すべきであるし，もちろん被冒用者も気付いたら自ら当事者として出廷してその事実を主張することができる。この場合，訴訟費用は冒用者に負担を命ずる（法70条類推）。被告側の氏名冒用の場合には，冒用者の訴訟関与を排斥した上で，新期日を指定し（法155条類推），同時に改めて訴状を被告である被冒用者に送達し，冒用者に訴訟費用を償還させる（法69条2項参照）。

　氏名冒用の事実が明らかにされないままで裁判所が終局判決をした場合には，表示説の立場からは，判決の効力は名宛人である被冒用者に当然及ぶのであるから，被冒用者は，訴訟行為をするのに必要な授権を欠く場合に準じ，上訴（法312条2項4号）をもって，又はその判決確定後は再審の訴え（法338条1項3号）をもって，判決の取消しを求めなければならない。この間の事情は，冒用者が訴訟代理人を選任して訴訟を追行させた場合も全く同様である。

(4) 表示の訂正と任意的当事者変更

　訴状に当事者としてAと表示されていたところ，訴訟係属中に，これをBに変更する場合，AとBが同一人格である場合には，当事者は誤記の訂正に類するものとして申し出ることができる。これは訴訟係属中いつでもでき，その訴訟状態に何らの影響を及ぼさない。これが表示の訂正である。これに対し，AとBが別人格である場合には，Bにそれまでの訴訟状態を引き継がせることができるのか，法定の当事者変更制度（訴訟承継［法50条，51条］）以外にも当事者の意思でこのような効果を認めることができるのかが問題となる。これが任意的当事者変更といわれるものであり，その適否，要件・効果につき争いがある[注1]。

（つづき）紛争主体特定責任説と呼ばれる見解などがある。
（注1）　当事者そのものの変更をもたらすため，これを訴えの変更（法143条）の枠内ではとらえることができないことから，通説的な見解は，新訴の提起と旧訴の取下げの複合的行為とみる。これに対しては，弁論が併合される限りは旧訴の訴訟資料が新訴の審理に事実上流用することが可能となるものの，（つづく）

第3章　当 事 者

第2　当事者能力

1　意義

　当事者となる者は，当事者となり得る一般的資格を備えていなければならない。これを当事者能力という。権利能力が実体私法上の権利義務の帰属主体となり得る能力を示す概念であるのと対応する。すなわち，民事訴訟は，私法上の権利義務又は法律関係の存否を確定することによって紛争を解決しようとする制度であるから，私権の享有主体たり得る者を訴訟手続の主体としなければならない。そこで，民事訴訟では，原則として，権利能力者を当事者能力を有する者としている（法28条前段）。もっとも，当事者能力は民事訴訟法上の概念であって，実体法と手続法とは，その目的・原則を異にするように，実体法上の権利能力と全く一致するものではない(注1)。

2　当事者能力を有する者

(1)　民法上の権利能力者

　ア　実体法上権利能力がある者は，自然人，法人を問わず，当事者能力を有する。

　イ　胎児は，損害賠償請求権（民法721条），相続（民法886条），遺贈（民法965条）について権利能力を認められるから，その限度で当事者能力が認められる。

　ウ　法人は解散しても清算の目的の範囲内では清算の結了に至るまで存続するものとみなされ（一般社団法人及び一般財団法人に関する法律207条，会社法476条，645条），当事者能力を有する。清算が結了していないのに，誤って清算結了登記がされた場合も同様である（最一小判昭44.1.30集民94－121）。

(2)　法人でない社団又は財団で，代表者又は管理人の定めのあるもの

　ア　法人格のない団体は，民法上権利主体性が認められないが，社会生活上，法人格を持たない団体が現実に存在して社会活動を行っており，それに伴い紛争の主体となることが避けられない(注2)。そこで，民事訴訟法は，これらのいわゆる権利能力なき社団又は財団のうち，代表者等の定めのあるものについては，相手方が団体の構成員を探索しなければならない煩雑さを回避し訴訟手続を簡明にするため，当事者能力を付与している（法29条）。

　イ　法29条にいう「社団」とは，人の結合体で，その構成員から独立した独自の財産を有し，構成員の変動によって団体としての同一性が失われないものをいう（例えば，町内会，同窓会，学会など）(注3)。「財団」とは，個人から独立して一定の目的のために管理・運用され

（つづき）それは法律上保障されたものではないこと，新たな訴え提起である以上，時効中断，期間遵守などの効果も引き継がれないこと，通説の処理は第一審でのみ許されるにすぎず，活用場面が乏しいことなどの問題点が指摘されている。実務上は，通説の考え方に立った取扱いが一般的である。

(注1)　法28条前段が「特別の定めがある場合を除き」との留保を付しているのもそのような趣旨に基づくものである。

(注2)　法人格なき団体が存在する理由は多様であるが，一般的には，法人格の取得に際しては，法律関係の明確又は国家の監督との見地から，主務官庁の認定や許認可（公益社団法人及び公益財団法人の認定等に関する法律2条，4条，私立学校法30条，31条）を要したり，法定の要件（民法33条1項，会社法49条，579条）を備えたもののみに限られたりするなどの規制があるため，これらの要件の未取得や，主務官庁の監督を嫌い，あえて法人格を取得しないことなどが原因であるとされている。

(注3)　法人格なき社団の成立要件としては，団体としての組織を備え，多数決の原則が行われ，(つづく)

第2　当事者能力

る財産の集合体をいう（例えば，育英会，社会事業のための寄付財産など）。

問題は，民法上の組合が，本条により，当事者能力を有すると認められるかである(注1)。消極説は，契約による結合にすぎない組合と社団との峻別を前提として，法29条に適合するほどの団体性を有しないとする。これに対し，組合の中にも団体性を認めてよい場合があり，両者の区別は理論上も実際上も困難であって，その訴訟主体性を一般的に否定するのは法29条の便益を実質的に殺ぐとして積極に解する見解も有力である。判例（最三小判昭37.12.18民集16-12-2422［150］）は，積極に解している。

ウ　これらの法人格を有しない社団，財団に当事者能力が認められるということは，訴訟法上訴訟主体として扱われ，判決もその名においてなされることになる。その判決の効力は，当事者たる社団，財団にのみ及び，個々の構成員には及ばないし，強制執行においても，社団，財団そのものが執行をし(注2)，あるいは，その固有財産のみが執行の対象となる(注3)。

（つづき）構成員の変更にかかわらず団体が存続し，その組織において代表の方法，総会の運営，財産の管理等団体としての主要な点が確定していることを要する（最一小判昭39.10.15民集18-8-1671［96］）。そして，このような要件を充足する場合，団体の名においてその代表者により取得した資産は構成員に総有的に帰属し（同最一小判昭39.10.15），その債務についても，団体の名においてその代表者が負担した債務は，社団の構成員に1個の義務として総有的に帰属し，団体の総有財産だけがその責任財産となり，構成員各自は取引の相手方に対し個人的債務ないし責任を負わないとされている（最三小判昭48.10.9民集27-9-1129［6］）。

民事訴訟は主として財産関係をめぐる紛争を対象とするから，財産関係が構成員から独立していることが，団体に訴訟当事者としての資格を付与する前提となる。代表者又は管理人の定めが要求されるのは，訴訟手続を複雑にせず，簡明化させるためである（代表者等の定めがなければ，選定当事者制度［法30条］を利用しない限り，構成員全員が当事者とならなければならず，法29条を利用するメリットの大半が失われる。）。

(注1)　問題へのアプローチは二つの観点からなされる。①組合と社団との区別：消極説は，組合は契約的結合であるとの法律的観点から，組合には当事者能力を肯定するほどの団体性はないとの認識を基礎とするのに対し，積極説は，例えば，合名会社のように，実質は組合的であっても法人として扱っている場合があるように，社会的実在としては明確に峻別できないとの実体的認識を基礎とするといえる。②法29条の射程認識：消極説は，条文上「社団」と規定しており，選定当事者等の他の制度の活用の余地が残されている以上，明文に反してまで拡張解釈する必要はなく，むしろ構成員の手続保障を重視してこれを否定するものといえる。これに対し，積極説は，法29条の訴訟法的意義を最大限発揮せしめるべきであり，同条の趣旨に適合する場合を限定すべきではないとするものであろう。

(注2)　なお，登記請求については，権利主体性，不動産登記法との関係で，別個の考慮が必要である。すなわち，法29条の要件を充足するときは，これらの団体がその名で登記請求訴訟を提起することは可能であるが，法人格なき社団は権利主体たりえない以上，実体法上の権利としての登記請求権を有しないはずである。そして，構成員に総有的に帰属する不動産については，社団の代表者が構成員全員の受託者たる地位において，個人名義で登記できるにすぎないとされている（最二小判昭47.6.2民集26-5-957［67］）。したがって，請求が社団自体への登記を求めるものであるときは棄却されることとなる。なお，構成員に総有的に帰属する不動産について，社団がその代表者の個人名義とすることを求める登記請求訴訟を提起することは可能である（最一小判平26.2.27民集68-2-192）。

(注3)　法人格を有しない社団の構成員全員に総有的に帰属する不動産に対して強制執行をする場合には，債権者は，当該社団を債務者とする執行文の付された債務名義の正本に加えて，当該不動産が当該社団の構成員全員の総有に属することを確認する旨の債権者と当該社団及び当該財産の名義人との間の確定判決その他これに準ずる文書を添付して，当該社団を債務者とする強制執行の申立てをすることになる（最三小判平22.6.29民集64-4-1235［18］）。なお，法人格を有しない社団の固有財産に対して仮差押えをする場合については，最二小判平23.2.9民集65-2-665参照。

この限度で，一般的には認められない権利能力が個別の訴訟を通じて認められるに等しい結果となる。

　これらの社団，財団が当事者となろうとし，あるいはこれらを当事者としようとするときは，定款，規約類等によって当事者能力の存在を証明すべきである。また，その代表者，管理人については，法定代理人に関する規定が準用される（法37条）[注1]。

3　当事者能力の訴訟上の効果

(1)　当事者能力を欠く者に対しては，その名において裁判することはできないから，裁判所は，いつでも職権で調査し，どちらかの当事者が当事者能力を欠くことが審理開始後に判明したときは，判決で訴えを不適法として却下しなければならない。当事者能力を欠くことを看過してなされた本案判決に対しては，上訴により取消しを求めることができるが，判決が確定した場合については，その判決の効力，救済方法につき争いがある[注2]。

(2)　訴訟係属中の当事者の死亡又は合併による当事者能力の喪失と訴訟手続の処理につき，法124条1項1号・2号参照。

第3　訴訟能力

1　意義

　訴訟能力とは，自ら単独で有効な訴訟行為をし，また，裁判所及び相手方の訴訟行為を受けることのできる能力をいう。当事者能力のみに訴訟主体の選別機能を担わせるとすれば，訴訟当事者が訴訟行為をし，又は受ける際に，その行為の内容，趣旨を理解できるだけの知的能力を有していない場合には，自己の利益を防衛することができないおそれがある。そこで，法は，実体法上の行為能力に対応させ，訴訟能力制度を設けている。当事者能力が訴訟主体としての一般的な資格を問う観念であるのに対し，訴訟能力は当該当事者につき個別的に検討されなければならない問題である。

2　訴訟能力の基準

(1)　訴訟は，実体的権利の形成・処分をする手続でもあるから，訴訟能力は実体法上の行為能力を基準として決定される。すなわち，別段の定めのない限り，民法等の法令によるから（法28条前段），行為能力者はすべて訴訟能力者である。

(2)　外国人の訴訟能力はその行為能力によって定まり，行為能力の有無はその本国法により定まるから（法の適用に関する通則法4条1項），本国法により行為能力を有する者は，訴訟能力者であることはもちろんであるが，本国法によれば訴訟能力を有しない外国人であっても，日本の法律によれば訴訟能力を有する場合は，日本では訴訟能力者として扱う（法33条）。

(注1)　したがって，これらの団体を被告とする訴えにつき，法29条によって当事者能力が認められる場合において，代表者等が現に選任されていないときは，相手方は特別代理人の選任を申し立てることができる（法35条）。

(注2)　多数説は，再審事由に該当しない以上，取り消すことはできないとし，判決も当然無効とはならないとする。したがって，この場合には，当該事件に限って当事者能力がある者として取り扱われる結果となるとしている。これに対しては，内容上の効力（既判力，執行力，形成力）を生じない無効の判決と解すべきとする有力説がある（後説には，無効主張を許すとする説や，外形上有効な判決が存在するのでこれを取り消すためには，法338条1項3号を類推すべきとする説がある。）。

第3　訴訟能力

3　訴訟無能力者及び制限訴訟能力者

(1) 未成年者及び成年被後見人

　　未成年者及び成年被後見人は，原則として全く訴訟能力を有せず，法定代理人によってのみ訴訟行為をすることができる（法31条本文）。これらの者の精神能力の状況を考えると，一般的にみて，要保護者として扱うことが必要であるし，また，このような画一的処理によって訴訟手続の安定が図られる。

　　もっとも，未成年者であっても，独立して法律行為をすることを許された場合には，訴訟能力を有する（法31条ただし書）。すなわち，営業を許された未成年者は，その営業に関して訴訟能力を有するし（民法6条1項），婚姻した未成年者（民法753条）は，完全に訴訟能力を有する。もっとも，労働者たる未成年者の賃金請求訴訟における訴訟能力については，下級審裁判例，学説上争いがある（労働基準法58条，59条参照）。

(2) 被保佐人及び被補助人

　　被保佐人は自ら訴訟行為をすることができるが，そのためには，保佐人の同意を要する（法32条1項反対解釈，民法13条1項4号）。また，被補助人は，原則として，補助人の同意を要せずに訴訟行為をすることができるが，訴訟行為をすることにつき補助人の同意を得ることを要する旨の審判を受けた被補助人については，訴訟行為をするために補助人の同意を要する（法32条1項反対解釈，民法17条1項，13条1項4号）。保佐人又は補助人の同意は，訴訟行為の連鎖性のために，原則として訴え又は上訴について包括的に与えられる。しかし，相手方の提起した訴え又は上訴については，保佐開始又は訴訟行為をすることにつき補助人の同意を得ることを要する旨の審判の時期を問わず，保佐人又は補助人の同意なくして訴訟行為をすることができる（法32条1項）。これは相手方の利益（訴権，上訴権）を保護する趣旨である。

　　なお，被保佐人又は訴訟行為をすることにつき補助人の同意を得ることを要する旨の審判を受けた被補助人は，保佐人又は補助人の一般的包括的同意の要否とは別に，一定の重要な訴訟行為（訴え又は上訴の取下げ，和解，請求の放棄・認諾等）については，その行為ごとに，特別の授権を要する（法32条2項）。保佐人又は補助人の同意は，常に書面をもって証明しなければならない（規則15条前段）[注1]。

(3) 人事訴訟における訴訟能力

　　人事訴訟においては，未成年者・被保佐人・被補助人は意思能力を有する限り，訴訟能力を有する（人事訴訟法13条1項）。身分行為は，当事者にとって最も人格的影響の大きな行為であって，当事者の意思が尊重されるべきだからである。成年被後見人については，これら

（注1）　被保佐人の同意については，「保佐人の同意書」のほか，保佐人であることを証明する書面として「本人の登記事項証明書」，「戸籍謄本」（準禁治産宣告に関する事項が戸籍に記載されている場合）又は「家庭裁判所の審判書謄本（及び確定証明書）」，被補助人の訴訟行為につき補助人の同意を要する場合にも，「補助人の同意書」のほか，補助人であることを証明する書面として「本人の登記事項証明書」又は「家庭裁判所の審判書謄本（及び確定証明書）」の提出が要求される。

　なお，保佐人又は補助人が，被保佐人又は被補助人の利益を害するおそれがないにもかかわらず，同意をしないときは，家庭裁判所が同意に代わる許可をすることがあり（民法13条3項，17条3項），この許可があることは「家庭裁判所の審判書謄本」によって証明する。

第3章 当事者

に準じて考える見解と，精神状態の判別の困難性及び手続の安定を重視して否定する見解とが対立する。

4 訴訟能力の調査

(1) 総説

訴訟能力の存在は，個々の訴訟行為の有効要件であって，訴訟能力を欠く者の訴訟行為は当然に無効である。民法上の行為能力の制限の効果（取消権の付与）と異なるのは手続の安定・明確化を図るためである。裁判所は，いつでも職権で訴訟能力の有無を調査しなければならない。

(2) 訴訟能力を欠く場合

ア 追認

訴訟能力を欠く者の訴訟行為でも，これを直ちに排斥するのは訴訟経済に反するし，必ずしもその者にとって不利益なものとは限らないから，その法定代理人又は能力を取得し若しくは授権を受けた本人がこれを追認することにより，当該行為は行為の時に遡って有効なものとすることができる（法34条2項）。追認の時期については制限はなく，その行為が無効として確定的に排斥されない間であれば，上訴審，再審の訴え係属中でもよい。追認は，口頭又は書面で，裁判所又は相手方にすることができ，明示又は黙示でもよい。

もっとも，追認は過去の訴訟手続をそのまま有効なものとして維持するのが目的であるから，従前の訴訟手続を一体として不可分に追認すべきであり，個々の行為を選択して追認することはできない（もっとも，審級ごとに区別して追認することは許されるとする反対説がある。）。

イ 補正

訴訟能力を欠く者の訴訟行為であっても追認の余地があるから，裁判所は，直ちにこれを排斥せず，当該訴訟行為をした者に対し期間を定めて補正を命じなければならない（法34条1項前段）。補正を命じた場合，補正されるまで訴訟手続を進行させないのが原則であるが，その間訴訟行為をしないと遅滞のため損害を生ずるおそれのある場合には，手続の進行を許すことができる（法34条1項後段）。

ウ 訴訟能力の欠缺が訴訟に及ぼす影響

(ア) 訴えの提起について原告の訴訟能力が欠けることが訴え提起当時に判明したときは，訴えを提起した原告に対し補正を命ずる（法34条1項前段）。補正期間を経過したときは，裁判所は判決で訴えを却下することになる。この場合，訴訟能力を補正して再度訴えを提起することは妨げられない。

訴状の記載自体から被告が訴訟無能力者であることが判明したときは，訴状の必要的記載事項（法133条2項1号）の法定代理人の記載を欠くとして，原告に対し，補正命令（法137条1項）を発する。原告は，法定代理人を調査したり，必要に応じて特別代理人の選任の申立（法35条）をしたりして，訴状記載の不備を補正する。補正期間内に原告が補正をしなかったときは，裁判長は訴状却下命令を発して終局する（法137条2項）。

訴状送達後に被告が訴訟無能力者であることが判明したときは，訴状を受領した被告に対して補正命令を発することができる（法34条1項前段）。もっとも，被告が補正しな

いときは，適法な訴訟係属が発生していない状態であるから，このままでは訴え却下判決を受けることとなる。したがって，原告としては，被告の法定代理人を調査したり，特別代理人の選任を得たりして，これらの代理人に対して訴状の送達からやり直す必要がある(注1)。

(イ) 訴訟係属後に訴訟能力を欠くに至った場合には，個別的に訴訟行為が無効になるにすぎない。例えば，訴訟能力を欠く当事者は，自ら訴訟行為ができないし，これに対する期日の呼出しその他の訴訟行為は無効である。

(ウ) 裁判所が訴訟成立過程における訴訟能力が欠けることを誤認又は看過して第一審判決を言い渡し，これに対し控訴が提起された場合は，控訴を不適法として却下せず，第一審判決を取り消した上，第一審に差し戻して補正の機会を与えるべきである（法人代表者の代表権限が欠けていた事案につき，最三小判昭45.12.15民集24－13－2072［72］，第5章第5の2(2)ウ参照）。これに反し，第一審の訴訟成立過程に訴訟能力が欠けることがなく，第一審判決に対する上訴が訴訟能力を欠く者から提起されたときは，その上訴を却下すべきである。

(エ) 訴訟中に訴訟能力を失ったときは，訴訟手続の中断を生ずる（法124条1項3号）。

第4　弁論能力

出廷して弁論をなし得る能力又は資格を弁論能力という。裁判所の手続に関与することが許されるかどうかの資格であり，訴訟能力とは異なる。訴訟の円滑な進行ひいては司法制度の健全な運用に資するために資格の制限がなされる点も，当事者の保護を目的とする訴訟能力と異なる。

わが国では弁護士強制主義を採用していないから，訴訟能力者でありながら当然に弁論能力のない者はいない。しかし，訴訟委任に基づく訴訟代理人の資格は，地方裁判所以上の裁判では弁護士とされ，代理人の弁論能力が制限されている（法54条1項本文）ほか，当事者，代理人，補佐人が訴訟関係を明らかにするために必要な陳述ができない場合に，その陳述を禁止して弁論能力を失わせることがある（法155条，規則65条）。

第5　代理人

1　代理制度の必要性

既述のように，当事者能力があれば訴訟主体となり得るが，手続の安定と当事者の保護のために訴訟能力制度を設け，訴訟能力のない者には訴訟行為をさせないこととしているから，そのギャップを法定代理人によってカバーしなければならない。その意味で，この場合には訴訟法上も代理制度は必要的である。また，訴訟能力を有する者についてもその活動領域を拡張するために代理制度は有意義であるし，訴訟追行には高度な法律知識を必要とすることもあり，

(注1)　この場合の却下については，訴訟能力を欠くことにつき補正し得るという理由により，口頭弁論に基づく却下であると解する見解と，補正を命じたが補正されなかった場合も，補正することができない場合に含まれるとして法140条の規定に準じて，口頭弁論を経ないで却下することができるとする見解がある。

第3章　当　事　者

当事者の法律知識の不足を法律専門家によって補うことが必要になる。このように，訴訟追行における代理の意義には大きなものがある。

2　意義

訴訟法における代理人とは，本人の名において，これに代わって自己の意思に基づき訴訟行為をし，又はこれを受ける者をいう。したがって，他人の訴訟行為を伝達する者は使者にすぎず，また，破産管財人や選定当事者は，他人のために訴訟行為をする者であるが，当事者として自己の名において訴訟追行するのであって，代理人ではない。

3　代理権

代理人が行った訴訟行為が本人に対して効力を生ずるためには，代理権が存することを要する。

代理権のあることは訴訟行為の有効要件であるから，無権代理人の行為は無効であるが，本人又は権限のある代理人の追認があれば遡って有効となる（法34条2項，59条）。裁判所は，常に代理権の有無を調査し無権代理人を訴訟から排除しなければならないが，追認を得る見込みがあれば補正を命じ，遅滞のため本人に損害を生ずるおそれがあるときは，一時的に訴訟行為をすることを許すことができる点は，訴訟能力を欠く場合と同様である（法34条1項，59条）。

訴えの提起に代理人が関与する場合には，代理権の存在は訴訟要件となるから，これを欠くときは，裁判所は，判決で訴えを不適法として却下する。無権代理行為を基礎になされた判決も，当然無効ではなく，本人に宛てられたものとして効力を生ずる。しかし，これに対しては，上訴又は再審の訴えにより，取消しを求めることができる（法312条2項4号，338条1項3号）。

4　代理人の種類及び地位

訴訟上の代理人は，本人の意思によらずに選任される法定代理人（実体法上の法定代理人と訴訟法上の特別代理人）と本人の意思により選任される任意代理人（訴訟委任による訴訟代理人と法令による訴訟代理人）とに分類される。

(1)　法定代理人

ア　意義

実体法上の法定代理人（例えば，未成年者の親権者又は未成年後見人，成年被後見人の成年後見人）は，訴訟法上の法定代理人の地位が認められる[注1]。また，特定の訴訟又は訴訟手続のため裁判所が選任する訴訟法上の法定代理人として，特別代理人がある（例えば，訴訟無能力者に法定代理人がない場合等［法35条］や証拠保全手続における場合［法236条］）。

なお，法定代理権は，書面で証明しなければならないとされており（規則15条前段），未成年者の親権者又は後見人については，「戸籍謄本」，成年後見人については，「本人の登記事項証明書」，「戸籍謄本」（禁治産宣告に関する事項が戸籍に記載されている場合）又は「家庭裁判所の審判書謄本（及び確定証明書）」，保佐人又は補助人に対し訴訟代理権が付与されている場合については，「本人の登記事項証明書」又は「家庭裁判所の審判書謄本（及び確定証明書）」による証明が行われる。

（注1）　家庭裁判所の審判により保佐人又は補助人に訴訟代理権を付与することが認められている（民法876条の4第1項，876条の9第1項）。

イ　代理権の範囲

　　代理権の範囲は，訴訟法に特別の定めのない限り，民法その他の法令に従うが（法28条），本人保護又は訴訟手続の安定を確保するため，若干の訴訟法的修正を加えている（法32条，36条，規則17条）。

ウ　法定代理人の地位の特異性

　　法定代理人は，当事者本人ではないから，判決の名宛人はあくまで本人であり，裁判籍等も当事者本人を基準として定められる。しかし，法定代理人は，本人が訴訟無能力又は不在等で自らは訴訟行為ができないのを全面的に代理する者であるから，当事者本人と同様に扱われることも少なくない。例えば，当事者本人が出頭すべき場合には出頭し（法151条1項1号，規則32条1項），送達は必ず法定代理人に行い（法102条1項），法定代理人の死亡又は代理権の消滅は中断事由となり（法124条1項3号），法定代理人を尋問するときは証人尋問ではなく，当事者本人尋問に準ずる（法211条，規則128条）ほか，訴状，判決書の必要的記載事項として当事者と同列に取り扱われる（法133条2項1号，法253条1項5号）。

(2)　**任意代理人**

ア　意義

　　当事者の意思によって選任される代理人を任意代理人という。これには特定の事件につき訴訟追行の委任を受け代理権を授与された訴訟委任に基づく訴訟代理人と，実体法上の一般的代理人である資格に基づいて本人に代わり訴訟上の行為を行う権限を与えられている法令上の訴訟代理人とがある（例えば，支配人［商法21条1項，会社法11条1項］，船舶管理人［商法700条1項］，協同組合の参事［中小企業等協同組合法44条2項等］）。前者につき，地方裁判所以上においては，当事者の利益保護，手続の円滑な進行のため，訴訟代理人には弁護士を委任しなければならない（弁護士代理の原則［法54条1項本文］）[注1],[注2]。

イ　代理権の授与

　　法令による訴訟代理人の訴訟代理権は，選任によって法定の権限として与えられ，特別の授権を要しない。これに対して，訴訟委任による訴訟代理人のそれは，訴訟代理権の授

（注1）　司法書士会の会員である司法書士のうち，所定の研修を受け，法務大臣による能力認定を受けた者については，簡易裁判所においては，代理人となることが許される（司法書士法3条2項）。もっとも，代理することができる手続については限定が加えられている（司法書士法3条1項6号）。

　　弁理士のうち，所定の研修を受け，特定侵害訴訟代理業務試験に合格し，かつ，登録につきその旨の付記を受けた者については，特許，実用新案，意匠，商標若しくは回路配置に関する権利の侵害又は特定不正競争による営業上の利益の侵害に係る訴訟において，弁護士が同一の依頼者から受任している事件に限り，その訴訟代理人となることが許されているが，単独で期日に出廷することについては制限がある（弁理士法6条の2）。

（注2）　任意後見契約（「委任者が，受任者に対し，精神上の障害により事理を弁識する能力が不十分な状況における自己の生活，療養看護及び財産の管理に関する事務の全部又は一部を委託し，その委託に係る事務について代理権を付与する委任契約であって，任意後見監督人が選任された時からその効力を生ずる旨の定めのあるもの」［任意後見契約に関する法律2条1号］）が締結され，弁護士が任意後見人に選任された場合には，将来財産管理や身上監護の事務に関して生ずる紛争について，任意後見契約の中で訴訟行為の授権（訴訟委任）をすることが可能であるとされている。この授権がなされたことについては，「本人の登記事項証明書」（又は任意後見契約を定めた「公正証書の正本・謄本」［任意後見契約に関する法律3条］と「任意後見監督人選任の審判書謄本」）で証明する。

第3章　当事者

与という訴訟法上の単独行為によって与えられる。訴訟代理人の権限は書面で証明しなければならない（規則23条1項）。

ウ　代理権の範囲

(ア)　法令による訴訟代理人

その権限は法令の定めるところに従う（法55条4項参照）。通常，裁判上の一切の行為ができる旨規定されている（商法21条1項，700条1項，会社法11条1項等）。

(イ)　訴訟委任による訴訟代理人

訴訟代理人は，委任を受けた事件について，特別授権事項（法55条2項）を除き[注1]，訴訟の追行に必要な一切の行為をすることができる（法55条1項，3項本文）。法55条1項は例示列挙にすぎない。訴訟代理人の数には制限がなく，数人の訴訟代理人があるときは，各自が代理し（法56条1項），当事者がこれと異なる定めをしても無効である（法56条2項）。なお，訴訟代理人が複数あるときは，連絡担当訴訟代理人を選任することができる（規則23条の2第1項）。これは事務処理上の便宜であって，代理権を制限するものではない。

訴訟代理権の消滅については，法は手続の維持・安定・円滑な進行を図るため，代理権の消滅について民法上の代理（民法111条）と異なる定めをしている（法58条）。なお，代理権消滅の通知につき，法59条，36条1項，規則23条3項参照。

エ　訴訟代理人の地位

訴訟代理人がその権限内でした行為は，本人がしたのと同様の効果を生ずるが，その反面，訴訟代理人は当事者ではなく，判決の効力を受けることはないし，証人となることもできる。また，包括的代理人であるから，一切の訴訟行為につき本人と同視される。したがって，訴訟追行に当たる者の知・不知，故意・過失が訴訟法上の効果に影響するときは，まず代理人についてみることとなるとともに，本人の故意・過失も斟酌される。

訴訟代理人を選任しても本人が訴訟関係から全く排除されるものではない。本人は訴訟能力を失わないし，出頭を命じられることもあるし（法151条1項1号），当事者尋問を受けることもある（法207条1項）。そこで，本人の行為と代理人の行為とが抵触する事態が生じ得るが，その訴訟行為が撤回できないものであるときは先の行為が効力を持続し，撤回できるものであれば後の行為が効力を有し，同時になされた場合には趣旨不明な無意義な行為となる。事実上の主張については，本人が直ちに訴訟代理人がなした陳述を取り消し，又は更正した場合には，本人の陳述が優先する（法57条）。これを当事者の更正権という。

(注1)　これらの特別授権事項は当事者本人の利益保護を図る趣旨であり，行為の外形上定型的に委任者に不利益を及ぼすおそれがある事項（反訴の提起，訴え・上訴・異議の取下げ，和解，請求の放棄・認諾），委任者との信頼関係に関する事項（代理人の選任）が掲げられている。なお，このほか上訴を含めているのは，敗訴判決を受けた場合に自ら上訴提起をするか，同一訴訟代理人を利用するかを考え直す機会を与えることが適当であるとするものであり，そこには訴訟代理権は審級ごとに区切られるとする考え方（審級代理）が示されている。

第6 補佐人

1 意義
補佐人とは，当事者，法定代理人又は訴訟代理人と共に期日に出頭し，その弁論を補助する者である。当事者に代わって期日に出頭して訴訟行為をしたり，期日外の訴訟行為をしたりするわけではないので，法定代理人又は訴訟代理人とは異なるが，その意思に基づいて訴訟行為をし，その効力が本人に帰属する点は，代理人と同じ機能をもつ。特許等の知的財産権訴訟で弁理士が出頭する場合などがその例である（弁理士法5条参照）。

2 要件
補佐人となるには弁護士などの特別の資格を要しないが，当事者・訴訟代理人から裁判所に対し許可申立てをし，その許可を得て選任される（法60条1項）。許可は裁判所の訴訟指揮上の裁量に委ねられ，裁判所はいつでも取り消すことができ（法60条2項），許可及び取消しの裁判に対する不服申立ては許されない。

3 補佐人の地位
補佐人は期日において当事者がすることのできる一切の陳述をすることができ，当事者又は訴訟代理人が直ちにその陳述を取り消し，又は更正しない限り，その効力は当事者に及ぶ（法60条3項）。

第4章 訴えの提起

第1 訴えと請求
1 訴えの意義
訴えとは，裁判所に対して審理及び判決を求める原告の訴訟行為（申立て）をいい，訴えの提起によって，第一審の判決手続が開始される。

(1) 第一審訴訟手続の開始
民事訴訟は，裁判所に対する私人の申立てがある場合にのみ開始され，しかも，裁判所は，その申立ての範囲内の事項についてのみ審理及び判断することができるのが原則である（法246条参照）。したがって，訴えの提起は，私人間の特定の紛争の解決を裁判所が運営する訴訟手続を利用することによって図りたいという申出行為であり，訴訟手続を開始させ，裁判所に対し審理・判決を求めるものである。

(2) 訴訟主題の提示
このように，訴えの提起がなければ訴訟手続を開始しないという建前を採用する以上，私人間にいかなる紛争が存在し，どのような方向で解決すべきかを国家機関である裁判所が自ら調査・探索に乗り出すことはない。したがって，裁判所による紛争の裁定を求める者（原告）は，裁判所に対し，誰（被告）との間で，どのような権利義務ないし法律関係（訴訟物）について争いがあり，それにつきどのような内容の判決を求めているのか（審判要求）を明らかにして，申立てをしなければならない（法133条2項参照）。この裁判所に対する申立てが，訴えであり，訴訟主題である審判対象を提示する原告の行為である。

訴えの提起は，一定の実体法上の権利義務ないし法律関係に関する主張を，裁判所の訴訟手続を通じて貫徹しようとするものにほかならない。したがって，民事訴訟における審判対象は，原告の被告に対する実体法上の権利等に関する主張を内容とする。このような，原告の「被告に対する権利主張」を狭義の訴訟上の請求という。他方，訴訟手続を通じて行う権利主張は，裁判所の審判形式を指定してその審判を要求し，勝訴判決を得ることによって，私的紛争の解決を図ろうとするものである。したがって，訴えによる審判対象の提示は，その実体法上の権利主張の当否につき，裁判所による審理・判断を要求する行為でもある。前記の「被告に対する権利主張」に，この「裁判所に対する審判要求」を含めたものを広義の

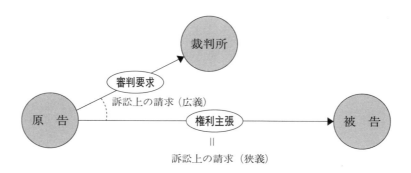

第1 訴えと請求

訴訟上の請求という(注1)。

2 訴えの種類

訴えは，訴え提起の態様(注2)や時期(注3)によっても区別されるが，訴訟上の請求の内容による分類が重要であり，訴訟上の請求のうち「審判要求」の内容に応じて，給付の訴え，確認の訴え，形成の訴えの3類型に区別される。

(1) 給付の訴え

給付の訴えは，原告の被告に対する特定の実体法上の給付請求権の主張と，これに対応した裁判所に対する給付判決の要求を内容とする訴えをいう。主張される給付請求権としては，金銭の支払や物の引渡し・明渡しを求めるものが典型例であるが，登記申請などの意思表示を求めるもの（不動産登記法60条，63条1項参照）や，その他の作為・不作為を求めるもの（建物収去請求や差止請求など）でもよい。給付請求権の発生根拠が債権に基づくものと物権に基づくものとを問わない。

給付請求権の履行期が口頭弁論終結時に到来しているものを現在の給付の訴えといい，口頭弁論終結時よりも後に現実化すべき給付請求権をあらかじめ主張するものを将来の給付の訴え（法135条）という。

給付の訴えに対する請求認容判決は，被告に原告への給付を命じる給付判決であり，原告の被告に対する給付請求権の存在につき既判力が生ずる。そして，被告が任意に履行しない場合には，原告はこれを債務名義として強制執行を求めることができる（執行力がある）点に特色がある（民事執行法22条1号，2号参照）。給付の訴えに対する請求棄却判決は，給付請求権の不存在を確定する確認判決である。

(2) 確認の訴え

確認の訴えは，原告の被告に対する特定の権利又は法律関係の存在又は不存在の主張と，これを確定する確認判決の要求を内容とする訴えをいう。その存在を主張するもの（例えば，所有権の確認を求める訴え）を積極的確認の訴えといい，その不存在を主張するもの（例えば，債務の不存在の確認を求める訴え）を消極的確認の訴えという。確認の訴えの対象は，特定の具体的な権利関係の存否に限られるのが原則であるが，例外的に，法律関係を証する書面（例

(注1) 訴訟上の請求の意義については，原告の被告に対する権利主張（狭義の訴訟上の請求）のみをいうとする見解が有力である。しかし，請求は，請求の趣旨と原因によって特定される（法133条2項）ところ，請求の趣旨には審判形式の指定（給付，確認，形成の別）とそのような判決の要求が含まれていることは明らかであるから，これを訴訟上の請求の概念に反映させるのが適切である。また，例えば，同一の権利について給付の訴えと確認の訴えとがそれぞれ提起された場合には，両者の間で請求の同一性が問題となるが，上記の見解では，両者の審判形式の差異を把握することができない。そこで，本書では，訴訟上の請求については広義の概念，すなわち，原告の，被告に対する権利主張のみならず，裁判所に対する審判要求をも含めた複合的構造を反映させる見解を採用している。
(注2) 単一の訴え（一人の原告が一人の被告に対し一つの請求を定立する訴え）と併合の訴え（単一の訴えが結合されたもので，当事者が複数の場合と請求が複数の場合とがある。）に区別される。
(注3) 独立の訴え（新しく訴訟手続を独立に開始させる訴えの提起）と係争中の訴え（既に開始されている訴訟手続内で併合審理を求めて訴えを提起する場合で，代表的なものとしては，訴えの変更［法143条］，中間確認の訴え［法145条］，反訴［法146条］，独立当事者参加［法47条］などがある。）とに区別される。

えば，遺言書，定款など）が作成名義人の意思に基づいて作成されたものかどうかの事実の確認を求める訴え（証書真否確認の訴え［法134条］）も許容される。

確認の訴えの本案判決は，請求認容・請求棄却を問わず，確認対象の現在の存否を宣言する確認判決であり，その存否の判断に既判力を生ずる[注1]。

(3) **形成の訴え**

形成の訴えは，一定の法律要件に基づく特定の権利又は法律関係の変動の主張と，これを宣言する形成判決の要求を内容とする訴えをいう。この訴えは，訴えをもって裁判所に権利又は法律関係の変更を求めることができる旨法律に規定されている場合に限り認められる。例えば，婚姻の取消し（民法743条～747条），離婚（民法770条），嫡出否認（民法775条），認知（民法787条）などの人事訴訟や，会社の設立無効（会社法828条1項1号），株主総会決議取消し（会社法831条）などの会社関係訴訟がこれに属する[注2],[注3]。

ところで，私法上の権利関係の発生・変更・消滅は，法律行為その他の法律要件に該当する事実があれば当然に生じ，変動自体を求める訴えを提起する必要はなく，変動後の権利関係を主張すれば足りるのが原則である（例えば，賃貸借契約終了に基づく建物明渡請求訴訟を例にすると，その終了原因として解除を主張する場合，解除権行使を訴えによらなければならないとする必要はなく，解除の効果発生を前提に，すなわち，解除により契約が終了したことを主張すれば足りる。）。形成の訴えは，このような原則に対する例外として，一定の法律関係に限っては，裁判所が法律関係の変動を宣言する形成判決が確定して初めて変動の効果が生じ，逆にいえば，形成判決の確定がない限り，訴えの目的たる法律関係の変動を何人も主張できない（他の訴えの前提問題としても主張できない。）とするものである。これは法律関係の変動を多数の利害関係人の間で明確かつ画一的に生じさせる必要がある場合に，形成判決の確定を必要とすることにより，法律関係の安定を図るものといえる（併せて出訴権者や出訴期間が限定される例が多く，これらも法律関係の安定に資する。）。

形成の訴えに対する請求認容判決は，法律関係の変動・形成を宣言する形成判決であって，その内容どおりの変動を生じさせる効力（形成力）を有するとともに，形成要件の存在につき既判力が生ずる。形成の効果が将来に向かってのみ生ずるか，過去に遡及するかは一律には決することはできず，当該法律関係の安定の要請と変動の効果を徹底させる必要性とをどのように調和させるかという実体法的な政策的決定に基づいて法律で定められる。変動自体を

(注1) 確認の訴えは，給付の訴えとは異なりその後に強制執行による権利実現を予定しておらず，権利関係の存否を観念的に確定することのみによって当事者間の紛争を解決し，以後の派生的な紛争を予防しようとするものである（確認訴訟の予防的機能）。したがって，そのような紛争解決を可能にするための不可欠の前提として，権利義務の体系としての実体法秩序が確立し，また，それを支えるだけの権利意識が社会に浸透していることが必要である。

(注2) 婚姻無効の訴え（民法742条）や株主総会決議無効確認の訴え（会社法830条），詐害行為取消しの訴え（民法424条）などについては，形成の訴えと解すべきかにつき争いがある。

(注3) これらの訴えは，実体法上の法律関係の変動を求める訴訟であり，実体法上の形成訴訟と呼ばれている。これに対し，再審の訴え（法338条），請求異議の訴え（民事執行法35条），第三者異議の訴え（民事執行法38条），定期金賠償確定判決変更の訴え（法117条）等，形成の効果が訴訟法上の効果を排除することに向けられている訴訟もあり，訴訟法上の形成訴訟と呼ばれている。

第1　訴えと請求

```
＜請求認容判決＞                    ＜請求棄却判決＞
確認訴訟 ＝ 既判力                   確認訴訟 ＝ 既判力
給付訴訟 ＝ 既判力 ＋ 執行力         給付訴訟 ＝ 既判力
形成訴訟 ＝ 既判力 ＋ 形成力         形成訴訟 ＝ 既判力
```

明確かつ画一的に生じさせれば足り，それまでの法律関係はそのまま認める方が良い場合には，将来効のみを認めれば足りる（婚姻取消し［民法748条］，合併無効［会社法839条］などはこの例である。）。他方，形成判決の確定があるまでに築かれた法律関係を覆滅させてまで変動の効果を徹底する必要がある場合には，遡及効が付与されることとなる（嫡出否認，認知［民法784条］などに認められる。）。請求棄却判決は確認判決であり，形成要件の不存在について既判力が生ずる。

　なお，法律関係の変動形成に訴え・判決が必要とされる場合であっても，形成の基準となる具体的な形成要件が法定されていない場合がある。形成要件が法定されている場合には，裁判所はそれに該当する具体的事実の存否を探求し，法適用の可否を検討することとなるが，形成要件が法定されていない場合には，法適用ではなく，裁判所の健全な良識に基づく裁量に委ねられた合目的的処分という性格を強く帯びる。このような訴訟類型を形式的形成訴訟という。具体的には，共有物分割の訴え（民法258条），父を定める訴え（民法773条）があるほか，土地境界確定訴訟については争いがあるが，この訴訟類型に属すると解するのが判例・通説である[注1]。合目的的裁量処分性が強く法適用の要素が乏しいことからすると，本質的には

（注1）　境界確定訴訟の特殊性
　境界確定の訴えは，国家の行政作用により定められた境界線が不明である場合に，裁判所の判決による確定を求める訴えである。境界線という公法上の事実の確定を目的とするものであって，土地所有権の範囲の確認を目的とするものではないと解されており，以下のような特殊性がある。
①　請求の趣旨としては単に隣接地間の境界を定める判決を求めれば足り，特定の境界線の存在を掲げる必要はない（最二小判昭41.5.20集民83－579）。判決主文においても土地相互の境界を表示すれば足り，当該土地の所有者を表示する必要はない（最三小判昭37.10.30民集16－10－2170［121］）。
②　現実には当事者双方が自己に有利な境界線の主張をすることが多いが，裁判所はそれらに拘束されないし，そもそも有利不利を問うべきではなく，当事者の主張しない境界線を確定しても法246条違反にはならないし，控訴審での不利益変更禁止原則の適用もない（最三小判昭38.10.15民集17－9－1220［67］）。
③　相隣者間で境界につき合意が成立しても境界自体は動かないから，その合意のみによってその内容どおりの境界を確定することは許されない（最二小判昭31.12.28民集10－12－1639［102］，最三小判昭42.12.26民集21－10－2627［114］）し，取得時効の成否は境界線の確定とは無関係である（最一小判昭43.2.22民集22－2－270［34］）。また，境界線に関する自白は裁判所を拘束せず，和解や請求の認諾の余地もない。
④　判決にあたっては，裁判所は，証拠等により特定の境界線を認定できない場合でも請求を棄却することは許されず，両所有者の占有の現況に従いあるいは争いある地域を平分するなど，具体的事案に応じ常識上最も妥当な境界線を合目的的な判断によって確定すべきである（大判昭11.3.10民集15－695）。
⑤　境界確定を求める中間確認の訴えは，係争土地所有権に基づく土地明渡請求訴訟の先決関係に立たない以上，不適法である（最一小判昭57.12.2集民137－573）。
　このような特殊な訴えとして理解されているのは，(i)隣接地である以上，土地の境界が「ない」という事態は観念することができず，どこかに必ず境界線は存在するはずであること，(ii)したがって，証明責任の観点を持ち込むと，原告が常に敗訴する危険にさらされ，境界が不明のままになってしまうおそれがあること，(iii)しかし，境界というものの性質上，原告敗訴ということがありえないはずの訴訟類型であること，(iv)この訴訟は，境界線という公法上の事実に関するものであることから当事者による任意処分の可能性を前提とする民事訴訟法理（処分権主義，弁論主義）を適用する基礎がないことなどによる　　　（つづく）

第4章 訴えの提起

非訟事件としてみることができるが、当事者の私的利害が鋭く対立する事件類型であり、当事者の手続関与の機会を保障する必要があることが考慮され、伝統的に訴訟事件として扱われてきたものである。

3 訴訟上の請求（狭義）

(1) 意義

先に述べたとおり、訴えの内容となる原告の被告に対する関係での権利主張[注1]と裁判所に対する審判要求をあわせて広義の訴訟上の請求といい、前者の権利主張を狭義の訴訟上の請求又は単に請求という[注2]。ここでは、狭義の訴訟上の請求（以下、単に「請求」という。）について分析する。

(2) 訴えと訴訟上の請求との関係

訴えと請求とは、形式と内容との関係に立ち、両者は区別して考えられなければならない。すなわち、原告が訴えを提起した場合、これに対する裁判所の応答は、原告勝訴（請求認容）判決又は原告敗訴判決であり、後者は請求棄却判決と訴え却下判決とに分かれる。請求認容又は請求棄却判決は、権利の存否についての原告の主張（権利主張）に理由があるかどうかについて判断を示すもので、これによって当事者間の紛争は終局的に解決される。しかし、訴え却下判決は、いわゆる門前払の判決であり、訴えが不適法であることを明らかにするのみで、原告の権利主張の法律的当否についての判断は示されていないから、当事者間の紛争は未解決のままになる。このことから、裁判所の審判の対象は、「請求」であり、「訴え」は審判対象たる請求を訴訟手続に乗せるための手続的な行為である。

(3) 請求の単一性（個数）

訴訟法は、1個の手続で1個（単一）の請求を審判することを原型とし、1個の手続内の請求が複数あるときには、特則を定めている（例えば、法38条、136条）。請求がいくつあるかを定めるには、その構成要素に分解し、各要素が1個である場合に請求が単一であるといえる。

（つづき）　ものである。
とはいえ、境界確定の訴えの提起によって係争地の所有権についての取得時効は中断するとされているし（最二小判昭38.1.18民集17－1－1 [1]）、また、互いに隣接地の所有者であることがこの訴訟における当事者適格を基礎づけているといい得るから（最三小判昭58.10.18民集37－8－1121 [29]、最三小判平7.3.7民集49－3－919 [14]、なお、最三小判平11.11.9民集53－8－1421 [29] は、境界確定訴訟が固有必要的共同訴訟であることを説示するに際し「境界確定の訴えは、所有権の目的となるべき公簿上特定の地番により表示される相隣接する土地の境界に争いがある場合に、裁判によってその境界を定めることを求める訴えであって、所有権の目的となる土地の範囲を確定するものとして共有地については共有者全員につき判決の効力を及ぼすべきものであるから、右共有者は共通の利益を有する者として共同して訴え、又は訴えられることが必要となる。」と述べている。）、境界確定訴訟を土地所有権と完全に分断されたものとして理論的に純化することは困難であろう。特に境界を争う当事者は、自己の土地所有権の範囲の争いであるとの意識が極めて強いといわれており、必要に応じて、適切な訴訟指揮により、土地所有権確認等の所有権と関連した請求に変更を促すことなども考慮すべきであろうと思われる。
（注1）　したがって、主張される権利関係が同一であっても、被告が異なれば、請求も別個である。
（注2）　この「請求」概念は、実体法上の請求権に由来するが、訴えの類型として給付の訴えのほかに確認の訴えや形成の訴えが承認されるに至って、あらゆる類型の訴えに共通する訴訟法上の概念に転化したものである。

請求の構成要素は，①原告，②被告及び③訴訟物たる権利関係（訴訟物の意義及び内容につき後記(5)参照）の３点である。したがって，原告，被告が各１名であって，訴訟物が１個である場合に請求は１個である。これに対し，原告，被告が各１名であっても，訴訟物が２個あれば，請求は２個である。原告１名が２名の被告に対し同一の権利主張をしているときも，請求は２個である。

(4) **請求の同一性**

訴訟においては，２個の請求の内容を比較する場合がある。例えば，２個の請求の間で訴えの変更が成立するか（法143条），二重起訴の関係になるか（法142条）を決すべき場合である。このように，時間的関係あるいは平面的関係で，２個の請求の内容が同一かどうかが問題となる。この場合，単一の請求について比較しなければならないから，請求の構成要素である，①原告，②被告，③訴訟物たる権利関係がそれぞれ同一であるとき，両請求もまた同一であるということになる。

(5) **請求の特定と訴訟物**（請求の特定識別・単複異同の決定基準）

ア　請求の特定の必要性

裁判所は，当事者間に生じた紛争について，当事者の訴えの提起により，そこに表示された請求の当否について公権的判断を示すわけであるが，その際，裁判所は，その申立事項に拘束される（法246条）ことから，訴えにおいては，審判の主題としての請求が特定されていなければならない。そして，請求が特定されて初めて原告の請求原因や被告の抗弁などが決定されることになる。すなわち，審判開始の契機を作り，その主題を提供するのは当事者の役割であるから，原告が訴えを提起するに当たっては，必ず当該紛争における自己の請求を特定して明確に表示しなければならない。

イ　訴訟物の意義

請求の中身となり，当事者の紛争の中核となっている最小基本単位を訴訟物という[注1]（もっとも，請求を，訴訟の対象という趣旨で訴訟物と呼ぶことも少なくない。）。この審判対象たる最小基本単位の具体的内容をどのように理解・構成するかについて，従来激しく争われてきている。というのも，請求ないし訴訟物という概念は，訴え提起によって，原告が被告及び裁判所に対し定立する訴訟の主題であって，上述のとおり，これが特定されていなければ審判対象が不明確となり手続を進行させるのが困難となるし，その単複により請求の併合（法136条）の有無が，その異同により訴えの変更（法143条）の有無や二重起訴にあたるかどうか（法142条）が，そして，既判力の客観的範囲（法114条）がそれぞれ決定されるからである。その意味では，訴訟物は，訴訟手続の最小基本単位を決定するとともに，手続上の規律を組み立てる重要な機能概念として構築されている。

もっとも，実務では旧訴訟物理論がとられているため，ここでは代表的な議論を概観するに止める。

ウ　旧訴訟物理論（実体法説）

訴訟物は，実体法上の個別的・具体的な権利又は法律関係そのものであり，その特定識

(注1)　旧訴訟物理論によれば，「訴訟上の請求の中身となり，その存否が当事者の紛争の中核となっている実体法上の権利又は法律関係自体を訴訟物という。」と定義づけることとなる。

第4章　訴えの提起

別と訴訟物の個数と異同は実体法上の個々の権利が基準になるとする考え方である。この見解によると，確認の訴えについて実体法上の権利が訴訟物になることは当然のこととして，給付の訴えについても，所有権に基づく返還請求権（物権的請求権），消費貸借契約に基づく貸金返還請求権（民法587条），不当利得返還請求権（民法703条）などの実体法上の請求権が訴訟物となる。また，形成の訴えについても，不貞行為（民法770条1項1号），悪意の遺棄（民法770条1項2号）などの個々の形成要件ないしこれらによる個々の権利が訴訟物になると解されている。したがって，例えば，同じ物の返還を求める場合でも，所有権に基づくか，賃貸借契約終了に基づくかによって訴訟物は異なる(注1)。なお，このように同一目的のために実体法上，請求権が競合して認められる場合において，それらを併合提起しているときは，二重の給付判決を避けるため，原告の合理的意思解釈の観点も加味して，いずれか一方のみの認容を求めているもの，すなわち，一方の請求が認容されることを解除条件として他方の請求を併合しているもの（選択的併合［第4章第6の2(2)ウ参照］）と解している。

エ　新訴訟物理論（訴訟法説）

これに対し，給付・確認・形成のそれぞれの訴えの目的ないし機能の差異を重視するとともに，訴訟による紛争解決効率を高めるため，訴訟物と実体法上の権利との結びつきを切断し，訴訟物を訴訟法的観点から各訴訟類型に応じて捉えていこうとする考えを新訴訟物理論という。すなわち，確認の訴えは，実体法上の権利関係の観念的判定を通じて紛争を解決する目的を有するものであるから，実体法上の個々の権利が訴訟物となる(注2)が，給付の訴えにおいては，相手方から一定の給付を求め得る法律上の地位（受給権）が訴訟物であり，形成の訴えにおいても，裁判による一定の形成を求め得る法的地位が訴訟物であるとする。したがって，給付の訴えについてみてみると，実体法秩序が1回の給付しか是認しない場合には訴訟物は1個とみるべきであり，同一の給付を目的とする数個の実体法上の請求権が競合して認められる場合であっても，それらは訴訟物を基礎づける法的観点ないし法的根拠（請求を理由づける攻撃方法）が競合しているにすぎないとされる。先の例でいうと，所有権に基づく返還請求権と賃貸借契約終了に基づく返還請求権が同時に主張されていても，それは返還を求め得る法的地位という1個の訴訟物を基礎づける理由が複数主張されているにすぎないとみる(注3)。また，形成の訴えについても同様であり，例えば，離婚訴訟では，離婚を求めることのできる法的地位が訴訟物となり，個々の離婚原因ごとに訴訟物が異なるものではないとされている。

オ　小括

訴訟物については，かつて激しく議論されたが（いわゆる訴訟物論争），実務は旧訴訟物理論に落ち着いている。その理由としては，両説は結論的には実際上大きな差異をもたらさな

(注1)　したがって，前者から後者への変更は訴えの変更になるし，一方の訴訟係属中に他方の訴えを提起しても二重起訴にはならず，前訴判決確定後に後訴提起しても既判力の矛盾抵触を生じないとされる。
(注2)　したがって，確認訴訟の場合には，新旧訴訟物理論によって差異はない。
(注3)　したがって，前者から後者への変更は攻撃防御方法の変更にすぎず訴えの変更にはならないし，一方の訴訟係属中に他方の訴えを提起すると二重起訴となるとされる。また，前訴判決確定後に別の法的観点に基づき訴えを提起すると既判力に抵触するとされる。

第1　訴えと請求

いと解されていること(注1)，実体法と切り離して抽象的な訴訟物概念を措定することは実体法の規準としての明確性を希釈するおそれがあること，1回の訴訟による紛争解決効率を高めることが望ましい面は否定できないにしても，前訴裁判所の判断事項と後訴裁判所が前訴判決によって解決済みと考える紛争の範囲との間にずれが生じる可能性も否定できず，後訴裁判所の審理を萎縮させるおそれもないわけではないことなどが考えられる(注2)。

　とはいえ，新訴訟物理論が訴訟政策的観点から手続の基本単位を構築する視点を提供した功績には大きなものがあることはいうまでもない。この視点は，旧訴訟物理論においても受容されており，旧訴訟物理論も実体法規範のみによる形式的かつ硬直的な基準を考えているわけではなく，訴訟政策的観点から一定の修正を加えている場合があることからも窺うことができる。すなわち，旧訴訟物理論において実体法規範のみを基準にすると，訴訟物が細分化されすぎ，訴訟の紛争解決効率が著しく低下するとみられる場合には，実体法の解釈問題として，請求権の統合を図っているといえる。例えば，給付訴訟について，賃貸借契約終了に基づく建物明渡請求訴訟を考えてみると，終了原因ごとに（例：期間満了，賃料不払解除，用法遵守義務違反解除，無断転貸解除）訴訟物は別個と考えることも可能であろうが，この場合，各個の終了原因は賃貸借契約終了に基づく目的物返還請求権という1個の訴訟物を現実化させる契機としての攻撃防御方法にすぎないと解するときは，旧訴訟物理論でも訴訟物の細分化を回避できる。また，不法行為に基づく損害賠償請求訴訟を考えてみると，財産上の損害と精神上の損害とは被害法益において区別され，成立の根拠も異にする（民法709条と710条）から別個の訴訟物とみることもできるが，損害賠償請求訴訟における損害額算定の非訟化傾向を重視して（いわゆる慰謝料の補完的作用という表現に代表される。），1個の不法行為に基づく同一利益の侵害による損害の塡補と位置づけるならば，訴訟物も1個と解することができ(注3)，紛争の1回的解決に資することとなる。さ

(注1)　実質的には同一紛争の蒸し返しとなる場合には，旧訴訟物理論でも後訴提起を信義則違反として許さないという処理で対応する途が開かれている（最一小判昭51.9.30民集30－8－799［28］参照）。

(注2)　訴訟物論争の実質
　紛争は社会的な存在であるから，これを裁判所の判断による解決に親しむように構成する必要があるわけであり，この構成枠組みをどのようなものとするか，どのような単位とするかが訴訟物の問題であるといえる。訴えの提起・審判対象の提示は処分権主義の建前から原告の権能とされているが，この構成単位の枠自体まで原告の自由とすることはできない。なぜなら，本文で述べたように，この訴訟物という単位は手続全体を貫く基本概念であって，訴訟制度の運用上はじめから明確な形で定まっているべきものだからである（明確に決まっているからこそ，原告はそれによって訴えを提起するか，内容をどのようなものにするか，数はいくつ提示するかを決めることができるわけである。裁判所としてもあらかじめ明確に定まっているからこそ審理の指標が得られることとなる。）。とすると，この問題は論理の問題ではなく，集団的大量的現象として現れる訴訟事件を制度運営上の観点から合理的に規制するにはどのような枠組みを与えるべきかという政策論の問題ということになる。その意味では，既にある程度安定した基準を提供していた旧訴訟物理論による構成枠組みを変更しなければならないほどの，すなわち，政策転換を迫られるほどの決定打が出にくい問題であったということができよう。そして，今日では，学説も訴訟物概念から演繹するだけではなく，個別的な問題ごとに（例えば，訴えの変更，二重起訴禁止，時効中断効，判決効など），それぞれの制度趣旨を踏まえ，必要に応じて訴訟物概念からの帰結を再調整する方向にあるといえる。

(注3)　判例は，不法行為による損害賠償請求の訴訟物の個数については，同一の被侵害利益であるかどうかによって訴訟物の個数を定めているものと解される（最一小判昭48.4.5民集27－3－419［51］参照）。　　　　　　　　　　　　　　（つづく）

第4章　訴えの提起

＜訴え，訴訟上の請求，訴訟物の関係＞

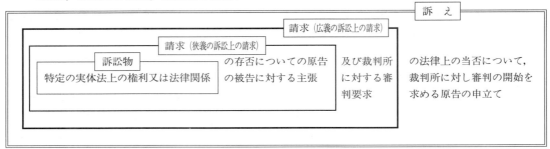

　らに，形成訴訟について，離婚訴訟を例にとると，離婚原因ごとに訴訟物も異なると考えるのが旧訴訟物理論の立場からは素直であろうが，離婚原因としては「婚姻を継続し難い重大な事由があるとき」（民法770条1項5号）の1個しかなく，不貞行為，悪意の遺棄などは例示的なものであると解するときは，旧訴訟物理論を採用しても訴訟物は1個と考えられることになる(注1)。

　以上のとおり，訴訟物を理解するにあたっては，実体法との連関（解釈問題）と訴訟政策的観点をも考慮した手続上の機能的概念であり，訴訟手続を貫く重要な役割を担っていることを念頭に置く必要がある。

　以下，本書では，旧訴訟物理論を前提にする。

(6) **請求の特定の形式と法的性質決定**

　判決による紛争解決は，具体的な権利関係の存否の確定によってもたらされるから，請求もこれに応じて具体的な権利関係の存否の主張という内容をもたなければならない。したがって，請求を権利主張として特定するということは，原則として一定の実体法上の権利又は法律関係の存否の主張として特定しなければならないことを意味する。ただし，原告の請求をどのような権利関係として判断するかは裁判所の職責であるから(注2)，請求は客観的に特定の法律的主張として明確になればよく，必ずしもその権利の性質を法律的な術語呼称で表現したり，適用法条を示したりすることは必要ではない。

(7) **請求の特定の方法**

　請求の特定の方法は，その構成要素である当事者の面と訴訟物の面とに分けて特定するこ

―――――

（つづき）　他方，1個の行為によって著作財産権と著作者人格権が侵害されたことを理由とする各慰謝料請求権は，訴訟物として別個であるとするのが判例（最二小判昭61.5.30民集40−4−725［17］）であり，訴訟物の個数の判定は，実体法の解釈問題であると同時に訴訟政策判断であることがここでも窺われるといえるだろう。
(注1)　ちなみに，判例（最三小判昭36.4.25民集15−4−891［46］）は，民法770条1項4号の離婚原因を主張している場合に同項5号を認定することは許されないとするが，処分権主義（法246条）違反なのか，弁論主義違反とする趣旨かは明らかではない。なお，判例（最三小判平22.10.19集民235−93）は，詐害行為取消訴訟の訴訟物である詐害行為取消権については，取消債権者が有する個々の被保全債権に対応して複数発生するものでないとする。
(注2)　したがって，同一事実に対する法的評価（成立する請求権の法律的評価ないし表現）の違いは法246条違反を招来せず（最三小判昭34.9.22民集13−11−1451［77］），裁判所は，この点に関する当事者の主張に拘束されない。とはいえ，当事者の意図しない法的構成に組み替えて判決することの訴訟運営上の適否は別問題であろう。

とが考えられ，訴状において，当事者と請求の趣旨・原因が必要的記載事項とされていること（法133条2項）と照応する（第4章第7の2(1)参照）。

(8) **請求の特定要素**

請求の特定のために必要な事項は，訴訟物たる権利の種類によって異なる。

ア 物権（担保物権を除く）

物権は，同一対象物の上に同一内容の権利が重複して存在することはないから，①権利主体（権利者），②権利客体（物権の対象物），③権利内容（権利類型）を挙げればよく，その発生原因は必要としない(注1)。

例：確認訴訟の場合

「①原告の，②本件建物についての，③所有権」

イ 債権

債権は，同一当事者間に同一内容の権利がその発生原因を異にすることによって重複して存在し得るから，①権利主体（債権者），②義務者（債務者），③権利内容（権利類型と給付内容）のほか，④権利の発生原因たる歴史的事実をも挙げることを要する。

例：貸金返還請求訴訟の場合

「①原告の，②被告に対する，④平成○年○月○日付け消費貸借契約に基づく，③200万円の貸金返還請求権」

ウ 担保物権

担保物権も同一対象物の上に同一人の同一類型の権利が発生原因を異にすることによって重複して存在し得るから，①権利主体（権利者），②権利客体（権利の対象物），③権利内容（権利類型）のほか，④権利（被担保債権を含む）の発生原因たる歴史的事実によって特定される。

エ 物権的請求権

物権的請求権は，物権から派生する権利ではあるが，特定人に対し特定の給付を求める請求権である点において債権に類似し，①権利主体（権利者），②義務者，③権利の対象物及び④権利内容（権利類型と給付内容）によって特定される。

例：所有権に基づく建物明渡請求訴訟の場合

「①原告の，②被告に対する，③本件建物の，④所有権に基づく返還請求権としての（権利類型）本件建物明渡請求権（給付内容）」

オ 形成権

形成権は法定の形成要件によって発生するから，①権利主体（権利者），②形成されるべき権利の内容及び③形成要件によって特定される。

第2 処分権主義

1 総説

当事者に，訴訟の開始，審判対象の特定やその範囲の限定，更に判決によらずに終了させる

(注1) 例えば，本文の所有権確認訴訟の場合，訴訟物は所有権の存否それ自体であり，所有権取得原因ごとに訴訟物が異なるものではない。

第4章　訴えの提起

権能（処分権能）を認める建前を，処分権主義という。民事訴訟は私的利益をめぐる紛争を審判対象とすることから，実体法上の私的自治の原則を訴訟手続へ反映させ，当事者に紛争解決方法の選択の自由を認める趣旨であって，民事訴訟制度における本質的原則である[注1]。

2　訴訟過程における処分権主義の発現

処分権主義は，民事訴訟において，次のような発現形態をとる。

(1)　訴訟の開始

民事訴訟は，当事者の訴えをまって初めて開始される。ただし，付随的裁判については若干の例外が認められる（訴訟費用の裁判［法61条以下］，仮執行宣言［法259条］）。

(2)　審判対象の特定提示（審判範囲の限界設定）

当事者（原告）は，訴えにおいて，どのような裁判を求めるのか（対象・範囲・審判形式等）を明示することを要し，裁判所はこれに拘束される。すなわち，裁判所は，当事者が申し立てていない事項について，判決をすることができない（法246条，第3参照）。

(3)　訴訟の終了

当事者は，その意思によって終局判決によらずに訴訟手続を終了させることができる。具体的には，訴えの取下げ（原告の審判要求の撤回），訴訟上の和解（当事者相互の訴訟手続内自主的紛争解決），請求の放棄・認諾（一方当事者の訴訟追行意思の放棄）があり，詳細は後述する（第7章参照）。

なお，訴訟は，訴えの目的が達成されるか，又はその達成が不可能となった場合に終了する。具体的には，上記のほか，終局判決の確定（第8章参照），訴訟中における原告・被告の地位の混同（原告・被告たる法人の合併や訴訟中の一方当事者の死亡とその唯一の相続人たる相手方当事者による訴訟物たる権利義務関係の相続）や訴訟物たる権利義務関係が一身専属権である場合の当事者の死亡（離婚訴訟の当事者の一方の死亡など）の場合にも，二当事者対立構造が消失することとなり，訴訟は終了する。

＜訴訟の終了原因＞
- 終局（確定）判決による訴訟の完結
- 裁判以外（当事者意思）による訴訟の完結
  - 訴えの取下げ
  - 訴訟上の和解
  - 請求の放棄・認諾
- 二当事者対立構造の消失による終了

3　処分権主義の排除

処分権主義が私的自治の原則・自律的意思決定の尊重に基礎を置くものであるとすれば，問題となる法律関係が個人的利益を超え，公益あるいは一般的利益に関するものである場合には，処分権主義は制限又は排除されることになる。この場合には，関係人の意思に反しても訴えが提起され，一般的利益のために訴訟手続が開始・遂行されなければならない。もっとも，裁判所が自ら独自の判断で訴訟手続を開始しては公平・公正さの点で疑念が生じるおそれがあるた

（注1）　訴えの提起は実体権の行使でもあって，訴訟過程は実体権の行使・処分の過程といえる。このような実体法との連続性を保持する観点からの法政策が処分権主義であり，裁判所自らが独自の判断で手続を開始しないということが，裁判所の公平公正な第三者機関たる立場を担保しているともいえる。

め，裁判所とは別個の公的機関(注1)や私人(注2)に訴え提起の権限を認めている。そして，私益を超えた一般的利益に関わる審判対象につき，一私人の意思のみで実体的変更を加えることは相当ではないので，紛争の実体的解決に関する処分権主義も制限されることがある。すなわち，婚姻，養子縁組，親子関係等に関する人事訴訟事件や，会社の設立，合併，総会決議等の瑕疵に関する会社訴訟事件において，請求の放棄・認諾，訴訟上の和解が認められない場合がある（第7章第3の2(1)，同章第4の2(1)参照）。

第3　申立事項と判決事項

1　趣旨・機能

裁判所は，当事者が申し立てていない事項について，判決をすることができない（法246条）。これは，審判対象を提示する権能が原告にあることを明らかにしている。それとともに，これを被告の立場からみると，原告によって最終防御目標が提示されることを意味する。攻撃防御の最終目標が明確に提示されることにより，被ることのあるべき損失の最大限が予測可能となり，各当事者は，係争利益の価値を考慮して，自らの攻撃防御の方法・程度を決定できることになる。したがって，裁判所が申立事項外の判決をすることは，そのような当事者の意思ないし信頼を裏切る「不意打ち」の裁判となる。また，処分権主義の機能を裁判所の立場から見ると，審理の外延が原告によって提示されることとなり，審理の集中化を図ることが可能となる。

もっとも，原告の意思によって審判の最終目標が特定され限定されるといっても，その意思は必ずしも明確であるとは限らないため，当事者間の公平，訴訟経済等の要請から，解釈によって原告の合理的意思を探求するという側面もあり得ることは否定できない。すなわち，原告の意思の尊重の観点も，適正中立な訴訟制度運営の観点，あるいは被告の防御上の利益をいかに確保すべきかなどの観点との間で対立緊張関係が生じるのであって，申立事項についての解釈問題を考えるにあたっては，これらをどのように調整するかが問われる。

2　申立事項の質的範囲と量的範囲

申立事項は，訴訟上の請求，すなわち，求める審判の種類・形式，範囲を指示することによって明らかにされ，裁判所はこれに拘束されることになる。したがって，申立事項の範囲内かどうかは，訴訟物の同一性，求める審判の種類・形式（給付・確認・形成）の別，その範囲内かどうかによって検討されることになる。その結果，質的にも量的にもこれを超えることは許されないし，反対に，質的に同一であって，単に量的範囲内にあるときは，一部認容として許容されることが多い。これに対し，質的範囲内かどうかが問題になるときは，原告の合理的意思，被告の防御の利益の観点から慎重な検討が必要となることが多い。

判例上，申立事項の範囲内かどうかが問題となったものとしては，次のようなものがある。

　ア　一筆の土地全部の所有権移転登記手続請求訴訟において，その土地の一部につき「分筆の上」所有権移転登記手続をなすべき旨の判決をしても申立事項を超えたことにはならない（最二小判昭30.6.24民集9－7－919［58］）。

（注1）　検察官が原告として訴えを提起できる（民法744条1項）のは，この例である。
（注2）　親族（＝当事者以外の者）に訴え提起の権限がある（民法744条2項）のは，この例である。

イ　家屋の全部につき明渡しを求めた訴訟において，そのうちの一室若しくは数室についてのみ解約の効力を認めてその明渡しを命じることは申立事項の範囲内とする判例がある（最三小判昭30.5.24民集9－6－744［48］）。ただし，単なる量的一部認容の問題と言い切れるかどうかは微妙であり，一部のみでは原告の目的を達することができない場合もあり得ることからすると，慎重な検討を要しよう。

ウ　旧借家法1条ノ2による建物明渡請求訴訟において，原告が明示した申立額を超える立退料の支払と引換えに明渡しを命ずることも，許される場合がある（最一小判昭46.11.25民集25－8－1343［56］）(注1)。

エ　物の引渡請求に対する留置権の抗弁を認容するときは，引渡請求を棄却することなく，その物に関して生じた債務の弁済と引換えに物の引渡しを命ずべきである（最二小判昭33.6.6民集12－9－1384［62］，最一小判昭47.11.16民集26－9－1619［42］）(注2)。

3　一部請求と判決確定後の残部請求

(1)　問題の所在

数量的に可分な債権につき，原告が請求をその一部に限定することは処分権主義の観点から，当然に許されてよい。これにより原告の迅速かつ経済的な権利救済が図られるといえる。

（注1）　この事案は，原告が300万円若しくはこれと格段の相違のない範囲内で裁判所の決定する額の立退料を支払う旨の意思を表明し，これと引換えに建物の明渡しを求めていたところ，500万円の立退料の支払と引換えに請求を認容したものである。これは正当事由の判断の非訟的性格にかんがみ，当事者の主張に拘束されると弾力的な解決が困難になることを考慮したものと解されるが，その場合でも原告の合理的予測の範囲内にあることを重視している点は，申立事項の範囲を検討する上で参考になる。

（注2）　判例上，その他に問題となったものとしては，次のようなものがある。

① 賃借権存在の確認請求訴訟において，原告の主張より低額の賃料の定めのある賃借権の存在を確認しても申立事項の範囲内であるとするもの（最一小判昭32.1.31民集11－1－133［8］）。これは賃借権の存在自体の確認を求めているにすぎず，賃料額の確定を求めているものではないから，この場合の賃料額は単に賃借権の特定要素にすぎないと解するものである（これに対し，賃料額は賃貸借契約の有償性を基礎づける要素であって，存続期間も賃貸借契約の本質的要素であり，賃借権の存在を確認した確定判決は，当該賃借権の賃料額の点についても既判力を生ずると解するのが相当であるとして，判旨に反対する見解も有力である。）。なお，当事者が土地賃借権そのものを有することの確認を求め，地代額の確認まで求めたとはいえないにもかかわらず，地代額の確認をも求めているものとして，主文で地代額を確認した判決には，当事者が申し立てていない事項について判決をした違法があるとするものも存在する（最三小判平24.1.31集民239-659）。賃料額が訴訟物に含まれるかどうかは，原告の意思によって定まり，原則として，請求の趣旨欄に賃料額が記載されていなければ，訴訟物に含まれないと解することになろうが，請求の趣旨欄に記載されている場合であっても，原告が賃料額を訴訟物とする趣旨であるのか使用貸借と区別する趣旨で記載したにすぎないのかは，原告の意思解釈により定まる。

② 建物収去土地明渡請求訴訟において，建物買取請求権の行使があった場合，当該土地明渡請求は建物の引渡しを求める申立てを包含する趣旨と解すべきであるとするもの（最二小判昭33.6.6民集12－9－1384［62］，最三小判昭36.2.28民集15－2－324［17］）。

③ 原告が被告との間の売買契約に基づき代金を請求した事案において，裁判所が買受人は被告と当該訴訟の当事者ではない者との共同買受けにかかるものと判断したとしても申立事項を超えたことにはならないとするもの（最一小判昭30.4.7民集9－4－466［33］）。この判決は，買受人が被告単独ならば代金全額を請求できるが，共同買受ならば，商法511条が適用されない限り，代金債権は当然に分割されて被告には半額しか請求できない（民法427条）以上，全額の請求に対する関係では一部認容に止まるとする。

④ 所有権登記の全部抹消登記手続を求めたのに対し，共有持分に応じた更正登記手続（一部抹消）を命ずる判決をすることは適法であるとするもの（最二小判昭38.2.22民集17－1－235［15］）。

しかし他方，これを余りに細分化して訴訟を提起するときは，同一の紛争に複数回にわたり巻き込まれる被告の応訴上の負担や審理の重複・訴訟経済を考えると，紛争の1回的解決の要請も軽視できない。そこで，一部請求後の残部請求が前訴既判力に抵触すると解すべきかにつき争われている。

(2) 訴訟物の範囲決定の観点からのアプローチ

まず，訴訟物の範囲決定の観点からこの問題に対する解答を模索するアプローチがある。訴訟法を貫く統制概念としての訴訟物の機能を重視し，「訴訟物の範囲＝既判力の客観的範囲」という理解から明確性，法的安定性が確保されるとみる見解といえる。

ア　全面的肯定説

処分権主義を一貫させ，私的自治の原則から分割行使の自由が認められる以上，前訴の審判対象は当該一部のみであるから，これと訴訟物を異にする残部請求は，前訴の勝訴・敗訴を問わず当然に許されるとする。

イ　全面的否定説

これに対し，訴訟法的観点から，1回の訴訟における紛争解決機能をできるだけ高めるのが望ましいとの視点に立つと，原告による恣意的な紛争の分断は許されるべきではないとして，一部のみを請求したにすぎなくとも前訴の審判対象は債権全額であって，これに既判力が生ずる以上，残部請求の後訴は前訴既判力によって遮断されると解することになる。

(3) 既判力の正当化根拠からのアプローチ

次に，この問題が，一部請求後の残部請求が前訴判決の既判力によって遮断されるかというものである以上，既判力の正当化根拠（手続保障の充足に伴う自己責任）から検討されるべきであり（第8章第5の1参照），残部請求が遮断されても不当とはいえない程度に手続保障が付与されたかどうかを問うべきであるとするアプローチがある。

ア　抽象的手続保障説

既判力の失権効を正当化する根拠は，手続上攻撃防御を尽くす地位と機会が与えられたことによる自己責任にあるとする見解は，抽象的にも「提出し得た」ということができる場合には，失権を正当化する。したがって，結論としては，全面的否定説と同一になる。

イ　具体的手続保障説

これに対し，処分権主義・弁論主義を手続の基本構造として予定する民事訴訟においては，当事者の自律的訴訟活動こそが基軸になるべきであり，訴訟主題の提示及び攻撃防御方法の主体的選択・手続形成の結果としての自己責任が既判力を正当化すると考える見解がある。これによると，既判力による失権の本体は，抽象的な訴訟物レベルで作用するのではなく，具体的な攻撃防御方法レベルで作用するのであり，前訴で「提出すべき」であった場合に手続保障が充足されたということができ，既判力の客観的範囲はその集積結果にほかならないとする。したがって，前訴の個別具体的経過によって残部請求の失権の肯否が決まると考える。すなわち，前訴で敗訴した場合には，当該一部を立訴するために当然に残部についても主張立証する必要に迫られ，それでも敗訴したのであるから，残部請求は既判力によって遮断されるとし，前訴で勝訴した場合には，原則として残部について主

張立証すべき必要に迫られないため、残部請求は既判力に抵触しないとする（もっとも、被告から一部弁済、相殺、過失相殺などの主張がなされ、対抗・控除された場合には、訴求額を得るために残部の主張立証の必要に迫られるから、その残部の主張は遮断されるとする。）。

(4) **判例理論（明示説）**

判例は、全部請求であると主張して勝訴判決を得た原告が、前訴は一部請求であったとして後訴でその残額を請求することは許されない旨判示し（最二小判昭32.6.7民集11－6－948［51］）、他方、1個の債権の数量的な一部である旨明示されている場合、訴訟物は明示された一部のみであり、当該一部請求についての確定判決の既判力は残部の請求に及ばないとしている（最二小判昭37.8.10民集16－8－1720）。

前記(1)のとおり、この問題が政策的考慮に関わる問題であることからすると、この明示の有無で考える判例理論は極めて機能的といえる。すなわち、①一部請求であることの明示がある場合は、被告にとっても審判対象が分断されていることが認識でき、残部不存在の反訴を提起することができるから、被告の防御の利益を不当に犠牲にすることもない(注1)。②これに対し、一部請求であることの明示がなかった場合には、全部請求とみて防御をした被告の信頼を保護する必要があるし、残部請求を遮断してもあえて一部であることを明示しなかった原告に対し酷であるともいえない。判例理論は、訴訟物の範囲決定の観点を基礎に、明示の有無によって、原告の利益と被告の不利益回避・訴訟経済上の利益との調整を試みるものといえよう。

(5) **後遺損害**

ア 同一ないし発展させた類似問題に、後遺損害の賠償請求の問題がある。例えば、交通事故による損害賠償請求の前訴で勝訴した原告が、基準時後に生じた後遺症による後発損害の賠償を求める訴えを提起できるかという問題である。結論的には、前記の一部請求論のいずれの見解からもこれを肯定することに異論はないが、それぞれ理論構成上の問題点を抱えている。

イ 既判力の正当化根拠からアプローチする見解は、前訴当時、後遺損害については手続保障の機会が与えられていないことから、既判力によって遮断されないとして第二訴訟を許容し、一部請求論の延長線上の問題解決をする。しかし、もともと一部請求の問題は同一債権の数量的一部を請求する場合の問題であって、一部と残部が単一の債権であることを前提にしていたはずである。ここでは果たして単一の債権といえるのかという疑問が向け

（注1）　もっとも、明示的一部請求であっても、その審理は債権全額の存否にわたる以上、前訴で敗訴した原告が残部請求の訴えを提起することは、特段の事情がない限り、信義則に反して許されないとする判例がある（最二小判平10.6.12民集52－4－1147［25］）。その理由とするところは、①一部請求の当否を判断するためには、おのずから債権全部について審理判断する必要があり、当事者の主張立証の範囲、程度も通常は全部請求の場合と変わりがないこと、②一部請求を全部又は一部棄却する判決は、後に請求できる残部が存在しないとの判断を示すものにほかならないこと、③棄却判決確定後に原告が残部請求の訴えを提起することは、実質的には前訴で認められなかった請求及び主張の蒸し返しであり、前訴によって紛争が解決されたとの被告の合理的期待に反し、被告に二重の応訴の負担を強いるものであること、である。一部請求と相殺についての判例（最三小判平6.11.22民集48－7－1355［29］）と基本的発想を同じくするものであるし、本文の全面的否定説、具体的手続保障説とも実質的に共通する発想を有するといえる。

られている。

ウ　これに対し，訴訟物の範囲決定からのアプローチでは，既判力の時的限界の問題として第二訴訟を許容するという見解がある。しかし，後遺障害が前訴判決の基準時に既に現実化していた場合にはやはり遮断されることとなるし，時的限界の問題であるというためには，前訴請求と後訴請求とが同一請求であることが前提であり（この点は上記イと同様の批判が妥当するとされる。），後訴請求は前訴判決の判断を争うものではないから，時的限界の問題になるのかという疑問を呈する見解もある。

エ　判例は，前記の明示説の見地から，前訴を明示的一部請求とみて，後訴はその既判力に抵触しないとした（最三小判昭42.7.18民集21－6－1559 [60]）。もっとも，この場合，前訴提起当時には後発損害は予想し得ず，後発損害が現実化して初めて回顧的に損害額の一部のみが請求されたことが明らかになるのが通例であり，前訴は明示的一部請求ではなかったはずではないかという批判がなされている。この点については，判例理論としては，一部請求であることが必ずしも厳密には明示されていなくとも，一部請求であることが明示されていると同視してよい事情が認められる場合には，明示的一部請求として理解すべきとするもののようである。すなわち，将来の賃料相当損害金請求の認容判決確定後，貨幣価値ないし物価変動により認容額が不相当になった場合には追加請求を許容してよいとした判例（最一小判昭61.7.17民集40－5－941 [21]）は，その根拠として，前訴請求は一部請求であったことに帰し，前訴判決の既判力は後訴請求には及ばないことを掲げている。明示的一部請求と同視してよいと認められる事情としては，①後訴請求が前訴で主張立証対象とすることが不可能であり，したがって，②当事者の合理的意思からみて，前訴の請求に包含されていない趣旨のものであることが明らかであって，③これに対する判決もまたそのような趣旨のもとに前訴請求について判断していると認められる場合ということになろう。

4　債務不存在確認

(1)　問題の所在

債権者が債務者に対し，債務の履行請求をする場合は給付訴訟となるが，債務者側から債務の不存在確認の訴えを提起することがある。この場合，訴訟物の範囲はどこまでか，これに関連して一部認容の可否が問題となる。給付訴訟と消極的確認訴訟とは反対形相であるとされ[注1]，この種の訴訟には独自の存在意義があるともいわれる[注2]。

(注1)　例えば，消費貸借契約の貸主が貸金返還の給付訴訟を提起するときは，狭義の訴訟上の請求（権利主張）として消費貸借契約に基づく貸金債権の行使を主張し，裁判所に対してはその債権についての給付判決を求めるとの審判要求を内容とする。同一債権についての消極的確認訴訟を借主が提起した場合には，裁判所に対する審判要求が確認判決についてのものであるという点が異なるのであり（それが訴えの類型を分けている。），権利主張の内容である訴訟物たる権利そのものは給付訴訟と消極的確認訴訟とでは同一である。

(注2)　この訴訟では，実体法上の債務者が原告，債権者が被告となり，債権の発生原因事実は，被告である債権者が抗弁として主張立証しなければならない（第6章第8の3）。したがって，この訴えが提起されると，債権者は応訴して債権の発生原因事実の主張立証をしなければならない地位に立たされるため，債権者は自己の権利を行使する時期等を選択できないこととなる（事実上の提訴強制とか債務不存在確認訴訟の先制攻撃的機能と呼ばれる。）。これを強調するならば，理論上は，債権者が証拠を十分に収集できないままに応訴させられ，敗訴する危険性があり得るということとなる。

第4章　訴えの提起

(2) **全部不存在確認請求の場合**

　債務者が，債権者の主張に係る債務全額の不存在の確認を求めた場合，例えば，「原被告間の平成〇年〇月〇日締結の消費貸借契約に基づく原告の被告に対する元金100万円の返還債務が存在しないことを確認する。」との判決を求めた場合，訴訟物は，被告の原告に対する平成〇年〇月〇日締結の消費貸借契約に基づく貸金元金100万円の返還請求権又は原告の被告に対する平成〇年〇月〇日締結の消費貸借契約に基づく貸金元金100万円の返還債務の存否である。審理の結果，原告が弁済したのは70万円に止まることが明らかになった場合，「30万円を超えては存在しない。」という判決をすることは原告に不利であって，申立事項の範囲を超えないので，一部認容判決として許される。不存在の主張に係る100万円のうち，70万円の不存在が確認されているわけである。

(3) **債務の上限を明示する一部不存在確認請求の場合**

　債権者主張に係る100万円のうち，20万円の債務の存在は認めるが，20万円を超える部分は存在しないことの確認を求めた場合はどうか。この場合の訴訟物は，原告が不存在を主張する20万円超の部分である。審理の結果，現存債務額が10万円であることが判明した場合，「10万円を超えては存在しないことを確認する。」という判決をすることは，原告に有利であって，申立事項の範囲を超える。これに対し，現存債務額が30万円であることが判明した場合，「30万円を超えては存在しないことを確認する。」という判決をすることは，原告に不利であって一部認容判決として許される。この場合，存在しないとして主張されていた80万円のうち，70万円の不存在が確認されているわけである。

(4) **債務の上限を明示しない一部不存在確認請求の場合**

　上限額を明示しないで，20万円を超える債務の不存在の確認を求めた場合はどうか。まず，このような請求の趣旨の表示で訴訟物の特定として十分かという問題がある。この点につき，上限額が請求の趣旨欄に記載されていなくても，請求の原因欄を斟酌して特定されれば足りると考えられている。消極的確認訴訟は給付訴訟の反対形相であり，給付訴訟の場合，訴訟物は，請求の趣旨と原因とによって特定されることとパラレルに解しようとするわけである。のみならず，そもそも債権総額自体について，債権者と債務者との間で争いがあり得ることを考えると，上限を明示しなければ特定が不十分であるとして排斥することは債務者に酷な場合があると思われる。判例（最二小判昭40.9.17民集19-6-1533［63］）は，請求の趣旨及び請求の原因のみならず一件記録をも精査して債務総額を確定し，当該債権額から債務者自認に係る一定金額を控除した残債務額について明確に判断すべきであるとしている。したがって，上限を明示しない消極的確認訴訟も適法であり，裁判所としては，当事者双方の答弁書その他の準備書面・証拠関係から債務総額を確定した上で，上記(3)と同様の処理をすることとなる。

(5) **債務者の自認額についての既判力の肯否**

　では，債務者が自認している部分については既判力は生じるか。判例（前掲最二小判昭40.9.17）は，この消極的確認訴訟の訴訟物は債務残額の存否ないしその限度であるとしており，この理解によると，債務者（原告）が自認している部分については既判力は生じないこととなる。この点，裁判所の審理としては，残額のみを切り離してなし得るものではなく，債務総額を確定した上で，原告の主張に係る消滅額を確認しない限り（つまり自認額の存在も同

時に確認しない限り），請求に対する判決はできないはずで，結局，審理作業としては総額全体を審判対象として持ち出したのと同じことになる（すなわち，債務総額全体について攻撃防御が尽くされている）以上，紛争解決の実効性を確保すべきであるとして，既判力を肯定する見解もある。

第4　訴えの利益
1　総説

訴えの利益とは，個々の請求内容について，本案判決による紛争解決の必要性及び実効性を検討するための要件をいう。すなわち，民事訴訟制度は，被告を訴訟手続に巻き込むことを必然的内容とし，しかも公的機関である裁判所の運営に係るものである以上，そのような訴訟手続を利用するに適する事件を選別し，かつ，利用するに値する事件についてのみ本案判決による紛争解決を図るのである。いわば訴訟制度による紛争解決にとって無益・不必要な訴えを排除して制度運営の効率化を図るとともに，被告を応訴の負担から解放する機能を営むのが訴えの利益という訴訟要件である。

2　各種の訴えに共通する訴えの利益

訴えの種類を問わず問題となる一般的要件としては，次のものがある。

(1) 請求が裁判所の処理に適する具体的な権利関係の存否の主張であること

民事訴訟は，原告の被告に対する主張の法律的当否を判断すること（法の解釈適用）によって具体的な紛争の解決を図る制度であるから，そのような制度目的に適うものでなければならない（裁判所法3条参照）。したがって，単なる事実の存否の主張は，原則として許されない（例外：法134条）。法律的な主張であっても，抽象的に法令の解釈や法令の効力を問題とするものは具体的争訟性に欠ける（最大判昭27.10.8民集6－9－783［警察予備隊違憲無効確認訴訟］）。最終決定が立法府又は行政府に委ねられ，その最終決定権を尊重すべき事項を含む問題については，裁判所の審査に服さないと解される（最大判昭35.6.8民集14－7－1206［64］［苫米地事件］，最大判昭56.12.16民集35－10－1369［43］［大阪国際空港夜間飛行差止訴訟］）。具体的争訟性があっても，法令の解釈適用による終局的解決可能性がない場合も同様である（最三小判昭56.4.7民集35－3－443［14］［板まんだら事件］）。

(2) 法律上訴えの提起が禁止されていないこと

二重起訴の禁止（法142条），再訴の禁止（法262条2項），別訴禁止（人事訴訟法25条）などは，それぞれ特別の理由から定められているもので，これらにあたる場合には，訴えの利益は否定される。

(3) 通常訴訟以外に特別に規定されている救済手続によるべきことと定められていないこと

例えば，訴訟費用額の確定手続（法71条），破産債権行使の手続（破産法100条）などによるべき事件について，通常訴訟を提起しても訴えの利益はない。

(4) 当事者間に訴訟を利用しない旨の特約がないこと

当事者間に仲裁契約，不起訴合意，訴え取下げの合意（最二小判昭44.10.17民集23－10－1852）がある場合には，被告がそれを主張立証すれば（抗弁事項），訴えの利益なしとして，訴え却下判決がされる。

第4章　訴えの提起

(5) その他訴えの提起を不必要又は不適法とする特別の事情がないこと

例えば，原告が既に同一請求について確定判決を得ている場合は，時効中断などの特別の必要がある場合を除き，訴えの利益は認められない。また，訴権の濫用と評価される場合も訴えは不適法とされる（最一小判昭53.7.10民集32－5－888 [26]）。

3　給付の訴えの利益

(1) 現在の給付の訴え

現在の給付の訴えは，履行期の到来した給付請求権の存在を主張するものであるから，そのことだけで訴えの利益が認められるのが通常である。訴えの提起前に原告が履行を催告したか，被告が履行を拒絶したかということなどは問題ではない。また，給付判決を取得しても給付の実現が不可能ないし著しく困難であるという場合でも，訴えの利益がないとはいえない(注1)。債務名義となる公正証書を有していても，給付請求権につき既判力をもって確定する利益があるときは(注2)，訴えの利益はある(注3)。また，確定した給付判決がある場合でも，時効中断のために訴えの提起以外に適当な方法がないときは，再度の訴えの利益はある。

(注1)　「不動産登記の抹消登記手続を求める請求は，被告の抹消登記申請という意思表示を求める請求であって，その勝訴の判決が確定すれば，それによって，被告が右意思表示をしたものとみなされ（民執法174条1項），その判決の執行が完了するものである。したがって，抹消登記の実行をもって，右判決の執行と考える必要はないから，右抹消登記の実行が可能であるかどうかによって，右抹消登記手続を求める請求についての訴えの利益の有無が左右されるものではない。」（最二小判昭41.3.18民集20－3－464 [23]）すなわち，不動産の所有権移転登記が順次経由されている場合に，最終登記名義人に対する抹消登記手続請求権が棄却されその敗訴判決が確定したときは，その中間者に対して抹消登記手続請求訴訟を提起しても，原告は終局的には判決をもって所有権登記の回復を果たせないといえるため，中間者に対する訴えの利益はないのではないかという疑問もなくはないが，判例は，上記のとおり述べて，訴えの利益を欠くとはいえない旨判示した。最終登記名義人に対する敗訴判決が確定していても，それは判決による登記が否定されただけであって，最終登記名義人との間で裁判外の和解が成立したり，新たに取引をしたりすることによって任意に登記名義を回復することができるのであるし，そもそも民事訴訟は原告となった者と被告とされた者との間で相対的に解決するものであって，絶対的に解決できるかどうかを問うものではないからである。

(注2)　例えば，給付条項の内容が不特定であるなど債務名義の内容に疑義があるときは，執行機関に執行を拒絶されることとなるから，更に給付判決を取得する利益が認められる（債務名義が和解調書である事案につき，最一小判昭42.11.30民集21－9－2528 [107]）。

(注3)　債権の仮差押えがなされた場合の仮差押債務者は，当該債権について無条件即時給付の判決を取得できるか。「仮差押の目的は，債務者の財産の現状を保存して金銭債権の執行を保全するためにあるから，その効力は，右目的のため必要な限度において認められるのであり，それ以上に債務者の行為を制限するものと解すべきではない。これを債権に対する仮差押について見ると，仮差押の執行によって，当該債権につき，第三債務者は支払を差し止められ，仮差押債務者は取立・譲渡等の処分をすることができなくなるが，このことは，これらの者が右禁止に反する行為をしても，仮差押債権者に対抗しえないことを意味するにとどまり，仮差押債務者は，右債権について，第三債務者に対し給付訴訟を提起しまたはこれを追行する権限を失うものではなく，無条件の勝訴判決を得ることができると解すべきである。このように解して，右仮差押債務者が当該債権につき債務名義を取得し，また，時効中断するための適切な手段をとることができることになるのである。殊に，もし，給付訴訟の追行中当該債権に対し仮差押がされた場合に仮差押債務者が敗訴を免れないとすれば，将来右仮差押が取り消されたときは，仮差押債務者が第三債務者に対し改めて訴訟を提起せざるを得ない結果となり，訴訟経済に反することともなるのである。そして，以上のように仮差押債務者について考えられる利益は，ひいては仮差押債権者にとっても，当該債権を保存する結果となる。さらに，第三債務者に対する関係では，もし，右判決に基づき強制執（つづく）

第4　訴えの利益

(2)　将来の給付の訴え

　将来の給付の訴えは，口頭弁論終結時までに履行すべき状態にならない給付請求権の存在を主張するものであるから，あらかじめその請求をする必要がある場合に限って許される（法135条）。どのような場合にその必要ありと認められるかについては，義務者の態度，給付義務の目的・性質などを考慮して判断される。例えば，義務者が義務の存在・履行期などを争っており，適時の履行が期待できない場合や，義務の性質上履行期に履行がないと原告が著しい不利益を受けるような事情（定期行為［民法542条参照］，養育費［人事訴訟法32条2項参照。なお，民事執行法151条の2参照。］）があるときは，訴えの利益が認められる。継続的又は反復的給付については，現に履行期にある部分について不履行である以上，将来の分の履行も期待できないから，現在の分に合わせてあらかじめ請求できる(注1)。

　もっとも，現在不法行為が行われており，同一態様の行為が将来も継続することが予想されても，損害賠償請求権の成否及びその額の判断が複雑で，かつ変動が予想され，これをあらかじめ一義的に明確に認定することができず，むしろ具体的に請求権が成立したとされる時点において初めてこれを認定することができ，しかも，当該権利の成立要件の具備については債権者がこれを立証すべきものと考えられる場合（事情の変動を債務者の立証すべき権利阻止事由として把握することが不当な場合）には，そのような将来の損害賠償請求権は，将来の給付の訴えを提起することのできる請求権としての適格性を有しないとされている（最大判昭56.12.16民集35-10-1369［43］）(注2)。

　なお，本来の目的物の給付を求めるとともに，将来の執行不能・履行不能に備えて，あらかじめそれに代わる損害賠償の請求（代償請求）をしておくことも許される（単純併合［第4章第6の2(2)ア参照］）。

4　確認の利益

　確認の訴えの利益は，一般的には，原告が提示した訴訟物たる権利関係について，確認判決をすることが，原告の権利又は法律的地位に対する現実の不安・危険を除去するために，必要

（つづき）行がされたときに，第三債務者が二重払の負担を免れるためには，当該債権に仮差押がされていることを執行上の障害として執行機関に呈示することにより，執行手続が満足的段階に進むことを阻止し得るものと解すれば足りる」とするのが判例（最三小判昭48.3.13民集27-2-344［61］）である。

(注1)　実務上は，金銭債務の不履行による遅延損害金を支払済みまで請求する場合や土地・建物の明渡請求に明渡済みまでの賃料相当損害金を付加して請求する場合などがあり，いずれも口頭弁論終結時後支払済みまで，又は明渡済みまでの分が将来の給付の訴えとなる。なお，後者の事案につき，将来の賃料相当損害金の請求を認容する判決が確定した場合においても，その事実審口頭弁論終結後に，公租公課の増大，土地の価格の昂騰により，又は比隣の土地の賃料に比較して認容額が不相当となったときは，新訴により，認容額と適正賃料額との差額に相当する損害金の支払を求めることができるとされ，その根拠としては，基準時後の事情は前訴での主張立証が不可能であり，また，前訴請求が一部請求にとどまっていたとみるべきことに求められている（最一小判昭61.7.17民集40-5-941［21］）。第4章第3の3(5)参照。

(注2)　将来給付の請求適格

　将来給付の請求適格の判断は，現在の事実的基盤の存在を前提にしつつ権利発生の蓋然性と内容の確定性を検討することによってなされることとなるが，将来給付の訴えは，未だ履行しなくてもよい給付義務につきあらかじめ給付判決がなされ，将来の強制執行のために債務名義を取得させるものであるから，このような給付判決を得る原告の利益と，これに対する将来の強制執行に対する防御のために請求異議訴訟を提起せざるをえなくなる被告の手続負担とのバランスの観点から，その適格性を判断することとなる。

第4章　訴えの提起

かつ適切な場合に認められる。確認の訴えは，権利関係の存否を観念的に確定することを通じて紛争を解決すると同時に，将来の派生的紛争を予防しようとするものであるから，その性質上，権利の強制的実現の裏打ちがない。しかも確認の訴えの対象は論理的には無限定である。そのため，当該紛争について，権利の確認という紛争解決手段が有効適切に機能するかという実効性及び解決を必要とする紛争が現実に存在するかという現実的必要性の観点から，確認の利益の存否を吟味・検討することによって，紛争解決にとって無益な確認の訴えを排除して，制度効率を維持ないし高める必要がある。このような観点から，確認の利益は訴訟要件とされている。

(1) **対象選択の適否**

　ア　確認対象として選択された訴訟物が，原告・被告間の紛争の解決にとって，有効適切かを問う視点である。確認の訴えの対象は，原則として現在の権利又は法律関係でなければならない。

　イ　単なる事実の確認は，紛争解決の前提事項を対象とするものにすぎず，既判力をもって確定しても何ら法的解決をもたらさないから，原則として許されない（例外：証書真否確認の訴え［法134条］）。

　ウ　将来の権利ないし法律関係を対象とする確認の訴えについては，発生するか否かが明らかでないとして確認の利益が否定される[注1]。

（注1）　遺言者の生前における遺言無効確認の訴えは，遺言という法律行為の無効確認を求めるものであるが，生前にあっては遺言者は何時でも既になした遺言を取り消し得るのであって，いったん遺贈がなされたとしても受遺者は何らの権利も取得していない以上，現在において未発生の法律関係を確認するに等しいとして，確認の利益は否定される（最一小判昭31.10.4民集10－10－1229［74］。）。また，相続の開始によって将来発生するであろうというような法律関係の確認を求めることは許されないとされている（最一小判昭32.9.19集民27－901）。もっとも，将来具体的に発生するか否かが不明であっても現在の権利又は法律関係として理解され得る場合には，確認対象としての適格が認められる（建物賃貸借における敷金返還請求権について確認対象適格を認めた判例として，最一小判平11.1.21民集53－1－1［1］がある。）。不確定要素を内在する権利又は法律関係を現在のそれとして理解することができるかどうかは，その権利の安定度ないし存続の可能性についての実体的な検討を加える必要があるほか，確認判決による紛争解決の実効性の有無・程度などの訴訟法的な側面からの検討も要する。前記最一小判平11.1.21について言えば，敷金返還請求権は賃貸借契約の終了後明渡時に具体的に発生すると解されているから，契約継続中においては，金額のみならずそもそも債権が発生しない場合もあり得ると考えれば，条件付の抽象的な権利にとどまるとして確認対象適格ないし即時確定の利益を欠くとみることになる。これに対し，上記判例の事案は，敷金によって担保される債権の範囲や額が争われているわけではなく，賃貸人たる地位を承継した被告が敷金交付の事実そのものを否認していたことを考慮すると，確認対象適格を肯定する方が紛争の解決に資するとみることができる。また，仮に金額について再度訴訟になったとしても，後発訴訟は確認対象適格を肯定してなされた前訴判決の判断を前提として審理がなされるので前訴における判断は無駄にはならないということができるので，そのような観点から，紛争解決に資するとみれば，確認対象適格ないし即時確定の利益を肯定することとなろう。なお，遺留分権利者から遺留分減殺請求を受けた受遺者が，民法1041条所定の価格を弁償する旨の意思表示をしたが，遺留分権利者から目的物の現物返還請求も価格弁償請求もされておらず，遺留分権利者が受遺者に対し，価格弁償請求権を確定的に取得していない段階においても，弁償すべき額につき当事者間に争いがあり，受遺者が判決によってこれが確定されたときは速やかに支払う意思がある旨を表明して，弁償すべき額の確定を求める訴えを提起したときは，受遺者においておよそ価格を弁償する能力を有しないなどの特段の事情がない限り，確認の利益があるとした判例（最二小判平21.12.18民集63－10－2900［42］）がある。

第4　訴えの利益

エ　過去の法律関係の確認も，原則として許されない。なぜなら，民事訴訟の対象である私的法律関係は，時間的経過とともに常に変動する可能性を秘めているため，過去の法律関係を確定しても，現在の法律上の地位の不安を直接的に除去することにはならないことが通常であって，むしろ現在の法律関係の存否を問うのが紛争の解決にとって直接的かつ効果的だからである(注1)。

もっとも，現在の権利関係の個別的な確定が必ずしも紛争の抜本的解決をもたらさず，かえってそれらの権利関係の基礎にある過去の基本的な法律関係を確定することが，現存する紛争の直接的かつ抜本的な解決となる場合には，例外的に過去の法律関係であっても確認の利益が認められる(注2)。例えば，株主総会決議不存在・無効確認の訴え（会社法830条）は，過去の法的事実の確認でありながら，紛争解決の抜本的解決の必要性と会社をめぐる法律関係の明確性・画一性に資するため明文で上記の例外を許容するものであるし，判例上も，父母の両者又は子のいずれか一方が死亡した後の親子関係存在確認の訴え（最大判昭45.7.15民集24－7－861［66］），学校法人の理事会，評議員会の決議無効確認の訴え（最一小判昭47.11.9民集26－9－1513［64］）などにつき，確認訴訟による紛争解決機能が期待できる限りにおいて，確認の利益を認めている。

また，この延長線上の問題として，判例は遺産確認の訴えも適法としている（最一小判昭61.3.13民集40－2－389［9］）。すなわち，特定の財産が被相続人の遺産に属するか否かについて争いがある場合，遺産に属する旨主張する相続人がこれを否定する相続人を被告として，自己の法定相続分に応じた共有持分権確認の訴えを提起するのが通常であるが，遺産分割の前提問題として遺産に属するか否かの争いに決着をつけようとする原告の意図からすると，前記の確認の訴えでは必ずしも十分な解決が得られず（遺産分割審判における遺産帰属性の判断には既判力がない〔最大判昭41.3.2民集20－3－360［18］〕。），むしろこのような訴えにより，遺産帰属性について既判力をもって確定すれば，これに続く遺産分割審判手続の安定が得られることなどが考慮されている（なお，第9章第2の4参照）。

なお，遺産分割の前提問題に関する確認の訴えとしては，遺産の範囲のほかに相続人の地位の確認の訴えがある。特定の共同相続人について相続欠格事由（民法891条）があるとして他の共同相続人が当該人物を排除することなどを狙いとするものであり，相続人の地位を有するか否かは，遺産分割をすべき当事者の範囲，相続分及び遺留分の算定等の相続関係の処理についての基本的前提事項となる。この訴えは，当該特定の共同相続人に相続欠格事由があるか否か等を審理判断し，遺産分割前の共有関係にある当該遺産につきその者が相続人の地位を有するか否かを既判力をもって確定することにより，遺産分割審判手

(注1) しかし，遺言の効力発生後にその無効確認を求める訴えは，形式的には過去の法律行為の確認を求めるものであっても，遺言が有効であるとすればそこから生ずべき現在の特定の法律関係が存在しないことの確認を求める趣旨と解され，かつ，確認訴訟による紛争解決が期待される場合には，確認の利益が認められる（最三小判昭47.2.15民集26－1－30［37］）。
(注2) 過去の基本的な法律関係が，現在における多数の権利関係の前提となっている場合において，過去の基本的な法律関係の確認の訴えについて確認の利益が認められるならば，その判決の既判力により，現在の各個の権利関係に関する訴えが提起されたときには，それらの判決が互いに矛盾し合うような事態に至ることを防止することにもなる。

第4章　訴えの提起

続等における紛争の発生を防止し，共同相続人間の紛争解決に資することを目的とするものである(注1)。

(2) 方法選択の適否

確認訴訟の手段を選択することが紛争解決に有効適切かを問う視点である。確認の訴えは，原告の権利・法律的地位の不安を除去する手段として有効適切なものであることを要する。例えば，給付請求権について確認判決を得ても，相手方が任意に履行しなければ，更に給付の訴えによることが必要となるから，請求権存在確認の訴えは，特別な事情がない限り，有効適切な手段とはいえない(注2)。また，所有権について争いがある場合に，自己の所有権の積極的確認を求めることができるときは，それによるべきで，相手方の所有権の消極的確認を求めることは，原則として許されない。

(3) 即時確定の利益

原告の権利又は法律的地位の危険・不安を除去するために，判決によって権利関係を即時に確定する法律上の利益ないし必要がなければならない。この即時確定の利益は，被告が原告の権利・法律的地位を争っていることから認められることが多いが，公簿（戸籍など）の記載の誤りを訂正するために裁判上の確定を必要とする場合などについては，被告が特に争っていなくても，確認の利益があるとされる(注3)。

(注1)　遺産の範囲や相続人の地位と同じく，遺産分割の前提問題となる事項として，特別受益の有無及びその額がある。判例（最三小判平7.3.7民集49－3－893［13］）は，「ある財産が特別受益財産に当たることの確認を求める訴えは，現在の権利又は法律関係の確認を求めるものということはできない。」とし，その理由として「ある財産が特別受益財産に当たるかどうかの確定は，具体的な相続分又は遺留分を算定する過程において必要とされる事項にすぎず，しかも，ある財産が特別受益財産に当たることが確定しても，その価額，被相続人が相続開始の時において有した財産の全範囲及びその価額等が定まらなければ，具体的な相続分又は遺留分が定まることはないから，右の点を確認することが，相続分又は遺留分をめぐる紛争を直接かつ抜本的に解決することにはならない。また，ある財産が特別受益財産に当たるかどうかは，遺産分割申立事件，遺留分減殺請求に関する訴訟など具体的な相続分又は遺留分の確定を必要とする審判事件又は訴訟事件における前提問題として審理判断されるのであり，右のような事件を離れて，その点のみを別個独立に判決によって確認する必要もない。」としている。また，具体的相続分（民法903条1項参照）の価額又はその価額の遺産の総額に対する割合による確認の訴えについても，「具体的相続分は，遺産分割手続における分配の前提となるべき計算上の価額又はその価額の遺産の総額に対する割合を意味するものであって，それ自体を実体法上の権利関係であるということはできず，遺産分割審判事件における遺産の分割や遺留分減殺請求に関する訴訟事件における遺留分の確定等のための前提問題として審理判断される事項であり，右のような事件を離れて，これのみを別個独立に判決によって確認することが紛争の直接的かつ抜本的解決のため適切かつ必要であるということはできない。」として，その確認の利益は否定されている（最一小判平12.2.24民集54－2－523［4］）。このような確認訴訟が是認されると，かえって遺産分割審判の蒸し返しに利用されるおそれがあり，同審判手続の安定性を害するおそれもあることが考慮されているといえる。

(注2)　もっとも基本となる実体関係を前提としてそこから派生する給付請求権について給付訴訟が可能な場合であっても，基本関係から派生する可能性のある他の紛争を予防するという確認訴訟の本来的機能が期待できる限りは，基本関係に対する確認の利益は否定されない。すなわち所有権に基づく返還請求が可能である場合に，所有権確認訴訟を提起することは許されるし（最一小判昭29.12.16民集8－12－2158［114］），賃借権確認訴訟係属後に賃借権に基づく給付訴訟が係属しても，直ちには確認の利益は失われない（最三小判昭33.3.25民集12－4－589[29]）。これらの場合，確認訴訟の対象は請求権ではないことにも注意が必要である。

(注3)　原告が出生による日本国籍を有することの確認の訴えを適法とした最大判昭32.7.20民集11－7－1314［73］や死者との間の親子関係存否確認の訴えを適法とした最大判昭45.7.15民集24－7－861［66］は，いずれも戸籍訂正のためには確定判決が必要であることを確認の利益を認める理由としている。

5　形成の訴えの利益

形成の訴えは，元来法律に個別的に規定がある場合にのみ許されているものであるから，その要件の存在を主張するものであれば，原則として訴えの利益が認められる。ただし，すでに形成判決と同一の効果が生じている場合（清算中の会社についての設立無効の訴え［会社法644条2号参照］など）は訴えの利益が否定されるし，訴訟中の事情によって訴えの利益が失われることもある（会社役員を選任した株主総会決議の取消訴訟中に，その役員の任期が満了した場合〔最一小判昭45.4.2民集24－4－223［74］〕など）。

第5　当事者適格

1　意義

当事者適格とは，訴訟物たる特定の権利又は法律関係について，当事者として訴訟を追行し，本案判決を求め得る資格をいう。当事者の権能としてみて，訴訟追行権ともいう。この資格ないし権能を有する者を正当な当事者という。

訴えの利益が請求内容から正当な利益・必要性を検討し，本案判決をなすべき訴訟物を選別する機能を有するのに対し，当事者適格は，訴えの主体からみて正当な利益・必要性を検討するものであり，特定の訴訟物についての争いを誰と誰との間で解決するのが必要かつ有効かを検討し，本案判決を受けるべき正当な当事者を選別する機能を営む。

なお，当事者適格は，特定の訴訟物との関係から具体的・個別的に判断されるものである点において，当該紛争と離れて一般的に判断される当事者能力や訴訟能力とは区別される（第3章第2，同章第3参照）。

2　正当な当事者——一般の場合

当事者適格は，一般には，訴訟物たる権利関係について法律上の利害が対立している者に認められる。すなわち，正当な当事者は，原則として訴訟物たる権利関係についての法的利益の帰属者である（ただし，実体的権利・義務の主体に限られない[注1]）。

(1)　給付の訴え

給付の訴えでは，自己の給付請求権を主張する者が正当な原告であり，その義務者と主張される者が正当な被告である[注2]。

(2)　確認の訴え

確認の訴えでは，確認の利益を有する者が正当な原告であり，その確認を必要ならしめて

(注1)　例えば，後順位抵当権者が先順位抵当権不存在確認訴訟を提起する場合を考えてみると，これはいわば他人間の権利関係を訴訟物として確定することによって，原告は順位上昇の法的利益を享受できることから原告適格を肯定すべきであるが，この場合，当該訴訟物たる権利義務の主体ではない。

(注2)　原告適格について，最三小判平23.2.15集民236－45，被告適格について，最一小判昭61.7.10集民148－269。例えば，甲が乙に対し消費貸借契約に基づき貸金返還請求訴訟を提起した場合，訴訟手続を利用する甲の主張自体から甲に原告適格が認められ，その請求内容が「乙から貸金を返してもらいたい」というものである以上，乙に被告適格が認められ，甲乙間において甲の請求の当否につき審判しなければならない。本案審理の結果，貸したのが甲ではなく，丙であることが判明したときや，借りたのは乙ではなく，戊であることが判明したときは，訴え却下の訴訟判決ではなく，請求棄却の本案判決をし，「甲の乙に対する消費貸借契約に基づく貸金返還請求権」の不存在が既判力をもって確定される。

いる者が正当な被告である。すなわち，確認の利益は特定の原告と被告との間の紛争について確認判決の必要性・実効性を問うものであることから，確認の利益の判断に当事者適格の判断が不可避的に混入することとなる。

(3) 形成の訴え

形成の訴えでは，それを認める法規において原告適格・被告適格が法定されているのが通常である（民法744条，775条，会社法828条2項，831条1項など）。

3 正当な当事者——第三者の訴訟担当

上記とは異なり，特別の理由によって本来の利益帰属主体（本人）の代わりに，又はこれと並んで第三者が当事者適格を有する場合がある。これを第三者の訴訟担当という。この場合には，当該第三者が訴訟当事者となり，本来の利益帰属主体は当事者として訴訟に現れないので，代理現象とは異なる。訴訟担当者が受けた判決の効力は，当事者である担当者のみならず（法115条1項1号），本来の利益帰属主体にも及ぶ（法115条1項2号[注1]）。

(1) 法定訴訟担当

利益帰属主体の意思とは無関係に，法律の規定により第三者が当然に訴訟追行権を有する場合であり，更にその実質的な根拠の差異によって二つに大別される。

ア 担当者のための法定訴訟担当（管理処分権能の付与による訴訟担当）

法律上，財産管理処分権能が権利義務の帰属主体から奪われ，第三者に付与されていることに基づき当該第三者が訴訟追行権を有する場合である。すなわち，権利義務の帰属主体の利益保護ではなく，訴訟担当者自身又はこれと同等の地位にある者の利益保護を目的とするものである。例えば，債務者の権利を代位行使して提起した債権者代位訴訟における債権者（民法423条），債権差押命令により執行債務者の債権につき取立権を取得して提起した取立訴訟における執行債権者（民事執行法155条，157条），破産財団に関する訴訟についての破産管財人（破産法78条1項，80条），株主代表訴訟を提起した株主（会社法847条）などがある。

イ 権利義務の帰属主体のための法定訴訟担当（職務上の当事者）

法律上，ある職務を有する者に，その資格に基づき一定の請求について訴訟追行権が付与されている場合である。人事訴訟事件において，本来の適格者の死亡後にも訴訟を可能とするために当事者とされる検察官（人事訴訟法12条3項），成年被後見人のために人事訴訟の当事者となる成年後見人又は成年後見監督人（人事訴訟法14条）などがその例である。

(2) 任意的訴訟担当

本来の利益帰属主体の意思（授権）に基づいて第三者に訴訟追行権が認められる場合である。法律上許容されている場合（選定当事者［法30条，144条］，手形の取立委任裏書［手形法18条］）以外に，任意的訴訟担当がどの範囲で許容されるかについては，弁護士代理の原則（法54条1項本文）や訴訟信託の禁止（信託法10条）との関係で議論がある。この点に関し，学説は，「正当な業務上の必要がある場合」には許容されるとする見解が多いが，実質的な利害関係

（注1） 法115条1項2号は，訴訟当事者になる者の側からみて，当事者として現れない利益帰属主体を「他人」と表現している。

第6　請求の複数

の程度と弊害の有無を勘案してより広く認める見解も有力である。判例（最大判昭45.11.11民集24-12-1854［82］）は，民法上の組合の業務執行組合員に対して組合員がなした訴訟追行権の授権を適法としている[注1],[注2]。

第6　請求の複数

1　総説

　　法が予定する訴えの基本形態は，1人の原告が1人の被告に対する関係で一つの請求について審判を求めるというものである。しかし，同一当事者間に存在する紛争が複雑ないし多面的な場合もあることを考慮して，一つの訴訟手続を複数の請求の審判に利用することも認められている。この場合，当事者の訴訟追行上の負担を軽減することが可能となるし，請求が相互に関連したものであるときは，審理の重複を避け，裁判の矛盾を防止できる利点がある。もっとも，無制限にこれを認めると，審理がかえって複雑化し，訴訟遅延の原因ともなる。そこで，法は，各類型に応じて併合要件を規定している。

　　一つの訴訟手続において複数の請求が審判される場合としては，訴えの当初から原告が複数の請求を定立した場合（訴えの併合［請求の客観的併合］）や訴訟係属中に原告又は被告が新たな請求を定立して審判を求める場合（訴えの変更，反訴，中間確認の訴え［これらは「係争中の訴え」とも呼ばれる。］）とがある[注3]。

2　訴えの併合（請求の客観的併合）

(1)　意義と要件

　　　訴えの併合とは，固有の意味では[注4]，原告が当初から一つの訴えで数個の請求について

（注1）　判旨は，「いわゆる任意的訴訟信託について，民訴法上は，同法47条（注：現30条）が一定の要件と形式のもとに選定当事者の制度を設けこれを許容しているのであるから，通常はこの手続によるべきものではあるが，同条は，任意的な訴訟信託が許容される原則的な場合を示すにとどまり，同条の手続による以外には，任意的訴訟信託は許されないと解すべきではない。すなわち，任意的訴訟信託は，民訴法が訴訟代理人を原則として弁護士に限り，また，信託法11条（注：現10条）が訴訟行為を為さしめることを主たる目的とする信託を禁止している趣旨に照らし，一般に無制限にこれを許容することはできないが，当該訴訟信託がこのような制限を回避，潜脱するおそれがなく，かつ，これを認める合理的必要がある場合には許容するに妨げないと解すべきである。そして，民法上の組合において，組合規約に基づいて，業務執行組合員に自己の名で組合財産を管理し，組合財産に関する訴訟を追行する権限が授与されている場合には，単に訴訟追行権のみが授与されたものではなく，実体上の管理権，対外的業務執行権とともに訴訟追行権が授与されているのであるから，業務執行組合員に対する組合員のこのような任意的訴訟信託は，弁護士代理の原則を回避し，または信託法11条（注：前同）の制限を潜脱するものとはいえず特段の事情のないかぎり，合理的必要を欠くものとはいえないのであって，民訴法47条（注：現30条）による選定手続によらなくても，これを許容して妨げないと解すべきである。」と述べている。この判旨の射程を検討するにあたっては，前段の一般論のみならずこれを受けて検討されている具体的説示内容を慎重に検討する必要がある。

（注2）　平成8年改正法の立案過程では，任意的訴訟担当の許容範囲につき条文を設けることが検討されたが，抽象的一般的要件を規定することの立法技術上の難点・意義付け等につきなお検討の余地があることから，成文化は見送られた。

（注3）　なお，訴訟主体たる当事者が複数の場合も請求が複数であるといえるが，これについては更に別の規制原理が必要となるので，第9章でとりあげる。ここでは客体の複数について検討する。

（注4）　ここに「固有の」とは，一つには，当事者複数の場合の主観的併合（共同訴訟形態）を（つづく）

第4章 訴えの提起

審判を申し立てることをいう[注1]。要件は次のとおりである。

ア 数個の請求が同種の訴訟手続により審判されるものであること（法136条）

通常の民事訴訟手続と，人事訴訟手続や行政訴訟手続は異種であり，これらを併合することは，各審判対象の特殊性を考慮に容れて手続を組み立てている基本原理（例えば，職権探知主義や職権証拠調べの許容など）に適合しないし，審理を複雑化させるおそれがあるため，原則として[注2]，許されない。

イ 法律上併合が禁止されていないこと

同種の訴訟手続による場合であっても，特別の理由で併合が禁止される場合があり得る（旧人事訴訟手続法7条2項本文や，関連請求についてのみ併合を認める行政事件訴訟法16条1項）。

ウ 各請求について受訴裁判所に管轄権があること

もっとも，受訴裁判所が一つの請求について管轄権を有する場合は，他の裁判所の専属管轄に属する請求を除き（法13条），本来的には管轄権のない他の請求についても，これに併合されることによって管轄権が生じる（法7条本文）。

(2) 併合の態様

ア 単純併合

併合された数個の請求につき，他の請求の当否とは無関係に審判を求める場合であり，裁判所は各請求について必ず判決をしなければならない。例えば，売買代金請求と貸金返還請求を併合した場合のように，請求内容が相互に無関係な場合のほか，土地明渡請求と明渡しまでの賃料相当損害金請求を併合する場合のように，相互に関連がある場合も含まれる。物の引渡請求とその将来の執行不能の場合の代償請求との併合も，現在の給付の訴えと将来の給付の訴えとの単純併合である[注3]。

イ 予備的併合

第一次（主位的）請求が認容されないことを慮って，その認容を解除条件として，第二次（副位，予備的）の請求についても審判を求める場合である。例えば，売買代金請求とともに，売買契約が無効と判断されることを慮って，引き渡した目的物の返還を予備的に請求する場合などのように，数個の請求が相互に両立しない場合に，請求に順位を付することによって主張が互いに矛盾して無意義となることを避けつつ，効率的な審判を可能する併合形態である。裁判所は主位的請求を認容するときは，予備的請求について審判する必要はなくなる（全部判決である。）が，主位的請求を排斥するときは，予備的請求について審判しなければならない（主位的請求を棄却しただけでは違法な一部判決となる。第8章第2の2参照。）。

(つづき) 伴う場合を除く趣旨であり，もう一つには，訴訟係属中に新請求を追加して併合形態が後発的に生じる場合（訴えの変更等）を除く趣旨であって，請求の原始的複数が請求の併合の基本形態であることを示すものである。

(注1) なお，訴訟物の価額につき法9条参照。

(注2) 例外として，人事訴訟法17条など。

(注3) 第1次請求たる物の引渡請求は口頭弁論終結時点における給付請求権の存在を主張するものであり，第2次請求たる履行に代わる損害賠償請求（代償請求）は執行不能時点における給付請求権の存在を主張するものであって両者は両立するのであって（前者は現在給付の訴えであり，後者は将来給付の訴えである。），単純併合である。

ウ　選択的併合

　　数個の請求のうちいずれか一つが認容されることを解除条件として併合審判を申し立てる場合である。裁判所は一つの請求を認容する限り，残りの請求につき判断する必要はないが，原告を敗訴させるときは，併合された請求の全部について審判しなければならない。例えば，所有権と占有権に基づき同一物の引渡しを請求する場合や，債務不履行と不法行為とに基づき損害賠償請求をする場合などがこの場合にあたる(注1)。

(3) **併合訴訟の審判**

ア　併合要件の調査

　　併合要件は併合訴訟の訴訟要件であり，裁判所は職権で併合要件の具備を調査しなければならない。これを欠く場合には，併合が許されないというにすぎないから，各請求ごとに別個の訴えが提起されたものとして扱えば足りる。

イ　審理の共通

　　本案審理の弁論及び証拠調べは，すべての請求のための共通の判断資料となる。これにより審理の効率性と裁判の事実上の統一性が確保され得る。もっとも，単純併合は，裁判所の訴訟指揮権の発動により分離することができるから（法152条1項），別々の手続で審理されることもある。

ウ　終局判決

　　併合請求の全部が終局判決に熟すれば全部判決がなされる（法243条1項）。単純併合された請求の一部がまず判決に熟したときは，その請求についてのみ判決をすることができる（一部判決［法243条2項］）。予備的併合の場合の主位的請求又は選択的併合において一つの請求を認容する判決は，その審級での訴訟の全部を完結するものであるから，全部判決である。全部判決に対して控訴があれば，全請求が控訴審に移審する。

3　訴えの変更

(1) **意義**

　　訴えの変更とは，訴訟係属中に原告が当初の訴えによって申し立てた審判事項を変更することをいい，係争中の訴えの一つである。すなわち既に開始されている訴訟手続を維持利用しながら申立事項を変更し，新たに審判対象（訴訟上の請求）を提示するものである。旧請求について形成された訴訟状態（訴訟資料）を新請求においても利用できる途を開くのが主要な機能であり，これに対する被告の防御の利益や訴訟経済の観点からの合理的な調整が必要となる。

(2) **態様**

　　訴えの変更は，請求又は請求の原因の一方又は双方を変更することによってなされる（法143条1項）。例えば，特定物の引渡請求を損害賠償請求に変更する場合は請求の趣旨も原因も変更されるが，特定の請求権の確認訴訟を給付訴訟に変更する場合は請求の趣旨のみの変更となる。また，請求金額を変更せずに，債務不履行に基づく損害賠償請求を不法行為に基

(注1)　なお，いわゆる新訴訟物理論によれば，これらは請求としては1個であり，これを理由づける法的観点（攻撃方法）が複数主張されているにすぎず，請求の併合ではないし，選択的併合を認める必要もないとされている。

第4章　訴えの提起

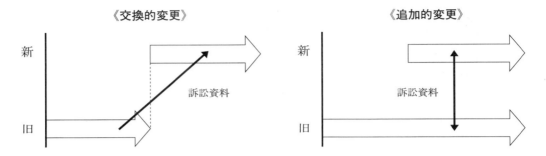

づく損害賠償請求に変更する場合には請求の原因のみの変更となる(注1)。

　訴えの変更には，従来の旧請求に新請求を追加する追加的変更と，従来の旧請求に代えて新請求を提示する交換的変更とがある(注2)。追加的変更の場合には，後発的に請求の併合が生じ，新旧両請求の関係により，単純併合，予備的併合，選択的併合の区別がなされる。交換的変更は，旧訴の取下げと新訴の提起に類似するが，取下げは訴訟係属の遡及的消滅をもたらすため（法262条1項），旧訴における訴訟資料を新訴の審理に利用する余地がないが，交換的変更では，新訴の審理にそれを用いることができる点で，独自の意義を有するし，そのため，取下げと変更とでは要件にも相違がある。

(3)　要件

　ア　請求の基礎に変更がないこと（法143条1項本文）

　　訴えの変更は従前の訴訟資料を新請求の審理に利用するための手続であるから，両請求がその手続目的にふさわしい関係にあることを要するとともに，被告の防御目標が予想外のものに変更されることによる不利益が生じないように配慮する趣旨である。したがって，訴え変更の許容範囲を画する基準である「請求の基礎」の意義については，この趣旨に適合するよう解釈されなければならない(注3)。また，この趣旨に照らすと，請求の基礎に変更がある場合でも，被告が同意するか又は異議なく新請求に応訴すれば訴えの変更が許さ

(注1)　新訴訟物理論の立場では，請求を理由づける法的観点（攻撃方法）の変更にすぎず，訴えの変更にはならない。
(注2)　新請求が追加されても，旧請求につき適法な訴えの取下げ又は放棄がない限り，旧請求の訴訟係属は消滅しないから，単に「旧請求につき撤回する。」旨述べたに止まるときは，追加的変更があったものとして旧請求についても判決することを要する（最一小判昭31.12.20民集10－12－1573［97］，最一小判昭32.2.28民集11－2－374［25］）。したがって，裁判所は釈明してその陳述の趣旨を明確にさせる必要がある。もっとも，交換的変更による新請求に対し被告が異議なく応訴したときは，被告は旧請求の取下げに黙示的同意を与えたものと解される（最二小判昭41.1.21民集20－1－94［7］）。
(注3)　判例にあらわれたものとしては，いずれも請求の基礎に変更はないとされたものであるが，最三小判昭31.7.20民集10－8－1089［63］（貸金支払に際し授受された小切手の利得償還請求→貸金返還請求へ交換的変更），最二小判昭31.9.28民集10－9－1197［71］（前渡金10万円と貸金2万円につき5万円の弁済を受けたとして残金7万円を全額前渡金として返還請求→充当関係の主張を変更して前渡金5万円と貸金2万円の支払請求へ交換的変更），最三小判昭32.7.16民集11－7－1254［70］（手形金請求→被用者の偽造を慮って民法715条に基づく損害賠償請求を追加的予備的に変更）などがある。また，仮差押命令の効力に関するものであるが，貸金債権の発生原因事実につき，これを担保するための担保物件を無断で取り壊したことによる不法行為に基づく損害賠償請求権の発生原因事実が包含しているとして，両債権の間に請求の基礎の同一性があるとしたものがある（最一小判平24.2.23民集66－3－1163）。

れるし(大判昭11.3.13民集15-453,最三小判昭29.6.8民集8-6-1037[51]),被告が陳述した事実に依拠して訴えの変更をする場合にも,この要件を考慮する必要はないと解される(最二小判昭39.7.10民集18-6-1093[68][注1])。

　イ　著しく訴訟手続を遅滞させないこと(法143条1項ただし書)

　　　請求の基礎に変更がなくても,また,被告の同意若しくは応訴がある場合でも新請求の審判につき従前の資料があまり利用できず,手続が著しく遅延することとなる場合には,訴えの変更ではなく,別訴提起による解決を適当とする趣旨である[注2]。したがって,これを欠くと認めるときは,裁判所は,被告の同意の有無に関わらず,訴えの変更を許さないことができると解されている。

　ウ　事実審の口頭弁論終結前であること(法143条1項本文)

　　　控訴審も事実審であり,訴えの変更は許される(法297条)。

　　　なお,訴状送達前の段階では,被告は未だ利害関係を有しないし,手続遅滞も問題にならないから,原告は,訴状の記載を訂正・補充して自由に訴えの内容を変更できるが,これは本来の訴えの変更ではない。

　エ　訴えの併合の一般的要件を具備していること

　　　追加的変更により併合訴訟となることに基づく。特に,新請求が他の裁判所の専属管轄に属しないことが必要である(法7条,13条)。

(4)　**手続**

　ア　請求の変更は書面によることを要する(法143条2項)。請求の原因の変更は書面によることを要しないとするのが判例(最三小判昭35.5.24民集14-7-1183[62])である[注3]。請求の趣旨の変更を伴う場合には,変更申立書を被告に送達することを要し(法143条3項),これによって新請求について訴訟係属が生じる。

　イ　訴えの変更の有無又は許否については,裁判所は職権でも調査する。

　　(ア)　対訴えの変更ではないと認めるときは,そのまま審理を続行すればよく,当事者間に争いがあれば,中間判決(法245条)又は終局判決の理由中でその判断を示す。

　　(イ)　訴えの変更があるが許されないと認めるときは,申立てにより又は職権で,変更を許さない旨の決定をする(法143条4項)。この決定は審理を整序するための中間の裁判であり,新請求を終局的に排斥するものではない。これに対する不服は終局判決に対する上訴の方法によるべきである。また,旧請求につき審理し,終局判決の理由中で訴えの変更不許の裁判をしてもよい。

　　(ウ)　訴えの変更を適法と認めるときは,その内容に従い,新請求について審判すれば足りる。

(注1)　なお,この判例は,この場合の訴えの変更の契機となる相手方の陳述には,抗弁,再抗弁などの防御方法に限られず,積極否認の内容となる重要な間接事実も含むとする。被告が自ら積極的自覚的に争点化させている以上,その防御上の不利益を考慮する必要はない(自己責任)ということであろう。
(注2)　訴えの変更により,主張する経済的利益が大きなものとなる場合には,被告の応訴態度に大きな影響を与える以上,従前の訴訟資料が利用できない場合もあるとする見解もある(例えば,利息請求に元本請求を追加する場合,係争利益が僅少だったからこそ自白したというような場合には自白の撤回を認めるべきであるとする。)。
(注3)　ただし,実務上は書面でなされるのが通例である。

第4章　訴えの提起

(5) **請求の拡張・減縮**

　　請求の拡張とは，1個の請求の数量的範囲を拡張することであり，請求の減縮とは，1個の請求の数量的範囲を縮小することである。請求の拡張が訴えの変更に当たることについてはほぼ争いがないが，請求の減縮については，一部請求後の残部請求の可否をどのように考えるかと関連して見解の対立がある。明示の一部請求後の残部請求を肯定する判例の立場では，請求の減縮は本来の訴えの変更ではなく訴えの一部取下げであり，被告の応訴後はその同意が必要であると解されており（最一小判昭27.12.25民集6－12－1255），実務もこれに沿って運用されている。一方，一部請求であっても審判対象は債権全額であると考え，残部請求を認めないとの立場では，原告が請求を減縮しても，訴訟物に変更は生じないことから，訴えの取下げとして扱われない。請求の減縮は，給付命令の上限を画するための特殊な訴訟行為として扱われる。

4　反訴

(1) **意義**

　　係属中の訴訟（本訴）手続内で，被告から原告を相手方として提起する係争中の訴えを反訴という（法146条）。原告に訴えの併合・変更が認められているのに対応して，被告にも同一訴訟手続の利用を認めるのが公平であるし，本訴請求と一定の関連性を有する請求を同一手続で併合審理することによって審理の重複と裁判の不統一を回避することが期待できる。

　　反訴にも併合審判の態様からみて，単純な反訴と，本訴が排斥されることを解除条件として反訴請求について審判を求める予備的反訴とがある。例えば，売買代金請求の本訴に対し，売買の有効性を争いながら，仮に有効ならば目的物の引渡しを求める場合などは後者の例である。

(2) **要件**

ア　反訴請求が本訴請求又はこれに対する防御方法と関連すること

　　訴えの変更において請求の基礎の同一性が要求されることに対応するものであり，同一訴訟手続における併合審理に適する反訴を選別するための要件である[注1]。反訴請求が本訴請求と関連するとは，訴訟物たる権利の内容又は発生原因において共通点を有することをいう[注2]。反訴請求が本訴請求に対する防御方法と関連するとは，反訴請求が本訴請求に対する抗弁事由とその内容又は発生原因において共通点を有することをいう[注3]。ただし，その防御方法は，実体法的に成り立つ可能性のあるもので，かつ適法に提出されていなければならず，これが却下されたときは反訴も不適法となる[注4]。

（注1）　したがって，訴えの変更における請求の基礎におけると同様，原告（反訴被告）の同意があれば問題にしなくてもよい。
（注2）　例えば，同一物についての所有権確認本訴請求と賃借権確認反訴請求の場合や，同一事故に基づく損害賠償を本訴・反訴で請求する場合など。
（注3）　例えば，金銭請求に対し相殺の抗弁を提出するとともに，当該反対債権の残額の支払を求める反訴を提起する場合など。
（注4）　なお，占有の訴えに対する本権に基づく反訴の許否については，民法202条の解釈，占有訴訟の迅速性などの理解をめぐって争いがあるが，判例（最一小判昭40.3.4民集19－2－197［16］）はこれを肯定している。

第6 請求の複数

　イ　本訴が事実審に係属し，かつ口頭弁論終結前であること
　　　控訴審での反訴については，原則として本訴原告の同意又は応訴を必要とする（法300条）。もっとも，これは本訴原告の審級の利益を考慮したものであるから，反訴請求につき第一審で実質上審理がなされている場合には同意は不要である（最一小判昭38.2.21民集17-1-198 [13]^(注1)）。
　ウ　著しく訴訟手続を遅滞させないこと
　　　上記イによる時期的限界だけでは迅速な権利救済を求める本訴原告の利益が損なわれるおそれがあるため，訴えの変更と同様の要件を加重したものである。
　エ　反訴の目的である請求が他の裁判所の専属管轄に属しないこと
　　　専属管轄を法定した趣旨を重視するものであるが，当事者の合意による専属管轄（法11条）は，公益的要請に基づくものではないため，除外されている（法146条1項1号かっこ書）。
　オ　反訴請求につき訴えの併合の一般的要件を具備していること
　　　なお，反訴が併合要件を欠く場合には，別個独立の訴えとして審判すべきとの見解もあるが，判例は終局判決をもって却下すべきであるとしている（最一小判昭41.11.10民集20-9-1733 [89]）。

(3) **手続**

　反訴の提起は本訴に準じる（法146条4項）。適法な反訴の提起があったときは，本訴との併合審判がなされるが，反訴請求につき必要があれば，予備的反訴の場合を除き，弁論の分離や一部判決をすることも許される。なお，本訴取下げ後における反訴の取下げには，原告（反訴被告）の同意を要しない（法261条2項ただし書）。

5　中間確認の訴え

(1) **意義**

　中間確認の訴えは，訴訟係属中に，本来の請求の当否の判断に対し先決関係にある法律関係の存否について，原告又は被告が追加的に提起する確認の訴えである（法145条）。請求の判断に対し先決関係にある法律関係の存否については，終局判決の理由中で判断されても既判力を生じないから（法114条1項参照），これを訴訟物として追加することを許して既判力を得られるようにした方が，別訴提起による不経済や判断の不統一を避けることができるとの考慮から認められたものである。例えば，所有権に基づく返還請求訴訟において所有権の確認を求める場合や，利息請求訴訟において元本債権の存否の確認を求める場合がこれにあたる。

　この訴えは，原告が提起する場合は訴えの追加的変更であり，被告が提起する場合は中間確認の反訴であるが，特殊な場合として規定がおかれている。

(2) **要件と手続**

　中間確認の訴えの要件としては，①訴訟係属中に本来の請求の当否の判断に対する関係で先決関係にある法律関係に当事者間で争いがあること，②その法律関係につき積極的又は消

(注1)　原告の所有権に基づく土地明渡請求に対し占有権原として賃借権の抗弁を提出したところ，抗弁が容れられて第一審で勝訴したが，これを不服とする原告が控訴し，その控訴審で第一審被告が賃借権存在確認反訴を提起した事案である。

第4章 訴えの提起

極的確認を求めるものであること，③事実審係属中で，かつ口頭弁論終結前であること，④他の裁判所の専属管轄に属しないこと（この場合の「専属管轄」の意義については，反訴について述べたところと同義である。），⑤訴えの併合の一般的要件を具備していること，が必要である。

中間確認の訴えの提起も，書面によることを要し，相手方に送達しなければならない（法145条4項，143条2項・3項）。その後の審判は，訴えの追加的変更又は反訴があった場合に準じる。

第7 訴訟の開始手続

1 訴え提起の方式

地方裁判所への訴えの提起は，訴状を作成して裁判所へ提出しなければならない（法133条1項[注1]）。訴状には，法133条2項所定の必要的記載事項のほか，規則2条所定の事項を記載し，当事者又は法定代理人が記名押印しなければならない。また，訴額に応じて収入印紙を貼り（民事訴訟費用等に関する法律4条，8条），被告に送達するため，被告の数に応じた副本を提出する必要がある（規則58条1項参照）。また，送達費用も（通常は概算額を郵券で）予納しなければならない（民事訴訟費用等に関する法律11条～13条）。さらに，早期に実質的審理に入ることができるようにするため，訴状の記載事項の拡充（規則53条）と，基本書証及び重要な書証の写しの添付が求められている（規則55条[注2]）。

2 訴状の記載事項

(1) 必要的記載事項（法133条2項）

ア 当事者及び法定代理人の表示

原告及び被告が特定の人物であることを示すのに十分な程度に記載しなければならない。氏名と住所（自然人の場合）あるいは商号・名称と本店・主たる事務所の所在地など（法人などの場合）の表示によるのが通常である[注3]。資格当事者はその資格も表示すべきである（例えば，「A破産管財人甲」とする。）。当事者が無能力者ならばその法定代理人を，法人ならばその代表者を表示することが要求されるが，これは現実の訴訟追行者を明確にする便宜に止まり，訴訟係属後いつでもこれを補充・変更することができる。

（注1） 簡易裁判所に対する訴えの提起は口頭でもできる（法271条）。裁判所書記官による調書作成につき規則1条2項。

（注2） 被告が欠席した場合には，擬制自白（法159条3項本文，同条1項）の適用により，いわゆる欠席判決で終局することになり，書証取調べの余地がなくなるため，これらの基本書証を提出することは結果的には大きな意味がないようにも見える。しかし，訴状審査の際に，訴状の記載と添付書証とを照合しておくことにより，欠席判決の誤りを未然に防止して迅速な権利実現を可能とする点においてなお意義を有するというべきである。なお，「書証」とは，文書という証拠方法について行われる証拠調べをいう（第6章第4の2参照）が，実務では書証手続の対象としての文書それ自体を指すことがある（規則55条2項かっこ書参照）。ここもその用例の一つである。

（注3） 訴状や判決書における氏名・住所ないし名称・所在地の記載は，当事者を特定するための要素であり，記載された住所に現実に居住しているかどうかとは別問題である。したがって，訴状等が送達された場所いかんによって判決書等における当事者の表示の住所等が常に変動するわけではない。訴訟記録により被告の住所等の変動が明らかなときにはそれに従って表示すべきであろうが，判決書の表示と現実の当事者とが乖離しているときには，被告の表示と執行債務者とのつながりを証明させることで対応することになる。

イ　請求の趣旨

訴えによって求める審判内容の，簡潔かつ確定的な表示をいう。請求の態様（給付，確認，形成）と範囲を要約して示し，通常，原告の請求を認容する判決の主文に対応する文言が用いられる。例えば，「被告は原告に対し金100万円を支払え。との判決を求める。」とか「別紙物件目録記載の土地につき原告が所有権を有することを確認する。との判決を求める。」などと記載される。

ウ　請求の原因

請求の原因とは，請求の趣旨と相まって請求を特定するのに必要な事実を指す。確認の訴えの場合には，請求の趣旨の中に，確認すべき権利関係及びその範囲の主張並びに確認判決を求める旨が明示されるから，それだけで請求は特定される。

給付の訴えの場合には，例えば，土地の引渡しを求める場合，請求の趣旨には「被告は原告に対し別紙物件目録記載の土地を引き渡せ。との判決を求める。」とのみ記載され，給付の法的性質や理由は記載されない。しかし，実体法上，引渡請求権の発生原因としては，所有権，占有権，賃借権，売買契約など多様なものが想定できるので，請求の趣旨のみでは訴訟物たる実体法上の権利又は法律関係が何であるかは明確にならない。そこで，これを請求の原因によって補充し，訴訟物を特定し明示する必要がある（注1）。

形成の訴えにおいても，例えば離婚を求める場合，請求の趣旨には「原告と被告とを離婚する。との判決を求める。」と記載し，訴訟物の特定は請求の原因の記載によってなされる。

ところで，請求の原因の表現は，具体的事実の記載によってなされるが，その記載の程度については，訴訟物たる権利関係の発生に必要な事実を全部記載する必要はなく，他の権利と誤認混同を生じない程度に訴訟物を認識させるのに必要な限度の事実を記載すれば必要かつ十分である（識別説，規則53条1項参照）（注2）。

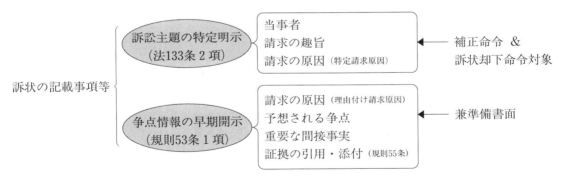

(注1)　ちなみに，新訴訟物理論によると，給付の訴えでも特定物の給付であれば，給付すべき物及び給付の態様が請求の趣旨で明示されている以上，特定として足りると解する。形成の訴えも同様である。したがって，新訴訟物理論においては，請求の原因が特定のために必要となるのは，同一当事者間で同じ内容の給付を求める請求が複数成立し得る金銭の支払や代替物の一定数量の引渡しを求める訴えのような場合に限られることとなる。

(注2)　もっとも，実務上は，被告が答弁書等を提出せずに欠席した場合には，擬制自白（法159条3項本文，同条1項。第6章第1の6参照）の成立を認めて，原告の請求を認容する判決をすること（いわゆる欠席判決。その言渡しにおいては調書判決［法254条。第8章第3の3(2)参照］が利用される。）が行われており，このような運用をするためには，訴状には請求を特定するために必要な事実（特定請求原因）だけでなく，（つづく）

第4章　訴えの提起

(2) 準必要的記載事項

　　訴状には，上記の必要的記載事項のほか，本来的には準備書面が担うべき攻撃防御方法（訴訟資料たる法律上，事実上の主張）の記載や証拠の摘示が求められ，そのような記載のなされた訴状は準備書面を兼ねるものとされている（規則53条1項，3項）。すなわち，訴状には，特定請求原因（「請求を特定するのに必要な事実」）のほか，理由付け請求原因（「請求を理由づける事実」）やそれにつき被告が争うことによって争点化することが予想される事由及びこれに関する重要な間接事実（「立証を要する事由ごとに，当該事実に関連する事実で重要なもの」）を明確に記載しなければならない（規則53条1項，2項）。これは，充実した集中審理を実現するため，早期に争点に関する情報を被告に開示するとともに，これを裁判所に提示することにより，最初になすべき口頭弁論期日における審理を実質化（実質的に争いのある事件とそうでない事件の振り分け，争点整理手続の選択）し，争点中心審理へつなげてゆくことを狙いとするものである。被告としても，請求を理由づける事実や予想される争点，そして証拠との関連性等が訴状に明示されることによって，どこをどのように争うのかについて明確に応訴態度を決定することができる。

　　このように早期に充実した審理を行うために，訴状に準備書面的機能をも期待することにしているのである(注1),(注2)。

<訴状の記載事項の分類と機能>

　　　　　　　　　　　　　　　争点関連情報
　　　　理由付け事実　　　　　　予想される争点
請求の特定　（請求原因）　　　　重要な間接事実
　　　　　　　　　　　　　　　証拠の引用記載

　　補正命令
　欠席判決可能性
　　　　　　　規則53条（争点情報の早期開示）

（つづき）請求を理由づける事実（理由付け請求原因。これが自白の成立を認める対象事実である。）までも記載されていなければならない。そのような観点から，旧法下においても，訴状には請求を特定するのに必要な事実のみならず請求を理由づける事実までも記載され，訴状審査においても「欠席判決するに足りる事実」の記載がなされているかとの観点から請求を理由づける事実の記載をも審査対象とされていた。

(注1)　強制力（補正命令，訴状却下命令）を背景としないという意味においては，必要的記載事項とはいえないが，このような記載の意義からすると，争点情報の早期開示を実現する訴訟慣行の確立が要請されているというべきであり，また，補正の促しの対象事項となることにかんがみ，本書では「準必要的記載事項」と称することとした。

(注2)　これらの争点情報の早期開示の要請については，事案の早期把握と審理の促進に有益であることから，実務上，紛争に至った経緯，紛争の背景事情，訴訟提起前の交渉における被告の反論及びそれを予想される争点として把握した上で間接事実を踏まえて再反論を試みるなど，事案に応じて工夫された記載がなされている。もっとも，被告をことさらに刺激するような記載をしたり，あるいは，被告の主張が的確に予想しにくい場合に，これらの先回り主張をしたりすることは，かえって無意味な争いを増やし，訴訟の進行に混乱を引き起こすおそれがあることにも配慮がなされ，簡潔な記載にとどめていることも多く，この点もまた事案に応じて適宜工夫がなされている。

また，訴え提起前に証拠保全のための証拠調べが行われたときは，証拠保全の記録送付の実効性を確保するため，訴状には証拠調べを行った裁判所及び証拠保全事件の表示をしなければならない（規則54条）。

(3) **請求原因という用語の多義性**

ア　請求原因という用語は多様な意味に用いられる。①まず，既に述べたように，請求の趣旨と相まって請求を特定するために必要な事実を意味することがあり，請求を特定する事実（狭義の請求原因，特定識別請求原因，特定請求原因）と呼ばれる。法133条2項，143条1項の「請求の原因」はこれである。②次に，請求を基礎づけるため，主張立証責任の分配法則に従って，原告が主張立証すべき事実を意味することがあり，請求を理由づける事実（広義の請求原因，攻撃方法としての請求原因，理由付け請求原因）と呼ばれる（規則53条1項参照）。③さらに，いわゆる原因判決（法245条後段）との関係で，請求権についてその数額の点を切り離して考えたその成立存続に関する一切の事項を指すことがある。

イ　特定請求原因は理由付け請求原因に含まれるのが通常であり，理由付け請求原因の記載で，その双方の機能を兼ねている。しかし，概念としては，両者は異なるものである。その差異は次の点に現れる。

①　特定請求原因を欠く訴えは，訴状送達後は不適法として却下されるが（なお，訴状送達前については第7の3(2)参照），理由付け請求原因を欠くときは請求棄却となる。

②　特定請求原因は，訴え提起の際訴状に示されていなければず，これを欠く場合には補正命令（法137条1項）の対象となるが，理由付け請求原因は，訴え提起の際に記載がなくても補正命令の対象となることはなく，口頭弁論終結時まで提出することができる（ただし，時機に後れたものとして却下されることがあり得る［法157条］のは別問題）。

③　特定請求原因は被告の応答の仕方いかんにかかわらずこれを表示することを要するが，理由付け請求原因を提出する必要性及びその範囲は被告の応答の仕方によって異なることがある。

④　特定請求原因の変更は，訴えの変更の要件を具備する限り，控訴審の弁論終結時までなし得る。理由付け請求原因の変更については，このような制限はないが，弁論終結時前であっても，その提出が時機に後れた場合には却下される。

⑤　裁判所が当事者の示す特定請求原因の範囲を逸脱して判決するときは処分権主義（法246条）に反し，当事者の提出しない理由付け請求原因に基づいて判決するときは弁論主義に反する。

3　訴状受理後の手続

(1) **事件の分配**

提出された訴状を受理した裁判所書記官は，これに受付印を押捺し，事件簿登載後，事件番号を付して記録を編成し，事務分配の定めに従い，これを特定の担当部又は係に配布する。

(2) **訴状審査**

記録の配布を受けた担当部又は係の裁判官，合議体の裁判長は，訴状が必要的記載事項（法133条2項）を具備しているか，印紙の貼用を欠いていないかなどについて審査を行い，これらに不備があれば，相当期間を定めて補正命令を発する（法137条1項）。期間内に補正され

第4章　訴えの提起

ないときは、命令で訴状を却下しなければならない（法137条2項）(注1)。訴状却下命令に対しては即時抗告をすることができ（法137条3項）、抗告状には却下された訴状の添付を要する（規則57条）。

　なお、実務上は、補正命令を発するまでもなく、任意の補正の促しで対応するのが通例であることから、法137条の裁判長の訴状審査権を背景に、裁判所書記官に補正の促しを行わせることができることとされている（規則56条）(注2)。これは任意の補正を促すものであるから、その対象は、訴状の必要的記載事項（法133条2項）だけでなく、準必要的記載事項（規則53条）(注3)や添付書類（規則55条）にも及ぶ。

(3)　被告への送達

　裁判長は、訴状を適式なものと認めたときは、裁判所書記官にその副本を被告に送達させる（法138条1項、98条2項、規則58条1項）。送達費用の未納、被告の住居所不明等の理由で送達ができないときは、補正を命じ、これに応じなければ訴状を却下する（法138条2項）。また、被告の住居所、就業場所等が判明しないときは、書記官は、申立てにより公示送達（法110条〜112条）をすることができる。

(4)　口頭弁論期日の指定

　訴えの提起があったときは、裁判長は、口頭弁論期日を指定し、当事者を呼び出す（法139条、94条）。裁判長は、速やかに口頭弁論期日を指定しなければならず、特別の事由がある場合を除き、訴えが提起された日から30日以内の日に指定しなければならない（規則60

（注1）　この却下は、訴状を受理できないとして返還する趣旨で、訴えの却下とは異なる。なお、裁判長の訴状却下権の時期的限界は訴状の被告への送達時までと解される。なぜなら、訴状の送達により訴訟係属し、二当事者対立構造が生じているにもかかわらず裁判長限りで事件を終局できるとするのは不合理であるし、訴訟係属後の対応策として口頭弁論を経ない訴えの却下を認めていることからすると（法140条）、訴状却下権が訴訟係属後にまで及ぶのは相当でないと考えられるからである。

（注2）　補正の促し（規則56条）と期日外釈明（法149条、規則63条）との関係

　いずれも書記官が裁判官と緊密な連携協働関係にあることを基礎に、対外的窓口機能を担う書記官を通じて当事者の攻撃防御方法の提出ないし訴訟準備に対しサジェストする側面がある点は共通する。しかし、補正の促しは訴状送達（訴訟係属）前の段階におけるものであるのに対し、期日外釈明は、訴訟係属後対立当事者が存在する状況においてなされるものであって、時期的な適用場面を異にする。それゆえに、後者の場合、攻撃防御方法に重要な変更を生じ得る事項について釈明権を行使したときには、その内容を相手方に通知することを要するものとされているのである（法149条4項）。もっとも、運用レベルの問題として、訴状の補正の促しにつき法149条4項を準用すること（訴状送達時に補正通知書とそれによって提出された準備書面を同封すること）も考えられよう。

（注3）　前述したように、訴訟の開始時点において要求される請求原因は、請求の特定明示に必要な限度で足りるが（特定請求原因）、口頭弁論終結時点までには攻撃防御方法である理由付け請求原因の主張が要求されることは当然である。したがって、いわゆる欠席判決をするには訴状の段階で理由付け請求原因までの記載が必要であるし、争点情報の早期把握の観点から規則53条1項は理由付け請求原因その他の事情までの記載を求めることとしている。そのため、訴訟運営上は、訴状に記載されるべき請求原因は理由付け請求原因に及ぶこととなる。このような理解を前提に、欠席判決できる程度の要件事実主張、あるいは、審理充実の観点からの事情記載にまで補正の促しの対象事項は及ぶのである（ただし、被告の応訴態度未定の状態でどこまで促すかは別個の考慮を要することは当然であろう。）。しかし、これらの記載が不十分であっても請求が特定されている限りは、補正命令を発することはできない。

条)^(注1)。

ただし，訴訟要件を欠き，明らかに補正不能な訴えは，口頭弁論を経ることなく，裁判所は，判決で，訴えを却下することができる（法140条）^(注2)。

(5) 最初にすべき口頭弁論期日前の参考事項聴取

従前の実務では，第1回口頭弁論期日前に，原告から，被告の期日への出頭可能性，特別送達による送達見込み，訴訟提起前の交渉の有無及び経緯，関連事件の係属の有無及びその概要，和解希望等を聴取し^(注3)，第1回口頭弁論期日における審理を実質化する努力を重ね，これにより争いのある事件と実質的に争いのない事件との振り分けを実践してきた。このような訴訟運営の合理性を認知し，裁判所による情報収集について明確な根拠を付与するのが規則61条である。裁判長は，当事者から，最初にすべき口頭弁論期日前に，訴訟の進行に関

(注1) 期日前の情報提供・収集手段の拡充と早期期日指定の要請との関係

裁判所は，訴状・答弁書の記載，参考事項聴取の結果等をもとに一定の審理方針をもって最初の口頭弁論期日に臨み，当事者との協議を経て，実質的に争いのある事件とそうではない事件との選別・振り分けを行い，今後の進行についての検討や争点整理のための期日選択を行うのが通例である。このような最初の口頭弁論期日の位置付けからすると，訴訟資料が十分に揃っていることが望ましいともいえることから，訴状の補正の促しや参考事項聴取を積極的に行うのが審理充実の要請に適うといえる（期日前準備充実型）。他方，このような事前準備に多くの労力や時間を投下せざるを得ない場合には，早期期日指定による迅速審理の要請（規則60条）に反することも考えられ，期日前準備は期日を開くのに必要な限度にとどめて期日における釈明を通じて振り分けを実施するということも考えられる（早期期日指定型）。厳密な訴状補正を求めても結局のところ被告の応訴態度いかんによっては，そのような準備が意味をもたなくなる可能性があるし，期日前情報収集手段が訴状審査による補正の促しと訴訟進行についての参考事項聴取にとどめている現行法規の趣旨に照らせば，事前準備を重視するあまりに期日指定が著しく遅滞することは予定されていないというべきであるから，早期期日指定型が基本型であると解される。このことは積極的な手続教示等が求められる少額訴訟においても同様であろう。もっとも，最初の期日前に争点整理手続の選択が可能であること（規則60条1項ただし書参照）からすると，参考事項聴取の対象は形式的な事項に限定されないというべきであるから，事案（代理人の有無，予想される争点等）によっては，事前準備に重点を置く運用も考えられるので，柔軟な対応が必要となろう（実務上，交通事故による損害賠償請求の事案における実況検分調書が含まれる刑事事件記録や登記関係訴訟における登記申請書類などについて，送付嘱託の申出の促しや，公示送達事案の場合には，第1回口頭弁論期日で弁論を終結することができるように，訴状の記載の補正の促し，書証となるべき文書の写しの点検，人証申出書の提出の促しをすることなどが行われている。）。

(注2) 裁判長による訴状却下命令（法137条2項）と裁判所による訴え却下判決（法140条）との関係

訴状送達前はいずれの方法によることもできるが，訴状を送達し訴訟係属が生じた後は，裁判所が，判決で，訴えを却下しなければならない。その意味で，時期的限界及び裁判主体（裁判形式）が異なる。なお，法140条による却下をする場合には言渡期日の通知は不要である（規則156条ただし書）。これは言渡期日の呼出しを要しないとする判例（最一小判昭44.2.27民集23－2－497［8］）を前提に明文化したものである。また，判例は，訴状送達前に訴え却下判決（法140条）ができることを前提に，その判決正本は原告にのみ送達すれば足り，被告とされている者に対し訴状及び判決正本の送達を要しないとしている（最三小判平8.5.28判タ910－268）。

(注3) 具体的な聴取事項については，各地の実情に応じて，裁判所と単位弁護士会との協議によって申し合わせがなされていることも多い。訴訟進行上の参考事項のほか，予想される争点等の把握のための資料収集の側面から検討されている例もある（もっとも，これに対しては，争点関連事項は訴状の補正の促し・期日外釈明の問題とも考えられ，慎重な対応が必要であろう。）。照会・聴取をするか否か，どの程度踏み込んで行うかについては，事案（代理人の有無，予想される争点など）によっても異なり得るので，裁判官と書記官とで協議をしておく必要があろう。

第4章 訴えの提起

する意見その他訴訟の進行について参考とすべき事項の聴取をすることができ，裁判所書記官に命じてこれを行わせることができる（規則61条）。この点，実質的に争いのない事件につき，いわゆる調書判決制度（法254条）と連動させる上でも参考事項聴取による事件の進行予測及び事件の振り分け等が重要となる。実際上は原告からの参考事項聴取が多いと思われるが，事案によっては被告側からも聴取することが可能であろう[注1]。

第8 訴え提起の効果

1 訴訟係属

(1) 意義

訴えの提起によって，原・被告間の特定の請求が，特定の裁判所で判決手続により審判されるという状態が生じる。この状態を訴訟係属という。訴訟係属の発生時点は，原・被告が対立的に関与し，二当事者対立構造が生じた時点，すなわち，被告への訴状送達時であると解される。これにより，原告・被告・裁判所間で三面的な訴訟法律関係が形成されてゆく基礎が成立する。

(2) 効果

訴訟係属を前提として，当該事件に関して，訴訟参加や訴訟告知が可能となる（法42条，47条，52条，53条）ほか，最も重要な効果は，二重起訴の禁止である。

2 二重起訴の禁止（重複訴訟の禁止）

(1) 意義

裁判所に係属する事件については，当事者は，更に訴えを提起することができない（法142条）。これを二重起訴の禁止（重複訴訟の禁止）という。係属中の事件と同一の事件について別訴提起を許すとすれば，被告に二重の応訴の煩を強いることとなるし，重複した審理は不経済であるばかりでなく，矛盾した判断がなされて混乱が生じるおそれがあるため，これらの不都合を回避する趣旨である。

(2) 要件——事件の同一性

係属中の事件と同一事件について別訴提起が禁止される。事件の同一性は，当事者及び審判対象の両面から考察される。

ア 当事者の同一

当事者が異なれば同一の権利関係が訴訟物になっていても同一事件とはいえないから，

（注1） 被告に代理人弁護士が就き答弁書が提出されたことを契機として被告の進行希望や応訴態度などが明らかになることも多い。実務上は，答弁書の記載内容に関連して被告代理人から進行についての参考事項を聴取したり，第1回口頭弁論期日を指定せずに直ちに弁論準備手続に付すること（規則60条1項ただし書）を検討する際も被告から情報を収集したりすることにより行われている。また，代理人が就かない場合であっても，訴状送達後に被告が積極的に担当書記官に対して問い合わせ等の形でアクセスしてくることがある。この場合，当事者本人からなされるアクセス内容としては，事案の詳細に踏み込んだものや和解希望の旨を伝えるもの，場合によっては法律相談的なものまで多様である。したがって，提供される情報等の性質や内容に応じて，裁判所書記官としての基本スタンスを勘案しながら弾力的に対応して期日審理の充実を図ることが求められる（なお，あくまで進行に関する参考事項として聴取するのであるから，不必要に事案の詳細に踏み込むことは避けるべきであるし，義務的に聴取しなければならないものでもない。）。

当事者の同一性をまず検討すべきである。後訴の当事者が前訴の当事者であれば，原告と被告が逆の立場になっていても当事者は同一である。また，判決の効力を受ける関係で当事者と同視される者は，この関係でも当事者が同一の場合と同様に扱われる（法115条1項2号）(注1)。

イ　審判対象の同一

事件が同一であるというためには，当事者のみならず審判対象が同一であることを要する。

(ア)　一般には，請求原因（特定請求原因）が同一であれば，審判の重複と矛盾判断の危険を内包するから，請求原因から訴訟物たる権利又は法律関係が同一と認められれば足り，請求の趣旨が異なっていても訴訟物は同一である。例えば，同一権利についての積極的確認請求と消極的確認請求の場合や同一債権に基づく給付請求と債務不存在確認請求の場合は事件は同一である。

(イ)　前訴の所有権確認請求の被告が原告となって提起した後訴が同一物についての所有権確認請求である場合や前・後訴が基本たる権利関係の積極的確認請求とこれから派生する給付請求権に基づく給付請求である場合(注2)などは，前・後訴の訴訟物は異なるものの，これらの場合，いずれが先に係属しても，実質的には審理の重複と矛盾判断のおそれがあるとして，後訴を二重起訴禁止にあたると解する見解がある。これによれば，原告は請求の趣旨を変更することにより，被告は反訴の形式で審判の申立てをすべきであるとされる。しかしながら，判例は，賃借権に基づき土地の引渡しを求める給付訴訟が係属していても，その基本となる賃借権の存否内容につき即時確定の利益の認められる限り，賃借権確認の訴えは許されるものと解すべきであるとし（最三小判昭33.3.25民集12-4-589〔29〕），また，土地所有権に基づく所有権移転登記手続を求める訴えの係属中，相手方が同一の土地について提起する所有権確認訴訟は，二重起訴の禁止に触れないとしている（最二小判昭49.2.8集民111-75）。

(ウ)　なお，同一債権の数量的一部について訴え提起した後にその残部請求をした場合の取扱いについては，前述した一部請求論に関わる。

(エ)　また，現に係属中の訴訟の訴訟物である債権を別訴において自働債権として相殺の抗弁を提出した場合（別訴先行抗弁後行型）や，係属中の訴訟で相殺の抗弁を提出した後にその自働債権について別訴提起した場合（抗弁先行別訴後行型）にそれぞれ二重起訴となるかについては争いがある。

相殺の抗弁は新訴提起に匹敵する実質を有し，審理の重複を生ずるのみならず，その判断には既判力が生ずるため（法114条2項），その矛盾抵触のおそれもある。他方，あくまで防御手段として提出されるものである以上，とりあげられるか否かは未必的であって，これを事前規制としての二重起訴の禁止にあたるといえるのかが問題となる。判例（最三小判平3.12.17民集45-9-1435〔27〕）は，別訴先行抗弁後行型の事案につき，法

（注1）　債権者代位訴訟の係属中に債務者が同一の権利について別訴を提起することは許されない（大判昭14.5.16民集18-557）。

（注2）　例えば，所有権確認と所有権に基づく給付請求（明渡し，移転登記手続請求等）や賃借権確認と賃借権に基づく給付請求など。

142条（旧231条）が類推適用されるとしている(注1)。

なお，一部請求とも関連して，別訴において明示的一部請求をしている場合において，その債権の残部を自働債権として他の訴訟において相殺の抗弁を主張することが許されるかという問題がある。一部請求訴訟の係属中に同時並行的に残部について審理の対象とする点が一部請求後の残額請求の許否の問題（第4章第3の3）とは異なるほか，一部請求による判例理論からすれば，明示的一部と残部は訴訟物を異にするものとして理解されるのであるから二重起訴禁止に抵触するものではないこととなる（その意味で上記最三小判平3.12.17の事案とは異なる。）。他方，この場合，実質的には審理の重複が生ずることは避けられないし，請求の基礎となる社会的事実関係が同一であるにもかかわらず，裁判所の判断が異なる事態に至るおそれがあることは二重起訴禁止の趣旨が妥当するともいえる。判例（最三小判平10.6.30民集52－4－1225［27］）は，「相殺の抗弁に関しては，訴えの提起と異なり，相手方の提訴を契機として防御の手段として提出されるものであり，相手方の訴求する債権と簡易迅速かつ確実な決済を図るという機能を有するものであるから，1個の債権の残部をもって他の債権との相殺を主張することは，債権の発生事由(注2)，一部請求がされるに至った経緯，その後の審理経過等にかんがみ，債権の分割行使による相殺の主張が訴訟上の権利の濫用に当たるなど特段の事情の存する場合を除いて，正当な防御権の行使として許容されるものと解すべきである。」としている。

(3) 効果──二重起訴の取扱い

　ア　同一事件について既に訴訟が係属することは，訴訟障害事由であるから，裁判所は職権で調査し，二重起訴になると認めれば，後訴を不適法として却下する。しかし，訴訟要件の存否の判断は口頭弁論終結時を基準とするから，後訴の口頭弁論終結時までに，前訴が不適法として却下され，又は取り下げられれば，後訴は二重起訴であることを免れる。

　　もっとも，二重起訴にあたる場合であっても，併合審理すれば二重起訴禁止の趣旨に反しないとみられる場合については，後訴を却下しないで，前訴と併合審理すべきであるとする見解が強い（そのような方向を示唆する判例もある(注3)。）。

（注1）　なお，本訴及び反訴が係属中に，反訴原告が，反訴請求債権を自働債権とし，本訴請求債権を受働債権として相殺の抗弁を主張することは，異なる意思表示をしない限り，反訴を，反訴請求債権につき本訴において相殺の自働債権として既判力ある判断が示された場合にはその部分を反訴請求としない趣旨の予備的反訴に変更するものとして，許される（最二小判平18.4.14民集60－4－1497［22］）。
（注2）　この判例の事案は，違法な仮処分によって売買代金が低落したとしてその損害額と訴訟追行に要する弁護士報酬を加算した損害賠償請求権のうち，売買代金低落分についてなされた明示的一部請求との関係において，弁護士報酬分について相殺の抗弁を提出することが許されるかが問題となったものであって，1個の不法行為債権の一部とはいえ，単に数量的な一部ではなく，売買代金低落分と弁護士報酬分とは実質的な発生原因を異にする別種の損害であることが考慮されている（第4章第1の3(5)オ参照）。
（注3）　債権者代位訴訟の係属中に債務者が同一の権利について別訴を提起するのは二重起訴となるが（前記(2)ア参照），債務者が債権者の代位権限を争って独立当事者参加をする場合は，併合審理がなされるので，二重起訴の禁止に触れないとされる（最三小判昭48.4.24民集27－3－596［10］）。同じく債権者代位訴訟係属中に提起された取立訴訟も，併合審理されることを前提に適法であるとしている（最三小判昭45.6.2民集24－6－447［32］）。ただし，債務の不存在確認を求める本訴は，当該債務の履行を求める反訴が提起されている場合には確認の利益を認めることができないので，却下すべきであるとされる（最一小判平16.3.25民集58－3－753［10］）。

イ 二重起訴を看過した後訴の本案判決に対しては、上訴で取消しを求めることができるが、確定すれば争えない。したがって、前訴の係属中に後訴の本案判決が確定してしまうと、その既判力が前訴に影響を及ぼし、前訴ではそれに反する判決をすることができなくなる。裁判所が二重起訴を看過して、双方が確定し、かつ抵触する場合には、訴え提起の前後に関係なく、後の確定判決が再審の訴えにより取り消されるが（法338条1項10号）、これによって取り消されるまでは、後の確定判決が優先する。

3 実体法上の効果

訴えの提起による訴訟手続の開始には、民法その他の実体法によって特別の効果が認められていることがある。その効果の発生・消滅は、特に規定のない限り、その効果を認めた趣旨から判断すべきで、必ずしも訴訟係属との必然的な結びつきはない。

(1) **時効中断**

ア 根拠

時効中断の根拠については争いがある。時効が中断されるべき権利関係の存否が判決によって確定され、継続した事実状態が法的に否定されることにその根拠を求める見解（権利確定説・訴訟法説）と裁判上の請求が権利者の断固たる権利主張の態度とみられることに基づくとする見解（権利主張説・実体法説）とがある。両説の具体的な相違点としては、前説は時効中断効が生ずるためにはその権利が訴訟物となっていることを要し、後説では必ずしもそのように限定する必要はないため、中断する範囲に広狭の差があり得ることが挙げられる。

イ 発生時期

裁判上の請求による時効中断の効果（民法147条、149条）は、訴えを提起した時（訴状の提出時又は簡易裁判所における口頭提起にあっては口頭提起の時）又は訴状に準ずる書面を裁判所に提出した時に発生する（法147条）。権利者の提起する給付訴訟、積極的確認訴訟（大判昭5.6.27民集9-619）など訴えの態様を問わない。もっとも、消極的確認訴訟では、権利者がその権利を主張した時である[注1]。また、訴えの変更をしても、紛争が実質的に同一であり、訴えの技術的形式の変更に止まる場合には、当初の訴え提起によって生じた時効中断効には影響はない（最二小判昭38.1.18民集17-1-1 ［1］参照）。

ウ 範囲

(ア) この中断の効力は、訴訟物たる権利関係について生じるのが原則である。1個の債権の数量的な一部であることを明示して訴えが提起されたときは、訴訟物となるのは当該一部のみであるから、時効中断の効力もその一部についてのみ生ずる（最二小判昭34.2.20民集13-2-209［15］）[注2]。これに対し、明示がないときは、時効中断の効力は債権の同

(注1) 大民連中間判昭14.3.22民集18-238（ただし、訴状提出時と解する有力な見解がある。）。この大判が掲げた理由は、①消極的確認訴訟において被告として自己の債権を主張して請求棄却の判決を求めることも裁判上の権利行使の一態様と解されること、②この場合に中断を否定すると、権利関係の存否が争われつつある間に他方でその権利が時効で消滅する結果を招来することとなり、条理に合致しないこと、③消極的確認の訴えを棄却する判決が確定したときは、その結果は積極的確認請求における原告勝訴の判決が確定したのと同一に帰すること、の3点である。そこでは権利確定説と権利主張説の折衷的な説明がされている。

(注2) ただし、残部についても、権利行使の意思が継続的に表示されているとはいえない特段の事情が認められない限り、裁判上の催告としての効果は認められる（最一小判平25.6.6民集67-5-1208）。

一性の範囲内においてその全部に及ぶ(最二小判昭45.7.24民集24-7-117[780])。これはいわゆる一部請求論における判例理論からの帰結ともいえるが，時効中断の根拠としての権利確定説とも符合する。

　(イ)　もっとも，訴訟物たる権利関係ではなく，攻撃防御方法として主張された場合でも，訴訟上権利行使の意思が明確な場合には時効中断効を認める判例もある[注1]。この点に関し，判例は，権利確定説を緩和し，権利主張説的な理解に移行しつつあるともいわれている。

　(ウ)　また，手形債権と原因債権との関係につき，判例(最二小判昭62.10.16民集41-7-1497[32])は，訴訟物としては両者は別個であることを前提としつつ，手形の経済的目的，当事者の合理的意思解釈を基礎に時効中断効を認めている[注2]。

エ　消滅

　訴えの提起による時効中断の効果は，訴えの却下又は取下げにより，遡って消滅する(民法149条)[注3]。却下・取下げがなければ，中断の効果は裁判の確定まで持続し，裁判が確定した時から新たに時効が進行することになる(民法157条2項。なお，民法174条の2参照)。

(2)　**法律上の期間遵守**

　法律上の期間とは，出訴期間，除斥期間など，権利又は法律的状態を保存するために，一定の期間内に訴えを提起しなければならない期間である(例えば，民法201条，564条，747条2項，777条，会社法831条1項，行政事件訴訟法14条)。期間遵守の有無は，原則として訴えを提起した時を標準として定める(法147条)。

(3)　**その他**

　悪意の占有の擬制(民法189条2項)，手形上の償還請求権の時効の進行(手形法70条3項)などがある。

(**注1**)　所有権に基づく登記手続請求訴訟において，被告が自己に所有権があることを主張してそれが判決によって認められた場合には，当該主張は裁判上の請求に準ずるものとして，原告の取得時効を中断する効力を生ずるとしたもの(最大判昭43.11.13民集22-12-2510[114])や，債務者が債務不存在を理由に提起した根抵当権設定登記抹消登記手続請求訴訟で債権者が被担保債権の存在を主張した場合に，裁判上の請求に準ずるものとして，被担保債権の消滅時効を中断するとしたもの(最一小判昭44.11.27民集23-11-2251[85])がある。また，所有権に基づく株券引渡請求訴訟において被告が提出した留置権の抗弁について，訴えの提起に準ずる効力があるとはいえないが，訴訟係属中の催告継続を認めたもの(最大判昭38.10.30民集17-9-1252[68])がある。これらの判例によれば，権利者が自ら原告となって訴訟物を提示している場合でなくても，被告としてした権利主張が「裁判上の請求に準ずるもの」として時効中断効が生じる場合と，「催告」としての暫定的時効中断効が生ずるに止まるものがあることになる。そこで，両者の区別が問題となるが，相手方から提起された訴えが，問題となっている権利そのものを否定する主張か，あるいはそれと同視できるため，相手方の請求が棄却されたときは，被告の応訴によって主張された権利の存在が確定ないしはそれと同視できることとなり，あたかも被告がその権利を訴訟物として提示したのと実質的に異ならないものと評価できる場合に，被告の当該権利主張が，「裁判上の請求に準ずるもの」として時効の中断事由となり，他方，訴訟物とは全く別個の権利主張は，「催告」としての時効中断事由になると解しているのではないかとされている。

(**注2**)　すなわち，債務の支払のために手形が授受された当事者間において，債権者が債務者に対して手形金請求の訴えを提起したときは，手形の経済的目的に照らし原因債権自体に基づく裁判上の請求に準ずるものとして原因債権の消滅時効を中断する効力を有するとしている。

(**注3**)　ただし，却下の場合には裁判上の催告としての効果を認めるべきであるとする見解が有力である。

第5章　訴訟の審理と進行

第1　序説
1　訴訟の審理

　訴訟の審理とは，紛争の公権的解決を図るための，当事者及び裁判所の訴訟活動全体をいい，請求の当否に関する判断資料の収集過程に当事者を対立的に関与させ，相互の攻撃防御と裁判所の訴訟指揮等によって，終局的判断の基礎を構築する作業といえる。この訴訟審理の過程においては，当事者は，互いに①自己の主張の正当性を展開し，②相手方の主張に対し反論を加えつつ，証拠を提出する。裁判所は，③それぞれの主張を裏付ける基礎資料を参酌しつつ，両当事者との間で，争点を認識・再確認するとともに，争点判断に必要な基礎資料を整理し，④提出された証拠を取り調べることにより証拠資料を感得し，終局的判断に至る。この①から③は，それぞれ1回的なものではなく，討論を通じて循環することにより，一種の淘汰作用が生じ，争点が明確化されてゆく。そして争点及び証拠を整理して事案を解明しつつ，真に証拠調べによって明らかにすべき事実に対して集中的に証拠調べを行う。このような審理の過程は，後述の諸原則，諸制度に支えられた口頭弁論を中心に組み立てられており，争点整理手続が整備された現行法の下でもその重要性はいささかも揺らぐものではない[注1]。

2　審理の基本構造──裁判所と当事者との作業分担

　民事訴訟は私的紛争を公権的に解決する制度である。したがって，そこでは，審判対象の私的性格のゆえに訴訟手続上の権能の多くを当事者に委ねようとする当事者主義と，国家制度設営の観点から裁判所に付与しようとする職権主義とが必然的に交錯する。訴訟手続は，手続の開始，審理の過程，終局的判断という段階的構造を有するなかで，特に審理の過程は，訴訟主体としての当事者の積極的活動と，事案解明及び効率的訴訟運営に向けての裁判所の積極性とが共に要請され，当事者と裁判所との共同作業として展開されてゆく。ここに，当事者主義的契機と職権主義的契機との両者の作業分担の原理が必要となる。

　訴訟手続の開始は，当事者による訴訟主題の提示であり，当事者の私的自治を訴訟手続へ反映させるべく，当事者主義的契機を強く認める処分権主義を採用していることは既に述べた（訴訟の終了も同様である。）。そうだとすれば，審理の過程についても，訴訟主題について当事者に支配権能を認めることとのバランスから当事者主義を基調とするのが合理的であり，訴訟主題の判定に必要な資料の提出及び事案解明の役割を当事者が担うこととしている（弁論主義）。これに対し，手続進行については第三者機関であり，かつ，専門機関である裁判所が主宰者とし

（注1）　争点整理は，当事者と裁判所の積極的参画によって，口頭弁論における審理（集中証拠調べにおける効率的な事案解明）の充実を図ることを目的としており，そのため，争点整理終了後は口頭弁論にその成果を結びつけることが要請されている。すなわち，準備的口頭弁論終了に際する要証事実の必要的確認（法165条1項），弁論準備手続終結後の結果陳述（法173条）及び書面による準備手続終結後の口頭弁論期日における争点確認（法177条）は，立証命題の確認だけでなく，必要に応じて，その前提として，争いのない事実やどの人証でどの事実を立証しようとするのかという立証趣旨を確認する場合があり，その後の口頭弁論における審理の充実が図られるよう配慮されている。したがって，口頭弁論が判決手続における審理の中核であることに変わりはない。

第5章　訴訟の審理と進行

<民事訴訟法の基本的な制度設計>

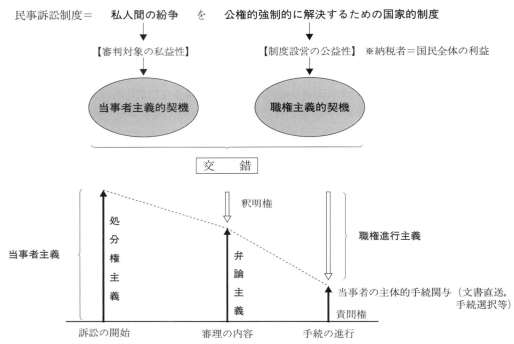

てその役割を担うことにより，公平かつ迅速にして適正な審理を実現しようとしているのである（職権進行主義）。このような役割分担により，相互の牽制と協力を通じて迅速で充実した審理の実現を企図しているといえよう。

　もっとも，審理内容に関しては，裁判所も充実した審理と的確な訴訟資料に基づいて適切な終局判断を行う職責を担う以上，審理の充実・促進を図るため当事者に対して働きかける権限を保持する必要がある（釈明権）。他方，当事者においても，適正な手続進行は，自己の権利実現にとって密接な利害関係を有する事柄であるから，当事者に対し手続について監視権能を付与する必要がある（責問権）し，手続選択につきその意思を反映させることも必要である（協同的訴訟進行）。

　したがって，基本的には，内容面では当事者主義を，手続面では職権主義を基調としているが，それぞれにつき互いに補充・干渉し得る余地を認めるという，微妙な連携と緊張関係の下に審理構造が構築されていることになる。

第2　口頭弁論の意義と審理方式に関する諸原則
　1　**口頭弁論の意義**
　　訴訟手続中において，当事者が主張立証・攻撃防御を尽くし，証拠調べを経ることによって，裁判所が争点に関して心証を形成して最終判断に至るまでの訴訟審理の時間的・場所的空間を口頭弁論という。
　　法文が用いている口頭弁論は，次のとおり多義的である。
　(1)　**最広義の口頭弁論**

第2　口頭弁論の意義と審理方式に関する諸原則

口頭弁論は，最広義では当事者及び裁判所が訴訟行為を行うための時間的空間の意味で用いられており，当事者の行為である申立て及び攻撃防御方法の提出，裁判所の行為である証拠調べ，そして判決の言渡しまでを含む。この例としては，法152条，160条1項，規則66条，67条等がある。

(2) 広義の口頭弁論

次に，最広義の口頭弁論から，判決の言渡しを除いたものを意味するものとして用いられることがある。すなわち，当事者の行為としての申立て及び攻撃防御方法の提出と裁判所の行為としての証拠調べが行われる空間を指し示すものであり，この例としては，法158条，251条等がある。

(3) 狭義の口頭弁論

さらに，広義の口頭弁論から，証拠調べを除いたものを意味することがある。当事者の申立て及び攻撃防御方法の提出（いわゆる「弁論」）のみを意味する。法87条，140条，164条等はこの例である。

(4) 最狭義の口頭弁論

なお，狭義の口頭弁論を前提にしつつも，更に限定を加えて当事者の行為を理解する趣旨のものもある。法12条，法261条2項等の「本案の弁論」という用例がそれであり，(3)の意味に解した上，更に請求が理由あるかどうかの弁論に限定することを示すものであり，訴えの適法・不適法に関する弁論を除く趣旨である。

2　口頭弁論における審理方式に関する諸原則

(1) 公開主義

ア　意義

訴訟の審理過程及び裁判を国民一般の傍聴し得る状態で行うべきことをいう。憲法82条において規定されている裁判の公開原則の趣旨は，裁判を一般に公開して裁判が公正に行われることを制度として保障し，ひいては裁判に対する国民の信頼を確保しようとすることにある（最大判平元.3.8民集43－2－89）。憲法82条にいう「対審」とは，民事訴訟においては口頭弁論を指す。公開の有無，非公開の場合の理由は，口頭弁論調書の記載事項である（規則66条1項6号）[注1]。

(注1)　なお，国民一般に対する公開を「一般公開」といい，当事者の弁論への立会権，事件記録の閲覧・謄写権が保障されることを「当事者公開」と称して区別することがある。非訟事件は原則として非公開で行うが（非訟事件手続法30条，民事調停法22条，家事事件手続法33条），争訟性の高いものについて（つづく）

第5章　訴訟の審理と進行

　　イ　公開の停止
　　　㋐　裁判の公開原則の趣旨が上記のところにある以上，裁判の公開を困難とする真にやむを得ない事情があり，かつ，裁判を公開することによってかえって適正な裁判が行われなくなるといういわば極限的な場合についてまで，憲法が裁判の公開を求めていると解することはできない。公開原則もまた適正な裁判を実現するための制度的保障なのであって，公開によって裁判を受ける権利（憲法32条）が実質的に害されるおそれが生ずることは容認できないと考えられる。このような場合は，憲法82条2項にいう「公の秩序又は善良の風俗を害する虞」がある場合に該当すると解され，①公開法廷での陳述不能，かつ，②当該陳述の不可欠性という要件と③裁判官の全員一致，④当事者等の意見聴取，⑤公開停止の最小限度性という手続を定める人事訴訟法22条及び特許法105条の7等の規定は，憲法82条2項の範囲内において憲法的価値を調整するものと位置づけられる。
　　　㋑　人事訴訟における当事者尋問等の公開停止
　　　　　人事訴訟における当事者等が自己の私生活上の重大な秘密に係るものについて尋問を受ける場合において，①公開の法廷で陳述することにより社会生活を営むのに著しい支障を生ずることが明らかであることから当該事項について十分な陳述をすることができず，かつ，②当該陳述を欠くことにより他の証拠のみによっては当該身分関係の形成又は存否の確認のための適正な裁判をすることができないと認めるときは，③裁判官全員の一致により，決定で，当該事項の尋問を公開しないで行うことができる（人事訴訟法22条1項）。④裁判所は，決定をするに当たり，当事者等の意見を聴取しなければならず（同条2項），⑤当該事項の尋問を終了したときは再び公衆を入廷させなければならない（同条3項2文）。
　　　㋒　知的財産権訴訟における当事者尋問等の公開停止
　　　　　特許権等の侵害訴訟における当事者等が営業秘密に該当するものについて尋問を受ける場合において(注1)，①当事者等が公開の法廷で陳述することにより当該営業秘密に基づく当事者の事業活動に著しい支障を生ずることが明らかであることから当該事項について十分な陳述をすることができず，かつ，②当該陳述を欠くことにより他の証拠のみによっては当該事項を判断の基礎とするべき侵害の有無についての適正な裁判をすることができないと認めるときは，③裁判官全員の一致により，決定で，当該事項の尋問を公開しないで行うことができる（特許法105条の7第1項）。④裁判所は，決定をするに当たり，当事者等の意見を聴取しなければならず（同条2項），⑤当該事項の尋問を終了したときは再び公衆を入廷させなければならない（同条5項2文）。
　(2)　**双方審尋主義**

（つづき）は相手方の立会権を法令上保障することがある（借地借家法51条，借地非訟事件手続規則15条，家事事件手続法69条）。これは，当事者のプライバシーを尊重しつつ，手続保障を付与するものであり，弁論準備手続における関係者公開（法169条2項）もこれと同一線上で理解することができる。
(**注1**)　特許法105条の7は実用新案法30条により準用され，不正競争防止法13条に同旨の規定が設けられている。これは営業秘密が類型的に問題となる訴訟について規定を設けることとしたものであり，商標法，意匠法，著作権法等には公開停止規定は設けられていない。

第2　口頭弁論の意義と審理方式に関する諸原則

訴訟において，対立当事者双方に，それぞれの主張を述べる機会を平等に与える審理原則をいう。当事者対等の原則，武器平等の原則ともいい，公平な裁判を確保するための基本原則である。判決手続における口頭弁論は，対立当事者を同一期日に呼び出して攻撃防御を尽くさせるという最も双方審尋主義を徹底させた形態であり，処分権主義・弁論主義を採用していることとの関係で，自らの利益を擁護する機会の保障（手続保障）は決定的に重要な意義を有する。制度上の具体的発現としては，訴訟手続の中断・中止（法124条以下）がある[注1]。

(3)　**口頭主義**

弁論及び証拠調べを口頭で行う原則をいい，口頭で陳述されたもののみが訴訟資料となる。口頭主義は，新鮮な印象をもって審理にあたることができるとともに，公開主義，直接主義と結びついて弁論を活性化させる機能を有し，臨機応変に審理を尽くして活発な弁論が期待できるという長所を有する。

しかし他方，複雑な事実関係や計算関係は口頭の説明だけでは理解し難いものがあるし，結果の記憶保存上難点があることも否定できず，書面による補完が不可欠である。例えば，①訴えや裁判など重要な訴訟行為については，確実を期すため書面が要求される（代表例として，法133条）[注2]。②相手方当事者に不意打ちにならないよう，あるいは事実関係の理解を容易にするため，口頭弁論の準備には準備書面が要求されること（法161条1項），書記官が口頭弁論調書を作成して期日審理の内容を公証すること（法160条1項）などがある。また，③口頭主義を貫徹すると，審理が遅延するおそれがあり，当事者の公平を害するおそれがある場合には，欠席者の口頭陳述を擬制したり（法158条，277条），④書面審理で足りるとされたりする場合があること（法140条，290条，319条）も，口頭主義の例外となる。

(4)　**直接主義**

弁論の聴取や証拠調べを，判決をする受訴裁判所自らが行う原則をいう（法249条1項）。弁論内容を理解し，事案の真相を把握するには直接主義が優れており，口頭弁論という審理方式に合致する。

しかしながら，直接主義を厳格に貫くと，審理の機動性を阻害し，訴訟経済上好ましくない事態を生じるおそれがあるため，例外的な手続を設けている。

ア　弁論の更新

手続裁判官が更迭したときは，当事者は従前の口頭弁論の結果を陳述しなければならない（法

(注1)　これに対し，民事保全事件の一部（仮差押え・係争物仮処分）には，対立当事者を審尋することなく発令・執行されるものがあるが，本案判決までの暫定的なものに止まり，判断・執行も終局的なものではないし，保全異議によって対審構造に移行する。支払督促も同様に債権者の一方的主張のみによって債務名義を作成する手続であるが，督促異議によって通常訴訟手続に移行する手続構造をとっており，いずれも双方審尋主義が確保されている。

(注2)　申立て等について書面が要求され，又は期日でする場合を除き書面が要求されるものは多岐にわたる。例えば，①請求の提示・追加は一律書面化が要求される（法47条2項，52条2項，143条2項，144条3項，146条4項等）。②派生的・付随的申立て，届出のうち，期日でされることを必ずしも予定しないものも書面化が必要とされる（規則17条，24条1項，34条1項，41条1項，51条1項，140条1項，153条1項，217条1項，221条，230条，238条等）。③期日・期日外のいずれでもできるものについては，期日外のものにつき書面化が要求される（法261条3項，規則7条1項，10条2項，19条2項，21条，228条1項等）。

第5章　訴訟の審理と進行

249条2項)。直接主義を徹底するならば，裁判官が更迭した場合は，弁論及び証拠調べをやり直さなければならないこととなるが，これは訴訟経済の要請に著しく反するので，直接主義を満足させる形式として更新手続を行うこととしている。これは従前の構成のもとで収集された訴訟資料を新構成の裁判所に顕出する報告的意義を有するにすぎないから，概括的なもので足りるし，当事者の一方のみにさせることもできる（最二小判昭31.4.13民集10-4-388［21］）。しかし，更新手続をしないままなされた判決は違法の瑕疵を帯び，上告理由（法312条2項1号）となる（最二小判昭32.10.4民集11-10-1703［95］，最三小判昭33.11.4民集12-15-3247［119］）。

　なお，単独裁判官又は合議体の過半数が代わった場合において，当事者が申し出たときは，新裁判体による再尋問を必要的なものとして，直接審理による心証形成を実質的に保障し，直接主義を回復することとしている（法249条3項[注1]）。

イ　受命・受託裁判官による証拠調べ

　裁判所が相当と認めるときは，受命・受託裁判官に証拠調べをさせることが許されるが（法185条），その結果は，当事者が口頭弁論において援用（結果陳述）した場合には判決の資料となる（最三小判昭28.5.12集民9-101，最一小判昭28.5.14民集7-565，最三小判昭35.2.9民集14-1-84［6］参照）。これは必要性と相当性を勘案して機動的な証拠調べを可能にする趣旨であり，その限度では直接主義の例外となる。もっとも，証人尋問については，要件を限定する特則を設けて直接主義の要請を尊重している（法195条）。

(5)　審理モデルとしての口頭弁論

　以上の諸原理を総合すると，口頭弁論という審理空間のモデルが明らかとなる。すなわち，一般国民が傍聴できる状態で（公開主義），対立当事者を対等に関与させてそれぞれに攻撃防御の機会を付与し（双方審尋主義），当事者及び裁判所が活発な議論を行うことにより事案を解明してゆく（口頭主義）という審理の姿が映し出される。そして，そのような審理に直接関与した裁判所が争点について最終判定を行う（直接主義）という仕組みがとられているのである。

3　必要的口頭弁論の原則

(1)　判決手続（法87条1項本文）

　終局判決は，訴え又は上訴に対する終局的公権的判断によって紛争解決規準を提示するものであるが，そのための審理は口頭弁論を経なければならない。口頭弁論は，前述した公開主義，双方審尋主義，口頭主義，直接主義の各要請を最もよく充足し，そのような審理方式を採用する口頭弁論こそが，国民の権利義務関係の終局的判定にふさわしいとされる。したがって，単に審理方式としての口頭弁論を経るだけでなく，その裁判の基礎も口頭弁論で陳述され，あるいはそこに顕出されたもののみに限るという実質的内容も確保されなければならない。このように，訴え又は上訴に対する裁判の審理につき，形式・実質いずれにおいても口頭弁論を中心に据える建前を，必要的口頭弁論の原則という。

　ただし，例外として，第1に，書面審理のみで口頭弁論を経ることなく判決をすることが

―――

(注1)　当事者本人尋問には適用はない（最二小判昭42.3.31民集21-2-502［23］）。

できる旨規定している場合がある（法87条3項，78条，140条，290条，319条）。第2に，当事者の一方が欠席した場合には，欠席当事者は現実には弁論に関与せず，裁判の基礎を形成していないにもかかわらず，判決がなされる場合があるという意味において，これも必要的口頭弁論の原則の例外となる（法158条，277条）。

(2) 決定手続（法87条1項ただし書）

ア 任意的口頭弁論

これに対し，国民の権利義務関係に直接関わらない，又は終局的判断にわたらない事項については，迅速性の要請が強く，また審理手続も柔軟なものが必要となる。そこで，決定で完結すべき事件については，口頭弁論を開くかどうか，開いた場合でも書面審理へ移行するかどうかも含めて裁判所の裁量に委ねられており，任意的口頭弁論で足りることとしている[注1]。もっとも，決定で裁判する事件でも，性質上，口頭弁論手続の中で扱われるもの（例えば，法44条，143条4項，152条，157条，法223条）は，口頭弁論に基づき審理・裁判されることになる。

なお，元来，決定手続では書面審理が採られる以上，任意的口頭弁論として行われる口頭弁論は，口頭主義・弁論主義に基づくものではなく，書面審理を補充する第2次的性質を有し，書面上の陳述の補充訂正の意義を有するにすぎない。したがって，口頭弁論が開かれても，その前後で提出された書面と口頭弁論での陳述とは同格に斟酌され得るし，口頭弁論に関する法158条，263条，249条は適用がない。しかし，口頭弁論である以上，公開されることを要する。

イ 審尋

当事者その他の利害関係人に対し無方式で陳述する機会を与える手続をいう。審尋をする場合には，受命裁判官に行わせることができる（法88条）。決定手続においては，任意的口頭弁論よりも審尋によることが多い。審尋には，口頭又は書面によって主張を提出する「口頭弁論に代わる審尋」（法87条2項等）と当事者や参考人に証拠としての供述をさせ，簡易な証人等尋問機能をもつ「証拠調べとしての審尋」（法187条）とがある。また，口頭弁論に代わる審尋には，任意的審尋（法87条2項，335条）と必要的審尋（法50条2項，199条1項，223条2項，民事保全法23条4項本文）とがあり，いずれも決定手続を補完するものであり，前者は主として書面審理を補充する手段として機能し，後者は攻撃防御の機会を保障する機能を有している。また，逆に，決定手続であっても審尋してはならない場合もあることに注意が必要である（民事執行法145条2項など）[注2]。

（注1） 決定手続において，いかなる場合に口頭弁論を開くかについては，審理の簡易迅速性，公開の適否，証明の難易，証拠方法の種類などを勘案して決定することになろう。

（注2） なお，参考人等の審尋が決定手続の制度として一般化されて民事訴訟法に規定が設けられたことに伴い，民事保全法の不服申立手続に関する30条が削除された。そのため，発令段階でも第三者の審尋が可能と解する余地が生じている。しかし，民事保全法は旧30条を特に不服申立手続における制度として規定していたことや，民事保全法7条は包括的準用規定であるから，民事保全の手続に反する規定は準用されないと解釈できることを考慮すると，特に迅速な審理を要する発令段階には民事訴訟法187条は準用されず，第三者の審尋は認められないと解されよう。ただし，迅速性を害さない場合には，発令段階において第三者の審尋を行っている実務例もある。

第5章　訴訟の審理と進行

第3　裁判所の訴訟指揮と手続の進行・弁論の整序

1　総説

　　職権進行主義は，訴訟手続の進行面に関する権限を裁判所に付与する建前をいい，主として，期日の指定・変更等を内容とするが，これは裁判所に付与される訴訟指揮権を基礎とするものである。先述のように，中立公平で迅速経済的な手続進行を図るため，裁判所に主導権が認められる。訴訟指揮権が適切に，しかも機動的に行使されることによって，適正にして迅速で効率的な審理が可能となる。したがって，訴訟指揮権がどのように行使されるかが，個々の事件解決の巧拙に影響する。その意味では審理内容・判断の適正と訴訟指揮の適切は，訴訟制度に対する国民の信頼を左右する車の両輪といえよう。

　　もっとも，法は，一定の場合には，訴訟進行上も当事者の意思を尊重すべきことを求め（協同的訴訟進行），裁判所と当事者との協調的な訴訟運営を期待している（法2条参照）。

2　訴訟指揮権

(1)　**訴訟指揮権の主体**

　　訴訟指揮権は，原則として受訴裁判所に帰属する（例えば，法151条〜155条，157条）。もっとも，弁論や証拠調べ中の指揮は，合議体審理のときは，主として裁判長がその発言機関としてあたり（法148条，149条，202条1項・2項，203条，規則118条〜120条），これに対し当事者から異議が提出されたときは，裁判所がこれを裁定する（法150条，202条3項）。裁判長は，このほか合議体から独立して訴訟指揮権をもつ場合がある（法93条1項，137条，176条1項本文，規則61条など）。受命・受託裁判官も，授権された事項を処理する関係で，訴訟指揮権を有する（規則35条，法171条，206条など）。

(2)　**訴訟指揮権の内容**

　　訴訟指揮権は審理全般に及ぶ。主要なものとしては，①手続の進行につき，期日の指定・変更（法93条），期間の伸縮（法96条），訴訟手続の中止（法131条），中断した訴訟の進行（法129条）など，②審理の整序・促進につき，弁論の制限・分離・併合（法152条），弁論の再開（法153条），裁量移送（法17条，18条），攻撃防御方法の却下（法157条）など，③期日の主宰につき，口頭弁論の指揮（法148条）など，④訴訟関係を明瞭ならしめる処置として，釈明権（法149条，規則63条），釈明処分（法151条）などがある。

(3)　**訴訟指揮権行使の形式**

　　訴訟指揮権の行使は，事実行為として行われる場合もあるが（上記③），多くは裁判の形式でなされる。裁判の場合には，裁判所としてするのは決定であり，裁判長，受命・受託裁判官がその資格においてするのは命令の形式をとる。もっとも，訴訟指揮が裁判の形式で行われても，訴訟指揮は一定の事項について確定的終局的判断を示すものではなく，弾力的かつ機動的措置として行われるものであるから，いったんその裁判をしても，不適当不必要と認めれば，自らいつでも取り消すことができる（法120条）。

3　訴訟進行に関する当事者の関与

(1)　**職権進行主義からの帰結**

　　訴訟進行，審理の整序は裁判所の職権事項であり，かつ職責でもあるから，原則として当事者には申立権はなく，したがって，裁判所には応答義務はない（仮に申立てがあっても職権

第3　裁判所の訴訟指揮と手続の進行・弁論の整序

発動を促す意義を有するにとどまる。）と解されてきた。

　もっとも，当事者の訴訟主体性を尊重し，裁判所と当事者との協調的な進行を図ることが，理論的には手続保障の実質化に資するうえ，実践的にも円滑な審理の整序・進行に資することから，法は，当事者に申立権を認めたり，意見聴取の機会を設けるなど，多様な形態で当事者の意思を反映させることとしている。

(2)　**当事者に申立権を付与して裁判所に応答義務を生じさせる場合**

　当事者に訴訟指揮権の発動を求める申立権を認めている場合があり，この場合には，裁判所には応答義務が生じ，必ずその許否を判断しなければならない。例えば，裁量移送（法17条，18条），時機に後れた攻撃防御方法の却下（法157条），期日指定（法93条1項），中断後の受継（法126条）などである。

(3)　**裁判所の訴訟指揮権が当事者の意思に拘束される場合**

　審理手続の選択等が当事者の利害と密接に関わるなどの理由から，当事者の一方又は双方の意思に拘束される旨定めているものがある。管轄の合意（法11条），応訴管轄（法12条），当事者の合意による必要的移送（法19条），最初の期日の変更（法93条3項ただし書），専門委員関与決定の取消し（法92条の4），弁論準備に付する裁判の取消し（法172条ただし書），弁論更新における証人の再尋問（法249条3項），一方の当事者の期日懈怠により審理打ち切り判決をする場合に他方の当事者の申出がある場合に限られること（法244条ただし書）などは，裁判所の訴訟指揮ないし判断が拘束される場合である。

　手形訴訟から通常訴訟への移行申述（法353条1項），被告による少額訴訟から通常訴訟への移行申述（法373条1項・2項），支払督促に対する異議による訴訟手続への当然移行（法395条）は，一方の当事者が選択した手続につき，他方の当事者の意思のみで当然に移行させるもので，裁判所に介入の余地が乏しいものとして設けられている。

　また，裁判所が相当と認める場合であっても，なお当事者の意思を確認すべきものとされているものがある。呼出費用の予納がないことを理由とする訴えの却下（法141条），口頭弁論を経ないで弁論準備手続に付するとき（規則60条1項ただし書），書面尋問（法205条）などは異議がないときに限りなし得る。当事者の同意を要するものとして専門委員の和解への関与（法92条の2第3項），速記原本の引用添付（規則73条）などがある。これらは，裁判所の合目的的判断等に基づく訴訟指揮に対し，当事者の意思が制約的に働く余地を残すものといえる。

(4)　**裁判所の手続選択に際し当事者の意見聴取が必要とされる場合**

　裁判所が訴訟指揮権を行使するに際し，当事者の意見聴取を必要的なものとしている場合がある。専門委員の弁論等及び証拠調期日への関与（法92条の2第1・2項，92条の3），弁論準備手続の選択（法168条），書面による準備手続の選択（法175条），電話会議の方法による弁論準備手続期日・進行協議期日の実施（法170条3項，規則96条），証人尋問の順序の変更（法202条2項），当事者本人尋問を先行させるとき（法207条2項），テレビ会議の方法による証人尋問（規則123条1項），裁量移送についての意見聴取（規則8条1項），証人尋問の際の傍聴人の退廷（規則121条），裁定和解（規則164条1項）などがそれであり，当事者の意向を尊重することが手続の円滑な実施にとって不可欠であることが考慮されている。

　なお，任意的な意見聴取を定めるものとして職権による裁量移送（規則8条2項）があり，

第5章　訴訟の審理と進行

意見聴取までの必要はないが，当事者に意見を述べる機会を与えるものとして調書代用のための録音テープ等の引用（規則68条1項）がある。

4　責問権

(1)　意義

当事者は，適法かつ適正な手続で自己の権利を実現する利益を有する。裁判所又は相手方の訴訟手続法規違反の行為，ことに方式違反の行為に対して異議を述べ，その効力を争うことができる当事者の権能を責問権という。

(2)　放棄・喪失の根拠

訴訟手続は訴訟行為の連鎖により組み立てられるものであるから，責問権の行使をいつまでも認めるとその後の行為の効力が覆滅することとなり，手続の安定を害し，訴訟経済の要請にも反する。そこで，当事者の利益保護を主たる目的とする規定の違反については，それにより不利益を受ける当事者が甘受するときは責問権の放棄を認めて手続の安定を図るべきであるし，当事者が遅滞なくこれを行使しないときはその責問権を喪失させることとしている（法90条）。

(3)　放棄・喪失の対象となる瑕疵

責問権の失権根拠が以上のようなところにある以上，責問権の放棄・喪失の対象となるのは，もっぱら当事者の利益保護を目的としている規定違反ということになる[注1]。これに対し，公益性の強い規定については，当事者の態度によってその行為の効力が左右されるべき性質のものではないから，責問権の放棄・喪失の対象とはならない[注2]。

(4)　方式・態様

責問権の放棄は，期日における裁判所に対する一方的陳述によって行う。放棄は，明示と黙示とを問わないが，訴訟外で相手方に対して行っても効力を生じない。責問権の喪失は，当事者がその訴訟行為の法規違反を知りながら，又は当然知り得たはずであるのに，遅滞なく行使しないときに生ずる。遅滞なくとは，違反行為がなされた後，異議を述べ得る最初の機会に直ちに，ということである。この効果は遅滞なく異議を述べないという事実に結びつけられているものであるから，当事者の意思・認識は問題とならない。

5　訴訟進行の時間的規制——期日・期間

(1)　総説

訴訟行為は，訴訟係属中いつでも自由にできるようにする必要があるが，無統制に行われると，審理が混乱し事案の解明を困難にする上，時間，費用及び労力の空費と訴訟遅延をもたらすおそれがある。期日，期間という概念は，これに備えて，手続の進行を時間的に段階づけ，訴訟の進行を整え，一定の速度を与えて迅速化を図ると同時に，当事者に弁論やその準備の機会を保障し，審理を実質化する機能を担っている。審理の促進と充実という要請を調和的に実現するための調整弁でもある。

（注1）　例えば，訴えの提起又は変更の方式，訴訟参加や訴訟告知の方式，呼出しの方式，書類の送達に関する規定，証拠調べの方式や宣誓に関する規定など。
（注2）　例えば，裁判所の構成，裁判官の除斥，専属管轄，不変期間の遵守，判決言渡しや確定，上訴又は再審に関する規定など。

(2) 期日
　ア　意義
　　　期日とは，裁判機関，当事者その他の訴訟関係人が一定の場所に集合して訴訟行為をなすべきものと定められた時間をいう。
　イ　期日の指定
　　　一定の暦日を期日と決定する行為を期日の指定という。期日の指定は，裁判機関が職権で行う[注1]。裁判所の手続に関する期日は裁判長が（法93条1項），受命・受託裁判官に関する手続はそれぞれの裁判官が指定する（規則35条）。期日は，訴訟関係人の訴訟手続への関与の機会を与え，かつ弁論の実質化を図る観点から十分な準備をする時間的余裕をみて指定することを要する（例外：法273条）。期日は，やむをえない場合のほかは，日曜日その他一般の休日であってはならない（法93条2項）。
　ウ　期日の呼出し
　　　期日指定の裁判は，訴訟関係人に告知され，かつ，その出頭を命ずることを要する。これを呼出しという。呼出しには，裁判所書記官が期日の開かれる日時，場所などを記載した呼出状を作成しこれを送達して行う方法（呼出状送達による呼出し）と当該事件について出頭した者に対して期日を告知して行う方法（口頭告知による呼出し）がある。これらの方法による呼出しを受けながら出頭しない者には，その方法の確実性にかんがみ，法律上の制裁や期日不遵守の不利益が帰せられるとの効果が結びつけられる（当事者に対する関係では法157条2項，159条3項，263条，208条など。証人・鑑定人との関係では法192条ないし194条，216条など。）。このほか電話，ファクシミリなど相当と認める方法によって呼出しを行うこともできる（法94条1項）。これを簡易呼出しといい，この方法によった場合には，上記の不利益を帰すことはできない（法94条2項本文）。ただし，簡易呼出しであっても期日請書を提出したときは，前二者の呼出しと同様の法的効果が結びつけられる（法94条2項ただし書）。
　エ　期日の開始と終了
　　　期日は，裁判長の明示的又は黙示的宣言[注2]によって，開始又は終了する。ただし，口頭弁論期日を開始する際は，事件の呼上げを行う（規則62条）。

(注1)　法93条1項は当事者に申立権を認める文言を採用しているが，職権進行主義の建前から，期日の指定は原則として裁判所の専権事項と解される。したがって，当事者に一般的な期日指定申立権を認める解釈は相当でない。当事者の申出があったときは，職権発動を促す趣旨として理解すれば足りる。ただし，当事者双方が期日に欠席したため訴えの取下げ擬制が生じ得る状態（いわゆる休止）になった場合に，これを排除するためになされた期日指定の申立て（法263条）については，裁判所に応答義務が生じると解される（大決昭8.7.11民集12-2046）。これを放置すると訴え取下げの効果が擬制されてしまうからである。また，訴訟が訴えの取下げ又は和解によって終了した場合において，当事者がそれらの無効を主張して期日指定の方法により訴訟の続行を求めたときも，期日を指定しなければならない（大決昭6.4.22民集10-7-380）。この申立ては訴訟終了効を争う趣旨であり，取下げ又は和解の無効事由の主張に理由があれば訴訟は依然として係属していると解さなければならないからである。
(注2)　黙示的開始の例として，出頭当事者を確認したときなどがあり，黙示的終了の例としては，当該期日に予定された訴訟行為が終了したときや，次回期日を指定した場合などがある。

第5章　訴訟の審理と進行

期日は，指定された日時の経過後でなければ開くことができないが，関係人全員に異議がなければ，責問権の放棄によってその瑕疵は治癒される。

オ　期日の変更，延期及び続行

期日が開かれる前にその期日の指定を取り消し，別の期日を指定することを期日の変更という。期日を開いた後，その期日の目的である事項に入らず終了し[注1]，新期日を指定することを延期という[注2]。期日に訴訟行為がなされたが，弁論又は予定の訴訟行為が終結できず，更に別の期日を指定することを続行という[注3]。

期日の変更の申立ては，変更を必要とする事由を明らかにして行うことを要し（規則36条），これに対する許否の裁判は，裁判所が決定をもって行う。これに対する不服申立てはできない（大決昭5.8.9大民集9－10－777）。

期日の変更は，無制約になし得るものではなく，訴訟促進・当事者間の公平の見地から一定の制約がある。

(ｱ)　期日一般[注4]に対する制限として，当事者の一方に訴訟代理人が数人ある場合において，その一部の代理人について変更の事由が生じたにすぎないときや，期日指定後に同一日時に別件が指定されたことを理由とする場合には，原則として，変更を許可することはできない（規則37条）。

(ｲ)　争点整理手続を経ない最初の口頭弁論期日及び最初の弁論準備手続期日は，顕著な事由がある場合と，当事者の合意がある場合にのみ，変更が許される（法93条3項）。「顕著な事由」としては，例えば，当事者・代理人の急病，縁者の不幸等により出頭できない場合や示談進行中などがこれにあたると解されている[注5]。上記(ｱ)の規則37条所定の事由は，この「顕著な事由」に当たらない具体的例示として位置づけられる。

(ｳ)　争点整理手続を経ない口頭弁論の続行期日及び弁論準備手続の続行期日の変更は，上述の顕著な事由がある場合でなければ許されない（法93条3項本文）。

(ｴ)　弁論準備手続を経た口頭弁論期日の変更は，やむをえない事由がある場合でなければならない（法93条4項）。これは争点整理手続を経て集中証拠調べを予定する期日は，取調べの対象となる人証も複数にわたり，審理の集中実施の必要性が極めて高い期日であるから，変更を厳しく制限する趣旨である。したがって，「やむを得ない事由」は前述した「顕著な事由」より狭く，当事者にどうしても期日に出頭できない事由があり，かつ，代理人，復代理人等に委任することができず（最判昭28.5.29民集7－623），又は他人に委任し

(注1)　例えば，当事者双方の不出頭や証人の欠席のため期日が実施不能となる場合など。
(注2)　したがって，延期と変更とは，期日に予定された事項が実施されない点では共通するが，期日をいったん開いたかどうかに相違がある（延期の場合，期日を開いた以上，口頭弁論調書を作成しなければならないが，変更の場合にはこの余地がない。）。
(注3)　したがって，延期と続行では，予定された期日をいったん開く点では共通するが，期日の目的たる事項をその一部でも実施したか否かに両者の相違がある。
(注4)　準備的口頭弁論期日を含む口頭弁論期日，弁論準備手続期日，審尋期日，和解期日，裁判所外の証拠調べ期日，証拠保全期日，進行協議期日等。
(注5)　もっとも，顕著な事由は疎明することを要し，疎明資料を提出しないときは変更申立てを却下しなければならない（最判昭24.8.2民集3－312）。

たのでは目的を達し難い事項に関する場合などがあたるとされている。調査不十分はやむをえない事由にはあたらない（規則64条）。

(3) **期間**
　ア　意義
　　訴訟法上，一定の時の経過が意味をもつことがあり，その一定の継続的な時間を期間という。期間を定める意味は，当該期間内に一定の行為をさせることにより訴訟関係人に対し手続関与の機会を保障するとともに，その期間の経過に一定の効果を結びつけることにより訴訟法律関係を安定させるところにあり，次段階へ手続を進めるステップとなる。
　イ　種類
　　(ア)　行為期間・猶予期間
　　　行為期間とは，手続の迅速化・明確化を図るため，一定の行為をその間にさせようとする趣旨の期間をいう。猶予期間とは，当事者その他の訴訟関係人に，一定の行為をするか否かを考慮させ，又はその行為の機会を保障するために手続を次段階に進めるには一定の期間をおかなければならないという趣旨の期間をいう。行為期間には，裁判所の行為につき定められた職務期間（例えば，法251条1項，規則60条2項・159条1項など）と，当事者らの行為につき定められた固有期間（例えば，法162条，285条，313条など）とがある。当事者が固有期間を徒過すると不利益な取扱いを受けることとなるが，裁判所の職務期間は原則として訓示的意義を有するに止まる（例外：法256条）。猶予期間の例として，法112条，民事執行規則114条1項などがある。
　　(イ)　法定期間・裁定期間
　　　法律がその長さを定めているものを法定期間といい，裁判所等が裁量によってその長さを定めるものを裁定期間という（例えば，法34条1項，規則25条，法79条3項，137条，162条など）。形式的画一性を重視するのが法定期間であり，期間設定にあたり裁判所が地域的特性や事件の特殊性を考慮に容れる余地を残す趣旨に基づくものが裁定期間である。
　　(ウ)　通常期間・不変期間
　　　法定期間のうちで，特に法律が不変期間と明定するものを不変期間といい（法285条，313条，332条，342条1項など），その他の法定期間を通常期間という（規則10条3項，法263条，315条1項など）。不変期間はその遵守が強く求められ，裁判所が伸張することができない反面（法96条1項ただし書），過酷にわたらないよう，当事者の責めに帰することができない事由による徒過については一定期間に限り追完が認められる（法97条）点で，通常期間と異なる[注1]。
　ウ　期間の計算
　　原則として民法の期間に関する規定に従う（法95条1項，初日不算入［民法140条］）。ただ

(注1)　不変期間とは法律で特に不変期間と定められたものをいうから，法263条の期間はこれにあたらない。したがって，期日指定申立ての追完は許されず（最二小判昭33.10.17民集12-14-3161 [107]），追完を理由とする期日指定申立てがあった場合には，決定をもって却下する（最二小判昭35.6.13民集15-5-1425 [66]）。

し，始期を定めなかったとき（法95条2項）及び期間満了日の特例（法95条3項）がある。
　エ　期間の伸縮，付加期間
　　不変期間を除き，法定期間は裁判所が，裁定期間はこれを定めた裁判機関が伸縮できるのが原則である（法96条1項，規則38条）。しかし，性質上伸縮が許されない場合がある。通常期間の伸縮についての裁量は訴訟指揮権に基づくから，その期間の経過によって，訴訟指揮とは無関係に直接法律効果が発生するような関係にある期間は，訴訟指揮によって伸縮することはできない（例えば，法263条，387条，392条など）。また，期間を置くことが当事者の利益でもある場合，伸張はできても短縮することはできない（例えば，法315条）。明文で伸縮を禁ずるものもある（法112条3項，97条2項）。
　　不変期間につき，裁判所は，遠隔の地に住所又は居所を有する者のために付加期間を定めることができる（法96条2項）。これにより付加期間分だけ長い一つの不変期間となる。

6　訴訟進行の確実性担保――送達
(1)　意義
　送達とは，裁判所が，当事者その他の訴訟関係人に対し，法定の方式に従い，訴訟上の書類の内容を了知させ，又はこれを交付する機会を与えるための通知行為である。送達は法定の方式に従う点で無方式な通知（規則4条参照[注1]）と異なり，特定人を名宛人とする点で不特定人に対する公告[注2]と異なる。

　訴訟手続は訴訟行為の積み重ねによって形成されてゆくため，それが相手方に了知される必要があるし，後行行為の基礎としての安定性のためにも，その通知が確実になされ，かつ，その証拠を保存することが必要である。送達はこのような通知の確実性と安定性を担保しようとするものである。そのため，送達の通知行為としての確実性・安定性のゆえに，種々の効果が結びつけられている（例えば，訴訟係属の発生［法138条1項］，不変期間の進行［法285条］，強制執行の開始［民事執行法29条］など）。

　送達が必要な場合には，その迅速・確実を期するため，原則として職権で行う（職権送達主義［法98条1項］）。

(2)　送達機関
　ア　送達事務取扱機関

(注1)　送達周辺の類似概念
　一般的には以下のとおりであるが，個別に規定がおかれているので注意が必要である。
(1)　提出とは，当事者が裁判所に訴訟書類を提出することをいい，原本を持参する方法，郵便を利用する方法及びファクシミリを利用する方法（規則3条）とがある。(2)　催告とは，裁判所等が当事者に対し一定の申出等を促すことをいい（規則4条），法79条3項，規則25条1項がその例である。(3)　通知とは，送達以外の方法で裁判又は事実を伝達する目的で行うものをいい（規則4条），法が規定するものとしては，36条，59条，127条，149条4項，276条2項があり，規則が定めるものとしては，43条，44条，156条，162条などがある。(4)　送付とは，送達以外の方法で書類を交付する方法であり，写しの交付又はファクシミリ送信による（規則47条）。当事者の一方が相手方当事者に直接交付する直送も送付の一態様である。本文で述べるように，送達すべき書類の範囲が限定されたことに伴い，送付で足りることとされたものがある（例えば，相手方当事者に対する訴訟告知書［規則22条3項］，答弁書その他の準備書面［規則83条］など）。
(注2)　例えば，民事執行法64条5項，破産法32条，会社更生法10条など。

第3　裁判所の訴訟指揮と手続の進行・弁論の整序

　　送達に関する事務は，裁判所書記官が取り扱う（法98条2項）。また，送達地を管轄する地方裁判所の書記官に嘱託することもできるし（規則39条），外国で送達しなければならない場合は，裁判長がその国の管轄官庁又はその国に駐在する日本の大使，公使若しくは領事に嘱託して行う（法108条）。
　イ　送達実施機関
　　送達実施機関は，原則として執行官又は郵便業務に従事する者である（法99条）。ただし，書記官による送達（法100条），書留郵便に付する送達（法107条）及び公示送達（法110条）においては，書記官自らが送達実施機関となるし，各裁判所の所在地でなす送達については廷吏が実施することができる（裁判所法63条3項）。
　　なお，郵便による送達をする場合には，特別送達（郵便法49条）による。

(3) 送達を要する書類の範囲とその方式

　　送達は，通知行為の中で最も確実で安定性に富む手続であるが，反面，時間と費用がかかり経済効率は低い。そのため，送達すべき書類の範囲は，名宛人に到達することによって訴訟上重大な効果が発生するものに限定されている。そして，送達に結びつけられている効果に応じて，それに適する方式を選択する必要があるため，送達すべき書類は，原則として当該書類の謄本又は副本によることとし（書類提出に代えて調書を作成したときは謄本又は抄本），正本による場合は特別の定めをおいている（規則40条）[注1]。送達すべき文書をその方式の種別ごとに分類すると，以下のとおりである。
　ア　副本送達によるもの
　　補助参加の申出書（規則20条1項・2項），独立当事者参加及び共同訴訟参加の申出書（法47条3項・52条2項，規則20条3項），訴訟告知書（規則22条1項［被告知者に対してのみ送達］・2項），訴状（法138条1項，規則58条1項），反訴状（規則59条），上訴状（法289条1項，規則179条，法313条，規則186条，法331条，規則205条等），訴えの変更申立書（法143条3項，規則58条2項），選定者に係る請求の追加書（法144条3項，規則58条2項），中間確認の訴えのための請求の拡張書（法145条4項，規則58条2項），相手方の同意を要する場合の訴えの取下書（法261条4項，規則162条1項），上告理由書（規則198条），上告受理申立理由書（規則199条2項）
　イ　謄本送達によるもの
　　期日において口頭による申立て等がなされ調書に記載された場合（例えば，相手方の同意を要する場合の訴えの取下書に代わる調書［法261条4項等］，補助参加の申出［法43条］など）のほか，当事者から提出された副本により送達すべきものとされている場合（上記ア）におい

（注1）　原本，謄本，抄本，正本，副本
①原本＝文書の作成者が一定の内容を表すために確定的なものとして作成した原文書，②謄本＝原本の内容を原本と同一の文字符号によってその全部を写した書面で，法・規則は，このうち作成権限のある公務員が職務上の権限に基づいて作成し謄本である旨認証した書面（認証ある謄本）を謄本と称して，当事者が作成する「写し」と区別している。③抄本＝原本の内容の一部を写した書面で，このうち公務員が職務上の権限に基づき作成し抄本である旨認証したものを認証ある抄本という。④正本＝謄本の一種であるが，法律の規定に基づき権限ある公務員によって作成されるもので，原本と同一の効力を有する書面。⑤副本＝謄本に類似するが，謄本のように原本の存在を前提としてこれを写したものではなく，当初から原本と同一内容で同一の効力を有するものとして作成された文書である（例えば，規則58条1項参照）。

第5章　訴訟の審理と進行

て，副本の提出がなかったときを含む。
　　ウ　正本送達によるもの
　　　判決書（法255条），判決書に代わる調書（法255条1項，規則159条2項），更正決定書（規則160条1項），支払督促（法388条1項［債務者に対してのみ送達］，規則234条1項），仮執行宣言付支払督促（法391条2項［当事者双方に対し送達］，規則236条2項）
　　エ　原本送達によるもの
　　　期日の呼出状（法94条1項），上告提起通知書（規則189条1項），上告受理申立通知書（規則199条2項）

(4) **送達受領者**
　送達受領者とは，送達名宛人（送達を受けるべき者［法101条，103条1項等参照］）と補充送達を受領する資格を有する者（例えば，送達名宛人の事務員，同居者など）とを含む。送達名宛人とは，その者に宛てて送達すべき者で，当事者本人，法定代理人（法102条1項），訴訟代理人，送達受取人（法104条1項後段），本人が刑事施設に収容されている場合の刑事施設の長（法102条3項）である。なお，訴訟代理人のある場合に本人に送達してもその効力は否定されない（最判昭25.6.23民集4－240）。

(5) **方法**
　　ア　交付送達
　　　送達名宛人に対し送達書類を直接交付して行う方法である（法101条）。
　　(ｱ)　交付送達の形態
　　　交付送達の形態として，出会送達，補充送達，差置送達がある。
　　　出会送達とは，送達名宛人と出会った場所で送達名宛人に対し送達書類を交付して行う方法である（法105条前段）。
　　　補充送達とは，送達場所で送達名宛人に出会わないときに，送達名宛人と一定の関係にあり，かつ，送達の意義を理解し，送達書類を送達名宛人に交付することが期待できる程度のわきまえを有する者に送達書類を交付して行う方法である。受領資格を有する者（補充送達受領資格者）は，①就業場所以外の送達場所においては，送達名宛人の従業者等又は同居者であり（法106条1項），②就業場所を送達場所とする場合には，送達名宛人の使用者等又はその法定代理人若しくは従業者等である（法106条2項）。就業場所における送達の場合，補充送達は，受領資格者が受領を拒否しないときにすることができ，この送達をしたときは，書記官は送達名宛人にその旨を通知しなければならない（規則43条）。
　　　なお，郵便による送達の場合，受取人が不在のときは郵便業務従事者が書類を持ち帰って一定期間保管し，その間郵便局窓口で送達名宛人又は補充送達受領資格者に書類を交付することがある。この場合，送達名宛人への交付は法105条後段による出会送達，補充送達受領資格者への交付は法106条1項後段による補充送達となる。
　　　差置送達とは，受送達者又は就業場所以外の場所における補充送達受領資格者が，正当の理由がないのに受領を拒否した場合に，送達をすべき場所（郵便局窓口はこれに当たらない。）に送達書類を差し置いてする方法である（法106条3項）。また，受送達者が日本

第3　裁判所の訴訟指揮と手続の進行・弁論の整序

　　　国内に住所等を有することが明らかでない場合において，正当な理由なく受領を拒んだ場合には，出会った場所で，差置送達を実施することができる（法105条前段）。
　(イ)　基本的送達場所
　　　送達をすべき場所は，送達名宛人の生活・営業等の本拠である（法103条1項）が，これらが不明あるいはこれらの場所で送達するにつき支障があるとき(注1)は，就業場所において送達することができる（送達名宛人が就業場所送達を希望した場合も同様である［法103条2項］）(注2)。
　　　なお，裁判所書記官は，所属する裁判所の事件について出頭した者(注3)に対しては，自ら裁判所内で書類を交付して送達することができる（法100条）。
　(ウ)　送達場所届出制度
　　　送達不奏功による訴訟遅延を極力回避するため，法は，訴訟手続を利用する一定の範囲の者については，送達書類を受領すべき場所の届出義務を課し(注4)，送達の確実性を確保しようとする(注5)。この送達場所届出制度は，送達の困難性の解消を図るとともに，受送達者の便宜を図る側面も併せ有する。届出に係る送達場所は，受訴裁判所の管轄地域内に生活・営業の本拠を有するか否かを問わない。
　　①　届出義務
　　　　当事者，法定代理人又は訴訟代理人は，日本国内における送達場所の届出義務を負担する（法104条1項）。届出は書面によることを要し，できる限り訴状，答弁書又は支払督促に対する督促異議申立書において，送達場所との関係を明示してしなければならない（規則41条，42条）(注6)。
　　②　送達場所の届出がなされた場合
　　　　送達場所の届出がなされたときは，送達は当該届出に係る場所で実施される（法104条2項）。この効力は全審級を通じて維持される。届出場所で交付送達ができなかった場合には，その場所に宛てて書留郵便に付する送達ができる（法107条1項2号）。
　　③　送達場所の届出がなされなかった場合
　　　　まず，原則どおり，基本的な送達場所に宛てて送達を行う（法103条）。その結果，(a)法103条の規定する送達場所において送達がされた場合には，その送達をした場所（法

（注1）　例えば，受送達者が送達時に不在であるなど。
（注2）　就業場所において送達した場合には，補充送達受領資格者の範囲，補充送達受領資格者に対する差置送達の可否が異なるので注意が必要である（法106条）。
（注3）　当該事件につき出頭した場合はもちろんのこと，他の係の民事訴訟事件，民事保全事件，破産事件，刑事事件等同一の国法上の裁判所の事件である限り，書記官送達が可能である。
（注4）　届出義務を負わない者に対する送達については，送達場所届出制度の適用を前提とする規定の適用はない。
（注5）　この制度は，訴訟手続を利用する者が負う誠実追行義務（法2条）の具体化としての意義を有することとなる。
（注6）　届出義務の発生時期は，原告は訴え提起時，被告は訴状送達時と解されるから，これに相応する最初の書面への記載が求められる。

第5章　訴訟の審理と進行

104条3項1号），(b)郵便局において受送達者に送達された場合（法105条後段）及び補充送達受領資格者に対して送達された場合（法106条1項後段）には，その送達において，送達場所とされていた場所（法104条3項2号），(c)当事者等への法103条に規定する場所における送達が不在等の理由によってできなかった場合に行う法107条1項1号の規定による付郵便送達をした場合は，その送達において宛先とした場所（法104条3項3号）がそれぞれ以後の送達場所となる(注1)。

イ　書留郵便に付する送達

交付送達ができない場合に，裁判所書記官が送達書類を送達名宛人の就業場所以外の送達場所に宛てて，書留郵便によって発送して行う方法である。就業場所が除かれているのは（法107条1項3号かっこ書参照），就業場所は本来的に二次的な送達場所であることに加え，受送達の事実がプライバシーに関わる事項であることを考慮したものである。この場合，送達実施機関は書記官であり，原則として，現実の到達の有無や時期に関わらず，発送の時，すなわち，郵便局がその書留郵便を受理した時に送達が完了したものとみなされる（法107条3項）。この付郵便送達を行ったときは，当事者の手続上の利益に配慮して，書記官がこの送達を行ったこと及び発送時に送達があったとみなされることを通知する（規則44条）(注2)。

ウ　公示送達

㋐　公示送達とは，裁判所書記官が，出頭すれば送達すべき書類をいつでも交付する旨を裁判所の掲示場に掲示することによって行う送達方法である（法111条）(注3)。法110条1項所定の事由があるときは，書記官は，申立てにより，公示送達をすることができる。これらの場合，公示送達を認めないと訴訟手続を進行させることができないため，送達名宛人に対する現実の交付を一応断念し，これに交付の機会を与えることで送達を完了したものとせざるをえない。したがって，公示送達は最後の手段として認められる送達であるが，実際上，これによって送達名宛人が送達書類の内容を了知する可能性は極めて低いから，当事者の了知を前提とする規定の適用を除外することが多い（例えば，法159条3項ただし書，382条ただし書）。

㋑　公示送達の要件は証明されなければならず，書記官がこれを審査し(注4)，理由があれば

（注1）　送達場所を届け出ない当事者等につき送達場所を定める特則は，引き続き当該場所における送達可能性を基礎にするものであるから，出会送達，書記官送達によった場合は除外されている。したがって，最初の送達がこれらの方法である場合には，次回の送達も一般的方法により基本的送達場所に宛ててなされる必要がある。また，公示送達についても2回目以降については特則があるので（法110条3項），法104条3項の適用はない。
（注2）　付郵便送達は不在を装い，故意に郵便局に受領に出向かない不誠実な当事者に対する送達手段として有効であるが，やはり送達手段としての強度にかんがみ，従前の実務において，いわば司法サービスの一環としてこのような通知を行ってきたものである。したがって，この通知を欠いたとしても，送達手続が違法となることはない。
（注3）　ただし，呼出状はその原本を掲示場に掲示する（規則46条1項）。
（注4）　この場合の証拠資料はある程度定型化されている（住民票，近隣住民からの聴取調査報告書など）。

第3　裁判所の訴訟指揮と手続の進行・弁論の整序

公示送達を実施し，理由がなければ却下処分をする。訴訟の遅滞を避けるため必要があるときは(注1)，裁判所は，職権で，書記官に対し公示送達をすべきことを命ずることができる（法110条2項）。同一当事者に対する2回目以降の公示送達は，原則として職権で行う（法110条3項）。

(ウ)　公示送達の効力は掲示の日から2週間（外国にいる者に対しては6週間）を経過することによって生ずる（法112条1項本文，2項）。掲示の日は算入しない（法95条1項，民法140条）。2回目以降の場合は翌日に効力を生ずる（法112条1項ただし書）。翌日は午前零時から始まるから（法95条1項，民法140条ただし書），文字どおり翌日である。

(エ)　公示送達による意思表示の到達

訴訟当事者が相手方の所在を知ることができない場合において，公示送達がされた書類に，訴訟の目的である請求又は防御の方法に関する意思表示をする旨の記載があるときは，掲示場に掲示された日から2週間を経過したときに相手方に到達したものとみなされる（法113条前段）。従前は，訴訟上の通知行為に関する送達規定の一環としての公示送達がされても実体法上の意思表示の到達の効果まで付与することはできないと解されており，そのため，例えば，所在不明の相手方に対して賃貸借契約終了に基づき建物の明渡しを求めるには，民法98条の手続を履践して解除の意思表示の到達擬制の効果を得た上で，更に訴状を公示送達しなければならず，無用に長期間を要する二度手間になっていた。そこで，公示送達の要件のうち，相手方の所在不明の場合に限り，民法98条と平仄を合わせて手続を一本化したものである。この効果が認められるのは，相手方の所在不明の場合であり，かつ，訴訟の攻撃防御方法に関する意思表示に限られる点で，要件は公示送達よりも狭い（法113条後段）。

(オ)　公示送達と上訴の追完

公示送達によって訴状・判決書等の送達がなされた場合，上訴期間経過後に初めて判決がなされたことを了知したとしてなされた上訴は適法か，という問題がある。公示送達は，その制度の構造上，送達名宛人が送達書類の内容を現実に了知しない場合があることを当然に予想した上で，それでもなお法律上了知があったものとして送達の効力を付与する制度である。したがって，送達名宛人が現実に公示送達を知ったのが上訴期間経過後であったという一事のみをもって上訴の追完を認めていては公示送達制度自体が成り立たなくなってしまうといえる。しかし他方，相手方の過失ないし不実の公示送達申立てにより確定判決があった場合は再審事由にあたらないと解されること（大判大10.5.4民録865，大判昭10.12.26民集14-2129，最一小判昭57.5.27判時1052-66）も考慮に容れなければならない。判例には，上訴の追完を認めるものがある（最二小判昭36.5.26民集15-5-1425[62]，最二小判昭42.2.24民集21-1-209[10]）。この場合，法97条1項にいう「責めに帰することができない事由」をある程度限定的に解釈適用することが必要となろう(注2)。

(注1)　例えば，当事者双方が所在不明となったり，訴え提起後原告が所在不明となったりして手続が進められない場合などがこれに該当する。
(注2)　考慮要因としては，原告に故意過失があったかどうか（公示送達の濫用的意図，学説（つづく）

第5章　訴訟の審理と進行

(6) 送達報告書

送達実施機関は，送達を行ったときは，送達に関する事項を記載した書面を作成し，裁判所に提出しなければならない（法109条）。この書面を送達報告書という。送達報告書は，送達実施についての単純な証拠方法にすぎず，他の証拠方法によって送達報告書の不備を補うことができる[注1]。

(7) 送達の瑕疵

ア　一般論

送達が規定に違反してされた場合は，原則として無効である。したがって，送達を内容とする訴訟行為も効力を生じない。しかし，このような送達の無効はこれに続く一連の手続の不安定をもたらすから，送達名宛人の利益を害しない限り，その瑕疵の治癒を図ることが訴訟経済と手続の安定のために必要となる[注2]。

イ　個別問題

名宛人を誤った場合でも，正当な名宛人がその受領を追認すれば，その者に対する送達として有効となる（法34条2項，59条参照）。送達の方式違反も責問権の放棄・喪失によって治癒される。送達が不変期間の起算点となる場合も同様である。また，交付送達の方式を誤っても，送達書類が名宛人に任意に受領されれば，その時に送達は完成する。

7　訴訟手続の停止

(1) 総説

民事訴訟は，対立当事者を対等に，かつ，十分な弁論の機会を与えることを建前とするから（双方審尋主義），裁判所又は当事者の手続関与を不能又は困難とする事情が存する場合に，そのまま手続を進行させると，期日が無駄となり，あるいはその事情が当事者の一方のみに存するときは，不公平な裁判となる。したがって，このような事情の存する間手続の進行を止め，当事者の弁論の機会を実質的に保障することが必要となる。このような理解から，訴訟の係属中，その訴訟手続が法律上進行しない状態になることを停止といい[注3]，具体的な制度としては，中断と中止がある。停止は，原則として判決手続に適用され，これに準ずる督促手続，民事保全手続などに準用されるが，当事者の継続的ないし対立的関与を要しない手続には，その性質上，準用の余地はない。

（つづき）には受送達者の過失のみを考慮すべきとする見解もある。），受送達者が従前の紛争過程に照らして訴訟提起される可能性を予測し得たかどうか，公示送達実施裁判所と受送達者の住居所との関係における了知可能性などが考えられる。

(注1)　実務上，送達の効力に疑問の余地がある場合に，電話聴取書や聞き取り結果を踏まえた書記官による裁判官宛て報告書が作成されることがある。

(注2)　しかし，治癒できない瑕疵が存在することも否定できない。例えば，補充送達受領能力を誤った場合（裁判例では概ね10歳未満の子供については否定する傾向にある。）には，有効な訴状送達がないといわざるを得ず，法338条1項3号の再審事由ありとして送達名宛人の救済が図られる（最一小判平4.9.10民集46－6－553［15］）。

(注3)　期日の延期，裁判長が期日指定をしないこと，判決の言渡しの遅延，判決の脱漏などにより事実上進行しないことは停止ではない。また，停止事由は法定されており，当事者の合意による停止（休止）は許されない。

(2) **中断**
　ア　意義
　　　中断とは，訴訟係属中，当事者側の訴訟追行者がその一身に関する事情により訴訟追行不能となったため，新追行者が代わって手続を追行する事由が生じた場合において，新追行者が訴訟をすることができるまで，その当事者の利益保護のため法律上当然に生ずる停止をいう。裁判所がその事由を知ると否と，当事者が停止を欲すると否とを問わず，手続は停止する。
　　　中断事由が自ら訴訟を追行する当事者の交替である場合には，同時に訴訟承継（第9章第5の2参照）となるが，訴訟承継は実質的な当事者の交替に関するものであるのに対し，中断及び受継は形式的な訴訟手続の進行に関するものであって，両者は異なる概念である。したがって，当事者が変わらないのに中断を生ずる場合もあり（例えば，法124条1項3号など），訴訟承継があっても中断しない場合もある（例えば，法124条2項など）。
　イ　中断事由[注1]
　　(ｱ)　当事者の消滅
　　　　①　当事者の死亡（法124条1項1号）
　　　　②　法人の合併（法124条1項2号）
　　(ｲ)　訴訟能力，法定代理権の喪失（法124条1項3号）
　　(ｳ)　当事者の訴訟追行資格の喪失
　　　　①　受託者の信託の任務終了（法124条1項4号）
　　　　②　一定資格による当事者の資格喪失（法124条1項5号）
　　　　③　選定当事者全員の資格喪失（法124条1項6号）
　ウ　中断しない場合
　　(ｱ)　訴訟代理人のある場合には，中断事由が存在してもその訴訟代理権は消滅せず（法58条1項，2項），訴訟追行に支障がないから訴訟手続は中断しない（法124条2項）[注2]。もっとも，この場合，実体的権利義務関係自体は変動が生じており，これに伴い，手続上も当事者の変動が生じている（当然承継）。そこで，法124条1項各号の事由が生じたときは，訴訟代理人にその旨の届出義務を課している（規則52条）。
　　(ｲ)　当事者の消滅の場合に，相手方が承継人であるため，当事者の地位の混同を生じたり，訴訟物の性質上承継人が存在しなくなったりする場合には（例えば，離婚訴訟の当事者の一方の死亡［人事訴訟法27条参照］），訴訟は当然終了し，中断の余地がなくなる。
　エ　中断の解消
　　　訴訟手続の中断は，当然受継を除き（破産法44条6項），当事者の受継申立て又は裁判所の続行命令により終了し，訴訟手続は再び進行する。
　　(ｱ)　受継

(注1)　なお，破産法の定める中断事由として，破産手続開始の決定がある（破産法44条1項）。
(注2)　この場合の当事者の表示につき，最二小判昭42.8.25判時496-43参照。

① 申立て

受継は，中断している手続の続行を求める旨の当事者による申立てである。申立権者は，新追行者及び相手方であり（法126条），新追行者は中断事由ごとに法定されている（法124条1項各号参照）。

受継の申立ては，書面により，新追行者の氏名及び受継の意思を表示し，かつ，その資格権限の証明資料[注1]を添付しなければならない（規則51条）。申立てをなすべき裁判所は，訴訟の係属する裁判所であるが，終局判決言渡し後の中断では，その判決をした裁判所である[注2]。

裁判所は，受継の申立てがあった旨を相手方に通知しなければならない（法127条）。

② 裁判

裁判所は，職権で申立てを調査し，理由がなければ却下の決定をする（法128条1項）。理由があると認めるときは，終局判決前であれば，期日を指定して手続を続行し（弁論終結後ならば再開する。），終局判決言渡し後であれば，受継を許す決定をする[注3]。

③ 不服申立て

受継の申立てを理由ありとする決定に対しては，独立して抗告することはできず，判決に対する上訴によるべきである（大決昭9.7.31民集13-1460，大判昭13.7.22民集17-1454）。却下決定に対しては抗告することができる（法328条1項）。

④ 中断解消の時期

中断解消の時期は，申立人との関係では受継の申立てにより（大判昭7.10.26民集11-2051），相手方との関係では相手方に対する通知によって生じ，受継を認容する裁判によって生ずるものではない。中断の解消は将来に向かって生ずるから，中断中の行為の瑕疵が受継の申立てによって遡及して治癒することはない。

(イ) 続行命令

当事者双方が受継を怠れば，裁判所は，職権で中断解消のため，訴訟手続の続行を命ずることができる（法129条）。

オ 中断の効果

中断中は，裁判所も当事者も有効に行為をすることができない（法132条1項反対解釈）。ただし，例外として判決の言渡し（法132条1項）と中断を解消させる行為はすることができる。

中断中は訴訟上の期間は進行せず，中断解消の時から改めて全期間が進行する（法132条2項）が，上訴期間又は異議申立期間は，受継を許す裁判又は続行命令が当事者に告知され

(注1) 例えば，戸籍謄本，商業登記事項証明書，破産裁判所の証明書など。
(注2) 上訴とともに直接に上訴裁判所に対し受継申立てができるかという問題につき，判例はこれを肯定している（大判昭7.12.24民集11-2376）。
(注3) この場合において，受継決定がされたことを不服として受継決定のみの破棄を求めて新当事者が上訴できるかにつき，最二小昭48.3.28民集27-2-365［52］はこれを肯定する。新当事者に対し当然に判決効の拡張（法115条1項3号）がなされるわけではないが，それが及ぶおそれをもって上訴の利益ありと理解するものであろう。

た時から進行する（前掲大判昭7.10.26）。
(3) **中止**
  ア 意義
    訴訟手続の中止とは，当事者の一身に関しない法定の事故の発生により，又は裁判所の命令をまって生ずる停止である。
  イ 中止事由
    (ア) 法定の事故
      天災その他の事故によって裁判所が職務不能に陥った場合であり，その事由が消滅するまで当然に訴訟手続は中止する（法130条）。
    (イ) 中止命令
      ① 当事者の不定期間の故障により訴訟手続を続行できないとき
        例えば，天災その他の事故で当事者のいる地域と裁判所との間の交通が途絶して当分回復の見込みがない場合などである。この場合には裁判所の決定によって中止する（法131条）。
      ② 別途の民事紛争処理手続を優先させるための法定の中止命令
        例えば，当該事件について調停に付し，又は調停の申立てがあったとき（民事調停法20条の3，家事事件手続法275条1項），決定で訴訟手続を中止することができる。
  ウ 中止の終了
    中止事由である法定の事故が消滅すること，中止命令の取消し，又は中止期間の満了によって終了する。
  エ 中止の効果
    中止の効果は，中断のそれとほぼ同様である。ただし，この場合には判決の言渡しをすることができない（法132条1項）。

8 **弁論の併合・分離・制限**
  裁判所の訴訟指揮権の発動として，職権による裁量的裁判によって，弁論の整序もなされる。すなわち，当事者は関連する紛争について当初から併合して訴えを提起する場合もあるし，別個に訴えを提起する場合もある。これらの場合，裁判所は，事案と必要に応じて併合，分離，制限をし，審理の適正と効率を確保する（法152条1項）。
(1) **弁論の併合**
  弁論の併合とは，同一の訴訟法上の裁判所又は官署としての裁判所に，別々に係属している数個の請求を同一訴訟手続内で審判すべきことを命じる措置をいう。これにより，関連する紛争についての裁判の矛盾抵触を防止することができるとともに，審理の省力化が図られる。併合にあたっては，訴えの客観的併合要件（法136条）の具備が必要である。なお，法が弁論の併合を命じている場合もある（会社法837条など）。
  弁論が併合された場合に，併合前に各々の事件においてなされた証拠調べの結果が併合後にどのように扱われるか，特に当事者が異なる主観的併合の場合に問題となる。弁論の併合による統一審判の利益と当事者の手続保障の確保が問題の焦点である[注1]。判例（最三小判昭

(注1) この点につき，本文記載の判例の見解のほか，①併合後の訴訟において当事者が併合前　（つづく）

41.4.12民集20-4-560［27］）は，併合前の証拠資料は併合後の当事者との関係においても同一の性質のまま証拠資料となるとしている（つまり，証言や検証結果が記載された調書が書証として利用されるのではなく，証言・検証の結果として利用されることになる。）。当事者の援用を要しないとする点で，弁論の併合制度の趣旨を重視するものである。すなわち，当事者の援用を要すると解すれば，援用対象の分断を認める余地が生ずることになるが，そうすると，併合後の訴訟において利用可能な証拠とそうでない証拠とが混在することとなり，審理が複雑になるばかりでなく，併合の意味も失われることになるからである。もっとも，併合後の当事者に何らの関与の機会も与えないとすれば，その証拠調べに関与する機会がないままに自己に関する事実認定に用いられることになり不意打ちにあうおそれがある。そこで，法は，上記の判例の理解を前提に，併合後の当事者に尋問する機会のなかった証人に対し尋問をする機会を保障して問題点の解決を図っている（法152条2項）^(注1)。

(2)　弁論の分離

　　数個の請求についての併合審理をやめて，ある請求を別個の手続において審判すべきことを命じる措置を，弁論の分離という。訴えの客観的併合，共同訴訟，本訴と反訴などのように数個の請求が併合審理されている場合，関連紛争の統一的解決に資する反面，かえって審理の複雑化と訴訟遅延の原因となることもあるため，審理全体の見通しをたてて裁判所が職権でこれを分離することができるものとされている。弁論の分離により，審理及び判決が個別になされることになるから，審判の統一性が重視されるもの（必要的共同訴訟，独立当事者参加，予備的併合，選択的併合，同時審判共同訴訟など）については，弁論の分離をすることは許されない。

(3)　弁論の制限

　　数個の請求のうちのあるもの，あるいは請求の当否の判断の前提事項のあるもの，又はある請求に関する訴訟要件のうちのあるものに審理を限定すべきことを命じる措置を弁論の制限という。中間判決をする場合や弁論の分離が許されない場合に行われることがある。

第4　裁判資料の収集

1　弁論主義の根拠

　　弁論主義は，裁判の基礎となる訴訟資料^(注2)の提出を当事者の権能かつ責任とする建前をいう。弁論主義の根拠については争いがあるが，民事訴訟の対象となる事項は，実体法上，私的自治の原則に服する以上，訴訟手続による解決を求めた場合でも，これとの連続性を確保する

（つづき）の訴訟における調書を書証として提出すべきであるとする説，②当事者が援用した場合に同一性質のままで証拠資料となるとする説などがある。②説は手続保障を重視してこれと併合制度の調和を考える見解であるが，弁論の併合が当事者の併合上申による場合には，黙示的に援用があるとみることができるので，②説と判例との差異は，職権による弁論の併合のときだけということになろう。

(注1)　なお，必要的再尋問の対象となるのは併合前に尋問された証人だけであり，当事者本人を再尋問するか否かは裁判所の裁量的判断に委ねられる。

(注2)　訴訟資料は，広義では事実と証拠を含む裁判資料の意味で用いられるが，狭義では証拠資料を除いた事実のみを指して用いられる。特に，弁論主義の第1原則における「訴訟資料と証拠資料との峻別」として語られるときは狭義の意であることに注意。

ため，事案解明の面においても当事者の意思を尊重するのが望ましいといえる。したがって，弁論主義は私的自治の訴訟上の発現形態であり，いわば民事訴訟の本質に根ざしたものと理解するのが相当であろう（本質説）(注1)。

2 弁論主義の内容

弁論主義は以下の三つの原則から構成される。それぞれの内容を見て分かるように，弁論主義は，訴訟資料の収集につき，裁判所と当事者との間の作業分担の原理を規律するものであって，当事者間における役割分担ないし支配権能を認めるものではない。

(1) 主張責任

裁判所は，当事者が主張していない事実を認定して裁判の基礎とすることは許されない（第1原則）。したがって，当事者は自己に有利な事実（この事実をどの範囲で認めるかにつき後記3(1)参照）については主張しておかないと，仮に証拠上その存在が認められたとしても，その事実はないものとして扱われ，不利益となる。この不利益を主張責任といい，どのような事実につきいずれの当事者がこの責任を負うかの定め（主張責任の分配）は証明責任の分配法則（第6章第8の3参照）に従う(注2)。そして，主張責任は証明責任に論理的に先行する観念である。というのは，当事者が弁論で主張していない主要事実は証明の対象とはならないし，後述のように証拠資料をもって訴訟資料に代替することができないからである。

ア 主張責任の機能

主張責任は，当事者が弁論で主張した事実でなければ判決の基礎とすることができない

(注1) 本文で述べた本質説のほか，手段説（弁論主義は真実発見のための便宜的技術的見地から認められた政策的手段であり，いわば訴訟政策としていかなる制度を構築するのが適切かとの観点から，訴訟に最も痛切な利害関係を有するのは当事者であるから，その利己心を利用して訴訟資料を提出させることにすれば客観的にも十分な資料の収集が期待でき，それが真実発見のための最も効率的な手段であることから認められた合目的的手段であると理解する。），不意打ち防止説（当事者が弁論に現出させた訴訟資料のみを裁判の基礎にすることが当事者に対する不意打ち防止・手続保障のために必要であり，審理の弾力的運営を可能にする見地からも，不意打ちにならない限り弁論主義違反の問題を生じないとするのが相当であるとする。），多元説（弁論主義を一つの視角のみから説明するのは困難であり，民事訴訟の本質的要請，真実発見のための合目的的手段，不意打ち防止，公平な裁判への信頼確保など多元的要請に基づいて認められた歴史的所産であるとする。）などがある。各説いずれも難点がある。本文の本質説に対しては，解釈上当事者の主張を擬制せざるをえない場面があることや，釈明権行使により裁判所が積極的に当事者の訴訟資料収集を促している訴訟の現実を説明できないとの批判が向けられる。手段説に対しては，真実発見を強調すると職権探知主義との相違を十分に説明できないとの批判が，不意打ち防止説に対しては口頭弁論という手続方式の必要性の問題と混同があるとか，弁論主義を採用した結果的な現象を根拠にすえる誤りを犯しているなどの批判が向けられる。そして，多元説に対しては，各説に対する批判がいずれも妥当し増幅するものであって，根拠の説明にはなっていないとされる。このように，いずれの見解によっても決定的な決め手はなく，結局は政策的観点ないし一応の説明上の便宜という観点から決定せざるをえない問題と思われる。そうすると，やはり実体法と手続法は車の両輪であって，実体法秩序が機能不全に陥った場合にこれを回復するためにも訴訟手続が存在すること，紛争解決に向けての裁判所の積極性が要請されることはその職責上否定できないにしても，やはり基本は，当事者の自律的訴訟活動による審理の充実にあると理解すべきことなどを考慮すると，本質説に基づく理解をしておくのが相当であろう。

(注2) 証明責任は事実の存否不明による裁判不能を回避するための技術であるため，職権探知主義の下でも必要な観念であるが，主張責任は弁論主義においてのみ観念し得るものであることに留意が必要である。

第5章　訴訟の審理と進行

とすることにより，当事者に事案解明の基本的役割を担わせ，当事者の訴訟主体性を現実化させる意義を有する。すなわち，主張責任は，当事者に対し争点の自覚的形成を促し，審判対象に関する事実面での枠組みを設定する権能を当事者に付与することを意味する。そして，その結果，主張責任は，裁判所の審理の具体的範囲を定めると同時に，相手方の攻撃防御の具体的な対象を明示して相手方に弁論の機会を保障する機能をも有することとなる。

※攻撃防御の機会を実質的に確保

イ　訴訟資料と証拠資料との峻別

　この主張責任の観念が認められる結果，訴訟資料（事実）と証拠資料とを峻別しなければならず，仮に証拠調べの結果，裁判所が一定の事実の存在を確信したとしても，当事者が当該事実を弁論に現出していない場合には，それを判決の基礎として採用することはできない。すなわち，事実が主張として弁論に現出されることによって当事者は具体的な攻撃防御の対象を認識できるわけで，主張のない事実を証拠から認定して判決の基礎にすることは，当事者にとって，攻撃防御の機会を与えられないまま敗訴の危険にさらされることとなり，不意打ちの裁判となるからである。なお，主張事実と認定事実との同一性（食い違いの有無）が問題となるときは，主張責任が果たすべき機能に照らし，攻撃防御の機会が与えられていたか否かとの観点から決せられる（後記3(2)参照）。

ウ　主張共通の原則

　弁論主義は，上述のように，裁判所と当事者との間の作業分担の原理であるから，いずれの当事者が主張したのかという関係まで考慮するものではない。また，主張責任は，当該事実が弁論に現れなかった場合に働く不利益であるから，その事実が弁論に現れている限り，これを主張した者が主張責任を負う当事者であったか，その相手方であったかを問わない。したがって，主張責任を負担する当事者が提出した事実でなければその者に有利に斟酌できないというものではなく，相手方の援用しない自己に不利益な事実も請求の当否を判断するについて斟酌すべきである（最一小判昭41.9.8民集20-7-1314 [72] (注1)，最一小

（注1）　この事案は，XのYに対する取得時効を請求原因とする所有権移転登記手続請求とYのXに対する建物収去土地明渡請求とが併合審理された事件において，Yが「Xが土地上に建物を所有しこれを使用しているのは，YがXに対し無償使用を許したものである」としてXの取得時効に対して使用貸借の主張を提出したが（民法186条1項による推定を覆すためのYに有利な抗弁となる。），これは同時に，Yの請求について本来Xが提出すべき占有権原の主張でもあり，Yに不利な事実ともなる。この場合，Xが援用すれば自白が成立するが，使用貸借ならばいつでも解約できるのでその解約を主張されるとXは敗訴を免れないことを考慮したのか援用していない。このような場合，本件判決は，使用貸借の事実はXが主張責任を負担する事実であるが，Yがこれを陳述したときは，請求の当否の判断に際してこれを斟酌すべきであるとして使用貸借の終了の有無について審理を尽くさせるため破棄差戻しをしたものである。類例として，貸金返還請求における消滅時効の抗弁に対し，一部弁済の再抗弁が提出された場合，これは時効中断事由　（つづく）

判平9.7.17判時1614－72[注1]）。

(2) 自白の拘束力

裁判所は，当事者間に争いのない事実はそのまま裁判の基礎にしなければならない（第2原則）。当事者が争わない事実につき，証拠調べの結果からこれと異なる事実を認定することは許されない。これは民事訴訟における裁判所の役割が，客観的真実の探求にあるのではなく私的利益をめぐる紛争をその当事者間で相対的に解決することにあるから，裁判所の判断も，当事者間に争いのある限度で示すことで足りるとの考慮に基づいている。その意味では，弁論主義は，当事者に対し，事実審理の範囲を限定する権能を認める（第1原則）に止まらず，この第2原則と次の第3原則によって，その審判内容をもコントロールする権能を認めることを意味するといえる（第6章第1の5(1)参照）。

(3) 職権証拠調べの禁止

争いのある事実について証拠調べをするには，原則として，当事者が申し出た証拠によらなければならない（第3原則）。例外的に職権証拠調べができる場合は個別的に規定が設けられている（第6章第2の1(1)参照）。

3 弁論主義の適用をめぐる諸問題

(1) 対象事実の範囲

弁論主義は訴訟資料（広義）の収集提出に関する支配権能を当事者に認めるものであり，裁判所の専権領域である法規の適用・法的評価については及ばず，事実についてのみ適用がある（したがって，仮に当事者が法適用の結果を述べたとしても裁判所はこれに拘束されない。[注2]）。そこで，いかなる事実について弁論主義の適用があるのかが問題となる。

ア 主要事実，間接事実，補助事実

訴訟上の事実としては，主要事実，間接事実，補助事実がある。

主要事実とは，権利の発生，変更，消滅という法律効果の判断に直接必要な事実をいい（直接事実ともいう）。このような法律効果の肯否は，法規が定める発生要件に該当する具体的事実の有無にかかる[注3]。審判の最終目標である訴訟物たる権利関係は直接の立証命題たりえないため，当該権利関係の発生を規定する法規の要件に該当する事実の存否を通じて

(つづき) の再抗弁として機能するが，同時に請求原因に対しては一部棄却をもたらす被告に有利な事情となる，という事例も考えられる。

(注1) この判例は，最一小判昭41.9.8が抗弁事実の不利益陳述につき主張共通を認めたのを更に進めて予備的請求原因事実の不利益陳述についても認めたもので，釈明権を行使するなどした上で当該事実を斟酌すべきであるとしている。

(注2) もっとも，一定の事実主張から複数の法的構成が可能な場合もあるが，このようなときは弁論主義を機械的に適用せず，訴訟運営上，積極的に釈明権を行使して，事実主張と法的構成とが合致しそれが当事者の意思と齟齬しないように配慮すべきである。このような訴訟運営の多くは争点整理手続内においてなされることになると思われるが，本来的な口頭弁論においても同様である。

(注3) 要件事実と主要事実との関係については争いがある。本書では，実体法の規定する構成要件記載の事実あるいは構成要件に該当する具体的事実を要件事実といい，この具体的事実を，訴訟法上，間接事実と区別する関係において主要事実と称する。

第5章　訴訟の審理と進行

これを判定するのであり(注1)，主要事実はそのような判定に直接に必要な事実ということになる。例えば，売買代金請求訴訟では，財産権移転約束とこれに対する代金支払約束が，訴訟物たる売買代金請求権の発生を基礎づける主要事実である（民法555条参照）。また，貸金返還請求訴訟においては，金銭の授受と返還約束は訴訟物たる貸金返還請求権の発生を基礎づける主要事実である（民法587条）(注2)。そして，これらに対し，錯誤は権利の発生を障害するものとして，また，弁済，免除，消滅時効などは権利の消滅をもたらすものとして抗弁を構成するが，抗弁や再抗弁等もまた実体法の規定する構成要件に該当する事実を主張立証して権利の消滅等の法律効果を導こうとするものであって，やはり主要事実である。

間接事実は，主要事実の存否を推認するのに役立つ事実であり，徴表（徴憑）とも呼ばれる。間接事実（群）による主要事実の推認に際して働くのが経験則である。例えば，貸金返還請求訴訟において，消費貸借契約の成否が争点となったとき，借用証書など直接にこれを証明する証拠がないときには，「契約が成立したとされる直前ころは被告（借主）は生活に困窮していたこと，それにもかかわらずその直後に，被告（借主）は金回りがよくなり，高価品を購入したこと」などの間接事実から，金銭授受を推認することがある。これは，「生活に困窮していた者があるとき急に羽振りがよくなって高価品を購入した場合，通常，そのころ（経済状態が変化したころ），何らかの金銭収入があった可能性が高い」という経験則を適用した結果である。すなわち，間接事実は主要事実を証明するための手段であり，証拠資料（上記の例では，借用証書）と同様の作用・機能を営む(注3)。

補助事実は，証拠の証明力（文書の成立，証拠の信用性等）に影響を与える事実である。例えば，供述の信用性を吟味するにあたり，証人が当事者の一方と特別の利害関係を有することはそれを減殺する方向で作用するし，供述内容が自然で，客観的事実とよく符合して合理的であることなどは信用性を高める方向で作用し得る。また，文書の証明力を吟味するについては，当該文書に押捺されている印影は相手方の実印によるものであることとか，あるいは別の目的で作成されたものであることなどは当該文書の証明力に影響を及ぼす補

（注1）　実体法規の構造と権利判定の仕組み
　当事者の最終的な攻撃防御の目標は，原告の権利主張の当否であり，裁判所の審理もこれに向けられる。しかしながら，権利は法規に基づく観念的所産であって，この存否を直接に認識・知覚することはできない。したがって，権利の存否は，実体法規が定める法律効果の論理的組み合わせによって判定されることとなり，当該法規の要件に該当する事実の存否を確定することによって，認識されることとなる。つまり，具体的な攻撃防御の対象は，法規の構成要件に直接該当する事実＝主要事実レベルで把握されることとなる。

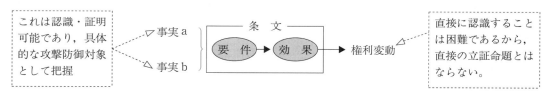

（注2）　なお，貸金返還請求の要件事実（請求原因）としては，更に弁済期の合意及びその到来をも主張立証しなければならないとする見解が有力である。
（注3）　なお，間接事実・補助事実と経験則との関係については，第6章第1の4(1)参照。

第4　裁判資料の収集

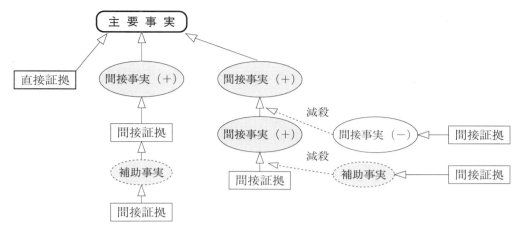

助事実である。

イ　主要事実と間接事実の区別

　これらの事実のうち、弁論主義の第1原則は、主要事実についてのみ適用があり、間接事実・補助事実については適用がない。上述のような間接事実・補助事実の訴訟上の機能に照らすならば、もし仮に間接事実・補助事実に弁論主義の適用を認めると、裁判官の自由心証に基づく合理的判断を阻害するおそれがあるし、これらの事実についても逐一当事者の主張を要するとするのは審理を硬直化させるおそれがあるからである。

　したがって、間接事実は当事者が弁論で主張しなくとも、証拠によって弁論に顕出されたものであれば、裁判所はこれを判決の基礎に採用することが許されるし、当事者の主張に現れた間接事実と異なる間接事実を証拠から認定することも妨げられない(注1)。このように主要事実と間接事実との区別は弁論主義第1原則の適用範囲の分水嶺であり、裁判所の訴訟運営や当事者の訴訟活動における指針となり、争点確定、立証活動の道標として重要な役割を担っている(注2)。

(注1)　理論上はこのように明確に区別されることは是非とも理解しておかなければならない。もっとも、現実の訴訟運営としては、争点の要となる重要な間接事実については争点整理の過程を通じて、裁判所と当事者との間で十分な討論を重ねておくことは有益であり、かつ重要なことでもある。争点整理の意義につき、第5章第9の1参照。

(注2)　なお、主要事実と間接事実の区別基準につき、法規を基準とする本文アの通説的見解・実務に対しては、①一般条項、規範的評価概念により要件が構成されている規定（例、正当理由［民法110条］、過失［民法709条］）につき、これらを基礎づける具体的事実を間接事実として扱うのは不意打ちの裁判を招来するおそれがあり、また、②多様な間接事実の積み重ねにより主要事実を推認せざるをえない裁判の現実にかんがみると、間接事実に弁論主義の適用がないとするのは弁論主義の適用範囲を著しく狭小化させ、機能低下をもたらすもので妥当でないなどの批判が加えられている。しかしながら、①は、主要事実と間接事実の区別基準という問題ではなく、いかなる事実を主要事実として把握すべきかという実体法上の解釈問題であることを指摘するものにすぎず、この点については本文ウのとおりであるから、根本的な批判とはなりえない。また、②についても、間接事実の外延は無限に近く、これらについて一律に弁論主義の適用を認めることはいたずらに審理を硬直化させる危険があって妥当ではない。むしろ、②の批判も訴訟運営上当事者に対し十分な手続保障の機会を付与する必要性を説くものにすぎないともいえる。この点、平成8年改正法は訴状・答弁書、準備書面のもつ告知機能を重視するとともに、裁判所に審理の指標を与えるため、これら　（つづく）

第5章　訴訟の審理と進行

ウ　不特定概念と主要事実

実体法規上，一般条項とか規範的要件などと呼称されるものがある[注1]。これは法律効果の発生要件として一定の規範的評価の成立を規定するものであり，規範的評価を成立させるためには，その成立を基礎づける具体的事実（評価根拠事実[注2]）が必要となる。そこで，①法規が要件として規定する「規範的事実」を主要事実とし，評価根拠事実を間接事実として理解すべきか，あるいは②評価根拠事実を主要事実と解すべきかが問題となる。

主要事実の意義は前記ア記載のとおりであるが，それは主要事実と間接事実との区別を法規の構造に求めるものである。そうだとすると，ここでも①説によるのが親和性を有する考え方であるといえよう。もっとも，これらの不特定概念は事実そのものではなく，そこには評価根拠事実の認定作業に止まらず，認定された事実に基づき当該規範的評価が成立するかどうかという法的判断が必然的に介在することを強調すれば，前記アの見解を採用していることと②説とを整合的に理解することもできる[注3]。

弁論主義の下で主張責任が果たすべき機能（当事者の自覚的な争点形成とこれに対する相手方の防御機会の保障，裁判所の訴訟運営上の指標）を重視すると，真に攻撃防御の機会を保障すべき対象は評価根拠事実及び評価障害事実の存否であるとして，これを主要事実として扱うことが考えられる（上記②説）。他方，評価根拠事実及び評価障害事実を主要事実として理解すると，当事者の主張責任の負担が厳しいものとなるおそれに加え，審理が硬直化するおそれもあり，評価根拠事実及び評価障害事実を主張責任から解放する見解（上記①説）も考えられる[注4]。

（つづき）の書面に重要な間接事実の摘示を求めているほか（規則53条，79条～81条），文書の成立を否認するときはその理由を明らかにしなければならないこととして（規則145条），補助事実についても同様の訴訟運営を要請している。したがって，②説の意図するところは制度上担保されているといえる。そうすると，問題の核心はこれらの規定の活用による手続保障の付与と争点整理の実効性の問題に発展的に解消されたといってもよいと思われる。

（注1）　一般条項ないし規範的要件といわれる規定は次の三つに分類され，判断過程の在り方に相違があるとされる。
①狭義の一般条項：公益性確保の要請から職権斟酌性を特徴とするとされる。例えば，信義則（民法1条2項），権利濫用（民法1条3項），公序良俗（民法90条）などがある。ただし，公益性の要請といえどもその程度は多様であるから，一般的に弁論主義が排除されるとは解することができないし，防御機会の保障の趣旨を実質的に確保する必要もあろうと思われる。②競合的類型：多様な事実の網羅的列挙が困難であるため，これに代えて不特定概念が要件として規定され，評価根拠事実のそれぞれが独立に要件事実へ包摂される類型とされる。例えば，不法行為における過失（民法709条），表見代理における正当理由（民法110条）などがある。③総合的類型：原告・被告双方の多種多様な事情を総合して要件事実への包摂を判断する類型であるとされる。例えば，借地借家契約の更新拒絶における正当事由（借地借家法6条，28条）などがある。
（注2）　評価障害事実：本文で述べた評価根拠事実は当該規範的評価を積極の方向に根拠づける作用を営むのに対し，この事実と相互に両立し，評価の成立を妨げる効果をもつ事実が存在することがある。これを評価障害事実といい，当該規範的評価を消極の方向に根拠づける作用を営み，これも評価根拠事実とパラレルに理解することができる。
（注3）　とはいえ，一定の事実が認定された場合に，それが法規の定める要件に該当するか否かを判断する際にも評価が混入することは不可避ではないかとの指摘もあり，①と②は程度問題ではないかとの問題提起もなされている。
（注4）　主張責任が有する手続保障機能を重視しつつも審理の弾力性を確保するためには，適切（つづく）

(2) 事実主張の程度

ア 事実主張の具体性

　　一定の事実を主張する場合，どこまで正確に特定し，どの程度まで精密に主張しなければならないか。主要事実とは，権利の発生・変更・消滅を規定する実体法の要件に直接該当する事実をいうが，それが主張される場合は，現実に発生した社会的な事実として現れる。この点，当事者の具体的な攻撃防御は当該事実の存否に向けられ，裁判所にとっては当該事実が審理の具体的対象であるから，これをどの程度まで具体化して主張すべきかは，これらの諸要請を調和させるものとして考えられなければならない。すなわち，事実主張の具体化の程度をあまりに緩和するときは，それを争う側の防御上の利益を害するし，他方，あまりに厳格に解するときは，裁判所が主張事実と証拠上認められる事実との食い違いを指摘せざるをえず当該事実を有利に主張する側に困難を強いる場合もあり得る。したがって，当該事案との関係における特定識別性，具体性が要求されるとともに，相手方の態度（争わない場合，若しくはある程度の概括的な主張でも相手方が認識可能であり，防御に困難を来さない場合などには，具体化すべき要請は後退する。）や当該事実の立証の難易，立証方法などを総合して，具体化すべき程度を決定することとなろう。

イ 主張事実と認定事実の同一性

　　当事者の主張内容と証拠によって認定し得る事実との間に同一性がないときは，主張された主要事実については立証がなく，認定し得る事実には主張がないことになるから，それぞれ証明責任・主張責任を負う当事者の不利益に帰せしめられることになる。この同一性の判定基準ないし限界を考えるに当たっては，上記アと同様，主張責任の負担の重さと相手方当事者の防御権の保障との調和点を見出す作業が必要となる。すなわち，両者の同一性を厳格に要求し，微細な点まで一致する必要があると考えるならば，主張責任の負担は苛酷なものとなるおそれがあるし，同一性をあまりに緩やかに解するならば，相手方を不意打ちの危険にさらすことになる。結局のところ，具体的事案につき，当該事実の性質や訴訟の経過，更に相手方が実質的に防御を尽くし又はその機会が与えられたことなどにより，相手方の防御権に対する実質的な侵害にわたらないかどうかの観点などを総合的に考慮して検討する以外にはない（最二小判昭32.5.10民集11-5-715［42］参照）[注1]。

(3) 若干の具体的問題——主張の要否・欠缺と主張の解釈

　　以上の観点から判例において弁論主義違反かどうかが争点となったもののうち，代表的なものを検討する。ア，イは主張の要否が争われ，オは主張が必要であることを前提としつつも，どのような場合にその主張があると解釈すべきかが問題とされたものである。

ア 代理

(つづき) な釈明権行使等を通じて，主張事実と認定事実との齟齬が生じないよう，あるいは齟齬を是正する機会を与えるよう適正な訴訟運営を行うことが必要となろう。併せて，当事者の防御権を実質的に損なわない限り，当事者の訴訟活動に対する規制も緩和せざるを得ないこととなろう。実務においては，このような観点から訴訟指揮・運営がなされているものと考えられる。

(注1) もっとも，訴訟運営上は，争点整理の過程において，当事者との間で要証事実と証拠との関係を議論しておくことにより，かような主張事実と認定事実の同一性につき疑義が生じる余地は未然に回避されているのが通例であろうと思われる。

第5章　訴訟の審理と進行

　　判例（最三小判昭33.7.8民集12-11-1740［81］）には，当事者間における直接契約の成立を主張した場合において，代理人との間で締結された契約を認定しても，両者には法律効果に差異はないことを理由に弁論主義違反にはならないとしたものがある。しかし，弁論主義の適用の有無は防御機会の保障の要否に直結する問題であって，法律効果面ではなく，法律要件面で検討すべき問題である。この場合，契約主体が異なる以上，それによりおのずから争点化される論点も異なり得ることからすると，一般論としては，この判旨には問題があるとされている（注1）。

　イ　過失相殺

　　債務不履行に関する過失相殺につき，判例（最三小判昭43.12.24民集22-13-3454［110］）は，「民法418条による過失相殺は，債務者の主張がなくても，裁判所が職権ですることができるが，債権者に過失があった事実は，債務者において立証責任を負う」としている。これによると，債務者は債権者の過失を構成する事実についての立証責任を負っており，証拠上認定することができる限りは，当該具体的な事実について主張がなくても，また，「過失相殺する」との法律上の主張がなくても，裁判所は職権で過失相殺することができることとなる（注2）。しかしながら，債権者の過失は，その者に債務不履行による損害賠償請求権が発生したことを前提として，これを減額するための要件（抗弁）であるから，損害賠償請求権の額については裁判所の裁量が介入する余地が認められるとしても，「債権者の過失を構成する事実」については主張責任を肯定すべきであるとの見解も有力である（注3）。

　　不法行為に関する民法722条については，「被害者の過失は賠償額の範囲に影響を及ぼすべき事実であるから，裁判所は訴訟にあらわれた資料にもとづき被害者に過失があると認めるべき場合には，賠償額を判定するについて職権をもってこれをしんしゃくすることができると解すべきであって，賠償義務者から過失相殺の主張あることを要しない」とする判例（最三小判昭41.6.21民集20-5-1078［49］）がある。しかし，この判例が「抗弁としての過失相殺の主張」を不要としたに止まるのか，更に進んで「債権者の過失を構成する事実」の主張をも不要とするものかは，必ずしも明らかではない。

　ウ　所有権移転経過（所有権の主張立証の特質）

　　所有権に基づく返還請求や所有権確認などのような所有権訴訟の請求原因の一つに，「原

（注1）　この判例については，実質的には代理につき黙示の主張があったともいえる事案につきこのような認定を許容したものとみる余地があるのではないかとか，代理人か使者かが実質的な争点とはなっておらず，結果的には不都合のない事案であったことなどから救済判例としての性格は拭えないとの見方もある。なお，本件では代理人ないし使者とされた者に対する証人尋問がなされており，実質的には不意打ちはなかった事案とみることもでき，その意味では弁論主義の適用範囲を機能的に検討する方向を示唆するオと軌を同じくする判例ということもできよう。

（注2）　もっとも，本件は債権者の過失を構成する事実の主張及び抗弁としての過失相殺の主張がともになされていた事案であるから，当事者の主張の要否に関する判示が結論に影響したとは考えにくく，この部分はいわゆる傍論にすぎない。というべきであろう。

（注3）　実務の運用としては，過失相殺の主張をするのかどうかについては釈明を求めたり，少なくとも過失相殺を基礎づける事実の主要な点を争点整理の際に確認したりするなどして，実質的には不意打ちにならないよう配慮していることが多い。

告が，係争不動産等を，現在（＝口頭弁論終結時）所有していること」があり，被告がこれを否認したときは，原告は自己への所有権移転経過（来歴経過）を主張立証しなければならない。この移転経過を「現在所有」を基礎づける間接事実とみるのか，主要事実とみるのかという問題がある。かつての判例（最二小判昭25.11.10民集4－11－551）は前者とみていたようである。しかし，現在はこれを主要事実とみることに争いはなく，当事者の主張する所有権移転経過と異なる事実を認定するときは弁論主義違反とされる（最三小判昭41.4.12民集20－4－548［32］，最一小判昭55.2.7民集34－2－123［7］）。

　なお，原告が，訴訟上，所有権の存在を主張する場合，被告がこれを争えば，権利の存在自体は事実ではなく，直接に立証することが不可能であるから（法律効果ないし法律関係は法適用の結果であり，したがって，立証の対象は当該法規の要件事実の存否である。），原告としては当該物件の所有権が原告に帰属する法律効果を生ずべき要件事実，すなわち，前主の所有及び前主から原告への承継取得原因事実（例えば，売買契約の締結）を主張立証することにより，原告への所有権の帰属を理由づけなければならない。しかし，そこでもまた前主の所有という法律状態が立証命題となるため，被告が争う限り，どこまでも遡って（究極的には，誰かのところで原始取得された事実，あるいは土地については近代所有権が確立されたとされる明治初期の地租改正にまで遡って）主張立証しなければならないこととなる。ところが，それでは原告に対し主張立証上の困難を強いることとなるし，訴訟経済上も好ましくない。他方，実際の訴訟においては，当事者間の紛争の発生原因はそう遠くないところにあるのが通常であり，一，二代遡ると被告も争わないことが多い（権利自白。第6章第1の5(3)オ参照）。むしろ，被告がその時の前主から自己への所有権の承継取得等を抗弁として主張し，この点の有無が紛争の真の争点となる事例も多い。そこで，このような場合に，権利自白を活用することによって所有権立証に関する争点が複雑多岐にわたるという事態を回避するのが実務である。仮に被告が意固地になって一切を争う態度をやめなかったとしても，その場合には不動産の場合には取得時効（民法162条）により，動産の場合には占有の適法推定（民法188条）や即時取得（民法192条）により争点をその時点までに食い止めることが可能である。所有権訴訟においては，このように契約関係訴訟とは異なる特質がある。

エ　債権譲渡と原因行為
　いわゆる物権行為である所有権移転に関する主張立証については，物権行為の独自性を否定し，攻撃防御対象の具体性の観点から，上述ウのとおり，その原因行為である売買契約の締結等を主要事実として把握すべきである。では，準物権行為とされる債権譲渡の場合はどうか。この点につき，「債権の譲渡」が主要事実であり，移転原因となるべき行為（例えば，売買，贈与，代物弁済など）は，上記主要事実の認定の資料となりうべき間接事実にすぎないとした判例がある（最一小判昭41.9.22民集20－7－1392［67］。もっとも，直接の判示事項は自白の拘束力の問題であり，主張の要否について触れたものではない。）。これは実体法の条文を基準に考える思考（前記3(1)ア）になじむものといえる（民法466条1項参照）。学説は，この判例の説示を主張の要否の問題に投影し，判例に対し，当事者の防御上の利益に対する配慮に欠け，弁論主義の不意打ち防止機能を低下させるとの批判を向けている。そして，ここでも物権行為の独自性を否定する観点から，債権譲渡が売買や贈与として行われたと

きには，その売買契約や贈与契約等の法律行為を具体的に主張する必要があると解する見解が有力である。この見解は，売買契約，贈与契約等を主張する場合には，その契約内容から債権譲渡についての合意部分だけを取り出して，「AはXに対し債権を譲渡した。」と主張することはできないと解している(注1)。

　オ　手形法16条1項

判例（最大判昭45.6.24民集24-6-712[28]）は，手形法16条1項の適用を主張するには，連続した裏書の記載のある手形を所持する事実を主張することを要するが，連続した裏書の記載のある手形を所持し，その手形に基づき手形金の請求をしている場合には，当然にその主張があると解すべきであるとしている。これは手形法16条1項の推定の性質（同項の「看做ス」は推定の意味であることに異論はない。）と関連させて理解しなければならない。すなわち，同項の推定の前提事実は裏書の記載全体及び手形の所持であり，推定の効果は所持人への手形上の権利の帰属という権利状態であって，この推定を覆すにはそのような権利状態を生じさせる可能性のある，あらゆる取得原因事実の不存在又はその後の喪失原因の存在を主張立証しなければならない(注2)（最三小判昭41.6.21民集20-5-1084[50]参照）。そうすると，本件判旨によれば，原告の明示の主張がなくとも当然に被告はかような厳しい推定を覆すための証明責任の転換を受けることになるが，被告としては提出された手形によりそのことは容易に知り得るのであるから格別の不意打ちを与えるおそれはないとされているのである(注3)。

4　釈明権（弁論主義の補充・修正と攻撃防御機会の実質化）

(1)　意義

釈明権とは，訴訟指揮権の一作用として，当事者に対し十分な弁論を尽くさせて事件の事実関係や法律関係を明らかにするために働きかける裁判所の権能をいう（法149条）。弁論主義の建前からすると，事案の解明は当事者の権能であると同時に責任でもあるが，弁論主義の

（注1）　もっとも，実務上は，債権譲渡の事実そのものについて争いがない場合にまで，その原因行為としての売買契約，贈与契約等を主張することは要せず，単に「債権を譲渡した。」との主張で足りると解する例が多い。他方，争いがあるときにまで，「債権譲渡」さえ主張されていれば主張責任が果たされているとみるのは形式的にすぎると考えられるから，裁判所としては，当事者に対し釈明権を行使して原因行為を具体的に明らかにした上で立証テーマをより具体的に設定するのが通例である。したがって，主張責任の意義・機能に照らして，弾力的・柔軟に運用しているのが実務の訴訟運営であるといってよいと思われる（前記「(2)ア事実主張の具体性」参照）。

（注2）　民事裁判における立証命題は常に事実であって，権利は直接の立証命題にはなりえないため，当該権利の発生を規定する法条の要件事実を立証することになる。これとパラレルに考えると，法律が直接に権利状態を推定する場合には，権利状態の不存在を立証命題とすることは不可能であるから，そのような権利状態を発生させるあらゆる可能性のある原因事実の不存在を主張立証することによって初めて，その推定を覆すことができることになる。

（注3）　この判例の趣旨を敷衍すると，弁論主義の建前から主張が必要とされる場合であっても，当事者の合理的意思推測と相手方当事者に対する不意打ちのおそれの有無という観点からみて，明示的には主張がなくとも弁論主義に違反しない場合があり得ることを示唆しているといえよう。いわば「不意打ちのおそれ」「防御機会の実質的保障」という観念が，主張の要否を考える展望的判断のみならず，回顧的判断の場面でも弁論主義の妥当範囲を画する機能を営むことが窺われる。

形式的な適用による不合理を修正し，当事者に実質的な弁論の機会を保障して充実した審理を実現すること及び事案解明の停滞に起因する審理の遅延・混乱を回避することは裁判所の責務でもある。特に，争点整理手続が整備され，集中証拠調べを原則的な審理モデルとする現行法の建前からすると，当事者の主体的な準備を促すことを通じて，裁判所が事実関係の解明に積極的に取り組み，期日における審理を充実したものとすることが必要となる。この点，釈明権が効果的に発動されるならば，期日の拡散を避けて弁論又は争点整理の集中を図り，事件の全貌を把握して審理の焦点を定めることにより，期日における審理及び証拠調べの充実を期待することができる。

(2) 釈明権の行使

釈明権は，合議体においては裁判長が行使する（法149条1項）[注1]。陪席裁判官も，裁判長に告げてこれを行使することができる（法149条2項）。当事者は直接に相手方に対し発問することはできないが，相手方の陳述の趣旨を確認するために，裁判長に対し必要な発問を求めることができる（発問権［法149条3項］）[注2]。

釈明権の行使は，期日又は期日外においてもすることができる[注3]。現実の訴訟においては，釈明事項いかんによっては，より徹底した事実関係又は法律上の問題について当事者が更に調査・検討をすることが必要となる場合もあるため，期日外釈明の機動的な活用は審理の効率化に資する[注4]。期日外釈明をする場合には，裁判所書記官に命じて行わせることができる（規則63条1項）。攻撃防御方法に重要な変更を生じ得る事項について期日外釈明を行ったときは，書記官はその内容を訴訟記録上明らかにしなければならず（規則63条2項），かつ，相手方の攻撃防御の利益に配慮して，その内容を相手方に通知しなければならない（法149条4項）[注5]。

(3) 釈明権の範囲

釈明権は，時期・範囲・方法・態様のいずれにおいても適切なものでなければならない。適切な時期に適切な方法で対応しなければ，不親切な裁判所との非難を受けることとなる。他方，適正範囲を逸脱してゆきすぎた釈明をすると，相手方当事者からは不公平な裁判所との批判を受け，裁判所の釈明に従った当事者に誤った期待を抱かせるおそれもある。

(注1) 「釈明」という用語は，正しくは，裁判所がするのが「求釈明」で，求釈明に応じて当事者が明らかにすることを「釈明」という（したがって，「当事者に釈明を促す」「当事者に釈明を求める」「当事者に釈明させる」などというのが正しい用例である。）。
(注2) 実際には正式に発問権を行使することはなく，実務上は，一方当事者が相手方に対し直接に問を発し，相手方もこれに応答しており，裁判長もこれらを容認する形で運用されている。
(注3) 期日外釈明制度の創設に伴い，旧法上の釈明準備命令（旧128条）は廃止された。
(注4) 期日外釈明はその機動性のゆえに実効性が高いということができるが，他方，時機を失した期日外釈明は当事者に訴訟運営に対する不信感を抱かせるおそれがあるので留意が必要となろう。
(注5) 当事者対立構造に基礎を置く双方審尋主義の観点から公平性を確保して手続の公正を期する趣旨である。どのようなものが重要な変更を生じ得る事項かにつき具体的に列挙することは困難であるが，請求ないし主要事実の追加・変更をもたらすような釈明を求めた場合や，立証を促して証拠が追加されるような場合をいうと解されている。誤記の訂正など瑣末な事項についてまで逐一相手方への通知・記録化が求められるわけではない。

第5章　訴訟の審理と進行

　　当事者の不明瞭な主張を問い質す釈明を消極的釈明といい，当事者に必要な申立てや主張を示唆・指摘する釈明を積極的釈明と称して区別する見解が有力である。消極的釈明が許されること及びこの釈明は適正な裁判を実現する上で必要であることに異論はなかろう。これに対し，積極的釈明については，好意的な学説もあるが，ゆきすぎた釈明に違法を観念できるか否か，積極的釈明が義務的とされる場合の有無・範囲などにつき争いがある[注1]。

　　なお，判例上問題となったものとしては，主張と証拠の不一致につき釈明権不行使を違法とした例（最二小判昭36.12.22民集15-12-2908［141］），損害額の立証を促すことなく証明なしとした原判決を破棄した例（最二小判昭39.6.26民集18-5-954［56］），一定の事実関係につきなされた当事者の法律構成が不十分な場合に，合理的意思解釈から可能な法律構成につき主張立証を尽くさせることなく請求を排斥した原判決を破棄した例（最三小判昭44.6.24民集23-7-1156［90］）などがある。また，時効については，民法145条の趣旨や裁判所の中立性との関係から釈明すべきかにつき微妙な問題がある（もっとも，主張の一般的性格のみではなく，訴訟の具体的経過等に照らして検討すべき問題であるとの指摘もある。）。

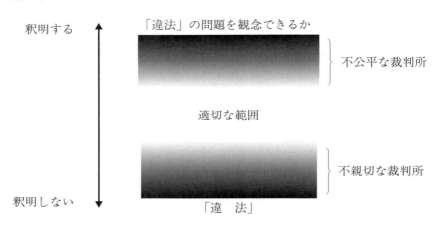

(4)　釈明処分

　　裁判所は，釈明権の行使のほかに，訴訟関係を明瞭にするため，適当な処分をすることができる（法151条）。これはあくまで弁論の内容を理解し事件の内容を把握するためのもので，係争事実を認定するための証拠資料を収集する証拠調べとはその目的を異にする（もっとも，釈明処分の結果は，弁論の全趣旨の一内容として事実認定の資料とはなり得る。）。

5　職権探知主義

(1)　意義

　　裁判所が判断すべき事項のすべてが弁論主義に服しているわけではない。審判対象に公益性がみられるために裁判所が真実発見に積極的に乗り出さざるをえない場合や，判決効が訴

（注1）　これを肯定する代表的見解によると，①判決における勝敗転換の蓋然性，②当事者の申立て・主張等の法的構成の当否，不備の有無・程度，③釈明を待たずに適切な申立て・主張等を提出することの期待可能性，④当事者間の公平，⑤その他（抜本的紛争解決の可能性，釈明による訴訟完結遅滞のおそれなど）を考慮すべきであるとする。

第4　裁判資料の収集

訟当事者間に止まらず広く第三者に及ぶ訴訟では，訴訟当事者のみに訴訟資料の収集を委ねるのは相当でないため，職権探知主義がとられる。職権探知主義とは，訴訟資料の探索収集を裁判所の職責でもあるとする建前をいう[注1]。

職権探知主義の下では，①当事者が主張しない事実でも裁判の基礎として採用できるし，②当事者間に争いのない事実でも証拠に基づきこれに反する事実を認定することができ，③当事者の申出がなくとも職権で証拠調べができる。

(2)　**適用範囲**

一般論としては，上記のような観点から職権探知主義採用の趣旨が説明されるが，個々の法制度目的に応じてその採用根拠は一様ではない。現行制度上，職権探知主義が採用されているのは，民事訴訟においては，裁判権，専属管轄などの公益性の強い訴訟要件の審理（一般的な管轄権の審理につき，法14条は職権証拠調べを規定する。），裁判官の除斥原因の審理があるほか，人事訴訟（人事訴訟法19条，20条），行政事件（行政事件訴訟法24条，38条）などがある。民事訴訟法上の諸制度について職権探知主義が採用されているのは，公の制度設営上の一般的公益に関わることから，当事者が提出する訴訟資料のみによって判断するのに適さないからである。人事訴訟については，その対象となる身分関係は当事者が任意に処分できる法律関係ではなく，一般公益に関わる関係でもあるから弁論主義には適さないと説明される[注2]。また，行政事件においては，同じく職権探知の一部を構成する職権証拠調べが採用されているが，基本的には弁論主義を採用しつつも，行政作用の適法性の保障等の点で，単に訴訟当事者の主張や自白のみによって訴訟の結果を左右させるのは妥当ではないとの考慮に基づくものと解される。

(3)　**職権調査**

以上の職権探知は判断のための資料収集の問題であるが，これと類似しながらも機能するレベルが異なるものに，職権調査がある。当事者から別段異議や申立てによる指摘がなくても，裁判所が自ら調査してその事項をとりあげて相応の処置をすべき事項を職権調査事項という。職権調査はある事項を職権でも顧慮しなければならないかどうか，すなわち，裁判所がとりあげて調査に乗り出すかどうかのレベルで機能するのに対し（このレベルで当事者にイニシアティヴを与えるのが処分権主義である。），職権探知はその後の裁判の基礎資料についても裁判所が責任をもって収集する建前をいい（このレベルで当事者にイニシアティヴを与えるのが

(注1)　これは当事者による訴訟資料の提出を拒否するものではなく，弁論主義が前提とする訴訟資料レベルでの当事者の支配権能を否定するに止まる。むしろ，当事者による訴訟資料の収集提出を前提にしながら，これに拘束されないことに制度の主眼がある。

(注2)　この点，職権探知主義採用の根拠としては，真実発見の要請が高いからとの説明がなされることが多い。しかし，離婚事件については，当事者の合意による協議離婚が認められ，裁判離婚に限定されるわけではないから，説明としては必ずしも十分ではなかろう。また，人事訴訟においては非訟事件手続法49条のような探知は認められておらず，証拠調べ手続は通常の民事訴訟手続とほとんど異ならず，必ずしも真実を反映するものとはいえない側面を有する。そうすると，人事訴訟において職権探知主義が採用されているのは，対象の公益性に基づくことには異論はないとしても，そこから直ちに真実反映という要請に結びつくものではなく，当事者の主張や自白に拘束されることを排除することを主眼とするという限度で理解されるべきものであろう。

弁論主義である。)，両者の機能すべきレベルは異なる。対象事項が有する公益上の要求の強さが裁判所の積極性に影響を与えていると考えられ，例えば，訴訟要件の審査（第8章第2の5参照）でいうと，公益性の強度な専属管轄などは，審理の開始面で職権調査とし，資料収集の面では職権探知を採用して，その両面で職権的契機を重視する。これに対し訴えの利益や当事者適格は，審理の開始面では職権調査としつつも，資料収集の面ではこれらが本案の訴訟物との関連性が密接であるため，弁論主義によるとされている。したがって，職権調査事項と職権探知主義とが必然的に結びつくとは限らない。

第5　口頭弁論における当事者の行為
1　本案の申立てと攻撃防御方法の提出
(1)　本案の申立て

口頭弁論は，まず原告が訴状に記載した請求の趣旨を陳述し，これに対し，被告は請求の認諾（法266条）をしない限り，反対申立て（訴え却下あるいは請求棄却判決を求める旨の申立て）を行うのが通常である。当事者がいかなる終局判決を求めるかについて行う陳述を本案の申立てという。これにより，これから進められる訴訟の主題・攻撃防御の最終目標が提示されることとなる。この段階を規律する訴訟法原理が処分権主義であることは前述した。

もっとも，訴訟要件を欠く場合に訴えは却下されるが，訴えがこの訴訟要件を具備しているかどうかは，原則として職権調査事項であるし，裁判所は原告の本案の申立てを理由なしと認めるときは請求棄却判決をすべきであるから，被告の反対申立ては必要的なものではない。訴訟費用の裁判（法67条），仮執行宣言（法259条）も職権でなし得るから，必要的申立てではない。

(2)　攻撃防御方法の提出
ア　意義

本案の申立てがなされると，次にこれを基礎づける判断資料が提出される。この判断資料を一括して攻撃防御方法という。攻撃防御方法の構成要素は，法律上の主張，事実上の主張，相手方の主張に対する認否，立証（証拠の申出）等である。

イ　法律上の主張

広義では，法規の存否，解釈適用に関する意見の陳述も含むが，これらは裁判所の注意を喚起する意義を有するに止まる。狭義では，法的観点・法適用の結果である権利関係の存否の主張をいう（例：所有権に基づく土地明渡請求訴訟における原告に所有権があること，これに対する被告の賃借権の主張など）。後述する権利自白の問題はこの段階での自白の拘束力の存否が問題とされている（第6章第1の5(3)オ参照）。

ウ　事実上の主張

具体的な事実の存否の主張をいう。主要事実，間接事実，補助事実の種類を問わず，事実に関する限り事実上の主張であるが，主要事実，すなわち，①本案の申立ての内容をなす訴訟物たる権利関係の判定に直接必要な法規の要件に該当する事実（請求原因事実），②請求原因の効果発生を障害・消滅・阻止する法律効果を定める法規の要件に該当する事実（抗弁事実），③抗弁事実による法律効果の発生を障害・消滅・阻止する法律効果を定める法規

の要件に該当する事実（再抗弁事実），④以下，再々抗弁事実などの主張は，中核的な構成部分であり，弁論主義の第1原則である主張責任が規制原理として機能する（上記イの例でいうと，原告の所有権取得原因事実や原被告間で賃貸借契約が成立した事実がこれにあたる。）。

前後矛盾した主張は無意義であるが，仮定的，選択的あるいは予備的に主張することは許される。また，いったん提出した主張を撤回することは，原則として自由である。

エ　相手方の主張に対する認否

一方当事者による事実上の主張に対し，相手方当事者の示す態度は，否認（その事実は存在しない）[注1]，不知（その事実は知らない〔＝自ら認識経験していない〕と述べる），自白（その事実の存在を認めて争わない），沈黙（その事実について明確な態度を示さない）の4通りがある。自白された事実は裁判所を拘束し，証拠調べの対象から除外される。弁論主義の第2原則がここで機能する。沈黙は，弁論の全趣旨により事実の存否を争うものと認められない限り[注2]，自白したものとみなされる（擬制自白［法159条1項］）。したがって，証拠調べの

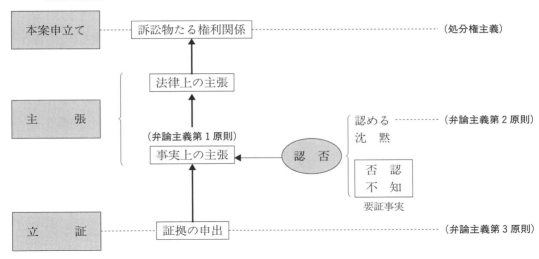

＜階層的構造＞

(注1)　この場合，単に否認する（単純否認）だけでなく，その合理的理由を付加した積極否認・理由付き否認によらなければならない（規則79条3項）。なお，否認と抗弁の区別につき，第6章第8の2(2)イ参照。
(注2)　旧法下においては，明確な認否がない場合に争う趣旨か擬制自白の成立を認めるべきかについては，まさに弁論の全趣旨によって決定される問題であった。例えば，売買代金請求訴訟において，被告が錯誤・詐欺取消しを主張したのに対し原告が明確な認否をしなかった場合，原告が訴えを維持している等の事情があるときは，原告は被告の上記抗弁を争っていると認めるべきであるとされる（最一小判昭43.3.28民集22-3-707［20］）。このほか主張された抗弁の内容自体からみて原告が争う趣旨であると認めるべき場合として，弁済，免除の抗弁が提出された場合が挙げられる。これに対し，擬制自白を認めて差し支えないとされているものとしては，相殺，同時履行，留置権の抗弁が提出された場合などがあるとされる。前者については，原告がこれを認めると訴え自体が無意味に帰するからであり，後者については，原告がこれを認めても訴えが無意味となるものではないし，これらの主張は訴訟物とは直接の関連を有しないからであるとされる。

これは旧法140条1項の文言が「明ニ争ハサルトキ」に擬制自白の成立を認めるものとされて（つづく）

第5章　訴訟の審理と進行

対象となる事実は，否認された事実と不知とされた事実（法159条2項）であり，このように要証事実を限定する機能を有する点では，相手方の態度も判断資料を形成することとなる。

オ　立証（証拠の申出）

事実上の主張を証明するための行為又は活動を立証という。相手方の認否により争われた事実は，証拠によって証明しなければならない。そのため当事者は証拠の申出（法180条，規則99条）を行う。証拠の申出は，証拠調べを求める行為という点では申立行為であるが，事実上の主張を基礎づけるという機能をもつ点では攻撃防御方法の提出行為として位置づけられる。

2　訴訟行為

(1)　概念

訴訟は最終的には裁判による紛争解決を目標として開始，発展，終了する手続であるが，その手続は裁判所と当事者その他の関係人の行う行為の系統的な連鎖により組成される。訴訟手続を構成し，それを発展させる契機となる訴訟主体の行為を訴訟行為といい，いわば訴訟行為という積み木を積み重ねることによって，1個の訴訟手続という積み木細工が構成されるといえる。

訴訟行為は民法上の法律行為との対比において理論的分析課題とされてきたが，訴訟行為には私法行為とは異なる独自性があるため，私法行為と密接な側面があると同時に背反する側面があることを理解する必要がある。訴訟行為は，当事者その他の関係人の訴訟行為と裁判所の訴訟行為とに分けることができる。当事者は自己にとって利益な素材の提供に努力すれば足り，その訴訟行為は，私法行為と隣接・交錯する部分が多いのに対し，裁判所は訴訟制度の公平かつ能率的運営に努力しなければならず，その訴訟行為は，私法行為とは分離・背反する面をもつ。

裁判所の訴訟行為の代表的なものは，裁判，訴訟指揮であるが，それらについては別項で解説しているので，ここでは，処分権主義，弁論主義の支配する領域において主導的地位を占める当事者の訴訟行為を扱う。分類や定義などの抽象的理解はひとまずおいて，前述した私法行為との連関を理解する限度において検討する。

(2)　訴訟行為と私法規定

ア　序説

訴訟手続は，訴訟関係人の行為の連鎖である。先行行為は後行行為の前提となり，後行行為は先行行為を基礎とし，その上に形成される。したがって，原則として，先行行為が無効であれば，後行行為も無効となり，それまで積み上げられてきた手続は覆滅してしまう。そこで，先行行為の確実性が要求されるとともに，安定性の要請が働く。しかし他方，訴訟行為には多種多様なものが存在する。すなわち，訴訟手続内で行われる純然たる訴訟

（つづき）　いたことに基づくものであるが，現行法（平成8年改正法）は，「争うことを明らかにしないとき」に擬制自白の成立を認めるものと改められたことから，その成立を阻止するためには，より積極的に争う姿勢を明確にすることが必要とされている（法159条1項本文）。そして，その上で弁論の全趣旨を勘案して争ったものと認めるべきか否かを決定するという構造が採られている（同項ただし書）。これは否認における理由明示＜積極否認＞原則（規則79条3項，145条）とも軌を一にするものであり，当事者がより積極的な攻撃防御を主体的に行うことを予定しているものと考えられる。

第5　口頭弁論における当事者の行為

行為のほか，訴訟外でなされる行為もあり，これは手続に組み込まれるまでは手続との直接的な関連性は希薄であるし，取引の一環としてなされる場合もある。また，訴訟を終了させる行為も手続を組成する行為ではあるが，その上に他の訴訟行為が積み上げられることもない。そこで，いかなる訴訟行為について，私法規定がどこまで適用されるのかが問題となる。

イ　行為能力に関する規定

訴訟手続全体に影響を与える行為については（例：訴訟代理権授与），訴訟前・訴訟外のものであっても，訴訟能力が要求される。これに対し，管轄の合意については，訴訟能力を要求する見解と取引行為の一環としてなされるにすぎないとして行為能力で足りるとする見解が対立する。

ウ　表見法理

(ア)　問題の所在

法人の代表者について実体法上の表見法理の規定（一般社団法人及び一般財団法人に関する法律77条，299条，民法109条，112条，商法9条，会社法908条，商法24条，会社法13条，354条など）が適用されるか。法人を被告として訴えを提起する場合，その内部事情に通じていれば格別，一般的には登記簿の記載によるほかないが，その登記簿の記載が実体関係を反映していなかった場合の取扱いが問題となる。

(イ)　判例（最三小判昭45.12.15民集24-13-2072［72］）は，実体法上の表見法理の規定は取引の安全を図るための規定であり，手続の安定を重視すべき訴訟行為には適用すべきではないとしてこれを否定する。そして，適式な訴状送達の効果を生じない以上，原告に対し訴状の補正を命じ，被告会社に真正な代表者がない場合には，原告からの申立てに応じて特別代理人を選任するなどして，正当な権限を有する者に対し改めて訴状を送達することを要するとし，原告においてそのような補正手続をとらない場合には訴えを却下すべきであるとしている(注1)。

(注1)　消極説の論拠は次のとおりである。①実体法上の表見法理の規定は取引の安全を図るための規定であり，手続の安定を重視すべき訴訟行為には適用すべきではない（商法24条本文，会社法13条本文参照）。②訴訟ではあくまで実体的真実が通用すべきであり，このことは代表権が職権調査事項とされ，それを欠くことは上告理由（法312条2項4号），再審事由（法338条1項3号）とされていることにも表れている。③真正な代表者によって代表されない法人は訴訟物たる権利関係を不当に処分されるおそれがあるのに対し，登記を信じた相手方はせいぜい権利の実現が遅延する程度の危険に止まる以上，法人の，真正な代表者による裁判を受ける権利の保障を重視すべきである。④積極説によれば，相手方の善意・悪意により左右されるから，訴訟手続に困難な争点を持ち込むこととなるし，手続の安定を害する。これに対し，積極説の論拠は次のとおりである。①'民事訴訟は実体関係の形成・処分のプロセスとしてみることができ，手続法と実体法との異質性の過度の強調は問題の本質を見誤るおそれがある。②'訴訟法でも手続の安定性・画一性を図るため表示主義・外観主義が採用され，また，弁論主義，証明責任，追認の制度もある以上，必ずしも実体的真実主義にて貫徹されているわけではない。③'不実の登記を作出・放置していた法人とそれを信頼した相手方とでは，後者を保護することが訴訟におけるデュープロセス・公平の要請に適うというべきである。④'消極説によれば，追認なき限り登記簿上の代表者の訴訟行為はすべて無効となり，全手続のやり直しとなるのであるから，かえって訴訟遅延と手続の安定を害する。積極に解して善意・悪意は訴え提起時を基準とすれば混乱は生ぜず，手続の促進と安定を同時に図ることができる。

第5章　訴訟の審理と進行

　　エ　意思表示に関する民法規定の適用
　　　手続の安定，明確性の要請を考慮して，表示主義・外観主義の観点から，訴訟行為には意思表示の瑕疵に関する民法規定の適用はなく，虚偽表示・錯誤・詐欺・強迫等によっては直ちに訴訟行為の効力は左右されないと解するのがこれまでの基本的思考であった。しかし，訴訟前・訴訟外になされる訴訟行為（管轄の合意，訴訟代理権授与，不控訴合意，証拠契約など）は訴訟手続との直接の関連性はなく，また，訴訟を終了させる行為（訴訟上の和解，請求の放棄・認諾，訴えの取下げ）についてはその後に手続が積み上げられないのであるから，これらについては，手続の安定の要請は妥当しないとして，民法規定の類推適用を認める方向にある（管轄の合意につき，第2章第6の6⑷エ，訴えの取下げにつき，第7章第2の2⑷，請求の放棄・認諾につき，第7章第3の1⑸，訴訟上の和解につき，第7章第4の4⑶参照）。
　　オ　付款
　　　(ア)　条件
　　　　訴訟行為は確定的になされなければならず，原則として将来発生する不確定な事実の成否にかからしめることは許されない。当事者の申立てや主張が確定していることが，裁判所の訴訟指揮・応答の裁判や相手方の訴訟進行の考慮，方針決定の上で重要な意味をもつからである。しかし，予備的申立て・主張や仮定的主張は不確定ではないので許される。
　　　(イ)　期限
　　　　訴訟行為に期限を付すことも許されない。当事者が訴訟行為の効力の発生・消滅時期を任意に決定できるとすると，手続進行は無秩序で不安定なものとなるし，訴訟資料も確定できず審理が混乱するからである。
（3）**訴訟契約＝訴訟上の合意**
　　ア　問題の所在
　　　訴訟手続や手続追行に関して当事者間で合意（契約）することは許されるか。法は，個別的に，管轄合意，期日変更合意，不控訴合意などについて規定をおいているが，これ以外の，例えば，不起訴合意，訴え取下げ合意，自白契約，証拠制限契約などが問題となる。
　　イ　一般的基準
　　　訴訟は集団的大量的現象として現れることから，裁判所はこれらを円滑かつ能率的に処理する責務を負っており，訴訟法規もこのような目的実現のために諸要請を考慮して規定をおいている。したがって，当事者が個別にしかも自由に訴訟手続を改変したり，進行について合意したりすることは許されない（任意訴訟の禁止）。しかし他方，処分権主義，弁論主義の支配領域では，当事者は訴訟行為をするかしないかの自由を有しているのであって，一律に禁止することも相当ではない。そこで，現在の考え方の主流は，当該合意が処分権主義・弁論主義の範囲内の事項である場合について，個別的に内容を検討した上で弊害のないものについてはこれを許容する方向にあり，その合意の効果が訴訟上どのようなものか，それにより受ける不利益の限度はどこまでかが明確に予測できる場合は有効とされている。
　　ウ　訴訟上の合意の効果
　　　訴訟上の合意の効果につき，契約により私法上の作為・不作為義務ないし請求権が生じ，

その義務違反についてはそれに対抗するため他方当事者に抗弁権及び損害賠償請求権が発生するという見解（私法契約説）と，当該合意が訴訟上の事項を内容としている場合には，直接に訴訟法上の効果の発生を目的とする契約であるとする見解（訴訟契約説）とがある。訴え取下げ合意につき，第7章第2の1参照。

(4) **形成権の訴訟上の行使**

ア　問題の所在

私法上の形成権，例えば，取消権，解除権，相殺権，建物買取請求権等を口頭弁論で攻撃防御方法として行使した場合，外形上1個の行為が存在するのみであるが，訴訟上の効果しか発生しないのか，私法上の効果も発生するのかという問題がある。

イ　私法行為説（併存説）

外形上1個の行為にみえても，それは相手方に対する私法上の形成権を行使する実体法上の行為とこれを援用する旨の裁判所に対する訴訟行為とが併存していると解し，要件・方式は前者に関して実体法によって規律され，後者は訴訟法によって規律されるとする見解である。しかし，これに対しては，相手方欠席の場合に形成権を行使できるのかという疑問があるほか（民法97条1項参照）(注1)，訴訟行為としての意味を失ったときには（例えば，訴えの取下げがあったとき，訴えが却下されたとき，時機に後れた攻撃防御方法として却下されたとき，撤回されたとき），私法上の効果は残ることとなり，当事者の意思に反するのではないかという批判が向けられている。

ウ　訴訟行為説

当事者の意思は，有利な裁判の取得を目的とする資料提供のために私法上の効果を主張しようとするところにある以上，純然たる訴訟行為であり，訴訟法によって規律されるとする見解である。私法行為説の難点を明快に解決する見解であるが，私法上の効果発生が認められるからこそ有利な裁判の基礎になるのであって，果たして実体法的基礎を無視して考えられるのか，裁判で認められて初めて私法上の効果が認められるとするのであれば，一種の形成判決として理解する以外にないのではないか，が問題点として指摘されている。

エ　新併存説

併存説の理論的明快さを基本とし，他方，訴訟行為説から向けられた上述の批判を考慮して，訴訟上の形成権行使の陳述が訴訟行為として意味がなくなった場合は，攻撃防御方法として提出した当事者の意思を尊重して，私法行為として無効となるとか（無効説），私法上の効果は発生しない（条件説），形成権行使の意思表示が撤回されたものと扱う（撤回説）などとする見解が主張されている。

(5) **訴訟行為の瑕疵と治癒**

訴訟行為に瑕疵があれば，本来の効果をもたない（無効である。）とされるが，訴訟行為が後になって無効であることが判明し，それまでの手続が覆されることは望ましくない。そこで，瑕疵を遡及的に除去したり，あるいは瑕疵ある行為も一定の限度で効力を争い得ないものとしたりすることが必要になってくる。

（注1）　併存説は，形成権行使の意思表示が記載された準備書面が相手方に送付されたときに意思表示が到達したものとみる。

第5章　訴訟の審理と進行

　　　ア　瑕疵の補正——瑕疵自体に対する手当
　　　　(ｱ)　瑕疵ある行為の撤回と瑕疵の補修
　　　　　　当事者の訴訟行為であって撤回を許すものは，瑕疵のある訴訟行為を撤回して瑕疵のない行為をすることによって瑕疵を除去することができる。しかし，この場合は瑕疵が遡って治癒されるのではなく，従来の行為が無効であり，新たな行為がなされた時にその行為が有効になされたこととなるのだから，既に瑕疵のある行為に基づいて手続が進められている場合，後の行為を生かすには不十分である。
　　　　(ｲ)　追認による瑕疵の遡及的除去
　　　　　　訴訟行為に必要な能力，代理権を欠くという瑕疵は，追認によって瑕疵のなかったものとなり，遡って有効となる（法34条2項，59条）。
　　　イ　瑕疵の治癒——瑕疵自体に対する手当以外の事由に基づくもの
　　　　　瑕疵ある訴訟行為について，瑕疵そのものは除去されないが，それに伴う無効という効果がもはや発生せず，有効として取り扱われる場合がある。
　　　　(ｱ)　裁判の確定による治癒
　　　　　　当事者の訴訟行為は裁判の基礎となり，それを離れて独自の意味を持たない場合が多いが，このことから，裁判が取り消すことができなくなれば，その基礎となった訴訟行為について，裁判と切り離して有効・無効を論ずることができなくなる。
　　　　(ｲ)　責問権の放棄・喪失
　　　　　　一定の非公益的規定違反については，責問権の放棄・喪失によって遡及的に有効として取り扱われることは前述のとおりである（第5章第3の4参照）。

3　攻撃防御方法の提出時期

(1)　口頭弁論の一体性

　　　1つの事件のために数回にわたり口頭弁論が行われても，終結するまでに行われた口頭弁論の全体が一体として判決の基礎となる。当事者の弁論等は，どの期日に行っても，訴訟資料として同一の価値・効果を持ち，裁判官の心証も弁論全体を通じて形成されてゆく。このような関係を時間的にみた場合，口頭弁論の一体性といい，判断資料の側面からみた場合，口頭弁論の等価値性ともいう。

(2)　適時提出主義

　　　口頭弁論の一体性を攻撃防御方法を提出する当事者の側面からみると，攻撃防御方法は口頭弁論が終結されるまで提出できることとなる（随時提出主義）。この随時提出主義は，審理を段階ごとに明確に区分して攻撃防御方法の提出時期をコントロールする法定序列主義の不都合性[注1]を排して，攻撃防御方法の提出時期に特段の制限を加えないことにより，自由で活発

（注1）　法定序列主義と随時提出主義
ア　法定序列主義
　これは，請求原因，抗弁，再抗弁といった攻撃防御方法の展開・段階ごとに審理の対象となる事実が確定され，これを前提として申出に基づき証拠調べを行うものとし，主張と証拠とを厳格に分離する建前をいう（このような弁論と証拠調べとの関係からみて，「証拠分離主義」ともいう。）。これによれば，各段階的審理が進んでから後戻りをして攻撃防御方法を修正したり，改めて証拠申出をしたりすることは許され　　（つづく）

第5　口頭弁論における当事者の行為

な弁論がなされることを予定していた。しかしながら，このような建前は，当事者が，小刻みに攻撃防御方法を提出することを可能とするものであり，訴訟資料の提出が遅れることにより，事案解明に困難を来たし，焦点が定まらないままに審理が漂流するなど，不健全な長期化を招くおそれのあることが自覚されるに至った。また，提出時期の定めがないことが訴訟延引策に利用されるおそれがないとはいえないし，攻撃防御方法の不当な後出しによって審理が混乱するおそれもある。前記のような積極的意義を有する随時提出主義もこのような事態を想定してはいなかった。

　そこで，平成8年改正法は，口頭弁論の一体性を維持しつつ攻撃防御方法の提出時期については，訴訟の進行状況に応じて適切な時期に提出しなければならないとして（適時提出主義［法156条］(注1)），集中審理との関係において，適切な時期における提出の必要を鮮明にした。これは訴訟追行上の信義則（誠実追行義務［法2条］）の攻撃防御方法の提出に関する具体化として，当事者の行為義務を宣言するものである。この適時性の判定にあたっては，早期に審理が事件の真の争点に肉迫することを可能にするための諸制度（充実した訴訟資料の早期提出［規則53～55条，79～81条］，争点整理手続［法164条以下］，準備書面等の提出期間［法162条］，文書の早期提出［規則102条，137条］，控訴審での攻撃防御方法の提出等の期間の指定［法162条，301条］）を包蔵する手続全体の構造と具体的事件の進行経過を勘案しつつ，訴訟上の信義則（法2条）に照らして判断されなければならない。

　このように，厳格な意味での随時提出主義ではなく，厳格な意味での法定序列主義でもなく，弁論と証拠調べとを結合しつつも争点整理と人証調べとを段階づけて進行させるものとして一応の分離をして適時提出主義を導入しているのは，審理の充実と促進とのバランス(注2)を確保する趣旨と理解することができよう。

（つづき）　ない（失権）ため，当事者がそのような失権をおそれて仮定的主張を多く提出し，かえって審理が混乱・遅滞する事態を招いたとされる。

イ　随時提出主義
　これに対し，請求原因，抗弁などの訴訟物との関係における論理的順序による審理そのものは否定しないが，審理段階に制約されずに，必要があれば随時に攻撃防御方法の修正，追加を行うことができ，証拠の申出も事実主張が提出されることに伴い随時提出することが許されるとするのが随時提出主義である。裁判所も弁論と証拠調べとを厳格に分離することなく，弾力的に審理することができる（このような弁論と証拠調べとの関係から見て，「証拠結合主義」ともいう。）。旧法は，このような随時提出主義の積極面を評価してこれを採用していたが，本文にあるとおり，当事者はともすると戦術的観点から提出順序や時期を設定することもあるため，審理が遅延する傾向や争点が拡散するなどの事態も生じ，いわゆる五月雨審理の原因ともなっていたとされる。

（注1）　ただし，制度設計上，適時性の判断が失権効と結びついていないことに留意する必要がある。これは失権効と直結すると，失権をおそれて無用な資料まで提出されることとなり，かえって訴訟遅延の原因となり得るからである。その意味において，法156条と失権効とを直結させずに法157条との連携によりワンクッションを入れていることは，審理の柔軟性と充実促進との調和を企図するものと解される。

（注2）　審理の充実・効率を求める観点からは，①争点を適切に整理するためには，時期が多少遅れがちになろうとも十分な訴訟資料が提出される必要がある。②争点を的確に整理するために，書証となるべき文書の裏付けの有無等を確認するなどの証拠調べと主張とが分離されずに結合されている必要があるという視点（証拠結合主義的視点）が得られるのに対し，審理の迅速・効率を求める観点からは，③争点を早期に整理して迅速に審理するためには，早期の訴訟資料提出が励行される必要があり，④集中証拠調べを実施するためには，争点整理と人証調べとを手続的に区分することが必要であり，主張・証拠の後出しを　（つづく）

第5章　訴訟の審理と進行

(3) 攻撃防御方法の却下

　もっとも，当事者の公平・審理の効率性確保に寄与すべき適時提出主義を実効的なものとするため，一定の事情が認められる場合には^(注1)，裁判所は，申立てにより又は職権で攻撃防御方法を却下することができる（法157条）。すなわち，当事者が故意又は重大な過失により^(注2)時機に後れて^(注3)攻撃防御方法を提出した場合において，訴訟の完結を遅延させるときや（法157条1項）や趣旨が明瞭でない攻撃防御方法であって当事者が必要な釈明をせず，又は釈明をすべき期日に出頭しない場合（法157条2項）には，裁判所は，決定で，その攻撃防御方法を却下することができる。これは適時提出主義の趣旨をないがしろにする当事者に対し制裁を発動して弁論の促進を図る趣旨である。

　なお，審理計画を定めた場合の規律については，第5章第10の3参照。

第6　口頭弁論期日における当事者の欠席

1　当事者の欠席に対する手当ての必要性

　口頭弁論期日において当事者の一方が欠席した場合，期日が無駄になることによる出席当事者の不利益（準備及び出頭のための時間・労力・費用など）を回避し，審理の促進を図る必要がある。出席当事者及び裁判所の訴訟運営上のエネルギーを犠牲にして欠席当事者の身勝手を許すべきではない。

　なお，ここでの口頭弁論期日は必要的口頭弁論の期日であり，書面審理の補充としての意義を有するに止まる任意的口頭弁論の期日を含まない。

2　当事者の一方の欠席

（1）　当事者の一方が最初にすべき口頭弁論期日^(注4)に欠席した場合（出席しても本案の弁論をしないときを含む。），裁判所は，その者が提出した訴状又は答弁書その他の準備書面に記載した事

（つづき）　自由に許容することになれば，争点整理・集中証拠調べが崩壊するおそれがあるという視点（証拠分離主義的視点）が得られる。現行法の争点中心集中審理の建前においては，争点整理手続において書証の取調べを可能なものとして証拠結合主義的視点をとりいれつつ，集中証拠調手続とは手続段階を明確に区分して手続過程の構造化を図ることにより証拠分離主義的視点をも取り入れており，これらの各視点について，微妙なバランスをとっているといえる。

（注1）　適切な「時期」に提出しなかったことが直ちに「時機」に後れたことになるものではない。法156条は攻撃防御方法の理想的な提出時期を訓示的に規定したものであるのに対し，法157条はすでにタイムアウトとなった攻撃防御方法の却下規定である。また，法157条により却下するには，別途，主観的要件の具備も必要となる。

（注2）　主観的要件としての故意又は重過失の判定においては，本人の法律的知識の程度，攻撃防御方法の種類（例えば，相殺の抗弁や建物買取請求権などの仮定抗弁は敗訴覚悟，あるいは新たな経済的出捐を伴うものであるから，当初からの提出を期待するのは困難である。）等を考慮する必要がある。

（注3）　客観的要件としての時機に後れたかどうかは，控訴審での提出は第一審以来の訴訟手続の経過を通じて判断されるが（最三小判昭30.4.5民集9－4－439［31］），争点整理手続を経ている事件については，攻撃防御方法の提出機会は十分に与えられていたといい得るから，争点整理手続後は，一般的には時機に後れたと判断される可能性が高いと思われる。適時提出主義の採用と争点中心審理への訴訟構造の変化がこの点でも影響を及ぼし得ることとなる。

（注4）　最初に定められた期日という意味ではなく，実際に最初になされる口頭弁論期日の意味であるから，第1回期日が延期・変更されたときは，その後最初に開かれた期日をいう。

第6　口頭弁論期日における当事者の欠席

項を陳述したものとみなし，出頭した相手方に弁論をさせることができる（法158条）。最初の期日に原告が欠席した場合には，訴訟を進行させようにもこれから開始される手続の主題の提示がない状態であるから，出席した被告に弁論をさせる余地がない。そこで，最初の期日においては，最低限，被告の弁論を可能にして訴訟を進行させる必要がある。したがって，原告欠席の場合には，訴状を陳述したものとして扱わなければならない。そうだとすると，被告欠席の場合であっても，これとの均衡上，被告の陳述を擬制するのが公平である。このような配慮から，原・被告を問わず，欠席当事者が提出した書面（訴状，答弁書，準備書面）の陳述を擬制して訴訟の進行を図ろうとするのが，法158条の考え方である。

(2)　もっとも，この陳述擬制を続行期日にまで認めると，口頭主義を骨抜きにしてしまうため，同条は最初にすべき期日に限って上述の扱いを認めている。

　　ただし，訴訟の終了に関わる場合には口頭主義を強調する必要はないため，請求の放棄・認諾書面の陳述擬制（法266条2項）が認められる。また，簡易裁判所の訴訟手続においては，簡便化の観点から，続行期日においても陳述擬制が認められている（法277条）。

(3)　裁判所は，欠席者が提出した書面が陳述されたものとした上で，出席者の陳述とを突き合わせて審理を進める。この場合，欠席者は，出席者の準備書面に記載された事実を争うことを明らかにしない場合には，自白したものとみなされ（法159条3項，1項），出席者はその事実を証明する必要はない。その結果，訴訟が裁判に熟すれば，裁判所は弁論を終結して判決を言い渡す（法243条1項）。更に続行が必要と判断すれば続行期日を指定する。

3　当事者双方の欠席

(1)　当事者双方が期日（口頭弁論期日又は弁論準備手続期日）に出頭せず，又は弁論若しくは申述をしないで退廷若しくは退席した場合には，その期日は目的を達することなく終了せざるをえない（ただし，予定した証拠調べ，判決の言渡しはできる［法183条，251条2項］）。そして，裁判所が次回期日を指定しなかった場合（いわゆる休止）において，1か月以内にいずれかの当事者が新期日指定の申立てをしないときは[注1]，訴訟維持の意思がないものとして，訴えの取下げがあったものとみなし，訴訟係属が消滅することとしている（法263条前段）[注2,注3]。

(2)　さらに，単発的な期日の懈怠のみならず，連続的ないし間欠的な期日の懈怠に対応するた

(注1)　法263条の期間は不変期間ではなく，これを徒過した後に期日指定申立てを追完することは許されず（最二小判昭33.10.17民集12-14-3161［107］），期間経過後の期日指定申立ては決定をもって却下すべきである（最二小判昭35.6.13民集14-8-1323［66］）。これに対し，適法な期日指定申立てがあった場合には，必ず申立てを認容して新期日を指定しなければならない。第5章第3の5(2)イ（注1）参照。
(注2)　ただし，法263条の期間経過前に管轄違いを理由とする移送決定がなされた場合には，当事者としては受移送裁判所からの期日指定を待つのが当然であるから，その後当事者からの期日指定の申立てがないまま所定の期間が経過しても訴え取下げの効果は生じない（最三小判昭38.10.1民集17-11-1301［74］）。
(注3)　旧法下では，職権により新期日が指定された場合，所定期間の起算点が旧期日か新期日かについては争いがあった。裁判長が職権によって期日指定をしたことにより所定期間が更新されるとすれば，訴訟の迅速処理を企図した本条の趣旨にそぐわないとも考えられるが，職権によって指定された期日が旧期日から所定期間の満了日か，それ以後に当たるときは，当事者の期日指定申立権を奪った状態で訴えの取下げを擬制してしまうのは不合理であるとして，新期日から起算すべきとする見解が有力であった（大決昭6.2.3民集10-1-33）。しかし，法263条後段により，当事者双方が2回連続して欠席したときは訴えの取下げが擬制されてしまうので，現行法の下ではこの議論の意味の大半が失われたといってよい。

め，連続して2回，同様なことをしたときにも訴えの取下げが擬制される（法263条後段）。休止と期日指定申立てとの繰返しによる濫用的訴訟延引策への対抗手段として機能することが期待されよう(注1)。

(3) なお，この取扱いは控訴審手続にも準用される（法292条）。この場合，控訴の取下げとみなされ，第一審判決が確定する。

4 審理の現状に基づく判決

口頭弁論期日において，当事者双方又は一方に訴訟追行の意思がないと認められる場合には，それまでの審理の現状及び訴訟追行の状況を考慮して相当と認めるときは，裁判所は，弁論を終結して終局判決ができる（法244条）。これは同趣旨の判例（最三小判昭41.11.22民集20-9-1914［85］）の考え方を明文で採用したものである。この判例に対しては，一部の学説から，裁判所が口頭弁論の続行期日を指定したのは，通常はその時点で訴訟が判決をするのに熟していないと判断したためであるのに，突如として弁論を終結して判決をするのはおかしいとの批判が加えられていたが，不熱心訴訟追行に対する抜本的解決策の一つとして，判例の趣旨に従い，立法的解決に出たものである(注2)。また，当事者の一方にのみ訴訟追行の意思がないと認められる場合には，出頭した相手方の申出があるときに限り，同様の措置をとることができる（法244条ただし書）。

第7 口頭弁論調書と訴訟記録

1 口頭弁論調書

(1) 調書の意義

民事訴訟手続は，当事者及び裁判所の行為の連鎖により進行し，かつ口頭主義を採用するため，その経過を記録することは，手続の安定のため，そしてまた，異なる裁判所による事件の調査を容易にするためにも必要となる。そこで口頭弁論調書その他の方法により，期日ないし手続の経過の証明に資することとし，その作成を手続の主宰者たる裁判官から独立した機関である裁判所書記官に委ねることにより，手続ないし訴訟記録作成につき公正さの保

（注1） 旧法では，期日の懈怠への対策としては，休止満了による訴え取下げ擬制が可能であるにすぎなかった。しかも，旧法238条では，3か月以内に期日指定の申立てをしないときに訴えの取下げがなされたものとみなすこととしていたため，それ自体長期間にわたり訴訟を放置することにつながっていた。そして，休止満了直前に期日指定の申立てがなされると，裁判所は新たに期日を指定しなければならず，これが悪用されて意図的に繰り返されると，不当な引き延ばし策として有効に機能し得るという皮肉な事態に至ることが指摘されていた。そこで，本文で述べたように，平成8年改正法は，休止期間を1か月に短縮し，また，繰り返される期日の懈怠に対する対策として強化したものであり，誠実追行義務（法2条）の精神がここでも機能しているといえよう。

（注2） 法243条と244条との関係につき，後者を前者の例外として位置づける見解がある。これによれば，法244条により判決をするには判決への成熟性は要件ではなく，勢い相当性の要件判断は厳格化するとされる。しかし，判例における判決への成熟性は，訴訟資料の側面からのみ検討されるべきではなく，攻撃防御方法提出の機会保障の側面からも理解されるべきであり，このように理解することによって，本文にある学説からの批判に応えることができる。とすると，法244条は243条の延長線上でとらえることができ，従前の訴訟資料では判決への成熟があるとは認められないときでも，当事者の訴訟追行の態様を考慮して成熟したと認めることができることに法244条の意義があることになる。

第7　口頭弁論調書と訴訟記録

障を期するのである。

(2)　調書の作成

　裁判所書記官は，口頭弁論について期日ごとに調書を作成しなければならない（法160条1項(注1)）。これを1期日1調書の原則という。口頭弁論期日には書記官が立ち会い，調書を作成することが必要であり，その期日に弁論が行われず延期された場合も，証拠調べのみが行われた場合も，調書は必ず作成されなければならない。また，書記官であっても，口頭弁論期日に立ち会わない者には作成権限がない（最三小判昭33.11.4民集12-15-3247［119］）し(注2)，審理を担当した裁判官も直接調書に訂正加筆する権限はなく，その誤りを発見したときは，書記官に訂正を命じ得るにすぎない（裁判所法60条4項）。書記官は，その職務を行うに当たって，裁判官の命令に従わなければならないから，この訂正命令に従わなければならないが，それが正当でないと認めるときは，その具体的理由を自己の意見として書き添えることができる（裁判所法60条5項）。

(3)　調書の形式的記載事項

　調書は，規則66条1項各号所定の形式的記載事項を記載し，作成者である書記官が記名押印し，これを認証する意味で，裁判長又はこれに代わる裁判官が押印することによって成立する（規則66条2項，3項）。これらの事項のうち，調書であることに必要不可欠なものの記載がない場合には，調書は無効となる。例えば，書記官の氏名，弁論の年月日・場所の記載を欠くとき，書記官の押印のないとき（大判昭6.5.28民集34-737），裁判長の押印のないとき（大判昭7.2.9民集11-243，大判昭11.10.10民集15-1816）のほか，裁判長の氏名の記載を欠く場合には，その調書の裁判長認印欄に認印があっても無効となる（最一小判昭55.9.11民集34-5-737［24］）。なお，証人尋問調書と一体をなす検証調書に裁判官の署名押印があれば，尋問調書にこれを欠いても尋問調書は無効ではないとされる（最二小判昭34.8.7民集13-10-1262［65］）。また，その他の記載事項を欠くときは，その証明ができないに止まり，調書そのものが無効となるわけではない。調書に記載されているかどうかは，調書の記載事項全部を通じて判断される（最判昭24.4.12民集3-4-104）。

（注1）　旧法146条1項は，口頭弁論期日が終了するまでに当該期日の調書作成を完了することを前提として，関係人の申立てがあった場合には，調書を読み聞かせ，又は閲覧させなければならないとしていた。そのため，「口頭弁論調書は，当該期日ごとに，かつ，その期日中に法廷において作成されるのが原則であるところ，事務の都合上その作成が期日後にわたる場合であっても，権限ある書記官によって法定の形式を具備して作成される限り，必ずしも調書の効力を否定すべきではない」（最三小判昭42.5.23民集21-4-916［51］）とする救済判例も出されていた。しかし，当該期日中に調書を完成させることは現実問題として著しく困難であり，また，上記のような申立ても皆無といえるため，平成8年改正法では前記条項を削除した。ただし，調書の証明力，公証力も作成者たる書記官に対する高度の信頼が基礎になっているのであって，調書作成に関する特段の時期的制限がなくなったとしても，遅滞なく正確な調書を作成すべきことはいうまでもない。

（注2）　口頭弁論期日は，前記のとおり，公開主義，双方審尋主義，口頭主義，直接主義という審理の諸原則を最もよく充足し，審理を尽くして国民の権利義務関係についての判定を行う時間的場所的空間であることから，重要かつ本質的な要請として，書記官が口頭弁論調書を作成することが法律上の職務として規定されているのである。このような調書作成の意義からすると，口頭弁論期日への書記官の立会が解除される余地はない。なお，第5章第9の3(1)（注2）参照。

第5章　訴訟の審理と進行

(4) 調書の実質的記載事項

調書には，実質的記載事項として，弁論の要領を記載することを要し，特に，規則67条1項各号所定の事項を明確に記載しなければならない。これらの事項はいずれも重要な訴訟行為等であり，特に明確に記載されることが要求される。また，あくまで弁論の要領であって，必ずしも逐一記載する必要はない反面，法的能力・知識を駆使して的確に整理することが要請されている。

口頭弁論調書には，弁論の要領のほか，当事者による攻撃防御方法の提出予定その他訴訟手続の進行に関する事項を記載することができる（規則67条3項）[注1]。

なお，口頭弁論の調書には，書面，写真，録音テープ，ビデオテープその他裁判所において適当と認めるものを引用し，訴訟記録に添付して調書の一部とすることができる（規則69条）。また，必要があるときは速記録を調書の一部とし（規則70条〜75条），録音装置を利用して録取した場合において，裁判所が相当と認めたときは，録音反訳調書を作成する（規則76条）。

(5) 供述録取事務と記録化

書記官の調書作成事務のうち，供述録取事務については，多様な記録化の方法が用意されている。

ア　要領調書と逐語調書

書記官が作成する供述調書は要領調書である（規則67条1項3号）。要領調書は，供述を一律平板に記載するものではなく，無思慮に要約簡略化するものでもない。要領調書とは，争点指向性を高めて法律的に構成された，証人等の供述に関する報告書である。すなわち，争点に関する重要な部分は詳細に，それに応じて心証形成に役立ついわゆる信憑性に関する事項をも記載し，関連事項を分かりやすくまとめるなどして整理された形で表現した調書である[注2]。要領化＝簡略記載なのではなく，場合により厚く記載することが要求されるし，部分的に問答体を併用するなど，より的確に記録化するための工夫が必要となる[注3]。

なお，要領調書が上記の実質を備える限り，その形式が物語体であると，問答体である

（注1）訴訟指揮上の裁判である準備書面の提出期間の裁定（法162条）がなされたときには，どのような書面が提出されるのか，あるいは，どのような証拠の申出がなされる予定であるかも併せて記載される例が多いようである（法162条は「特定の事項に関する」準備書面又は証拠の申出であることを予定しており，それを明示する意味を有する。）。どのような事項を記載するかについては，当事者と裁判官のみならず，それを明確に公証する観点から書記官との間でも十分に協議するのが相当である。
（注2）そのためには，裁判官・当事者との争点等に関する認識を共通にし，尋問の意味等について的確に理解し録取することが求められる。したがって，書記官自身がその資質と能力を高める不断の努力・研さんを重ねる必要がある。この点，集中証拠調べ（法182条）を実施すると，裁判官の心証形成は口頭弁論においてリアルタイムでなされる。その意味では，供述調書の役割は，旧法当時と比較すると相対的に低下しているともいえる。しかし，証拠調べの内容を記録して公証するという意味では，上訴との関係で考えてみてもなお存在意義には重要なものがある。審理が争点中心になされ，そしてその結果，判決書も争点判断を中心に作成される以上，書記官作成に係る供述調書もこれに沿ったものであるのが望ましい。
（注3）記載省略や簡略記載が許容される場合としては，記憶喚起，単純な誤りの補正，争いのない事実などが考えられるが，事案や争点の性質にもよるであろう。また，記載することが一般的にみて相当でないものも考えられる（規則115条2項参照）。

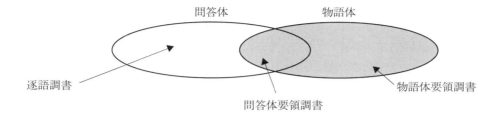

とを問わない^(注1)。記録形式自体にも創意工夫が必要であって、事件に応じたメニュー選択と記載形式の工夫により、適切な記録化を検討しなければならない。

これに対し、複雑困難な事件や争点が多岐にわたる場合には、全供述内容及びその過程を記録化する必要性が高くなる。その場合には、速記録又は録音反訳方式（規則76条後段）^(注2)による逐語調書が作成されることになる。

イ　録音テープ等の調書代用制度

裁判長の許可があったときは、証人、当事者本人又は鑑定人の陳述を録音テープ又はビデオテープに記録し、調書の記載に代えることができる。この場合、当事者は、裁判長が許可をする際に、意見を述べることができる（規則68条1項）。これらのテープ等は調書の記載に代えるものであるから、訴訟記録の一部となる^(注3)。

テープ代用許可がなされた場合において、訴訟完結までに当事者の申出があったとき、又は訴訟が上訴審に係属中である場合において、上訴裁判所が必要と認めたときは、証人等の陳述を記載した書面を作成しなければならない（規則68条2項）^(注4)。

この場合に作成される陳述記載書面は、訴訟記録の一部であるテープの内容を理解する際の参考とするための資料としての意義を有するに止まる。

なお、裁判長によるテープ代用許可の際の当事者の意見聴取（規則68条1項後段）は許可の要件ではないが、そこでの当事者の意思を尊重するのが相当であるし、訴訟完結前に当

（注1）　この点、「要領調書＝物語体」という図式的理解は正しくない。例えば、供述の意味のまとまりごとに一括記載し、これに対する質問を見出し的に用いることで、問答体形式をとりながら、争点に絞った要領化も可能であろう。

（注2）　要領調書の場合には書記官が事案を理解して法廷立会をするのが前提であるが、録音反訳方式の場合には、反訳者が音声のみで文字化することになるため、正確な反訳のためには、それに対する配慮が行き届いた尋問であることが必要であり、裁判所の訴訟指揮もその点に細心の注意を払うのが通常である。特に指示代名詞が何を指しているのかが音声として明確にならなければ、質問もそれに対する答えもあいまいなものになってしまうおそれがある。逐語需要に応えるために作成されるのが録音反訳方式であることからすると、その目的にふさわしい準備が代理人や書記官に求められるし、反訳部分も書記官が作成する口頭弁論調書の一部を構成するものであるから、校正作業も自ら作成したものと同様の意識で十分に行われなければならない。

（注3）　この点、民事保全手続の調書省略（民事保全規則7条、8条）、簡易裁判所の訴訟手続に関する特則（規170条）、少額訴訟手続における調書省略（規則227条2項）において、当事者の申出等により記録される録音テープ等が訴訟記録とはならないことと区別する必要がある。

（注4）　陳述記載書面の作成主体は、特に限定はない。立会書記官が作成にあたることが実際上多いと思われるが、上訴審係属中の場合に必要ありと認めた場合は、陳述記載書面作成のために原審に訴訟記録を送付するのは訴訟経済上好ましくないことから、当該上訴審の書記官が作成することになると解される。

第5章　訴訟の審理と進行

事者が申し出た場合には証人等の陳述を記載した書面の作成を要することになる（規則68条2項前段）。したがって，規則68条を円滑に運用するにあたっては，争点整理の過程において，裁判官及び当事者とともに，争点の内容を確認し，人証による立証計画を策定する際に，供述の記録化の方法についても十分に協議し，テープ代用に適する事件かどうかの選別（注1）をしておくことが重要となろう。

ウ　調書省略

証人，当事者本人及び鑑定人の陳述並びに検証の結果については，訴訟が裁判によらずに完結した場合（例えば，和解，訴えの取下げなど）には，裁判長の許可を得て，その記載を省略することができる。ただし，当事者が訴訟の完結を知った日から1週間以内にその記載をすべき旨の申出をしたときは，省略することはできない（規則67条2項）。

【供述録取事務における書記官調書の位置付け】

書記官作成

省　略	規則68条	要領記載	逐語記載

エ　供述録取方法の機能分化

以上のように，供述を記録化するためのメニューは多様化しており，録音反訳調書のほか速記録も含めると，書記官が供述録取事務において関与する領域は極めて広範囲である。したがって，書記官は，各種の供述録取方法の特質を十分に理解し，裁判官及び当事者との間で協議するなどして，事件の性格，争点・人証の性質・数，予想される供述内容等に応じて，適宜最良の手段を選択し，的確に供述を記録化する必要がある（注2）。

(6)　調書の証明力

口頭弁論の方式に関する規定の遵守は，調書によってのみ証明することができ（法160条3項），原則として他の方法による証明を許さない（例外：法160条3項ただし書）。これは手続の安定と明確を期するための証明方法の制限である。口頭弁論の方式とは，弁論の外部的形式をいい，裁判所の構成，書記官の立会，弁論の時及び場所，公開の有無，当事者又は代理人

（注1）　規則68条に適する事件を一般的に挙げるのは困難であるが，公示送達事件や被告不出頭の人事訴訟事件のほか，実質的に争いのある事件でも上訴可能性の低い事件などには利用が考えられるとされている。もっとも，上訴が見込まれる事件であっても，争点が比較的簡明で，取り調べる人証が少なく集中証拠調べが実施された事件等では，調書作成の必要性は相対的に乏しいと思われる上，そのような事件であれば，後に陳述記載書面を作成する労力もさほど大きな負担にはならないと解される。そうだとすると，規則68条に適する事件かどうかの判別基準としては，上訴可能性の高低のみではなく（むしろこの予測は困難なことも多い。），的確に争点が絞り込まれ，要証事実との関連性を十分に吟味し，取り調べる人証も必要な限度に絞られている事件ということもできると思われる。

（注2）　これらの記録化メニューの多様化は，適正かつ迅速な裁判の実現を支えるものである。この点，要領化に適するものを漫然と逐語的に記載することは，書記官に多大かつ無用な労力を強いるだけでなく，裁判官・当事者に分かりにくい供述調書を提供することにより，迅速な裁判を阻害するものになりかねない。他方，逐語的記録化が必要な事件についてまで要領化してしまうことは，適正な裁判の阻害要因にもなりかねないことなどには細心の注意が必要である。

第7　口頭弁論調書と訴訟記録

の出欠（最判昭26.2.20民集5－3－78），裁判言渡しの有無，判決言渡しの方式（最判昭26.2.22民集5－3－102），従前の口頭弁論の結果陳述（最三小判昭33.11.4民集12－15－3247［119］）などがこれに属する。

　これに反し，当事者の弁論の内容，証人の供述内容などは，方式に関するものではなく，調書以外の方法によって証明することが許され，調書の記載のみによって証明しなければならないものではない（もっとも，調書は書記官及び裁判官がその記載内容が事実と合致することを公証した報告文書であるから，記載どおりの事実が存在したことが強度に推定されると解される。例えば，調書に準備書面が陳述された旨の記載がなく，かつ，その記載のないことにつき当事者から異議を述べられた形跡がない場合には，特段の事情のない限り，当該準備書面は口頭弁論期日に陳述されなかったというべきであるとする判例（最二小判昭45.2.6民集24－2－81［11］）は，そのような調書の証明力の理解を基礎としている。）^(注1)。

2　訴訟記録の閲覧・謄写

(1)　訴訟記録の意義

　裁判所は，特定の事件に関し，当事者その他の関係人が提出した書類等（訴状，答弁書，準備書面，証拠申出書，付随的裁判の申立書，書証の写し，訴訟委任状など）や裁判所が作成した書類又は裁判所の行為結果を証する書類（裁判書の原本又は正本，口頭弁論調書，書証目録，証人等目録，供述調書，送達報告書など）を，審理（上訴審での審理を含む。）に役立つよう，記録に綴り込む。これが訴訟記録である。訴訟記録の保管は，裁判所書記官の職責においてなされる（裁判所法60条2項）。

(2)　当事者による訴訟記録の閲覧・謄写請求

　当事者は，その紛争主体たる地位にかんがみ，自己の事件の訴訟をいつでも閲覧することができるほか，訴訟記録の謄写，その正本，謄本若しくは抄本の交付又は訴訟に関する事項の証明書の交付を求めることができる（法91条1項～3項）。これらの請求は，書面でしなければならず，訴訟に関する事項の証明書の交付請求を除き，訴訟記録中の当該請求に係る部分を特定するに足りる事項を明らかにしてしなければならない（規則33条の2第1項，2項）。

　もっとも，訴訟記録中に存在する録音テープ又はビデオテープ等については，謄写は観念できないし，容易に改ざんが可能であるため，正本や謄本である旨の認証（規則33条）もでき

（注1）　したがって，調書の記載は裁判手続及びその進行程度・内容の公証として重要な意義を有するため，その記載について当事者から更正の申立てがなされることがある（実務上「調書異議」ともいう。）。この点につき，証人調書・本人調書の記載について当事者から述べられた異議を書記官が却下（調書を訂正せず，単に異議があった旨を記載するに止めた）したのに対し裁判所に申し立てられた異議を同裁判所が却下する旨の決定をしたところ，申立人から即時抗告がなされた事案について，調書の記載の当否についての判断は，当該裁判長（裁判官）と書記官の専権に属する事項であって，上級審は調書の訂正を命ずる立場にはないとして抗告をすることは許されないとしたもの（福岡高決平6.7.6判タ876－264）や，控訴審判決が確定した後になされた調書更正の申立てについて，調書の作成及びその認証が当該書記官と裁判長（裁判官）の記憶とメモに基づいて行われるものであり，日時の経過に伴いその記憶が減退し，あるいはそのメモが消失しないとも限らないこと及び更正申立てを無制限に認めることは段階的に行われることを前提とする民訴手続の安定性を著しく害する危険性を伴うこと等の諸事情にかんがみると，当該口頭弁論調書の作成後可及的に速やかに行うべきであるとして，その更正申立てを却下した裁判例（名古屋高決平4.11.10判タ815－219）がある。そして，調書の記載の正確性に関する異議申立てができるのは，調書完成後の最初の期日が終了するまでと解するのが実務の取扱いである。

第5章　訴訟の審理と進行

ないので，これらについては謄写等を許さないこととし（法91条4項前段），これに代えて，請求があるときは，その複製を許さなければならないとしている（法91条4項後段）。

また，上記各請求については，当事者であっても，訴訟記録の保存又は裁判所の執務に支障があるときはできない（法91条5項）。

(3) 第三者による訴訟記録の閲覧・謄写請求

さらに，裁判の公開原則（憲法82条）を尊重して，何人も，書記官に対し，訴訟記録の閲覧を請求することができることとされており（法91条1項），原則として閲覧請求の時期及び申立適格の制限はない。ただし，公開を禁止した口頭弁論に係る訴訟記録については，当事者以外の者が閲覧を求めるには利害関係を疎明しなければならない（法91条2項）。

これに対し，閲覧とは異なり，第三者が謄写・複製等を求めるについては，利害関係の疎明が必要である（法91条3項，4項）。

上記各請求は，書面でしなければならず，訴訟に関する事項の証明書の交付請求を除き，訴訟記録中の当該請求に係る部分を特定するに足りる事項を明らかにしてしなければならない（規則33条の2第1項，2項）。

また，この場合も，法91条5項による制限がある。

(4) 秘密保護のための閲覧等制限

ア　意義

上述のとおり，原則として，誰でもいつでも訴訟記録を閲覧することができ，また，利害関係を疎明すれば第三者も訴訟記録の謄写等の請求をすることができることになる。しかし，訴訟記録中にプライバシーに関する重大な秘密や不正競争防止法2条6項に規定する営業秘密に関する事項が記載されている場合には，訴訟記録の閲覧等を通じて秘密が漏えいするおそれがあるので，これをおそれる当事者は十分な主張立証ができなくなり，敗訴の危険にさらされることになる。そこで，前記訴訟記録の公開に対する例外として，法92条は，同条1項各号所定の秘密を保有する当事者の申立てにより，裁判所は，閲覧等の請求ができる者を当事者に限定する旨の決定ができることとして，秘密保護の利益を優先している。

イ　手続

閲覧等制限を求める当事者は，書面で，かつ，訴訟記録中の秘密記載部分を特定して申し立てることを要し（規則34条1項），法92条1項各号所定の事由を疎明しなければならない[注1]。閲覧等制限の申立てがあったときは，これに対する裁判が確定するまで，第三者は閲覧等の請求をすることができない（法92条2項）。

裁判所は，決定手続によりその申立ての当否につき審理し，疎明があるとは認められない場合には申立てを却下し（これに対しては，即時抗告が可能である［法92条4項］。），疎明があると認めれば，訴訟記録中の秘密記載部分を特定して閲覧等制限決定をする（規則34条2

（注1）　この制度が訴訟記録の公開制度に対する例外をなすことや，秘密に該当するかどうかは本案訴訟の判断事項ともなり得る重要な事項であるから，証明を要するという見解も成り立ち得るところではあるが，仮に証明を要求すると，閲覧等制限の申立ての当否の判断のために相当な日時を要することも考えられ，閲覧等制限の制度を設けた趣旨が損なわれるおそれがあるため，疎明で足りるものとされている。

項)。閲覧等制限決定は直ちに確定し，決定が取り消されるか記録が廃棄されるまで効力を維持する。そのため，閲覧等制限決定により制限された部分の閲覧等を請求しようとする第三者は，法92条1項の要件を欠くこと又はこれを欠くに至ったことを理由として，訴訟記録の存する裁判所に当該決定の取消しの申立てをすることができる（法92条3項）[注1]。取消申立てを容れて閲覧等制限決定を取り消す裁判に対しては即時抗告をすることができる（法92条4項）。この取消しの裁判は，確定しなければその効力を生じない（法92条5項）。

(5) **秘密保持命令と訴訟記録**

ア 訴訟記録の閲覧等制限の制度趣旨が訴訟に提出された営業秘密の漏洩を防止することにあることは前述のとおりであるが，より徹底した秘密保護を図るため，特許法105条の4ないし6，200条の2及び201条（実用新案法，意匠法，商標法，不正競争防止法及び著作権法に準用又は同様の規定が設けられている。）に秘密保持命令制度が設けられている。

イ 当事者が保有する営業秘密について，①既提出又は提出予定の準備書面又は証拠に営業秘密が含まれること及び②当該営業秘密の使用又は開示を制限する必要のあること（訴訟追行目的外使用又は開示されることにより事業活動に支障が生ずるおそれがあること）の2点を疎明したときは，裁判所は，決定で，目的外使用の禁止又は秘密保持命令を受けたもの以外の者に対する開示禁止を命ずることができる（特許法105条の4第1項）。

秘密保持命令の申立ては，秘密保持命令を受けるべき者，秘密保持命令の対象となる営業秘密を特定するに足りる事実，上記①②の事実を記載した書面をもってしなければならない（同条2項）。

秘密保持命令の申立てを却下した裁判に対しては，即時抗告することができる（同条5項）が，認容した裁判は相手方に送達された時から効力を発する（同法105条の4第3項，4項）ものとされ，これに対して即時抗告をすることはできず，同命令の取消しの申立て（同法105条の5）によらなければならない。

秘密保持命令の申立てをした者又はこれを受けた者は，訴訟記録の存する裁判所に対し，要件の非充足又は消失を理由として命令の取消しを求めることができる（同法105条の5第1項）。取消申立てに対する裁判に対しては即時抗告をすることができる（同条第3項）。取消命令は確定によって効力を生ずる（同法105条の5第4項）。

ウ 秘密保持命令が発せられた事件の訴訟記録については，法92条1項により閲覧等制限決定がなされている場合において，秘密保持命令を受けていない者が当事者（の使者）として同項に規定する秘密記載部分の閲覧等の請求をしたときは，書記官は，新たに秘密保持命令の申立てをする契機を与えるため，閲覧等制限決定の申立てをした者に対し，請求があった旨を直ちに通知しなければならない（特許法105条の6第1項）。この申立てをするための時間的余裕を与えるため，書記官は，閲覧等の請求があった日から2週間を経過するまでの間，秘密記載部分の閲覧等をさせてはならない（同条2項）。

(注1) この場合，取消申立てをした第三者が法92条1項の要件の不存在を疎明する責任を負うのではなく，証明責任の分配に関する一般原則どおり，制限等を求めた当事者が同条項の要件の存在を疎明する必要がある。

第5章　訴訟の審理と進行

第8　口頭弁論の準備
1　準備の必要性

　　弁論主義の下，当事者は自己に有利な裁判内容を取得するため，種々の訴訟資料を収集・提出して主張立証を行うが，その提出資料は自己の定立する請求又は主張を基礎づけるものばかりでなく，相手方の主張立証に対する反論ないし証拠価値の減殺をも視野に入れたものでなければならない。当事者の主張立証の方針は相手方の出方に依存する側面があるからである（例えば，自白が成立した部分については立証の必要性がなく，また自白した当事者が敗訴を免れるためにはこれに対する抗弁の主張立証が不可欠となるなど。）。当事者の攻撃防御がこのような性格を内在するものである以上，審理を充実させ，かつ，効率的なものとするには，相手方に攻撃防御方針を予告し反論等の準備の機会を十分に与えることが必要となる。これを実現するための手段が準備書面制度である。法が準備書面の記載事項を法定するのは，訴訟資料の充実を期待するとともに，相手方への予告機能を重視する趣旨である。

　　また，当事者が主体的に十分な弁論の準備をするためには，あらかじめ必要な情報や証拠を収集しておくことが有益であるし，収集された資料を分析した結果によっては，より適切な紛争解決方法を選択することも事実上可能となる。そして，将来における訴訟の相手方の支配圏内の情報に接することが可能である場合には，より大きな効果を期待することもできる。このような観点から，法は，提訴前証拠収集処分制度と訴え提起後における当事者照会制度を設けている。

2　準備書面
(1) 意義

　　口頭主義，弁論主義の観点から，判決の基礎となる訴訟資料は，口頭弁論において現実に陳述されたものに限られるが(注1)，口頭弁論において，唐突に新たな主張等が提出されると，相手方当事者の調査や裁判所が更なる審理のために期日の続行を余儀なくされ，審理の混乱ないし渋滞が生じるおそれがある。これらの問題を回避して，審理を適正かつ充実したものとし，その迅速化を図るための手段として準備書面制度がある。すなわち，口頭弁論は，書面で準備しなければならない（法161条1項）とされ，この書面を準備書面という。準備書面とは，口頭弁論に先立って，予定されている弁論の内容を相手方に予告する書面で，攻撃防御方法及び相手方の主張に対する応答内容を記載したものである。これにより，提出予定の事項を予告することによって相手方の防御機会を保障するとともに，裁判所が審理予定をイメージするのに役立つ。そして，期日前に検討のための時間的余裕をもって，充実した記載のなされた準備書面が提出されることで期日における審理が充実するとともに，総体として審理の迅速化が図られることとなる。

　　訴状には，その必要的記載事項（法133条）のほかに攻撃防御方法を記載することも認められており，その部分は請求を提示するための訴状としての役割に加えて，攻撃防御方法に関する主張を提出するための準備書面の性格を併せもつこととなる（規則53条3項）。

　　被告が作成する準備書面のうち，本案の申立てに対する答弁を記載している書面を，特に「答弁書」という（規則80条）。上記のとおり，争点の早期提示，審理充実の観点から，訴状の

(注1)　そのような適式な訴訟資料の範囲を公証するのが書記官が作成する口頭弁論調書であり，調書に「陳述」と記載するのはこのような理由に基づく。

記載事項の充実（規則53条）と重要な書類の添付が求められていること（規則55条）に呼応して，答弁書についても，訴状の記載事項とタイアップする形で，答弁書固有の記載事項である「請求の趣旨に対する答弁」のほかに，基本的な訴訟資料（請求原因に対する認否及び抗弁，被告からみた予想される争点に関する重要な間接事実）の記載や争点に関する証拠方法の記載を要するものとし（規則80条1項），重要な書証の写しの添付を求めている（規則80条2項）。

以後，原告，被告がそれぞれ反論を要することとなった場合には，その準備書面についても同様の記載と資料添付が求められ（規則81条），審理の充実が図られることとなる。

準備書面の作成・裁判所への提出等は，あくまで「準備」に止まり，書面を作成・提出しても当然に訴訟資料となるものではなく，口頭弁論で陳述して初めて判決の基礎としての訴訟資料となる。

(2) **準備書面の記載事項**

準備書面には，攻撃防御方法（法律上及び事実上の主張とこれらを立証するための証拠方法）と相手方の請求及び攻撃防御方法に対する陳述を記載することを要する（法161条2項）。この点，法は，審理の充実と争点の早期把握を期するため，以下のア～ウのとおり，記載事項の明確化を図っている。訴状，答弁書その他の準備書面に審理の最短距離である主要事実のみではなく，これを推認する間接事実や事件の枠組みを決定する背景事情並びにこれらの事実と証拠との関係が無駄なく記載されていると，裁判所としては，事件の内容や争点の所在をより正確に知ることができ，争点整理の方向性を検討することができる。そして，それは相手方にとっても適切に反論するための前提であるから準備書面の記載事項は，審理の充実と迅速とを図るための調整弁としての役割を担っているといえる。

ア 請求を理由づける事実，抗弁事実，再抗弁事実についての主張とこれに関連する主張とを区別して記載することを要し[注1]，立証を要する事由ごとに証拠を摘示しなければならない[注2]（規則79条2項・4項，訴状につき規則53条1項・2項，答弁書につき80条1項）。また，重要な書証の写しを添付しなければならない（規則81条後段，訴状につき規則55条2項，答弁書につき80条2項）。

イ 相手方の主張する事実を否認する場合は単純否認ではなく，積極的に理由を付した否認であることを要する（規則79条3項）。その趣旨等につき，第6章第8の2(2)参照。

ウ このほか当事者から最初に提出される書面（訴状，答弁書）には原告又はその代理人の郵便番号，電話番号（ファクシミリの番号を含む。）を記載しなければならない（規則53条4項，80条3項）。

（注1） 判決の基礎資料に関する弁論主義による拘束（特に第1原則）の観点からは，主要事実の主張のみでも足りるが，背景事情や紛争に至る経緯など，紛争全体の枠組みを提示するには間接事実や補助事実についても記載するのが望ましい。他方，これらが雑然と記載されているときには，事案の理解を妨げるおそれがあることが考慮されて，これらを区別して記載するものとされている。もっとも，はっきりと区別して記載することがかえって不自然となり，紛争の全体像を分かりにくくする場合もあるので，実務では，事案の特性等に応じて工夫して柔軟に運用している。

（注2） 主張事実と証拠との関連性を明らかにすることは，事案の把握，争点の整理に役立つほか，例えば，相手方及び裁判所が引用された書証となる文書の写しを対比・点検することで，争点に対する理解が深化したり，無駄な証拠を取り上げないことにより審理が効率化したりするなどの効果がある。

第5章　訴訟の審理と進行

(3) 準備書面の提出・送付

　準備書面は，記載した事項につき相手方が準備するのに必要な期間をおいて，裁判所に提出し，かつ，相手方に直送(注1)しなければならない（規則79条1項，83条）。旧法では，準備書面は，裁判所を通じて送達しなければならないとされていたが（旧法243条1項），これは相手方不在延期日における主張の可否という差異をもたらすものにすぎず，厳格な送達の形式による必要はないと考えられることから，簡便かつ経済的に行うことができるようこれを改め，ファクシミリを利用することも可能とされている（裁判所への提出につき規則3条，直送につき47条1項）。また，準備書面の直送は，当事者が相互に誠実に訴訟を追行することを基礎としつつ（法2条），手続保障を付与し合うことにより，当事者による訴訟の審理・進行への主体的関与を促す意義を有するといえる。

　準備書面の直送を受けた相手方当事者は，準備書面を受領した旨記載した書面（受領書面）を準備書面を直送した当事者に対し直送するとともに，裁判所に提出しなければならない（規則47条5項本文）(注2)。なお，この受領書面の直送及び裁判所への提出は，準備書面に限らず，裁判所が送付すべき書面及び当事者が直送しなければならない書面の直送を受けた場合全般に求められているものである。送達に比して簡易な送付方式である直送を採用した場合には，送達による場合と同様の結果が保障される必要があるため，このような行為義務を相手方に義務づけたものであり，法2条の誠実追行義務の具体化とみることもできよう。ただし，実務上，準備書面の冒頭下部に相手方当事者が「副本受領」との記載とともに押印して既に準備書面を受領していることを明らかにすることも行われており，このような実務を前提にして，送付すべき書面の直送をした当事者が，受領した旨を相手方が記載した当該書類を裁判所に提出したときは，重ねて上記のような行為義務を尽くさせる必要はないことから，受領書面の作成・提出を要しないものとされている（規則47条5項ただし書）。

　なお，直送を困難とする事由その他相当とする事由(注3)があるときは，当事者は，裁判所に対し，書記官に送達又は送付を行わせるよう申し出ることができる（規則47条4項）。

(4) 準備書面等の提出期間の裁定

　準備書面等の提出について，相手方の準備に必要な期間を確保するとともに，裁判所が期日に先立ち準備書面等を検討するためには，その提出期間を定めておくのが有益である。すなわち，準備書面が口頭弁論の直前や口頭弁論期日当日に提出されるなどすると，期日が実質的に空転しがちとなる。そこで法は，裁判長が準備書面等（主張及び証拠の申出(注4)）を提出

(注1)　直送とは，一方当事者が相手方当事者に対し，裁判所を介しないで直接に行う送付である。
(注2)　準備書面が提出された場合，書記官は，相手方の受領書が提出されているか，あるいは提出された準備書面に相手方が受領した旨の記載があるかどうかを点検することを要する（規則47条5項）。
(注3)　直送は相手方の任意の受領という協力が必要なものであること，受領書面の作成・提出という行為義務が課されており，適切に手続を理解して義務を尽くすことが期待されていることなどを考慮して，実務では，任意の協力が期待できない場合のみならず，法的手続についての習熟度などを考慮して比較的緩やかに書記官による送達も利用されている（費用対効果の観点から導入されたものであるから，当事者が費用を負担する意思で申出がなされている以上，厳格に限定する必要は高くはない。）。
(注4)　当事者の訴訟活動に対する期間設定の裁定としては，控訴審における法301条1項がある。もっとも，法162条は具体的な事項に対する主張又は証拠の申出を対象としており特定性が要求されるのに対し，法301条1項は攻撃防御方法レベルだけでなく，請求レベルにおける訴訟行為をも含む概括的な裁定（つづく）

すべき期間を定めること（法162条）^(注1)によって、当事者の準備活動と訴訟進行に指針を与えて、審理の効率化・充実化を図ることができるものとしている。これにより、裁判所が期日前に準備書面や証拠の申出を受けてその内容を確認して、訴訟の進行予定を策定したり、必要に応じて期日外釈明（法149条、規則63条）をしたりするなどして、期日における審理を充実させることが期待されている。

(5) **準備書面の提出・不提出の効果**

ア　不記載・不提出の効果

相手方が在廷していない口頭弁論においては、原則として新たな主張を提出することはできない。しかし、相手方に送達済み又は相手方が受領書を提出している準備書面に記載された事実であれば^(注2)、口頭弁論において主張すべき事実が予告されている以上、その主張を許しても不意打ちにはならないため、例外的に提出することが許される（法161条3項）。

相手方が出頭した場合には、準備書面に記載のない事項でも、またこれと矛盾することも陳述することができる。もっとも、準備書面で予告していない事項については、相手方は即答できない場合が多いため、続行期日の指定と別途準備書面の提出が必要となる。

イ　記載・提出の効果

相手方が欠席した場合であってもその記載事実を主張することができる。そのために擬制自白が成立することもあり得る（法159条3項・1項）。また、準備書面を提出しておけば、最初の期日に欠席しても、その記載事項を陳述したものとみなされる（法158条）。

3　**提訴前証拠収集処分等**

(1) **制度趣旨**

前述したように、充実した審理を迅速に行うためには、裁判所が早期に事案の実相を把握することが必要であり、そのために法は準備書面制度を設けて、当事者が主体的に訴訟資料を収集して提出することを要請しているのであるが、その前提として当事者があらかじめ必要な情報や証拠を入手しておくのが適切な場合がある。提訴前証拠収集処分制度は、当事者による主体的な争点整理のための前提条件を整備する趣旨で平成15年改正法で創設されたものである。訴え提起前に利用可能な具体的な証拠収集手続としては、提訴前照会、提訴前証拠収集処分とがあり^(注3)、これらを利用しようとするときは、その前提として提訴予告通知を

（つづき）　期間の設定を予定している点が異なる。これはすでに第一審を経ていることが考慮されているものである。

(**注1**)　これは訴訟指揮上の裁判の形式でなされるものである。なお、裁判所がその提出期間を定めるに当たっては、調査事項の性格や準備に要する見込み期間、当事者の特性等に配慮して決定されるのが通例である。そうすると、書記官が準備書面の提出期限を管理するに際しては、期限到来を待ってから督促等を行うのでは提出期限を定めた意味が失われるし、他方、あまりに早く督促等を行うと、上記のとおりの諸事情を勘案して決定した裁判所の訴訟指揮を軽視することにもなりかねないので、適切な期限管理を行うバランス感覚が書記官に求められる。

(**注2**)　同条の不意打ち防止機能を重視して、同条にいう「事実」には証拠の申出も含まれると解するのが通説である。

(**注3**)　このほか、証拠保全も訴え提起前における証拠収集手段として利用されることがあるが、従前の実務では、本来的な趣旨とはやや異なり、探索的模索的に利用され、現実的な機能としては、証拠開示的な利用がなされてきたといわれている（第6章第6参照）。

第5章　訴訟の審理と進行

しなければならない(注1)。

(2) 提訴予告通知

予告通知は，訴えを提起しようとする者が訴えの被告となるべき者に対し，書面でしなければならず，この予告通知には，提起しようとする訴えに係る請求の要旨及び紛争の要点を記載しなければならない（法132条の2第1項・3項）。予告通知は，後述する提訴前照会及び提訴前証拠収集処分の前提となる基礎要件であるから，そこには紛争としてのある程度の成熟性が求められるけれども，他方において，厳格な記載を求めることも要件として適さないことが考慮されている(注2)。

(3) 提訴前照会(注3)

ア　予告通知者の提訴前照会

予告通知をした者は，訴えを提起した場合の主張又は立証を準備するのに必要であることが明らかな事項について，相当の期間を定めて，書面で回答するよう，照会をすることができる。これは平成8年改正法で創設された当事者照会制度（第5章第8の4）を提訴前段階にも導入したものであるが，裁判所が介在しない段階での当事者間での直接のやりとりを認めるものであるため，当事者照会制度よりも慎重な濫用防止策を講じておく必要がある。そのため，照会事項が主張又は立証を準備するのに必要であることが「明らかな事項」であることを要することとして限定が加えられており，除外事由も，法163条1号ないし6号に規定する当事者照会の除外事由（法132条の2第1項1号）のほか，相手方又は第三者の一定の私生活上の秘密事項や営業秘密事項も除外事由として，これを拡大している（同項2号・3号）。

イ　被予告者の提訴前照会

予告通知を受けた者は，予告通知を発した者に対して返答する義務を負うものではないが，予告通知書に記載された請求の要旨及び紛争の要点に対する答弁の要旨を書面で返答したときは，予告通知者と同一の要件の下で，提訴前照会を行うことができる（法132条の3第1項）。

ウ　提訴前照会の期間限定

予告通知者又は被予告通知者の提訴前照会は，予告通知をした日から4か月以内に限っ

（注1）　提訴前手続の目的と制度設計
提訴後に必要となる提訴資料の収集を目的とする先駆的手続であることは明らかであるが，起訴命令制度が併設されておらず提訴へ誘導していないこと，また，提訴前手続で収集された資料が後の訴訟においてどのような要件の下に利用されるのかという特段の規制がなく，後の訴訟手続との連携が必然的なものとされていないことなどからすると，提訴前手続を利用して証拠を収集分析した結果，提訴を断念し，和解による紛争解決に至ることは，制度目的が意図するものではないが，禁ずるまでもないものとして制度が設計されていると解される。
（注2）　予告通知書の記載事項について，訴状の記載事項と同程度のものを要求すれば，訴訟係属を発生させるものと同様の記載を求めることとなり，要件が厳格にすぎて制度を設置した意義が失われてしまうおそれがある。他方，訴訟係属前であることを重視してあまりに緩やかに解すると，そもそも要件として要求する意味が失われてしまうという関係にある。
（注3）　提訴前照会の適法性審査や除外事由の該当性について裁判所が審査する仕組みがとられていないのは，訴訟外における，当事者の主体的かつ自律的な訴訟準備活動の確立を期待する制度であるといえる。

第 8 　口頭弁論の準備

てすることができる（法132条の 2 第 1 項，132条の 3 第 1 項）。期間が限定されたのは， 4 か月の期間があれば，提訴準備に必要な情報や証拠の収集を適切に行うためには十分と考えられるほか，いつまでも提訴前照会をすることができるとすると，被予告通知者等の地位が不安定になることを考慮したものである。最初の予告通知から 4 か月経過すれば，予告通知をしなおしても，提訴前照会はできない（法132条の 2 第 4 項，132条の 3 第 2 項）。

(4)　提訴前証拠収集処分

ア　要件

予告通知者，又は返答をした被予告通知者は，裁判所に対し，提訴前証拠収集の処分を求めることができる。この申立てをするには，申立人は立証事項を特定しなければならない（法132条の 6 第 5 項による法180条 1 項の準用）(注1)。裁判所は，(a)提訴後立証に必要であることが明らかな証拠について，(b)申立人が自ら収集することが困難であると認められるときに限って，提訴前証拠収集の処分をすることができる（法132条の 4 第 1 項）(注2)。

裁判所は，前記(a)及び(b)の要件があっても，当該証拠の収集に要すべき時間や嘱託を受ける者の負担が不相当なものとなるとき，その他の事情から相当でないと認めるとき(注3),(注4)は，処分をすることができない（法132条の 4 第 1 項ただし書）。処分を命じた後にこのような事情から相当でないと認められるに至ったときは，処分を取り消すことができる（法132条の 4 第 4 項）。

イ　処分

法132条の 4 が定める証拠収集処分は以下の四つである。 1 号ないし 3 号の嘱託を受けた者はこれに応じる義務はあるが，この義務に違反しても制裁を課せられることはなく，この点で証拠保全手続とは異なる。また， 4 号の現況調査が命じられたり，特定の物について 3 号の意見陳述の嘱託がなされたりしても，対象物（特に不動産）の権利者は，訴訟法上受忍義務を負わないので，権利者の協力を得て調査することになる。

(ア)　文書の送付嘱託（法132条の 4 第 1 号）

文書の典型的な例としては，医療関係訴訟におけるカルテ（相手方病院以外の病院に対するもの）や交通事故訴訟における実況見分調書等の事件記録が挙げられる。このほか，薬害事件の場合における副作用の症例報告や薬の製造承認の関係書類，あるいは，消費者金融事件での取引履歴帳簿類などが挙げられる。

(注 1)　その意味で，いわゆる模索的証明が許されたわけではない。
(注 2)　証拠保全の要件より緩やかなものとされている。
(注 3)　嘱託対象や調査対象が著しく多量ないし甚だしく広範囲であるとき，過重な負担を強いるものであるとき，存在しないことが明らかなものを対象にしているときなどは，相当性を欠くということができる。また，相手方拒否の態度が明らかである場合や嘱託先・調査先が任意協力を拒否することが明らかな場合も相当でないといえる。ただし，相手方が不相当との回答をしても，嘱託先が応ずる旨回答をしたときは，嘱託することは可能である。
(注 4)　代替手段の存在と相当性
弁護士照会が可能であることや証拠保全が可能であることをもって直ちに相当性を欠くとはいえない。ただし，弁護士照会を行っても回答を得られなかったときは，「困難」と認定する要因として働くということはできる。

第5章　訴訟の審理と進行

　　　(イ)　官公署等に対する調査嘱託（法132条の4第2号）
　　　　資料に基づいて容易に調査することができる客観的事項について行うものとされている手続である。具体的には，気象台による特定の日時場所等の気象の調査，取引所による商品の売買当時の相場の調査，外国領事館による外国法の内容の調査などのほか，預金残高や口座の取引履歴（銀行は本人の同意を必要としている。），文書偽造が問題となる場合における印鑑登録の有無，盗難が問題となる場合の被害届の有無などが考えられる。
　　　(ウ)　専門家に対する意見陳述嘱託（法132条の4第3号）
　　　　簡易な鑑定としての機能を果たすもので，複雑かつ本格的な証拠調べとしての鑑定を行うわけではない。例えば，建築紛争において，建物の施工状況や補修に必要な費用額について建築士に意見を求めたり，境界確定訴訟では，当事者双方が主張している境界は一体どこで，それを図面にするとどうなるかということについて土地家屋調査士に意見を求めたりすることが考えられる。このほか，筆跡についての意見の陳述や親子関係不存在確認請求事件におけるDNA判定も含むとされている。
　　　(エ)　現況調査（法132条の4第4号）
　　　　検証類似の役割を果たすものであるが，複雑な場合や調査に長期間を要するものは含まれない。例えば，境界紛争や不動産関係紛争で，早期に現状を特定しておく必要がある場合や不動産の占有関係を調査することが考えられる。
　　ウ　手続
　　　証拠収集の処分は，管轄裁判所が，申立てに基づいてする。管轄裁判所は，各処分ごとに定められている（法132条の5第1項）。移送は管轄違いの場合にのみ認められる（法132条の5第2項，16条1項）。申立権者は，予告通知者及び返答をした被予告通知者である（法132条の4第1項）。申立てに際しては，証明すべき事実を特定し（法132条の6第5項，180条1項），提訴前証拠収集処分の要件を疎明しなければならない（規153条3項，52条の5第6項参照）。
　　　裁判所は，証拠収集の処分をする前に，相手方の意見を聴かなければならない（法132条の4第1項）。嘱託事項の調整や修正，意見陳述・現況調査の実施期日の調整などにつき，裁判所が介入して調整することは予定されていない[注1]。
　　　証拠収集の処分をする場合には，嘱託に係る文書の送付，調査結果の報告又は意見の陳述をすべき期間を定めなければならない（法132条の6第1項）。
　　　証拠収集処分の申立てについての裁判[注2]に対しては，不服申立てをすることができない（法132条の8）。提訴前手続で申立てが却下されても，提訴後本案において証拠調べの申出を

（注1）　もっとも，第三者への調査嘱託事項につき，不相当なものが含まれているときは，それを削除・訂正させるために，裁判所がこれを検討するという関与はあり得よう。また，やや問題のありそうな現況調査については，手続の円滑確保のため，発令前に執行官に対して意見聴取をすることも考えられよう。
（注2）　法132条の4第1項の処分の申立てについての裁判の名宛人は，認容・却下に関わらず申立人のみである（相手方は，特定のため決定書に記載されるにすぎない。）。しかし，相手方や嘱託先・執行官など意見聴取（規則52条の7第1項）を受けた関係者の手続に関与した利益を考えると，これらの関係者に対しては，裁判の結果を相当な方法で告知することが適当である。

する機会があるからである。なお，申立ての裁判に関する費用は，申立人の負担である（法132条の9）。

エ　収集結果の利用

提訴前証拠収集の結果は，送付嘱託文書はもちろん，調査嘱託の結果及び現況調査の結果報告や専門家の意見陳述も，書面でしなければならないので（法132条の6第2項），いずれの場合も書面で裁判所に提出されることになる。裁判所は，書面を受け取ったときは，申立人及び相手方の利用に供するため，通知を発した日から1か月間，受け取った文書，調査報告書及び意見陳述書を保管しなければならない（法132条の6第4項）。申立人及び相手方は，提訴前証拠収集処分の事件記録の閲覧等を請求して，証拠収集の結果を利用することができる（法132条の7第1項）[注1]。

4　当事者照会制度

(1)　意義

当事者が口頭弁論の準備を効果的に行うためには，事案によっては，相手方の支配領域内の情報にアクセスする必要が生じる場合もある。そこで，このような場合に，裁判所を介さずに，当事者間での照会と回答によって主張又は立証を準備するために必要な情報を直接に入手できるようにするため，提訴前証拠収集処分等に先立ち平成8年改正法で当事者照会制度（法163条）が導入された。

(2)　要件

ア　当事者照会ができるのは訴訟の係属中に限られる。訴訟の係属中にあっては，当事者は訴訟を迅速適正に完結させるため相互に協力すべき関係にあるといえる（法2条）のに対し，訴え提起前にはそのような関係にはなく，濫用のおそれもあるため，提訴前証拠収集処分では時期的限定が加えられている。

イ　当事者照会の対象は，主張又は立証を準備するために必要な事項でなければならない。反対に，そのような事項であれば，他に代替手段があるか否かを問わない。文書提出命令の申立ての前提として，文書の特定手続（法222条）を利用せずに，当事者照会制度によって文書の表示を明らかにすることや，医療過誤訴訟において手術・投薬に関与した看護婦等の氏名・住所を証人申請の前提として明らかにすることなどを求めることが考えられる。

ウ　照会・回答は，無用な派生的紛争が生ずることを回避するため，いずれも書面ですることが必要である（規則84条参照）。

エ　照会をするに当たっては，相当の期間を定めなければならない。この期間設定は，相手

（注1）　送付嘱託文書や調査嘱託に係る結果報告書が提訴後書証として利用できるとの解釈に問題はない。しかし，専門家の意見陳述書と現況調査報告書については議論がある。提訴前証拠収集処分が証拠調手続として構成されていないこと，しかし他方，「中立的な第三者的立場」を有する専門家が作成することも考えると，提訴後証拠として利用できないと解するのは制度効果の点からみて問題であるとされている。この点，実務的には，提訴前証拠収集処分が証拠調手続ではないのはそのとおりであるとしても，実質的に重複する内容のものを無益に重ねて施行するということは想定し難いし，他方，提訴前証拠収集処分が行われていたとしても，その一事をもって本案における証拠の申出を排斥することもまたあり得ないというべきである。このように考えてくると，争点整理の過程で，争点の性質や軽重のほか証拠収集処分の結果を踏まえるなどして証拠調べの要否を裁判所及び両当事者間で十分に協議を尽くすことが必要であろう。

第5章　訴訟の審理と進行

方の準備期間という側面と，期間内に回答がない場合に照会者が速やかに次の手段を講ずることを可能にするという側面がある[注1]。

(3) 回答義務

照会を受けた相手方は回答の義務を負う（法2条）。とはいえ，あくまで当事者照会は，当事者間の訴訟関係上の行為であって，回答しないことが当然に訴訟に影響をもたらすことにはならない。また，不回答に対する法律上の制裁はない。

不回答の事実を相手方の不利益な訴訟資料として利用したい場合には，その事実を弁論で指摘することによって，弁論の全趣旨等を通じて，裁判所の自由心証による評価をまつことになる。

(4) 除外事由

制度の濫用を防止する必要があるため，次の事由に該当する場合には，相手方は回答義務を負わないこととされている（法163条1号～6号）。

ア　具体的又は個別的でない照会
イ　相手方を侮辱し，又は困惑させる照会
ウ　既にした照会と重複する照会
エ　意見を求める照会
オ　相手方が回答するために不相当な費用又は時間を要する照会
カ　証言拒絶事由（法196条，197条）と同様の事由がある事項についての照会

第9　争点及び証拠の整理手続

1　総説

争点及び証拠等の整理（争点整理）は，立証すべき事実を明確にして，これについて集中的な証拠調べを行い（法182条），充実した審理を実現するための不可欠の前提であると考えられる。すなわち，適正な裁判を実現するには，裁判所が，当事者間に争いのない事実及び客観的な証拠によって確実に認定し得る事実から社会的紛争としての事件の大きな枠組みを把握し[注2]，そ

(注1)　回答期限を定める意味は，当該期限までに回答がなかったときは，当事者としては，裁判所に対し事実上の釈明を求めたり，証人尋問等を通じて照会事項について引き出したり，あるいは証拠保全を利用したりするなど，他の方法の利用を検討する段階に進み得るという点にある。回答期限を定めないと，いつ回答がなされるのか不明であるため，時機を逸する可能性がある。

(注2)　したがって，ここにいう「事実」は主要事実に限られない。すなわち，争点整理とは，訴訟物に関して十分な主要事実が主張されているか，これに関連する間接事実としていかなる事実があるか，また，必要に応じて，紛争の背景事情はどのようなものか等を認識・確定し，これらの事実に関する証拠を挙示し，書証については認否（の予定）を確認して，争いのある事実と争いのない事実とを区別し，証拠調べの対象を限定してゆく作業をいう。これにより，争点を絞り込み，あるいはより具体的に深化させて，集中証拠調べのターゲットを明確にするものである。ちなみに，争点整理作業には，①論理型争点整理と②事実型争点整理の2タイプがあるとの指摘がある。①論理型争点整理とは，原告の提示した訴訟物に関する要件事実を基準にして主要事実と重要な間接事実を論理的に整理し，それらの認否を確認することで争いのある事実と争いのない事実とを区別して，人証調べの必要のある事実を明確にするタイプをいい，これは訴訟が終結段階にあると仮定し判決ではどうなるかを視野においた争点整理である。②事実型争点整理とは，訴訟物・主要事実レベルの主張や法律構成の当否等に必ずしもとらわれずに，訴訟の背景事情等をも含めた　（つづく）

第9　争点及び証拠の整理手続

の枠組みの中に個々の争点を位置づけ，これを踏まえて各争点についての証拠を吟味することが必要となる。闇雲に主張や証拠が提出されても仮定的主張が増加するのみで，審理が散漫になり，いたずらに長期化するだけであって，適正かつ迅速に紛争を解決することは困難である。むしろ当事者及び裁判所が，率直に，事実関係，争点，証拠及び立証計画等について議論をし(注1)，その結果，集約された真の争点に対し必要にして十分な主張立証を展開することにより，当事者の納得が得られ，迅速にして適正な解決を導くことが可能となると考えられる(注2),(注3)。そこで，法は争点及び証拠を整理し，当事者及び裁判所の間での事件の実相についての認識を共通にして，集中証拠調べへ連携させてゆくための手続を整備した。そしてその手続も，事件の内容・性質に応じて適切に手続を選択できるよう機能的に分化させ，それぞれ特色のある3種類の手続（準備的口頭弁論，弁論準備手続，書面による準備手続）を設けている(注4),(注5)。

（つづき）　社会的紛争の全体像が把握できるような事実についても認否と反論を求め，裁判所が訴訟運営を行う上での情報提供を受けることをも企図するタイプをいう。これは訴え提起に至る事情を考慮し，訴えの変更や主張等の変更までも視野に入れたものである。争点整理のモデルとして，①で十分か，②が可能かなど議論の余地はあるが，事案の性質，必要性等を勘案しつつ事件に応じた争点整理の在り方を考える上で参考となろう。

(注1)　争点整理では，主張立証責任の所在を把握しつつも，これに拘泥することなく率直に議論し資料を開示することによって，審理を円滑に進める姿勢が当事者及び裁判所に求められることもあろう（法2条参照）。この点に関し，証明責任を負わない当事者の事案解明義務を提唱する学説も現れている。判例においても，原子炉設置許可処分の取消訴訟の事案について，「被告行政庁がした右判断に不合理な点があることの主張，立証責任は，本来，原告が負うべきものと解されるが，当該原子炉施設の安全審査に関する資料をすべて被告行政庁の側が保持していることなどの点を考慮すると，被告行政庁の側において，まず，その依拠した前記の具体的審査基準並びに調査審議及び判断の過程等，被告行政庁の判断に不合理な点のないことを相当の根拠，資料に基づき主張，立証する必要があり，被告行政庁が右主張，立証を尽くさない場合には，被告行政庁がした右判断に不合理な点があることが事実上推認されるものというべきである。」（最一小判平4.10.29民集46－7－1174［19］）として，当事者の立証負担の公平化を図る趣旨に出たと思われるものがある。一般化は困難であるとしても，このような判例の趣旨や規則79条3項を踏まえて実質的な討議・審理をすることも必要であろう。

(注2)　法は，争点整理手続とその後の集中証拠調べとを有機的一体性を有する手続として構想する（法182条，規則101条）。もっとも，確認された争点の性質・内容，立証計画等によっては，集中的に人証調べをするのに適さない事件もあり得ると考えられ，争点整理手続に入った事件のすべてが集中証拠調べの対象となるわけではないと考えられる。

(注3)　争点整理においては，争点の特定，限定，深化という作業が行われるのが通例であるが，争点が複数にわたる場合にはその格付けを含めた協議も行っている。これは，証拠の採否，尋問事項を絞って時間等の設定を行おうとする場合，これらの事項について詰めた争点整理がなされず，単に羅列された争点について証拠調べがなされる場合には，そのような争点設定・確認について，当事者に不満，不安が残り，手続保障の実質的意義が失われるおそれがあるからである。

(注4)　従前は争点等の整理手続として準備手続が存在したが，失権効の存在などから十分に機能しておらず，しかも，口頭弁論は書面交換の場と化しているとの指摘があった。そして，これでは当事者双方から主張が出揃うまでに長期間を要する上に，必ずしも嚙み合ったものにはならないおそれがあり，争点が不明確なままに証人尋問等の証拠調べに入る事件も少なくなく，それが訴訟遅延の原因となっていると言われていた。こうした状況に対する反省に立って，当事者と裁判所が率直な意見交換を行うことによって争点整理を行う「弁論兼和解」と呼ばれる手続が実務上の工夫から生まれ，審理の充実・促進に成果を挙げているとの報告がなされていた。しかし，これに対しては法律上の根拠や公開原則との関係等について疑義があったため，運用上の改善・工夫には限界があるという指摘もあった。そこで，「弁論兼和解」の成果を　　（つづく）

第5章　訴訟の審理と進行

また，直接的には争点整理を目的とするものではないが，規則95条以下において，進行協議期日という審理計画を策定するための制度を設けている。

2　準備的口頭弁論

(1)　意義

準備的口頭弁論とは，口頭弁論を争点及び証拠の整理の目的のために利用する場合をいい，これにより争点を確定した後に人証調べを行う口頭弁論とは，段階的に区別される。旧法でも，口頭弁論を準備目的に利用する運用方式を取り入れていたが（旧規則26条），具体的細目については規定がなかった。そこで，法は，準備的口頭弁論を，公開法廷における争点整理を相当とする事件類型に適する手続として位置づけて必要な規定を整備することとした。いわば「公開法廷型争点整理手続」であり，社会の耳目をひく事件や，当事者や関係人が多数の事件などがこれに適するであろう。

(2)　開始手続

争点及び証拠の整理をする必要があり，かつ，そのための手続として一般公開の手続を選択することが相当であると認められる場合には，裁判所は，準備的口頭弁論を開始する旨の決定をする（法164条）。

(3)　実施場所

準備的口頭弁論は，裁判長が指定した期日（法139条）に，公開法廷（ラウンドテーブル法廷を含む。）で行われる。

(4)　なし得る訴訟行為

争点整理目的との制約は存在するものの，準備的口頭弁論も口頭弁論であって，一般の口頭弁論や準備書面に関する規定（法139条，148条～162条）がすべて適用される。したがって，準備的口頭弁論においては，争点整理に関係がある限り，証拠調べを含め，あらゆる行為をすることができる[注1]。

（つづき）　勘案しつつ，規定を整備し合理化して機能的に分化させたのが3種の争点整理手続である。これらの争点整理手続の特色としては，①紛争の多様性に対応すべくメニューの多様化を図ったこと，②各手続開始要件及びなし得る訴訟行為を明確化し，利用しやすさを考慮したこと，③争点が確認された場合には，集中証拠調べへの連携を実効的なものとするため，結果の確認を要するとされていること，④電話会議装置等のOA機器の活用により手続の効率化，迅速化を図ったことなどを挙げることができる。加えて，そもそも争点整理は，裁判所の積極性のみでなし得るところではなく，事件の事実関係を最もよく知る当事者が積極的に参画しなければ有効適切に行うことができない。そのため，法も手続開始に当たり当事者の意見を聴取してその意向を反映させるとともに，弁論準備手続にあっては，当事者に手続離脱を保障しており（法172条ただし書），当事者の主導性を明確にしている。

(注5)　3種の争点整理手続の間には，原則＝例外の位置付けはなく，事件の性質や規模，難易度，当事者の出頭の容易さなどに各手続の特色を勘案して適切に選択し運営することが重要である。当事者・裁判所にとって最も効率的な手段は何か，何を目的として何をしようとしているのかが，当事者に明確に認識できる訴訟運営が要請されている（手続の合理性，公平性，透明性，相当性）。

(注1)　準備的口頭弁論においては，書証の申出を受けて，これを採用し，その取調べをすることはもとより，争点等の整理のために必要であれば，その限度で，証人尋問や当事者本人尋問，鑑定を行うことも可能である。しかしながら，法は，争点を整理した上で集中的に証拠調べを行う審理モデルを採用しているのであるから，準備的口頭弁論において証人等の尋問をするのは，争点等の整理のために必要な限度とされよう。とはいえ，文書以外の証拠調べも可能であることは，他の争点整理手続に比して準備的口頭　（つづく）

第9　争点及び証拠の整理手続

(5) 準備的口頭弁論の終了

準備的口頭弁論は争点整理が完了するまで継続される（ただし，法166条）。証拠調べによって証明すべき事実が裁判所に明確になった時点で，裁判所は，準備的口頭弁論を終了する旨の決定をして，集中証拠調べへ移行する。準備的口頭弁論を終了するに当たり，裁判所は，その後の証拠調べにより証明すべき事実を当事者との間で確認することによって（法165条1項），争点認識を共通にし，その後の集中証拠調べが争点に絞り込まれた，的確で，効率的な尋問になるよう配慮しなければならない。そして，当事者との間で争点が確認された場合には，裁判長は，相当と認めるときは，当事者に争点及び証拠の整理の結果を要約した書面を提出させることができ（法165条2項），その提出期限を定めて遅延を防止することもできる（規則86条2項）。また，裁判所は，相当と認めるときは，裁判所書記官に要証事実を準備的口頭弁論調書に記載させなければならない（規則86条1項）。

なお，準備的口頭弁論において収集獲得された資料は，他の争点整理手続における場合とは異なり，当然に訴訟資料となり，後の口頭弁論に連携・接続するための特段の手続を要しない。

また，争点整理に対する当事者の不協力が明らかなとき，すなわち，当事者が期日に出頭せず，又は準備書面等の提出期間内に準備書面若しくは証拠の申出をしないときは，裁判所は，準備的口頭弁論を終了することができる（法166条）。

(6) 準備的口頭弁論終了の効果

準備的口頭弁論終了後に攻撃防御方法を提出した当事者は，相手方の求めがあるときには，相手方に対し，準備的口頭弁論の終了前にこれを提出できなかった理由を説明しなければならない（法167条）。これは，期日において口頭でする場合を除き，書面でなすことを要し，期日において口頭でした場合には，相手方は説明内容を記載した書面を交付するよう求めることができる（規則87条）(注1)。

〔準備的口頭弁論のイメージ〕

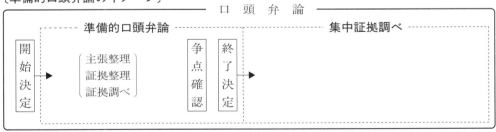

(つづき)　弁論が有する特色の一つではある。
(注1)　これは訴訟上の信義則（法2条）の具体化の一つであって，当事者間で争点を確認するところまで煮詰めながらこれを反故にする者に対しソフトなサンクションを加えるものである。すなわち，争点整理終了後に攻撃防御方法を提出した当事者が，法167条による説明要求に応じず，又は適切な説明をすることができない場合には，その相手方は提出者の訴訟追行態度や規則87条の書面を資料として，故意・重過失を立証して，当該攻撃防御方法の却下の申立て（法157条1項）をする途が開かれることになる。このように，説明要求に対し的確な回答ができないような攻撃防御方法を提出した場合には，その攻撃防御方法が却下される危険を負うことによって，準備的口頭弁論における争点等整理の実効性が確保されることになる。

第5章　訴訟の審理と進行

3　弁論準備手続
(1)　意義
　　弁論準備手続とは，口頭弁論期日外の期日において，争点及び証拠の整理を目的として行われる手続である。旧法の準備手続の問題点を解消し[注1]，実務における訴訟運営改善の過程で考案された弁論兼和解の長所を取り入れ，その短所を除去するなどして[注2]，諸規定を整備したものであり，「法廷外関係者公開型争点整理手続」といえる。これは事案の性質上，必ずしも一般公開を要しないものや，多数の書証を整理したり，図面やビデオテープの内容を確認したりしながら機動的に争点整理を進めるものなどに適する手続類型といえる[注3]。

(2)　開始手続
　　争点整理の必要があるときは，裁判所は，事件を弁論準備手続に付することができる。この決定をする際，裁判所は，当事者の意見を聴くことを要する（法168条）。これは準備的口頭弁論に比して，この手続内でなし得る行為には限定があるため，当事者の利害に密接に関係するし，当事者の意向を無視してこの手続を選択しても争点整理の実効性を確保することが

（注1）　旧法における準備手続は，争点整理機能の観点からみると，①準備手続裁判官の権限が十分ではなかったこと，②準備手続終結の効果として失権効が規定されていたため，失権をおそれ，仮定的主張や必ずしも必要とは思われない証拠の申出がなされ，審理の拡散が避けられなかったこと，③要約調書等の作成負担の重さが心理的な制約となり，利用を遠ざけていたことなどが指摘されていた。このような問題点を解消するため，弁論準備手続を創設するに際しては，①につき，裁判所の権限及びなし得る訴訟行為を明確化し（本文(4)参照），②につき，失権効を採用せずに，手続終結後に新たな攻撃防御方法を提出した当事者に対しては，相手方から説明を求められるという形でのソフトなサンクションを採用することで争点整理の実効性を確保しようとしている（本文(6)参照）。

（注2）　弁論兼和解の効用としては，①法廷を使用しないことで時間的に余裕のある期日を指定することができること，そのため，②口頭での協議を通じて紛争実態及び問題点についての相互理解を深めることができ，争点整理ないし和解勧試の機運が生じやすいこと，③書記官の立会を要しないものとして運用することにより，書記官が調書作成，送達その他の事務を行う時間的余裕を捻出することができることが挙げられていた。これに対し，弁論兼和解の問題点としては，①′口頭弁論の実質を有しながらも公開を予定しない準備室や和解室で実施することが公開原則に反するのではないか，②′文書の証拠調べを行うことは，争点整理のために必要であることは理解できるとしても，口頭弁論と準備手続しかない旧法の制度下において，明文なくして非公開の場で文書の取調べを行うことが可能なのか，③′書記官という人的資源の有効活用の視点は理解できるとしても，口頭弁論であるとすれば，書記官は必ず立ち会って調書を作成しなければならないはずであるのに，上記③の運用は果たして可能なのかという疑問が提起されていた。
　　前記のような長所を合理的な規制を加えながら導入するとともに，上記のとおりの解釈運用上の疑義を解消するものとして弁論準備手続が創設されたものである。すなわち，①公開原則は口頭弁論に連携した後に充足されるものとして，争点整理過程そのものについては関係者公開とすることとして明文規定を設け，②も書証と人証とを明確に区別する思考を採用して，書証手続を可能とする旨の明文規定を設け，③についても口頭弁論そのものではない争点整理手続である弁論準備手続については，協働的訴訟運営（役割認識と裁判官との連携による円滑かつ良質な司法サービスの提供）の観点からみて，真に有効適切な期日への立会（選別立会）を可能にしているものと解される。

（注3）　この手続の特色としては，①原則非公開であること，②法廷外手続であるため機動性に富むこと，③電話会議装置を利用して一方当事者が不出頭でも期日を開くことができることなどを挙げることができ，利便性が高い。もっとも，④この手続内でなし得る訴訟行為に限定が加えられているほか，⑤準備的口頭弁論とは異なり，弁論準備手続のままで訴訟手続を終結することはできないなどの制約面も考慮にいれて手続選択を適切に行う必要がある。

困難であると考えられるため，事前に意見を聴取することを要するという趣旨である。

裁判所が口頭弁論期日を開いて，当事者と審理の進行を協議した上で事件を弁論準備手続に付すのが通例であるが，当事者に異議がないときは，法139条，規則60条1項本文の例外として，最初の口頭弁論期日の指定に代えて，弁論準備手続に付す旨の決定をすることもできる（規則60条1項ただし書）(注1)。

なお，弁論準備手続の主宰者は，受訴裁判所であるのが原則であるが，その構成員である受命裁判官に行わせることができる（法171条1項）(注2)。

(3) 実施場所──当事者の立会権と関係者公開

弁論準備手続は，一般公開を要しない。これは公開型手続である準備的口頭弁論との対比において，弁論準備手続の特色の一つということができる。すなわち，争点整理を的確に行うには，紛争の背景事情をも明らかにしなければ十分ではないこともあり，それは純然たる私事にわたることもあり得る。このような場合は，公開になじまないということができよう。また，率直な意見交換と緊密な協議を通じて争点整理の精度を高めるためには，むしろ非公開の場の方が円滑になし得るともいえる(注3)。

攻撃防御の機会を実質的に確保するため，当事者双方の期日立会権が保障されている（法169条1項）(注4)。また，傍聴の可否については，基本的には裁判所の裁量事項と解されるが（同条2項本文），当事者が求めた傍聴人については，手続を行うのに支障を生ずるおそれがある場合を除き(注5)，裁判所は傍聴を許さなければならない（同項ただし書）(注6)。

(4) なし得る訴訟行為

弁論準備手続の審理に関する規律については，口頭弁論の規定の準用がある（法170条5

(注1) 当事者の一方が遠隔地所在等のため電話会議の方法で期日を実施するのが相当な場合や訴え提起前の交渉経過等に照らし早期に実質的な争点協議を行うことが可能かつ相当な場合等に利用されている。
(注2) 後述のとおり，受命裁判官が主宰する場合には権限の制約がある（法171条2項参照）。
(注3) この手続の実施場所としては，準備手続室などの場所で実施されることが多いと解される。なお，弁論準備手続に対しては，本来公開法廷で行われるべき実質的な弁論や証拠調べが争点整理の名の下に行われるおそれがあるとの指摘もあったが，この手続内でなし得るのはあくまで争点整理に必要な限度にとどまるものであるし，公開するのが相当であることが判明した場合には，弁論準備手続を取り消して準備的口頭弁論に切り換えるなどして対応すれば足り，この手続の合理性までも否定するものではなかろう。
(注4) ただし，法169条1項は，当事者が弁論準備手続期日に立ち会う機会を保障しなければならないことを規定したものであって，現実に立ち会わなければ期日を開けないという趣旨ではない。期日の呼出しを受けながら当事者の一方が欠席した場合にはその立会なく期日を開くことができるし，電話会議装置を利用するときは，実際には当事者の一方のみが出頭しているにすぎないが，双方の立会があったのと同様に，期日を開くことができる（法170条3項，4項）。また，当事者双方に異議がなければ，個別に事情を聴取することもできると解される。
(注5) 手続を行うのに支障を生ずる場合
紛争の実情ないし背景事情等に照らし，当事者が申し出た者の面前では威圧されて十分な陳述をすることができないと認められる場合や営業秘密が争点化している場合のように相手方当事者が秘密にしておきたい事項につき争点整理上不可避的に話題にしなければならない場合，施設の都合上傍聴席が足りない場合などがこれに該当すると考えられる。
(注6) 「一般公開」を否定しつつも，「当事者公開」よりも広く，「関係者公開」という位置付けが与えられよう。

第5章　訴訟の審理と進行

項）。すなわち，①裁判長の訴訟指揮権（法148条），②釈明権等（法149条），③訴訟指揮等に対する異議（法150条），④釈明処分（法151条），⑤弁論準備手続の制限，分離，併合及びこれらの取消し（法152条1項）(注1)，⑥弁論準備手続の再開（法153条），⑦通訳人の立会い等（法154条），⑧弁論能力を欠く者に対する措置（法155条），⑨攻撃防御方法の提出時期（法156条），⑩時機に後れた攻撃防御方法の却下（法157条），⑪期日欠席における訴状等の陳述擬制（法158条），⑫自白の擬制（法159条），⑬準備書面等の提出期間（法162条），⑭手続終了に際する要証事実等の確認（法165条），⑮当事者の不出頭等による手続の終了（法166条）がそれである。

　このほか，弁論準備手続において，なし得る訴訟行為については個別的に規定が設けられ，その明確化が図られている。裁判所は，当事者に準備書面を提出させることができ（法170条1項），文書等の証拠調べ（法170条2項）(注2)をすることができるほか，証拠の申出に関する裁判(注3)その他の口頭弁論期日外においてすることができる裁判(注4)（法170条2項）をすることができる。もっとも，受命裁判官が手続を主宰する場合には，これらの裁判をすることは許されず（法171条2項本文かっこ書による除外），訴訟指揮に対する異議の裁判は受訴裁判所が行う（法171条2項ただし書）こととされ，証拠調べの準備的行為である調査嘱託，鑑定嘱託及び文書送付嘱託についての裁判（法171条3項）(注5)と文書の証拠調べ(注6)に限られている。

　また，裁判所は，当事者が遠隔地に居住しているときその他相当と認めるときは，当事者

（注1）　弁論準備手続は，あくまで「準備」のための手続であり，口頭弁論ではないから，その制限・分離・併合によって口頭弁論の手続自体は影響を受けない。したがって，例えば，分離したものにつき先に証拠調べに入るためには，別途口頭弁論の分離が必要となる。また，同様の理由により弁論準備手続の間に裁判官が更迭しても更新手続（法249条2項）は不要である。その後，口頭弁論に上程する際に更新手続が必要となる。
（注2）　文書の取調べについては，争点整理のためには証拠を整理することが不可欠であるし，主張と証拠との関連性や立証趣旨等を確認しながら争点整理をすることが後の集中証拠調べにおける立証計画の策定に連動すること，客観的な存在である文書等の取調べは，人証の取調べに比して，公開法廷で実施する必要性が乏しいことなどが考慮されたものである。
（注3）　調査嘱託（法186条），鑑定嘱託（法218条），文書送付嘱託（法226条），文書提出命令の申立てについての裁判（法223条），検証物提示命令の申立てについての裁判（法232条）等の証拠の申出に関する裁判は，争点及び証拠と密接に関連するものであるため，争点整理の実効性の観点から弁論準備手続で行うことができるものとされている。それらの結果の取扱いについては解釈問題である。例えば，文書送付嘱託や文書提示の申出は書証の申出の準備的行為にすぎず（第6章第4の2(8)参照），その後当事者から正式に提出の方法による書証申出が予定されているところ，弁論準備手続において書証の取調べが可能である以上，その準備的段階である送付文書の提示などを行うことは可能と解されよう。
（注4）　訴訟引受けの決定（法50条），補助参加の許否の裁判（法44条），訴えの変更の許否の裁判（法143条）等の証拠の申出に関する裁判以外の口頭弁論期日外でできる裁判は人証の取調べ前に審理を整序して争点を整理しておく必要があるため，弁論準備手続内でできるものとされている。
（注5）　これらの行為は証拠収集の手段にすぎず，受命裁判官主宰の手続においてなし得ることとしても弊害は考えにくい一方，争点等の整理のためにはこれらは有用であり，また，これらの嘱託をするかどうかの判断には困難を伴わないと考えられることから，受命裁判官主宰の場合にもこれらの行為は可能とされている。
（注6）　平成8年改正法では，受命裁判官による弁論準備手続においては，文書の取調べは許されなかったが，証拠調べにおける文書とそれ以外の証拠との関係を再検討するとともに，争点整理における書証の果たす役割の大きさを考慮して，平成15年改正法において改められた。

第9　争点及び証拠の整理手続

の意見を聴いて，電話会議の方法によって期日を実施することができる（法170条3項，規則88条2項・3項）。ただし，書面による準備手続の場合（法176条3項）とは異なり，弁論準備手続期日に当事者の一方が出頭した場合に限られる（法170条3項）(注1),(注2)。

(5) **弁論準備手続の終結**

　争点整理の目的を達して弁論準備手続を終結するときは，裁判所は，その後の証拠調べによって証明すべき事実を当事者との間で確認する（法170条5項，165条1項）。裁判所が相当と認めるときは，裁判所書記官にその事実を弁論準備手続調書に記載させなければならない（規則90条，86条1項）。裁判長は，相当と認めるときは，当事者に争点及び証拠の整理の結果を要約した書面を提出させることができる（法170条5項，165条2項）。

　弁論準備手続後の口頭弁論において，当事者は，弁論準備手続の結果を陳述しなければならない（法173条）。これは口頭主義，公開主義，直接主義の要請を充たすため，弁論準備手続で獲得された資料を口頭弁論に上程して訴訟資料化し，後の集中証拠調べへの連携を適切なものとするためである(注3)。

　裁判所は，相当と認めるときは，申立てにより又は職権で弁論準備手続に付す旨の裁判を取り消すことができる（法172条本文）(注4)。これは争点整理は当事者の積極的参加を基礎としなければ十分な成果を挙げることができないことなどから，相手方の非協力的態度等に接した一方当事者に対して取消申立権を認めるとともに，職権でも対応できるものとしている。そして，当事者双方が一致してその取消しを求めている場合には，到底十分な争点整理を円滑に行うことは困難であるから，裁判所はこれを取り消さなければならない（同条ただし書）(注5)。

(注1)　電話会議の方法による期日実施は利便性を考慮したものであるが，「期日」概念との関係において，この場合，電話会議等による訴訟行為をなすべきことが予定されているにもかかわらず，行為主体たる当事者のいずれもが出頭しないことを前提とするのは背理であると考えられたことによる。全当事者が出頭できない場合は，書面による準備手続によることになろう。

(注2)　平成8年改正法では，電話会議の方法による弁論準備手続においては，当事者の真意を確認する必要性等に配慮して，不出頭当事者が訴訟の完結という重大な効果を生じる訴えの取下げ，和解，請求の放棄・認諾（書面を提出しているときを除く）をすることはできない旨の規定が設けられていた（法170条5項（旧））。しかし，電話会議の方法による手続実施については，本人確認等の面では特段の問題は生じていないし，本来裁判所への出頭負担を緩和して利便性を向上させるために導入された手続であるにもかかわらず，上記の意思表示をしても手続上の効果が生じないため，別途改めて出頭するか，書面受諾和解（法264条）などを利用せざるを得ず，かえって手続の遅滞を招いているとの指摘があった。そこで平成15年改正法において，法170条5項（旧）を削除して，上記各訴訟行為を電話会議の方法による弁論準備手続期日においても実施できるものとされた。

(注3)　弁論準備手続の結果の陳述は，争点整理の成果を活かして争点指向性の高い人証の取調べを行うために必要十分な範囲で行うことが期待されている。したがって，事案によっては，事案の概要，争いのない事実，争点の所在，立証テーマなどにわたることも考えられるし，あるいは，簡潔に確認する程度で足りる場合もあろう。

(注4)　当事者が期日に出頭せず，又は準備書面等の提出義務を懈怠したときは，裁判所は，弁論準備手続を終結することができる（法170条5項，166条）ほか，法172条により弁論準備手続に付する裁判の取消しも可能と解される。

(注5)　争点整理はその性質上流動性を有するから，裁判所の裁量による取消しを認める一方，手続開始後の当事者の手続離脱を保障する趣旨である。争点整理未了のときは，口頭弁論（準備的口頭弁論）によらざるをえない。

第5章 訴訟の審理と進行

(6) 弁論準備手続終結の効果

　弁論準備手続終結後の攻撃防御方法の提出については，準備的口頭弁論において述べたところと同様である（法174条，167条）(注1)。

〔弁論準備手続のイメージ〕　※第1回口頭弁論期日前に実施する場合を除く

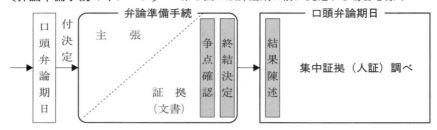

4　書面による準備手続

(1) 意義

　書面による準備手続とは，当事者の出頭なしに準備書面等の提出により争点及び証拠の整理をする手続をいう（法175条）。これは当事者の期日出頭が経済的・精神的に相当な負担となる場合において，出頭しなくても争点整理が可能な事件について，準備書面や文書の写しのやり取りと，これを補充する手段として電話会議の方法で意見交換を行うことによって争点及び証拠を整理しようとするもので，「期日外不出頭型争点整理手続」である。将来の口頭弁論の予行的（先駆的）手続といえる(注2)。

(2) 開始手続

　裁判所は，当事者が遠隔地に居住しているときその他相当と認めるときは，当事者の意見を聴いて，事件をこの手続に付する決定をする（法175条）(注3)。

（注1）　弁論準備手続が旧法の準備手続を合理化したものであることは既に述べたところであるが，旧法では，準備手続における争点整理機能を高めるため，終結の効果として失権効が規定されていた（旧法255条）。しかし，現実にはこれを恐れる当事者の仮定的主張を増加させ，かえって争点等の円滑な整理の障害になるとの指摘がなされていた。そこで，法は，弁論準備手続終結の直接的効果としての失権効を規定せず，当事者間の説明義務という新たな規律を定め，間接的に争点整理手続終了（終結）後の攻撃防御方法の提出を規整することとした。なお，第一審の争点整理手続との関係では当事者間の説明義務であるのに対し，控訴審では裁判所に対する説明義務とされている（法301条2項）。これは，既に第一審で争点整理手続を経て，それを前提として集中証拠調べを終えている以上，もはや当事者間の誠実追行義務（法2条）と説明義務との規律のみでは包摂しえないことを考慮したものと解される。
（注2）　この手続は期限内に準備書面提出を励行するなど，当事者の主体的積極的な手続形成・関与によって円滑な争点整理が図られることを制度の基礎としている。そして，この手続については，準備的口頭弁論・弁論準備手続とは異なり，当事者の怠慢による終結はない（法166条は準用されていない。）。また，弁論準備手続とは異なり，当事者にこの手続に付す旨の裁判に対し取消申立てをする余地もない。したがって，この手続に適する事件の選別は重要なポイントとなる。手続の主宰者が定めた期間内に当事者が準備書面等の提出をしないなど，当事者の不熱心な行動によって，この手続において争点等を早期に整理することが困難であることが判明した場合やこの手続での争点等の整理が不適切であることが判明した場合には，裁判所が職権でこの手続に付する旨の裁判を取り消さなければならない（法120条）。
（注3）　「その他相当と認めるとき」
　当事者が訴訟代理人を選任していて，その訴訟代理人が遠隔地に事務所を有するときや，当事（つづく）

なお，最初の口頭弁論期日を指定せずに，直ちに書面による準備手続に付すこともできる（規則60条1項ただし書）(注1)。

(3) **手続の主宰者**

　この手続の主宰者は，裁判長（高等裁判所においては受命裁判官に行わせることができる。）に限定される（法176条1項）。前述のような特色ある手続であることから，適切に運用するためには，豊かな実務経験が必要と考えられたためである。

(4) **準備書面等の提出期間の必要的裁定**

　この手続は，期日が開かれないため，手続の段階的進行が明確ではなく，また，準備書面の提出・相手方への送付が的確になされないと争点整理が漂流する危険もある。そこで，裁判長等は，準備書面等(注2)を提出すべき期間を定めなければならないこととしている（法176条2項）。

(5) **電話会議の方法による争点協議**

　裁判長等は，必要があると認めるときは，電話会議の方法により，口頭弁論の準備のため必要な事項について当事者双方と協議することができ，裁判所書記官に調書を作成させ，これにその結果を記録させることができる（法176条3項，規則91条）(注3)。電話会議の方法による協議の際に，裁判長等は釈明権を行使することができる（法176条4項，149条，規則92条，63条）(注4)。

(6) **手続の終結**

　争点整理の目的を達した場合，手続を終結させるに当たり，裁判長等は，相当と認めるときは，当事者にこの手続における争点等の整理の結果を要約した書面を提出させることができる（法176条4項，165条2項，規則92条，86条2項）。

　書面による準備手続における争点整理は，将来開かれる口頭弁論の期日で陳述する予定の主張その他の提出予定の攻撃防御方法の事前の準備・整理であって，当事者は手続終結後の口頭弁論期日で攻撃防御方法を現実に提出する必要がある。この際，裁判所は，手続終結後の口頭弁論期日において，その後の証拠調べによって証明すべき事実を当事者との間で確認して（法177条(注5)），集中証拠調べへと連携させてゆくことになる。したがって，書面による準

(つづき)　者や訴訟代理人が怪我等の理由で裁判所まで出頭することが困難であるときのように，当事者が裁判所まで出頭することに障害がある場合で，かつ，事件の内容と当事者・訴訟代理人の状況からみて，期日を開かなくても争点等の整理を十分にすることが可能であるとみられる場合を指す。なお，当事者の意見を事前に聴取する理由は，弁論準備手続について述べたところと同様である。

(注1)　弁論準備手続と異なり，「当事者に異議のないとき」に限定されない。
(注2)　後日の口頭弁論期日において申出をする予定の文書の写し（規則137条参照）も含まれる。
(注3)　期日外の準備手続であるから，準備書面の記載の上で，あるいは電話会議の方法での釈明に対し，相手方が証明責任を負う事実の主張を認めても「裁判上の自白」は成立しない。なお，この場合に作成される調書は期日外調書となるため，法文に規定がおかれている。
(注4)　この釈明権行使の性質は期日外釈明であるが，法149条4項の通知は不要である。
(注5)　なお，準備的口頭弁論及び弁論準備手続にも裁判所と当事者との間の要証事実確認が規定されているが（法165条，170条5項），書面による準備手続における要証事実確認は，その性格を異にする。前二者は，当事者から提出された訴訟資料を吟味して争点整理の結果を確認し，争点認識の共通化を図（つづく）

第5章　訴訟の審理と進行

備手続終結後の最初の口頭弁論期日は，攻撃防御方法の提出・争点確認・集中証拠調べを行う期日となることが予定されている（法182条，規則101条参照）。

(7) **要約書面陳述後又は証明すべき事実確認後の攻撃防御方法の提出**

　　準備的口頭弁論終了後及び弁論準備手続終結後に新たな攻撃防御方法を提出した者は，相手方の求めに対し説明義務を負うものとされ（法167条，174条），手続の終結が基準とされているのに対し，書面による準備手続においては，要約書面（法176条4項，165条2項）が陳述され，又は口頭弁論期日において証明すべき事実を確認した（法177条）後に攻撃防御方法を提出した場合とされており（法178条），手続の終結が基準とはされていない。これは前二者とは異なり，書面による準備手続では，手続終結時においては未だ確定的な訴訟資料が存在しないため，訴訟資料化を経て争点が確認された時点を基準とするものである[注1]。

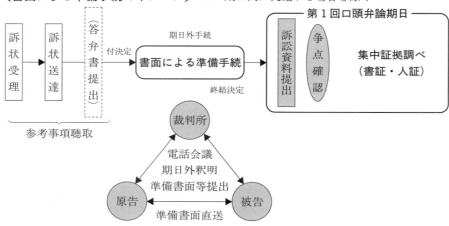

〔書面による準備手続のイメージ〕　※　期日間に実施する場合を除く

5　**進行協議期日**

(1) **意義**

　　裁判所は，口頭弁論期日外において，その審理を充実させることを目的として，当事者双方が立ち会うことができる進行協議期日を指定することができる（規則95条1項）。これによ

(つづき)　る趣旨である。前二者はいずれも文書の取調べが可能であり，訴訟資料化は当該手続内で図られている（弁論準備手続はその後結果陳述により弁論に引き継がれる［法173条］。）。これに対し，書面による準備手続は，期日外の予行的手続にすぎず，確定的な訴訟資料は存在しない（この手続内で裁判所が接するのは，主張予定の準備書面と書証申出予定の文書の写しにすぎない。）。したがって，書面による準備手続における「証明すべき事実の確認」は，争点整理結果の弁論への上程ではなく，立証テーマを明確にして，必要なもののみを選別した上でそれを訴訟資料化するという性格のものであって，弁論としての実質を備えるものでなければならない。この点，前二者における要証事実の確認は当該手続内で行うものとされている（「終了するに当たり」［法165条1項，170条5項］）のに対し，書面による準備手続では「終結後の口頭弁論期日において」なすべきこととされているのは，単にこの手続が期日外の手続であるからというに止まらず，上述の意義をも有すると解される。

(注1)　いわば争点確認をして証拠調べに移行しながら，これを動揺させるような攻撃防御の方法を提出しようとする者に対する制裁（法2条参照）としての説明義務といえる。

第9　争点及び証拠の整理手続

り，例えば，争点等の確認や証拠調べを行う時期等について審理計画を策定したり（法147条の2，同条の3参照），専門的技術的な知識・経験を要する事件について専門家を交えた率直な議論を行ったりすることによって，審理の充実を期することなどができる[注1]。なお，裁判所は，相当と認めるときは，この期日を裁判所外で行うことができ（規則97条），事案に応じた適切な場所において進行協議期日を開き，その実効性を高めるとともに，併せて受命裁判官が手続を主宰できることとして（規則98条），機動的な期日実施を可能としている。

(2) なし得る訴訟行為

この期日は，争点等の整理を目的とするものではなく，進行に関する協議を実施するためのものであるから，新たな訴訟資料が提出されることは予定されていない。事実上資料が提出されることは差し支えないが，訴訟資料とはならない。もっとも，協議に際し，訴えの取下げ，請求の放棄・認諾の決断に至ることもないではなく，この場合に別途書面の提出を求めたり，期日を改めて指定したりしなければならないとするのも手続上不経済であるから，これらの行為に限り，できるものとされている（規則95条2項）[注2]。

(3) 電話会議装置の利用（規則96条）

弁論準備手続に関する法170条3項ないし5項に対応する同趣旨の規定である。

ただし，電話会議の方法による進行協議期日においては，訴えの取下げ並びに請求の放棄及び認諾をすることができない（規則96条3項）。この点，当事者双方が出頭する進行協議期日とは異なる規律となっており，電話会議の方法による弁論準備手続とも異なることに留意する。

(注1)　この手続の活用例としては，審理計画を策定したり，知的財産権訴訟や建築工事の瑕疵をめぐる訴訟等の専門的技術的な問題に関わる事件について専門家を交えた説明会を開いたり，あるいは裁判官の更迭に伴う引継ぎ時に当事者との間で争点の所在などを再確認し，進行計画を立てたり，争点整理方向か和解方向かの進行の方向性を見極めるために協議したりする場合などが考えられる。同様なことは，3種の争点整理手続でも実現可能であるが，本文でも述べたように，この期日は裁判所外でも開くことができるから（規則97条），事案の理解度を深めつつ進行について突っ込んだ協議が可能であるという特色がある（なお，この場合，あくまで事実上裁判所が現地を見分するというにすぎず，見分したことは訴訟資料とはならない。）。

(注2)　進行協議期日においてなし得る訴訟行為を限定している趣旨からみて，進行協議期日のままで和解を成立させることはできないと解される。和解を成立させるには，即時和解手続に切り換える必要がある。

第5章　訴訟の審理と進行

〔争点整理手続一覧〕

	準備的口頭弁論	弁論準備手続		書面による準備手続
意　義	争点及び証拠の整理を目的とする口頭弁論	争点及び証拠の整理を行う準備手続		当事者の出頭なしに準備書面の提出等により争点及び証拠の整理を行う期日外における準備手続
開始要件	争点整理の必要性（法164）	争点整理の必要性 ＋当事者の意見聴取（法168）		争点整理の必要性 ＋遠隔地居住その他の相当性 ＋当事者の意見聴取（法175）
最初の期日前実施	可	当事者に異議なきとき （規60Ⅰただし書かっこ書）		可　特段の要件不要 （規60Ⅰただし書）
主宰者	受訴裁判所	受訴裁判所	受命裁判官	裁判長（高裁受命可）
訴訟行為	口頭弁論で行うことのできることは，争点整理目的に関するものであれば，すべて可能	期日外裁判（法170Ⅱ）	調査嘱託，鑑定嘱託，書証の申出，送付嘱託に関する裁判（法171Ⅲ）	準備書面提出・書証の写しの提出等（法175, 176Ⅱ），釈明権行使等（法176Ⅳ）
		準備書面提出（法170Ⅰ），文書の証拠調べ（法170Ⅱ，171Ⅱ），釈明権行使等（法170Ⅴ，149），証拠の申出（規88Ⅰ）		
手続公開	公開法廷	原則非公開，関係者に傍聴可能性肯定（法169Ⅱ）		そもそも公開の対象となる期日を予定しない手続
電話会議	利用不可	一方当事者の不出頭の場合に利用可（法170Ⅲ～Ⅳ）		利用可（法176Ⅲ）
手続離脱	①　終了決定 　ア　争点整理の完了 　イ　当事者の懈怠による終了（法166） ②　職権による取消決定（法120）	①　終結決定 　ア　争点整理の完了 　イ　当事者の懈怠による終了（法170Ⅴ，166） ②　取消決定 　ア　申立て又は職権による裁量的取消し（法172本文） 　イ　当事者双方の申立てによる必要的取消し（法172ただし書）		①　争点整理の完了による終結決定 ②　職権による取消決定（法120）
争点整理手続終了の際の争点確認	①ア　口頭で争点確認（法165Ⅰ） 　イ　相当と認めるときは調書に記載（規86Ⅰ） ②　要約書面の提出（法165Ⅱ，規86Ⅱ）	同左（法170Ⅴ，規90）		①　口頭での争点確認は予定されていない ②　要約書面の提出（法176Ⅳ，165Ⅱ，規92，86Ⅱ）
争点整理手続終了後の口頭弁論における手続	口頭弁論ゆえ，弁論上程は不要	弁論準備手続の結果を陳述し，証拠調べによって証明すべき事実を確認（法173，規89）		準備手続で整理した攻撃防御方法を提出し（準備書面の陳述等），証拠調べによって証明すべき事実を確認（法177） 必要的調書記載（規93）
説明義務	手続終了後の攻撃防御方法（法167，規87）	同左（法174，167，規90，87）		事実確認・要約書面陳述後の攻撃防御方法（法178，規94，87Ⅱ）

第10 計画審理

1 計画審理の趣旨

　社会・経済の複雑・多様化と科学技術の進展といった状況に応じて、民事訴訟においても、争点が多岐にわたる複雑な事件や審理に専門的な知見を要する困難な事件が増加しており、これらの事件は事案の解明ないし審理に長期間を要することが少なくない。そこで、このような事件の審理を適正・迅速に進めるためには、裁判所が当事者双方との協議の結果を踏まえて審理の終期を見通した審理のスケジュールを策定し、計画的な進行を図ることが適切な場合がある。そこで、法は、審理の計画を定めるか否かにかかわらず、裁判所と当事者が個々の具体的な事件において、審理の終期を見通し、審理の進行状況を意識しつつ、計画的に訴訟指揮・訴訟行為をするといった一般的責務を明らかにした上で（法147条の2）[注1]、一定の事案については、審理計画の策定を義務づけている（法147条の3第1項）。

2 審理計画の策定義務と内容

(1) 審理計画を策定しなければならない事案

　事件が複雑であることその他の事情によりその適正かつ迅速な審理を行うため必要があると認められるときは、裁判所は審理計画の策定が義務づけられる（法147条の3）。ここに「事件が複雑であること」とは、訴訟物や当事者が多数であること、争点が多数であり又は錯そうしていること、間接事実や事案の背景事情が複雑であり又は錯そうしていること、提出すべき証拠が多数であること、証拠や資料の収集やそれらの検討に時間を要するなどの事情が存する場合をいう[注2]。「その他の事情」とは、事件の複雑性を除く他の要素をいい、例えば、「地域性」「当該当事者又は代理人の事情」「当該事件の個別事情」などが考慮要素になる。そうすると、これらの諸要素を勘案して審理計画を策定すべきか否かを決定することになるので、大規模訴訟や複雑専門訴訟以外の事件でも、裁判所と当事者の協議結果次第では、審理計画を策定するのが相当な事件があり得ることとなろう。

(2) 当事者との協議

　裁判所が審理計画を策定するには、当事者双方と協議をし、その結果を踏まえてしなければならないものとされている（法147条の3第1項）。したがって、裁判所が当事者双方に対し協議を働きかけることなく一方的に審理計画を策定することは許されない。また、当事者双方との「協議」[注3]を要するのであって、意見を聴く（例えば、法175条、規則8条参照。）又は異議がない（例えば、規則60条1項ただし書参照。）というだけでは足りない。

(3) 審理計画を策定すべき時期

　審理の早い段階で、審理計画が定められるとすれば、まずは一般的抽象的なものにならざ

(注1) 法147条の2は、法2条を具体化しながらも、事柄の性質にかんがみ手続進行についての職権進行主義から、裁判所と当事者との協同進行主義を部分的に採用する方向性を現しているとみることもできる。
(注2) 例えば、公害裁判などの大規模訴訟事件や医療関係訴訟、建築訴訟などの複雑専門訴訟などがこれに該当するとされる。
(注3) もっとも、当事者の一方が協議に応じているが、他方の当事者が出頭せず協議ができない場合であっても審理計画を策定することができるというべきであるから、協議の機会を持つことをもって足りると解される。

第5章　訴訟の審理と進行

るを得ず，その意味では努力目標的なものになろう^(注1)。

　　また，裁判所は，審理の進行に伴い，審理の現状及び当事者の訴訟追行の状況等を考慮して，より具体的な定めを審理計画に付加するなどしてその内容を変更していくこともできる^(注2)。

(4)　**策定すべき審理計画の必要的事項と任意的事項**

　　裁判所と当事者との協議の結果，審理計画を策定するに至った場合，法147条の3第2項（必要的事項）及び3項（任意的事項）の定めに従い，具体的内容を確定し，調書に記載する。すなわち，審理計画を定める必要がある場合，審理計画には，①争点及び証拠の整理を行うべき期間，②証人及び当事者本人尋問を行うべき期間，③口頭弁論の終結及び判決の言渡しの予定時期を定めなければならない^(注3)。そして，審理計画を定めた場合には，特定の事項についての攻撃防御方法を提出すべき期間を定めることができるものとされている。

　　協議の結果，合意に至らなかった場合であっても，裁判所は，その段階における審理の現状や当事者の訴訟追行の状況，さらには審理計画を策定するために当事者双方との間で協議して得られた情報を踏まえて，審理計画を策定することができるし，また，可能かつ相当な限りは，審理計画を策定することになると考えられる。なぜなら，条文上，審理計画は，裁判所が当事者双方との協議の「結果を踏まえて」定めるものとされており，協議内容どおり，あるいは，合意に至ることまでは要求されていないし，審理計画や攻撃防御方法の提出期間を定めるのは，一方の当事者が真摯に準備をしているのに，他方当事者がきちんと準備をしない場合にこそ意味のあるものとなるのであって，当事者の公平及び誠実追行義務（法2条）の観点からは，より誠実な当事者の利益を損なわないよう配慮すべきだからである。そして，審理計画の策定に際しては，定められるべき審理計画の内容について裁判所と当事者双方との間で認識が一致していることが望ましいとはいえ，あくまで民事訴訟法は，裁判所が訴訟手続の進行について最終的な責任を負わなければならないとする建前（職権進行主義）を採用していることからすれば，なお裁判所の主導的な役割が期待されていると考えられるからである。

(5)　**計画変更の柔軟性**

　　前記(3)の事情から，柔軟に計画を変更する途を開いておく必要がある。この点，計画変更

（注1）　それは，裁判所のみならず当事者でさえ，未だ事件の全容を把握していないことが多く，争点も明らかにならないのが通例だからである。したがって，早期の段階での審理計画としては，例えば，①争点整理の終了までに1年，②その後の人証調べの終了までに6カ月，③口頭弁論の終結予定時期は平成○○年×月ころ，④判決の言渡し予定時期は平成○○年△月ころ，というようにいわば努力目標として審理計画が定められることになる。とはいえ，原告としては，提訴前にある程度の調査検討を行っているはずであるし，提訴前に交渉がなされていた場合や，提訴前証拠収集処分を利用することにより相応の情報にアクセスできるのであるから，審理計画の内容が上記のとおりの一般的抽象的なものにとどまらざるを得ないとしても，そのことから，原告の請求の特定の程度が弛緩することや，訴え提起が模索的であることが許容されるわけではない。

（注2）　例えば，審理の進行に伴い，審理計画の中に，①重要な争点に関し，より具体的な主張を提出すべき期間を定めたり，②当事者双方が人証の申出をすべき期間を定めたり，③争点整理手続が終了した段階で，人証調べの具体的な実施予定を定めたりすることが考えられるとされている。

（注3）　これらが必要的事項として定められている実際的な効果は，これらのいずれかが定められていないときは，法157条の2の適用はないというところに現れる。

のレベルでも「当事者双方と協議」することが求められており，両当事者と裁判所との協同作業として構築された計画について見直しをする場合も同様であることが示されている（法147条の3第4項）。

3 審理計画の効力

特定の事項についての攻撃防御方法[注1]の提出期間の裁定[注2]がなされている場合に，期間経過後に提出された攻撃防御方法が審理計画に従った訴訟の進行に著しい支障を生ずるおそれがあると認めたときは，裁判所は，それを申立て又は職権により却下することができる。ただし，期間内に当該攻撃防御方法を提出することができなかったことについて相当の理由があることを疎明したときは，この限りではない（法157条の2）。これは審理計画の実効性と当事者間の公平を確保するため，要件とその立証責任の転換を図り，法157条の一般的な規定による制限よりも厳格な制限を課す趣旨である[注3]。

第11 専門委員制度

1 専門的知見を必要とする事件と専門委員制度の意義

医師の過誤の有無等が争点となるような医事関係訴訟，建物の瑕疵の有無等が争点となるような建築関係訴訟，特許権や実用新案権等の侵害の有無等が争点となるような知的財産権関係訴訟などの，いわゆる専門訴訟は，事実認定に際し，種々の専門分野に関する知識又は見識が必要となる事件であるとされ，事案を理解し，適切な進行を図る上でも専門的知見を要するため，通常の事件に比べて審理に長期間を要する場合が多いとの指摘もなされていた。そこで，法は，裁判官のサポート役としての専門家を機動的に関与させることが可能となるように専門委員制度を設けている[注4]。

(注1) これに該当するというためには，当事者が提出に向けて準備すべき攻撃防御方法の範囲が明確にされていなければならない。
(注2) 裁判所が審理計画自体において攻撃防御方法を提出すべき期間を定める場合（法147条の3第3項）と審理計画を前提として裁判長がその期間を定める場合（法156条の2）とがある。
(注3) 法157条の2は，適切な時機を徒過したことは必要（法157条参照）ではなく，あらかじめ裁判所が定めた期間を徒過すれば足り，また，裁定期間を徒過したことについての故意・重過失という主観的要件（法157条参照）は不要であって（つまり，原則として当該攻撃防御方法が却下され得ることとした上で），当事者が裁定期間内での提出不能の理由を疎明した場合にこれを例外的に免れるという構造を有している。さらに，法157条は，その攻撃防御方法について審理を行うことにより訴訟の完結を遅延させることが必要とされているが，同条の2では，審理計画が定められている場合には，審理の過程で審理計画に従った訴訟手続の進行に著しい支障を生ずるおそれがあれば足りるとされている。
(注4) 裁判所の専門的知見獲得について
　争いある事実に関して当事者が主張する間接事実や提出する証拠を取捨選択し，それらに対する評価を加える上で不可欠なものは経験則である（第6章第1の4(1)イ参照）。経験則とは，経験から帰納された事物に属する論理法則から専門科学上の知識や法則までが含まれる。経験則のうち専門訴訟において特に問題となるのは，医学や工学などの専門科学上の知識や法則（専門的知見）であり，これらは，裁判官が通常備えるべき常識の範疇には含まれない。したがって，①それをどのような手段で獲得し，事実認定に用いるべきかが問題となる。また，②そのような専門的経験則は，事案を理解し争点を整理するためにも必要であるし，そもそも専門的経験則自体も唯一絶対のものではない以上，その信頼性を評価して取捨選択するという作業が必要となる。従前の実務においては，①については，証拠調べとしての鑑定に多くが委ねられ，②に（つづく）

第5章　訴訟の審理と進行

2　専門委員

(1)　専門委員は，裁判所が職権で関与させるものであり，基本的に裁判所の補助者として非常勤の裁判所職員としての性質を有する（法92条の5第3項・第4項）。専門委員には中立性が求められるため，裁判官の除斥及び忌避に関する規定が準用される（法92条の6，規則34条の9）。

(2)　専門委員が関与することができる事件の種類には，特に限定はない。

(3)　裁判所は，専門委員の指定に当たり，必ず当事者の意見を聴かなければならない（法92条の5第2項）。

(4)　当事者双方の申立てがあるときは，裁判所は，専門委員を手続に関与させる決定を取り消さなければならない（法92条の4ただし書）。

3　専門委員が関与する類型と手続要件

専門委員が手続に関与する類型として，法は3つのタイプを設け，それぞれについての当事者の意見の反映のさせ方について微妙なニュアンスで差をつけながら，公正さ，透明さを高める手当をしている(注1)。

(1)　**争点整理や進行協議において，訴訟関係を明瞭にするため，又は訴訟手続の円滑な進行を図るため，専門委員に手続関与させる場合（法92条の2第1項）**

訴訟関係を明瞭にするため必要がある場合とは，裁判所が，当事者の主張する事実及び当事者の申し出た証拠による立証趣旨等を理解するために専門的な知見が必要である場合のほか，裁判所がこれらの事項を明確にするために事実上及び法律上の事項に関して当事者に釈明を促すに当たって専門的な知見が必要となる場合をいう。カルテ，設計図書，専門書，私的鑑定書等の書証の意味内容を客観的に明らかにしたり，そこに記載されている事柄が，専門家の間でどの程度承認された考え方なのかを説明したりすることなどは，裁判所が事案に対する理解を深め，適切な進行を検討する上では，不可欠なことといえよう。

この場合，当事者の意見を聴く必要はあるが，当事者の同意は必要ではない。

（つづき）については，釈明処分としての鑑定を利用するなどの工夫が行われていたが，いずれにせよ鑑定の方法は審理の機動性に欠ける上，両鑑定の関係をどのようにとらえるかについては，理論上はともかく，実際の審理においては微妙な問題をはらんでいた。専門委員制度は，このような専門的知見の獲得方法について，鑑定との関係を留保した上で，審理の機動性と裁判所の中立性，当事者の公平性，手続の透明性に配慮して組み立てられている。その意味では，専門的知見導入の根拠となる立法としての側面と裁判所と専門家との接点についての制約立法としての側面とを併せ持つものといわれている。

(注1)　専門委員が裁判所の補助者であることからすると，専門委員を手続に関与させるか否かは裁判所の責任において決定すべきであり，当事者の同意にかからしめるべきではないという帰結が導かれる。専門委員の関与が必要であるにもかかわらず，当事者の同意が得られないために関与させることができないとすれば，制度の実効性が減殺されることにもなるからである。もっとも，同じく専門委員の関与といっても，争点整理におけるのと証拠調べ又は和解におけるのとでは意義が異なり得る。証拠調べに専門委員が関与して，証人等に発問することは，専門委員の発問の結果が証拠となることを通じて，裁判所の心証形成に直接，影響を及ぼすおそれがあるし，弁論主義の下では証拠の申出は当事者の責任とされていることとも抵触するのではないかとの指摘もある。そこで，これらの事情を総合考慮して，専門委員の関与を許容するための要件が組み立てられているものと理解される。

専門委員の説明や発言は，書面又は期日における口頭説明(注1)により開示され，当事者にこれらを知る機会が付与されていることが，この場合に比較的緩やかな要件を設定する根拠となっているものと解される。

(2) **証拠調期日において，訴訟関係又は証拠調べの結果の趣旨を明瞭にするため，専門委員に手続関与させる場合（法92条の2第2項）**

証拠調べ期日において，「訴訟関係を明瞭にするため」に専門委員の関与が必要とされる場面というのは，証人尋問において，ある証言がなされた場合に，それに基づいて新たな主張がされる可能性があるのか，それとも，従前の主張に関連するものにすぎないのかが不明であるような場合において，裁判所が，その点について，補充尋問等によって明確にする際に専門的知見が必要となる場合が考えられる。

「証拠調べの結果の趣旨を明瞭にするため」というのは，例えば，証言や鑑定人の供述に専門的な言葉が出てきた場合に，それについて説明するというのが典型例である。ここにいう「証拠調べの結果」とは，いわゆる証拠資料を指し，証拠調べによって具体的な証拠方法（証人，当事者本人，鑑定人，書証，検証物）から得られた内容（証言，当事者本人の供述，鑑定意見，書証の内容，検証結果）をいう。

専門委員の証拠調べへの関与が許容される要件は，上記(1)と同様，当事者の意見を聴くことで足りる（第2項前段）。もっとも，専門委員が証拠調べにおいて証人等へ直接に発問をすることができるのは，当事者の同意を得た場合に限られる（第2項後段）。後者の場合に，より慎重に手続保障を図るのは，証人等への直接の発問は裁判所による尋問に類似した意義を持ち得る（当事者及び裁判官以外の者である専門委員の質問の結果が証拠となる）ことが考慮されたものである。なお，専門委員による説明の際に，証人を退廷させる措置をとることができる（規則34条の4）のは，証言内容に対する影響を排除する趣旨である。

専門委員の発問や証人等に対する発問は，証拠とはならない（これに対する証言・供述が証拠となる。）。理論的ないし理念的には，専門的知見が関係する争点についての心証形成は，専門委員の説明ではなく，鑑定によってされるべきであり，専門委員の直接発問は，証人等の供述の趣旨や意味の明確化を目的とするものである。

(3) **和解を試みるに当たり，専門的な知見に基づく説明を聴くために，専門委員に手続関与させる場合（法92条の2第3項）**

この場合は，当事者の同意が要件とされている。和解手続においては，そもそも当事者の意思に反してまで専門委員を関与させることとしても，専門委員を交えて合意形成に向けた協議を充実させることはできない，という実際的な観点が考慮されたものである。

和解期日における専門委員の関与をめぐっては，交互面接が行われる場合に，一方当事者のみが在席しているときに専門委員が説明をすることが許されるかという問題がある。消極説は，交互面接のときにも関与して説明させてしまうと，退席している当事者が意見を述べる機会，反駁する機会を失うことを理由とするほか，交互面接で一方のみに専門委員が説明

(注1) 専門委員の説明が口頭か書面によるかは，説明事項の内容・程度にもよる。複雑な説明を要する事項や事案の核心に関わる事項などであるときは，裁判所の理解や当事者による意見陳述，そして上訴審における審理の充実の観点からみて，書面によることになろう。

することにつき他方当事者の同意を得るという裁判所の訴訟指揮には問題があり、期日の欠席とは同視できないという。肯定説は、交互面接をすることについては当事者は同意している以上、解釈としては、同意の下で交互面接をしているときは、専門委員がそこで説明をすることは可能であるし、規則において意見陳述の機会を保障する（規則34条の5）といっても、法律の下で同意を得て行っている手続について、規則で規制を加えることはできないとしている。

4　裁判所と専門委員の期日外アクセスと裁判所書記官の関与

専門委員と裁判所との接点が期日だけに限られるならば、公平、公正や手続の透明性は確保されるが、審理を充実させるためには、裁判所が期日外でも専門委員に対して説明事項を伝達したり、手続を教示したりすることなどを認めなければならない。しかし他方、専門委員が関与しているときには、当事者間の公平・手続の透明性を確保しなければならない要請も存するため、裁判所書記官に手続保障、透明性確保のために一定の役割を担わせることとしている。

(1)　裁判長は、期日外において、専門委員が期日に説明すべき事項を伝達することが可能である（規則34条の3第1項はこれを前提にしている。）ところ、それが訴訟関係を明瞭にする上で重要な事項であるときは、裁判所書記官が当事者双方に当該事項を通知しなければならない（規則34条の3第1項）。

(2)　専門委員が期日外に説明を記載した書面を提出したときは、裁判所書記官は、当事者双方にその写しを送付しなければならない（規則34条の3第2項）。なお、専門委員制度の導入は、権限立法であると同時に制約立法としての側面があることを考慮すると、裁判長が期日外に専門委員から説明を口頭で受けることは許されないと解される。

(3)　裁判長は、専門委員に説明させるに当たり、専門委員に対し、係争物の現況の確認その他の準備を指示することができる（規則34条の6第1項）。これにより、専門委員は、係争物である建物の瑕疵の状況等を期日外で現場にて確認することなどが可能となり、説明のための前提作りに資する。この場合、裁判所書記官が当事者双方にその旨及びその内容を通知する（同条2項）。

第12　知的財産権訴訟における裁判所調査官の手続関与制度

1　知的財産権訴訟と裁判所調査官

裁判所調査官は、裁判官の命を受けて知的財産事件の審理及び裁判に関して必要な調査その他他の法律に定める事務をつかさどるものとされる裁判所の補助機関である（裁判所法57条2項）。知的財産権訴訟については、従前の実務でも裁判所調査官を活用して審理の充実・迅速化を図ってきたが、その専門的知見をなお一層活用するために、裁判所調査官の権限の拡充と明確化が図られている。

2　知的財産に関する事件における裁判所調査官の事務

裁判所調査官に、以下の事務を行わせることができるとされ、この場合において、裁判所調査官は、裁判長の命を受けて、その事務を行うものとされている（法92条の8）が、裁判所がその事務を行わせるに当っては、前述した専門委員とは異なり、「当事者の意見を聴くこと」や「当事者の同意を得ること」は要件とされていない。これは裁判所調査官が、専門委員とは異なり、

第12　知的財産権訴訟における裁判所調査官の手続関与制度

常勤の裁判所職員としての中立性が制度的に保障されている上，裁判所の補助機関としての権限を行使するにすぎないからである。

(1)　裁判所調査官は，(イ)口頭弁論又は審尋期日，(ロ)争点整理手続，(ハ)文書提出義務又は検証物提示義務を判断するための非公開審理手続（いわゆるインカメラ審理）(注1)，(ニ)進行協議期日等に出席して，当事者に対して問いを発し，又は立証を促すことができる（1号）。これは裁判所が争点を的確に整理しながら適切な進行を図ることを援助するとともに自らの調査もまた的確なものとなるよう配慮することを求めるものである(注2)。

(2)　裁判所調査官は，証拠調べ期日において，証人，当事者本人又は鑑定人に対し直接に問いを発することができる（2号）。証拠調べが争点に対し適切に焦点をあてたものとなるように援助することが可能であるし，自らの調査を適切なものとするためにも必要な事務である。

(3)　裁判所調査官は，和解期日において，専門的な知見に基づく説明をすることができる（3号）。これは裁判所調査官の専門的知見及び調査結果を和解において有効に活用し，紛争の早期解決を図ることを可能にするものである。

(4)　裁判所調査官は，裁判官に対し，事件についての参考意見を述べることができる（4号）。これは裁判所調査官の専門的知見及び調査結果を裁判所の事件に関する判断（評議・判決）に適切に反映させるための参考意見であり，当事者から提出された主張や証拠を裁判官が正確にかつ理解しやすくするためにその整理等をも行う。この参考意見は裁判官を拘束するものではなく，判断の過程における過渡的なものとして理解される(注3)。

(注1)　当事者の一方のみが立ち会うにすぎない場合でも関与することができる。

(注2)　専門委員の場合には，期日における口頭の説明又は書面で説明するものとし，期日外で書面が提出されたときには書記官が当事者双方にその写しを送付する（規則34条の3第2項）など手続の透明性については慎重な配慮がなされているのに対し，裁判所調査官については特段の規定が置かれていない。これは本文で述べたように，裁判所調査官の補助機関性や中立性の制度的保障が考慮されているからである。もっとも，実務では，裁判所調査官が釈明を促す際に，必要に応じて，技術的事項等についての自らの理解・認識を裁判官の面前で当事者に示すことで，裁判所と当事者との間で事件についての認識の共通化を図りながら進行させるなどの運用上の配慮がなされている。

(注3)　司法制度改革推進本部事務局で開催された知的財産訴訟検討会においては，裁判所調査官の事務の透明性の観点から，調査官作成の報告書を開示すべきかにつき議論がなされたが，報告書は，①裁判資料を新たに追加するものではなく，当事者から提出された主張や証拠を裁判官が正確に理解するための参考資料にすぎないこと，また，②過渡的な参考資料にすぎず，最終的には裁判官が採用しない可能性もあり，そのような報告書ないし意見を審理の途中で開示するとかえって審理が混乱し遅延するおそれがあるとの意見が考慮され，開示しないこととされた。

第6章 証　　拠

第1　事実認定と証拠・証明
1　証拠の必要性
　　裁判は，具体的事実に法規を適用して訴訟物たる権利関係の存否について審理・判断することによってなされる。すなわち，原告が訴訟の主題として提示した権利や法律関係などは観念的な存在にすぎず，その存否を直接に認識することは不可能であり，直接に証明する方法もない。この点に関し，民法・商法などの実体私法は，どのような事実(要件事実)が存在すればどのような権利が発生し，あるいは変更・消滅するかを規定している。そこで，要件事実の存否が確定できれば，それに実体法を適用して権利の存否を推論することが可能になる。それゆえ，裁判をするのに際しては，裁判官は，適用すべき法規の存在やその内容の解釈とならび，法規の適用の対象となる事実の存否を確定することが必要不可欠である。この裁判官による事実認識の作業を事実認定という[注1]。

　　裁判が適正であるためには，事実認定過程が客観的に公正で合理性のあるものでなければならない。このような要請に応え，事実認定の公正を担保するため，事実を認定するにはその資料としての証拠が必要となる(証拠裁判主義[注2])。また，その取調べのための手続の適正さも要求されるとともに，当事者に対し実質的な手続保障を付与してゆくことも必要となる。

2　証拠の意義
　　証拠とは，一般的には，事実認定の基礎となる資料を意味する。
(1)　証拠方法，証拠資料，証拠原因
　　証拠調べにおいて，取調べの対象となる有形物を証拠方法という。取調べの対象が人であ

(注1)　事実認定過程における裁判所書記官の関与
　事実認定は最終判断を行う裁判官に負託された職務ではある。しかし，これを補佐し，協働して訴訟運営にあたる裁判所書記官としても，裁判官による事実認定過程とそのための手続過程である証拠法を理解して置くことは，単に口頭弁論調書(手続部分，書証目録，供述部分)を作成するだけに止まらない重要な意義を有する。当事者の訴訟活動が裁判の核心部分である事実認定に向けて展開される以上，書記官が裁判所の対外的窓口として当事者から収集し，また当事者に対して発出される情報もまたこの点に向けてなされるべきものであるし，事件の進行管理や争点指向性の高い要領調書を作成する上で，当事者の主張立証活動の展開を理解することは重要なものとなろう。そしてそれは，争点に関する事実認定の在り方を念頭に置くことによってより的確なものとなり得ると考えられる。
(注2)　法247条が「口頭弁論の全趣旨及び証拠調べの結果をしん酌して」と規定するのはその趣旨である。

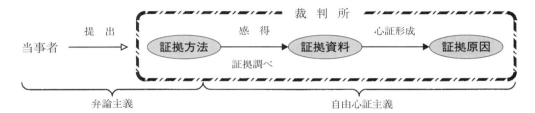

る場合を人証といい，物体である場合を物証という。人証には，証人，当事者本人，鑑定人の3種があり，物証は文書と検証物に区別される。

このような証拠方法の取調べから感得される証言，鑑定意見，当事者の供述，文書の記載内容，検証の結果などの資料を証拠資料といい，その中で裁判官の心証形成の基礎となった資料を証拠原因という（証拠資料のうち，裁判所が信用できるとして採用したもの及び弁論の全趣旨がこれにあたる。）。

(2) **証拠能力，証拠力（証明力・証拠価値）**

証拠資料を事実認定のために利用し得る資格を証拠能力という。刑事訴訟法には証拠能力の制限規定がある（319条，320条等）が，民事訴訟法では，原則として証拠能力に制限はない。

なお，証拠調べの対象とされ得る資格を意味するものとして，証拠能力という用語が用いられることがある（この場合は証拠適格の問題であり，証拠能力とは区別すべきとの指摘もある。）。この意味での証拠能力は制限される場合がある。例えば，当事者本人や法定代理人，法人の代表者などを証人尋問手続で取り調べることは許されず（法207条，211条，規則128条，法37条，規則18条），忌避に理由があるとされた鑑定人は鑑定能力を欠き（法214条），手形小切手訴訟では証拠方法は文書に制限され（法352条），少額訴訟では即時取調べ可能なものに限定される（法371条）。

証拠資料が心証形成に与える影響力（事実認定に役立つ程度）を証拠力（証明力，証拠価値）という。これには形式的証拠力と実質的証拠力の2段階があり，特に書証についてはこの区別は重要である。証拠力の評価は裁判官の自由心証に委ねられる（後記第4参照）。

(3) **直接証拠，間接証拠**

主要事実を直接に証明するための証拠を直接証拠といい，間接事実や補助事実を証明するための証拠を間接証拠という。

3 **証明の意義**

証明とは，一般的には，ある事項を証拠によって明らかにすることを意味するが，訴訟法上は，次のような観点に従い，限定された意義を有する。

(1) **証明と疎明**

裁判官の心証の程度を基準として，証明と疎明とに分けられる。裁判官が要証事実の存在につき確信を抱いた状態，あるいは，確信を得させるために証拠を提出する当事者の行為を証明という。もっとも，いかなる程度の心証をもって確信と呼ぶかについては必ずしも明確ではないが，一点の疑義も許されない論理必然的証明（自然科学的証明）ではなく，経験則に照らして全証拠を総合検討し，通常人が合理的な疑いを容れない程度の心証をもって足りる

第6章 証　　拠

と解されている（最二小判昭50.10.24民集29-9-1417［47］参照）。その意味では，訴訟上の証明は，蓋然的な証明で満足するほかなく，いわゆる歴史的証明で足りる[注1]。

これに対し，事実の存在が一応確からしいといった，確信よりも低い心証で足りる場合，あるいは，それを得させるために証拠を提出する当事者の行為を疎明という。疎明は，原則として，疎明で足りる旨明文で定められている場合に限定され（規則10条3項［除斥・忌避原因］，法35条1項［特別代理人選任要件］，44条1項［補助参加の理由］，規則30条［訴訟救助の事由］，法91条2項［公開禁止事件記録の閲覧］，法198条［証言拒絶理由］，規則153条3項［証拠保全の事由］，民事保全法13条2項［被保全権利及び保全の必要性］等），迅速性が要求される事項，派生的な手続事項などが主として対象とされている。疎明は証拠調べを簡易迅速に行うことを目的とするものであるから，その証拠方法は即時に取り調べることができるものでなければならない（法188条）。

(2) **厳格な証明と自由な証明**

証拠調べ手続の規律に従った証明か否かを基準として，厳格な証明と自由な証明とに分けられる。規律に従った証明を厳格な証明といい，これから解放されたものを自由な証明という。刑事訴訟から導入された概念であるため，妥当範囲について学説は分かれ明確を欠くが，請求の当否を理由づける事実については厳格な証明を要し，職権調査事項，決定手続における要証事実の認定，任意的口頭弁論による要証事実の認定，法規の存在及び内容等については，自由な証明で足りると解されている[注2]。

(3) **本証と反証**

後記第8参照。

4　**証明の対象**

(1) **証明を要する事項**

ア　事実

証明の対象は，原則として事実である。前述のとおり，民事訴訟では，終局的な判断対象は訴訟物たる権利関係の存否であるが，それは当該権利関係の発生・変更・消滅を規定する実体法の要件に該当する事実が認定できるか否かを通じて認識することになる。この

(**注1**)　歴史的証明

判例（最一小判昭23.8.5刑集2-9-1123）は次のように述べる。「元来訴訟上の証明は，自然科学者の用いるような実験に基づくいわゆる論理的証明ではなくして，いわゆる歴史的証明である。論理的証明は『真実』そのものを目標とするに反し，歴史的証明は『真実の高度な蓋然性』をもって満足する。言いかえれば，通常人なら誰でも疑いを差し挟まない程度に真実らしいとの確信を得ることで証明できたとするものである。だから歴史的証明に対しては通常反証の余地が残されている。」

歴史学においては，過去の事実（史実）を認識する手法は回顧的判断であり，しかも事実を認識するための資料には制約があることに加え，いったん認識された事実をその後の実験で確認する方法がないことから，自然科学のように絶対的真実を究明することは不可能であって，客観的史料を基礎に推論し，高度の蓋然性ある真実で満足するほかはないとされている。裁判においても基本的には全く同様であって，むしろより一層制約された資料に基づかざるをえないことや（自白された事実はそのまま判決の基礎としなければならず，これに反する認定をすることは許されないことなど），資料収集の時間的経済的制約もあることを考慮すると，訴訟上の証明は歴史的証明で満足するほかなく，相対的真実に止まらざるをえない。

(**注2**)　自由な証明とはいえ，証明であることにかわりはない。この点，疎明と混同しないよう留意する。

ように訴訟における証明の対象は，法律効果の発生に必要な要件事実（主要事実）であるが，間接事実や補助事実も主要事実の認定に必要な限度で証明の対象となる[注1]。

イ　法規・経験則[注2]

裁判所は法の解釈適用を専権事項とすると同時に職責ともする以上，当事者の主張の有無，証明の有無にかかわらず，法規を解釈し事件に適用しなければならない。その意味において，法規の存在及び内容については要証事項とはならない。もっとも，裁判官が外国法や地方の条例・慣習等についても十分に知っているとは限らず，その適用を求める当事者は，それらの存在・内容を証明しなければならない。

経験則は経験から帰納された事物に関する知識や法則をいい，一般常識に属するものから特殊専門的なものまで極めて多様である[注3]。この場合，一般人が知っているような経験則で，したがって，事実認定に利用しても裁判の客観性が確保されているといえるものについては証明の必要がないが，特殊専門的な経験則については，証明の対象となると解される。

(注1)　間接事実から主要事実を推認する場合や証拠の証明力について検討して主要事実を認定してゆく推認過程においては，主要事実以外の事実が証明の対象となる（実務上は端的に主要事実が認定できる場合は多くはなく，間接事実の積み重ねや文書の記載内容の証明力を検討しながら主要事実を推認する作業に迫られることが多い。）。

(注2)　法規も経験則も三段論法の大前提となる点で共通する。ただし，経験則は専ら事実認定上の三段論法における大前提として存在し，論理的判断を行うに際し不可欠の前提として機能するのに対し，法規はそのように認定された事実について法律を適用する上での（いわゆる法的三段論法の）大前提として機能する点で差異がある。

(注3)　経験則とは，個別的経験から帰納的に得られた因果の関係や事物の性状等について仮言的判断の形式であらわされた命題であり，これには日常の常識に属するものから専門科学上の法則に至るものまでを含む。経験則は，法則とはいっても，その仮言的判断の前件と後件との関係は，必ずしも常に必然的（「甲があれば必ず乙がある」）ないし蓋然的（「甲があれば通常乙がある」）とは限らず，単に可能性あるにすぎない場合（「甲があれば乙があることもある」）もあり，多様である。そして，同じく蓋然的とか可能的といっても，個々の経験則によってそれぞれこの確実性の程度を異にする。

経験則は事実認定の全過程を通じて重要な役割を担う。①事実認定は，最終的には実体法規の定める主要事実をターゲットとして，それを積極に基礎づける，あるいは消極に作用する間接事実・補助事実を決定していきながら，その取捨選択・証拠評価を加えながら行われるが，この過程を支えるのが経験則である【要証事実系列の決定】，②1個あるいは数個の間接事実から主要事実又は間接事実を推認するのも経験則の作用である（事実上の推定）【推認過程における作用】，③直接証拠あるいは間接証拠により，主要事実あるいは間接事実，補助事実を証明する場合の証拠資料の信憑力（証明力）も経験則を規準に判断され，蓋然性の強度・合理性等によって証明力が大きく左右されることになる【証明力の評価基準】。とりわけ，裁判実務では直接証拠がある場合はそれほど多くはなく，このような場合，間接事実の積み重ねによって主要事実を推認するというプロセスにならざるをえない。また，仮に直接証拠がある場合でも，その証拠の証明力は間接事実，補助事実によってテストされ，このテストをパスすることによって初めて心証形成に寄与し得るのであるから，間接事実・補助事実と経験則との関わりを的確に把握する作業は重要な位置を占める。そして，この場合に留意しなければならないのは，積み重ねに応じて誤謬が介在する余地が大きくなるということであり，証明された間接事実の証明力の強度（すなわち，間接事実の認定を可能ならしめている背後に存する経験則の蓋然性の程度），反対方向に作用する間接事実の存在及びその証明力の強度にも多様なものがあり得るのであって，これらを十分に考慮に容れたものでなければ事実認識を誤ることとなり，また，その前提としての争点整理も曖昧なものとなるおそれがある。

第6章　証　　拠

(2) 証明を要しない事項
　ア　主張されていない事実
　　　証明の対象は原則として事実であるが，弁論主義の適用がある事実については，当事者が弁論において現出させていない限り，そもそも証明の対象とはならない。
　イ　当事者間に争いのない事実
　　　当事者が弁論に現出した事実のうち，当事者間に争いのない事実（裁判上の自白又は擬制自白が成立した事実）も証明の対象にはならない（法179条）。当事者間に争いのない事実が証明を必要としないのは，弁論主義の下では訴訟資料（事実及び証拠）の収集は当事者の権能かつ責任とされる以上，裁判所が当事者間に争いのない事実にまで立ち入ってそれと異なる事実を認定することは許されないからである[注1]。また，このような自白については当事者間の公平等を考慮して更に特別な効果が付与されている（裁判上の自白については，後記5参照）。
　ウ　顕著な事実
　　　裁判所に顕著な事実も証明の対象にはならない（法179条）。顕著な事実には，世間一般の人に知れ渡っている公知の事実[注2]と裁判官としての職務の遂行上当然に知り得た事実[注3]とがある。これらの事実について証明が不要とされるのは，証拠調べを経ずに判決の基礎にしても，裁判所の判断の公正さが疑われないほどに客観的に明らかな事実だからである。したがって，裁判官が職務を離れて知り得た事実（私知）は，そのような客観性を欠くため顕著な事実とはいえない。
　　　なお，顕著な事実といえどもその証明が不要とされるだけであり，それが主要事実である限り，弁論主義の下では，判決の基礎とするには当事者の主張が必要である。

5　裁判上の自白
　　自白とは，相手方の主張する自己に不利益な事実を認めて争わない旨の陳述をいい，口頭弁論（準備的口頭弁論を含む。）又は弁論準備手続においてなされたものを裁判上の自白という。
(1) 効力
　ア　証明不要効
　　　自白が成立した事実は証明することを要しない（法179条）。したがって，証明責任を負う当事者は証明負担から解放され，裁判所は，そのまま判断の基礎とすることができる。
　イ　審判排除効（対裁判所拘束力）
　　　裁判上の自白が弁論主義に基礎を置く制度である以上，裁判所は，当事者間に争いのない事実はそのまま判決の基礎としなければならず，これに反する事実を認定することはできない（弁論主義第2原則）。したがって，当事者は，裁判所の事実認定権を事実上制限しう

(注1)　したがって，職権探知主義の下では，自白の効果は排除され（人事訴訟法19条1項参照），相手方が認めたという事実は弁論の全趣旨として考慮されるに止まり，自白された事実も証明の対象となり得るし，裁判所は自白内容に反する事実を認定することも可能である。
(注2)　天災，大事故，歴史上の出来事など。
(注3)　自ら行った判決内容，一般的に裁判官として注意すべきであるといえる公告された事項（例えば破産手続開始決定など）がある。

ることになる。自白内容が真実か否かは問題ではないが，一般的には，その不利益性のゆえに自白内容が真実に合致する蓋然性が高いとみられることが事実認定権制約の根拠になっているといえよう。

　ウ　撤回禁止効（対当事者拘束力）
　　自白した者は自ら認めて争わない意思を表明した以上，原則として，自白内容に矛盾する内容を主張することはできない。いわば自己責任と禁反言にこのような拘束力の根拠が求められるべきであり，いったん自白して相手方に訴訟上有利な地位を与えておきながら自由に撤回できるとするのは，証拠を散逸させ，審理の混乱をもたらすおそれがあることから任意の撤回を許さない趣旨である。

(2) **撤回**

　裁判上の自白は，その拘束力の根拠に照らし，撤回が許される場合がある。

　ア　相手方の同意がある場合
　　自白によって訴訟上の有利な状態を得た者がこれを放棄することを禁止する理由はないから，この場合には自白を撤回することが許される。相手方の同意は明示的なものと黙示的なものとを問わない(注1)。

　イ　自白内容が真実に反し，かつ錯誤に基づく場合
　　自白の撤回に対し，相手方が異議を述べるなどその同意が得られなかった場合であっても，自白当事者は自白内容が真実に反し，かつ錯誤に基づいてした自白であることを立証して，自白の拘束力を免れることができる。自白はその不利益性のゆえに真実に合致する蓋然性が高いとみられるのに対し，真実に反することが立証された場合には自白の対裁判所拘束力の基礎が失われたとみることができるし，錯誤による場合には，禁反言ないし自己責任原則に反しないと考えられるからである。なお，反真実の証明があった場合には，錯誤に基づくことが事実上推定されるとするのが判例である（最判昭25.7.11民集4－7－316）。

　ウ　刑事上罰すべき他人の行為によって自白がなされた場合
　　刑事上罰すべき他人の行為（例えば，詐欺・脅迫など）によって自白がなされた場合，判決確定後は再審事由となる（法338条1項5号）。しかし，判決確定前にこれが発覚した場合でも確定をまって再審の訴えによらなければならないとするのは迂遠であり，訴訟経済の要請に合致しない。そこで，解釈上，このような再審事由があるときには自白の撤回が認められる（最二小判昭33.3.7民集12－3－469［22］(注2)。再審事由の訴訟内顧慮の一場面であ

(注1)　なお，実務上は，自白した当事者が自白内容と矛盾する主張をしながら，相手方が異議を述べず，追加された主張内容に対して否認するに止まる場合がある。このような場合には黙示的に同意したものと評価される場合が多いと思われる。もっとも，釈明権を行使して主張を明瞭にさせることも必要であろう。

(注2)　なお，この場合の自白の効力につき，当然無効説と自白の外形が残る以上取り消し得ると解すべきとの説の対立があり，この判例は当然無効説に立つといわれている。しかし，判例の事案は再審事由の存在を理由に自白の無効又は取消しを主張した事案であって，判旨も「もし，証拠上右主張事実が肯認されるならば，原審としては本件自白の効力を認むべきではなかったものといわなければならぬ（昭和15年9月21日大審院判決民集19巻1644頁参照）。」としているのであるから，主張なしに当然無効としたものではなく，自白の無効又は取消しの主張がなされた上で証拠上も認定できる場合には当該自白の効力は否定さ（つづく）

る（他に訴えの取下げの場合につき，第7章第2の2(4)ア参照）。この場合，法338条2項の要件を具備する必要はない（最一小判昭36.10.5民集15－9－2271［105］）。

(3) **対象**

自白の対象となるのは具体的事実に限られ，法規，経験則，法規の解釈は自白の対象とはならない。ただ，訴訟上の事実には主要事実，間接事実，補助事実があり，どの範囲で自白が成立すると解すべきか，また，権利関係等について認めて争わない意思を表明した場合はどうかなどが問題となる。

ア　主要事実

主要事実の自白に，裁判上の自白の効力が認められることについては異論がない。証明不要効，審判排除効及び撤回禁止効のすべてが認められる。

なお，自白が成立するには，自己に不利益な事実でなければならないところ，何をもって不利益とみるかについては考えが分かれる。第1説は，相手方が証明責任を負う事実であるとし（証明責任説），第2説は，その事実に基づく判決が自白当事者にとって全部又は一部敗訴を意味する場合であるとする（敗訴可能性説）。また，第3説として，利益・不利益は訴訟の経過等によって異なり得る以上，不利益性を自白の要件とすべきではないとし，両当事者の陳述の一致のみをもって自白の成立を認める見解もある（非要件説）。この議論の対立は，結局のところ，自白の拘束力（撤回禁止効）の根拠である自己責任原則をどこまで貫徹するかという理論上の観点の相違にあるように思われ，裁判実務では，基準の明確性のほか，証明責任の所在と齟齬し首尾一貫しない陳述をした場合には当事者に任意の撤回を認めるのが相当であること，裁判所も釈明権の発動について明確な指標が得られることなどから，証明責任説によるのが相当である（大判昭8.2.9民集12－397，大判昭11.6.9民集15－1328）[注1]。

イ　間接事実

間接事実の自白については，証明不要効を認めることに異論はなく，問題は拘束力の肯否に絞られる。この点につき，裁判所に対する関係でも，当事者に対する関係においても，その拘束力を否定するのが判例（最二小判昭31.5.25民集10－5－577［34］，最一小判昭41.9.22民集20－7－1392［67］）である。すなわち，間接事実について相手方当事者が自白した場合，証明を要しなくなるが，裁判所は証拠から自白内容に反する事実を認定することは妨げられないし，自白当事者は自白を撤回してこれに反する主張をすることも妨げられない。主要事実について裁判所の自由心証による認定に委ねる以上，証拠調べの結果，その存在について疑いのある間接事実を存在するものとして心証を形成しなければならないとするのは自由心証主義を事実上制限することになると考えられるからである。そこには，間接事

（つづき）れるといういわば当然の理を述べたものにすぎない。その意味では実質的には取消説との間には差異はないと考えられる。

（注1）　例えば，所有権に基づく建物明渡請求訴訟において，被告が使用貸借の占有権原を主張し，原告がこれを認めた後に，被告が撤回し，前所有者との間の賃貸借を主張するのは自白の撤回にはあたらない（最二小判昭35.2.12民集14－2－223［14］）。この場合の自白とは，被告の使用貸借の主張ではなく，原告のこれを「認める」との陳述であって，被告が使用貸借の主張を撤回し，新たに賃貸借の主張をするに至ったとすれば，それは立証を要しない事項から立証を要する事項に変更したにすぎない。

実は主要事実を推認させる機能を有する点で証拠と同じ機能を有するものであり，自由心証主義の下では裁判官にできるだけ自然で合理的な判断をさせるのが望ましいとの配慮があるといってよい。

これに対し，間接事実レベルであっても禁反言・自己責任原則の適用があることにかわりはないとして，当事者に対する撤回禁止効を認めるべきとする説や，裁判所に対する拘束力をも認める見解もある。これらは，現実の裁判は主要事実レベルだけでなく，間接事実レベルで争点化することも多いことにかんがみ，間接事実のもつ役割を重視すべきとの観点を基礎にしている[注1]。

ウ 補助事実

補助事実の自白についても間接事実と同様に考えることができ，証明不要効を認めるべきことを前提に，更に拘束力まで認めるべきかが問題となる。補助事実の一つである文書の成立の真正に関する自白につき，判例は審判排除効（対裁判所拘束力）を否定している（最二小判昭52.4.15民集31－3－371［15］）。文書の真正は，文書の形式的証拠力に関する補助事実であり，その実質的証拠力が裁判官の自由心証に委ねられている以上，裁判所に対する拘束力を認めることは自由心証主義を阻害することになると考えられる。

なお，当事者拘束力も否定するのが現在の実務であると考えられる[注2]。これに対しては，書証は他の証拠と比較して要証事実の認定において極めて重要な役割を担うと考えられることから，主要事実に準じた取扱いをすべきとする説や裁判所に対する拘束力は否定しつつも，自己責任と禁反言は否定されないとして当事者に対する拘束力を認める見解などもある。

エ 公知の事実に反する自白

事実に関する自白でも，当該自白内容が公知の事実に反する場合，自白の効力を認めるべきかについて争いがある。

民事訴訟における裁判所の役割は，客観的真実の探求ではなく，私人間の私益をめぐる紛争を相対的に解決することにある以上，当事者間で認めて紛争としない意思が認められるときは，それが真実かどうかを問題にしないところに自白の本質があるということを強調するならば，公知の事実であっても自白の効力を認めて差し支えないと解することになろう。

これに対しては，公知の事実に反する内容を判決の基礎としなければならないとすると，裁判に対する信頼が失墜するおそれがあるとの反対説があるほか，弁論主義を真実発見の手段であると理解する立場はこの自白の効力を否定することになる。

(注1) もっとも，実際上，両説の差異はさほど大きなものではない。すなわち，撤回禁止効を認めても，自白した間接事実をそのままにして当該間接事実の不存在を立証すれば自白の効力を免れることができるのであるから，撤回を禁止することの意味はあまり大きなものではない。また，拘束力否定説の下でも，自白の撤回が時機に後れたときはこれを許さないとすること（法157条１項）は可能であるし，自白を撤回したまま何らの反証もしない場合には，弁論の全趣旨により自白事実を認定して，これを主要事実の認定に供することまで否定するものではないと思われるから，結論において差異はないといえる。

(注2) かつての実務は当事者拘束力を肯定していたようである（大判大13.3.3民集３－105，広島高判昭31.12.8下民集７－12－3699，仙台高判昭39.5.27訟月10－７－940）。

第6章 証　　拠

　　オ　権利自白
　　　例えば，所有権に基づく土地明渡請求訴訟において，被告が，請求原因の一つである原告の所有を認めた場合，証明不要効は格別，自白の拘束力を認めるべきかが問題となる。訴訟物たる権利関係の前提となる権利・法律関係についての自白を権利自白という。権利自白に拘束力を認めることの可否につき，判例（最三小判昭30.7.5民集9－9－985［62］）はこれを否定する。学説上も裁判所拘束力及び当事者拘束力のいずれも否定する見解が強い。すなわち，権利自白がなされると相手方は一応その権利主張を理由づける必要はなくなる（証明不要）が，確定的に裁判所の判断を排除するわけではなく，裁判所がこれに反する認定を行うことは妨げられないし，自白した当事者もこれを任意に撤回して自白内容に反する主張をすることは許されるとする。法の解釈・適用は裁判所の職責であり専権領域であること，法的判断の誤りによる不利益を法律的知識・経験に乏しい当事者本人に負わせるのは不当であることがその根拠とされている。
　　　これに対し，自白は法的三段論法の小前提について成立するが，所有権に基づく明渡請求における所有権のように，先決的法律関係も法的三段論法の小前提にあたること，先決的法律関係は，これを訴訟物とする中間確認の訴え（法145条）においては，その放棄・認諾が可能であること，権利自白を自由に撤回し得るとするならば，相手方は不意打ちにあう危険が生じ，また審理の安定性も害されることなどを根拠に，権利自白に拘束力を認める肯定説も有力に主張されている。
　　　もっとも，肯定説は，自白者が自白内容を正当に理解していることが必要であるとして，権利自白の撤回の余地を広く認め，他方，否定説も，所有権，売買，贈与などの日常法律概念の自白の場合には，具体的な事実関係を陳述したものと解して，自白の成立を認めている。したがって，自白者が弁護士ならば格別，法的素養のない当事者本人の場合には，両説の結論にはそれほど大きな差異があるわけではない[注1]。

6　擬制自白
　　当事者が口頭弁論（準備的口頭弁論を含む。）又は弁論準備手続において相手方の主張した事実を争うことを明らかにしない場合には，その事実は裁判上自白したものとみなされる（法159条1項本文，170条5項）。これを擬制自白という。ただし，弁論の全趣旨により，その事実を争ったものと認めるべきときは，自白の成立は否定される（法159条1項ただし書）。その成否は事実審の口頭弁論終結時の状態を基準として判断される（控訴がなされたときは，控訴審の口頭弁論終結時を基準とする。したがって，裁判上の自白と異なり，撤回禁止効が問題となる余地はない。）。
　　当事者が期日に出頭しない場合にも，原則として自白したものとみなされる（法159条3項）[注2]。ただし，その当事者が公示送達による呼出しを受けたものであるときは，擬制自白の適

[注1]　結局，自白の効果を広く認めた上で，その拘束力の基礎は当事者が対象を認識・理解していることがその前提として必要であるとして撤回の余地も広く認めてゆくのか（肯定説の方向性），法的評価に関わる部分は裁判所の専権領域であることを重視して一応自白対象から除くが，法律的表現をもって陳述した場合であっても同時に具体的な事実関係の表現として事実上の陳述の意義を含む場合には，事実に対する自白と解して拘束力を認めてゆくか（最三小判昭37.2.13判時292－18）という対立に収斂されることとなろう。
[注2]　実務上いわゆる「欠席判決」はこの法159条3項・1項を手掛りとしてなされている。　　　（つづく）

第2 証拠調べ通則

用はない（同項ただし書）^(注1)。

第2 証拠調べ通則
1 証拠の申出
(1) 申出の意義

　　裁判所に対し，特定の証拠方法の取調べを要求する申立てを証拠の申出といい，証拠調べは，原則として当事者の申出に基づいて開始される。弁論主義の第3原則である。職権による証拠調べは，例外的に許容されているにすぎない（法14条［管轄に関する証拠調べ］，法186条［調査嘱託］，法207条［当事者尋問］，法218条［鑑定嘱託］，法233条［検証の際の鑑定］，法237条［訴訟係属中の証拠保全］，法228条3項［公文書の成立の真否の問い合わせ］など）。

(2) 申出の方法

　　証拠の申出は，証明すべき事実と特定の証拠方法^(注2)及び両者の関係（立証趣旨）を具体的に明示してしなければならない（法180条1項，規則99条1項）。また，相手方当事者に速やかに知らせて期日の準備等の便宜に資するため，証拠の申出を記載した書面を直送しなければならない（規則99条2項，83条）。

(3) 申出の時期 ―― 争点整理手続・集中証拠調べとの関係

　　証拠の申出は攻撃防御方法の提出の一種であり，訴訟の進行状況に応じタイムリーに提出されることが要請される（適時提出主義［法156条］）。そして，法は，争点整理手続を整備した上，証人及び当事者本人の尋問は，できる限り，争点及び証拠の整理が終了した後に集中し

（つづき）　すなわち，被告に訴状が送達され，審理対象の告知を受けているにもかかわらず，最初にすべき口頭弁論期日に出頭せず，かつ，答弁書その他の準備書面も提出しなかった場合には（法158条参照），裁判所は，被告が原告の主張を争うことを明らかにしないものと認め（法159条3項・1項），もはや審理すべき事項がなくなるので，裁判をするのに熟したものとして（法243条1項），原告勝訴判決をするわけである。この場合，迅速に言い渡し，判決書に代わる調書（法254条1項1号，同条2項）が作成されることが多い（もっとも，実務においては，すべての事案について速やかに弁論を終結して欠席判決をしているわけではなく，例えば，建物収去土地明渡請求，遺言無効確認請求，名誉毀損に基づく損害賠償請求など被告が応訴する蓋然性が高い事案については，期日を延期して再度被告を呼び出すことが行われている。被告本人が応訴しようと考えている場合，裁判所に不案内であったり手続に不慣れであったりすることから，期日に遅参することがままあるからであり，このような場合にまで欠席判決をしてしまうと，いたずらに被告が第1審手続で審理を受ける機会を失わせるに等しいからである。同様な観点から，単純な金銭請求でも即時言渡しではなく，弁論を終結した上で，弁論再開申立てに対応する余地を残すために，言渡期日を別に指定する例も多い。）。

（注1）　したがって，公示送達の方法によって訴状及び口頭弁論期日呼出状を送達したときは，欠席判決をすることはできず，請求原因事実について証拠調べを行うことになる。そして，証拠によって請求原因事実が認められるとして，弁論を終結したときは，原告の請求認容判決について即時言渡しを行い，判決書に代わる調書を作成する（法254条1項2号）取扱いもある。このような運用を前提にすると，書記官としては，進行照会の際に公示送達事案となる見込みであるときは，通常の訴状審査だけでなく，立証方法（書証のみで足りるか，人証調べが必要かどうかなど）についても検討して，原告（代理人）に対して，第1回口頭弁論期日で終結・言渡しまで進行することを予定して準備を促すとともに，調書判決の準備までを終えておくのが同制度の趣旨にも合致するということに留意する。

（注2）　証人尋問の申出につき規則106条，書証の申出につき規則137条・法219条，検証の申出につき規則150条参照。ただし，鑑定につき法213条。

第6章 証　　拠

て行わなければならない(法182条)としている。そのため，証拠の申出は，原則として争点整理手続(書面による準備手続を除く。)においてなされることが必要となる。このため，争点整理手続を経た事件については，その終了又は終結後の最初の口頭弁論期日において直ちに証拠(人証)調べをすることができるよう(規則101条)，尋問に使用する文書(又はその写し)は，弾劾証拠を除き，早期提出することを要し，人証の尋問の申出は，要証事実と立証計画を勘案して，できる限り，一括してしなければならないこととされている(規則102条，100条)。

　なお，証拠の申出は期日前においてもなすことができる(法180条2項)。これは証拠調べの施行について事前に準備を要するものにつき，あらかじめ文書提出命令の申立てや証人の呼出しをするなどして，期日における証拠調べを可能にする趣旨である。したがって，当事者自ら所持する文書のように，直ちに証拠調べが実施でき，事前準備を要しない証拠の申出については同条項の適用はないと解されている(注1)。

(4)　相手方の陳述機会の保障

　証拠の申出に対しては，双方審尋主義の観点から，相手方に陳述の機会が保障されなければならない(法161条2項2号，規則88条1項参照)(注2)。もっとも，機会が与えられれば足り，現実に陳述することを要しない。

(5)　申出の撤回

　証拠の申出は，証拠調べが行われるまでは，いつでも自由に撤回できる。しかし，証拠はその提出者に有利な事実の認定に用いられるだけではなく，相手方にとって有利な事実の認定にも用いることができる(証拠共通の原則[第6章第7の2(2)エ])から，証拠調べ開始後は相手方の同意がなければ撤回できない。証拠調べ終了後は裁判官の心証に影響を与えており，申出の目的を達成しているから撤回の余地はない(最三小判昭32.6.25民集11-6-1143[61])。

　なお，証拠調べをしないまま弁論を終結し，当事者がこれに異議を述べなかった場合に，その証拠の申出は黙示的に撤回されたとみるか，黙示的に却下されたとみるかについては争いがある(注3)。

2　証拠の採否

(1)　採否の判断の裁量性

　不適法な証拠の申出は却下される。適法な証拠の申出であっても必ず証拠調べをしなければならないわけではなく，裁判所が必要でないと認めるものは取り調べることを要せず，証

(注1)　したがって，当事者が所持する文書に関する書証の申出は，期日において，文書の原本を提出してしなければならない。もっとも，争点整理の実効性を確保するため，書証申出予定文書の写し及び証拠説明書は期日前に提出すべきこととされている(規則137条)。
(注2)　書証についてはその成立に関する陳述の機会が与えられる。なお，実務上，要証事実との関連性がないこと，必要性がないこと，証拠価値が乏しいことなどが，採否の裁判の参考として，あるいは，証拠調べ後における裁判所に対する注意喚起として陳述されることがある。
(注3)　多くの学説は，撤回と解すると控訴審で改めて申出をしなければならなくなるが，そうすると時機に後れたものとして却下される危険がある以上，当事者に不当な不利益を課すものであるとして，黙示の却下と解すべきとしている。判例は，黙示の撤回として扱うようである(最判昭26.3.29民集5-5-177など)が，明確な対応をせずに弁論を終結した場合の救済判例とみる余地もある。

拠調べについて不定期間の障害があるときは，証拠調べをしないことができる（法181条）。また，証拠の申出をした者は証拠調べの費用の概算額を予納しなければならず，予納を命じた場合において予納なきときは，証拠調べを行わないことができる（民事訴訟費用等に関する法律11条，12条(注1)）。証拠の申出の採否は，原則として，裁判官の合理的裁量的判断に委ねられている(注2)。

(2) 唯一の証拠方法

しかし他方，採否の判断の裁量性について，ある要証事実についてなされた証拠の申出が，その申出当事者にとって唯一のものである場合には，これを排斥することは許されないとする判例理論が確立されている（大判明33.6.30民録6－6－174ほか）。すなわち，唯一の証拠を取り調べずにその主張を排斥するのは，立証を途絶させておいて証明のないのを責めるに帰し，公平を損ない，双方審尋主義に反するとするものである。

もっとも，この判例理論には多くの例外も認められている。例えば，次のような場合には，唯一の証拠方法であっても，裁判所は取り調べることを要しないとされている。①当事者が費用の予納命令に従わないとき（最一小判昭28.4.30民集7－4－457），②証拠の申出が採用された後，尋問事項等を記載した書面の提出がないまま約10か月を徒過したとき（最二小判昭36.11.10民集15－10－2474［114］(注3)），③唯一の証拠方法である当事者本人が何らの理由もなく期日に出頭しなかったとき（最二小判昭29.11.5民集8－11－2007［101］），④唯一の証拠方法である当事者本人につき訴訟代理人が申出書を提出せず，当事者本人も期日に出頭しなかったとき（最三小判昭35.4.26民集14－6－1064［56］），⑤2度にわたる呼出状がいずれも転居先不明で不送達となり証拠調べにつき不定期間の障害があると認められるとき（最二小判昭30.9.9民集9－10－1242［81］），⑥訴訟全体の経過からみて証人尋問のため新期日を指定しても尋問の実施が期待し難い事情があるとき（最三小判昭35.4.26民集14－6－111［153］），⑦理由なくして当事者が期日を懈怠したとき（最二小判昭39.4.3民集18－4－513［26］）。また，⑧唯一の証拠方法であっても時機に後れたものであるときには却下できるとされている（最二小判昭39.4.3民集18－4－513［26］）。

以上のような判例の傾向からすると，証拠の採否に関する裁判所の裁量も，唯一の証拠方法であることによって画一的かつ全面的な制限を受けるものではなく，この法理が双方審尋主義の実質化という点に基礎を置くものである以上，訴訟の実情・経過等に照らし，双方審

(注1) もっとも，代納を許さないとする趣旨ではなく，証拠申出当事者が予納しなかった場合でも，相手方が代納したときは適法に証拠調べをすることができる（最三小判昭32.6.25民集11－6－1143［61］）。

(注2) 証拠の申出は弁論主義の一内容として十分に尊重しなければならないが，他方，その採否の問題は，申出がなされた後の，すなわち，弁論主義が尽された後の問題であるし，訴訟経済・当事者間の公平の観点，更には証拠の評価が最終的には裁判官の自由心証に委ねられていること（第6章第7）との関係から，裁判官の合理的裁量的判断をできるだけ拘束しないのが望ましいとの考慮に基礎を置くのである。

(注3) 従前の実務では，証拠申出書・尋問事項書の提出がないまま証拠採用することがあった（申出書等を後日追完する）。理論上は，そもそもこのような申出自体が不適式かつ不適法であり，これを理由に却下すべきはずではあるが，諸般の事情でやむをえない場合がある（唯一の証拠方法である場合には特にそうであろう）。もっとも，争点整理手続が整備され，集中証拠調べが原則化された現行法の下では，人証調べの予定等をも併せて確認することが手続上予定されているから，このような事態は多くはないものと思われる。

第6章　証　　拠

尋主義を確保すべき実質的基盤が存在するかどうか，当該証拠方法の性質・取調べの要否などを総合的に考察して検討すべき問題ということになろう。

(3) 証拠決定

ア　意義

証拠の申出がなされると，裁判所はその採否の判断に迫られるが，証拠調べを実施する場合には，申出がある場合のほか，職権による場合もある。これに対し，証拠調べを実施しない場合とは，申出がある場合にこれを採用しない場合に限られる。そこで，証拠の採否についての裁判所の判断は，裁判所が一定の証拠を取り調べる旨を宣言する訴訟指揮上の裁判(注1)又は申出がある場合にこれを却下する旨の裁判(注2)として位置づけられる。

イ　証拠決定の要否

ところで，民事訴訟法上，証拠の採否について「決定」を要する旨の明文規定は，文書提出命令（法223条）と職権による証拠保全（法237条）のほかにはない。とすると，証拠の採否を決定で明らかにする必要があるのかが問題となる。学説上争いがあるが，実務では，挙証者が所持する文書や検証物を提出して申出をする場合は，採用の決定を明示しないまま証拠調べが行われることが多い（黙示の証拠決定がされているとみられる。）。また，証拠調べにつき特段の手続を要する場合（証拠調べのため新期日を定め，又は受命・受託裁判官による証拠調べをする場合）には，期日で採否を告知し，期日外のときは決定書を作成して告知している。したがって，明示又は黙示的に証拠決定を行っているのが実務であるといえよう。

ウ　証拠決定の時期

集中審理の要請から，人証の場合，証拠の採否の決定は，遅くとも争点整理手続終了（終結）時又は証拠調べ開始時までになされている必要がある（規則101条参照）。

エ　口頭弁論との関係

証拠調べ決定により証拠調べ期日が指定された場合，口頭弁論が中止されるのか，すなわち，証拠調べ決定に係る証拠調べを終了した後でなければ弁論を実施できないのかという問題がある。特に，証拠調べ期日を指定した後に裁判官の更迭があった場合，証拠調べ終了後でなければ弁論の更新ができないのか，という形で問題となる。証拠調べの決定は一時口頭弁論を中止する旨の訴訟指揮上の裁判であるとして，その取消し又は申出の撤回がない以上，弁論はできないとみる見解，証拠調べの決定は一定の証拠を取り調べる旨の宣言であり，口頭弁論の中止までは含まないとする見解などに分かれている。

従前の実務は前者の見解にたつものが多かったと思われる。古い判例には，弁論の更新と証拠調べの先後につき，証拠調べの決定は，まず口頭弁論において当該証拠を取り調べる趣旨であるから，弁論の更新に先だち証拠決定に基づく証拠調べをなすべきであるとするものがある（大判昭8.2.7民集12-2-151）。確かに，弁論の更新によって初めて受訴裁判所が訴訟資料に接して直接主義を充足する建前になっている。しかし，現実には新たな構成による受訴裁判所は当該証拠調期日に臨むにあたり訴訟記録を精査しているのが通常であり，その結果，尋問に入る前に弁論の更新をし，釈明権を行使して主張関係を明瞭にし

(注1)　したがって，いつでも取消し・変更することができる（法120条）。
(注2)　ただし，これに対しては，原則として独立の不服申立ては許されない（例外：法223条7項）。

たり，要証事実を確認しておきたいということもあろうし，当事者としても主張の補充・文書の追加提出をしたい意向もあるなどの理由により，後者の見解による運用もなされていた。証拠決定後に裁判官が更迭するという事態は，集中証拠調べを実施することにより減少すると思われるが，そのような事態が生じたとしても，証拠調べ期日も口頭弁論期日である以上，証拠調べと狭義の弁論のいずれを先にするかは裁判所の訴訟指揮に委ねられていると解される。

3 証拠調べ期日

(1) 証拠結合主義

証拠調べ期日は，口頭弁論期日(書証に関する限り，弁論準備手続期日を含む。)とは法律上明確に分離されてはおらず，訴訟手続の進行中，必要に応じて証拠調べをすることができる(証拠結合主義)。すなわち，人証の取調べについては，争点及び証拠の整理が終了した後に集中的に実施されることが予定されているが(法182条)，人証以外の取調べについては，主張が提出されるいわゆる弁論期日でなし得るし，むしろ主張とこれを裏付けあるいは排斥する内容が記載された文書の取調べは，争点整理を的確に行うためには不可欠とさえいえるのであり，主張の提出状況に応じた取調べが必要である。

(2) 期日の実施と当事者の立会

証拠調べをするには，当事者が自らの利益を擁護する機会を保障するため，期日，場所を指定して呼び出すことを要する。しかし，証拠調べの主体は裁判所であるから，当事者不出頭の場合であっても，可能な範囲で実施することができる(法183条)。

(3) 裁判所外での証拠調べ

証拠調べは，受訴裁判所の公開の法廷で行うのが原則であるが(直接主義，公開主義)，裁判所が相当と認めるときは，受訴裁判所外での証拠調べも可能である。この場合には，受命裁判官又は受託裁判官に取調べをさせることもできる(法185条，規則104条，105条)。この証拠調べの結果は，当事者が口頭弁論において援用(結果陳述)した場合には判決の資料となる(最三小判昭28.5.12民集9－101，最一小判昭28.5.14民集7－5－565，最三小判昭35.2.9民集14－1－84［6］参照)[注1]。

受命・受託裁判官による裁判所外での証人尋問については，特則がある(法195条)。外国での証拠調べにつき，法184条，規則103条参照。

(注1) 証拠調べの結果の援用：実務上，証拠についての当事者の「援用」行為には二つのものがあるとされている。
① 相手方当事者の申出に係る証拠調べの結果を自己の利益に援用する場合
　後述する自由心証主義の一内容である証拠共通の原則からみて，裁判所としては，このような援用がなくとも，適法に提出されたすべての証拠につき，当事者双方のため共通して価値判断をしなければならないのであって，裁判所の職責としての証拠判断につき注意を喚起する意義を有するに止まる（最判昭28.5.14民集7－5－565）。
② 期日外における証拠調べの結果を弁論に上程する意味の場合
　この意味での「援用」行為を要するかについて，学説は分かれているが，ⅰ証拠の申出は結果の援用を求める趣旨を包含すると理解できるし，ⅱ既に裁判官が証拠資料を獲得した後に当事者の援用の有無によって訴訟資料となるか否かが左右されるのは不当であるとして，当事者の援用がない場合であっても，裁判所は，証拠調べの結果を斟酌することができるとする見解もある。

第6章　証　　拠

第3　人証に関する証拠方法と証拠調べ手続
1　総説

　人を証拠方法とする証拠調べには，証人尋問，当事者尋問，鑑定，そして，決定手続に関して審尋がある。証人尋問と当事者尋問は，その者の見聞した事実についての記憶を聞き出し，その供述を証拠とするものである。鑑定は，特別の学識経験を有する鑑定人に，その専門的知識をもとに得られる判断・意見を裁判所に報告させ，その鑑定意見を証拠とするものである。審尋は，決定で完結すべき事件につき，その迅速性の要請から，簡易な証拠調べとしての性格を有する手続であり，上記に対する特則として位置づけられる。

2　証人尋問
(1)　意義

　証人とは，過去の事実や状態につき自己の経験により認識したことを訴訟において供述すべき当事者及びその法定代理人以外の者をいう。証人は訴訟外において，かつ，呼出前に知覚した事実に関する具体的認識を報告するものであり，鑑定人とは裁判所の指定により意見判断を報告する点で異なる。なお，専門の学識経験により認識し得た具体的事実について供述する鑑定証人は，証人尋問手続による（法217条，規則135条）。

(2)　証人適格

　証人となり得る者は第三者に限られ，第三者であるかどうかは尋問時を基準とする。訴訟当事者，訴訟において当事者を代表する法定代理人は，証人となることができない。かつて当事者であっても，その後，訴えの取下げ又は脱退などにより当事者の地位を失えば，証人となり得る。逆に，現に当事者であるが，当事者でなかった当時，証人としてした陳述は，その後当事者となっても証言としての効力を失わない。法定代理人であっても，訴訟において当事者を代表して訴訟行為をしないもの（最判昭27.2.22民集6－2－279），補助参加人，訴訟代理人，判決の効力を受ける第三者[注1]は証人となり得る。共同訴訟人は，他の共同訴訟人と相手方との間の訴訟についても，尋問事項が自分と相手方との間の訴訟に全然無関係な場合に限って証人となることができる（大判昭3.4.7新聞2866－13）。

(3)　証人義務

　わが国の裁判権に服する者は，原則として出頭義務，宣誓義務，供述義務を負担し，これらを総称して証人義務といい，公法上の一般的義務である（法190条）。例外的に，証人をその職務上の秘密について尋問する場合には，所定機関の承認を必要とする（法191条[注2]）。

　ア　出頭義務（法192条，規則110条，法193条，194条）

（注1）　例えば，破産財団に関する訴訟における破産者，債権者代位訴訟における債務者など。
（注2）　文書提出命令における公務秘密を理由とする除外事由（法220条4項ロ）との関係
　文書提出命令においては，公務秘密文書に該当するか否かについての最終判断権は裁判所に認められるが，証人尋問においては，公務秘密に該当するか否かの最終的判断権は監督官庁に認められている。これは，証人尋問の手続が，公開の法廷において，当事者等が行う尋問に対して証人が証言するという形態で行われるため，裁判所において，その証言の具体的内容（証人の記憶内容）を事前に覚知することができず，証言されることが相当な事項か否かを事前に判断する仕組みを設ける余地がなく，いったん証言させてしまった後に公務秘密であったということになっても，回復の余地がないことが考慮されている。

第3 人証に関する証拠方法と証拠調べ手続

イ 供述義務

供述義務を特に規定している条文は存在しないが，証人の性質上当然であり，また，法は一定の場合には証言を拒絶することができることとして，これを裏面から規定している（法196条，197条）。

(ア) 証言拒絶理由

①証言が，証人又は法196条各号に掲げる者が刑事上の訴追又は有罪判決を受けるおそれがある事項に関するとき，及びこれらの者の名誉を害すべき事項に関するとき（196条），②証人の職務上の秘密に関する事項について尋問を受ける場合で，黙秘義務が免除されないとき（法197条）

(イ) 証言拒絶の方式及びこれに対する裁判

証言を拒絶しようとする証人は，証言拒絶の理由を疎明しなければならない（法198条）。受訴裁判所は，法197条1項1号の場合を除き，当事者双方を審尋して，証言拒絶の当否につき，決定で裁判する（法199条1項）。この裁判に対しては，当事者及び証人は，即時抗告することができる（法199条2項）。なお，200条参照。

ウ 宣誓義務

証人は，原則として宣誓しなければならない（法201条1項[注1]）が，宣誓義務のない場合（宣誓無能力[注2]［法201条2項］），宣誓が免除される場合（法201条3項），宣誓を拒絶できる場合（法201条4項）が認められている。証人が宣誓を拒む場合には，不出頭及び証言拒絶の規定を準用して処理する（法201条5項）。

(4) **尋問手続**

ア 申出

証人尋問の申出[注3]は，証明すべき事実を特定する（法180条1項）ほか，①証人を指定

(注1) 同一審級において同一証人を尋問する場合においても，尋問事項を異にするときは，再び宣誓させることを要する（最一小判昭29.2.11民集8－2－429［17］）。したがって，宣誓させて尋問すべき証人を不宣誓のまま尋問した場合には，当該尋問手続は違法の瑕疵を帯びる。もっとも，当事者が遅滞なく異議を述べないときは，責問権を喪失し瑕疵が治癒される（前同判決）。

(注2) 宣誓無能力者に宣誓させてした尋問も有効であり，責問権の放棄を論ずるまでもないとされている（最一小判昭40.10.21民集19－7－1910［78］）。すなわち，宣誓させて尋問すべき証人を不宣誓のまま尋問した場合と異なり，この場合の手続の違法は，証人尋問手続の効力を失わせるほどの違法（瑕疵）ではないと解される。

(注3) 判例は，裁判所が職権で尋問した証人の供述を事実認定の資料に供しても，その尋問がさきに当事者の申出に基づき尋問した証人の再尋問であって，かつ当事者の申出に係る立証事項の範囲を逸脱しないときは，弁論主義違反ということはできないとする（最一小判昭30.7.14民集9－9－1038［66］）。この判例の射程をどうみるかについては慎重さが必要であろう。あくまで当事者の申出による予測可能性の範囲内にあることがかろうじて弁論主義をクリアさせているとみるのか（このように解したとしても，当事者の立証事項の特定の程度によっては弁論主義が骨抜きになるおそれはある。），それとも，より根本的には，職権で尋問したことを理由としてこれを証拠から排除してもその内容を知った当事者の一方が改めて申出をするならば同一の証拠が繰り返し提出されるにすぎないのであって，そうであるなら訴訟経済の観点から職権で尋問したことをもって違法視すべきではないという考え方を基礎にしているとの見方もありえよう（しかし，これでは職権証拠調べの違法を全く無視することになろう。）。おそらくは前者であろうと思われ，その意味では救済判例として位置づけるべきであろう。

第6章　証　　拠

し，②尋問所要見込時間を明らかにした上(注1)，③個別的具体的に記載された尋問事項書(注2)を２通(裁判所用，証人用)提出してしなければならない(規則106条，107条１項・２項)。この尋問事項書は相手方に直送しなければならない(規則107条３項)。

　イ　呼出し・人定・宣誓

　　裁判所は，申出を採用するときは，期日に証人を呼び出す(規則108条，109条)。もっとも，証人が在廷証人であるときは呼出しの必要はなく，即時に尋問することができる。

　　証人尋問は，裁判長が，人定質問を行い，宣誓前に宣誓の趣旨を説明し，かつ，偽証の警告をした上で，宣誓書を朗読させ，かつ，これに署名押印させる方法で宣誓を行う(規則112条)(注3)。

　ウ　尋問の順序

　　事実関係をよりよく知る当事者に対して，裁判所の事実認定への関与の機会を付与するため，尋問は，原則として，交互尋問の方式による(法202条)(注4)。その順序は，尋問の申出をした当事者がまず尋問し(注5)，次いで相手方当事者が尋問し(注6),(注7)，これに続いて尋問申出当事者

(注１)　裁判所が審理計画を立てる上で必要となる。
(注２)　裁判所が申出の採否を決する上での参考資料となるほか，相手方当事者に対する防御権の保障（予定の尋問内容を予告して反対尋問の準備に資する。）のため，そして尋問の範囲を決定づけ制御する機能を有する（後述のとおり，実質的な機能を陳述書に委ねる取扱いもある。）。
(注３)　証人が文字を読めないときは，裁判所書記官が宣誓書を朗読し（規則112条３項後段），証人が文字を書けないときは，証人が自署できない旨を宣誓書に書記官が付記する（大判昭8.3.28民集12－505）。
(注４)　交互尋問制を採用しているからといって，伝聞証言の証拠能力が当然に制限されるわけではない（最二小判昭27.12.5民集６－11－1117）。すなわち，伝聞証言は「知覚→記憶→供述」の各過程において誤謬混入の危険があることからその正確性をチェックするために反対尋問のテストを経るのが有効であるし，交互尋問の方法が供述の正確性テストの手段として有効であるとされる。しかし，交互尋問制は，当事者が尋問手続に主体的に関与して，尋問内容ひいては事実認定をコントロールする機会が与えられる点で訴訟法上独自の意義を有する。したがって，交互尋問制と伝聞証言の証拠能力の問題とは別問題である。
(注５)　これを主尋問といい，通常，申出当事者が証明責任を負担する事実ないしこれを推認させる要証事実の立証や相手方当事者が証明責任を負う事実に対する反証に役立つ供述を引き出すことに用いられる。
(注６)　これを反対尋問といい，主尋問において申出当事者が行った立証活動ないし反証活動に対し，その信用性を弾劾するなどの反撃を加えることを主たる目的とする。なお，反対尋問の際に，自己に有利な事実について尋問することができるかという問題がある。主尋問において先回りして尋問されている事項は格別，そうでないときは，実質的には尋問事項書による予告のない主尋問であって，相手方の防御権保障の観点からみて許されない尋問となる。もっとも，同一の証人を別機会に尋問しなければならないとするのも煩雑であり，上記のとおりの根拠に照らして，相手方に異議のない場合にまで許されないとするのも行き過ぎであって，一挙に尋問を終了させる訴訟経済上の要請も無視できない。そこで，これらの諸利益を十分に考慮して，相当と認めるときは，このような尋問も許されると解される（規則114条２項）。実務上は「双方申出」がなされることによってこのような事態に対処している。すなわち，尋問の申出をした当事者が提出する尋問事項書が主尋問の範囲を画し，その後の反対尋問以下の尋問の範囲を制御する機能を有していることから，反対尋問をする当事者は尋問事項書の作成を要しない。このため，反対尋問時に主尋問に現れていない事項を質問することは予告なくして質問をしてしまうことになるため，上述の問題が生じ得るのである。そこで，当事者双方が申出をし，双方が尋問事項書を提出して主尋問として質問をすることでこの問題を回避しているわけである。
(注７)　反対尋問を欠いた供述を証拠資料とすることができるか。判例は，反対尋問の機会が与えられなかったとしても，それがやむをえない事由によるものと認められる場合には，証拠資料としても　　（つづく）

第3　人証に関する証拠方法と証拠調べ手続

が再度尋問する(注1)（規則113条1項）。ここまでは当事者の権利として尋問権を当然に行使することができるが，再反対尋問以降は裁判長の許可にかからしめられている（規則113条2項）。裁判長は，原則として当事者の尋問の後に尋問することができ（法202条(注2)），必要があると認めるときは，いつでも自ら尋問し，又は当事者に尋問を許すことができる（規則113条3項(注3)）。陪席裁判官も裁判長に告げて尋問することができる（規則113条4項）。

　　例外的に，裁判長は，適当と認めるときは，当事者の意見を聴いて，上記の尋問の順序を変更することができる（法202条2項(注4)）。当事者は，この順序の変更に対し異議（裁判長の訴訟指揮に対する異議［法150条参照］）を述べることができ，この場合，裁判所は，決定で異議につき裁判する（法202条3項）。

エ　尋問の制限

　　尋問内容によっては，裁判長は，申立てにより又は職権でこれを制限することができる（規則114条2項，115条2項）。この制限に対し，当事者は異議を述べることができ，この場合，裁判所が決定で裁判をする（規則117条）。制限の対象となるのは次のとおりである。

(ア)　規則114条2項所定事由

　　尋問事項以外の事項と関連し，裁判所が相当でないと認めるとき

(イ)　規則115条2項所定事由

　　以下の事由のうち，①が制限されるべきことは当然であるし，②〜④は審理の効率性確保の観点によるものであり，⑤及び⑥は過去の経験した事実に関して供述させることを本質とする証拠方法であることとは相容れないことに基づく。ただし，②〜⑥については，正当な理由ある場合には尋問は制限されない。

①　証人を侮辱し，又は困惑させる質問
②　誘導質問(注5)
③　重複質問
④　争点に関係のない質問

(つづき)　違法ではないとしている（最二小判昭32.2.8民集11-2-258 ［16］）。この判例は，反対尋問権を尊重しつつ，反対尋問を経ていないことを含めて，最終的には合理的な自由心証によって証拠力を決するのが相当であると解するものである。これに対しては，反対尋問の機会が与えられない供述は一方的で未だ完結しない不完全なものであるから証拠資料とすることができないという反対意見が付されている。
(注1)　これを再主尋問といい，反対尋問に関連する事項で主尋問の補足をする必要がある場合や，主尋問における供述が反対尋問によって崩れた場合にその建て直しを図るために利用されることが多い。
(注2)　これを補充尋問という。
(注3)　これを介入尋問という。証人の供述が質問と齟齬していたり，不明瞭であったりした場合に趣旨を質すことなどのために利用されることが多い。
(注4)　本人訴訟において当事者による適切な尋問を期待することができない場合等，手続の適切な進行上，交互尋問の順序を変更する必要がある。この場合，当事者の手続上の利益に配慮し，当事者の意見を聴くことを要するものとされている。
(注5)　本文で述べた理由のほか，誘導質問の制限は，質問者が期待する答えが暗示されている質問であるため事実が歪曲されるおそれがあることにも基づくものである。もっとも，前提事項などはかえって誘導した方が審理の効率化に資するから，正当の理由ありといえるし，記憶喚起の必要がある場合も同様である。なお，刑事訴訟規則199条の3第3項参照。

第6章 証　　拠

⑤　意見の陳述を求める質問
⑥　証人が直接経験しなかった事実について陳述を求める質問

＜尋問制限に関する手続の流れ＞

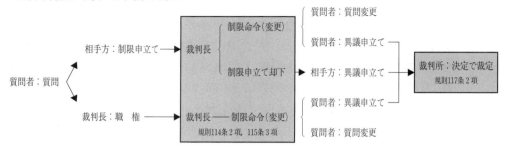

オ　尋問実施方法
　(ｱ)　口頭陳述
　　　証人の陳述は口頭によることを原則とするが，裁判長の許可あるときに限り，書類に基づいて陳述することができる(法203条)。規則ではこれを若干拡張して尋問の際に，文書，図面，写真，模型，装置その他の適当な物件を利用して証人に尋問することができることとしている(規則116条１項)。この場合，利用する文書等が証拠調べを経ていないものであるときは，原則として，当該質問の前に相手方に閲覧の機会を与えなければならない(規則116条２項)。なお，裁判長は，調書への添付その他必要があると認めるときは，当事者に対し，文書等の写しの提出を求めることができる(規則116条３項)(注6)。
　　　また，裁判長は，必要があると認めるときは，証人に文字の筆記その他の行為をさせることができる(規則119条(注7))。耳が聞こえない証人に書面で質問したとき，又は口がきけない証人に書面で答えさせたときは，裁判長は，裁判所書記官に質問又は回答を記載した書面を朗読させることができる(規則122条)。
　(ｲ)　隔離尋問と同時在廷
　　　同一期日に尋問すべき証人が数名あるときは，各別に，かつ，後に尋問すべき証人が同席しないようにして尋問しなければならない(規則120条)。これは，尋問事項が関連しているのに，後に尋問すべき証人が同席していては，証人がけん制され，あるいは後の証人が口裏を合わせるおそれがあることなどが考慮されている。しかし，各別尋問が不能な場合，全く関連性のない事実を尋問する場合，他の証人の記憶を喚起させる機会をつかむためなど，裁判長が必要ありと認めるときは，後に尋問すべき証人の在廷を許す

(注6)　規則116条の１項と３項の関係につき，３項が写しの提出を予定していることと１項での利用可能な文書等の範囲とは必ずしも連動しないと解される。すなわち，写しの提出可能性は１項の要件ではなく，調書への添付その他の利用上，写しの提出を求めるのが可能である場合に，提出を求めることができるとするのが３項の規定である。
(注7)　規則119条は，証言に関連して文字の筆記，略図記載などを付随的に行わせることによって尋問の実効性を高める趣旨である。したがって，行為内容が複雑で独立の証拠調べの対象とすべきときは，検証によるべきである。

— 196 —

ことができる(規則120条)。
　この点につき，隔離尋問による証人汚染防止よりも，同時在廷によって証人自身も事実認識の食い違いを知ることができ，真相が明らかになりやすいなどのメリットも指摘されており，事案の性質，要証事実と証人との関係，証人相互間の関係等を斟酌し，同時在廷の必要性・相当性に関しては柔軟な運用が期待されよう。

(ウ) 対質

　裁判長は，必要があると認めるときは(注1)，証人と他の証人との対質を命ずることができる(規則118条)。対質とは，数人の証人を同時に尋問して，陳述の食い違う点を直接かつ相互に弁明させることである。数人の証人が同一事実を経験していながら，矛盾した供述をする場合には，記憶違いなのか虚偽供述なのかを明確にしなければ事実認定の上で支障を来すおそれがある。この点，集中証拠調べの実施に伴い，対質が有効に機能することが期待される(注2)。

(エ) 再尋問

　同一訴訟において，同一の証人を再度尋問することもあり，これを再尋問という。尋問が強行法規に違反し，又は当事者の異議により，証言を資料とすることができない場合，証言に不明確な点がある場合，更新前の弁論(法249条3項)又は証拠保全手続において尋問した証人について尋問の申出があった場合(法242条)には，尋問の必要がある。

(オ) 書面尋問

　前記(ア)の制度上の例外として，裁判所は，相当と認める場合において，当事者に異議がないときは，証人尋問に代え，書面の提出をさせることができる(法205条)。証人の遠隔地居住，刑事施設へ収容中，老齢・病気のため出頭困難な場合，尋問事項が簡明な場合のほか，医師・弁護士など証人の中立的性格が明白で，かつ反対尋問の必要性が相対的に低いときなどは，この方法を採用することにより，審理が迅速化されよう(注3)。この申出を採用するときは，裁判所は，尋問の申出をした当事者の相手方に対し，回答を希望する事項を記載した書面を提出させることができ(規則124条1項)，相手方に反対尋問的な質問をする機会を付与している。また，審理の遅滞を避けるため，裁判長は，証人が尋問に代わる書面を提出すべき期間を定めることができる(規則124条2項)。

　書面尋問の方法をとったからといって，証人尋問が排除されてしまうわけではなく，改めて尋問せざるをえない場合もあり得る。そのような場合には二度手間となるから，

(注1)　当事者に対質の申立権はなく，仮に申立てをしたとしても職権発動を促すものに止まる。対質の必要性が認められるのは，供述の矛盾等のために事案解明に困難を来すおそれがある場合がその典型であるが，これは供述に耳を傾ける裁判所が最もよくその必要性を感得できるからであり，当事者が供述の矛盾を質す必要を感ずる場合には，基本的には反対尋問等によるべきことが考慮されたものと解される。
(注2)　もっとも，対質の必要性は，証人の供述内容を聴いてみないことには判断できないから，証拠調べ前に，対質を実施するか否かを決定しておくことは困難であろう。したがって，事案の内容を勘案しつつ，当事者に対し，場合によっては，対質の可能性もあることを示唆しておくことも必要となろう。
(注3)　書面尋問の相当性については，当事者の協力，証人の信憑性，尋問事項の重要度などを総合的に検討する必要がある。

第6章　証　　　拠

書面尋問の相当性の要件については，当事者との間で十分に検討することが必要となろう(注1)。

なお，当事者の異議がないことが要件として加重されている点などは，簡易裁判所の訴訟手続の特則である法278条とは異なる（第11章第1の4⑶参照）。

　㈮　テレビ会議の方法による証人尋問

裁判所は，証人が遠隔地に居住している場合において，いわゆるテレビ会議の方法により尋問をすることができる（法204条1号(注2)）。尋問すべき証人が遠隔地に居住しているなどの事情により，受訴裁判所に出頭することが困難な場合の尋問の方法としては，書面尋問制度（法205条，規則124条）があり，これは証人の遠隔地居住に限定されない点で，利用可能な範囲が比較的広いが，前述のとおり，書面尋問の結果によっては，反対尋問の必要が生じるなど証人尋問を再施しなければならないこともあり得る。そこで，直接主義の要請を充たしつつ証人尋問の機動性と証人の出頭の便宜を図るという観点から尋問方法の選択肢を広げてテレビ会議の方法によって尋問できるよう規定を設けたものである。裁判所がこの方法による尋問の申出を採用したときは，証人をテレビ会議装置が設置されている裁判所に呼び出し，ファクシミリによる送信文書を利用するなどして尋問を実施する（規則123条）。なお，当事者本人尋問についても準用されている（法210条）。

　㈯　受命・受託裁判官による証人尋問

審理の充実・促進を図るため，直接主義の要請に配慮しつつ(注3)，機動的な証人尋問を実施するため，裁判所は，以下に掲げる場合に限り，受命裁判官又は受託裁判官に裁判所外での証人尋問をさせることができる（法195条，206条）。なお，法195条は当事者本人尋問にも準用される（法210条）。これに対し，法195条は，鑑定人質問については準用されていない（法216条）が，法185条及び法215条の4により，受命・受託裁判官が行うことが認められる。

① 証人が受訴裁判所に出頭する義務がないとき又は正当な理由により出頭することができないとき
② 証人が受訴裁判所に出頭するについて不相当な費用又は時間を要するとき
③ 現場において証人を尋問することが事実を発見するために必要であるとき

（注1）　もっとも，証人尋問手続が排除されないことから，むしろ比較的柔軟に書面尋問を利用する運用例も見受けられる。いずれの当事者とも利害関係のない，中立性の高い証人を尋問する前に，どのような事実を知っているのかについて書面尋問で回答をしてもらうとか，カルテの記載の意味等についての疑問点を双方で協議して質問事項にして送付するなどし，その回答内容をみて尋問申出を取り止めたり，あるいは詳細を尋問することを決定したりするなどという形で証人尋問の予行的手続として利用することも考えられる。

（注2）　平成19年法律第95号による改正（現行法204条2号の定めるビデオリンク方式による証人尋問の新設）に伴い，証人が遠隔地に居住する場合のテレビ会議の方法による尋問の規定（改正前法204条）は，法204条1号となった。

（注3）　裁判所外での証拠調べ（受命・受託裁判官によるものを含む）は，法185条により，「相当と認めるとき」には可能であるところ，法195条が，証人尋問について更に要件を加重した特則を設けている趣旨は，なかでも証人尋問は，証言の信憑性判断等，証拠価値に関わる部分が大きく，直接主義が自由心証主義の実質的支柱となっていることを考慮したものである。

④　当事者に異議がないとき
3　付添い，遮へいの措置，ビデオリンク方式による尋問
(1)　制度の趣旨等
　　犯罪被害者等の権利利益の保護を図るための刑事訴訟法等の一部を改正する法律（平成19年法律第95号）2条による改正後の民事訴訟法により，付添い（法203条の2），遮へいの措置（法203条の3），ビデオリンク方式による尋問（法204条2号）の各制度が設けられ，これに伴い平成19年最高裁判所規則第17号による改正後の民事訴訟規則に，各制度の手続的要件や記録化等の細則について規定が設けられ（規則122条の2及び3，123条2項ないし4項），それぞれ平成20年4月1日から施行されている[注1]。法廷は，裁判官のほか，当事者や代理人が在廷し，傍聴も認められるのが原則であり，証人が法廷で尋問を受ける場合，その不安や緊張等から，証言の内容に好ましくない影響が生じたり，尋問の実施が困難となったりするおそれがある。このようなおそれに対処するため，上記改正は，個々の訴訟指揮や尋問技術のみにゆだねず，証人の精神的不安を軽減するための制度として，①証人に対する尋問中の付添い，②証人と当事者本人・法定代理人あるいは傍聴人との間の遮へい，③証人が，裁判官や当事者の在廷する法廷と離れた別の場所（同一裁判所庁舎内を含む。）に出頭して，映像等の送受信による通話の方法により尋問を受ける方式の証人尋問を認めたものである。なお，上記改正に係る規定は，証人尋問に関するものであり，この項の記述も基本的に証人尋問を前提としているが，これらの規定は，当事者本人尋問及び法定代理人尋問に準用される（法210条，211条，規則127条，128条）。

(2)　付添い
ア　付添いの措置の要件・内容等
　　法203条の2第1項は，裁判長は，証人の年齢又は心身の状態その他の事情を考慮し，証人が尋問を受ける場合に著しく不安又は緊張を覚えるおそれがあると認めるときは，その不安又は緊張を緩和するのに適当であり，かつ，裁判長若しくは当事者の尋問若しくは証人の陳述を妨げ，又はその陳述の内容に不当な影響を与えるおそれがないと認める者を，その証人の陳述中，証人に付き添わせることができる旨規定し，付添いの措置が認められるための要件とその判断に当たっての考慮事由を定めている。更に付添いの措置が認められるための手続的要件としては，当事者及び証人の意見を聴くことが必要とされる（規則122条の2第1項）[注2],[注3]。証人が法廷で陳述する場合の不安，緊張は，特に当該証人が年少者や高齢者，心身の健康に問題がある者である場合について高くなりがちであり，付添人の例としては，年少者や高齢者については，その家族，心身の健康上問題のある証人につ

(注1)　刑事訴訟法上は，既に平成12年の刑事訴訟法の一部改正により，付添い（刑事訴訟法157条の2），遮へい（同法157条の3），ビデオリンク方式による証人尋問（同法157条の4）が設けられている。
(注2)　証人の意見については，通常は，当事者や代理人を通じて聴取する場合が多いと思われる。なお，裁判長としては，更に必要に応じて訴訟関係人に対する釈明を求める（法149条）などして，付添いの要否（要件該当性）や付き添わせるべき者の適格性について調査，検討することとなる。
(注3)　なお，付添人の旅費・日当については，訴訟費用に当たらず，予納させることはできないと解される。

第6章　証　　拠

いては，医師，看護師，心理カウンセラー等が考えられる。

なお，付添いの措置をとった場合には，その旨並びに付添人の氏名及び証人との関係を調書に記載することを要する（規則122条の2第2項）。

　イ　付添いの措置の性質，告知，付添いの処置に対する異議等

当事者本人，法定代理人及び証人には，付添いの措置につき申立権が認められておらず，裁判長の職権発動を促すことができるにとどまるものと解される。もっとも，付添いの要否に関する事情は，裁判所よりも当事者がよく把握しているのが通例であり，実際上は，裁判所が当事者の申出を受けて判断することが多いと考えられる。

裁判長が付添いの措置をとることとした場合，その旨の訴訟関係人（当事者，証人及び付添人となるべき者）に対する告知について，特に明文規定はないが，これらの者の準備の都合等を考慮すると，事実上告知することが適切といえる。

法203条の2第3項は，当事者が，第1項の規定による裁判長の処置に対し，異議を述べたときは，裁判所は，決定で，その異議について裁判をする旨規定している。ただし，これは，法150条の定める訴訟指揮権に基づく処置に対する異議と同様，受訴裁判所が合議体である場合についての規定と解され，単独事件においては，当事者の異議は職権発動を促すものにとどまる。

　ウ　尋問実施上の留意事項等

法203条の2第2項は，付添人は，裁判長若しくは当事者の尋問若しくは証人の陳述を妨げ，又はその陳述の内容に不当な影響を与えるような言動をしてはならない旨規定している。尋問に先立ち，訴訟関係人には，このような趣旨を十分に理解してもらう必要があろう[注1]。

(3)　遮へいの措置

　ア　当事者本人等との間の遮へいの措置

法203条の3第1項によれば，裁判長は，事案の性質，証人の年齢又は心身の状態，証人と当事者本人又はその法定代理人との関係（証人がこれらの者が行った犯罪により害を被った者であることを含む。）その他の事情により，証人が当事者本人又はその法定代理人の面前（法204条の規定による尋問の場合を含む。）において陳述するときは圧迫を受け精神の平穏を著しく害されるおそれがあると認める場合であって，相当と認めるときは，その当事者本人又は法定代理人とその証人との間で，一方から又は相互に相手の状態を認識することができないようにするための措置をとることができる。具体的な遮へいの方法としては，衝立を室内の配置・角度等に留意して設置するなどが考えられる。

遮へいの措置をとるためには，裁判長において，上記規定に定める要件を満たし，相当と認めることが必要であるほか，手続的要件として，当事者及び証人の意見を聴くことが必要であり（規則122条の3第1項），裁判長は，これらの者からその心情等を含め判断の参

（注1）　付添人の配席については，例えば，証人等の斜め後ろ辺りに若干距離を置いて着席してもらうことが考えられるが，特に定まった方法があるわけではない。要は，付添制度の趣旨（証人等の精神的不安の軽減）と尋問の円滑実施，供述への影響等の観点に照らし，事案に応じて適切な方法を選択することが肝要と考えられる。

考となる事情や意見を聴取することとなる。

前記(1)のとおり，遮へいの措置に関する規定は当事者本人尋問及び法定代理人尋問に準用されており，犯罪による被害者が提起した加害者に対する損害賠償請求訴訟において原告本人として尋問を受ける場合が，当事者本人(被告)との間の遮へいの措置をとることが認められる場合の典型例といえる。

遮へいの措置について，当事者本人，法定代理人及び証人に申立権が認められておらず，裁判長の職権発動を促すことができるにとどまることや，遮へいの措置をとることとした場合の訴訟関係人に対する告知の在り方，遮へいの処置に対する異議(法203条の3第3項，203条の2第3項)については，先に付添いについて記述したところ(前記(2)イ)と同様である。

なお，遮へいの措置をとった場合には，その旨を調書に記載することを要する(規則122条の3第2項)。

イ　傍聴人との間の遮へいの措置

法203条の3第2項によれば，裁判長は，事案の性質，証人が犯罪により害を被った者であること，証人の年齢，心身の状態又は名誉に対する影響その他の事情を考慮し，相当と認めるときは，傍聴人とその証人との間で，相互に相手の状態を認識することができないようにするための措置をとることができる。傍聴人に直接証人の様子を認識することを保障する必要性は低いといえることから，上記規定の定める遮へいの措置の要件は，裁判長が「相当と認めるとき」とのみ規定され，当事者本人等との遮へいに比べ，若干緩和されている。また，一方から相手の状態を認識することができないようにするための措置も認められていない。その余の点に関しては，当事者本人との間の遮へいの措置について記述したところと同様である。

遮へいの措置がとられるためには，裁判長において，当事者及び証人の意見を聴取した上，前記法203条の3第2項の定める事由を考慮して，相当と認めることが必要である。例えば，性的犯罪の被害者が証人(あるいは当事者本人)として尋問を受ける場合は，上記規定の定める考慮事由に照らし，傍聴人との間でも遮へいの措置をとることが相当と認められる場合の典型例といえる。

ウ　遮へいの措置の類型，ビデオリンク方式による尋問との併用

以上より，遮へいの措置の形態としては，①当事者本人等との間の遮へい，②傍聴人との間の遮へい，③①と②の両方の3類型があり，具体的な遮へいの方法(衝立の数量，角度等)について，それぞれの場合に応じた適切な方法をとることが必要となる。

また，証人の精神的負担軽減の見地から，後記(4)のビデオリンク方式による尋問を利用して，当該証人(又は当事者本人)を，(相手方)当事者本人・法定代理人の在廷する法廷と離れた場所に出頭させて尋問を行うことが相当と考えられる場合において，更に当該証人等の姿を(相手方)当事者，その法定代理人や傍聴人に見せることが相当でない場合には，遮へいの措置を併用する必要がある[注1]。なお，これらの方式(併用を含む)によった場合で

(注1) 裁判所においては，法廷内にとどまらず，証人等が当事者本人及びその法定代理人と直接顔を合わせることがないように配慮することも必要となる。

第6章　証　　　拠

も，審理を公開していることには変わりはないから，裁判の公開原則（憲法82条1項）に違反するものとは解されない（刑事裁判に関する最判平成17年4月14日刑集59巻3号259頁参照）。

(4) ビデオリンク方式による尋問

ア　要件・内容等

法204条2号によれば，裁判所は，事案の性質，証人の年齢又は心身の状態，証人と当事者本人又はその法定代理人との関係その他の事情により，証人が裁判長及び当事者が証人を尋問するために在席する場所において陳述するときは圧迫を受け精神の平穏を著しく害されるおそれがあると認める場合であって，相当と認めるときは，映像と音声の送受信により相手の状態を相互に認識しながら通話をすることができる方法（ビデオリンク方式）によって，証人の尋問をすることができる。ビデオリンク方式による尋問が認められるためには，上記規定に定める要件に加え，手続的要件として，当事者及び証人の意見聴取が必要とされる（規則123条2項）。

ビデオリンク方式による尋問の類型としては，受訴裁判所と他の裁判所との間で，外部回線等を利用して行う場合（テレビ会議の方法（法204条1号）による尋問の場合はこの場合のみ）[注1]のほか，受訴裁判所内の法廷と別室との間で，LAN回線等を利用して行う場合がある[注2]。

なお，ビデオリンク方式による証人尋問を実施した場合には，その旨及び証人が出頭した裁判所（ただし，当該裁判所が受訴裁判所である場合を除く。）を調書に記載することを要する（規則123条4項）。

イ　付添い，遮へいの措置の場合との主な異同

当事者本人，法定代理人及び証人には，申立権が認められておらず，裁判所の職権発動を促すことができるにとどまること，ビデオリンク方式により尋問を行うこととした場合の訴訟関係人に対する告知の在り方については，先に付添い，遮へいの措置について記述したところと同様である。

これに対し，尋問の決定の主体は，付添い及び遮へいの措置の決定の主体が裁判長であるのと異なり，裁判所とされている[注3]。また，異議の規定については，付添い，遮へいの措置の場合と異なり，設けられていない。ビデオリンク方式による尋問については，裁判所（合議体）が自ら判断するため，これに対し更に合議体による判断を求める趣旨の異議を認める必要がないためである。

ウ　付添いや遮へいの措置との併用と各種配慮

ビデオリンク方式による尋問を，付添い又は遮へいの措置の一方と併用し，又は双方と

(注1)　この場合，必要とされた外部回線使用料等は，訴訟費用となる。
(注2)　ビデオリンク装置が設置されていない裁判所が，この方式による尋問を行うには，装置の設置された庁に出張し，裁判外における証拠調べとして実施する方法と，装置の設置された庁から機材，ケーブル等を借り受けて実施する方法がある。
(注3)　尋問の決定の主体が裁判所とされたのは，ビデオリンク方式による尋問の決定が直接主義を一定限度制約するものであること，平成19年改正前の法204条も，遠隔地におけるテレビ会議システムを利用した尋問について，その決定の主体を裁判所としていたことなどによる。

第3　人証に関する証拠方法と証拠調べ手続

併用することも，各所定の要件を満たす限り可能であるが，各制度の趣旨に加え，裁判官の在廷する法廷と証人の出頭場所とが離れていることに伴い，必要な文書等のファクシミリ送信（規則123条3項）をはじめ，尋問実施の上で各種配慮が必要となる[注1]。

4　当事者尋問

(1)　意義

当事者尋問とは，当事者本人又はその法定代理人が経験した事実認識を報告させ，その陳述を証拠資料とする証拠調べである。当事者の主張も，当事者の事実認識を基礎とするものではあるが，弁論主義の下では，裁判所に事実判断の対象を提供する主張（狭義の訴訟資料）とその主張の真否についての判断資料を提供する当事者尋問（証拠資料）とは峻別される。釈明処分，すなわち，訴訟関係を明瞭にするため当事者本人らの出頭を命じた期日における陳述は（法151条1項1号），主張レベルで把握されるべきものであり，証拠調べの結果ではない。訴訟主体としての当事者と証拠方法としての当事者とを区別する必要がある。

(2)　被尋問者

当事者本人とその訴訟において当事者を代表する法定代理人である。代表者であっても，当該訴訟で代表しないときは，証人として尋問される（最判昭22.2.22民集6-279）。尋問に対する陳述は，証拠資料であって主張ではないから，当事者本人は訴訟能力者である必要はない。

(3)　補充性の緩和

旧法では，係争事実について他の証拠調べによって心証が得られない場合に限り，当事者本人尋問ができる旨規定されていた（旧336条）。これは，当事者は訴訟の結果につき利害関係が最も深いから，一般的にみて，その陳述は公平性，信用性に乏しいと考えられていたことに基づく。しかし，当事者本人は，事実関係を最もよく知る者であるし，わが国においては，当事者本人の供述が証言と比較して信用性が乏しいとは必ずしもいえないとの認識が一般的であるため，当事者本人と証人との差異を強調するのは適切ではない。そこで，現行法（平成8年改正法）では，証人及び当事者本人の尋問を行うときは，原則として証人尋問を先行しなければならないとしつつも，適当と認めるときは，当事者の意見を聴いて当事者本人尋問を先行させることができる（法207条2項）ものとして，補充性の要件を緩和している。

(4)　証拠方法として尋問に応ずる義務

当事者本人が証拠方法として負担する義務は証人とほぼ同様であり[注2]，出頭義務，宣誓義務，陳述義務を負う。正当な理由なく拒絶したときは，裁判所は，尋問事項に関する相手方の主張を真実と認めることができる（法208条）。

（注1）　各種機器類の準備・確認から尋問中における操作，法廷と尋問実施場所間の連絡，証人の宣誓書への署名・押印の確認，尋問中における証人に対する書面の提示や証人による書面の作成（記入），付添人による証人等の陳述に対する妨害あるいは不当な影響の有無の確認やこれらがあった場合への対応等のため，職員の同室又は別室での待機，書画カメラや書面の写しの準備，活用等が必要となるほか，尋問の前後及び法廷等の内外を通じて，証人と当事者本人又はその法定代理人が接触することがないよう，待合室の準備や入退室の誘導・案内等の配慮も必要となる。

（注2）　相違点としては，宣誓が任意的であること（法207条1項後段），陳述拒絶はできないこと，虚偽の陳述をした場合には偽証ではなく，過料の制裁であること（法209条）などが挙げられる。

第6章　証　　拠

(5) 尋問手続

申立てにより，又は職権で開始する（法207条1項）。

概ね証人尋問と同様であるが（法210条，規則127条本文），宣誓が任意的なものとされる（法207条1項後段）ほか，不出頭の制裁（法192〜194条，規則111条），証言拒絶（法196〜200条），宣誓免除・拒絶（法201条1項，3項〜5項），証人相互の対質（規則118条，対質については，規則126条がある。），隔離尋問（規則120条），書面尋問（法205条，規則124条）に関する規定は準用されない。

5　大規模訴訟に係る証人等尋問の特則

当事者が著しく多数で，かつ，尋問すべき証人又は当事者本人が著しく多数である訴訟（例えば，薬害・公害訴訟など）については，証人等の取調べだけでも長期間を要することがあり，迅速な紛争解決のためには機動的な尋問を実施する高度の必要性が認められる。そこで，裁判所は，当事者に異議がないときは，受命裁判官に裁判所内で証人又は当事者本人の尋問をさせることができるものとされている（法268条）。

これにより，いわゆる個別損害の立証に関する証拠調べの機動性が確保される。併せて，5人の合議体で審理することとしたり（法269条），争点整理手続及び進行協議期日などを活用して証拠調べの方式も含めた協議をし，計画審理を実践したりするなど，法が認めている規定（法147条の3）を活用することが望まれる。

6　鑑定

(1) 意義

鑑定人とは，裁判所の命令により，裁判所の指示する事項について，特別の学識経験に基づき，経験法則又は新たに経験した事実認識を報告する第三者をいう。鑑定人が有する専門的知識に属する各種の法則又は学識経験の助けにより，裁判所に命ぜられて形成する判断が鑑定意見である。したがって，鑑定人は鑑定に必要な学識経験を用いた意見を述べる点において証人とは異なり，学識経験を用いても訴訟に登場する以前になされた認識の報告は証言であって，鑑定意見とは異なる。鑑定には，経験法則そのものを報告する場合と一定の事実資料について経験法則を適用した結果の事実認識を報告する場合とがあるが，いずれも裁判所の判断能力の補充を目的とする。

なお，経験法則は，論理的にこれを知得することができるものである点で一般的なものであるから，鑑定人は代替的である（これに対し，当該人物の認識そのものが重要である証人は非代替的である。）。

(2) 鑑定人適格

鑑定人たり得る者は第三者であるが，証言又は宣誓を拒絶することができる者（法196条，201条4項）と同一の地位にある者や，宣誓義務のない者（法201条2項）は，鑑定人となることができない（法212条2項）。また，通常の知識によって認識できるような経験法則は，その認識のために鑑定等の特別の証拠調べを要しない（最二小判昭36.4.28民集15-4-1115［53］）から，鑑定に必要な特別の学識経験を有する者のみが鑑定人となることができる（法212条1項）。

(3) 鑑定義務

裁判権に服する者であって、鑑定人たり得る者は、鑑定義務を負う（法212条1項）。鑑定人としての義務については、証人義務との差異を考慮しつつも、同様に解されるものについては、証人義務を準用している（法216条）。

(4) **鑑定手続**

ア　開始

鑑定は申出をもって開始する。鑑定の申出は、鑑定事項を表示すれば足り、鑑定人を指定する必要はない。

イ　手続

鑑定手続は、鑑定人の指定[注1]、呼出し、人定、宣誓（規則131条）、鑑定事項の告知、鑑定意見の報告という順で進められる。鑑定事項は、当事者の申出の範囲に限られる[注2]が、鑑定人は鑑定意見形成のため、裁判所が鑑定命令において特に鑑定の方法、資料を制限しない限り、任意に適当な一切の資料を参酌できる（最二小判昭31.12.28民集10-12-1639[102][注3]）。

鑑定の結果の報告形式は、裁判長の裁量により、書面又は口頭で意見を述べさせることができる（法215条）。また、鑑定人が複数選任されたときは、共同して又は各別に意見を述べさせることができる（規則132条）。鑑定人に口頭で意見を述べさせるときには、証人尋問とは異なり、専門家が学識経験に基づいて意見を陳述することによって、裁判所の判断に必要な専門的知見を補充するという鑑定手続の性質に適合するように[注4]、まずは、鑑定人から鑑定事項についての意見を聴くものとし、次いで、その後質問をするときには、原則として、裁判長、鑑定申出当事者、相手方当事者の順で鑑定人に対し質問をすることとしている（法215条の2第1項ないし3項）。鑑定人に対する質問事項は、鑑定人の意見の内容を明瞭にし、又はその根拠を確認するために必要がある場合に限定される（規則132条の4）。質問の態様としては、「具体的」であることを要するが、「個別的」である必要はない（一問

(注1)　鑑定人は学識経験ある第三者の中から受訴裁判所、受命・受託裁判官が指定する（法213条）。実務上は、当事者や裁判所書記官の調査に基づき指定したり、適当な機関に照会したりして、その報告をまってなされる。だれを何人指定するかは裁判所の裁量で決する。

(注2)　従前の実務においては、裁判所が、当事者及び鑑定人と協議をして、鑑定事項の内容を明瞭にしたり、鑑定人に送付する資料を整理したりするという運用がなされていた。特に、複雑困難な事件においては、どのような鑑定事項を定めるかは当事者の攻撃防御に密接な関連を有し、訴訟の帰趨を決することもあるため、協議を重ねて確定するのが通例である。そこで、口頭弁論若しくは弁論準備手続期日又は進行協議期日において、鑑定のための協議をすることができるものとされ（規則129条の2）、また、鑑定書の提出時期は訴訟の進行に大きな影響を及ぼすことがあるため、鑑定人の意見を聴いて鑑定書の提出期間について定めることができるものとされている（規則132条2項）。

(注3)　使用した資料の当否、鑑定方法の適否について疑問の余地がある場合であっても、鑑定自体を違法として証拠能力が否定されることはないと考えられる。すなわちこれらは鑑定の信用性に影響を及ぼすものであるから、裁判所の自由心証によってその証拠力の程度を決すれば足りる。

(注4)　従前は鑑定人が意見を述べるための手続について、証人尋問規定の包括的準用によっていた。そのため、原則として、交互尋問方式により、一問一答による個別質問の形式（規則115条）で行われていた。これは本文で述べたような鑑定の性質に適合せず、質問に対する回答という形で意見を述べることになるために鑑定人が鑑定事項に対して十分に意見を述べることができないとか、必要以上に敵対的な質問がなされるなどの問題が指摘されていた。そこで、平成15年改正法において、鑑定手続の性質によりふさわしく、専門家が鑑定を引き受けやすい環境を設定するため、規定が整備されたものである。

第6章　証　　拠

一答の排除［規則132条の4第2項］)。

　　また，鑑定人に口頭で意見を述べさせる場合において，相当と認めるときは，テレビ会議の方法を利用することができる(法215条の3)。裁判所のテレビ会議システムと交信可能な装置が設置されている場所であって，裁判所が適当と認める場所に鑑定人が出頭すれば，受訴裁判所に出頭する必要はない(規則132条の5)ものとして鑑定人の利便を高めている。

　　鑑定意見の報告は，通常，鑑定理由と結論(鑑定主文)を包含するが，鑑定意見となるのは結論部分のみである。鑑定人が結論を導くに至った判断形成の過程を説明する鑑定理由部分は，裁判所が事後審査し，誤謬の有無，判断の確実性の程度などその信用性を吟味する上で重要ではあるが，これを示していない鑑定であっても事実認定の資料に供することができないわけではない(最一小判昭35.3.10民集14-3-389［23］[注1])。

ウ　鑑定人の忌避

　　鑑定は，裁判官の認識，判断能力の補充を目的としてなされるものであるから，鑑定の公正を保障するため，裁判官の場合と同様，忌避の制度が認められている。すなわち，鑑定人について誠実に鑑定することを妨げるべき事情[注2]があるときは，当事者は忌避の申立てをすることができる(法214条)。申立ては，期日においてする場合を除き，書面で行い，忌避原因につき疎明しなければならない(規則130条)。

エ　鑑定の嘱託

　　裁判所は，必要があると認めるときは，官公署その他相当の設備のある法人に鑑定を嘱託することができる(法218条，規則136条)。嘱託は鑑定事項を明らかにした書面(嘱託書)を送付すればよく，官公署又は法人の代表者を呼び出すことを要しない。嘱託を受けた官公署等は，その内部の担当者が鑑定意見を決定した上，官公署等の名において鑑定書を裁判所に提出する。以上のような鑑定嘱託の性質上，宣誓，不出頭に対する制裁，口頭陳述の諸規定の準用はない。

7　証拠調べとしての審尋(参考人，当事者本人)

(1)　決定で完結すべき事件については，特に迅速性が要求されることが多いため，裁判所は，簡易な証拠調べ方法としての審尋をすることができる(法187条1項)。当事者本人は職権でも審尋することができるが(法207条)，参考人については，証人尋問が当事者の申出がある場合に限られることとの均衡上，当事者が申し出た者に限られる。

(2)　決定で完結すべき事件には相手方のない事件もあるが，相手方のある場合には，その手続保障を重視して，当事者双方が立ち会うことのできる期日においてしなければならないこととされている(法187条2項)。

(注1)　理由記載の程度等はすべて裁判所の自由心証に基づく証拠評価に委ねられるのであって，理由のないことの一事をもって鑑定自体が違法になると解すべきではない。受訴裁判所が事実認定の資料として十分に心証を得ることができない場合には，鑑定人を尋問するなどして補足説明を求め，あるいは再鑑定を命ずるなどの方法をとることになろう。
(注2)　例えば，当事者の一方と親族関係，特殊な友情，恩顧，怨恨の関係がある場合，訴訟外で当事者の一方のために特に有償かつ個人的に鑑定した場合（広島高決昭53.4.12下民集29-247）など。

第4　物証に関する証拠方法と証拠調べ手続

1　総説

物体ないし物理的現象を対象とする証拠調べが，書証と検証である。手続的には両者には大きな差異はない（法232条参照）。書証は，いわば動かぬ証拠として客観的な存在であるから，事実認定において書証が果たす役割は大きい[注1]。検証は裁判官の五感の作用を通じて直接に認識される内容を証拠資料とするものである。

2　書証

(1)　意義

書証とは，文書という証拠方法により，その思想内容を証拠資料とするために行われる証拠調べである。そのため，その文書の記載内容がどれほど証明に役立つか（実質的証拠力）を判断する前に，その文書が，真実，挙証者の主張する特定人の意思に基づいて作成されたものであるか，その文書が思想を表明したものであるか（形式的証拠力）が問題とされる点で，他の証拠調べとは異なる特色を有する。

(注1)　事実認定における書証と人証との関係

現実の訴訟における事実認定においては，書証（文書）と人証（供述）とではどちらが大きなウエイトを占めるのだろうか。実際の事件では，何らかの書証が存在し，また，相反する証言も混在しているのが通例である（もっとも，書証がほとんど存在しない事件や書証の意味がさほどないと思われる事件がないわけではない。）。この点，証言と書証は，理論的には等価値であり，どちらにより多くの比重があるというわけではない。そして，証言は書証によってテストされ，書証は証言によってテストされ，事実の存否に関する心証が形成されてゆくのであって，このような書証と証言との相互補完関係に着目すると，両者の重みに高低はないようにも思える（むしろ証人尋問の方が派手さがあるし，時間もかかり，そして何より直接主義，口頭主義に適合する証拠調べのごとく見えることから，人証が重要であるようにさえ思われることも多い。）。

証言は，証人自身による推理判断が不可避的に混入するため，その意味で極めて主観的な証拠であって，証言内容を直ちに証拠資料とすることはできず，必ずその信用性の検討が必要となる。証言の信用性の検討は，通常，証人の立場，当事者との利害関係の有無及び程度，証言内容，証人の人柄，供述態度等の補助事実のみならず，弁論の結果，既に当事者間に争いのないものとなっている事実のほか，証拠上容易に認定できる事実，証拠上動かし難い事実（ここでは主要事実レベルというよりも，むしろ間接事実レベルで確定されることが多い。）などに照らし，証言内容が首肯できるかどうかという観点も含めて総合的に判定されるのが通例である。この信用性を裏付け，あるいは信用性検討のものさしとなる多様な徴表は，書証たる文書の記載内容から得られることが多い。したがって，その意味では書証によって証言の信用性がテストされており，その結果，信用できる証言が得られた場合に，書証と書証の間隙を埋めることができ，事案全体の事実関係が明らかになってゆくことが多い。

また，文書の成立が争点の一つとなっているときには，証言によって書証の真否を明らかにしなければならないことが多いし，書証の記載内容が解釈の余地の残る多義的・曖昧なものである場合には，証言によってその間の事情を解明しなければ書証の記載内容から事実を認定できない場合もある。この場合，証言による補充なくしては書証の証拠力を適切に評価できないわけで，書証に対し証言が優越するかに見える。しかし，この場合であってもやはり証言の持つ証拠価値は，書証が事実認定の上で果たす役割が大きいことを基本としているからこそ意味をもつのであって，証言はいわば書証によって枠組みを与えられている側面があることは否定できない。

このように現実の実務では，書証を基本的枠組みとして，これに信用性のテストを経た証言内容とを斟酌して，事件の全体像とその個性とを明らかにし，個々の争点と証拠を有機的に結合して争点に対する判断をしてゆくことが多く，証言のみで心証が形成されるわけではない。

第6章 証　　拠

(2) **文書の意義・種類**
　ア　文書の意義
　　　文書とは，人の思想内容が文字その他のこれに代わる可読的符号により記載されている有体物をいう。思想を表示するとしても，文字その他のこれに代わる可読的符号によらないもの，例えば，音盤は文書ではない。文字等によるとしても思想を表示しないもの，例えば，署名，名刺は文書ではない。文字その他の符号を用いているが何らかの思想を表現せず外形と存在とによって証拠となるもの，又は何らかの思想を表現しているがその表現が文字その他の可読的符号によらないものを準文書といい，書証に準じて扱われる。例えば，標識，検査済マーク，図面，写真，人の供述を録取した録音テープ，ビデオテープなどがある（法231条）(注1)。
　イ　種類
　　(ア)　公文書・私文書
　　　　公務員がその権限に基づき，職務の執行として作成した文書を公文書といい，そうでないものを私文書という。公務員が私文書に職務上一定の事項を付記した場合には，その文書が一体として公文書になるわけではなく，両者が併存したものとみるべきである。例えば，公証人が私署証書に認証した場合や，登記官吏が売買契約書に登記済みの記入をした場合は，契約の部分は私文書であり，記入部分は公文書である。
　　(イ)　処分証書・報告証書
　　　　処分証書とは，意思表示その他の法律行為を記載した文書をいい，判決書のような公文書のほか，遺言書，売買契約書，手形のような私文書がある。報告証書とは，作成者の経験した事実認識（見聞，判断，感想）を記載した文書をいい，受取証，商業帳簿，調書，戸籍謄本（戸籍全部事項証明書），登記事項証明書，日記，診断書などがある。
　　(ウ)　原本・正本・謄本・抄本
　　　　原本とは，最初に確定的に思想を表示するものとして作成された文書で，草稿や謄本に対する。謄本とは，原本の内容をそのまま完全に記載して報告する文書であり，原本と同一である旨の，権限ある公務員の証明を付記した謄本を認証謄本という。正本とは，謄本の一種で原本と同一の効力を有し，法定の場合に作成交付する（例えば，法255条2項，規則160条1項など）。原本を保存しなければならない場合，原本の使用と同一の効用を得させる目的を有する文書である。抄本とは，原本の一部を抜粋した謄本である。

(3) **文書の証拠能力**
　　文書が証拠方法となり得る資格を文書の証拠能力という。文書は，いかなるものも原則として，証拠能力を有する。訴え提起後第三者が係争事実について作成した文書（大判昭14.11.21民集18-1545），訴え提起後挙証者自身が作成した文書（最判昭24.2.1民集3-21），作成者の氏名，作成年月日などの記載のない文書，原本の滅失した謄本も証拠能力は存する。違法ない

（注1） 録音テープ，ビデオテープの証拠調べの方法については書証説と検証説の対立があったが，法231条は書証に準ずるとして立法的解決を図ったものである。もっとも，音声の性状の検査を目的とする場合等は検証物として扱うことになる。

第4 物証に関する証拠方法と証拠調べ手続

し不当な点がみられる場合であっても，証拠力(証拠価値)の問題として考慮すれば足りる。
(4) **文書の証拠力**

文書の証拠力とは，文書の記載内容が証明に役立つことをいう。

ある文書に基づきある係争事実を認定する場合には，まずその文書に特定の人物の一定の事実認識や意思など一定の思想内容が表明されているかどうかをチェックした上で，次いで，その思想内容が係争事実の認定に役立つかどうかを確認するという，いわば二段構えの判断作業がなされる。そこで，文書が事実の証明に役立つ効力，すなわち，文書の証拠力は，この二段構えの評価に対応して，文書がある特定人の一定の思想内容を表現したものであることとその思想内容が係争事実の認定に役立ち得ることとの二つに分けて考えることができる。前者を形式的証拠力，後者を実質的証拠力という。

ア 形式的証拠力

(ア) 意義

文書は特定人の思想を表現したものであるから，その思想内容が真実であるかどうかの判断をするためには，だれの思想内容かを決めなければならない。

まず，文書の証拠調べの申出をした当事者が「だれの」思想内容を表現したものとして申出をしているのかを特定する。通常の場合，これは文書に作成者として表示されている者，すなわちその文書の表示から認められる作成名義人の思想内容であるとして申出をすることが多いであろう。もっとも，文書の表示から認められる作成名義人とは別人が作成したもの，つまり偽造文書として当該文書の証拠調べの申出をすることもある[注1]。したがって，書証の申出をした当事者において，まずはだれの思想内容が表現されているものとして取調べの申出をしているのかを明確にする必要がある。

次に，文書がその特定人の意思に基づいて作成されたものであることが必要である(これを文書の成立の真正，あるいは単に文書の真正という。)。その証明について，法は推定規定を設けている((イ)参照)。

主張に係る作成者の意思に基づいて作成されたものであり，その人の思想の表明と認められることをもって形式的証拠力があると判断されるのである[注2]。

(イ) 文書の真正の証明

形式的証拠力は，文書の取調べの申出をした者が証明しなければならない。なかでもその成立の真正は形式的証拠力の前提として重要である(思想の表明と認められるかどう

(注1) 例えば，証書の申出をした者が文書に表示されているAという人物が作成したものとして提出した場合，相手方がそれは第三者がA名義を冒用して文書を偽造したと主張するのは，記載内容の真実性という実質的証拠力の問題に入るまでもなく，Aの意思に基づいて作成された文書ではないとして争うものである。他方，書証の申出をした者が文書に表示されているのはAであるが，これは第三者Bが作成したものとして提出し，相手方もBが作成したことについて争わないというときには，文書としては真正なものとなる(更に進んで実質的証拠力の問題となる。)。

(注2) したがって，下書きや習字のために書かれた文書は意思に基づいて作成されたものであるが，思想の表明ではないので形式的証拠力はない。なお，文書の記載内容が証拠資料となることなく，文書の存在が証拠となるにすぎない場合には，当該文書の成立につき判断を示す必要はない(最一小判昭46.4.22判時629-60)。

第6章　証　　　拠

かは，通常，文書の体裁等から判断することができる。）。民事訴訟においては，当事者間に争いのある限りで証拠調べを行う建前であるから，この点に争いがある場合には，挙証者はこれを証明しなければならない（法228条1項）。したがって，相手方の認否により証明の要否が分かれることとなる。

　a　相手方が文書の成立を認めた場合，裁判所は，証拠に基づかなくともその成立が真正なものとして扱うことができる（法179条）。ただし，この自白は補助事実に関するものであるから拘束力はない（第6章第1の5(3)ウ参照）。

　b　相手方が文書の成立を否認する場合には，その理由を明示しなければならない（規則145条）。これは主張レベルにおける規則79条3項の趣旨を書証レベルにも導入し，根拠のない否認を排除して審理効率を高めるとともに，積極否認のもつ争点集約機能を重視したものである（第6章第8の2(2)参照）。これによって，文書の成立に関する争いについての争点整理がなされ，ターゲットを絞り込むことができる[注1]。なお，真実に反して争えば制裁を受ける（法230条）。

　c　文書の真正も，裁判所において弁論の全趣旨及び証拠調べの結果を斟酌し，自由な心証によって判断することができる（最判昭27.10.21民集6－9－841）[注2]。

　d　ただし，文書の成立の真正の認定については，立証の困難を緩和するため，特別の推定規定が設けられている（法228条2項・4項）。これらの推定規定は，事実上の推定（各条項が規定する文書は，文書全体が真正に成立した蓋然性が高いという経験則）を法文化した一種の法定証拠法則[注3]であり，相手方は，文書の成立につき裁判所に疑念を生じさせればこの推定を覆すことができる。

　　　文書は，その方式及び趣旨により，公務員が職務上作成したものと認めるべきとき

(注1)　否認理由の明示が必要であることから，成立を争う側において積極的に争う態度を明らかにした場合に書証目録にその旨記載するのが実務の取扱いである（他方，明示的に成立を「認める」旨陳述したときにも書証目録にその旨記載する。）。当事者において主体的に争点形成を行うべきとするのが民事訴訟法の基本的なポリシーであると考えられるから，争点を特定して整理・深化させる積極的な態度が当事者に求められている。なお，これらの点から，争う場合であっても「弱い争い方」のときには，書証の成立の判断には大きな影響を及ぼさないとされる。例えば，単に「否認する」というだけで何ら具体的な理由を述べない場合には，相対的に文書の成立の立証が容易なものとして扱うこととなるし，単なる「不知」「知らない」と述べるにすぎない場合も争い方としては弱いというべきであるから，特にその点に関する立証を求めるなど積極的かつ具体的に争わない限り，弁論の全趣旨によって成立の真正が認められることが多いといわれている。

(注2)　文書が事実認定の根拠として用いられている場合には，裁判所が当該文書が真正に成立したことを弁論の全趣旨又は証拠調べの結果を斟酌して認定していることは当然の前提であるから，判決書に文書の成立及びその理由について記載がなくても違法ではない。もっとも，文書の成否自体が重要な争点となっている場合には，判決書の在り方としては，当該文書の成否に関する判断及びその理由を記載するのが相当であるとされている（最二小判平9.5.30判タ944－113）。

(注3)　後述する「法律上の事実推定」とは異なるものと理解するのが一般的である。すなわち，法律上の事実推定は，一定の要件事実に代えて他の事実を証明主題とするものであるが（証明主題の選択），ここでの推定規定は，他の法規の要件とは直接には関係しない事実について推定を定めているのであり，事実認定に際し裁判官の自由心証に対する一応の拘束としての法定証拠法則とみるのである。第6章第8の5参照。

第4　物証に関する証拠方法と証拠調べ手続

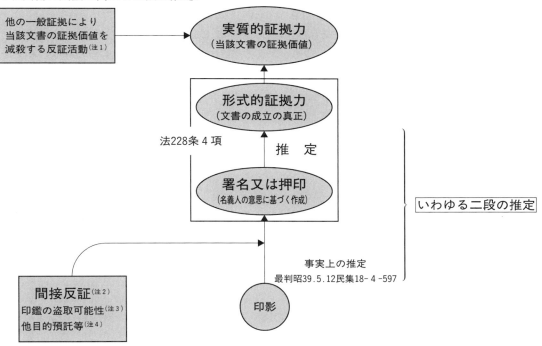

は，真正に成立した公文書と推定される（法228条2項）。したがって，挙証者は，公文書の真正を積極的に立証する必要はない。公文書の成立の真否について疑いがあるときは，裁判所は，職権で，当該官庁又は公署に照会することができる（法228条3項）。公文書の真正の推定は，成立に関するものに止まり，記載内容の真実性は，後述する実質的証拠力の問題である(注5)。

私文書は，本人又は代理人の署名又は押印があるときは，文書全体について真正に成立したものと推定される（法228条4項）。「本人又は代理人の署名又は押印があると

(注1)　文書の成立が認められることは，その記載内容が真実であることまでも認めることを意味するわけではないことに基礎を置く反証活動である。
(注2)　この場合の事実上の推定を働かせないようにする相手方の防御活動は，一般に間接反証と呼ばれているが，事実上の推定の前提事実である「印影が本人の印章によるものであること」は，補助事実であって証明責任を観念しないものであるため，本証・反証の観念を持ち込む余地はない。裁判官に確信を抱かせないようにする立証活動としての反証活動ということであろう。間接反証につき，第6章第8の2(1)イ参照。
(注3)　印鑑盗取の主張を支える主要な間接事実には，当該印章の保管状況，印章の種類，使用状況，盗用者と作成名義人との関係などがある。
(注4)　他目的預託の主張の立証命題は，当該印章を第三者に預託したというだけでは足りず，その預託の趣旨が当該文書作成以外の目的であったことにまで及ばなければならない。
(注5)　もっとも，公文書の記載に事実上の推定が働くことはあり得る。例えば，戸籍簿の認定死亡の記載につき，反証のない限り，その記載の日に死亡したものと認めたもの（最判昭28.4.23民集7-4-396）や登記簿上の所有名義人は，反証のない限り，当該不動産を所有すると認めたもの（最一小判昭34.1.8民集13-1-1［1］）がある。

第6章　証　　拠

き」とは，本人の署名又は押印が本人又は代理人の意思に基づいてなされたこと（署名又は印影部分の成立の真正）を意味する（氏名の記載や印影があるだけでは足りない。）。しかし，この推定規定は作成者の意思的要素を要求しているため，挙証者の立証負担は緩和されていない。そこで，印影が本人の印章によって顕出されたものであるときは，反証のない限り，本人の意思に基づいて顕出されたものと事実上推定され[注1]，その結果，法228条4項の推定を受け得るとされており（最三小判昭39.5.12民集18-4-597 [33]）[注2]これらによって挙証者の立証負担を緩和し，文書全体の成立の真正が推定されることになる（「二段の推定」という。）。

　なお，文書の真否の証明のためには，人証調べのほか筆跡又は印影の対照によることもできる（法229条）。

イ　実質的証拠力

　真正に成立した文書が，その内容により係争事実の真否について，裁判官の心証形成に影響を与える効果を，実質的証拠力という。文書の成立について当事者間に争いがあるときは，まずその成立の真正を認定した後に，実質的証拠力の有無を判断することになる（ただし，文書の記載内容からみて，要証事実を証明するに足りない場合は，文書の成立の真正の判断を省略して当該文書を排斥することができる［大判昭3.2.2評論17民訴325］。）。口頭弁論調書は弁論の方式について絶対的証明力が認められているが（法160条3項），それ以外の文書については，その内容が立証事項の証明に役立つかどうかの証拠価値については，自由心証によって決定される問題である[注3]。

(ア)　処分証書の実質的証拠力

　処分証書は，真正に成立したと認められる以上，その内容である意思表示又は陳述（法律行為）がなされたものと認められる。したがって，作成者がそのような法律行為をしたことが直接に証明されたことになり，この点について，相手方が反証を挙げる余地はな

（注1）　これは印鑑を重用するわが国の風土・国民気質に照らし，自己の印鑑をみだりに他人に預託することはないという経験則を基礎とし，文書に自らの印鑑の印影が顕出されている以上は，特段の事情のない限り，その意思に基づく押捺又は印鑑の交付に基づくものであるという推認をするものである。本人の印鑑による印影が認められる以上，相手方においてその押捺が本人の意思に基づくことを証明させるよりも，本人においてその押捺が自己の意思に基づくものではないことを立証させるのが公平に適うといえよう。したがって，本人は，印鑑の盗用など，自らの意思に基づかないことを基礎づける「特段の事情」を立証して，この事実上の推定を争い，最終的に法228条4項を働かせないよう立証活動をしなければならない。この場合，成立の真正について疑いを抱かせれば足り，不真正であることまで立証する必要はない。

（注2）　したがって，私文書の成立に争いがある場合には，裁判所は，印影が本人の印章によって顕出されたものであるか否かについても争う趣旨かを確認する必要がある。

（注3）　もっとも，書証を排斥してその記載と相容れない事実を認定する場合には首肯するに足りる理由を示すべきであるとされている。この点に関し，書証の記載及び体裁から，特段の事情のない限り，その記載どおりの事実を認めるべき場合に，なんら首肯するに足りる理由を示すことなくその書証を排斥するのは，理由不備の違法を免れないとする判例がある（最一小判昭32.10.31民集11-10-1779 [101]）。中でも法令上備付が義務づけられ，継続的反復的に作成すべき商業帳簿や契約書，手形，領収書のほか，信用性の徴憑が存在する念書等の書証の取扱いについて留意する必要があるが，これはあくまで事実認定の在り方に関わる問題である。

い。この場合に残された問題は，当該書証において文字という形態をとって表現されている行為に対し，いかなる事実的ないし法律的評価を与えるかという解釈の問題である。

なお，処分証書から認められる法律行為の意思表示に瑕疵があることやその効果が消滅したことを主張立証することは当然にできる。

(イ) 報告証書の実質的証拠力

報告証書が，記載内容となっている一定の事実関係ないし心理状態の存在又は推移を立証するために提出されているときは，その実質的証拠力の存否ないし程度は，書証の形式的証拠力の確定によって当然に決定されるものではない。裁判所が，このような報告証書の実質的証拠力を評価するに当たっては，補助事実又は他の証拠資料等を斟酌してその記載内容の真実性を検討するというプロセスを可能な限り経る必要がある。したがって，報告証書は，報告者の観察及び表現の正確度，観察時と報告時の近接度，記載事項と要証事項との密着度などによって，その証拠力が定まるから，相手方は常にその内容の真否を争うことができる[注1]。

(5) **書証手続**

ア　開始

書証手続は，当事者が証拠の申出をすることによって開始する。書証の申出は，文書を提出し又は文書の所持者にその提出を命ずることを申し立ててしなければならない（法219条，このほか法226条参照）。

(ア) 当事者自ら所持する文書に関する書証の申出は，裁判所外における取調べを求める場合（法185条）を除き，口頭弁論期日（準備的口頭弁論期日，弁論準備手続期日を含む。）において，原則として，原本を提出してしなければならない[注2],[注3]。もっとも，正本又は認証

(注1)　陳述書について

実務上，尋問に先立ち当事者等が認識した事件の全貌等が記載された陳述書が提出されることがある。これは計算関係，相続関係，専門的技術的事項などの理解に資するほか，争点整理及び集中証拠調べを実施する上での有用性が認識され，活用の広がりをみせているものである。陳述書には，①事案の概要，背景事情などを含む形で記載されることが多く，争点整理に資するとされ（争点整理機能），②取調べ予定証人の供述内容を事前に把握できるので反対尋問の準備に有用であり（証拠開示機能），③争点に絞り込んだ尋問を展開することが可能となり，書記官の供述録取事務の正確度の向上及び効率化をももたらす（主尋問補完機能）などの指摘がある。これらの機能は，詳細な準備書面（規則79条），より個別具体的な尋問事項書（規則107条2項）によっても果たされ得るものであるから，陳述書の利用は，集中審理を実現する上での選択肢の一つが実務の運営改善の試みを通じて形成されてきたものといえる。陳述書については，直接主義・口頭主義との関係や，裁判官の予断形成のおそれ，証人汚染の問題性も指摘されているが，実務の趨勢としては，全面的にその有用性を否定し去るのではなく，弊害を除去しつつ適正な運用の在り方を模索する方向にあるといってよいと思われる。

陳述書提出の必要性・相当性については，事案や争点の性質，人証予定者の属性，尋問事項等を総合考慮して決定されている。

(注2)　単に訴状，答弁書などと共に文書の原本を裁判所に郵送しただけでは文書の提出とはいえない（最二小判昭37.9.21民集16-9-2052［114］）。

(注3)　外国語で作成された文書を提出して書証の申出をするとき（規則138条），録音テープ等を反訳した文書を提出して書証の申出をするとき（規則144条）には，それぞれの文書の特質を考慮して，審理の適正，相手方の防御権の保障が図られている。

のある謄本を提出することによって，原本の提出に代えることもできる（規則143条１項）。このように原本ないしこれと同一の効力を有する文書を提出すべきことを要求している根拠は，文書の形式的証拠力を確定するためには，裁判所又は相手方がその原本，正本又は少なくとも認証ある謄本を閲覧することが必要であるということにある[注1]。したがって，正本又は認証謄本が提出されただけではその形式的証拠力の確定を十分に図ることができないような場合には，裁判所は，原本の提出を命ずることができる（規則143条２項）。

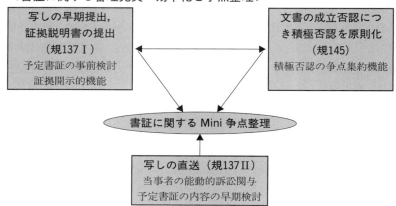

なお，争点整理の実効性を確保し審理の充実・迅速を図るため[注2]，申出前に当該文書の写し及び証拠説明書（文書の記載から明らかな場合を除く）を裁判所及び相手方当事者に対し交付することとされている（規則137条～139条[注3]）。

(イ) また，当事者が所持しない文書に関する書証の申出は，文書の所持者に対する提出命令の申立て（法221条）又は送付嘱託の申立て（法226条）によって行う。この場合には，期日外の申出も可能である（法180条２項[注4]）。文書提出命令及び文書送付嘱託については

（注１） そうだとすると，期日において写しを提出したにすぎない場合であっても，相手方において原本の存在及び成立を争う意思がなく，かつ写しの提出をもって原本等の提出に代えることに異議がない場合においては，写しの提出をもって書証の申出があったと解してよい。この場合，証拠方法は原本であり，原本に代えて写しを提出したことになる。これと区別すべき場合として，写しを原本として提出する場合がある。この場合，写し自体を原本とする説と，写しを通して認識し得る真の原本の意味内容が証拠資料となるとする説とがある。前説では写しについての成立を問うことになるのに対し，後説ではその本質は写真と同様，書証の対象ではなく，検証の対象であり，写し自体の成立は問題とはならないとされる。
（注２） 写しが事前に提出されることにより，裁判所及び相手方は，期日において提出される予定の文書の内容を事前に検討して，認否，要証事実との関連性，取調べの必要性等を判断することができるし，その結果，期日において取り調べるべき書証の選別が可能となる。したがって，規則137条が審理の迅速化・効率化に果たす役割は大きい。
（注３） もっとも，写しの提出ないし相手方への交付は書証の申出自体の要件ではないから，当事者が写しを提出・交付しなくとも，証拠の申出行為自体は違法になるものではない（最判昭25.6.16民集４－６－219）。
（注４） 文書提出命令や送付嘱託の申立て自体も期日においてしなければならないとすると，仮に申立てを採用しても文書が到着するまで相当な日時を要する場合があり，訴訟経済上不都合であることが考慮されている。

第4　物証に関する証拠方法と証拠調べ手続

(ウ)　なお，実務では，原告が提出した文書を甲号証，被告のそれを乙号証と呼び，提出の順序に従い，第1号証から順次番号を付して提出する。手紙の中身と封筒のように，また，内容証明郵便と配達証明書のように，別の文書として分離するのが不相当な場合には，枝番（例えば，甲第1号証の1,2）を付して両者に一定の関連性があることを明らかにしている。

イ　証拠調べ手続

文書の証拠調べは，裁判官が提出文書を閲読することにより行う。文書の証拠調べの開始時期については，提出時とする説と相手方の認否が行われた時とする説とに分かれている(注1)。

書証の証拠調べが終わると，裁判所は，訴訟記録にその写しを綴り，その文書の原本は所持者（申出人）に返還する。もっとも，他の証拠調べとの関係等から必要がある場合には，裁判所は，文書の原本を返還しないで留め置くことができる（法227条）。

(6) **文書提出命令**

ア　文書提出義務

法220条が規定する文書提出義務のうち，1号から3号までは当事者と文書との特殊な関係等がある場合に個別的な義務としての提出義務を認めるものであって，積極的に提出義務を肯定する規定であるのに対し，4号はそのような特別な関係等を問題にせずに，むしろ文書一般について提出義務を認めた上で，一定の場合にこれを解除するという消極的な規定であり，両者は別個の提出義務を定めたものである。

(ア)　個別義務

1号ないし3号は旧法規定を維持継承したものであり，証拠収集の必要性と文書所持者の利益保護とを調整する趣旨で，条文上個別的な義務として規定されている。上記のとおり，特殊な関係等がある場合という限定列挙ながらこれに該当するときは，無条件に提出義務を肯定するものである。

① 当事者が訴訟において引用した文書を自ら所持するとき（1号）

当事者が訴訟で引用した文書を自ら所持するときに文書提出義務を認めるもので，準備書面や陳述書で文書を引用した場合に，相手方からの提出要求を拒絶できない。

(注1)　書証については明示の証拠決定がなされないのが通例であるため（第6章第2の2(3)参照），どの時点で黙示の採用決定がなされているとみることになるのかが議論があり，書証の申出撤回の時期的限界にも関連する問題である（第6章第2の1(5)参照）。この点，書証は閲読により証拠調べを終了することになるから，理論上はもはや撤回はできないこととなる。しかし，書証の場合は，申出から証拠調べまで極めて短時間のうちに終了し，事実上撤回の余地が極めて狭いことや，裁判所としても閲読してみなければ当該文書の必要性，関連性を判断できないことなどから，実務上は，裁判所が閲読し，必要性・関連性に疑問が生じたときには，相手方の意見・同意を確認して，撤回を許す（あるいは勧告する）例も少なくない。もっとも，規則137条による写しの早期提出により，事前に文書の内容を検討できる結果，期日において申出がなされた段階で取調べの要否が決定できるから，閲読しなければ取調べの要否が決まらないという事態は避けられるといえよう。そして，取り調べる必要性のある文書に厳選されることにより，書証の氾濫による訴訟遅延回避が図られる。

第6章　証　　拠

　②　挙証者が文書の所持者に対しその引渡し又は閲覧を求めることができるとき（2号）

　　挙証者が文書の所持者に対し，引渡請求権又は閲覧請求権を有する場合としては，弁済者の債権者に対する債権証書の返還請求権（民法487条，503条）や株主の帳簿閲覧請求権（会社法433条）の場合などがこれに該当する。

　③　文書が挙証者の利益のために作成され，又は挙証者と文書の所持者との間の法律関係について作成されたとき（3号）

　　前者は「利益文書」といわれ，当該文書が挙証者の地位や権利を直接に証明し又は基礎づけるものであって，かつ，それを目的として作成されたものをいうと解釈する見解[注1]と挙証者の間接的利益に資すれば足り，その利益を明らかにする目的は作成者の主観的意図にとどまらず文書の性質から客観的に認められれば足りるとする見解など[注2]とが成立する。

　　後者は「法律関係文書」といわれ，訴訟以前に挙証者と所持者との間に存在した実体的法律関係それ自体ないしそれに関連する事項を記載した文書であって，所持者がもっぱら自己使用を目的として作成した内部文書（自己使用文書）を含まないとする見解[注3]と法律関係の形成過程を表示した文書又は法律関係の生成過程において作成された文書でもよいとする見解など[注4]とが対立する。

（注1）　従来の通説的見解であり，この見解によれば，挙証者を受遺者とする遺言書，挙証者のためにする契約の契約書，挙証者の代理権限を証明する委任状，領収書，身分証明書などが利益文書に該当する例として挙げられる。単に文書の記載内容が訴訟上の争点に関連しており，挙証者にとって有利な結果をもたらすであろうとの予測だけでは「利益文書」にあたらないとされる。

（注2）　この見解は「利益文書」の利益性を拡張解釈するものであり，挙証者と所持人その他の共同の利益のために作成されたものでもよく，間接的に挙証者の利益を含むものであってもよいとするものや，当事者の立証の利益・証拠確保の利益も含まれると解するものもある。従来の通説との相違は，通説では，医師の作成する診療録の本来の目的は医師自身の思考活動の補助ないし診療行為の適正確保にあり，患者の地位ないし権利義務関係を明らかにすることを予定したものではないから「利益文書」にはあたらないと解されるのに対し，有力説ではあたると解されるところなどに現れる。

（注3）　通説的見解（多くの下級審裁判例も同様）であり，この見解によれば，契約書，預金通帳，印鑑登録証明書，契約解除通知書などが法律関係文書に該当するとされ，自己使用文書の例としては，日記帳，備忘録，議事録，内申書などが挙げられている。この見解の基礎には，「利益文書」，「法律関係文書」は，ドイツ法における共通文書の思想（挙証者と所持人との共通の利益のために，あるいは共同の事務遂行の過程で作成された文書は，訴訟上も所持人に対してその提出を要求することができるとの考え方）が導入されたものであるとの認識があり，このような共通文書であるからこそ，このような事由に該当する限りは無条件に提出義務を負うという限定列挙主義の思想にも符合していると解釈される。そのため，これらの提出義務の基礎である共通文書性に照らし，通説においては，非共通文書の典型としての自己使用文書は提出義務の対象とはならないという限界設定の解釈がなされてきたのである。

（注4）　この見解は「法律関係文書」を拡張解釈するものであり，審議会議事録，航空機事故調査報告書なども含まれるとされる。このような提出義務の拡張解釈が生じる根本的な要因は，医療関係訴訟における診療録，航空機事故訴訟における航空機事故調査報告書，行政訴訟における議事録など訴訟の核心部分に関わる証拠が被告の支配圏内に偏って存在している場合（証拠の構造的遍在）には，当事者の対等性は実質的に否定されているのではないかとの問題意識にある。そのような不平等性を是正して，武器平等の原則を回復させて証拠収集手段を拡充すべきではないかとの観点から，文書提出義務を拡張解釈する傾向が生じたのである。しかしながら，利益文書・法律関係文書の拡張解釈に伴い，本来，含まれないはずの証言拒絶事由があるような事項が記載された文書も含まれる可能性が生じた結果，文書提出義務と証言拒絶権とが矛盾抵触する事態が生じ得ることとなり，証言拒絶事由の類推適用という議論が現れている。

旧法312条は文書提出義務を限定列挙していたことから，証拠の構造的偏在を是正し，武器平等の原則を回復するため，学説・裁判例は，利益文書又は法律関係文書の概念を拡張して，文書提出義務を広く解釈する傾向を示していた。しかし他方，文書の範囲を拡大すると，文書所持者の秘密やプライバシーを侵害する危険性が高まる。そこで，それらの学説・裁判例は，文書提出義務についても証言拒絶事由に関する旧法280条，281条を類推適用したり，「自己使用文書」という概念を定立したりすることにより，利害調整を図ってきたといえる。これらの解釈論上の対立と限界設定の枠組みについては，一般的義務と除外事由を規定する4号が接合されたことにより，解釈運用にどのような影響を及ぼすかは今後の実務と判例の集積に委ねられている。

(イ)　一般義務と除外事由（4号）

　　a　意義

　　　4号は，1号ないし3号とは異なり，当事者と文書との間における特別な関係等の存否を問題にせず，公務文書・私文書の別なく，およそ文書一般について提出義務を認め，一定の場合に提出義務を解除する構造を有する。この点，旧法312条（現行法220条1号ないし3号）の個別的限定列挙主義は，文書の客観的性質から提出義務の存否が判断できることを基本的な前提としているのに対し，4号は，除外事由該当性判断のための特別な審理手続（インカメラ［法223条6項］）が用意され，4号による申立てについては要件が加重されていること（法221条2項）などからみて，1号ないし3号とは異なる提出義務を規定したものとされている(注1)。

　　b　除外事由

　　①　文書の所持者又は文書の所持者と第196条各号に掲げる関係を有する者についての同項に規定する事項が記載されている文書（4号イ）

　　　これは，所持者自身又は所持者と親族関係にある者が刑事訴追等を受けるおそれがある事項，これらの者の名誉を害すべき事項が記載されている文書を除外するもの〔期待可能性〕であり，証言拒絶事由と同趣旨である。

　　②　公務員の職務上の秘密に関する文書でその提出により公共の利益を害し，又は公務の遂行に著しい支障を生ずるおそれがあるもの（4号ロ）

　　　これは，公務の民主的能率的運営を確保するため，公務員の所掌事務に属する秘密であって，いわゆる実質秘（非公知の事項であって，実質的にもそれを秘密として保護するに値すると認められるもの）に当たる事項が記載されている文書で，公開する

(注1)　法220条1号～3号と4号との判断順序
　1号～3号の判断を先行させるべきであり，これらと4号とは予備的関係にあるとの見解もあるが，最二小決平11.11.12民集53－8－1787［33］は4号の判断を先行し，その後3号後段の判断を行っており，このことからすれば，判例は，どちらを先に検討してもかまわないという選択的関係にあると理解しているとされている。そして，3号と4号の判断順序に拘束はなく，自己利用文書に該当するときは，3号後段の文書に当たらないとされていること（最二小決平11.11.12民集53－8－1787，最一小判平12.12.14民集54－9－2709［35］）からすれば，当事者が提出義務の根拠として，3号後段と4号を掲げた場合，自己利用文書に該当するとして4号該当性が否定されると，3号後段の該当性も否定されて申立ては却下され，逆に自己利用文書に該当しないとされると，他の除外事由がない限り，3号後段の該当性を問うまでもなく，申立ては認容されることになる。したがって，結果的に内部文書の提出義務をめぐる判断の中心は4号に移ることになろう。

第6章 証　　拠

ことにより公共の利益を害するおそれのある文書や公務遂行につき著しい支障を生ずるおそれのある文書を除外する趣旨である[注1]。

なお，この場合の審理上の特則が設けられている。文書提出命令が申し立てられた文書が公務秘密文書に該当するか否かの最終判断権は，不当な情報隠しを防止する観点から裁判所に存するものとされているが，監督官庁は公務員の守秘義務を解除する権限を有しており（国家公務員法100条2項等），文書提出命令が申し立てられた文書が公務秘密文書に該当するか否かを最もよく知る立場にあることから，公務秘密文書該当性については，監督官庁からの参考意見を聴取しなければならない（法223条3項）とされている（後記ウ(イ)b参照）。

③　第197条第1項第2号に規定する事実又は同項第3号に規定する事項で，黙秘の義務が免除されていないものが記載されている文書（4号ハ）

これは，医師又は弁護士等が職務上知り得た事実で黙秘すべきもの（一般に知られていない事実のうち，弁護士等に事務を行うこと等を依頼した本人が，これを秘匿することについて，単に主観的利益だけではなく，客観的にみて保護に値するような利益を有するもの＜最二小決平16.11.26民集58－8－2393［36］＞）又は技術若しくは職業の秘密に関する事項（その事項が公開されるとその技術の有する社会的価値が下落し，これによる活動が困難になるもの又はその職業に深刻な影響を与え以後その遂行が困難になるもの＜最一小決平12.3.10民集54－3－1073［12］＞）が記載されている文書を除外するものであり，証言拒絶事由と同趣旨である。

④　専ら文書の所持者の利用に供するための文書（国又は地方公共団体が所持する文書にあっては，公務員が組織的に用いるものを除く）（4号ニ）

このような文書が除外されているのは，およそ外部の者に開示することを予定していない文書にまで一般的提出義務を課すとすれば，提出命令を想定して作成することを余儀なくされ，自由な意思形成活動を不当に妨げることになるからである。「自己利用文書」といわれる除外事由である。そのかっこ書においては，公務員が個人的に使用する目的で作成した備忘録のように，およそ外部に開示することを予定していない文書についても除外文書に該当することを明らかにするとともに，同

（注1）　その提出により公共の利害を害し，又は公務の遂行に著しい支障を生ずるおそれがあるとは，文書の性格から単に抽象的なおそれが認められるだけでは足りず，文書の記載内容からみてそのおそれが存在することが具体的に認められることが必要である（最三小決平17.10.14民集59－8－2265［32］）。同判例は，労災事故に関する災害調査復命書に関するものであるが，その他に，全国消費実態調査の調査票情報を記録した準文書に関する判例がある（最三小決平25.4.19集民243－385）。その提出により公共の利益を害するおそれがあるものとしては，外交交渉の過程において内容を明らかにしない約束で行われた外交会談の内容が記載された文書，自衛隊の航空機の性能が記載された文書が例として挙げられている。また，その提出により公務の遂行に著しい支障を生ずるおそれがあるものとしては，行政内部における自由な発言を保障するために非公開で行われている委員会での発言内容が記載されている議事録，私人の収支状況が記載されている納税申告書，実施前の国家試験の試験問題が記載された文書，競争入札手続における入札予定価格が記載された文書等が挙げられている。なお，公務秘密文書は，公務文書に限定されておらず，私人が所持する公務秘密文書（例えば，自衛隊の艦船の建造を請け負った私企業が防衛庁の作成に係る設計図を所持する場合）も除外文書に該当する。

第4　物証に関する証拠方法と証拠調べ手続

じ公務員であっても組織的に用いる文書は，その所持者である国又は地方公共団体の自己利用文書とはいえないことが明確にされている。

では，自己利用文書性はどのように判断されるか。判例（最二小決平11.11.12民集53−8−1787［33］）は，①文書の作成目的，記載内容，これを現在の所持者が所持するに至るまでの経緯，その他の事情から判断して，専ら内部の者の利用に供する目的で作成され，外部の者に開示することを予定されていない文書であって，②開示されると個人のプライバシーが侵害されたり個人ないし団体の自由な意思形成が阻害されたりするなど，開示によって所持者の側に看過しがたい不利益が生ずるおそれがあると認められる場合には，特段の事情がない限り，「専ら文書の所持者の利用に供するための文書」に当たるとしている(注1)。

⑤　刑事事件に係る訴訟に関する書類若しくは少年の保護事件の記録又はこれらの事件において押収されている文書（4号ホ）

これは，刑事訴訟記録や保護事件記録等が開示された場合には，関係証拠の隠滅のおそれ，関係人の名誉・プライバシー等に対して重大な侵害が及ぶこと，将来の捜査等において国民の協力を得ることが困難となるなど様々な弊害が生じるおそれがあること，そして，これらの文書については，刑事訴訟法，刑事確定訴訟記録法，犯罪被害者等の保護を図るための刑事手続に付随する措置に関する法律，少年法及び少年審判規則において，それぞれの文書の性質に応じて，開示した場合に生ずるおそれのある弊害と開示することにより得られる公益との調整を考慮した上で，要件等についての独自の規律を設けているのであって，これらの範囲を超えて民事訴訟手続において開示を命ずるのは相当ではないことから，それらの開示制度に委ねる趣旨で除外文書としたものである。

なお，この除外事由を定めたことによって，従来，民事訴訟において可能とされていた方法（当事者が閲覧謄写請求をした場合に準じて判断される文書送付嘱託，220条1号〜3号に該当する場合における文書提出命令）による刑事事件関係書類等の利用が制限されるものではない(注2)。

（注1）　自己利用文書に該当するか否かの判断にあたっては，本文掲記の判例は，①（内部文書性），②（所持者側の類型的不利益）の2要件に該当する限りは，特段の事情のない限り，自己利用文書に該当するという判断枠組みを設定している。そのうえで，従来から議論のあった銀行の貸出稟議書について，自己利用文書性を肯定したものである。そして，この判断基準に依拠しつつ，貸出稟議書の自己利用文書性を否定する「特段の事情」を認めなかったもの（最一小判平12.12.14民集54−9−2709［35］）と認めたもの（最二小決平13.12.7民集55−7−1411［30］）があるほか，銀行の社内通達につき，上記②の要件を認めず自己利用文書性を否定したもの（最二小決平18.2.17民集60−2−496［11］），介護サービス業者が作成・所持する「サービス種類別利用チェックリスト」について，上記①の要件を認めず自己利用文書性を否定したもの（最二小決平19.8.23集民225−345），銀行の融資の際の自己査定資料につき，上記①の要件を認めず自己利用文書性を否定したもの（最二小決平19.11.30民集61−8−3186［32］），市議会議員が市議会の会派に対して提出した政務調査報告書及び付属領収書の自己利用文書性を肯定したもの（最小二決平22.4.12集民234−1），弁護士会の綱紀委員会の議事録のうちその内部における意思形成過程に関する情報が記載された「重要な発言の要旨」につき，自己利用文書性を肯定したもの（最三小決平23.10.11集民238−35）などの各事例判例が集積している。

（注2）　法220条3号後段「法律関係文書」と刑事訴訟法47条　　　　　　　　　　　　　　（つづく）

第6章　証　　　拠

　イ　申立て

　　文書提出命令の申立ては，①文書の表示，②文書の趣旨，③文書の所持者，④証明すべき事実，⑤文書の提出義務の原因を明らかにして書面によって行う（法221条1項，規則140条1項）。この申立ては期日前においてもすることができる（法180条2項）。

　　なお，法220条4号を提出義務の原因とする申立ては，書証の申出を文書提出命令の申立てによってする必要がある場合でなければならず，法令により交付を求めることができるもの，一般に入手が容易とみられるものなどについては，4号を理由とする文書提出命令の申立てをすることはできない（法221条2項[注1]）。

　　文書提出命令は，相手方又は第三者の支配圏内にある文書の提出を求めることにより書証の申出をするものであるから，提出命令の申立てをするにあたり，申立人が手を尽くしても，文書の表示（法221条1項1号）や文書の趣旨（法221条1項2号）を十分に特定できない場合もある。そこで，これらの事項を明らかにすることが著しく困難であるときは，その申立て時においては[注2]，これらの事項に代えて，文書の所持者がその申立てに係る文書を識別することができる事項を明らかにして申立てをすれば足りる。この際，裁判所に対

（つづき）　判例（最三小決平16.5.25民集58−5−1135［17］）は，次のとおり述べている。「刑訴法47条は，その本文において，『訴訟に関する書類は，公判の開廷前には，これを公にしてはならない』と定め，そのただし書において，『公益上の必要その他の事由があって，相当と認められる場合は，この限りでない』と定めている。…（中略）同条本文が『訴訟に関する書類』を公にすることを原則として禁止しているのは，それが公にされることにより，被告人，被疑者及び関係者の名誉，プライバシーが侵害されたり，公序良俗が害されることになったり，又は捜査，刑事裁判が不当な影響を受けたりするなどの弊害が発生するのを防止することを目的とするものであること，同条ただし書が，公益上の必要その他の事由があって，相当と認められる場合における例外的な開示を認めていることにかんがみると，同条ただし書の規定による『訴訟に関する書類』を公にする目的，必要性の有無，程度，公にすることによる被告人，被疑者及び関係者の名誉，プライバシーの侵害等の上記の弊害発生のおそれの有無等諸般の事情を総合的に考慮してされるべきものであり，当該『訴訟に関する書類』を保管する者の合理的な裁量にゆだねられているものと解すべきである。」そして，民事訴訟の当事者が，民訴法220条3号後段の規定に基づき，刑訴法47条所定の『訴訟に関する書類』に該当する文書の提出を求める場合においても，当該文書の保管者の上記裁量的判断は尊重されるべきであるが，当該文書が法律関係文書に該当する場合であって，その保管者が提出を拒否したことが民事訴訟における当該文書を取り調べる必要性の有無，程度，当該文書が開示されることによる上記の弊害発生のおそれの有無等の諸般の事情に照らし，その裁量権の範囲を逸脱し，又は濫用するものであると認められるときは，裁判所は，当該文書の提出を命ずることができるものと解するのが相当である。」そして，この準則の下で，最二小決平17.7.22民集59−6−1837［26］は，捜索差押許可状については文書提出義務を肯定し，捜索差押令状請求書についてはこれを否定した。また，最二小決平19.12.12民集61−9−3400［37］は，被疑者の勾留請求の資料とされた告訴状及び被害者の供述調書について，被害者が被疑事実に関する民事訴訟を提起していること，被疑事件については不起訴処分がされていることなどを理由に提出義務を肯定した。

（注1）　この文書提出命令による入手の必要性の要件は，当該文書を証拠として取り調べる必要性（法181条第1項）とは別個の要件である。前者は文書の性質等の一般的性格に照らして吟味することとなるのに対し，後者は当該文書の要証事実との関連性，他の証拠による証明の有無等個別的に検討することを要する問題である。

（注2）　申立ての段階では，文書の特定の要件が緩和されるというにすぎず，文書提出命令を発する段階では文書が特定されている必要がある。また，文書の所持者が裁判所の求めに応じなかったとしても，特段の制裁はなく，あくまで文書の所持者に任意の協力を求める手続であるに止まる。したがって，申立人としては，文書特定手続のほか，文書を特定するために必要な情報を別の方法で入手するか，文書の所持者を証人として証人尋問の申出をし，その尋問において文書の特定に必要な情報を　　　　　　　　　　　　（つづく）

し，文書の所持者に文書の表示又は趣旨を明らかにするよう求めるべき旨の申出をしなければならない（法222条１項）。この申出を承けて，裁判所は，文書提出命令の申立てに理由がないことが明らかな場合を除き(注1)，文書の所持者に対し，前記事項を明らかにするように求めることができる（法222条２項）。

ウ　審理

(ｱ)　対象

　裁判所は，文書提出命令の申立ての当否につき，決定手続で審理する。審理の対象は，法221条１項各号所定の事項，法221条２項の提出命令によることの必要性，文書の所持の事実（法221条１項３号参照），対象文書の証拠調べの必要性（法181条１項）などに及ぶ。

　文書提出義務があることについての証明責任は，法220条１号から３号までと同様，４号についても，文書提出命令の申立人にある。この点，同じく一般義務であるとされる証人が証言を拒む場合には証言拒絶事由を疎明しなければならない（法198条）とされているのとは異なる。もっとも，４号による提出義務の存否が争われた場合，除外文書のいずれかに該当することを基礎づける事実については，文書の所持者が事実上の立証の負担を負うことになる。

(ｲ)　手続

　a　審尋等

　文書提出命令の申立てがなされると，裁判所は，提出された証拠書類のほか，相手方から提出される意見書（規則140条２項）や当事者・参考人の審尋（法87条２項，187条）などを通じ，判断資料に接することになる。特に，第三者が所持する文書についての文書提出命令の申立ての場合には，その第三者を審尋しなければならない（法223条２項）。

　b　監督官庁からの意見聴取手続

　裁判所は，公務秘密文書に該当するか否かを判断するに先立って，監督官庁の意見を聴取しなければならず，また，監督官庁は，公務秘密文書に該当する旨の意見を述べるときは，その理由を示さなければならない（法223条３項）。監督官庁は，公務員の守秘義務を解除する権限を有しており（国家公務員法100条２項等），文書に記載され

（つづき）　聞き出す等の努力をする必要があり，最終的に特定されない場合には，裁判所は，文書提出命令の申立てを却下することとなる。この点に文書特定手続の限界が存することになるが，仮に制裁を課すことにすると，あまりに強大な効果を伴うため，制度設計としてはやむを得ないと思われる。もっとも，解釈運用上は，武器平等の原則の実質化を図ろうとする法の趣旨，文書の特定は所持者の利益保護のために要請されるものであること，そして，手続上の信義則（誠実追行義務〔法２条〕）の観点をも総合すれば，具体的な状況に従い，文書の性質や必要性に併せて所持者の態度など（文書の不特定がもっぱら所持者の非協力的姿勢に起因するものか否か，特定の程度が低くても所持者において文書の特定識別が可能かどうかなど）をも考慮し，概括的な特定であっても文書提出命令を発することができる場合があると解される。

(注1)　文書を特定するまでもなく理由がないときには，裁判所は特定のための協力を求めることなく申立てを却下しなければならない。具体的には，①文書提出命令の申立てが法221条１項３号ないし５号の形式的要件を欠く場合，②法221条２項の必要性の要件を欠く場合，③文書の所持の証明がない場合，④文書の特定を待つまでもなく証拠調べの必要性（法181条１項）がないことが明らかな場合，⑤文書の特定を待つまでもなく提出義務がないことが明らかな場合などが考えられる。

た事項が「公務員の職務上の秘密」に該当するか否かを最もよく知る立場にあることから，裁判所が公務秘密文書に該当するか否かを判断するに先立って，監督官庁の参考意見を聴取することは，その判断の適正に資するものと考えられたことによる。

なお，当該監督官庁が，当該文書の提出により①国の安全が害されるおそれ，他国若しくは国際機関との信頼関係が損なわれるおそれ又は他国若しくは国際機関との交渉上不利益を被るおそれや②犯罪の予防，鎮圧又は捜査，公訴の維持，刑の執行その他の公共の安全と秩序の維持に支障を及ぼすおそれがあることを理由として当該文書が公務秘密文書に該当するとの意見を述べたときは，裁判所は，その意見について相当の理由があると認めるに足りない場合に限り，文書の所持者に対し，その提出を命ずることができるとされている（法223条4項）[注1]。

また，監督官庁が第三者の技術又は職業の秘密に関する事項が記載されている文書について「公務秘密文書に該当しない」旨の意見を述べる場合には，あらかじめ，当該第三者の意見を聴取するものとされている（法223条5項）。

c 非公開審理手続

法220条4号の提出義務を原因とする文書提出命令の申立てについては，その文書が同号イ～ニ所定の除外文書に該当するか否かの判断をするため必要があると認めるときは，裁判所は，文書の所持者に対し，その文書を提示させることができる（法223条6項）。これは，除外規定の趣旨に照らし，秘密等が漏えいすることを防止しつつ，文書の記載内容を裁判所が確認し，秘密の記載の有無・程度等の判断を迅速かつ的確にすることができるようにしたものである。当該文書を開示せず，暗室（＝camera）で，裁判所だけが提出義務存否の審理のために提示を受ける手続であり，いわゆるインカメラ審理といわれる。この場合，何人も提示された文書の開示を求めることができない（法223条6項後段）[注2]。

（注1） 法は，防衛・外交政策上の又は刑事政策上の将来予測を含む高度の専門的政策的判断に基づく意見という事項の性質を考慮して，証明責任を意識した文言を採用している。すなわち，「相当な理由があると認めるに足りない」場合に法220条4号ロの除外事由の審査をすべきものと規定しているのであるから，①監督官庁の意見に相当の理由があると認められる場合のみならず，②監督官庁の意見に相当の理由があるか否かが不明な場合には，裁判所は，文書提出命令の申立てを却下しなければならない。そして，「相当な理由があると認めるに足りない」場合であって，公務秘密文書に該当しないときに，文書提出命令が発令されることとなる。

（注2） 特許法上のインカメラ審理における書類の開示

知的財産に関する侵害訴訟において問題となる営業秘密は，技術的事項と密接な関係を有することが多い。この点，特許法105条2項は，いわゆるインカメラ審理の規定を設けているところ，裁判所がいわゆるインカメラ審理によって同条1項ただし書に規定する正当な理由の有無を判断するに際しては，書類の所持者において，技術的事項を含めて，裁判所に対して詳細な説明をする必要がある。他方，書類の所持者にこのような技術的事項に関する説明をさせるのであれば，反対当事者である書類提出命令の申立人にも，提示された書類を開示することが有益であるとも考えられる。そこで，特許法105条3項（同様の規定は，実用新案法，意匠法，著作権法及び不正競争防止法におかれている。）は，裁判所は，同条1項に規定する正当な理由があるかどうかについて，提示された書類を開示して当事者等，訴訟代理人又は補佐人の意見を聴く必要があると認めるときは，これらの者に当該書類を開示できることとしている。なお，インカメラ審理において開示された書類に営業秘密が含まれる場合には，秘密保持命令（第5章第7の2(5)）の対象となり得る。

第4　物証に関する証拠方法と証拠調べ手続

除外事由ホ(刑事事件関係書類等)の場合にインカメラ審理の対象外とされているのは，文書提出命令の申立てにおいて，「文書の表示」及び「文書の趣旨」を特定して申し立てることにより，自ずと明らかとなり，外形的に類型的判断をすることができることから，インカメラ手続を利用する必要はないと考えられるからである。

エ　文書提出命令の申立てに対する裁判[注1]

文書提出命令の申立てに理由があると認めるときは，決定で，文書の所持者に対し，その提出を命ずる。この場合，取り調べる必要がないと認める部分又は提出義務があると認めることができない部分を包含する文書については，その部分を除いて，提出を命ずることができる(法223条1項)。これに対し，理由があるとは認められないときは，申立てを却下する。提出を命ずる裁判に対しては提出を命ぜられた相手方当事者又は第三者から，却下する裁判に対しては申立人から即時抗告をすることができる(法223条7項)[注2]。

オ　文書不提出の効果

(ア)　当事者の不提出・使用妨害

(注1)　文書提出命令の申立てに対する裁判の時期

文書提出命令の申立てに対する裁判の時期について，法文上限定はない。文書提出命令の申立ても書証の申出の一態様であって，その機能と争点整理手続の拡充が図られた現在，事案の内容，文書の性質にもよることではあるが，人証調べ開始前までに提出命令に関する裁判をする運用もあり得るし，証拠調べの必要性の観点を考慮すべく口頭弁論終結時までに裁判をすれば足りるとの運用もあり得ると思われる。

(注2)

ア　文書提出命令と不服申立て

法223条7項は，「文書提出命令の申立てについての決定に対しては，即時抗告をすることができる。」と定める。文書提出命令の申立ては，書証の申出方法の一つであって(法219条)，自ら証拠を提出する代わりに裁判所の命令により文書の所持者にその提出を求めるものであり，これに対する採否の決定は，書証の申出に対する証拠決定としての性質をもつ。したがって，証拠の採否は，受訴裁判所の専権に属するのであって，独立の不服申立ては認められないはずである。にもかかわらず，法223条7項が前記のとおり定めているのは，文書提出命令が文書の所持者に特別の義務を課し，これに従わない所持者は，本文オのような不利益を受け，あるいは過料の制裁を受けることがある(法225条)など，単なる証拠の採否の決定とは異なることが考慮されている。

イ　即時抗告の理由

そうすると，法223条7項は，上記のような特別の義務＝「文書提出義務の有無」に限り，特に即時抗告を認めたものと解されるから，文書提出義務がないことを理由とする文書提出命令申立ての却下決定に対しては，申立人において即時抗告をすることができるし，申立てを認容した文書提出命令に対しては，所持者が即時抗告をすることができる。

これに対し，証拠調べの必要性がないことを理由とする文書提出命令申立ての却下決定に対しては，証拠採否の決定の原則のとおり，受訴裁判所の専権事項であるから，独立の不服申立てをすることはできない(最一小決平12.3.10民集54-3-1073 [12])。

ウ　即時抗告の利益

上記イのとおり，文書提出命令の申立てに対する認容決定に対しては所持者が，却下決定に対しては申立人が，それぞれ即時抗告をすることができる。では，第三者に対する文書提出命令の申立てが認容された場合において，本案事件の当事者がこれを争う訴訟法上の利益を有するであろうか。

仮に，当該文書に自己の秘密に関する記載があるとしてもそれは事実上の利害関係にすぎないし，民事訴訟法上自己に不利となる証拠の提出を阻止する権能は与えられていないことからすれば，第三者に対して文書提出命令が発令された場合における本案事件の当事者は，抗告権を有しないと解される(最一小決平12.12.14民集54-9-2743 [36])。

第6章 証　　拠

　　当事者が文書提出命令に従わないとき，あるいは，相手方の使用を妨げる目的で提出義務がある文書を滅失させ，その他これを使用することができないようにしたときは，裁判所は，当該文書の記載に関する相手方の主張を真実と認めることができる（法224条1項，2項）。「当該文書の記載に関する相手方の主張」とは，当該文書によって証明しようとする事実ではなく，文書の性質，趣旨，成立に関する主張である。例えば，金銭消費貸借の事実を証明すべき事実として借用証書の提出命令が発せられた場合には，消費貸借契約成立の事実ではなく，①借用証書が存在すること，②その文書を申立人が作成者であると主張する者が作成したこと及び③その文書に，誰から誰あて，金額，弁済期，利息その他申立人が主張するとおりの記載がされていることを意味する。

　　もっとも，裁判所は，このような主張を必ず真実と認めなければならないものではない。十分な心証を得ていなくても，本条項により，当該主張を真実と認めてもよい反面，他の証拠と弁論の全趣旨から真実でないと認めることもできる。

(イ)　実質的公平確保と違反に対する制裁機能の強化

　　しかし，文書提出命令の申立人が文書の記載内容を具体的に主張することができないときは，法224条1項，2項の適用を受けることができず，その結果，文書の所持者は提出命令に従わない方が自己に有利な判決を受け得ることとなる。これは不合理な結果であるとともに，文書提出命令の実効性を確保できない。そこで，当事者が文書提出命令に従わず，又は使用妨害をした場合において，申立人が当該文書の記載に関して具体的な主張をすること及び当該文書により証明すべき事実を他の証拠により証明することが著しく困難であるときは(注1)，裁判所は，その事実に関する申立人の主張を真実と認めることができる（法224条3項）。これは上記(ア)の例でいうと，消費貸借契約成立の事実までも真実と認めることができることを意味する。

(ウ)　第三者の不提出

　　過料の制裁がある（法225条）。

(7) 文書送付嘱託

　　書証の申出は，文書の送付を嘱託することを申し立ててすることもできる（法226条）(注2)。所持者が嘱託に応じなくても制裁はない。文書提出義務のない者に対しても，なされる。嘱託を受けた者が嘱託に応じなかったとしても，特別の制裁はない。相手方は官公署に限られない。

　　また，書証の申出は，裁判所の手許にある文書の使用方を申し出ることによってもできる（大判昭7.4.19民集11-671）。これを文書提示の申出という（「記録の取寄せ」ともいう。）。受訴裁判所だけでなく，広義の裁判所に保管中の記録の一部を書証として利用する申出であり，単にその使用の申出を当該受訴裁判所にすることで足りる。

(8) 文書提出命令，文書送付嘱託及び文書提示の申立てと目録の記載

(注1) 申立人の文書の記載内容に関する具体的主張の困難性は，強化された効果を発動することの正当性を基礎づけ，他の証拠による証明の困難性は，効果発動の必要性を基礎づけている（法224条3項の効果の重大性にかんがみ，他の証拠により証明可能な場合はそれによるべきであると考えられることに基づく。）といえる。

(注2) 例えば，不動産登記関係訴訟において，登記所に対し，登記申請書及び添付書類等の送付を嘱託する例などがある。

文書提出命令，送付嘱託，提示申立ては，いずれも書証の申出の方法であるから，本来的には書証目録に当該申出を記載することになる。また，採用後，受訴裁判所に到着した時点で証拠調べ可能な状態におかれ，当事者から文書の提出を必要としないというのが法文に忠実な解釈運用ということになりそうである。しかし，長年の訴訟慣行で，挙証者は，提出命令による提出のまま，送付嘱託による送付書類のまま，あるいは記録の取寄せを受けたままの状態で直ちに書証とすることはなく，改めて当事者がその中から選別し提出した文書についてのみ提出の方法による書証申出として扱うこととしている。いわば提出命令による文書提示，送付嘱託による文書送付，記録の取寄せは，いずれも後日当事者が正式に行う書証の申出の準備段階にすぎないという取扱いが確立している。その理由は，当事者は提出等を求めた文書に接する機会が少なく，文書の内容についてあまり知らない場合が多いため，提出等を受けた文書の中から必要な文書を選択して改めて書証申出をさせ，不必要な文書の書証申出を防ぐという合理性が認められるからである。そして，証拠関係の整理を目的とする目録の記載上は，この訴訟慣行を受容し，書証目録ではなく，証人等目録に記載することとしている。それは，申出，採用，実施(到着，提示)という証人等目録の記載欄に適合する手続を経るものであることが考慮されている。

3　検証

(1) 意義

検証とは，裁判官が自己の感覚作用(視覚，聴覚，味覚，嗅覚，触覚等)によって，直接に人体又は事物の形状，性質等を認識し，その結果を証拠資料とする証拠調べである。人証や書証が人の思想を証拠とするものであるのに対し，検証は裁判官が五感の作用によって知覚し得たものを，直接に証拠とする点で異なる。それゆえ，人であっても，その容姿，身体を検査するときは人証ではなく，また，文書であってもその記載内容ではなく，その存在，紙質，筆跡等を調べるときは，書証ではない。いずれも検証である。

(2) 検証受忍義務

検証の目的物を所持する者は，裁判所の命令に応じてこれを提示し，検証を受忍すべき義務を負う。その内容については，法232条が概ね書証の規定を準用しながらも，法220条を準用していないことから，証人義務と同様，一般義務と解されている。

(3) 検証手続

ア　検証は，検証の目的を表示して，当事者が申出をすることによって行われる(法232条，219条，規則150条)。

イ　検証物提示命令の発令手続(法232条，223条)，これに従わない場合の効果(法232条，224条)，検証物送付嘱託(法232条，226条)などは，書証について述べたところと同様である。また，提示又は送付を困難とする事情があるときは，裁判所外で検証を実施し，あるいは受命・受託裁判官に検証させることができる(法185条)。

ウ　受訴裁判所又は受命裁判官若しくは受託裁判官は，検証するに際して，必要があるときは，職権でも鑑定を命ずることができる(法233条)。これは検証の実施に当たって，専門的知識経験を必要とする場合[注1]に付随的になされるものである。この場合，受命・受託裁判

(注1)　例えば，建築の瑕疵をめぐる訴訟において，建築士を立ち会わせる場合など。

第6章 証　　拠

　　　官は，受訴裁判所からの特別の授権がなくとも鑑定を命ずることができる。
　　エ　検証は，裁判官自身の事実認識が証拠資料となるのであるから，これを検証の結果として調書に記載する。法廷外の検証の結果は口頭弁論に上程されることを要する。

4　公証人による私署証書に対する宣誓認証制度

　宣誓認証は，私署証書の作成者本人が公証人の面前で，当該私署証書の記載が真実であることを宣誓した上で証書に署名若しくは捺印をし，又は署名若しくは捺印を自認した場合に，公証人がその旨を記載してする認証であって（公証人法58条ノ2第1項・第3項），民事訴訟法上の制度ではないが，民事訴訟の審理の適正，迅速化に寄与する制度として公証人法に設けられたものである。この認証ある私署証書が当事者その他の利害関係人の供述が記載されたいわゆる陳述書の場合，簡易な証拠保全の機能を果たすことが期待できるが，成立の真正に関する争いを回避する点に実益が存するに止まり，その実質的証拠力（証拠価値）は別問題である。なお，証書の記載が虚偽であることを知りながら宣誓をした者は，10万円以下の過料に処せられる（公証人法60条ノ5）。

第5　調査嘱託

　裁判所は，申立て又は職権により，事実あるいは経験則に関し，必要な調査を官庁若しくは公署，外国の官庁若しくは公署又は学校，商工会議所，取引所その他の団体に嘱託することができる（法186条）(注1)。嘱託先の手許の資料で容易に回答できる場合に用いられる。事実の報告を求める点では証人尋問に接近するが，専門的知識・経験則に関わる報告を求める点では鑑定に近く，特殊な証拠調べ手続である(注2)。この点，調査嘱託によって得られた回答書等調査の結果を証拠とするには，裁判所がこれを口頭弁論において「顕出」して当事者に意見陳述の機会を与えれば足り，当事者の援用を要しない（最一小判昭45.3.26民集24-3-165［3］）(注3)。

第6　証拠保全

1　意義

　本来の証拠調べが行われるまで待っていたのでは，証拠調べが不可能又は困難になるおそれがある場合に（例えば，証人が重病であるとか，検証物が滅失するおそれがあるとき），訴訟係属の有

（注1）　気象庁に対する特定の日時場所の天候，取引所に対する相場価格，銀行に対する特定の預金者の印影の調査報告などが，その例である。

（注2）　調査嘱託の範囲
　調査嘱託は，内容的には，本文に述べたように，証人，鑑定あるいは書証に接近ないしこれらに代わるものでありながら，その結果をそのまま証拠資料にすることができるのであるが，その実質的根拠は，報告者の公正さ，報告作成過程における確実性が期待できるためであり，かつ，書面の形式的証拠力を問題にする必要がないことにある。そうだとすると，報告者が主観を混入させるおそれのない客観的な事項であって，手許の資料によって容易に回答できる事項に限って嘱託することができると解される。研究・調査を要する事項や高度の判断・意見を求める場合には，鑑定の嘱託（法218条）によるべきであり，また，当事者の反対尋問権を確保する必要がある事項については証人尋問をすべきであって，証拠方法のタイプ別に取調べ手続が法定されている趣旨を損なわないようにする配慮が必要である。

（注3）　実務上は，調査嘱託は証拠調べの準備行為として証拠方法獲得の一方法にとどまり，独立の証拠調べ手続ではないとの理解から回答書を改めて当事者から書証として提出させる取扱いもある。屋上屋を重ねた運用とはいえるが，違法とするまでのこともないと解されている。

第6　証拠保全

無を問わずあらかじめ証拠調べを行い，その結果を将来の訴訟において利用するために確保しておく証拠調べを，証拠保全という（法234条）。

　証拠保全の本来的な機能は上述のとおりであるが，実務では，実質的には，訴え提起前における証拠開示を企図して証拠保全手続が利用されることがある。書証や検証の手続によって証拠保全がなされると，申立人は相手方の支配領域内の文書や物体の内容を入手することができ，それを将来の訴訟戦略の資料とすることが行われることがある。このような証拠保全の利用は本来の趣旨を逸脱するものではあるが，和解を促進したり，根拠が明確ではない訴えを回避して訴訟以外の方法による解決の途を選択させたりするなどの現実的機能を果たしているとされる。この点，訴訟提起前に裁判所の力を利用して，抜き打ち的に近い方法で，相手方の支配領域内の資料を入手させることの是非については議論がある。

2　証拠保全手続

(1)　申立て

　証拠保全手続は，原則として，当事者の申立てにより開始される（法234条，例外：法237条）。申立ては書面でなすことを要し，規則153条2項所定の事由を記載し，証拠保全の事由を疎明しなければならない（規則153条3項）。相手方を特定できない場合も申し立てることができるが，この場合，裁判所は特別代理人を選任することができる（法236条）。

(2)　管轄裁判所

　訴えの提起前後によって区別されている。訴え提起前における申立ては，保全対象の所在地を管轄する地方裁判所又は簡易裁判所である（法235条2項）。訴え提起後はその証拠を使用すべき審級の裁判所に対して申し立てなければならないが，審理開始後終結までは受訴裁判所に対してしなければならない（法235条1項）。もっとも，急迫の事情があるときは訴え提起後であっても法235条2項によることができる（法235条3項）。

(3)　審理

　証拠保全申立ての当否は，決定手続で審理され，理由があると認めるときは，裁判所は証拠保全決定をする。これに対しては，不服申立てはできない（法238条）。申立却下決定に対しては抗告することができる。

(4)　手続

　証拠保全決定に基づく証拠調べは，証人尋問，書証，検証等の手続によって行われる（法234条「この章の規定に従い」，規則152条）。原則として，申立人と相手方の呼出しを要するが，緊急性を要する証拠保全手続の特質から，急速を要する場合にはこれを要しない（法240条）[注1]。また，迅速性・機動性を確保するため，受訴裁判所が当たらなければならない場合であっても，受命裁判官にさせることができる（法239条）。

(5)　事後の手続との関係

　証拠保全の証拠調べがなされた場合，裁判所書記官は，本案の訴訟記録の存する裁判所の書記官に対し，証拠調べに関する記録を送付しなければならない（規則54条）。また，訴え提起前に証拠保全のための証拠調べが行われたときは，訴えを提起するに際し，訴状には，証

(注1)　実務上は，申立人・執行官・裁判所との間で日時を打ち合わせ，執行官送達の直後又はその送達と同時に証拠保全に着手する例が多い。

拠保全事件に関する記載をしなければならない（規則54条）。これにより，本案裁判所から証拠保全実施裁判所に対し，記録の送付を求める機会を得ることができる。

なお，本案で尋問申出がなされた場合の必要的再尋問につき，法242条参照。

第7 自由心証主義

1 意義

民事裁判は，紛争当事者を離れた公正な中立機関である裁判所が，事実認定と法解釈につき公権的判断を行うことによって紛争を解決しようとするものである。裁判官は，その事実認定に際し，直接経験しない過去の事実の存否の判断を迫られることとなるのであるが，その判断過程は，種々多様な証拠資料の証拠価値を吟味して取捨選択しながら，その価値の高い資料から過去の事実関係を推認してゆく過程である。当事者双方の主張及び証拠関係から客観的に動かし難い事実を確定して，それを取り巻く事実関係に十分に意を払って仮定心証を得つつ，また，これに対する反対証拠による弾劾の奏功の有無・程度などを，経験則・論理則に基づき検討しながら，最終的に確信のレベルに至る。これを心証形成といい，この心証形成の方法について用いることのできる証拠方法や経験則を法が特に限定せず，裁判官の自由な選択に委ねる建前を自由心証主義という。

これに対し，証拠方法を限定し，事実を推認する法則を法定して裁判官の事実認定に一定の拘束を加える建前を法定証拠主義という[注1]。このような法定証拠法則による裁判官に対する拘束は，生活関係が比較的単純で，また裁判官の資質も信用されない時代には，裁判官の恣意的判断を抑制し，事実認定の均質化・安定化に寄与したといわれている。しかし，複雑多様化した社会において，限られた，しかも形式的な証拠法則で機械的に事実認定を行うことは不可能である。そこで，近代の訴訟法は，判決の基礎となる事実の認定につき，裁判所を構成する裁判官が訴訟審理に現れた一切の資料や状況に基づいて自由な判断によって到達する具体的確信に任せる自由心証主義を採用している（法247条）。

もっとも，自由な判断といっても，自由心証主義の上記のような歴史的意義に照らせば，裁判官の恣意的判断を認めるものではなく，論理法則や経験則に基づく合理的なものでなければならないことは当然である。

2 内容

(1) 証拠方法の無制限

自由心証の基礎資料として用いることができるのは，適法に弁論に顕出された資料や状況であり，これには弁論の全趣旨及び証拠調べの結果が包含される（法247条参照）。

ア 証拠調べの結果

証拠調べの結果とは，適法に行われた証拠調べから得られた証拠資料のすべてをいう。自由心証主義の下では，原則として，あらゆる証拠方法を心証形成に利用することができ，証拠能力にも特段の制限はないことは前述した（第6章第1の2(2)）[注2]。ただし，手続の画一

(注1) 例えば，契約の成立を証明するには必ず証書に限るとか（証拠方法の法定），3人の証言が一致したときには必ず真実と認定しなければならないとする（証拠力の法定）などである。

(注2) この点に関し，学説上，違法収集証拠の証拠能力が議論されている。実体法上の違法が　　（つづく）

性，明確性，迅速性の要請により，例外的に証拠方法が限定されている場合がある。これには，口頭弁論の方式に関する調書による証明（法160条3項），疎明の即時性（参考人審尋の際の呼出禁止など）（法188条），手形・小切手訴訟における証拠方法の制限（法352条1項），少額訴訟手続における証拠調べの即時性（法371条）のほか，規則上にも，代理権の書面による証明（規則15条，23条1項）などがある。

イ　弁論の全趣旨

　　弁論の全趣旨とは，証拠資料以外の審理過程に現れた一切の状況をいい，当事者や代理人の陳述内容だけでなく，陳述の態度（特段争う姿勢がみられないことも含む。），提出の時期，釈明処分として命じた検証の結果などもこれに属する。

(2) 証拠力の自由評価

　　裁判官は，証拠調べの結果と弁論の全趣旨に基づいて形成された心証をもとに要証事実の存否を判断する。その際，いかなる証拠にどの程度の証拠力（証拠価値）を認めるかの判断も裁判官の自由な判断に委ねられる。

ア　裁判上の自白との関係

　　裁判所は，当事者の自白内容に反する事実を認定することができない（弁論主義第2原則）。その意味では，自白は裁判官の事実認定権を制約する。しかし，自白は弁論主義の要請による主張レベルの問題であり，当事者間に争いのない事実はそもそも証明の対象から除外されているのであって，自白を法定証拠として裁判官の認定を拘束するものではない。したがって，自白と自由心証とは別次元の問題である。

イ　推定規定との関係

　　法律上の推定（第6章第8の5）は，前提事実の証明があれば，推定事実の認定を要せず，直接その効果を認めるべきものとする。この場合，裁判官に対し，前提事実が認定されたときは推定事実を認定せよと拘束しているわけではない。推定規定は，立証軽減の観点からの実体法上の要件・効果の定め方の問題にすぎず，自由心証とは無関係である。

　　また，文書の形式的証拠力に関する推定規定（法228条2項，4項）は，経験則を法定した一種の法定証拠法則であるが，常にその認定を強要しているわけではなく，他の証拠から形式的証拠力を認定することが許されるし，反証を許すものでもあり，自由心証を排除するわけではない。

ウ　証明妨害に対する制裁規定との関係

　　当事者の一方が他方当事者の証明活動を妨害する行為に出たときの制裁規定として，妨害行為者に不利な事実を認定することができる旨の規定がある（法208条，224条，229条2項・4項，232条1項）。これは前述したように，そのような事実を認定することができるというに止まり，他の証拠及び弁論の全趣旨から別の事実を認定することは当然に許されるのであって，自由心証を排除するものではない。

(つづき) あってもその評価も含めた自由心証に委ねるべきとする説，訴訟法上証拠能力を否定すべきとする説，両者の中間説として，収集行為の違法性の程度に応じ人格権ないし基本的人権の侵害をもたらす場合に限り証拠能力を否定すべきとする説，さらに，収集行為の態様だけでなく，収集された証拠の内容も考慮すべきとする説などがある。

第6章　証　　拠

　　エ　証拠共通の原則
　　　証拠力の自由評価とは，その証拠を提出者に有利にも不利にも評価できるということをも意味する。すなわち，当事者の一方が提出した証拠は，その者に有利な事実の認定に用いることができるほか，相手方が証拠調べの援用をしなくても，当然に，相手方にとって有利な事実の認定に用いることができる。これを証拠共通の原則という[注1]。これは証拠調べの結果を総合的に評価して心証形成を自由にさせ，より合理的な認定を可能にする趣旨である[注2]。
　　　証拠共通の原則は弁論主義とは抵触しない。弁論主義は訴訟資料の収集提出に関する裁判所と当事者の作業分担の原理であって，当事者間における権能の配分を問題とするものではない。しかも，すでに証拠が提出された以上，弁論主義に基づく当事者の責任はすでに果たされたのであり，その取調べの結果をどのように事実認定に利用するかという自由心証主義ないし証拠共通の考え方は弁論主義の射程外の問題というべきだからである。

3　損害額についての証明度の軽減
　　不法行為訴訟においては，故意過失，損害の発生，因果関係の存在が被害者である原告の証明責任に属するが，ここに損害の発生とは，損害額（金銭的評価額）の証明を含む。したがって，損害の発生自体は認められても，損害額について証明度に達しなかったときは原告の請求は棄却せざるをえないことになる[注3]。しかし，損害額の立証が客観的に困難である場合には，原告に立証上の困難を強いることになり，当事者の公平を害するおそれがある。そこで，法は，このような場合には，裁判所が損害額を明確に認定することができないときでも，口頭弁論の全趣旨及び証拠調べの結果に基づき，相当な損害額を認定することができることとしている（法248条）。これは自由心証主義の下における証明度・心証度を軽減して被害者救済を図る趣旨である[注4]。ただし，法248条の発動が許されるのは，証拠調べの結果，判決段階に至って，損害の発生が認められる場合であり，訴え提起段階における損害額を明示しない訴えや，審理途中における損害額の主張の不明確までも許容するものではない[注5]。これらについては適切に補正ないし釈明させ，明確にする必要がある。

(注1)　共同訴訟人間における証拠共通の原則（第9章第2の2(2)イ参照）と区別する意味で，「当事者間における証拠共通の原則」ということもある。
(注2)　証拠を提出した当事者の有利にのみ事実認定に用いることができるとすると，証拠価値を分断する権能を当事者に付与するに等しく，事実認定に著しい困難を来すことは容易に想像できよう。
(注3)　最二小判平元.12.8民集43-11-1259［26］
(注4)　法248条は，これまでの実務による積み上げを明文化したものである。すなわち，判例は，従来から，慰謝料について，諸般の具体的事情を考慮して裁判所が妥当と考える金額を示せば足りるとしてきたし（大判昭7.7.8民集11-1525），逸失利益についても，裁判所は，被害者側が提出するあらゆる証拠資料に基づき，経験則とその良識を十分に活用して，できる限り蓋然性のある額を算出すべきであり，また，その蓋然性に疑いがあるときは，被害者側にとって控えめな算定方法（例えば，収入額につき疑いがあるときはその額を控えめに，支出額につき疑いがあるときはその額を多めに計算し，また遠い将来の収支の額に懸念があるときは算出の基礎たる期間を短縮するなどの方法）を採用するなどし，算定不可能として一概にその請求を排斥し去るべきではないとしている（最三小判昭39.6.24民集18-5-874［66］）。このような背景事情に照らすと，「損害の性質上その額を立証することが極めて困難であるとき」に慰謝料や逸失利益が含まれるといえるが，これ以外については今後の裁判実務の集積によらなければならない。
(注5)　「第4章判決」の箇所に規定がおかれているのは，この趣旨で理解できる。

第8 証明責任

1 証明責任の意義

(1) 訴訟物たる権利関係の判定をするためには，主要事実の存否を確定することが不可欠であることは前述したとおりである。しかし，事実の確定は，原則として，当事者の申出に基づく証拠の取調べの結果として得られた証拠資料に基づいて行われることなどから，主要事実の存否がいずれとも確定できず，いわゆる真偽不明（ノン・リケット）の事態に立ち至ることがあり得る。この場合には，主要事実の存否が確定しない以上，その事実を要件とする法律効果の発生の有無もまた判断できないことになる。しかし，裁判所は真偽不明を理由に裁判を拒絶することは許されない。真偽不明の場合にも裁判を可能にするには，真偽不明の事実の存在若しくは不存在を擬制する以外には方法はないことになる。そこで，法規の構造をみてみると，法規は，定める要件に該当する事実の存在が確定できた場合に適用できるという形式で存在するのであり，したがって，主要事実が不存在の場合はもとより，存否不明の場合にも法規を適用することはできない（法不適用原則）。それゆえ，真偽不明の事実は不存在と擬制され，その事実を要件とする法律効果の発生は認められないこととなる。このように，ある主要事実が真偽不明である場合に，その事実を要件とする自己に有利な法律効果が認められない一方当事者の不利益ないし危険を証明責任（立証責任）という。証明責任は事実が存否不明の場合においても裁判を可能にするための法技術である。

(2) 証明責任は，口頭弁論終結時において，裁判官が証拠を自由に評価してもなお主要事実の存否につき確信を抱くことができない場合に初めて機能する。その意味で，「自由心証の働きの尽きたところから証明責任の役割が始まる」ともいわれる。

(3) 証明責任は，自由心証主義や弁論主義に特有の問題ではなく，法定証拠主義の下でも，職権探知主義の下でも，真偽不明の生ずる余地が残されている以上，裁判を可能にするために必要な観念である。

(4) 証明責任は，真偽不明の場合において法規適用の可否の判断を可能にするものであるから，法律効果の発生と直接関連する主要事実を対象とすれば足り，間接事実，補助事実，経験則等については問題にする必要はない。

(5) 証明責任は，必ず当事者の一方のみが負担するものであり，ある事実につき，当事者の一方がその存在につき，他方がその不存在についてそれぞれ証明責任を負うということはありえない。

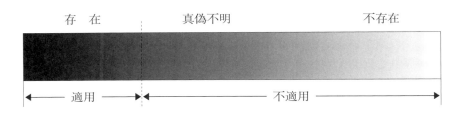

(6) 証明責任をいずれの当事者に負担させるかは，個々の要件事実についてあらかじめ抽象的・客観的に定まっており（客観的証明責任），訴訟の具体的経過，立証活動の内容に応じて当事者の一方から他方へ移動することはない。例えば，ある事実につき原告が証明責任を負うとすると，真偽不明の状態の立証程度では自己に有利な法律効果を規定した法律の適用を受けることはできないから，原告は，裁判官に確信を抱かせるために有力な証拠を提出するなどして立証努力をする（本証）。その結果，裁判官の確信形成に成功しそうになれば，敗訴を免れようとする被告は，裁判官の心証を動揺させ真偽不明に追い込むため証拠を提出する必要に迫られる（反証）。しかし，これは「立証の必要性」が被告に移動しただけであり，証明責任が移ったわけではない。この場合，証明責任の所在は終始原告から不動である。したがって，被告の立証活動により真偽不明の状態に戻れば，原告は更に証拠を提出して，裁判官の確信形成に努めなければならず，これに失敗すれば証明責任を負担する原告が敗訴することになる。

2 民事訴訟の脊柱としての証明責任

上述のとおり，証明責任の存在根拠ないし本来的機能は，裁判拒否・不能の回避にあり，弁論主義・職権探知主義のいずれの建前の下においても証明責任概念は必要である。もっとも，これが訴訟資料の収集を当事者の権能かつ責任とする弁論主義と結びついたとき，当事者の主張・立証活動や裁判所の訴訟指揮の指標として，訴訟の全過程を通じて重要な機能を営む。この意味で，証明責任は，「民事訴訟の脊柱（バックボーン）」といわれる。

(1) 当事者の訴訟活動の指標としての証明責任

ア 主張責任，証拠提出責任

弁論主義は訴訟資料の収集提出に関する裁判所と当事者との作業分担の原理であり，当事者相互の作業分担の問題ではない。したがって，いずれの当事者が訴訟資料を提出すべきかを規律するものではない。しかし，主要事実の存否につき証明責任を負担する当事者は，立証の前提として主張を提示しなければならず，また，提示した主張を立証命題として立証を尽くさなければ，自己に有利な法規の適用を受けられないこととなる。それゆえ，各当事者は，証明責任を負う事実について主張立証する行為責任をも負うことになる。すなわち，証明責任が弁論主義のプリズムを介して主張レベルで投影されたものが「主張責任」であり，立証レベルで投影されたものが「証拠提出責任（主観的証明責任）」と呼ばれるものである。

このように，いずれの当事者がいかなる事実を主張し立証活動をしなければならないかを示す働きを担うのは，証明責任である。

イ 本証と反証

証明責任を負う当事者の提出する証拠あるいは立証活動を本証といい，負担しない相手方のそれを反証という。本証は，主要事実の存在について裁判官に確信を抱かせることが必要であるが，反証は，本証によって形成されつつある裁判官の心証を動揺させ，真偽不明の状態に持ち込めば足り，その不存在まで立証する必要はない[注1]。このように，各当事

(注1) 間接反証について
証明責任を負う当事者が，主要事実の存在を推認させるに足りる間接事実を一応立証した場合　（つづく）

第8　証明責任

者の立証活動に，どの程度の立証をなさねばならないのかを明らかにするのは，証明責任である。

(2) **裁判所の訴訟指揮の指標としての証明責任**

ア　意義

裁判所は，各当事者に対し，必要にして十分な主張立証活動を行うことができるよう，適切な訴訟指揮をしなければならない。この場合，当事者の主張を的確に整理し，また，証拠の申出を適切に処理する上で，証明責任は羅針盤としての役割を果たしている。例えば，原告が，訴訟物たる権利の発生を基礎づける請求原因事実をもれなく主張しているか，そして，これに対する被告の態度は自白か否認か抗弁か，抗弁ならばそれに対する原告の態度は自白か否認か再抗弁か，などと当事者の陳述を整理するため，あるいは，証拠調べが必要ならば当該事実について証明責任を負う当事者に対し立証を促すためには，証明責任の所在を正確に把握することが必要である。また，立証の順序，証明の程度を適切に判断し，無用の証拠調べを避ける上でも証明責任は有用である。

イ　否認と抗弁

否認と抗弁は，いずれも相手方の主張を排斥するための事実上の主張であるが，否認は相手方が証明責任を負う事実を否定する陳述であるのに対し，抗弁は自己が証明責任を負う事実の主張である[注1]。

(ア) 否認には，単純否認と積極否認とがある。単純否認とは，単に相手方の主張を否定する陳述をいう。積極否認とは，相手方の主張事実と両立しない事情を積極的に述べて相手方の主張を否定する陳述をいい，例えば，貸金返還請求訴訟において，原告が返還約束と金員の交付を主張したのに対し，被告が「金員を直接に交付したと主張されるころは，長期入院中であって，外出することや金員を受け取ることはありえない。」と陳述する場合や，「金員を受け取ったことは認めるが，謝礼の趣旨であって贈与である。」と述べる場合がある（もっとも，後者の場合，金員受領を認める限度では自白が成立する。）。

積極否認は，相手方が主張立証責任を負う事実に対する否認の理由を明示するものにすぎないから，否認した者が積極否認の内容たる事実（「長期入院中であったこと」，「贈与

(つづき) に，その相手方が当該間接事実とは両立し得る別個の間接事実を立証することにより，主要事実の推認を妨げる立証活動をすることがある。これを間接反証という。これは挙証者が証明しようとしている主要事実の不存在を立証してこれを直接に攻撃するのではなく，別個の間接事実を立証して「間接」的に反撃するものであり，また，主要事実の存在を真偽不明に追い込んで間接事実からの推認を動揺させる機能を営む点で「反証」として位置づけられる。これは間接事実から主要事実を推認してゆく裁判官の心証形成過程に対して働きかけてゆく当事者の立証活動として重要な地位を占める。間接反証としていかなる事実について証明活動を行えば主要事実の推認を動揺させることができるかは，推認過程における経験則の強度による（第6章第1の4(1)イ参照）。書記官としても，争点整理及び人証取調べを通じて間接事実を把握した上で，このような証明活動がなされ得ることを意識しておくことは，争点指向性の高い要領調書を作成するために有益なものと考えられる。

(注1)　本文でも解説しているとおり，相手方の主張する事実と「両立しない」事実を述べる場合は，両者はいわば表裏一体の関係にあるから，相手方に証明責任がある事実の反対事実を述べているものであり，否認である。これに対し，相手方の主張する事実と「両立する」事実を述べている場合は，それが自己に有利な法規の適用結果である限り，抗弁となる。要するに，否認と抗弁との区別は，事実の両立・非両立及び証明責任の所在を検討することによって得られる。

であること」）についての主張立証責任を負うわけではない(注1)。

　　なお，相手方の主張事実を否認するのには，それを支える根拠・理由があるのが通例であるし，その根拠を明示させることにより相手方の立証命題が事実上絞られるという争点整理効果を期待することができる。そこで，相手方の主張する事実を否認する場合には，否認の理由を付した積極否認であることが要請されている（法161条2項，規則79条3項）(注2)。

　(イ)　抗弁は，積極的に事実を主張して相手方の主張事実を争う点で積極否認と類似するが，抗弁として提出する新たな事実は自己が証明責任を負う点及び相手方の主張事実と論理的に両立し得る点で異なる。例えば，売買代金請求訴訟において，通謀虚偽表示，錯誤や弁済，免除，消滅時効，解除などを主張するのは，いずれも抗弁である。

　　抗弁主張の仕方については，一定限度で相手方の主張事実を認めつつこれと両立する事実を付加する場合と，相手方の主張事実を否認しつつ提出する場合とがある。前者は制限付自白と呼ばれ，例えば，貸金返還請求訴訟において，被告が「借りたが，弁済した。」というのはこの例であるとされる(注3)。「借りた」とする部分については裁判上の自白が成立し，「弁済した」とする付加部分については，付加的主張をした者に証明責任がある。後者は仮定抗弁と呼ばれる（後記ウ(イ)参照）。

　ウ　抗弁の種類・態様
　　(ア)　事実抗弁，権利抗弁
　　　裁判所が判決の基礎としてとりあげるに際し，事実の主張が弁論に現れていれば足りるか，それに加えて権利主張をも要するかという，要件事実の観点からの分類である。
　　　訴訟上の攻撃防御方法のうち，留置権，同時履行の抗弁権などのように，権利の発生原因事実が弁論に現れていても，訴訟上その権利行使の主張がなされなければ抗弁として斟酌できないものを権利抗弁といい，権利の発生・変更・消滅原因事実が弁論に現出されていれば足りるものを事実抗弁という。権利抗弁か事実抗弁かの振り分けは，実体

（注1）　したがって，例えば，被告が原告の主張する請求原因事実を否認している場合において，裁判所が請求原因として主張された事実を認定できない事情として，当該請求原因事実と両立せず，かつ，被告に主張立証責任のない事実（積極否認の内容たる事実＝間接事実）を認定し，もって請求原因たる主張の立証がないとして排斥することは，その認定に係る事実が当事者が主張していないものであっても，弁論主義に反しない。上記のごとく説示して，訴求債権に対する弁済の抗弁を排斥する理由として，別口債務への弁済を認定することは，この点につき主張がなくても許されるとした判例がある（最三小判昭46.6.29判時636-50）。これは弁済の抗弁については，被告において債務の履行に適合する給付をしたことのほか，訴求債権に対応する債務の履行としてなされたものであることを立証しなければならないところ，別口債務への弁済という事実は積極否認の内容を構成する間接事実であることに基づくものである。
（注2）　相手方の主張を否認するときはその理由を付した積極否認でなければならないとすることは，①争点を特定すること，②否認理由の合理性そのものが問われることにより，理由もなく単に争うためだけの否認が排除され，争点が事実上集約されること，③その理由が明らかにされることにより否認者側から間接事実が提示され，その後，主張者側からも間接事実が主張されることになるため，争点の深化が図られること，が考慮されている。同様な仕組みと配慮は，上記の主張レベルに加え，証拠レベルにおいても，文書の成立を否認する場合には積極否認でなければならない（規則145条）とされており，これらがタイアップすることで，当事者による争点の特定，集約，深化がなされるよう配慮されている。
（注3）　講学上はこのように説明されるが，制限付自白の概念は，相手方の主張事実の一部についても自白が成立し得ること（可分性）を明らかにするに止まる。要するに，一体的に主張されているようにみえても，「認否」部分と「抗弁」部分とに分けて検討すべきであるということであろう。

法の規定の仕方ないし解釈によるものである。
　(イ)　仮定抗弁，予備的抗弁
　　　　当事者が付した順位に裁判所が拘束されるかという観点からの分類である。
　　　　例えば，貸金返還請求訴訟において，「既に弁済済みである。仮に弁済の事実が認められないとしても免除を受けた。そうでないとしても，原告主張の弁済期から10年を経過したから予備的に消滅時効を援用する。」などと複数の抗弁を述べる場合に，一種の仮定条件ないし順位を付した上で重ねて抗弁を主張することがある。この場合，当事者の心理的な作用から仮定的に条件，順位を付して主張されるのであるが，裁判所がその順位に拘束される合理的理由はない。すなわち，原告の請求に対し，被告が数個の攻撃防御方法を提出する場合，裁判所がそのいずれをとりあげて判断するかは，裁判所の選択権に委ねられており，そのいずれから判断してもよく，請求原因の当否を判断せずにそのいずれかを採用して直ちに請求棄却判決をしてもよい。なぜなら，攻撃防御方法としての法律効果からみて，これらはいずれも原告の請求を理由なきものとする効果を有する点では同一であるところ，その判断は理由中に止まり，そこには既判力を生じない以上（法114条1項），当事者に裁判所の審理順序を拘束するほどの順位を付す利益は認められないからである。これらの抗弁は並列的関係に止まる。
　　　　これに対し，裁判所が抗弁の当否を判断するに際し，当事者が付した順位に拘束されると解さなければならない場合がある。相殺の抗弁は理由中の判断に既判力が生ずるため（法114条2項），同じ請求棄却の結論を導くことができたとしても，相殺の抗弁によるのか，その他の抗弁によるのかによって重大な差異がある（相殺の抗弁の場合，自働債権の消滅という別個の新たな経済的損失を伴うのに対し，その他の抗弁ではそのような関係はない。）。したがって，相殺の抗弁については，裁判所は，当事者が付した順位に拘束され，あるいは当事者が順位を付さない場合であっても，まず原告の請求権の成立を確定し，他の抗弁が成立しない場合に初めて判断に入ることが許される。この意味において，相殺の抗弁は予備的抗弁といわれる（なお，相殺の抗弁につき，第8章第5の5(4)参照）。
3　証明責任の分配基準
(1)　意義
　　いかなる要件事実について，いずれの当事者に証明責任を負担させるべきかについての定めを，証明責任の分配という。証明責任は，訴訟におけるバックボーンであって，審理の羅針盤としての地位を占めるから，できる限り，客観的かつ明確でなければならない。また，その分配の仕方いかんによっては立証の難易に直結し，権利行使が著しく困難になる結果をもたらす場合もあるから，当事者間の公平を損なわないように分配しなければならない。
(2)　法律要件分類説
　ア　一般論
　　　現在では，基準としての明確性，思考経済，法不適用原則等を根拠に，原則として，実体法規に定める要件を基準とし，各当事者は自己に有利な法律効果の発生を定める法規の要件事実について証明責任を負うとする法律要件分類説に従うのが実務であり，学説上も多数を占める。すなわち，証明責任を，ある主要事実が真偽不明である場合に，その事実

第6章 証　　拠

を要件とする自己に有利な法律効果が認められない一方当事者の不利益ないし危険と定義する以上，証明責任は当該法律効果の発生によって利益を受ける側の当事者に帰属することになる。

法律効果の発生要件は，客観的に実体法の各法条が規定するところであり，これらの規定は，その法律効果が他の法律効果に対しどのように働くかという観点から，次のように分類される。

① 権利根拠規定　　権利関係の発生要件を規定する法規（例：売買契約の成立［民法555条］）

② 権利障害規定　　権利根拠規定，権利障害規定及び権利消滅規定に基づく効果の発生を当初から抑止・障害する要件を規定する法規（例：錯誤［民法95条］，錯誤に対する重過失［民法95条ただし書］など）

③ 権利消滅規定　　発生した権利関係の消滅要件を規定する法規（例：消滅時効［民法166条以下］，免除［民法519条］など）

④ 権利阻止規定　　権利根拠規定に基づいて発生した権利の行使を阻止する要件を規定する法規（例：留置権［民法295条］，同時履行の抗弁権［民法533条］など）

＜実体法規の規定の働き方と現在の権利の存否の判定＞

Ⅰ　過去のある時点で，ある権利の発生原因事実が存在したと認められれば，その時点で権利が発生し，現在も存在するものとして扱う。

Ⅱ　ただし，権利発生時点において，その権利の発生障害事実が存在したと認められれば，その権利は発生しなかったものとして扱う。

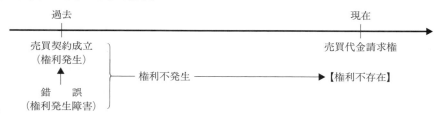

Ⅲ　過去にいったん発生した権利は，その後現在までの間に，その権利の消滅原因事実が存在したと認められれば，その時点で当該権利は消滅し，現存しないものとして扱う。

そして，これらの法律効果の働き方によって論理的に定まる組合せについての判断を積み上げることを通じて，訴訟物たる権利の存否を判断する。つまり，権利発生の要件事実が認定されない場合，又はこれが認定されても権利の発生障害，変更，消滅の要件事実も認定されれば権利関係は現存しないとし，権利発生の要件事実が認定され，かつ，障害，変更，消滅の要件事実が認定されない場合には権利関係は現存するという判断をすることになる。そこで，当事者はそれぞれ自己に有利な法律効果の発生要件事実について証明責任を負うとするのである。

イ　修正要因

しかし，実体法の条文の形式及び文言だけで証明責任を分配しようとすると，条文相互間の抵触・不調和を生じ(注1)，あるいは立証責任の負担の上で不均衡・不公平を招くおそれがある(注2)。法律要件分類説に対する反対説が，立法趣旨や当事者間の公平(注3)を考慮要因として実体法の解釈問題として決すべきと主張したことには相応の理由があった。そこで，現在の実務・通説は，条文の文言及び形式のみに依拠する形式的思考ではなく，形式的基準を手がかりとしながらもこれらの諸要因を考慮した実質的思考によって，公平な分配を企図している(注4)。

ウ　具体例

売買代金請求訴訟を例に考えてみよう。売買代金の支払を求める原告は，被告に対する代金請求権の発生を基礎づける権利根拠規定として，民法555条に基づき，被告との売買契約の成立（財産権移転約束と代金支払約束）を主張立証しなければならない。これに対し，被告は，売買契約に基づく権利の発生障害事由として，錯誤無効を主張立証できるほか，権利の消滅事由として，弁済や消滅時効を主張立証することができる。これらに対し，原告は更にそれらの障害事由として，錯誤無効の抗弁に対し民法95条ただし書の重過失を，消

(注1)　消滅時効に関する民法167条１項によると，債権の不行使が消滅時効の成立要件に見える一方，147条以下では債権の行使が中断事由とされており，行使と不行使という盾の両面につきそれぞれ証明責任を負わせるとするならば，証明責任の矛盾抵触が生じる。
(注2)　債務不履行に基づく損害賠償請求権の発生要件に関する民法415条によると，債権者は債務の「不履行」につき証明責任を負担するように見える。しかし，「履行がない」という消極的事実は一般的に証明が困難であって，それにもかかわらず不履行の証明責任を負うとすると，本来債務は履行されるのが原則であるという実体法の基本的思考と相容れず，その結果，債権者の救済制度としての損害賠償の途が閉ざされるおそれがある。また，同条の「責に帰すべき事由」についても債権者の証明責任に属するとすれば，民法419条３項と抵触するおそれがある（本文エ参照）。
(注3)　公平の理念から，立証の難易，証拠との距離，事実の存在・不存在の蓋然性などを考慮すべきであるとする。
(注4)　民事訴訟はあくまで実体法を適用して紛争を解決しようとするものであるから，ある法律効果の発生要件や障害要件は何か，そしてそれをいずれの当事者に証明責任を分配すべきかという要件確定の問題は実体法の解釈問題によって決せられる。したがって，実体法解釈の問題として証明責任を理解すべきであり，実体法の解釈に当たっては，各実体法規の文言，形式を基礎としつつ，証明責任の負担の面での公平・妥当性の確保を常に考慮すべきである。具体的には，法規・制度の目的，類似又は関連する法規との体系的整合性，当該要件の一般性・特別性，又はその要件によって要証事実となるべきものの事実的態様とその立証の難易などが総合的に考慮されなければならない。

滅時効の抗弁に対し，時効中断事由を主張立証して，被告の各抗弁による法律効果の発生を障害することができる。

このように，実体法が規定する法律効果の論理的組合せによって，最終的な権利の存否が判定されることになり，その効果を有利に主張する者がいずれの当事者であるかによって証明責任の所在が定まるのが原則である。その際，どのような事実を主張立証しなければならないのかについても，当該法律効果を規定する実体法規所定の要件の解釈によって決まることとなる。

エ　問題点1——履行不能の帰責事由

民法415条後段の文言からすると，履行不能に基づく損害賠償請求権の発生原因事実として，債権者は，債務者の「責に帰すべき事由」を主張立証しなければならないと読むのが自然である。しかし，民法419条3項の反対解釈によると，非金銭債務の不履行による損害賠償債務については不可抗力をもって抗弁とすることができるように読める。そうだとすると，帰責事由と不可抗力の免責の抗弁とは表裏の関係にあるにもかかわらず，両当事者に証明責任があることになり，前記の証明責任の本質に反することとなる。また，債権者による帰責事由の証明は，債務者側の内部事情を証明せよというに等しく困難である。実体法的にも，債務者は一定の給付を義務づけられていることに照らすならば，免責を求める債務者の側の証明責任に属すると解するのが相当である。

したがって，条文の文言には反するが，帰責事由は債権者が証明責任を負担するのではなく，不可抗力が債務者の証明責任に属すると解される（最一小判昭34.9.17民集13－11－1412［75］）。

オ　問題点2——準消費貸借における旧債務

準消費貸借は，当事者が金銭その他の物を給付する旧債務を消費貸借の目的とする合意により成立するものである（民法588条）が，その要物性については緩和し，目的物の交付と経済上同一の効果をもたらす既存債務の存在をもって足りると解されている。そうだとすると，民法588条の文言及び消費貸借においては目的物の交付が成立要件とされていること（民法587条）との対比において，準消費貸借における旧債務の存在は契約の成立要件であると解する余地がある。したがって，準消費貸借の成立を主張する者（債権者，原告）が，旧債務の存在の証明責任を負担すると解する（原告説）のが法律要件分類説の理論的帰結のように見える。

ところが，この点は法律要件分類説内部においても争いがある。すなわち，一般に，準消費貸借では契約成立時に旧債務に関する証書が新債務に関する証書に書き換えられて，旧証書は破棄され，しかも，新証書が旧債務を表示しないで新たな貸借が行われたような記載がされている場合が多いので，旧債務の存在の立証は困難であるとする。そして，このような立証の難易，当事者の公平を考慮して，旧債務の不存在を主張する側（債務者，被告）にその証明責任があるとする見解もある（被告説）。

これに対しては，原告説においても間接反証理論を駆使するなどして立証の困難を救済することは可能であるなどとして法律要件分類説の理論的帰結を維持しようとする。

判例には，被告説に与すると思われるものがある（最二小判昭43.2.16民集22－2－217［33］）。

カ　問題点3——背信行為と認めるに足りない特段の事情

民法612条2項は，賃借人の賃借権の無断譲渡・賃借物の無断転貸につき解除権の発生を規定している。しかし，戦後の判例・学説の努力により，賃借人保護の見地から賃貸人の解除権行使を制限する，いわゆる信頼関係破壊理論が形成されてきた。すなわち，無断譲渡・転貸がなされても，「賃貸人に対する背信行為と認めるに足りない特段の事情」があるときは解除を主張できないとされる。解釈上付加されたこの要件の証明責任をいずれの当事者に分配するのが相当であろうか。

まず，法律要件分類説は法律効果の働き方によって論理的に定まる組合せに従い，権利の存否を判断する構造をとるのであるから，上記事情があるときは「解除権は発生しない」とみるのか（最二小判昭28.9.25民集7－9－979）(注1)，それとも「発生した解除権を行使することができない」とみるのか（最一小判昭30.9.22民集9－10－1294，最三小判昭31.5.8民集10－5－475）(注2)という法律効果の確定をしなければならない。すると，解除権の発生要件事実として位置づける見解と，発生障害ないし行使阻止事実として位置づける見解があり得ることが判明する。そして，後者の場合，上記特段の事情を被告の抗弁として位置づけるか(注3)，抗弁ではなく間接反証事実として位置づけるか(注4)を検討することになる。判例は抗弁とする（最一小判昭41.1.27民集20－1－136［8］）。

なお，「特段の事情」は攻撃防御対象として抽象度が高く，規範的評価・判断の余地が大きいため，いわゆる規範的要件として理解される。したがって，この場合の評価根拠事実及び評価障害事実を主要事実として把握すべきか否かの問題が関係する（第5章第4の3(1)ウ参照）。

```
                        ┌解除権発生要件事実（賃借人が特段の事情の不存在を立証しなければならない）
             ┌解除権不発生┤
背信行為と認めるに       └発生障害事実              ┐
足りない特段の事情                                  ├抗弁説，間接反証説
             └解除権行使できない──行使阻止事実     ┘
```

(注1)　さらにこの場合，ａ背信行為と認めるに足りない特段の事情の不存在を解除権の発生要件とみるのか，ｂ背信行為を認めるに足りない特段の事情を解除権発生障害とみるのかという問題があろう。この点は，実体法解釈として，賃貸人に解除権を認めた趣旨と賃借人保護とのバランスをどのように確保するかという問題となる。
(注2)　この場合は，権利行使阻止とみることになる。
(注3)　①発生障害事実と位置づけるとすれば，民法612条2項の後に解釈上「但し，背信行為と認めるに足りない特段の事情があるときはこの限りではない」というただし書を読み込むことになる。②行使阻止事実と位置づけるとすれば，無断譲渡・転貸それ自体が違法性を有し，したがって，そのような外形的要件の充足をもって解除権は発生するが，その違法性阻却事由として「特段の事情」を位置づけることとなる。
(注4)　この見解は，この解除の本質は賃貸人に対する背信性にあると考え，無断譲渡・転貸の上位概念としての背信行為を主要事実とし，背信行為と認めるに足りない特段の事情は間接反証の対象となる間接事実であって，抗弁ではないと位置づける。すなわち，譲渡・転貸の事実が立証されれば，背信行為という要件事実は一応の推定により証明度に達するので，賃借人は譲渡・転貸と両立する別個の間接事実である特段の事情を立証して背信行為という要件事実を真偽不明に持ち込まなければならないとする。この場合，被告の立証は間接反証責任にすぎず，抗弁としての証明責任ではない。

第6章 証　　拠

4　証明責任の転換

　一般の場合の証明責任の分配は，法規の構造，立法趣旨を基礎にしつつ当事者間の公平を確保する観点から定められるが，特別の場合には，権利行使を容易化するためなどの政策的考慮から，法律によってこれとは異なる定めをして，相手方に反対事実の証明責任を負担させることがある。これを証明責任の転換という。

　例えば，不法行為に基づく損害賠償請求訴訟では，被害者（原告）が加害者（被告）の過失につき証明責任を負うが（民法709条），自動車による人身事故の場合は加害者に無過失の証明責任を負わせることにより（自動車損害賠償保障法3条ただし書），被害者の保護を図っている。証明責任の転換は，証明責任の分配を規定する法技術であり，どのような場合にいかなる事実について証明責任を転換するかは立法政策の問題である。具体的訴訟の経過によって移動する「立証の必要性」とは区別しなければならない。

5　法律上の推定

(1)　意義

　推定とは，一般的にある事実から他の事実を推認することをいい，これを可能にするのは経験則である。事実認定に際し，裁判官の自由心証主義の一作用として経験則を適用して行われる場合を事実上の推定という。これに対し，経験則が法規化され，法規の適用として行われるのが法律上の推定である。

　法律上の推定には，事実推定と権利推定とがあるが，いずれも挙証者の立証負担を軽減するための法技術である。

(2)　法律上の事実推定

####　ア　意義

　法律では，一般に，「要件事実乙があるときは法律効果Aが発生する。」と規定している。この場合，さらに，法律効果Aの発生の立証を容易にする目的で，「甲事実があるときは乙事実があると推定する。」旨の規定を設けることがある。後者が法律上の事実推定と呼ばれる規定である。

　推定規定によって，推定される乙事実を推定事実といい，それを推定させる前提となる甲事実を前提事実という。

####　イ　推定規定を利用する当事者の立証活動

　法律効果Aの発生を欲する当事者Xは，その発生要件たる乙について証明責任を負うが，証明困難な要件事実乙の立証に代えて，証明がより容易な別個の事実甲を証明すれば（証明主題の選択[注1]），相手方が推定を妨げる立証をしない限り，乙を要件事実とする法律効果Aの発生が認められる。

（注1）　Xは，原則どおり，乙事実を証明することもできるし，甲事実を立証して推定規定を利用することも可能ということである。ただ，当事者の合理的意思としては，より証明の容易な甲事実を立証する意思を有するということができよう。また，推定規定を利用する場合の主張責任は，甲事実について観念すべきである。乙事実について観念するとすれば，相手方Yの防御活動としては，乙事実の不存在の証明が要求されることから，乙事実の主張責任について抵触が生ずるおそれがあるからである。

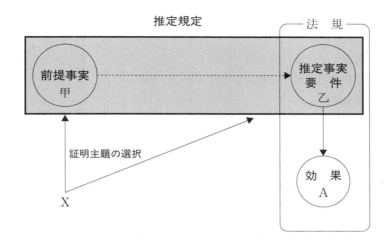

ウ 相手方の防御活動

　これに対し，相手方は，前提事実甲の存在について真偽不明に追い込むか（反証），推定事実乙の不存在を証明（本証）しなければ，法律効果Aの発生を阻止することはできないことになる。すなわち，推定規定が働いていない場合には，乙の存在についてはXが証明責任を負っていることから，相手方は乙の存在につき真偽不明に持ち込むこと（反証）で足りるはずであるが，前提事実甲が立証されて推定規定が働くと，乙の不存在を立証しなければならなくなる。この意味では，証明責任が転換されているということができる。

エ 具体例

　例えば，Xは，賃貸借契約の期間満了に基づく建物明渡請求に対し，抗弁として，賃貸人Yとの間の更新の合意（上図における要件乙。以下同じ）を主張立証して，使用収益権を取得（法律効果A）することができる。しかしながら，更新に際しては新たに契約書を作成し直さない場合も多く，立証が困難なことが多い。そこで民法は，賃借人の立証負担を軽減するため，619条本文に更新の推定規定を設けている。これによると，Xが期間経過後も目的物の使用収益を継続したこと及び賃貸人Yがこの事実を知りながら異議を述べなかったこと（前提事実甲）を主張立証することにより，同一の条件をもって賃貸借をしたものと推定される。したがって，Xは，前提事実甲の存在を立証することにより，推定事実（要件）乙の存在が推定されることになり，結局，甲を立証すれば足りることになる。この結果，Yは，再抗弁として，更新の合意が成立しなかったことを主張立証しなければ更新推定を覆すことはできない。

　このほか推定規定としては，民法629条1項，772条1項，手形法20条2項，破産法47条2項，51条，15条2項等がある。

(3) 法律上の権利推定

　上記の甲事実によって法律上推定される乙が事実ではなく，権利又は法律効果である場合，この規定は法律上の権利推定と呼ばれる（例えば，民法188条，229条，250条，762条2項等）。機能的には，上述の法律上の事実推定と異ならない。推定規定の利用者は，権利又は法律効果である乙の発生原因事実（加えて，発生した乙の自己への帰属原因事実）を立証することもでき

第6章　証　　拠

るし，前提事実甲を立証することもできる。
(4)　「推定」の用例
　　法文上「推定」という文言が用いられていても，上記の法律上の推定を意味しないものがある。法定証拠法則，解釈規定，暫定真実と呼ばれる。
　ア　法定証拠法則
　　法定証拠法則については前述した（第6章第4の2(4)ア参照）。
　イ　解釈規定
　　解釈規定は，一定の法律行為に関する当事者の合理的意思を推測（解釈）して所定の法律効果を付与する法技術である（例えば，民法136条1項，420条3項，569条，573条等）。この場合，解釈規定による法律効果を覆すには，当該法律効果を発生させないこととする旨の合意（又は当該法律効果と抵触する内容の合意）の存在を積極的に主張立証しなければならず，解釈規定の法律効果を発生させる旨の合意の不存在を主張立証しても「推定」は覆らない（当該規定の適用を排除できない。）。
　ウ　暫定真実
　　暫定真実は，要件事実の一つから他の要件事実を無条件に推定することにより証明責任を転換するものであり，ただし書で規定するのと異ならない。例えば，民法162条1項の所有の意思，平穏，公然の要件は，民法186条1項により無条件に推定されるから，結局，「20年間他人の物を占有した者はその所有権を取得する。ただし所有の意思をもって平穏に，かつ，公然と占有しなかったときはこの限りでない」と規定したのと同一に帰する。これに対し，法律上の推定はただし書に書き換えることができない（ほかに，商法503条2項がある。）。

第7章　裁判によらない訴訟の完結

第1　総説

　当事者は，その意思によって，終局判決によらずに訴訟手続を終了させることができる。民事訴訟の本質的原則である処分権主義からすると，民事訴訟による権利救済を求めるか否かが当事者の意思に委ねられているのであるから，訴えによって手続が開始された後であっても，当事者が判決による紛争解決を欲しないならば，その意思を尊重して，訴訟を終了させるべきこととなる。もっとも，当事者の一方のみの意思で終了させる場合には，相手方当事者の利害との調整を図る必要があるし，また，裁判所が関与した上での終了である以上，紛争解決効率を高めるための手続的配慮も必要となる。このような観点から，法は一定の規律を設けている。

	訴えの取下げ	請求の放棄・認諾	訴訟上の和解
当事者	当事者の一方の裁判所に対する意思表示のみで訴訟終了 （原告）	（原告又は被告）	当事者双方の合意・互譲 （原告及び被告） 利害関係人の参加可能
対象	特に制限なし	対象となる権利・法律関係が，当事者の処分に委ねられ，原則として弁論主義の適用下にあるもの（職権探知主義がとられないもの）	
時期	訴え提起後〜終局判決確定 （期日外でも可）	訴訟係属中の期日	
手続	書面又は期日では口頭でも可	・期日における口頭又は書面 ・書面による擬制放棄・認諾可	・期日における互譲合意 ・一方当事者不出頭型あり ・裁判所の裁定型あり
効力	訴訟係属の遡及的消滅 （判決後は再訴禁止効）	確定判決と同一の効力	

第2　訴えの取下げ

1　意義

　訴えの取下げとは，訴えによる審判要求を撤回する旨の，裁判所に対する意思表示をいう。実務では，裁判外で和解が成立した場合や，被告が債務を履行するなど実体的に紛争が終息・解決した場合などに訴えが取り下げられることがある[注1]。

（注1）　裁判外の訴え取下げ合意の効力
　訴え取下げ合意は，かつて訴訟に関する合意を許さないという任意訴訟禁止原則から不適法と解されたが，現在では，手続の安定を損なうことはないとして，有効と解されている。この合意の効果については，合意の目的に適うよう，訴えの取下げがあった場合と同様，訴訟終了宣言をすべきとの見解（訴　（つづく）

第7章　裁判によらない訴訟の完結

原告の意思により訴訟を終了させる点で請求の放棄と共通するが，請求の放棄の場合は，原告の請求に理由のないことが確定判決と同一の効力をもって確定され（法267条），紛争解決基準が手続上確立されるから，被告の防御の利益は確保されるのに対し，訴えの取下げの場合には，それまでの被告の防御が訴訟係属の遡及的消滅（法262条1項）により無に帰するおそれがある。それゆえ，後述するように，被告に保護されるべき利益が存する場合には，原告の一方的意思表示のみで効力を生じさせることはできないものとし，また，無益な再訴を禁止することとしている。

また，裁判所に対する審判要求の撤回という点では，上訴の取下げとも共通するが，上訴の取下げは上訴審での訴訟係属のみを遡及的に消滅させ，既に上訴期間が経過していれば原判決が確定することになる。これに対して，訴えの取下げは，訴訟係属全体を遡及的に消滅させる点で異なる。

2　要件

(1)　原告は，終局判決確定時までは自由に訴えを取り下げることができる（法261条1項）。職権探知主義がとられていて請求の放棄が許されない事件（例えば，人事訴訟法19条2項）でも，訴えの提起自体が原告の意思に委ねられている以上，訴えの取下げは許される。ただし，訴えが原告個人の意思のみに委ねられてはいない固有必要的共同訴訟は，原告全員からの場合は格別，原告の一部の者からの取下げはできない。

(2)　原告は，第一審係属中はもとより上訴審でも，終局判決確定時まで訴えを取り下げることができる（法261条1項）。ただし，被告が請求の当否（本案）につき，準備書面を提出し，弁論準備手続において申述をし，又は口頭弁論をした後は，被告に請求棄却判決を取得する利益が生じていることから，被告の同意がなければ取下げは効力を生じない（法261条2項本文）。

(3)　原告に単独で訴訟行為をなし得る訴訟能力があるか，又は代理人に代理権がなければならない（法32条2項1号，55条2項2号）。ただし，無能力者や無権代理人も，追認があるまでは自ら提起した訴えを取り下げることができる。

(4)　訴えの取下げは原告の意思表示の効果として生じるのであるが，その意思表示に瑕疵がある場合，民法規定（例えば，95条）の準用ないし類推適用があるか。裁判外の和解を基礎に訴えを取り下げたが，和解に無効原因があった場合等に問題となる（第5章第5の2(2)参照）。

ア　否定説

手続の安定を重視して，原則的には訴訟行為への意思表示規定の準用を否定しつつ，例外的に詐欺・脅迫等明らかに刑事上罰すべき他人の行為によりなされたときは，法338条1項5号の法意に照らしその無効を主張できるとするのが(注1)，判例（最二小判昭46.6.25民集25-4-640［30］）である。

（つづき）訟契約説）もあるが，判例（最二小判昭44.10.17民集23-10-1825［78］）は，権利保護の利益を喪失したものとして訴え却下判決をすべきものとしている。もっとも，訴訟契約説も判例と同旨の私法契約説も法262条2項の類推適用を肯定するので，学説上の争いについては結論的な相違はないといえる。
(**注1**)　再審事由の訴訟内顧慮の一場面である（第6章第1の5(2)ウ参照）。この場合，原告は，取下げの無効を前提に期日指定の申立てをして，従来の請求の当否と併せて取下げの瑕疵の有無を審理の対象とすることになる。

イ　肯定説
　　　　これを肯定する見解は，終局判決後の取下げには再訴禁止効が生じ，原告は敗訴判決の確定（実体権の放棄）に等しい不利益を受けるわけであるから，その意思に基づかない場合にまでこれを甘受させるのは極めて不公平であるし，無効主張を認めても取下げ後それを基礎に手続が進展してゆくわけではないから，手続の安定を害することもないとする。
３　手続
(1)　訴えの取下げは，訴訟の係属する裁判所に取下書を提出してするのが原則であるが，口頭弁論期日，弁論準備手続期日又は和解期日には，口頭ですることもできる（法261条3項）(注1)。
(2)　訴えの取下げにつき被告の同意を要する場合には，取下げが書面でされたときはその書面を，期日において口頭でなされ相手方が期日に出頭しなかったときはその期日の調書の謄本を，相手方に送達しなければならない（法261条4項）。取下書が提出された場合の被告への送達は，その副本によって行う（規則162条1項）。被告に対し取下げに同意するか否かを考慮する機会を付与し，また不必要な準備をさせないためである。
　　　訴えの取下げにつき被告の同意を要しない場合には，送達を要せず，裁判所書記官による通知で足りる（規則162条2項）。
(3)　訴えの取下げに対する被告の同意も，書面又は期日において口頭でしなければならないと解される。同意書の提出又は同意する旨の期日における陳述がなされた時点で取下げの効力が発生する。いったん同意を拒絶したときは，その後これを撤回し，改めて同意しても取下げの効力は生じない（最二小判昭37.4.6民集16－4－686［130］(注2)）。訴えの交換的変更に被告が異議なく応訴した場合には，旧訴の取下げについて黙示の同意をしたものと解される（最二小判昭41.1.21民集20－1－94［7］）。
　　　被告が原告の取下げ意思を確知しながら明確な応答をしない場合には，訴訟手続の遅滞を避けるため(注3)，被告の同意が擬制される（法261条5項）。

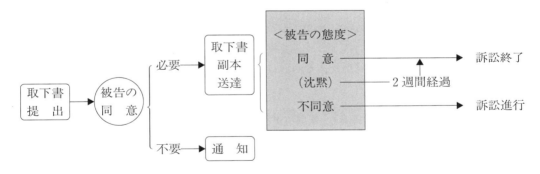

(注1)　進行協議期日においてもすることができ，法261条4項・5項が準用される（規則95条2項・3項）。
(注2)　被告に同意・不同意の撤回の自由を認めると，取下げの効力が浮動的となり，法261条5項の趣旨に反するからである。また，同意拒絶に接し訴訟が継続するものとして準備態勢に入った原告の利益も無視できないであろう。
(注3)　旧法では3か月とされていたが（旧236条6項），上訴期間（法313条，285条）とのバランスから，平成8年改正法で，2週間に短縮された。

第7章 裁判によらない訴訟の完結

4 効果

(1) 訴訟係属の遡及的消滅（法262条1項）

訴えの取下げが効力を生じると，訴訟係属は遡及的に消滅する。攻撃防御方法の提出や証拠調べ，裁判など一切の訴訟行為やその効果は失効する。ただし，事実や事実の記録自体までもが消滅するわけではないから，調書を他の訴訟で書証として用いることは妨げられない。また，ある請求の訴訟係属に基づいて他の請求について生じた関連裁判籍（法7条，47条，146条など）は，管轄の判断の基準となる後者の訴え提起の当時に前者の請求が係属していた以上，前者の取下げによって消滅することはない（法15条）。

訴え提起の実体法上の効果に対し，取下げがいかなる影響を及ぼすかについては，必ずしも明確ではない。時効中断の効果の消滅については明文がある（民法149条）。また，二重訴訟を解消するために前訴が取り下げられても，前訴の請求がそのまま後訴においても維持されている場合は，前訴の提起によって生じた時効中断の効力は消滅しない（最三小判昭50.11.28民集29-10-1797[58]）。なお，催告・取消し・解除・相殺など訴訟中になされた私法行為の効力が訴え取下げによって影響を受けるかについては，学説が分かれる（第5章第5の2(4)参照）。

(2) 再訴の禁止（法262条2項）

ア 訴え取下げ後に，同一請求につき改めて別訴を提起することは，原則として許される。しかし，本案の終局判決後に訴えを取り下げた者は，その後同一の訴えを提起することが禁止される。この再訴禁止効の趣旨は，終局判決後に訴えを取り下げることにより裁判を徒労に帰せしめたことに対する制裁的趣旨であり，同一紛争を蒸し返して訴訟制度をもてあそぶような不当な事態の生起を防止する目的に出たものである（最三小判昭52.7.19民集31-4-693[21]）(注1),(注2)。

イ 上述の趣旨からすると，「同一の訴え」とは，当事者及び訴訟物たる権利関係を同じくするだけでなく，訴えの利益又は必要性の点についても事情を同一にする場合をいうと解される。取下げ後に新たに再訴提起の必要性が生じた場合には，上記の趣旨の射程外である。また，時期的には終局判決後に前訴を取り下げた場合における再訴が禁止の対象である。したがって，第一審の本案判決が控訴審で破棄されて差し戻されている場合には，本案の終局判決は存在しない状態にあるから，再訴禁止効は生じない（最三小判昭38.10.1民集17-9-1128[65]）。

（注1） 学説上は争いがある。すなわち，裁判所が紛争解決基準たる本案判決まで作成したのに，これを失効させ徒労に帰せしめたことに対する制裁とする取下げ濫用制裁説と，本案判決がなされたにもかかわらず漫然とこれを失効させておいて再訴を提起することにより，多数の訴訟を公平・迅速に処理する職責を負う裁判所の負担をいたずらに増し，更に取下げに同意することにより判決とは別の紛争解決基準が妥当することを信頼した被告をゆえなく再び紛争に巻き込むことを防止することにあるとする再訴濫用制裁説とが対立する。前者の見解からすると，再訴禁止ではなく取下げ自体を禁止すべきとの思考に傾くのに対し，後者の見解からすると，取下げ自体を制裁の対象とみることは相当ではなく，まさに無益な再訴を禁止する立法態度が正しいという思考に連なるといえよう。判例は本文にあるように，両説を意識した判示になっている。

（注2） なお，人事訴訟では，請求の放棄が許されないことを根拠に（再訴を禁止すれば放棄を認めたのと同じ結果となる。），再訴禁止効を認めないのが多数説であるが，反対の判例がある（大判昭14.5.20民集18-547）。

ウ　再訴禁止に触れるか否かは原告の裁判を受ける権利に関わる問題であるから、職権調査事項である。前記の要件に該当するときは、訴えを不適法として却下すべきである。もっとも、却下されても実体法上の権利が消滅したり、その行使が否定されたりするわけではないから、任意弁済を受けることはもとより、訴訟上の相殺や担保権を実行することは可能である。

5　取下げの有無・効力についての審理

取下げの有無ないし効力の問題は、訴訟係属の有無に関する問題であるから、当事者の申立てがある場合はもとより、職権でも調査しなければならない。当事者が取下げの不成立・無効を主張して期日指定を申し立てた場合、裁判所は口頭弁論を開いてこれを審査しなければならない。審理の結果、取下げを有効と認めたときは、訴訟は取下げによって終了した旨を宣言する判決をする。取下げを不存在又は無効と認めるときは、本案の請求の当否についての審理を続行することになる（取下げの有効性につき、中間判決［法245条］又は終局判決の理由中で明らかにする。）。

第3　請求の放棄・認諾

1　意義

(1) 請求の放棄は、請求に理由のないことを自認する原告の裁判所に対する意思表示である。請求の認諾は、請求に理由のあることを認める被告の裁判所に対する意思表示である。これが調書に記載されると確定判決と同一の効力を生じ（法267条）、訴訟は終了する。

(2) 放棄・認諾は、自己に不利益な陳述であり、裁判所の審理を不要にする点で自白や権利自白と共通する。しかし、自白は請求を理由づける事実等を対象とし、権利自白は請求の先決的法律関係を対象とするのに対し、放棄・認諾は請求自体に関するものであり、前二者と異なり判決をも不要にする。

(3) 放棄・認諾は当事者の一方の裁判所に対する意思表示のみで訴訟を終了させるものであるから、請求の当否についての相手方の主張を無条件に認めるものでなければならない（条件を付すと、訴訟終了効の有無が不明となるからである。）。

(4) 客観的併合や通常共同訴訟では、請求の一部につき放棄・認諾をすることができる。数量的に可分な1個の請求の一部についての放棄・認諾も可能である。なお、必要的共同訴訟では共同訴訟人全員による放棄・認諾でなければ効力を生じない（法40条1項）。

(5) 放棄・認諾の性質については、私法行為説、訴訟行為説、両性説があるが、訴訟手続内における行為であって、直接に訴訟上の効果を目的としていることなどから訴訟行為とみるのが多数説である。訴訟行為とみる見解のなかには、手続の安定の観点から意思表示の瑕疵に関する民法規定の準用ないし類推適用を認めないものが多いが、肯定説も有力である（第5章第5の2(2)参照）。

2　放棄・認諾の要件

(1) 訴訟物たる権利関係が当事者による自由処分が可能なものであること

ア　放棄・認諾は当事者の意思による自主的紛争解決を認めるものであり、実体法的には当該権利義務をその意思で処分することを意味する。したがって、当事者の自由処分を制限すべき係争利益については、放棄・認諾は許されない。

第7章　裁判によらない訴訟の完結

　　イ　人事訴訟
　　　　人事訴訟については，実体法上の係争利益の処分可能性という観点からみると，協議離婚・協議離縁が認められる以上，請求の放棄・認諾も可能であると考える余地があるものの，判決が対世効を有し，職権探知主義（旧人事訴訟手続法14条，26条）と認諾・和解を排除する規定（同法10条1項後段）を有していた旧人事訴訟手続法の下では，認諾・和解は許されず(注1)，身分関係を維持する結果となる放棄のみが許されると解されていた（離婚請求につき，最一小判平6.2.10民集48-2-388［9］）。
　　　　人事訴訟法においても，旧人事訴訟手続法と同様に，職権探知主義（人事訴訟法20条），認諾・和解の排除規定（同法19条2項）が設けられているが，離婚請求及び離縁請求事件については，その特則が設けられ，一定の要件の下において(注2)，訴訟上の和解，請求の放棄・認諾が可能とされている（同法37条，44条）。
　　ウ　会社関係訴訟
　　　　会社関係訴訟については，請求認容判決について対世効が認められる（会社法838条）ことを根拠に，放棄は格別，認諾は許されないとする見解が有力であるが，認諾も可能とする見解もある。
　(2)　訴訟物たる権利関係が法律上許されないものでないこと
　　　例えば，物権法定主義に反する場合や公序良俗違反，不法原因給付や強行法規違反に当たる場合には，認諾は許されないと解すべきである。放棄・認諾調書は訴訟制度を利用して成立し，その結果，認諾の場合には強制執行を可能にすることがあるから，国家はそのような権利の行使及び実現に助力すべきものではないからである。
　(3)　訴訟要件具備の要否
　　　多数説は，請求の放棄・認諾が本案判決に代わる訴訟終了原因であり，既判力が生じる点に着目して，全面的に訴訟要件の具備を必要と解する(注3)。
　　　これに対し，放棄・認諾は，本案判決と異なり，当事者の意思に基づく自主的紛争解決であって，被告の利益保護を目的とする訴訟要件や訴えの利益や当事者適格のように争訟処理の実効性を確保するための訴訟要件については，その具備を要しないとする見解もある(注4)。

(注1)　離婚請求事件については，親権者指定の問題や養育費支払等なお継続的な関係が形成されることから和解になじむとして多くの事件において和解的解決を指向するのが実務であった。しかし，本文で述べたとおり，訴訟上の和解で端的に離婚等について条項を定めることができなかったため，実務では，協議離婚をしてその届出をする旨の条項を挿入し，和解期日で離婚届を作成するなどの扱いをして，訴訟そのものは取下条項をもって解決するなどの工夫が行われていた。
(注2)　附帯処分又は親権者指定の裁判を要しない場合であることが必要である（人事訴訟法37条1項ただし書）ほか，特に当事者の真意を直接に確認するのが相当であることから，書面受諾和解（法264条），裁定和解（法265条），電話会議の方法による弁論準備手続での和解は許されない（人事訴訟法37条2項・3項）。
(注3)　最二小判昭30.9.30民集9-10-1491［101］は，確認の利益を欠く確認訴訟における認諾はその効力を生じないという。これに対しては，裁判所が認諾を無効とし，当事者双方の意思に反する判決をしても無意味であって，当事者主義に反するとの批判もある。
(注4)　もっとも，後説は，多数説が放棄・認諾調書が本案判決の代用であることを理由として一律的判断をすることを批判して各訴訟要件ごとに個別に検討すべきことを指摘するものであり，訴訟要件（つづく）

第3　請求の放棄・認諾

　(4)　訴訟能力があること，代理の場合には特別の授権があること(法32条2項，55条2項)
3　手続
　(1)　放棄・認諾は口頭弁論，弁論準備手続又は和解の各期日(注1)においてなすことを要する(法266条1項)。裁判所に対する意思表示であり，相手方が欠席していても陳述することができる。放棄・認諾をする旨の書面を提出した当事者が期日に欠席した場合には，裁判所はその旨の陳述をしたものとみなすことができる(法266条2項)(注2)。
　(2)　放棄・認諾がなされると，裁判所はその要件を調査し，要件を具備していなければ手続を進め，具備していれば書記官において調書を作成する(法160条，規則67条1項1号，88条4項)。

4　放棄・認諾の効果
　放棄・認諾を記載した調書が成立すると，放棄ならば請求棄却の，認諾ならば請求認容の「確定判決と同一の効力」が生ずる(法267条)。
　(1)　訴訟終了効
　　訴訟は，放棄・認諾のあった限度で当然に終了する。これを看過してなされた本案判決は違法であり，当事者はその取消しを求めて上訴できる。上訴審で請求の全部又は一部につき放棄・認諾がなされると，その限度で訴訟が終了し，下級審判決は失効する(注3)。
　(2)　執行力，形成力
　　認諾調書が，給付請求に関するときは執行力(民事執行法22条7号)，形成請求に関するときは，形成力が生ずる。
　(3)　既判力

(つづき)一般について不要を説くものではない。当事者の実在や権利保護の資格を欠く場合(事実の存否の主張，抽象的な法令の効力，具体的な権利に関しない権利主張)などは放棄・認諾は許されず，訴えを却下すべきであるとする。
(注1)　進行協議期日においてもすることができる(規則95条2項)。
(注2)　認諾する旨の答弁書が提出されたが被告が欠席した場合に認諾調書を作成できるかにつき，従前は，陳述擬制(法158条)は攻撃防御方法としての事実主張のレベルにおいてのみ機能するとの理解から消極に解する見解が強く，実務も同様であったと思われる。しかし，書面により争わない意思を表明しているにもかかわらず出頭しなければ認諾できないとするのも形式的にすぎるし，反対の学説も有力であった。そこで，この点につき立法的解決を図ったのが法266条2項である。ただし，あくまで陳述擬制ができるというに止まり，当該書面に記載された被告の意思を十分に参酌することが重要である。認諾意思に疑問の余地がある場合には，擬制認諾の成立を否定し，擬制自白(法159条)による欠席判決をするのが相当な場合もあろうし，期日の続行も考慮に容れる必要がある。この点については，期日前準備(規則61条，法149条1項)による対応により進行の円滑を確保すべきであろう。
　なお，当事者双方不出頭の場合に，放棄・認諾書面を陳述擬制できるかという問題がある。法266条2項の趣旨，当該期日では陳述擬制以上の訴訟行為はなされないこと(法183条，251条2項参照)，書面を提出した当事者の意思などの点を考慮すると，積極に解することができよう。
(注3)　上訴審で一部放棄・認諾がなされた場合，残余部分について原判決を変更すべき理由がないときは上訴棄却の判決をすることになる。したがって，その後確定すると債務名義となるのは下級審判決である。しかし，その債務名義は強制執行により実現されるべき給付内容が正確に表現されていない。そこで，両者の調整は執行文付与段階でなされるべきか，上訴審自ら原判決を変更する形で内容を明示すべきかにつき学説上争いがある。

第7章　裁判によらない訴訟の完結

　　　　放棄調書・認諾調書に既判力が生ずるか。
　　　　多数説はこれを肯定し，放棄・認諾の無効・取消しの主張につき，再審事由（法338条1項）を類推して，これがある場合に限り，許容する。この見解は，放棄・認諾により相手方当事者の有利に訴訟が確定的に終了したはずなのに，意思表示規定の類推適用を認めてしまうと，いつでもそれを覆すことが可能となってしまうのはおかしいのではないかとの考慮をするものである。
　　　　これに対し，放棄・認諾は当事者の自主的紛争解決方式であって，当事者の意思の尊重がその核心であるから再審事由に限定する合理性はないこと，放棄・認諾は訴訟物たる権利関係を実体法上処分したのと同じ結果を生じさせ，しかもその成立過程には裁判所が常に関与するわけでもないから，既判力によって遮断すべきではないとして，意思表示規定の類推を認め，本案判決と同様の既判力はないとする見解も有力である。
　　　　判例は，既判力を認めながら（大判昭19.3.14民集23－161），放棄・認諾の無効・取消しを主張して手続の続行を求めることができるとする（大判大4.12.28民録21－2312）。

第4　訴訟上の和解
1　意義
(1)　訴訟上の和解とは，訴訟係属中に当事者双方が互いに譲歩（互譲）することによって，訴訟を終了させる旨の期日（口頭弁論，弁論準備手続又は和解期日）における合意をいう(注1)。この合意が調書に記載されると確定判決と同一の効力が認められる（法267条）。
　　　　訴訟上の和解は当事者の互譲による自主的紛争解決によって訴訟を終了させるものであり，以下のような利点があるとされる。①訴訟のような一刀両断的な解決よりも，当事者間の互譲によって解決が図られるため，特に当事者間に継続的な法律関係が存在する場合には，事後にしこりを残さず，円満な関係維持に資すること，②訴訟によるのとは異なり，実体法の枠にとらわれずに社会的に妥当と思われる柔軟な解決が可能であるほか，訴訟物以外の法律関係をも取り込んで一挙的に解決することが可能であること，③当事者が合意により債務を圧縮したり，履行の方法を自由に定めたりすることができるので，判決よりも履行確保が容易であること，④訴訟に比べ，簡易迅速に紛争解決が得られるため，裁判所も弁護士も事件処理の効率化が図られるし，当事者としても迅速な救済が得られることなどが指摘されている。
(2)　和解には，裁判上の和解と裁判外の和解とがあるが，裁判外の和解は民法上の和解契約（民法695条）である。裁判上の和解には，訴え提起前の和解と訴訟上の和解がある。訴え提起前の和解は，民事紛争につき訴訟係属前に訴訟を予防するためになされる和解であるのに対し（法275条）(注2)，訴訟上の和解は，訴訟係属を終了させるためになされる和解である。

（注1）　ただし，これは原則的な形態をいうに止まる。後述する「裁定和解」は，当事者双方による裁判所への授権を基礎とする制度であって，期日における合意ではなく，裁判所からの和解条項の告知によって成立するものであり，期日出席の原則に対する例外である。また，「書面受諾和解」は一方当事者の期日出席がないままに和解を成立させる制度であり，期日出席の原則を緩和するものである。
（注2）　実務上，訴訟上の和解を成立させる際に，利害関係人を参加させることがある。この場合，利害関係人との間には訴訟上の紛争は現実化していないため，その性質は訴え提起前の和解（に準じるも（つづく）

(3) 訴訟上の和解は，当事者双方が互いに譲歩することを要する。相手方の主張を全面的に認める内容ならば，請求の放棄又は認諾になる。もっとも，互譲の程度・態様は問わない[注1]。

2 訴訟上の和解の要件
(1) 和解の対象となる権利関係が当事者の自由な処分に委ねられていること
(2) 和解の内容が公序良俗違反その他法律上許されないものでないこと
(3) 訴訟要件の具備については，訴え提起前の和解との均衡から不要と解するのが通説である。
ただし，訴訟要件のうち，訴訟能力の存在や当事者の実在，権利保護の資格などは訴訟上の和解としても不可欠の前提要件であるから，これらは必要である。

3 手続
(1) 時期・方法・場所
裁判所は，訴訟係属中いつでも和解を試みることができ，その場合，受命・受託裁判官をして和解を試みさせることができる（法89条）。訴訟代理人がいても，和解のため当事者本人又はその法定代理人の出頭を命ずることができる（規則32条1項）。また，相当と認めるときは，裁判所外において和解をすることができる（規則32条2項）[注2]。

(2) 手続
ア 期日出席の原則
事実上の和解協議は必ずしも期日で行う必要はないが，当事者の最終意思確認を必要とするなどの点から，訴訟上の和解は，原則として，期日（口頭弁論，弁論準備手続又は和解期日）において当事者双方が口頭で陳述することによって成立する。

もっとも，当事者意思の尊重を基礎としつつ，訴訟上の和解に関しても解決方法の多様化が図られている。書面受諾和解（法264条）は，当事者の意思を確認するための手当を施した上で期日出席の原則を緩和し，裁定和解（法265条）は，裁判所に対する紛争裁定の授権を基礎とするため，当事者の期日出席を必要としない制度として構成されている。

(つづき) の）として理解する見解が有力である。もっとも，これは現象面を比喩的に説明しているにすぎず，十分な理論的基礎をもたないのではないかとの疑問の余地がある。これに対し，訴訟外の第三者が加入できるのは，裁判上の和解がいずれも実体法上の規律を構成要件としているからであり，私的自治の観点から当然であるとして，この場合も訴訟上の和解にほかならないとする見解もある。

(注1) 例えば，被告が，原告の請求を全部認めても原告が支払期限を猶予することでも互譲といえるし，訴訟費用の負担で互譲があった場合であってもよい。また，本件については被告が全面的に認める一方，他方で併せて，被告が別訴で主張している権利関係について原告が認める場合でもよい（これは，「併合和解」と呼ばれる手法の一つである。すなわち，同一の又は関連する当事者間の事件が同一裁判所の他の部又は他の裁判所に係属する場合，回付又は移送によって，一つの裁判所に事件を集中させ，弁論を併合した上で和解をすることがある。また，審級を異にしたり，併合要件がなかったり，あるいは移送に時間がかかったりするなどの理由により，他の事件の訴訟物や訴訟外の権利関係を取り込んで一括して和解をし，取り込まれた他の事件については訴えの取下げ条項を定め，取下書を提出させる扱いもある。この場合，併合訴訟ではないから併合要件を具備する必要はないし，和解の前提として事件の移送，又は併合決定の必要もない。）。

(注2) いわゆる現地和解と称される実務上の手法に明文の根拠を与えたものであり，現場の状況を確認しながら和解への協議をするのが有益な場合が少なくないし（境界確定訴訟や建築物の瑕疵が争点化している事件など），裁判所への出頭が困難な者を交えて協議をする必要がある場合などには有用な方法であり，事実上の和解協議だけでなく，現地で和解が成立したときはその時点で正式に和解が成立したものとすることができるというメリットがある。

第7章　裁判によらない訴訟の完結

　　イ　書面受諾和解（法264条）

　　　当事者間で合意が調っているにもかかわらず，和解成立のためのみに遠隔地に居住する当事者が受訴裁判所まで出頭しなければならないとするのは形式的にすぎるので，この場合には，出頭の必要性を緩和する必要がある。そこで，遠隔地居住その他の事由により出頭困難と認められる当事者が，あらかじめ裁判所等（受命・受託裁判官を含む和解手続の主宰者の意）から提示された和解条項案を受諾する旨の書面を提出し，他方の当事者が期日に出頭して和解条項案を受諾したときは，当事者間に和解が調ったものとみなすこととしている（法264条）。この場合，一方の当事者不出頭のままで和解を成立したものとみなすという重大な効果を生ずるため，裁判所等は，法264条に規定する効果を付記した和解条項案を書面によって提示し，当事者から和解受諾書面が提出されたときは，相当な方法でその真意を確認するとともに，さらに，和解が調ったものとみなされた旨を通知しなければならない（規則163条）。

　　ウ　裁定和解（法265条）

　　　当事者双方から裁判所等が定める和解条項に服する旨の共同の申立てがあるときは，裁判所等は事件の解決のために適当な和解条項を定めることができる（法265条1項）。これは民事調停法24条の3（同法31条，33条）をモデルに，仲裁的方法を訴訟手続内に導入して紛争解決手段の多様化を図ったもので，和解協議の過程で形成された信頼関係を基礎に，裁判所等が和解条項を裁定して紛争を解決する趣旨である。申立ては書面によることを要し（法265条2項）[注1]，その受諾意思は和解条項が当事者双方に告知されるまで存在することを要する（法265条4項・5項）[注2]。和解条項が当事者双方に告知されたときは，書記官は当該

（注1）　この申立ては，裁判所等に対し和解条項の裁定を求める申立てという訴訟行為を共同して行うものであるため，当事者双方の共同作成の申立書であることが法文の趣旨に合致するが，当事者の意思の一致が実質的に確保されている限り（当事者に対する意見聴取においてもその意思を確認することが可能であり，手続関与の機会はその後においても保障されている［規則164条1項］。），書面の形式は問わない。

（注2）　この点，裁定和解が当事者の意思（合意）に基づくものといえるかが問題となるが，共（つづく）

和解を調書に記載しなければならない(規則164条2項)^(注1)。

＜裁定和解(法265)：期日出頭不要型和解手続＞

- 当事者の共同申立て(法265ⅠⅡ)
- ↓
- 和解条項作成前の意見聴取(規則164Ⅰ)
- ↓
- 裁判による和解条項作成　　※　当事者・裁判所の信頼関係を基礎に仲裁的解決を導入
- ↓
- 和解条項告知(法265ⅢⅤ)　　※　和解成立
- ↓
- 和解調書作成(規則164ⅡⅢ,法267)

(3) 和解が成立した場合，裁判所書記官は，その内容を調書に記載しなければならない(法160条，規則67条1項1号)。当事者の合意が実体法上の権利関係の根拠であり，これを調書に記載することによって訴訟上の効果が付与される。和解不成立又は無効と認めるときは審理を続行する^(注2)。

4　訴訟上の和解の効果

和解調書の記載は，「確定判決と同一の効力」を有する(法267条)。

(1) **訴訟終了効**

和解の成立により，訴訟はその範囲で当然に終了する^(注3)。訴訟上攻撃防御方法として行使された私法上の形成権の効果が消滅するかどうかは，合意の内容による(第5章第5の2(4)参照)。

(2) **執行力**

和解調書の記載に一定の給付義務を内容する部分が含まれる場合には，執行力が認められる(民事執行法22条7号)^(注4)。

(3) **既判力**

(つづき)同でした申立てについて，一方が単独でも取り下げることができるものとしていることから，逆に受諾した場合には，両当事者の意思(合意)に基づく解決といえるという見方もできる。当事者双方の裁判所に対する信頼を基礎とする制度であることから，当然のことながら，紛争の実状に即した条項の裁定であることを要する。

(注1)　告知が期日においてなされたときは，当該期日調書に記載し(法160条，規則67条1項1号，規則88条)，期日外において相当と認める方法で告知されたときは，期日外調書を作成する(法265条3項，規則164条3項)。

(注2)　弁論終結後の和解期日であれば判決をする。

(注3)　実務上，和解調書に請求を特定して表示することが行われているが(訴状引用が可能なときは引用する例も多い。)，これは和解による訴訟終了効の範囲を明らかにする意義を有し，和解調書の記載に既判力が認められるかという議論とは無関係である。このため訴訟の一部について和解が成立したときは，その限度で請求を明示する。また，訴えの一部取下げ，請求の減縮，訴えの変更などにより，請求に変動があるときは，和解成立時に維持されている請求を明示する。

(注4)　したがって，給付義務の内容が，執行機関にとって明確に判定できる程度に特定されていることが必要である。

第7章　裁判によらない訴訟の完結

和解調書に既判力が認められるか。

ア　肯定説

　　既判力を肯定する見解は，法267条の文言に忠実に解釈すべきこと，和解は判決の代用としてその機能・効力ともに判決と同等に扱うべきこと，かつて存在した放棄・認諾判決を廃止してそれらの調書に確定判決と同一の効力を付与し，この趣旨を訴訟上の和解に及ぼしたという法267条の沿革的理由などを根拠とする。この見解によると，和解の無効・取消事由の主張は，再審事由に準ずる場合にのみ許され，それ以外の場合には遮断されると解することになる。

イ　否定説

　　これに対し，否定説は，訴訟上の和解は当事者による自主的紛争解決方式であって，裁判所による公権的紛争解決方式である判決とは性質を異にし，両者を全く同列に扱うことはできないこと，特に，手続的にみると，和解手続は当事者の自主的な意思を基本とし，裁判所は形式的な要件の存否を審査するにすぎず，判決手続のように当事者に攻撃防御を尽くさせて審理・判断する構造がとられていないのであって，既判力を付与するに足りる手続的基礎がないこと，また，和解調書には判決主文に対応するものがないため，既判力を認めるとその客観的範囲が不明確になること，などを理由とする。

ウ　判例の態度

　　最大判昭33.3.5民集12－3－381［19］は，既判力を肯定することを前提にしているが，大判昭8.11.24裁判例7－267は，訴訟上の和解の実体は当事者の意思表示であって，判決と異なり意思表示に存する瑕疵のため和解が当然無効となる場合があるとし（最二小判昭31.3.30民集10－3－242［15］もこの趣旨を踏襲する。），最一小判昭33.6.14民集12－9－1492［68］は，要素の錯誤により訴訟上の和解が無効となることを認めている[注1]。

エ　小括

　　否定説が指摘するとおり，裁判所が和解の実体法上の当否について当事者の攻撃防御を尽くした上で判断しているわけではないという手続構造の認識はそのとおりであろう。また，和解は訴訟物以外の法律関係をも取り込んで成立するに至ることが多いのが実情であって，既判力が生ずるといってもその客観的範囲は必ずしも明確ではないから，その意味でも判決と全く同様に解することはできない。そうすると，ここでの議論は，和解成立後の無効・取消しを主張できるか，又はその救済方法は何かということに焦点があてられた議論と思われる。再審事由に準じた主張に限ってこれを認める既判力肯定説は，その限度で紛争解決効率と法的安定性を高める指向を有するものであって，判決と同様の既判力論を持ち込むものではないと評することができよう。これに対し，否定説は広く救済を認めるべきであり，その限度では紛争解決効率が後退するのもやむをえないと主張するもの

(注1)　このほか，学説上は，既判力は認められるが，実体法上の無効・取消原因が存在するときは和解は無効であって，既判力も生じないとする制限的既判力説と呼ばれる見解がある（この説に対しては，既判力が場合によって生じたり生じなかったりするのは既判力概念に反し，結局否定するに等しいとの批判が加えられている。）。判例は制限的既判力説であるという紹介がなされることがあるが，厳密には，判例理論が制限的既判力説であると断定することは困難であると思われる。

第4　訴訟上の和解

であろう。
そこで，次に救済方法について検討する。

5　訴訟上の和解の瑕疵と救済方法
(1)　訴訟上の和解の基礎である意思表示に瑕疵がある場合，これを主張して救済を求める方法としては，既判力肯定説と否定説とではその範囲の広狭，手段について差異があることは前項で述べた。
(2)　既判力否定説の内部でも，救済方法としていずれによるべきかについて見解は一致していない。訴訟上の和解には，①和解による訴訟終了効を考慮すると，和解の有効無効は訴訟係属の存否に関わる問題であるから，その問題は可及的にその手続内で解決しておくべきという側面と，他方，②和解は当事者の互譲によって実体上の法律関係に新たな変動をもたらすのであって（民法696条参照），旧請求の当否の問題に包摂されない新たな紛争という側面とがあり，そのいずれを重視するかという認識の相違が基礎にある。

　ア　期日指定申立説
　　これは和解をした裁判所に対し和解の瑕疵を理由に期日指定の申立てをし，前訴の続行を求めるべきであるとする。そして，裁判所は，前訴の続行についての前提として和解の有効性について審査し，和解を有効と判断すれば訴訟終了宣言判決をし，和解を無効と判断するときは，前訴を続行すべきであるとする。その根拠としては，a 和解が無効ならば訴訟終了効は生じないから，期日指定の申立てを認め，再開された弁論期日で裁判所が和解の効力を判断すべきこと，b 当該和解に関与した裁判所が審理する方が手続が簡便であり，旧訴の訴訟状態・訴訟資料を維持利用できる点で合目的的であることなどが挙げられている。

　イ　別訴提起説
　　これに対し，和解無効確認や請求異議訴訟などの別訴提起によるべきであるとする見解は，a 和解の有効無効を和解が成立した裁判所で審理することになれば，上級審で和解により終了した場合には審級の利益を奪うおそれがあること（特に，上告審で和解が成立した場合には，事実審理が必要となり，その手続構造に合致しないこと），b 和解成立後の不履行による解除や相殺によって権利変動が生じた場合にはもはや別個の紛争と見ざるをえない以上，それとの均衡からみて，期日指定の方法によるべきではなく，無効・取消しの場合も和解に関連して派生した紛争とみるべきであることなどを理由とする。

(3)　判例の態度
　判例は，救済を求める当事者の態度に応じて，期日指定申立てによる旧訴の続行（大判昭6.4.23民集10-7-380），和解無効確認の新訴提起（大判大14.4.24民集4-5-195），請求異議の訴え（大判昭14.8.12民集18-14-903）を認めており，当事者の便宜の観点からこのような取扱いを支持する学説もある。

6　和解の解除
(1)　訴訟上の和解成立後，和解の内容（ないしその前提）となっている私法上の契約につき，債務不履行を理由とする解除ができることに争いはない。問題は，和解契約の解除に基づき私法上の権利関係が変動する結果，それを包摂する和解による訴訟終了効も消滅し，いったん

終了した訴訟が復活するのか，という点にある。
(2) 前述した和解の瑕疵の主張方法の議論や後述する訴訟上の和解の性質論をめぐる議論は錯綜しているにもかかわらず，この問題については，学説上は，訴訟上の和解の内容自体に解除条件が付けられ，あるいは，解除権が留保されている等の特段の事情がある場合は格別，訴訟の復活を否定する見解が多数である(注1)。
(3) 判例（最一小判昭43.2.15民集22-2-184［22］）も，和解成立後に和解の内容である私法上の契約が債務不履行のため解除されたとしても，それは単に私法上の権利関係が消滅するのみであって，和解によっていったん終了した訴訟が復活するものではない旨判示している(注2)。

7　訴訟上の和解の性質論
(1) 訴訟上の和解の性質については，学説上争いがある。

　ア　私法行為説

　　訴訟上の和解は，訴訟の期日においてなされる私法上の和解であり，調書の記載は締結された和解契約を公証するにすぎない。訴訟上の和解に訴訟終了効が生ずるのは，和解により訴訟は目的を失って当然消滅するためである。

　イ　訴訟行為説

　　訴訟上の和解は，訴訟の期日において当事者双方が訴訟物について一定の実体法上の処分をすることによって訴訟を終了させる旨の訴訟上の陳述であり，私法上の和解とは全く別個の訴訟行為である。

　ウ　併存説

　　訴訟上の和解は，訴訟終了を目的とする訴訟上の契約と私法上の和解契約とが併存したものであり，前者は訴訟法によって規律され，後者は実体法の規律に服し，その効力はそれぞれ別個独立に判断される。

　エ　両性説

　　訴訟上の和解は，私法上の和解たる性質と，訴訟を終了せしめる訴訟行為としての性質という二重の性質を有する1個の行為であり，その効力は相互に影響を及ぼす。

(2) これらのいずれの見解に与するかによって，前述した和解の瑕疵の主張の可否及び救済方法に関する問題が決定され得るという指摘もなされてきたが，他方，このような性質論からの演繹的解決に疑問を提起し，必ずしも密接不可分な関係にはないとの指摘もある。この点に関して，判例は両性説であると紹介されることが多い（前掲最二小判昭31.3.30，最三小判昭38.2.12民集17-1-171［24］）。確かに判例の中には，訴訟上の和解は同時に私法上の和解である旨の説示がなされているものもあるが，これは当事者が上告論旨として掲げた主張に対する

(注1)　既判力否定説からは，和解成立後の原因に基づく権利変動であって，新たな紛争であるからという説明がなされるし，既判力肯定説からも，確定判決による終了（基準時）後の権利変動に準じて扱うべきであるからという説明が加えられる。

(注2)　この判決は，訴訟上の和解成立後に被告の債務不履行を理由とする解除を請求の原因として原状回復を求めた事案において，被告側が原告の主張どおり解除されたというのであれば前訴の訴訟は復活しているから，本件訴訟は二重起訴になり不適法却下されるべきであるとの本案前の抗弁を，本文のように述べて排斥したものである。

応答としてなされた断片的な修辞にすぎないという理解も可能であって，これをもって判例理論を決定するのは困難である。少なくとも私法上の効果と訴訟上の効果の相互影響関係について明確に論じたものは見当たらず，当事者の主張を斟酌して事案に応じた適切な解決を指向した結果とみるべきであろう。

第8章　終局判決

第1　裁判の意義と種類
1　総説
　　法が予定する訴訟の終了事由は，終局判決である。現実には，前章で述べた当事者の自主的紛争解決方式によって終了する場合も多いが，訴訟の審理が進展し，最終判断が可能になるか，そのための資料が出尽くしたと認められるときなどの場合に，裁判所は審理を打ち切り，請求の当否についての結論的判断である終局判決に至る（本案判決）。あるいは本案判決をするに適さない事件を選別するための道具概念としての訴訟要件があり，これを欠く場合には請求の当否を判断せずに訴えを却下する（訴訟判決）。
　　このほか裁判所が行う裁判には多様なものがある。

2　裁判の意義
　　裁判とは，裁判機関がその判断又は意思を法定の形式で表示する訴訟行為をいう。これは裁判機関としての裁判所又は裁判官の訴訟行為であり，裁判所書記官[注1]や執行官[注2]の行為にも限られた範囲とはいえ事実を認定し法律を適用する作業が含まれるが，これらは「処分」と呼ばれ，裁判と区別される。
　　また，裁判は判断又は意思の表示であって，弁論の聴取や証拠の取調べ，判決言渡しなどの事実行為とも区別される。

3　裁判の種類
　　裁判は，裁判機関や成立手続等の差異に応じて，判決・決定・命令に区別される。民事訴訟法は判決について規定し，これをその性質に反しない限り，決定及び命令に準用するものとしている（法122条）。

(1)　裁判機関（主体）の差異
　　　判決と決定は，裁判機関としての裁判所（合議制では合議体，単独制では単独裁判官）がする裁判である。これに対して，命令は，裁判長又は受命・受託裁判官がその資格において行う裁判である（法137条2項など）。単独制では，裁判官が1人であるから決定と命令の区別が必ずしも明確ではないが，合議制ならば合議体がする裁判は決定，裁判長がする裁判は命令である。ただし，法律上個々の裁判に与えられる名称は，この区別と必ずしも一致せず，差押命令（民事執行法143条），転付命令（同法159条），仮差押命令（民事保全法20条），仮処分命令（同法23条）などは裁判の内容を指して用いられたもので，あくまで裁判所の裁判であるから，裁判形式としては決定である。

（注1）　裁判所書記官が行う準判断作用的処分として，執行文付与（民事執行法26条），公示送達（法110条），訴訟費用額確定処分（法71条），支払督促（法382条以下）などがあるほか，民事執行手続，民事保全手続，倒産手続などにも書記官の権限とされているものが多く存在する。なお，民事訴訟法上の書記官の処分に対する不服申立方法は，その書記官の所属する裁判所に対する異議の申立てによる（法121条）。
（注2）　動産執行の差押えに際してなす占有認定（民事執行法123条），超過差押えの取消し（民事執行法128条2項）などがある。

第1 裁判の意義と種類

(2) 審理方式・告知方法・不服申立方法（手続）の差異

判決は，原則として，口頭弁論における審理に基づいてなされなければならず（原則：法87条1項本文，例外：法78条，140条，290条，319条など），判決書を作成し，判決原本に基づいて言渡しをすることによって成立する（法252条(注1)）。判決書には，判決をした裁判官の署名押印が必要である（規則157条1項）。上訴方法としては控訴・上告による。また，判決は判事補が単独ですることができない（裁判所法27条1項，法123条(注2)）。

これに対し，決定・命令では，口頭弁論を経るか否かは裁量に委ねられ（法87条1項ただし書），相当と認める方法で告知すれば足りる（法119条）。訴訟指揮に関する決定・命令はいつでも取り消すことができる（法120条）ほか，書面による裁判が要求されないことがある（規則67条1項7号参照）。決定・命令書は，決定・命令をした裁判官の記名押印で足りる（規則50条1項）。また，必ずしも独立の上訴ができるとは限らず，許される場合は抗告・再抗告という簡易な不服申立てによる（法328条，330条）。決定・命令は判事補が単独でできる（法123条）。

(3) 裁判事項（対象）の差異

以上のように，判決と決定・命令では裁判をする主体及び手続の面で慎重さや厳格性の程度を異にし，判決は重要な事項，すなわち，訴訟を終了させる終局判決や中間的な裁判をして終局判決を容易にするための中間判決の場合に用いられ，判断の終局性を特色とする。これに対し，決定・命令は，判断が終局的でない場合(注3)，付随的事項を処理する場合(注4)，迅速性が要求される場合(注5)などについて用いられる。

＜裁判の種類＞

	判　決	決　定	命　令
裁判主体	裁判所		裁判長
判事補	単独では不可 （特例判事補を除く）	単独で可	
審理方式	必要的口頭弁論 （法87Ⅰ本文）	任意的口頭弁論 （法87Ⅰただし書）	
告知方法	判決書に基づく言渡しが原則（法252） （一部調書判決可）	相当と認める方法による告知（法119） （調書記載により裁判書の代用可）	
上訴方法	控訴，上告	抗告，再抗告	
裁判事項	権利義務についての終局的・中間的判断に関する重要事項	訴訟指揮の措置，付随的派生的事項，暫定的判断事項，迅速性の要請の高い事項など（機動性，迅速性の重視）	

(注1)　ただし，法254条，法374条2項参照。
(注2)　ただし，判事補の職権の特例等に関する法律参照。
(注3)　例えば，本案で終局的解決がなされるまでの暫定的裁判である民事保全事件など。
(注4)　例えば，訴訟指揮の裁判など。
(注5)　例えば，証拠保全事件，民事保全事件，強制執行事件など。

第8章 終局判決

第2 判決の種類
1 中間判決
(1) 意義
　　訴訟の進行過程において当事者間で争点となった訴訟法上又は実体法上の事項につき，終局判決に先立って解決しておくための判決である。審理の整理と終局判決を準備する目的を有する。問題となった事項につき中間判決をするか，終局判決の理由中で判断を示すかは，訴訟指揮の問題として裁判所の裁量に委ねられる。

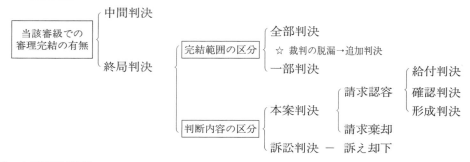

(2) 中間判決事項
　　中間判決の対象となる事項は次の3点である（法245条）。
　ア　独立した攻撃防御方法
　　本案に関する争点のうち，他の攻撃防御方法とは分離独立して判断でき，それだけで一つのまとまった権利関係の存否の判断ができる攻撃防御方法をいい，それにより審理の整理に役立つものがこれにあたる。例えば，所有権に基づく移転登記手続請求訴訟で，原告が所有権の取得原因として売買と時効取得を主張しているとき，あるいは，貸金返還請求訴訟で被告が弁済・免除・消滅時効・相殺などの抗弁を主張しているときなどでは，各主張は独立した攻撃防御方法にあたる。しかし，損害賠償請求訴訟における過失の主張はそれ自体大きな争点になることが多いけれども，たとえそれが認定されても他の要件（因果関係や損害額）が認定されなければ損害賠償請求権の発生自体が認められないのであるから，独立した攻撃防御方法とはいえない。なお，独立した攻撃防御方法につき判断することによって請求棄却又は認容の結論に達する場合には，終局判決をすべきである。例えば，前例の貸金返還請求訴訟で，被告の弁済や消滅時効等の抗弁のうち，いずれか一つが認められる場合には終局判決をすべきであり，一つを否定する結論に達した場合には，中間判決の対象としての適格を取得する。
　イ　中間の争い
　　訴訟手続に関する争点のうち，必要的口頭弁論に基づき判断すべきものをいう。例えば，訴訟要件の存否，訴え取下げの効力，上訴・訴訟上の和解などの適否に関する争いがこれにあたる。これらの場合でもその判断の結果が訴訟を完結するとき（例えば，訴訟要件が欠けることが判明したとき，訴えの取下げが有効であることを肯定するとき）は，終局判決をしなければならない。

ウ　請求の原因(注1)

原因及び数額をめぐり錯雑した争いがある場合に，数額につき審理した後，実は原因に理由がなかったことが判明すると，審理が極めて非効率的なものになる。そこでまず，原因の問題を切り離して審理し，中間判決によって理由があること(注2)を判断してから数額の審理に入ることができる。この中間判決を原因判決という。例えば，損害賠償請求訴訟で，違法性，過失，損害の発生，因果関係などが，ここでいう「請求の原因」にあたる。

(3) **中間判決の効力**

ア　中間判決をした裁判所は，その主文で示した判断に拘束され，これを前提として終局判決をしなければならない。そのため，当事者も，その判断を争うために中間判決に接着する口頭弁論期日までに提出することのできた攻撃防御方法は，以後提出できなくなる。したがって，裁判所も当事者に中間判決を予知させ攻撃防御を尽くさせる必要がある。

なお，中間判決には既判力や執行力は生じない。

イ　中間判決に対しては独立の上訴は認められず，終局判決に対する上訴によって不服申立てをする（法283条）。上級審が終局判決のみを取り消して事件を原審に差し戻した場合には，中間判決はなお有効で，差戻しを受けた原審を拘束する。

2　全部判決と一部判決

(1) **意義**

中間判決とは異なり，係属中の事件の全部又は一部につき，当該審級の審理を完結させる判決を終局判決という。このうち，同一訴訟手続で審理している事件の全部を同時に完結させる終局判決が全部判決であり(注3)，同一訴訟手続で審理している事件の一部を他の事件と切り離して完結する終局判決を，一部判決という（一部判決後，審理が続行された部分を完結する判決を，残部判決という。）。したがって，一部判決をするには，訴訟の一部について，残部と切り離して終局的判断をすることができることが前提であり，手続的には，弁論の分離が前提として必要となる。

(2) **一部判決の許否**

ア　一部判決は，複雑な訴訟の審理の整理・集約化及び当事者の権利救済の迅速化に資する反面，一部判決も当該部分については終局判決であるから，上訴がなされると残部と異なる審級の裁判所の審理の対象となり，かえって不便・不経済であり，しかも，紛争解決が不統一になるおそれもある。そこで，一部が判決に熟しても，一部判決をするか否かは裁判所の裁量に委ねられている（法243条2項）。

(注1)　請求（訴訟物）の同一性識別基準としての請求原因とは別の概念である。
(注2)　原因に理由がなければ，中間判決ではなく，請求棄却の終局判決となる。
(注3)　一つの訴訟手続で1個の請求が審理されている場合は必然的に全部判決となるが，一つの手続で数個の請求が審理されている場合に1個の判決で完結する場合の判決の個数（1個の全部判決とみるべきか）が判決の確定時期及び上訴の効力との関係で問題となる。客観的併合の場合には1個の全部判決とみるべきである（もし数個の全部判決とみると，当事者が1個についてのみ上訴すると，数個の請求が共通に審理されたのに，上訴の結果，論理的に矛盾する内容となるおそれがある。）。主観的併合の場合には，必要的共同訴訟では1個とみるべきである（法律上も1個性が保障されている［第9章第2の3(4)］）が，通常共同訴訟では当事者ごとに数個とみるべきである（上訴するか否かの自由もまた共同訴訟人独立の原則の一内容である。）。

イ　しかし，この裁量にも限界はある。すなわち，一部判決をすると残部判決をすることが法律上許されなくなる場合や，一部判決と残部判決とが密接な関連性を有するために内容上の矛盾を生ずるおそれがある場合には，一部判決は許されない。例えば，予備的併合の場合に主位的請求を棄却するのみの一部判決(最二小判昭38.3.8民集17－2－304［17］)や必要的共同訴訟，独立当事者参加訴訟(最二小判昭43.4.12民集22－4－877［27］)について一部判決をすることは許されない[注1]。

3　裁判の脱漏と追加判決

(1)　裁判所が無意識的に一部判決をした場合を裁判の脱漏という。つまり，裁判所が終局判決の主文で判断すべき事項の一部を脱落させてしまった場合であり，脱漏部分はなお当該裁判所に係属中である(法258条1項)から，裁判所は，職権又は申立てにより，追加判決をしなければならない[注2]。裁判の脱漏は請求に関するものであり，攻撃防御方法に関する判断の遺脱(法338条1項9号)とは異なる。前の判決と追加判決とは別個独立の判決であって，上訴期間は別個に進行する。もっとも，一部判決が許されない場合に誤って一部判決をした場合には，追加判決の余地はなく，当該一部判決は全部判決として上訴審の判断を受け，取り消されることとなる。

(2)　判決理由からその部分の裁判をしていることが明らかなのに，それを主文に掲げるのを脱落したにすぎない場合には，更正決定(法257条)で対応すれば足り，追加判決をするまでもないと解される。

なお，主文で判断すべき事項のうち，訴訟費用の裁判や仮執行宣言の裁判の脱漏は別個の規律を受け(法258条2項～4項，法259条5項)，決定で補充する。

4　本案判決と訴訟判決

(1)　**本案判決**

原告の訴訟上の請求につき審理を尽くし，その実体法上の権利関係の存否に関する判断に到達した結果，これを正当として認容し，あるいは理由なしとして排斥(棄却)する判決を本案判決という。認容判決には訴えの形式に応じて，給付判決，確認判決，形成判決があり，棄却判決はすべて確認判決となる。

(2)　**訴訟判決**

本案判決をするための一定の要件，すなわち訴訟要件を欠く場合には，本案審理を打ち切り，本案判決をしないで訴えを不適法として却下する。この訴え却下判決を訴訟判決という。門前払判決などと呼ばれることがあるが，訴訟要件は，形式的審査で判明するものから本案審理と密接不可分で本案審理を行って初めて判明するものまで多様であって，形式的審査のみで審理されるわけではない。

5　訴訟要件

(注1)　なお，学説には，更に本訴と反訴が同一の権利関係を目的とする場合(例：債務の履行請求と不存在確認)や主要な争点が共通している場合も許されないとする見解もある。
(注2)　例えば，特別授権事項(法55条2項)につき委任のない訴訟代理人が訴えの一部を取り下げても，その部分はなお当該裁判所に係属していることになるから，一部取下げを有効としてした判決には裁判の脱漏がある(最三小判昭30.7.5民集9－9－1012［64］)。

(1) 意義

訴訟要件とは，請求の当否につき本案判決をするために具備していなければならない要件をいう。すなわち，訴訟要件は本案判決の要件といえる。したがって，訴訟要件が欠けることが判明した場合には，それ以上裁判所が本案審理に立ち入り又は続行することは不要となり，裁判所は訴え却下判決で審理を打ち切る。その意味で訴訟要件は本案審理の要件ともなる。ただ，裁判所は訴えとみられる外形があれば訴訟手続を開始しなければならず，訴訟要件の存否もその中で調査されるのであるから，訴訟要件は訴訟の成立要件ではない。

訴訟要件は，大量的，集団的現象として現れる訴えを効率よく迅速に処理しなければならない制度的要請から，民事訴訟制度による解決に適し，かつ，これを利用するに足る利益ないし要件・適格を備えた訴えを選別するための道具概念である。

(2) 種類

訴訟要件は多様であるが，代表的なものを，調査対象の観点から分類すると，次のとおりである[注1]。

ア 裁判所に関するもの
① 請求と当事者が我が国の裁判権に服すること
② 裁判所が当該事件に管轄権を有すること

イ 当事者に関するもの
③ 当事者が実在すること
④ 当事者が当事者能力を有すること
⑤ 当事者が当事者適格を有すること
⑥ 訴え提起及び訴状送達が有効であること[注2]
⑦ 原告が訴訟費用の担保を提供する必要がないか，必要な場合はその担保を提供したこと（法75条，78条）

ウ 訴訟物に関するもの
⑧ 二重起訴禁止（法142条）にふれないこと
⑨ 再訴の禁止（法262条2項）や別訴の禁止（人事訴訟法25条）にふれないこと
⑩ 訴えの利益があること
⑪ 請求の併合や訴訟中の新訴提起（訴えの変更，反訴，独立当事者参加など）の場合には，その要件を具備すること（法38条，47条，136条，143条，145条，146条など）

(3) 訴訟要件の調査

ア 調査の開始についての職権調査事項と抗弁事項

(注1) 訴訟要件の分類としては，①作用の仕方により，その存在が本案判決の要件となる積極的要件（管轄権，当事者能力，訴えの利益など）とその存在が本案判決の障害となる消極的要件（仲裁契約の存在，同一事件の係属など）に分けること，②調査の在り方により，その存在を職権で調査し顧慮しなければならない職権調査事項と当事者が主張しない限り顧慮しない抗弁事項（仲裁契約・不起訴合意の存在，訴訟費用の担保提供の申立て［法75条1項，78条］）とに分けることができる。
(注2) 訴訟能力及び代理権の存在は個々の訴訟行為の有効要件であって訴訟要件ではないが，これらを欠く場合には有効な訴え提起行為の存在という訴訟要件を欠くことになる。

第8章 終局判決

訴訟要件は，国家的制度としての民事訴訟制度による紛争解決の有効性，実効性の観点という，公益的要請に基づくものがほとんどである。そこで，裁判所は，当該訴えが真に紛争解決を必要とし，これに対する判決によって実効的に解決できるものかどうかを審査するため，職権で調査を開始するのが原則である（職権調査事項）。

もっとも，訴訟要件の中には被告からの申立てをまって初めて調査を開始すれば足りるものもある（抗弁事項）。仲裁契約，不起訴の合意の存在，訴訟費用の担保がそれである。これらは当事者の利益のために訴訟要件とされるものであり，公益との関係は極めて希薄であることによる。

イ　判断資料収集についての職権探知と弁論主義

上記のように，訴訟要件は，その存在を職権で顧慮すべきものが多いとしても，その判断資料の収集をも職権でなし得るかは別問題である。多様な訴訟要件のうち，公益性の濃淡・本案審理との密接性等を勘案して職権でも収集すべきか否かが決せられることになる。すなわち，公益性が強度であって，またその審理が本案審理とは切り離してできる，当事者の実在，裁判権や専属管轄あるいは訴訟能力などは職権探知事項とされる。この場合，裁判所は，自ら事実・証拠を探知収集でき，当事者間で自白がなされてもそれに拘束されることはない。訴えの利益や当事者適格は，判決による紛争解決の実効性を吟味するために機能する点では公益に関わるものであるため，職権調査事項ではあるものの，その性質上，弁論主義の支配する本案審理と密接に関連することから，その判断資料の収集の責任は当事者にある（弁論主義）。また，応訴管轄（法12条）の認められる任意管轄は職権調査事項であるが，その判断資料の収集の責任は当事者にある（弁論主義）。そして，抗弁事項は当事者の申立てなくして顧慮することはできない以上，その資料収集についても当事者の権能かつ責任とされる（弁論主義）。

対象の性格＼審理段階	調査（審理）の開始	判断資料の収集
・公益性強度， ・本案審理との関連性希薄	職権調査	職権探知
・公益性あり， ・本案審理との関連性密接		弁論主義
・公益性希薄	抗弁事項	

(4) 本案判決との関係

ア　本案に理由があるかどうかと訴訟要件を具備しているかどうかは，特に区分されることなく審理されることが多い。しかし，判決においては，訴訟要件の具備は，本案についての判断を示す論理的前提となる。

イ　訴訟要件の調査未了のうちに本案たる請求に理由のないことが先に判明した場合，訴訟要件の審理を完了せずに，直ちに請求棄却判決ができるであろうか。例えば，当事者適格が争点とされている場合に請求それ自体に理由のないことが明らかである場合，請求棄却

判決で終結しようとした直前に訴えの利益が失われた場合、そもそも請求が主張自体失当の場合などで問題となる。

訴訟要件が本案判決の前提要件であることを重視すると、否定に解することとなる（①説）。

しかし、一定の場合には直ちに本案判決ができるとする説も有力である（②説）。すなわち、(ア) 被告に対する裁判権、職分管轄、当事者の実在、訴訟能力、代理権、法律上の争訟性など、それを欠くことによって確定判決が無効となるもの、再審事由に該当するものや裁判の種類を決定するものは、その審理を省略して棄却判決をすることはできない。なぜなら、これらの場合には、棄却判決をしても、訴訟要件が欠けていることを再審などの主張で姿を変えて再来させるだけであったり、当該事件に妥当する手続原則（弁論主義か職権探知主義か）が不明となったりするからである。(イ) しかし、被告自身の利益保護や無益な訴訟の排除を目的とする訴訟要件（任意管轄、当事者能力、訴えの利益、当事者適格、再訴禁止、二重起訴禁止、訴えの併合要件、抗弁事項など）については、直ちに棄却判決をして差し支えないと解することにも合理性がある。なぜなら、(イ)の訴訟要件についての審理を続行しても、その充足が判明すれば結局は棄却判決をすることになり、その間の裁判所や被告の努力は無駄となるし、逆に、訴訟要件が欠けることが判明し、却下判決がなされると、原告はそれを補正して別訴を提起でき、被告は再び応訴を強いられ、裁判所も再審理を余儀なくされることになるからである。

①説は個々の訴訟要件に個性を認めず画一的処理に資するよう解釈しようとするものであり、手続の明確性・安定性を重視するものといえる。②説は、個々の訴訟要件に個性を認め、個別にそれらの射程を検討していると評することができよう[注1]。

(5) **存否の判定時期**

本案判決の基準時が口頭弁論終結時であり、訴訟要件が本案判決の前提要件であることから、訴訟要件判断の基準時も口頭弁論終結時とされ、その時点で具備されていればよいと解されている。

(6) **調査の結果**

訴訟要件の存否につき争いがなくとも、裁判所は職権で調査した上、その具備を認めれば、本案判決をする。訴訟要件が欠けることが明らかとなれば、補正できる場合は補正を命じ、補正できない場合は、それ以上本案につき審理せずに、訴え却下の終局判決をするのが建前である（ただし、法16条）。訴訟要件が欠けたままされた本案判決は違法であり、原則として、上訴により争うことができる（例外：法299条）が、判決が確定した場合には、再審事由（法338条）に該当しない限り、争うことができなくなる。これに対し、裁判権に服しない者や当事者適格のない者に対する判決等は、確定しても既判力等の判決の本来的効力を有しない（判決の無効）。

第3 判決の成立と確定

1 判決内容の確定

(注1) なお、判例には、訴えの利益の判断を省略して請求棄却判決をすることを是認したものがある（大判昭10.12.17民集14-2053）。

第8章　終局判決

　　裁判所は，訴訟が裁判をするのに熟したときは，終局判決をする（法243条1項）。その判決内容は，判決の基礎となる口頭弁論に関与した裁判官が確定する（法249条1項）。合議制の場合には，合議体を構成する裁判官が評議を行った上，過半数の意見によって判決内容を確定する（裁判所法77条）。評議は公開されず，各裁判官は評議について秘密を守らなければならない（裁判所法75条）。

2　判決書（判決原本）の作成

　　判決内容が確定すると，判決言渡し前に判決書を作成する（法252条。ただし，法254条参照［後記3(2)］）。判決書の必要的記載事項は，①主文，②事実，③理由，④口頭弁論終結日，⑤当事者及び法定代理人，⑥裁判所，である（法253条1項）。上記②事実の記載においては，既判力の客観的範囲を明示するため請求を明らかにしなければならない[注1]。また，法は，審理の基本的枠組みとして，争点中心の集中審理モデルを採用しているから，判決書の事実記載も争点判断を中心にして主文の正当性を基礎づけるのに必要な事実を摘示すれば足りる（法253条2項）[注2]。④は既判力の基準時を明らかにするため必要とされる。判決書には，原則として，判決をした裁判官が署名押印しなければならない（規則157条）。

3　判決の言渡し

(1)　言渡し

　　判決は言渡しによって成立し，その効力を生ずる（法250条）。判決の言渡しは，原則として口頭弁論終結の日から2か月以内にしなければならない（法251条）。言渡期日は裁判長が指定し（法93条1項），期日において告知した場合[注3]又は補正不能な訴えを口頭弁論を経ないで却

（注1）　請求の趣旨のみで特定される場合（例：特定物の所有権確認）は格別，特定されない場合（例：金銭請求の請求の趣旨及び主文は抽象的な支払命令文言のみを記載する。）には，訴訟物の特定に必要な限度で請求原因の記載（特定請求原因）をも要する。

（注2）　もっとも，実体法の論理的構造ないし判断の論理的過程に従った従来型の判決書の事実記載が排除されるわけではない。また，法253条はあくまで判決書の記載事項の問題であって，審理過程において要件事実を軽視してもよいということにはならない。むしろ適切な争点認識は，要件事実を十分に把握し，重要な間接事実の適切な位置付けを通じて可能となるのであって，要件事実（実体法の論理的判断構造）を軽視してはならないことを，書記官も十分に留意し，調書作成・事件進行管理，判決書の点検の各事務に当たる必要がある。

　なお，審理判断及び判決書の作成は裁判官の専権領域であるが，それが判決書に表現された後は書記官としても積極的に関与するのが望ましい。これまでの実務でも誤記のチェック等については関与することがみられたが，これは民事の場合，原本に基づく言渡しが原則であることから（法252条），後に誤記が発見されたときは更正決定によるほかなく，当事者に無用な手間をかけ，執行手続へ迅速に移行する障害となるほか，書記官事務にも跳ね返ってくることが考慮されていたものと思われる。また，手続過程に関与して事案を理解している書記官が，判決原稿の見直しをしておくことは，当事者への司法サービスの一環として考慮すべきであるし，実質的にみても，判決書における争点判断と口頭弁論調書の記載は，いずれも争点指向性を有する事実審理の反映として，相互に密接な関連性を有するということができる。

（注3）　規則156条は，当事者が弁論終結期日に不出頭であっても，言渡期日を指定しその告知方法として言渡しをしたときは，在廷しない当事者に対してその効力を生ずるから，呼出状を送達する必要はないとの判例理論（当事者の一方の不出頭につき最三小判昭23.5.18民集2-5-115，当事者双方の不出頭につき最三小判昭32.2.26民集11-2-364［24］，最二小判昭56.3.20民集35-2-219［8］）を前提とするものであり，出頭のいかんを問わず期日に告知したときは言渡期日を通知する必要はない。

下する場合(注1)を除き，当事者に通知する(規則156条)。通知は簡易な方法で足りる(規則4条1項)。当事者が現実に出頭していなくとも言渡しをすることができる(法251条2項)。判決の言渡しは，判決書の原本に基づいてしなければならない(法252条)。言渡しの方式につき規則155条参照。

(2) **調書判決制度(法254条)**

原告の請求を認容する場合において，法254条1項各号のとおり，当事者間に実質的に争いがないときは，法252条の例外として，判決を判決書の原本に基づかずに言い渡すことができる。この場合，裁判所は，判決書の作成に代えて，裁判所書記官に，当事者及び法定代理人，主文，請求(注2)並びに理由の要旨を，判決の言渡しをした口頭弁論期日の調書に記載させなければならない。これは実質的に争いがない事件につき，言渡しの方式を簡易化して原告の権利救済を迅速に図る趣旨である。

なお，判決書に代わる調書の記載事項(法254条2項)と判決書の必要的記載事項(法253条)とを対比すると，調書判決では，事実及び理由に代えて，「理由の要旨」で足りるとされているほか，口頭弁論終結日の記載が要求されていない。これは迅速な言渡しというこの制度の趣旨を効率よく実現するための配慮であると考えられる。すなわち，実質的に争いのない事件について，原告勝訴の理由を詳細に記載することは無用であるし，口頭弁論終結日に直ちに言い渡すことを予定しているために，判決書に代わる調書上，口頭弁論終結日が明らかであるから重ねて記載する必要はない(注3)。

4 **判決の送達**

判決言渡し後は，裁判所は遅滞なく判決原本を書記官に交付し，書記官はこれに言渡し及び交付の日を付記して押印した上(規則158条)，その正本を作成し，2週間以内に当事者に送達しなければならない(法255条，規則159条)。法254条による判決書に代わる調書も2週間以内に正本を送達する(同前(注4))。判決及びこれに代わる調書の送達は，当事者に判決内容を告知して，不服申立てをするかどうかを考慮する機会を付与すると同時に上訴期間の起算点としての意味を有する。

5 **自己拘束力**

(1) **意義**

裁判が成立すると，確定を待つことなく，裁判をした裁判所はもはや勝手に変更や取消しはできない。これを裁判の自己拘束力(自縛性)という。裁判，特に判決は裁判所の公権的終

(注1) 法140条，290条，359条など。
(注2) これは，第3の2のとおり，既判力の客観的範囲を明示するものであるが，同じく期日調書に請求を特定して記載するものであっても，和解調書におけるそれとは意義を異にする(第7章第4の4(1)参照)。
(注3) 本文で述べた趣旨及び調書の記載事項からすると，法は弁論終結後直ちに言渡しをすることを予定しているといえる。もっとも，口頭弁論終結日とは異なる期日で言い渡す場合であっても調書判決制度によることは可能であって，その場合には，法253条1項を準用して，口頭弁論終結日を判決書に代わる調書に記載することとなる。
(注4) 法255条2項は判決に代わる調書の「謄本」を当事者に送達しなければならない旨規定しているが，強制執行は執行文の付された債務名義の正本に基づいて実施することとされているため(民事執行法25条)，規則159条2項により正本の送達を要することとなる。

第8章　終局判決

局的判断の表示であるから，任意の変更を認めると，法的安定の要請に反するし，裁判の信用を害するからである。もっとも，これを形式的に貫くとかえって不合理・不経済な場合もあることから，法定の要件を充足した場合に修正（更正，変更）できる限度で緩和されている[注1]。

(2) 判決の変更

裁判所は，判決に法令違反があったことを発見したときは[注2]，言渡し後1週間以内で未確定の場合に限り[注3]，変更判決をすることができる（法256条1項）。変更判決は，職権で，口頭弁論を経ないで行う（法256条2項）。変更判決は自縛性の例外であり，1週間以内に言渡しを了しなければならないので，法は，呼出状の送達につき，言渡期日の呼出状発送時に送達の効力が生じるとの特則を置いている（法256条3項）。

(3) 判決の更正

判決に計算違い，誤記その他これらに類する明白な誤りがあるときは，裁判所は，申立てにより又は職権で，いつでも簡易な決定手続で判決を更正することができる（法257条1項）。誤りの原因を問わないし[注4]，判決書の記載から明らかな場合のほか，事件の経過全体から明らかな場合を含む。判決をした裁判所はもとより，上級審[注5]や差戻しを受けた下級審でも更正できる。しかし，判決の実質的内容にわたる変更は上訴・再審によるべきであるから，その内容の同一性を害するような訂正は許されない（最二小判昭42.7.21民集21-6-1615［63］）。更正決定は判決の原本及び正本に付記するが，相当と認めるときは[注6]，決定書を作成してその正本を当事者に送達することができる（規則160条1項）。更正決定に対しては即時抗告ができるが，判決に対して適法な控訴があったときは，控訴審の判断を受けさせれば足りるから，抗告は許されない（法257条2項）。

6　羈束力

判決や決定など裁判の判断内容が，当該事件の手続内で他の裁判所を拘束する効力をいう。例えば，①上訴審の破棄判断は，差戻しを受けた下級審を拘束する（法325条3項後段）。これは

(注1)　決定・命令についても同様の要請が働くといえるが，迅速性の要請，判断対象が派生的事項であることなどから，判決に比して相当程度緩和されている。すなわち，抗告に基づく再度の考案（法333条），訴訟指揮の裁判の取消し（法120条）が認められている。
(注2)　事実認定の誤りは除外される。
(注3)　1週間以内であっても上訴権放棄があったときは，直ちに確定するから，変更判決はできない。
(注4)　当事者の申立てに誤りがあったために主文における目的物件の表示に誤りがある場合（裁判所の意思と表現との間に全く食違いはないので，裁判所に誤りの原因があるとはいえない事案）につき，旧194条（現257条）を準用して更正した例として，最二小判昭43.2.23民集22-2-296［12］がある。
(注5)　控訴棄却に際し，明白な誤謬を判決中で更正できることにつき，最三小判昭32.7.2民集11-7-1186［65］参照。これまでは，更正の権限は判決をしたことに付随する権能であるとの理解がなされてきたが，この判旨によると，そのような性質論よりも訴訟経済上の要請が重視されていることが理解できる。また，この判旨は，決定ですべきところを判決でしている違式の裁判（この逆は法328条2項）の点についても破棄するに値するほどの問題ではないことをも示している。
(注6)　旧法では，決定正本の作成・送達の方法は判決正本に付記できない場合に限られていた（旧法194条2項）。しかし，更正決定は，当事者の申立てによる場合が多いことや，決定書作成の方法は更正決定の内容が明確になるという合理性があるため，裁判所の裁量によって，付記又は決定書作成のいずれの方法によることもできることとしたものである。

事件が上訴審と下級審との間を反復往復することを避け，終局的解決を図るためである。②事実審で適法に確定した事実判断は，上告審を拘束する（法321条1項）。上告審を法律審として機能させるためである。③最高裁判所の小法廷は，前になされた最高裁判所の判例に反する判断をすることができない（裁判所法10条3号）。④移送決定は，受移送裁判所を拘束する（法22条1項）。移送の繰り返しを防止する趣旨である。

7 判決の確定

(1) 意義

　　言渡しによって判決が成立しても，当事者が上訴し上訴審によって取り消される可能性がある限り，判決は未確定の状態にある。しかし，当事者が上訴によって争うことができない状態になると，判決は当該訴訟手続内では取り消される可能性がなくなる。このような取消不可能な状態を判決の確定という。これは当該訴訟手続内で働く法律効果であり，当該訴訟手続を超えて当事者及び裁判所を拘束する既判力と区別される。また，当該手続内で取消不能状態になった判決について既判力が生じるという関係にある。取消可能性の消滅を形式的確定力といい，既判力を実質的確定力ともいう。

(2) 確定時期

　　判決はそれに対する不服申立手段が尽きたときに確定する。

　ア　上訴を許さない判決

　　言渡しと同時に確定する。

　イ　不服申立ての利益を有する当事者に判決正本が送達された日から，上訴又は異議申立てをすることなく，上訴期間又は異議申立期間が経過したとき（法116条1項）

　　期間満了時に確定する(注1)。控訴期間（法285条），上告期間（法313条による法285条），上告受理申立期間（法318条5項による法313条，285条），手形判決に対する異議申立期間（法357条），少額訴訟判決に対する異議申立期間（法378条1項）は，いずれも2週間とされている。

　ウ　当事者が上訴権放棄をしたとき

　　上訴期間満了前でも放棄時に確定する。当事者双方が時を異にして放棄したときは後の放棄時である。

(3) 確定の範囲

　　全部について確定するのが原則である。併合請求の全部について同時に判決がなされたときも，判決全部が同時に確定する。通常共同訴訟人のうち，一部の者のみが上訴したのに，他の者が上訴しないときは，上訴しない者の分だけ先に確定する。

(4) 確定証明

　　登記申請（民事執行法174条，不動産登記法63条）や離婚等の届出（戸籍法77条，63条）などで確定判決を利用するためには，判決の確定を証明してもらうことが必要である。そこで，当

（注1）　例えば，原告一部勝訴の第一審判決の正本が，平成10年10月12日原告に，同月14日被告にそれぞれ送達されたとすると，控訴期間は判決正本が送達された日から2週間である（法285条）から，原告については同月26日，被告については同月28日が控訴期間の満了日である（初日不算入［法95条1項，民法140条］）。したがって，それまでに当事者双方からの控訴の申立てがなければ，この判決は同月28日の経過と同時に確定する。原告全部敗訴の場合には同月26日の経過と同時に確定する。

事者及び利害関係を疎明した第三者は訴訟記録を保管している裁判所の書記官に，確定証明書の交付を請求することができることとされている（規則48条1項）。この場合，書記官は訴訟記録を調査して確定証明書を付与する(注1)。ただし，訴訟が上訴審に係属中であるときは，訴訟記録は第一審裁判所にないため，上訴裁判所の書記官が確定した部分について確定証明書を交付する（規則48条2項）。

第4 終局判決に付随する裁判
1 仮執行宣言
(1) 意義
未確定の終局判決に対し，確定判決と内容上同一の執行力を付与する形成的裁判を仮執行宣言という。敗訴者の上訴により判決の確定は遮断され，勝訴者の執行が阻止される。この敗訴者の正当な上訴の利益と，第一審で請求の正当性を宣言された勝訴者の早期に権利実現を得る利益との調和的均衡を図るとともに，濫上訴の抑止と訴訟資料の第一審への集中を可能にする制度である。

(2) 仮執行宣言の要件（法259条1項）
ア 財産権上の請求に関する判決

仮執行宣言は上訴による取消し・変更の可能性を秘めた浮動的な状態で権利者の権利実現を図る制度であるから，原状回復が可能であり，また，金銭賠償による処理が可能な請求に限られる。財産権上の訴えでも，仮執行宣言を付すことができないものがある。例えば，意思表示を求める判決は，確定して初めて執行力が生ずる旨法律で規定されている（民事執行法174条1項）以上，仮執行宣言を付すことはできない。

イ 仮執行宣言の必要性

裁判所の裁量的判断に委ねられるが，①上訴による変更の蓋然性の多少，②勝訴者による即時執行の必要性，③敗訴者の損害回復の困難度が考慮要因として考えられる。

なお，手形訴訟及び少額訴訟判決においては，職権で仮執行宣言を付すことを要する（法259条2項，376条）。

(3) 仮執行宣言の裁判
ア 裁判所が，申立てにより又は職権で判決主文に掲げてしなければならない（法259条4項）。上訴審が，下級審の判決につき，不服申立てのない部分に限り，決定で仮執行宣言を付すことができるが，この場合は，申立てによらなければならない（法294条，323条）。

イ 裁判所は，裁量により，無条件とし又は担保を供させることができるが（法259条1項），手形金の請求及び控訴審における金銭請求については，原則として無担保の仮執行宣言をしなければならない（法259条2項，310条）(注2)。また，仮執行宣言の際に，被告の申立てによ

（注1） 従前は，控訴状の提出先が第一審裁判所に限定されていなかったので，確定証明の交付を受けるには，「上訴期間徒過証明書」（上訴裁判所の書記官の作成した上訴期間内に上訴の提起がなかった旨の証明書）が必要とされていたが，控訴状の提出先が第一審に限定されたことにより（法286条1項），第一審裁判所の書記官は常に控訴の有無を把握できるため，上訴なきことの証明書は不要となった。
（注2） 手形金請求についての仮執行宣言は権利存在の蓋然性及び迅速性を考慮したものであり，(つづく)

第4　終局判決に付随する裁判

り又は職権で担保を供すれば仮執行を免れることができる旨の宣言をすることができる（仮執行免脱宣言［法259条3項］）。
ウ　仮執行宣言の申立てがあったとき又は職権をもって付与すべきときに，これを脱漏した場合には，裁判所は，申立てにより又は職権で，決定をもって追加補充する（法259条5項）。

(4) **仮執行宣言の効力**
ア　仮執行宣言は，言渡しによって直ちに効力を生じ，これを付された本案判決は即時に執行力を生ずる。その執行力は上訴によって当然に停止されるものではないが，裁判所は，事情により，これに基づく強制執行の停止又は取消しを命ずることができる（法403条1項2号・3号）。
イ　仮執行宣言の効力の主観的範囲は既判力のそれと同一である（法115条2項）。
ウ　仮執行宣言付判決に基づく強制執行は，仮差押・仮処分と異なり，執行保全の段階にとどまらず，原則として確定判決と同様，請求権の満足段階まで進むことができる。
エ　仮執行により勝訴者は請求権の満足を受けるけれども，仮執行制度は，未確定の判決に，上訴の手続でその判決が取り消されることを解除条件として，仮定的に，原告に判決が確定した場合と同様の権限を与えるものであるから，その条件自体を審理する手続である上訴審において，仮執行の結果を判決の基礎として考慮すべきではない（最一小判昭36.2.9民集15-2-209［9］）。

(5) **仮執行宣言の失効**
ア　仮執行宣言は，本案判決の確定前にその宣言が変更されるか，又は本案判決を変更する判決の言渡しにより，変更の限度において失効する（法260条1項）。仮執行により債権者が既に金銭の交付又は物の引渡しを受けている場合において，本案判決が変更されたときには，請求権がないのに給付を受けたことになるから，債務者にこれを返還し，又はそれによって生じた損害を賠償しなければならない[注1]。この場合，債権者の過失の有無を問わない。本案判決変更の理由は，実体上又は手続上のいずれであってもよいが，訴えの取下げによって判決が失効した場合には，本案の当否について判断されたわけではないから，これらの義務を生じない（大判昭8.9.29民集12-2459。もっとも，債務者が実体上の理由により不当利得又は不法行為の主張をすることは妨げられない。）。
イ　被告がこの原状回復及び損害賠償請求をするには，独立の訴えを提起することができるほか（最三小判昭29.3.9民集8-3-637［27］），仮執行宣言付判決に対する上訴審手続において，その裁判を求める申立てをすることができる（法260条2項）。この申立てがあったときは，本案判決を変更する判決において裁判しなければならない。

2　訴訟費用の裁判
(1) **訴訟費用**

（つづき）　控訴審判決についてのそれは上告審での破棄率の低さを考慮したものであり，いずれも経験的要素を考慮した特則である。
(注1)　一般的には，無過失賠償責任であり，一般不法行為責任（民法709条）とは異なると解されているが，異論もある（なお，最一小判昭53.12.21民集32-9-1749［45］参照）。

第8章　終局判決

　　訴訟費用とは，当該訴訟の追行及び審判のために直接必要なものとして当事者及び裁判所が支出した費用である。具体的算定基準は，民事訴訟費用等に関する法律に定められている。

　　訴訟費用には，裁判費用と裁判外費用とがある。裁判費用とは，当事者から国庫（裁判所）に納入すべき費用をいい，手数料（印紙の貼用）と手数料以外の費用（証人・鑑定人の旅費・日当・宿泊料，検証の費用，送達等のための郵券代など）とに分かれる。前者については，法定の印紙を貼用しない書類は効力がないし（民事訴訟費用等に関する法律6条），後者については，予納させることができる。裁判外費用とは，裁判費用以外の費用であり，当事者が債務者として国庫以外の者に支払う費用をいう（訴状その他の書類の書記料，当事者の旅費・日当・宿泊料など）。

(2)　**訴訟費用負担の法則**

　　訴訟費用は原則として敗訴当事者が負担する（法61条）[注1]。一部敗訴の場合は，裁判所が裁量で定める（法64条）。共同訴訟の場合には，共同訴訟人間での平等負担が原則であるが，事情により連帯負担又は割合負担とすることができる（法65条1項）。和解の場合，別段の定めをしなければ，その費用は各自が負担する（法68条）。以上の原則に対する例外として，当事者間の公平の見地から，法62条，63条がおかれている。

(3)　**訴訟費用の裁判**

　　裁判所は，事件を完結する裁判の主文において，職権で，その審級における訴訟費用の全部について，その負担の裁判をしなければならない（法67条）。従前，訴訟費用の裁判においては，訴訟遅延を避けるため，その具体額を定めることなく，負担者と割合のみを定め，具体的な費用額の確定は訴訟費用額確定決定により行うのが通例であった。そこで，このような実情を反映して，現行法では，訴訟費用の裁判においては負担と割合のみを定め（法67条1項「負担の裁判」），具体的な費用額の確定は，裁判所書記官の独立の処分としている（法71条1項）。

　　終局判決のうち，費用の裁判のみに対しては，独立した上訴は許されない（法282条，313条）。訴訟費用は事件の審理に付随して生ずるものであるから，本案について不服がないのに費用のために本案審理をするのは背理だからである。上級審において上訴を却下又は棄却するときは，その審級だけの裁判をすればよいが，本案の判決を変更するときは，訴訟費用の裁判は当然失効し，下級審とその審級を通じた総費用について裁判する（法67条2項）。

　　訴訟が裁判及び和解以外の方法で完結する場合（訴えの取下げ，請求の放棄・認諾がこれにあたる。）は，申立てにより，第一審裁判所は，決定で，訴訟費用の負担を命じ，その裁判所の書記官が，当該決定につき執行力が生じた後にその負担額を定める（法73条1項）。裁判所の決定に対しては，即時抗告することができる（法73条2項）。

(4)　**訴訟費用額確定手続**

　ア　前述したように，訴訟費用の裁判においては，負担者と割合が定められるのみで，具体

（注1）　なお，訴訟の準備及び追行に必要な費用を支払う資力がない者又はその支払により生活に著しい支障を生ずる者に対し，訴訟制度の利用を容易にするため，訴訟上の救助（法82条以下）の制度が設けられている。しかし，範囲が法83条1項各号所定事由に限定されている上，猶予されるに止まるため強力な扶助手段とはいえない。これを補うものの一つとして，日本司法支援センターによる費用の立替えが行われている。

第4　終局判決に付随する裁判

額が確定しなければ，償還を求め，又は執行することができない。このため訴訟費用額確定手続がある。訴訟費用額確定手続は，訴訟費用負担の裁判が執行力を生じた後に，書面による申立てがなされた場合に，第一審裁判所の裁判所書記官が主宰者となって開始される（法71条1項，規則24条1項）[注1]。

イ　書記官は，申立人から費用計算書と疎明書類の提出を受けるとともに（規則24条2項），相手方に対し必要書類及び申立人から直送された書類についての陳述を記載した書面の提出を催告しなければならない（規則25条）。書記官はこれらの書類を基礎に具体的な額を確定して書面による処分をする（規則26条）。この手続においても処分権主義が妥当するから，申立てを超える額を認めることはできないが，総額において申立ての額を超えない限り，不当な項目を削減し，正当な項目を職権で加算することは許される。

なお，旧法下では，費用負担の裁判の債務名義性につき争いがあったが，現行法においては，書記官による訴訟費用額確定処分が債務名義となる旨明記されている（民事執行法22条4号の2）。

ウ　訴訟費用額確定処分に対する不服申立ては，その書記官の所属する裁判所に対する異議申立てによる（法121条，71条4項・5項）。異議申立てを受理した裁判所が異議を理由ありと認めるときは，原処分を取り消して差し戻し，書記官に再び処分させるのが原則であるが，費用額計算の誤りを理由とするときは，裁判所自らその額を定めなければならない（法71条6項）[注2]。

(5) 訴訟費用の担保

ア　意義

日本国内に拠点をもたない原告が訴えを提起した場合，訴訟費用の負担を命じられても償還義務を履行しないおそれもあるため，被告の申立てがあるときは，裁判所は，決定で，訴訟費用の担保を立てるべきことを原告に命じなければならない（法75条1項）。被告は，原告が担保を立てるまで応訴を拒むことができる（法75条4項）。被告がこの主張をした場合，本案前の抗弁（抗弁事項）として，訴訟要件が欠けることを主張したことを意味する。被告が本案につき弁論をし又は弁論準備手続において申述したときは，立担保申立権（応訴拒絶権）を失う（法75条3項）。また，原告が裁判所の立担保命令に応じないときは，裁判所は，口頭弁論を経ないで，判決で，訴えを却下することができる（法78条）。担保提供の方法は，供託のほか，支払保証委託契約（ボンド）によることができる（法76条，規則29条）。提供された担保に対し，被告は訴訟費用に関し[注3]，他の債権者に先立ち弁済を受ける権利を有す

(注1)　申立手数料は不要である。
(注2)　書記官に再計算させると，再びこれに対する異議が可能となり，異議が繰り返されるおそれがあるためである。
(注3)　担保される範囲につき，仮執行免脱のための担保に関してではあるが，判例（最二小判昭43.6.21民集22-6-1329 [62]）は，「仮執行または仮執行免脱の宣言の制度は，勝訴原告に担保を供しまたは供しないで判決確定前の仮執行を認めるとともに，その仮執行によって損害を蒙ることのあるべき敗訴被告には担保を供して仮執行の免脱を得させて，判決未確定の間の当事者の利害の調節権衡を図るためのものと解されるから，仮執行の免脱の宣言に付せられる担保は，その判決の確定に至るまで勝訴原告が仮執行をすることができなかったことによって蒙ることのあるべき損害のみを担保するものであって，本案の請求それ自体までも担保するものではない」としている。

第8章　終局判決

る(法77条)(注1)。

　イ　担保取消し(法79条)

　　原告が立てた担保を取り戻すには，担保取消決定を得なくてはならないが，この決定がされるのは，①担保の事由が消滅したことを証明したとき(1項)(注2)，②担保権利者たる被告の同意を得たとき(2項)，③原告敗訴の訴訟完結後，裁判所が被告に対し一定期間内に権利行使すべき旨催告したにもかかわらず行使しなかったために担保取消しにつき同意があったとみなされるとき(3項)，のいずれかの場合でなければならない。

　ウ　他の法令への準用

　　以上の担保提供の方法及び担保取消手続は，他の法令によって訴えの提起について立てるべき担保につき準用されるほか(法81条)(注3)，仮執行の場合の担保(法259条6項)，強制執行停止の担保(法405条2項)などに準用される。実務上最も利用頻度が高いのは，保全命令(民事保全法14条など)や民事執行法上の保全処分(民事執行法55条など)についての担保であり，訴訟費用の担保提供が問題になることはそれほど多くはない。その意味では，担保提供及び担保取消手続に関する規定は，訴訟手続に関する一般法として，他の法令に準用された場合に活用されることが多い規定であるといえる。

第5　既判力

1　意義

(1)　当事者間の法的紛争を，裁判所の公権的判断を示すことにより解決しようとするのが民事訴訟制度である。裁判は，この公権力による解決として示された法律的判断であるから，それが確定した以上，当事者の主観的判断に優越した客観的判断として，以後，裁判所及び当事者を拘束しなければ，同一事項について判断の安定が得られず，紛争の繰り返しをもたらすことになり，公権的解決の意味がなくなる。

(2)　既判力(実質的確定力)とは，このように，裁判が形式的に確定すると，その内容である一定の標準時における権利又は法律関係の存否についての裁判所の判断が，それ以後，その当事者間において同じ事項を判断する基準として強制通用力を持つという効果(規準力)をいう。すなわち，確定裁判で判断された事項が将来係属する別の訴訟において，訴訟物として(注4)，又は間接的に先決事項として(注5)，再び問題となったとき，裁判所は前訴の判決の内容

(注1)　旧法113条の「質権者ト同一ノ権利ヲ有ス」との文言を改め，権利行使につき供託所に対する還付請求の方法によることを明確にしている。
(注2)　原告の全面的勝訴の場合がこれにあたる。一部棄却の場合は原則として権利行使催告(3項)によらなければならないが，同じく一部棄却でも，訴え提起後に一部弁済があったにもかかわらず減縮しなかったために一部棄却され，そのことが理由中において認定されている場合には，なお担保の事由が消滅したことが証明されているといってよい。
(注3)　会社訴訟にその例が多い。会社法836条，847条の4の2項・3項など。
(注4)　例えば，債務履行請求訴訟の請求認容判決が確定した後，前訴被告から提起された同一債務不存在確認訴訟など。
(注5)　例えば，所有権確認訴訟の請求棄却判決が確定した後，前訴原告から提起された同一所有権に基づく妨害排除請求訴訟など。

と異なる判断をすることができず，当事者もこれに反する主張立証については排除されることになる。

(3) いわば，既判力は，当事者の攻撃防御が尽くされた結果に対してなされた裁判所の判断内容に終局性を与え，同一紛争の蒸し返しを許さないことによって，法的安定と紛争解決を与えようとするもので，訴訟制度に内在する必然的な要請に基づく不可欠の制度的効力である。すなわち，国家の設営に係る紛争解決制度である民事訴訟においては，裁判所の終局的判断は可及的に安定していることが必要である。

また，既判力を有することとなる裁判は，当事者の攻撃防御が尽くされた結果に対してなされた裁判所の判断であって，それが形成される審理においては，当事者には弁論をし訴訟を追行する地位と機会が付与される。処分権主義・弁論主義を採用する訴訟構造の下においては，当事者が請求の定立及び訴訟資料の提出について権限と責任を負っていることからすると，そのような訴訟資料を基礎に形成された裁判所の判断に対しては，当事者にも責任があるということができる。当事者が既判力に拘束されることを正当化するのは，このような手続保障と自己責任の観点に求めることができる。

以上のような既判力の制度的必要性と既判力の正当化根拠とから，確定判決に既判力が認められ，これにより後訴裁判所及び当事者を拘束することが根拠づけられる。このように既判力制度の根拠については，制度的効力と当事者の手続保障の観点から理解をするのが一般的であるが，その本質をどのように理解するかについては争いがある(注1)。

2 既判力を有する裁判

(1) 確定した終局判決

ア 本案判決

訴訟物たる権利又は法律関係の存否を確定する実体的判決は，請求認容判決(確認・給付・形成判決(注2))，棄却判決(確認判決)を問わず，既判力を生ずる。

イ 訴訟判決

訴訟判決も欠けると判断された訴訟要件につき，同一当事者，同一請求の後訴に対し既判力が作用する。

(注1) かつては確定判決を実体法上の法律要件と同視し判決によって実体法上の権利関係が変更された結果として拘束力が働くとする実体法説や純粋に訴訟上の効力と解する訴訟法説，さらに，訴訟前には当事者の私的な法適用による権利の主張・仮象が存在するにすぎず，裁判所が下す確定判決によって権利が実在化され，これに裁判所及び当事者が拘束されるとする権利実在説などがあった。その後，このような説明概念としての既判力本質論ではなく，既判力の範囲や作用の解明規準を提供するという実践的意図に基づき，このような効力が生じることを正当化する実質的根拠から説明する見解が一般的となりつつある。もっとも，この学説内部でも，制度的効力論を前提に，当事者に手続上対等に弁論し訴訟追行する地位と機会が付与されたことによる手続保障と自己責任に既判力作用の正当化根拠があるとする見解や，端的に手続保障と自己責任のみに着目し，より具体的な手続保障が付与されていたかどうかを検討すべきであるとする(現実に攻撃防御方法を提出し得たか否かを個別的に探求する)見解などに分かれている。手続保障と自己責任にその根拠を求めること自体は実務的にも受容することは容易であるが，そのような議論の方向性は，ともすると既に前訴で解決済みとされる範囲から抜け落ちて後訴での主張を許す傾向を導きやすいといえる。既判力の範囲・作用の解明規準は可及的に安定し，かつ，客観的なものであることが要請されよう。

(注2) ただし，形成判決については争いがある。

第8章　終局判決

(2) **決定・命令**

訴訟指揮などの裁判には形成力はあるが，既判力はない。また，民事保全における裁判は，被保全権利の存否につき審理がなされても，既判力を有しない。

(3) **確定判決と同一の効力を認められる裁判，調書等**

確定破産債権についての破産債権者表の記載(破産法124条3項，221条1項)には，争いがあるが，既判力が認められるという見解が有力である。裁判所書記官の処分に係るものについては既判力を有せず，訴訟費用確定処分(法71条)，支払督促(法396条，民事執行法35条)などは実体判断なしに執行力を付与するものであり，既判力はない[注1]。請求の放棄・認諾調書，和解調書(法267条)については議論が分かれる(第7章第3の4(3)，同第4の4(3)参照)。調停調書(民事調停法16条，家事事件手続法268条1項(別表第2審判事項を除く。))についても，和解調書と同様，議論が分かれる。調停に代わる決定(民事調停法18条5項)及び調停に代わる審判(家事事件手続法287条(別表第2審判事項を除く。))については，調停調書と同様に考える見解と，調停調書の既判力を否定しつつ，調停に代わる決定及び審判については既判力を肯定する見解がある。非訟事件の裁判における権利関係の判断には既判力はない。

(4) **外国裁判所の確定判決**

法118条の要件を具備する限り，当然既判力が認められる(ただし，執行するについては執行判決を必要とする[民事執行法22条6号，24条]。)。

3　既判力の作用

(1) **後訴に対する影響力**

既判力をもって確定した権利又は法律関係が，後の訴訟で問題となれば，裁判所は，前の確定判決に従わなければならない。そして，このことは制度的要請に基づくものであるから，裁判所は，訴訟で問題となっている権利又は法律関係について既判力ある確定判決があるかどうかについて，職権をもって調査しなければならない。既判力と抵触する判決は当然に無効ではないが，当事者は上訴で争うことができ，また，確定しても再審の訴えで取消しを求めることができる(法338条1項10号，342条3項)。しかし，再審で取り消されるまでは，後の確定判決の方が新しい標準時の判断として優先する。また，当事者も既判力の標準時前に生じた事項を主張して確定判決の内容を争うことができず，また，合意によって既判力を排除することもできない(もっとも，訴訟を離れて，確定された権利関係を実体的に変更する合意をすることは妨げられない。)。

(2) **消極的作用と積極的作用**

ア　意義

既判力の及ぶ後訴においては，当事者は既判力の生じた判断に反する主張をすることは許されない。後訴裁判所もこの判断に矛盾する判断をすることは許されず，既判力の生じた判断を前提として後訴の審判をしなければならない。すなわち，既判力の作用は，①既判力の生じた判断を争うことを許さず，それを争う当事者の申立てや主張・抗弁を排斥す

(**注1**)　旧民事執行法35条は，仮執行宣言付支払命令については，送達後に生じた事由をもって請求異議事由とすることができる旨規定していたが，平成8年改正法によって支払督促として書記官権限化されたことに伴い，既判力がないことを明らかにするため，同条項から支払命令を削除した。

第5　既判力

るという消極的作用と，②裁判所は既判力で確定された判断に拘束され，これを前提として後訴の審判をしなければならないという積極的作用の両面からなる。

　なお，既判力の作用は一事不再理とは異なる。一事不再理とは，確定判決があると，勝訴・敗訴のいかんにかかわらず同一事件の訴権が消滅し，再訴は常に不適法なものとして取り上げられないことをいう。刑事裁判は過去に行われた行為に対する刑罰効果の有無の判断であり，その後の行為によっては，その効果の有無が左右されないから，裁判が確定した以上，これに対する訴権は消滅し，再度の審判を受ける余地はない。これに対して，民事判決の対象である私法上の権利又は法律関係は，いったん確定されても，その後の行為によって変更を生ずる可能性があるから，既判力の標準時以後に生じた状態に基づいて，既判力をもって確定した権利又は法律関係を争うことができなければならないはずである。したがって，既に確定した権利又は法律関係について再訴すること自体が不適法となるわけではない。

イ　後訴の訴訟物が前訴の訴訟物と同一の場合(注1)

　前訴で敗訴判決を受けた者が同一人物を被告として同一訴訟物につき後訴を提起した場合には，当該訴訟物の存否の判断に既判力を生ずるから，まず前訴基準時前の事由についての主張を排斥し，次いで基準時後の事由に基づく新主張があるかどうかを調べ，これがなければそのまま既判力ある判断を前提に請求棄却の本案判決をする。新主張があるときは，その当否を審理して，これと前訴判決内容とをつきあわせて，後訴請求について本案判決をする。

　前訴で勝訴判決を受けた者が同一請求を繰り返すときは，既に同一内容の勝訴判決を得ているから，後訴は訴えの利益を欠き却下されるのが原則である。もっとも，時効中断のために他に方法がない場合や判決原本が滅失して執行正本を受けられないなどの必要があれば，再訴の必要を認めることができる。

ウ　前訴の訴訟物が後訴の訴訟物の先決問題となる場合(注2)

　前訴の訴訟物たる権利関係の存否の判断に既判力を生ずるから，この判決の判断はこれを先決問題とする訴訟物につき審理する後訴裁判所を拘束する。後訴裁判所は，この先決問題についての既判力ある判断を基礎とし，新事由に係る主張と後訴請求に固有の事項について審理して，本案判決をする。

エ　後訴請求が前訴請求と矛盾関係にたつ場合(注3)

　この場合，後訴訴訟物は前訴のそれと同一とはいえないし，先決関係にあるともいえない。

(注1)　例えば，甲が乙を被告として土地所有権確認訴訟を提起して敗訴判決を受けて確定した後，再び甲が乙を被告として同一土地の所有権確認訴訟を提起した場合や，甲が乙を被告として提起した債務履行請求訴訟において乙が敗訴判決を受け確定した後，乙が甲を被告として同一債務の不存在確認訴訟を提起した場合など。
(注2)　例えば，甲が乙に対し建物所有権確認訴訟を提起し勝訴判決を得た後に，甲が所有権に基づき建物明渡請求訴訟を提起した場合など。
(注3)　例えば，甲が乙に対し土地所有権確認訴訟を提起し勝訴判決を得た後に，敗訴した乙が同一土地につき所有権確認の後訴を提起した場合など（この場合，前訴訴訟物は甲の土地所有権であるのに対し，後訴訴訟物は乙の土地所有権であって，両者の訴訟物は異なることに注意しなければならない。したがって，後訴が棄却された場合,後訴判決の既判力によって確定されるのは「乙の所有権の不存在」であり，「甲の所有権の存在」を確認することにはならない。）。

第8章　終局判決

　もっとも，対象となる権利が物権関係である場合には，実体法の一物一権主義を媒介として，前訴判決の既判力が後訴に及ぶと解されている。したがって，この場合には，前訴基準時前の事由に関する主張は前訴既判力によって排斥され，前訴基準時後の事由に関する主張があればその当否を審判し，前訴判決内容を前提として後訴請求につき本案判決をすることになる。

(3)　既判力の双面性

　既判力は，その効力の及ぶ当事者相互間に，利益又は不利益に働く。これを既判力の双面性という。例えば，ある土地の所有権確認訴訟に勝訴した者は，その後に相手方がその土地の崖崩れなどによって侵害を受けたと主張して損害賠償請求訴訟を提起した場合に，その土地を自己の所有ではないと主張することはできず，前訴で利益に判断された結果が，後訴では不法行為の先決問題として，その者の不利益に判断される基準となる。

4　既判力の時的限界──標準時(基準時)

(1)　標準時

　判決の対象である権利又は法律関係は，当事者の行為や時間の経過などとともに発生・変更・消滅する可能性を有するものであるから，判決で確定した権利又は法律関係も，いつを基準としてなされたものであるかを明らかにしなければならない。このような権利関係の確定の基準となる時点を既判力の標準時(基準時)又は時的限界という。終局判決は事実審の口頭弁論終結時までに提出された訴訟資料に基づいてなされるものであるから，既判力はこの時を基準として生ずる。このため，口頭弁論終結時は判決書の必要的記載事項とされており(法253条1項4号)，請求異議事由に関する民事執行法35条2項はこの理を裏から表現しているといえる。

(2)　口頭弁論終結時の意義

　訴訟が第一審判決だけで確定したときは，第一審における口頭弁論終結時である。控訴審において実体判決によって確定したときは，控訴審においても攻撃防御方法を提出することができるから，第一審判決を取り消して控訴を認容する判決はもちろん，控訴棄却の判決であっても，控訴審における口頭弁論終結時が基準時である。もっとも，控訴が不適法として却下された場合には，控訴審において弁論手続が進行していても，第一審の口頭弁論終結時である。上告審に係属した場合には，上告審では事実審理を行わないから，上告審が破棄自判したときでも，控訴審の口頭弁論終結時が基準となる。

(3)　既判力の遮断効(失権効)

　ア　既判力は標準時における権利関係を確定してしまうから，当事者は，標準時までに発生した事由に基づく主張を遮断され，以後標準時前の事由を主張して確定された権利関係の存否を争うことができない。例えば，給付判決が確定されれば，口頭弁論終結当時の給付義務の存在が確定するから，敗訴した債務者は，契約の不成立，無効による債務の不成立はもとより，この標準時以前に生じた弁済，免除，消滅時効などの事由に基づく債務の不存在を主張することはできない。

　イ　基準時後の形成権行使

　　(ｱ)　問題の所在

ところが，形成権の行使は，実体法において権利行使期間が法定されていることや，これを行使する旨の意思表示をして初めて権利変動が生じるとされていることとの関係から，前訴で主張しなかった形成権を，弁論終結後に行使することによって，前訴で確定された権利関係の変更・消滅を主張することが許されるのかが問題となる。形成権者の実体法上の地位と既判力の遮断効による法的安定の要請のいずれを優先させるか，あるいは調和点をどこに見出すかという解釈問題である。

判例は，以下にみるとおり，前訴訴訟物に内在・付着する瑕疵といえるか否かによって区別しているといえる[注1]。

(イ) 取消権

取消権は，前訴の訴訟物たる権利の発生障害事由であるから，当該請求権自体に内在・付着する瑕疵に関する権利であって，前訴確定判決によって請求権の存在が確定された以上，既判力の遮断効により，後日その取消権を行使して請求権の存否を争うことはできないと解される。この点，大審院時代の判例理論（大判明42.5.28民録15-528など）は取消権行使を許容していたが，遮断効を肯定する学説から，より大きな瑕疵である無効が遮断されることとバランスがとれないとか，民法の理論構成に拘泥し訴訟上の防御方法としての観点を忘れたものであるなどとの批判を受け[注2]，その後，判例を変更し，既判力によって遮断されるとしている（書面によらない贈与の取消しにつき最三小判昭36.12.12民集15-11-2778［135］，詐欺取消しにつき最一小判昭55.10.23民集34-5-747［25］[注3]）。

(ウ) 相殺権

これに対し，相殺権は，前訴の訴訟物である請求権とは別個の反対債権を犠牲に供するものであるから，前訴請求権自体に内在・付着する瑕疵に係る権利とはいえない。また，その結果も自己の別個独立の債権の消滅という不利益を伴うものであって，これを行使するか否かは債権者の自由というべきであり，前訴で当然に提出すべき防御方法とはいえない。判例（最二小判昭40.4.2民集19-3-539［35］）も既判力によって遮断されないとの結論を採用している[注4]。

(注1) 理論的には前訴訴訟物たる権利に内在・付着する瑕疵といえるかどうかという観点で区別しているといえるが，実質的には，前訴判決によって解決済みといえるかどうか，既判力による遮断を肯定することが権利者に過酷にならないかどうかを検討しているともいえる。
(注2) これらの批判に対し，遮断効否定説は，無効と取消しは瑕疵の重大さにより区別されているのではなく，法律行為の失効につき，表意者の意思にかからしめるか否かという立法政策によるものにすぎない，訴訟は実体法秩序の実現過程でもある以上，民法上の取消権者の地位を訴訟上も可及的に尊重すべきである，などの反論を加えている。
(注3) なお，判旨が，前訴において「取消権を行使し，その効果を主張することができたのにこれをしなかったのであるから」既判力に抵触し許されないという表現を用いたことから，判例が提出可能性によって区別すべきとする手続保障論に接近したと評する見解がある。これに対しては，上記判旨部分は傍論に止まり，先例的価値は乏しいとして，上記の見方を誤りとする見解もある。
(注4) 判旨は，「相殺は当事者双方の債務が相殺適状に達したときにおいて当然その効力を生ずるものではなくて，その一方が相手方に対し相殺の意思表示をすることによってその効力が生ずるものである」ことを根拠として相殺権行使の効果が請求異議事由となることを肯定している。これは相殺権が形成権であると指摘するものにすぎず，この理由付けでは取消権事例との相違点を見出すことは困難であろう。

第8章　終局判決

　　　㈡　建物買取請求権
　　　　建物買取請求権は，取消権や相殺権と同じく形成権ではあるが，前訴の確定判決で確定された土地明渡請求権とは別個の独立した権利であって，建物所有権の賃貸人への移転という犠牲を伴うものであることなどに照らすと，相殺権に近い性質を有すると考えられる。判例（最二小判平7.12.15民集49-10-3051［42］）も既判力による遮断を否定している(注1)。

　　　㈣　その他——解除権・白地補充権
　　　　解除権についての判例はないが，解除原因が基準時前に存在していた場合については，上述の判例理論からすると，取消権事例の場合と同様に，遮断されると考えることができよう(注2)。また，白地未補充のまま手形金請求をして棄却された後，白地補充して手形金を請求することは，前訴判決の既判力によって遮断されるとするのが判例（最三小判昭57.3.30民集36-3-501［19］）である。

5　既判力の物的限界——客観的範囲
⑴　意義

　既判力は判決主文に包含されるもの，すなわち，主文で表示された事項についてのみ生ずるのが原則である（法114条1項）。主文では，本案判決の場合は，請求の内容である訴訟物たる権利又は法律関係の存否についての裁判所の結論的判断部分が表示され，訴訟判決では，訴えが不適法であることにつき判断が示されるが，いずれも既判力の客観的範囲は裁判所の当該訴訟に対する終局的判断に限定される。

　もっとも，主文の文言は簡潔である上，請求棄却判決は「原告の請求を棄却する。」とのみ，訴え却下判決は「本件訴えを却下する。」とのみ宣言するに止まるため，主文だけでなく判決の事実及び理由中の記載を斟酌して，既判力の客観的範囲を確定しなければならない（法253条2項は請求の表示の記載を要求している。）。

⑵　根拠

　判決による紛争解決の効率を高めるには，1回の審理及び判決で解決済みとする範囲を広げ，理由中の判断にも既判力を認めるのが望ましいといえる。しかし，原告が求めているのは，当該訴訟において主題として提示した訴訟物たる権利又は法律関係の存否であって，こ

(注1)　すなわち，「建物買取請求権は，前訴確定判決によって確定された賃貸人の建物収去土地明渡請求権の発生原因に内在する瑕疵に基づく権利とは異なり，これとは別個の制度目的及び原因に基づいて発生する権利であって，賃借人がこれを行使することにより建物の所有権が法律上当然に賃貸人に移転し，その結果として賃借人の建物収去義務が消滅するに至るのである。したがって，賃借人が前訴の事実審口頭弁論終結時までに建物買取請求権を行使しなかったとしても，実体法上，その事実は同権利の消滅事由に当たるものではなく，訴訟上も，前訴確定判決の既判力によって遮断されることはないと解すべきものである。そうすると，賃借人が前訴の事実審口頭弁論終結時以後に建物買取請求権を行使したときは，それによって前訴確定判決により確定された賃借人の建物収去義務が消滅し，前訴確定判決はその限度で執行力を失うから，建物買取請求権行使の効果は，民事執行法35条2項所定の口頭弁論の終結後に生じた異議の事由に該当するものというべきである」と判示している。
(注2)　通説も同様であるが，提出責任の有無ないし提出の期待可能性などを斟酌して決定するとする見解や，そもそも否定する見解もある。

れに向けて意識的に攻撃防御を集中させることが必要であるのに対し，その前提となる法律関係にまで既判力が及ぶのは原告の予期しないことといわなければならない。被告にとっても理由中の判断に既判力が生じることを計算して訴訟追行しなければならないとすると，訴訟追行の自由が失われる。そこで，既判力を主文のみに限定し，先決問題は結論を導く上で手段的地位を占めるに止まることを明らかにすることで，このような当事者の訴訟活動の自由を確保しようとするのである。また，裁判所としても，このような当事者の訴訟追行を考慮に容れて実体法の論理的な順序に拘泥せずに，比較的自由かつ弾力的に，しかも迅速に審判できるメリットがある（例えば，売買代金の履行請求訴訟において，被告が売買契約の成立を否認するとともに，弁済の抗弁を提出している場合において，裁判所は，売買契約の成立を認定することなく，弁済の抗弁を認定して請求を棄却することができる。）。

このような立法政策的判断を基礎づける文理上の根拠としては，既判力が理由中の判断に及ぶのは特に法定された場合であること（法114条2項），先決問題について既判力を必要とする場合には，特別の方法（中間確認の訴え［法145条］）が与えられていることから推知される。

(3) 判決理由中の判断

上述のとおり，主文に表示された判断以外の判決理由中の判断は，既判力を有しない。当面の紛争である訴訟物たる権利関係の存否の判断の前提としての判断にすぎないからである。したがって，主文判断の前提事項（事実認定又は先決的法律関係）が他の訴訟で争いになっても，それと異なる認定や判断をすることは可能である。例えば，所有権に基づく抹消登記手続請求権が確定されても，所有権の存在が確定されるわけではないから，別訴でその存在を争うことができる（最一小昭30.12.1民集9－13－1903［126］）。利息請求訴訟の判決理由中で元本債権の存在が認定されていても，元本請求の別訴では被告は元本債権の存在を争うことは妨げられない。

(4) 例外：相殺の抗弁の判断（法114条2項）

以上の例外として，相殺の抗弁の成立不成立の判断については，判決理由中の判断にも既判力を生ずるものとされている。

ア　根拠

相殺の抗弁は，他の抗弁と異なり，訴求債権（受働債権）の存在と，発生原因において無関係に成立存在し得る反対債権（自働債権）とを対当額で消滅させる効果を有するものであるから，その判断について既判力を認めないと，訴求債権の存否についての争いが反対債権の存否の争いとして蒸し返され，前訴判決による紛争解決が実質的に崩壊してしまうからである(注1)。

（注1）　一般的にはこのように説明されるが，これは既判力付与の政策的必要性をいうものにすぎない。相殺の抗弁の特異性は，弁済・免除・消滅時効等の抗弁との実質的差異に求められなければならない。すなわち，弁済や免除，消滅時効などの一般の抗弁は，自己の請求を持ち出すものではなく，単に相手方の請求に対する防御方法としての機能に尽きるのに対し，相殺の抗弁は，請求とは別個独立の権利の存在を主張立証し，その存在が肯認されたときに，対当額にて請求を消滅させる結果，訴訟上抗弁として機能するものである。そこには，反訴提起に等しい実質があり，自働債権の存否の審理・判断については，訴訟物たる権利関係に対する審理・判断と同様の手続保障が付与されるのである。これが相殺の抗弁の判断に対して既判力が認められる実質的な根拠であろう。

例えば，前訴において相殺の抗弁が認められた被告が，相殺に供した自働債権を訴求することを認め，この後訴が認容されると，前訴原告は自己の訴求債権の犠牲において被告の反対債権の消滅という結果となったにもかかわらず，更に後訴で請求されるというのは二重に敗訴するに等しい結果となる。他方，前訴被告は前訴請求債権の支払を免れるだけでなく，後訴請求が妨げられないとすると二重に利益を得る結果となり，前訴判決の紛争解決機能を著しく低下させることとなる。

イ　判断の順序

相殺の抗弁については，裁判所は，受働債権が存在すると判断したときに，相殺の抗弁を判断すべきである。もし受働債権が不存在であった場合には，自働債権が不当に消滅させられることになるからである[注1]。したがって，相殺の抗弁は，通常，予備的抗弁[注2]として位置づけられる。なお，第6章第8の2(2)ウ参照。

ウ　既判力の及ぶ範囲

相殺の抗弁に対する判断の既判力は，訴求債権と対当額の部分に限られる（大判昭10.8.24民集14-1582）。すなわち，相殺の抗弁が排斥された場合には，被告の主張する反対債権が，相殺をもって対抗した額に関する限り，「存在しなかったこと」が確定され，相殺の抗弁が認容された場合には，反対債権が原告の受働債権と対当額で相殺により消滅し，「現（＝口頭弁論終結時）に反対債権が不存在であること」が確定される[注3]。

エ　一部請求と相殺

一部請求につき，相殺の抗弁が提出されてそれに理由があるとき，請求の基礎となっている債権の総額から消滅した額（自働債権額）を差し引いて認容額を決定すべきか（外側説），当該訴訟において請求されている部分から差し引いて認容額を決定すべきか（内側説），当該訴訟において請求されている部分と請求されていない部分に案分して差し引いて認容額を決定すべきか（案分説）という問題がある。

判例（最三小判平6.11.22民集48-7-1355［29］）は，「まず，当該債権の総額を確定し，その額から自働債権の額を控除した残存額を算定した上，原告の請求に係る一部請求の額が残存額の範囲内であるときはそのまま認容し，残存額を超えるときはその残存額の限度でこれを認容すべきである。」とし，外側説によることとしている（なお，損害賠償請求訴訟に

(注1)　これに対し，弁済，免除等の防御機能を有するにすぎない一般の抗弁については，審理判断の順序を指定する利益はないし，裁判所はそれに拘束されず，並列的な抗弁の主張として理解すれば足りる。
(注2)　訴訟上の相殺の意思表示は，裁判所によって相殺の判断がされることを条件として実体法上の相殺の効果が生ずるものといえる。なお，相殺の抗弁に対して更に相殺の再抗弁を主張することは許されない（最一小判平10.4.30民集52-3-930［20］）。その理由としては，①これを許すと仮定の上に仮定が積み重ねられて当事者間の法律関係を不安定にし，いたずらに審理の錯雑を招くこと，②これを許さないこととしても，訴えの追加的変更や別訴提起によることが可能であり原告に不都合はないこと，③法114条2項は判決理由中の判断に既判力を生じさせる唯一の例外を定めたものであることにかんがみると，その適用範囲を無制限に拡大することは相当でないこと，が挙げられている。
(注3)　この点につき，「原告の請求債権と被告の反対債権の両者の存在及び相殺によって消滅したこと」につき既判力を生じるとする反対説もあるが，これは反対債権の不存在という結論部分に対する理由部分に相当し，法114条1項と符合しない。

第5 既判力

おける過失相殺についての同様の問題につき，最一小判昭48.4.5民集27－3－419［51］参照）(注1)。

　この判例によると，明示的一部請求における確定判決の既判力は残部について生じない（第4章第3の3参照）以上，その反面として，相殺の抗弁についての既判力も，一部請求の枠外の部分に相当する自働債権の存否については及ばないことになる(A)。そして，相殺の抗弁により自働債権の存否について既判力が生ずるのは，請求の範囲に対して「相殺をもって対抗した額」に限られるから，当該債権の総額から自働債権の額を控除した結果，①残存額が一部請求の額を減額させるときは，当該自働債権による対抗額が存在したが，相殺によって消滅し，「現在，不存在であること」が既判力によって確定され(B)，②残存額が一部請求の額を超えるときは対抗額がもともと不存在という意味で自働債権の不存在が既判力によって確定される(C)。

＜一部請求と相殺＞

　　　　　　債権総額　200万円
　請求債権額　100万円
　　　　　　相殺対抗額　150万円

① 認容額50万円 ｜ 相殺による対抗額　　　　　　　　　　　　＜自働債権150万円全額が認定された場合＞
　　自働債権不存在につき既判力が生じる(B)　　既判力は生じない(A)

② 認容額　100万円　　　　　　　　　　｜認定額50万円｜　＜自働債権50万円のみが認定された場合＞
　　自働債権不存在につき既判力が生じる(C)　　既判力は生じない(A)

(5) 責任なき債務と主文判断

ア　相続債務に関する給付訴訟と限定承認

　給付訴訟において請求を認容するに際し，被告から限定承認の主張がなされ，これが認められるときは，裁判所は，その判決主文において「相続財産の限度で支払え。」との留保を明示すべきことは，大審院以来の判例（大判昭7.6.2民集11－1099）及び実務の確立した取扱いである。この場合，責任を限定する旨の留保は被告の抗弁として主張されたことを契機として主文に掲げることとなるが，訴訟物を構成するのかどうか，すなわち，留保付判決が確定した後，限定承認と相容れない事実を主張して無留保判決を求めて後訴を提起することの許否が問題となる。判例（最二小判昭49.4.26民集28－3－503［34］）は，前訴訴訟物は直接には給付請求権の存在及びその範囲であるが，限定承認の存在及び効力もこれに準

（注1）　その根拠として，当事者（原告）の意思にそうことが挙げられている。すなわち，一部請求の動機には多様なものが考えられる（手数料節約，一部弁済を受けたこと，相殺を対抗される可能性を考慮など）が，いずれにせよ原告としては，少なくともその範囲においては請求権が現存すると期待して請求するのであるから，外側説によるのでなければ一部請求を認める趣旨に反するとされる。しかし，これに対しては，明示的一部請求に関する判例理論の思考と一貫していないのではないかとか，訴訟上の相殺という被告の防御方法の意図は現実の請求額と相殺したいとするところにあるのが通例であって，これを軽視しすぎるのではないかとの批判がある。

ずるものとして審理判断されるのみならず，限定承認が認められたときは主文においてそのことが明示されるのであるから，限定承認の存在及び効力についての前訴の判断に関しては既判力に準ずる効力があるとして，後訴は前訴の確定判決の既判力に抵触する旨判示している。また，無留保判決が確定した後に相続人が限定承認を主張して債権者の執行を限定することの許否については争いがある（大判昭15.2.3民集19-110参照）。弁論終結後に限定承認があった場合に債務者が債権者の執行を限定するための救済方法についても争いがある。

イ　給付訴訟と不執行の合意

給付訴訟において，不執行の合意が主張され，これが認められる場合についてはどうか。判例（最一小判平5.11.11民集47-9-5255［44］）は，「給付訴訟の訴訟物は，直接的には，給付請求権の存在及びその範囲であるから，右請求権につき強制執行をしない旨の合意（以下「不執行の合意」という。）があって強制執行をすることができないものであるかどうかの点は，その審判の対象にならないというべきであり，債務者は，強制執行の段階において不執行の合意を主張して強制執行の可否を争うことができると解される。しかし，給付訴訟において，その給付請求権について不執行の合意があって強制執行をすることができないものであることが主張された場合には，この点も訴訟物に準ずるものとして審判の対象になるというべきであり，裁判所が右主張を認めて右請求権に基づく強制執行をすることができないと判断したときは，執行段階における当事者間の紛争を未然に防止するため，右請求権については強制執行をすることができないことを判決主文において明らかにするのが相当である」旨判示している。

ウ　小括

これらの判例は，債務と責任（執行の可否・範囲）との関係につき，両者は別個のものであって，後者は訴訟物を構成しないことを前提にしつつも，訴訟物判断と性質上密接な関連を有する事由については，当事者から主張が提出されることを契機として審判対象に取り込まれることがあることを示している。この点，いわゆる引換給付判決において主文に掲げられる引換給付文言とは明確に区別されなければならない[注1]。そして，これらの判例からは実質的に紛争の蒸し返しとなるような場合に対して既判力を及ぼし，紛争解決機能を高めようとする指向を窺うことができるといえよう[注2]。

6　既判力の人的限界——主観的範囲

(1) 原則：当事者間における相対的紛争解決

(注1)　引換給付判決においては，給付命令とともに反対債務も主文に掲げられるが，これは強制執行開始要件（民事執行法31条）として注意的に掲げているに止まり，訴訟物を構成しているものではない。債務と責任のような密接な関連性もない。

(注2)　なお，最三小判昭44.6.24判時569-48は，判決理由中の判断における既判力類似の拘束力（いわゆる争点効）を否定したが，前記最二小判昭49.4.26民集28-3-503や前訴と訴訟物を異にする後訴の提起を信義則によって封じた最一小判昭51.9.30民集30-8-799［28］を契機に学説上議論が深められている。例えば，必ずしも訴訟物判断の枠にとらわれずに遮断効を認めるべきではないかとか，その効力の本質は何か（制度的拘束力か信義則の具体的適用か）などが議論されている。

既判力は，対立当事者間に相対的に生ずるのが原則である（法115条1項1号）。民事訴訟は，処分権主義・弁論主義という，当事者の自律的訴訟活動を基本とする手続構造の下，当事者として対立的弁論に関与した者の間で相対的に紛争を解決するのであるから，むやみに既判力を第三者に拡張することは許されない[注1]。

(2) **例外：既判力の拡張の必要性と許容性**

　しかし，当事者間で行われた訴訟による紛争解決の実効性を確保するためには，訴訟物たる権利関係に利害関係を有する第三者に対し既判力を及ぼす必要が生じる場合があり，また，相対的解決の原則を貫くと法律関係の錯雑を招くおそれがあるため，法律関係の画一的処理の観点から広く一般第三者に対しても既判力を及ぼす必要が認められる場合がある。そこで，法は一定の場合には明文で既判力の拡張を認めている。

ア　訴訟担当の場合の利益帰属主体(法115条1項2号)

　訴訟物たる権利又は法律関係の実体法上の帰属主体（「他人」）のために，訴訟追行権を有する訴訟担当者（「当事者」）が追行した訴訟における確定判決は，当該利益帰属主体に対しても効力を有する。この場合，訴訟担当者には当該請求との関係で当事者適格が認められ，利益帰属主体の攻撃防御の地位と機会が代替されているとみられることが判決効拡張の根拠とされている。

　もっとも，法定訴訟担当のうち，債権者代位訴訟や取立訴訟では，債権者が債務者の財産管理権に介入するについては，両者の利害が鋭く対立する関係にあり，上記の判決効拡張の説明は妥当しないと考える余地がある。このため債権者が受けた判決効が債務者に拡張されるのは勝訴判決の場合に限るとする片面的拡張説や債務者・他の債権者の参加の途を保障することを前提に敗訴判決の既判力も債務者に及ぶとする説もある（非訟事件手続法88条2項，民事執行法157条参照）。

イ　口頭弁論終結後の承継人(法115条1項3号)

　(ア) 意義

　　既判力の標準時後に，訴訟物たる権利関係についての地位が当事者(前主)[注2]から第三者に譲渡された場合，そのような第三者に対し，前主とその相手方当事者との間で下された判決の効力が及ばないとすると，勝訴当事者がその目的を貫徹するためには改めて訴えを提起せざるをえなくなり，勝訴当事者及び裁判所が費やした費用・労力・時間が

(注1)　処分権主義・弁論主義を採用する訴訟構造においては，いかなる請求を審判対象として提示するかは原告の意思を基本とし，また，それとの連続性を確保するため訴訟資料のレベルにおいても当事者の意思を尊重する(主張責任，自白，職権証拠調べの原則的禁止)。そしてまた，証拠調べにおける交互尋問制の採用も当事者の主体性を考慮したものである。これらは訴訟物レベル及び訴訟資料レベルのいずれにおいても，当事者が自らの意思で裁判内容を決定できる地位と機会が与えられていることを意味する。そのような審理の集積結果としての判決の効力もまた，原則として，そのような手続保障が付与されて当事者として主体的自律的に関与した者についてのみ及び，そのような機会が与えられていない第三者には及ばないものとされる。これが民事紛争の個別相対的解決といわれるものである。

(注2)　この場合，当事者の承継人だけでなく，訴訟担当における利益帰属主体の承継人も同様である。例えば，債権者代位訴訟において，判決の基準時後に債務者が死亡した場合，その相続人に判決の効力は及ぶ（民事執行法23条参照）。

第8章　終局判決

容易に無意味となる不都合が生じる。この不都合を避けて判決の実効性を確保するため，口頭弁論終結後の承継人は，前主とその相手方当事者との間でなされた判決の効力を受けるものとされている。

　(イ)　承継の意義

　　承継は，一般承継と特定承継とを問わない。また，ここでの承継人に対する判決効の拡張とは，被承継人を当事者として追行された訴訟の成果を承継人に及ぼし，紛争解決の実効性を確保しようとするものであるから，訴訟物たる権利関係自体の承継には限られず，当事者適格を原告又は被告から伝来的に取得することをいうとされたり，紛争主体たる地位の移転(注1)とされたりしている。

　(ウ)　訴訟物たる権利関係の実体法的性質(注2)

　　承継人に拡張される判決効は判決の本体的効力であり，判決効が生じるのは訴訟物として提示された権利関係の存否に対する判断である。したがって，訴訟物たる権利関係の実体法上の性質がいかなるものか，殊に，対人的な債権に基づく請求権か，又は対世的な物権に基づく請求権であるかによって，承継人の範囲に差異を生ずる。例えば，特定の土地明渡請求において，賃貸借契約の終了を理由とする場合には，その被告適格は当該契約の借主に限られ，目的物の現在の占有者が何人であるかは関係ないから，訴訟中借主たる被告が第三者に占有を移転しても，借主は被告適格を失わない反面，標準時後に占有の移転があれば，判決の効力は新占有者に及ばない。これに対し，所有権に基づく返還請求においては，目的物の占有者ないし妨害物件の所有者が被告適格を有するのであるから，被告から妨害物件を譲り受けた者に対しても，判決の効力が及ぶことになる。もっとも，債権の請求権であっても背後に物権が存在する場合には，標準時後の承継人にその効力が及ぶと解されている（最二小判昭26.4.13民集5－5－242，東京高判昭41.4.12判タ194－12，仙台高判平7.10.31判時1573－35）。

　(エ)　承継人の実体法的地位と承継人の範囲

　　承継人に固有の防御方法が存在する場合，ここでの「承継人」に含まれるか。例えば，所有権移転登記手続請求訴訟で敗訴した売主から二重譲渡を受けて標準時後に登記を備えた第三者，虚偽表示を理由とする所有権移転登記抹消登記手続請求訴訟の標準時後に

（注1）　紛争主体たる地位の移転
　例えば，甲が乙に対し，土地所有権に基づき提起した建物収去土地明渡請求訴訟の標準時後に，丙が建物を譲り受け占有した場合，丙は訴訟物たる権利関係を承継したものではなく，むしろ丙は係争建物を譲り受けたことによって，甲に対し独自の明渡義務を負担するに至ったとみるべきであって，甲乙間の訴訟物と甲が丙に訴訟を提起した場合の訴訟物とは異なる。したがって，厳密には当事者適格の承継とはいえない。しかしながら，標準時前の承継＝訴訟承継についてこれを肯定した最三小判昭41.3.22民集20－3－484［112］は，「紛争主体たる地位の移転」と称して承継を肯定しており，そこでは適格承継よりも広く解している（第9章第5参照）。訴訟承継は，いわば生成中の既判力を誰に向けるかの問題であるのに対し，判決効の拡張は完成した既判力を誰に向けるかの問題であって，両者はパラレルに解することが可能である。なお，「適格承継」，「紛争主体たる地位の移転」のいずれにしても，ここでは承継概念から実体法的要素を切断して訴訟法的観点から検討することによって，承継概念は抽象化されその範囲が拡大されることになり，既判力による紛争解決効率は高められたといえる。
（注2）　訴訟物たる権利関係の実体法的性質を考慮する観点は旧訴訟物理論の特色の一つである。

善意で目的不動産を譲り受けた第三者，標準時後の目的動産の占有取得者が民法192条の要件を具備する場合などが議論されている。

　　第三者に固有の防御方法が認められる場合には「承継人」には該当しないとする見解（実質説）と，承継原因事実がある限り「承継人」として既判力の拡張を受けるが，それは口頭弁論終結時を基準時として確定された権利関係を前提としなければならないというに止まり，固有の防御方法の提出は妨げられないとする見解（形式説）とがある。前者の見解は，承継人たる第三者の実体法上の地位を審理して，相手方当事者との関係で固有の抗弁が成立しない場合にのみ「承継人」として既判力の拡張を認める。これは「承継人」に対する既判力拡張の根拠を「当事者と同視すべき第三者」として位置づける理解を基礎とする。これに対し，後者の見解は，確定判決の不可争性を前提に第三者固有の立場を是認しようとするもので，両者は基本的発想を異にするが，要するに，この問題の実体は，第三者の固有の防御方法が遮断されないことを前提に，これをいかなる手続段階で提出させるかという観点を「承継人」概念に投影させたものにすぎないというべきであろう（つまり，第三者を保護すべきかどうかの判断を，「承継人」かどうかの判断にあたって行うか［実質説］，後訴手続の本案審理の中で行うか［形式説］の違いといえる。）。

ウ　請求の目的物の所持人（法115条1項4号）

　　請求が特定物の給付請求である場合に，その特定物の所持につき固有の利益を持たず，もっぱらこれを当事者，訴訟担当における利益帰属主体[注1]，これらの承継人のために所持している者（例えば，受寄者，管理人）は，当事者の受けた判決に拘束される。これらの者は当事者と同視して既判力を及ぼしても所持者の実体的利益を害するおそれはないことによる。請求権は物権であると債権であるとを問わない。所持の時期は，口頭弁論終結の前後を問わない。

エ　訴訟脱退者

　　独立当事者参加（法47条）又は訴訟承継（法49条，51条）があって従前の当事者が訴訟を脱退したとき，残存当事者間の判決の効力は，脱退当事者に及ぶ（法48条）。第9章第4の4(6)イ(ウ)，同第5の3(3)ウ参照。

オ　一般第三者への既判力の拡張

　　身分関係，団体的法律関係は，その特殊性にかんがみ，個別相対的解決の原則を貫くと，かえって法律関係を混乱させるおそれがある。そのため，当該法律関係を争う資格のある者は，自己の利益のためばかりでなく，同様な地位にある者のためにも訴訟を追行するものとみて，既判力を当事者以外の者に及ぼすことによって，その法律関係の画一的処理を図ることとする場合がある。法はそのような紛争類型を個別的に選別して規定を設けるとともに（例えば，会社法838条，人事訴訟法24条など），併せて，既判力の拡張を受ける第三者の手続的地位の保障に配慮をしている（例えば，職権探知主義の採用［人事訴訟法20条］，参加保障［人事訴訟法15条］，詐害再審［会社法853条，行政事件訴訟法34条］など）。

（注1）　法115条1項3号と同様に，平成8年改正法において，民事執行法23条と平仄をあわせて訴訟担当の場合の利益帰属主体のための所持人を含む旨明示された。例えば，相続人が目的物を第三者に寄託している場合，遺言執行者が受けた判決の効力は当該受寄者に及ぶ。

第8章　終局判決

7　定期金賠償確定判決変更の訴え

(1) 意義

　　民法は，金銭賠償の原則を明らかにしているが（民法722条1項，417条），その賠償方式については一時金か定期金かを明定しておらず，解釈に委ねている。従来，わが国の損害賠償理論においては，一般的には一時金賠償によるものとされてきたが，後遺障害の治療費，将来の逸失利益等のように，被害の持続性と変動性にかんがみ損害額算定の基礎に将来の不確定要素を含むことが不可避なものについて，定期金賠償を認めた裁判例がある[注1]。定期金賠償については，特に定期金判決後の被害症状の変化や貨幣価値変動への対応が不可欠であり，確定判決の内容を事後的に修正する途を開いておく必要がある[注2]ことから，法117条は，口頭弁論終結前に生じた損害について定期金による賠償を命じた確定判決につき，口頭弁論終結後にその判決の基礎となった事情に著しい変更が生じた場合に確定判決の変更を求める訴えを提起することができることとしている。

(2) 変更判決の対象となる確定判決の範囲

　　本条による変更判決の対象となる前訴判決の範囲は，以下の2点によって限定が加えられており，既発生の損害について定期金給付を命じた確定判決であることを要する[注3]。

(注1) 原告が一時金を請求した場合には，裁判所は定期金賠償を命ずる判決をすることはできないとされる（最二小判昭62.2.26判時1232-100）。この点，後遺障害，逸失利益及び将来の介護費用についての定期金賠償は将来の時間的経過に伴って損害が具体化するという実態に沿うものであって合理的であるから定期金賠償を否定すべき理由はないし，定期金賠償と一時金賠償とは法的に等価値と評価されることからすれば，その選択を損害賠償請求権者に委ねても不合理とはいえないとの考えから，損害賠償請求権者である原告が定期金賠償を求めたときは，損害賠償義務者である被告が一時金賠償方式による判決を求めることはできないとした裁判例がある（東京地判平15.7.24判時1838-40）。これに対し，原告が一時金賠償を求めたにもかかわらず定期金賠償を求める被告の主張を採用した裁判例もあり（東京高判平15.7.29判時1838-69），処分権主義が損害賠償方式にどのように及ぶのかが問題となっている。原告が定期金賠償を求めたときには，それを訴訟法上尊重し裁判所がこれに拘束されるとしても，法的には原告が損害賠償請求権の一部について新たに期限の利益を付与するものと理解されるから処分権主義との問題は生じないといえる。これに対し，一時金請求の事案において，定期金賠償を認める判決をするときには，定期金賠償がもつ実体的な意味での合理性は処分権主義を制限するところまで行きつくのかどうか，そしてその手続的合理性はどのようなところにあるのかが問われることとなろう。

(注2) 東京スモン訴訟における東京地判昭53.8.3判時899-48は，傍論において，「いわゆる定期金賠償については，損害の認定がより正確なものとなる等の合理性が認められるとはいえ，これを肯定すべき直接の規定がなく，また，定期金賠償を肯定する以上当然に必要とされる担保の供与や変更判決等に関する制度が設けられていないのであって，定期金賠償の請求それ自体にも問題がないわけではない」旨判示していたところ，法117条はこれらに対し一定の立法的解決を与えるものである。

(注3) この訴えは，「確定判決」のみを対象とするのか，すなわち，訴訟上の和解において損害賠償金の定期金支払を合意した場合への適用の可否が問題となる。その調書記載が「確定判決と同一の効力を有する」とされていること（法267条）及びこの制度の目的が定期金賠償を命ずる債務名義の内容を現実に適合するよう変更することにあると解すれば，和解調書への準用を肯定する余地がある。この見解によれば，「口頭弁論終結後」の事情変動を，「和解成立後」の事情変動と読み替えることとなろう。しかし，法117条は，実体法を適用して得られた定期金給付という結論が既判力によって確定されているために，その後の事情変動を斟酌することができず著しい不均衡が生じているものを対象として，その既判力を解除して実体に適合するよう請求権の内容を調整するための特別の方法を規定したものとみるべきである。この点，和解は　（つづく）

第5　既判力

ア　定期金賠償を命じた判決であること

　　いかなる場合に定期金賠償を命ずる判決をすることができるかは，実体法の解釈によって定まる問題であり(注1)，本条が直接に規定するところではない。本条による変更の対象となり得る判決は，請求権の具体化が将来の時間的経過に依存している関係にあるような性質の損害について，将来発生すべき事象の予測を基礎として，実体に即して賠償を認めたものをいい，将来の不確定要素を取り込んでいる判決であっても，現在時点に引き直して一時金給付を命じた判決については，本条による変更の対象とはならない。

イ　前訴の口頭弁論終結前に生じた損害についての判決であること

　　本条による変更の対象となる判決を，過去の不法行為に基づく既発生の損害の賠償を命ずるものに限定する趣旨である。将来にわたる継続的不法行為などを原因として，口頭弁論終結後に生じうべき損害についてなされた前訴判決は，将来の給付の訴え（法135条）についてなされたものであるが，この場合，損害発生予測の基礎となった貨幣価値ないし物価の変動があった場合には追加請求の許否が問題となるのみであり（最一小判昭61.7.17民集40-5-941［21］，第4章第3の3(5)参照），本条による変更の必要はない。

(3)　訴え及び変更判決の要件

　　確定判決変更の訴えを提起し，変更判決を得るには，次の要件が必要である(注2)。

ア　前訴の口頭弁論終結後に，後遺障害の程度，賃金水準その他の損害額の算定の基礎となった事情に著しい変更が生じたこと

　　この要件は，軽微な変動によって変更判決を求める訴えが繰り返される被告の応訴上の不利益を考慮して，損害額算定の基礎事情に「著しい変更」があった場合に限りこの訴えを許す趣旨であり，著しい変更とは，前訴裁判所の合理的予測の範囲を逸脱するような基礎事情の変更が生じた場合をいう。

イ　確定判決変更の訴え提起日以後に支払期限が到来する定期金に係る部分を対象とするものであること

　　訴え提起時点において支払期未到来の定期金を対象としていれば足り，審理中に支払期が到来しても訴えの適法性には無関係である。

ウ　この訴えは第一審裁判所の専属管轄である（法117条2項）。

(4)　訴え及び変更判決の性質

　　変更判決は，定期金賠償を命じた前訴の確定判決の執行力を，変動した現実の関係に適合するように変更・修正する判決であり，確定して初めて定期金給付判決変更の効果が発生するものであるから，これを求める本条による訴えは，訴訟上の形成の訴えと解される。また，変更判決は，前訴判決の既判力の範囲内の事項について，標準時後の事情変動を考慮して前

(つづき)　賃金水準等を必ずしも反映したものではないし，実体法を適用した結果が既判力で確定されているわけでもない。とすると，そのようなものについて，法117条によって，その後の事情変動を考慮して実体法に適合するように変更を加えることを認めるのは，法の予定しない事態であるといわなければならないであろう。

(注1)　訴訟法上の問題として，一時金請求に対し定期金賠償判決をすることができるかという点で処分権主義（法246条）との関係も問題となり得る（前頁注1参照）。

(注2)　この訴え固有の特別訴訟要件である。

訴判決を変更するものであって，前訴判決の既判力の解除(遮断効の排除)を内容とし，これに加え，変更判決が増額を内容とする場合には追加的給付を命じ，減額を内容とする場合には前訴判決の執行力の一部消滅を宣言することとなる(注1)。この点，前訴判決の既判力を打破する点では，再審の訴えと類似する側面を有するが，再審の訴えとは異なり，前訴における審判対象自体について再度の審判を求めるものではなく，損害額の算定に関する部分についてのみを審判の対象とする特殊な訴えである。これを除く部分(不法行為の存在，因果関係の存在，過失相殺の前提となる被告側の過失の存否・過失割合等)については，前訴の判断と異なる判断をすることはできない。

(5) 執行停止

なお，債務者が定期金の減額を求めてこの訴えを提起する場合，前訴確定判決に基づく執行は当然には停止しない。そこで，機能的・構造的に類似する請求異議の訴え(民事執行法36条1項)と同一の要件の下に執行停止が認められる(法403条1項6号)。

8 外国裁判所の確定判決の効力

(1) 意義

外国裁判所がした判決は裁判権を異にする以上，本来的にはわが国には何らの効力を有しない。このような建前は内国法秩序を維持する利益を確保する上で意義を有する。しかし，今日の国際化社会における渉外生活関係の拡大に伴い，同一の法律関係について一貫した法秩序の実現を確保することによる法律関係の安定や，裁判権が異なるとはいえ，同一事件に対する重複審理・矛盾判断回避などの観点から，外国判決を内国に妥当せしめる利益も看過できない。そこで，外国の判決をわが国においても判決としての法的効力を取得させる承認の要件を法律上規定している(法118条)。すなわち，外国裁判所の判決をわが国において執行するには，当該外国判決による強制執行を許す旨の執行判決を得なければならないとされ(民事執行法22条6号，24条)，執行判決を得るためには，当該外国判決が法118条各号に掲げる要件を具備することが必要とされていることから，執行判決を求める訴えにおける審理において(注2)，上記諸利益の調和的実現を図るべく承認要件の解釈がなされることとなる。

(2) 承認の要件

外国判決を承認するための要件は，次の4点であり，これらのすべてを具備する必要がある(法118条)。

ア 国際的裁判管轄権(1号)

外国判決を承認するには，承認国であるわが国の裁判管轄権に関する原則に照らし，判決国に国際的な裁判権があることが必要である。旧法では「裁判権ヲ否認セサルコト」という消極的要件の形式で規定していたこともあって，条約又はわが国の法令上の国際的な

(注1) もっとも，これは理論的に峻別可能ということであり，現実の主文の形態とは直接の関係はない。すなわち，増額の場合には，差額分の支払を命じることにより，又は前訴判決の主文の変更という形で判断が示されることもあろうし，減額の場合には，前訴判決の一部取消しという形での判断がなされると解されるのであって，既判力の遮断効の消滅を宣言する主文は必ずしも要しない。

(注2) なお，この審理における対象は承認要件の存否であって，当該外国判決の内容の当否を審査することは許されず(民事執行法24条2項)，外国判決に表示された実体権の存否を再審査するものではない。

専属管轄の定めに抵触する等の場合にのみ承認を拒絶できるとの見解もあったが、積極的に裁判権が認められることを要するものとして立法的解決を図った。

イ　敗訴被告の手続的保障(2号)

次に、外国でなされた裁判手続において、敗訴した被告が現実に応訴・防御の機会が与えられたことを要する。旧法では、敗訴被告が日本人の場合のみに限定していたが、自国民保護思想に基づくとの批判があり、日本人に限定を加えないこととしている。

ウ　公序(3号)

外国判決の内容及び訴訟手続が日本における公序良俗に反する場合には、承認を拒絶することができる(注1)。後者の手続的正義の観点は、旧法下の解釈(最三小判昭58.6.7民集37－5－611［16］)を明文化したものである。

エ　相互の保証(4号)

これは判決国がわが国の判決を承認する場合に、わが国も当該外国の判決を承認するとの趣旨であるが、判決国がわが国と全く同一の条件を定めていることは条約の存する場合でもない限り期待することは困難であるから、「相互の保証」の意義については、訴訟経済・権利救済を図る必要が増大していることにかんがみこれを緩和して解釈しなければならない。判決国における外国判決の承認の条件が、わが国における条件と重要な点で異ならず、実質的に同等であれば足りると解するのが判例である(前掲最三小判昭58.6.7)。

第6　執行力

1　意義

確定判決や調書(和解・認諾)などに掲げられた給付義務を強制執行手続によって実現できる効力を狭義の執行力という。通常、執行力はこの意味で用いられる。既判力が後訴裁判所及び当事者に対する効力であるのに対し、執行力は、執行機関に対する効力である点で異なる。

狭義の執行力に対して、強制執行手続によると否とを問わず、広く判決を利用してその内容に適合した状態を実現することができる効力を、広義の執行力という。広義の執行力は、給付判決に限らず、確認判決や形成判決にも認められる。例えば、執行機関に対し執行の停止・取消しを申し立てる場合(民事執行法39条、40条)、親子関係存否確認の判決に基づき戸籍簿の記載の抹消・変更をする場合(戸籍法116条)、所有権確認判決によって未登記不動産の保存登記をする場合(不動産登記法74条1項2号)などである。広義の執行力は、法律により、一定の裁判があるときに国家機関が一定の取扱いをすべき旨定められていることに基づくものであって、判決本来の効力に基づくものではない。

2　債務名義と執行文

執行力を有する証書一般を債務名義(執行名義)といい、これは民事執行法22条に列挙されている。債務名義作成機関と執行機関とを制度的に分離することにより、債務名義作成過程において、執行を受ける債務者の自己責任を問い得る基礎を築き、かつ、民事執行手続の迅速・効

(注1)　外国裁判所の判決のうち、補償的損害賠償及び訴訟費用に加えて、見せしめと制裁のために懲罰的損害賠償としての金員の支払を命じた部分は、わが国の公の秩序に反するから、その効力を有しない(最二小判平9.7.11民集51－6－2573［38］)。

第8章　終局判決

率を確保するため，債務名義制度を導入し，執行機関は執行力を表象する文書である債務名義に基づいて執行を開始する。すなわち，債務名義が作成されてもそこに表示されている給付請求権は，その後に変更・消滅する可能性はなお存する。しかし，いったん債務名義が作成された以上，執行機関は実体関係の変動を顧慮することなく執行を開始すれば足り，他方，執行の排除を求める側において債務名義成立後の権利変動を理由とする異議を主張しない限り，執行は排除されないという手続構造が構築されることにより，執行の迅速性が確保される。

また，債務名義作成機関と執行機関とを制度的に分離して，執行力の現存及びその範囲を執行機関以外の機関に公証させている。この点も，執行機関を実体関係の調査・判断から解放することによって執行の迅速・効率化を図ろうとするものである[注1]。この執行力の現存を公証する文言ないし文書を執行文という。執行文は，執行証書以外の債務名義については，事件記録の存する裁判所の書記官が，執行証書については原本を保存する公証人が付与する(民事執行法26条1項)。

3　執行力の範囲

執行力の物的・人的限界は，原則として既判力のそれに準ずる(民事執行法23条1項，27条2項)[注2]。

第7　形成力

1　意義

形成請求を認容する形成判決が確定することによって，判決内容どおりに，新たな法律関係の発生や従来の法律関係の変更・消滅を生じさせる効力を，形成力という。例えば，「原告と被告とを離婚する。」との離婚判決によって，既存の原被告間の婚姻関係を消滅させるのがこれにあたる。

形成判決がなされると，判決の標準時における形成要件の存在が既判力で確定されるとともに，形成力によって法律関係の変動を生じる。

2　形成力の範囲

(1)　時間的範囲

法律関係の変動の時期については，実体法の定めるところによる。例えば，嫡出否認(民法

(注1)　すなわち，これらにより，執行機関は，執行開始要件を具備しているか否かの調査のみで足りることになる(執行開始要件には，①形式的客観的審査で足りるもの［例えば，民事執行法29条，30条］と，②執行関係人の利益保護の観点から執行開始要件とされるもの［例えば，民事執行法31条］とがある。)。

(注2)　このように解するのが伝統的な見解であるが，既判力と執行力は制度趣旨と作用を異にし，既判力拡張の議論を執行力の主観的範囲の議論に投影することを不当とする指摘もある。つまり，既判力は前訴・後訴の関係において紛争解決の実効性を貫徹することの許否・限界が問題となり，拡張を受ける承継人による新訴の提起をまって作用するのに対し，執行力は前訴と強制執行の関係において判決の命じた給付内容を強制的に実現するもので，承継人についての新訴を省略し直接に強制執行を開始させるものであるから，両者をパラレルに解することはできないとする。したがって，既判力の主観的範囲に関する形式説と実質説の問題を執行力の主観的範囲の問題に投影することはできず，執行力の主観的範囲の問題は，第三者固有の抗弁を執行文関連訴訟と請求異議訴訟のいずれの手続段階で，誰がどのような方法で主張するのが合理的かという問題であるとする。

775条），認知（民法784条），婚姻無効（民法742条），株主総会決議取消し（会社法839条反対解釈），行政処分取消しの判決等は，変動の効果を徹底させる必要があるため遡及的効果を生ずるが，離婚（民法770条），婚姻取消し（民法744条，747条，748条1項），会社設立無効（会社法839条）の判決等は，変動自体を画一的に生じさせれば足り，確定した時から将来に向かってのみ効果を生ずることとされている。

(2) 主観的範囲

形成力は，原則として，当事者間に限らず，一般第三者に及ぶ（例外：詐害行為取消訴訟，再審の訴え等の訴訟法上の形成訴訟など）。

第8　付随的効力

以上の確定判決の本来の内容上の効力に対して，確定判決がなされた結果，これに付随して法規によって認められる効力を，付随的効力という。また，理論上の効力として，判決理由中の判断の拘束力（第8章第5の5参照）や反射効の是非が議論されている。

1　参加的効力

法46条参照（第9章第4の2(5)参照）。

2　訴権喪失効

人事訴訟法25条参照。

3　法律要件的効力

民法その他の法律が確定判決の存在を法律要件として規定するため，判決の存在に一定の法律効果が結びつけられることがある。例えば，中断した時効の再進行（民法157条2項），判決で確定された権利の時効期間（民法174条の2），委託を受けた保証人の求償権の現実化（民法459条1項），供託物取戻権の消滅（民法496条1項）などがある。

4　反射効

第三者の法的地位が判決当時の当事者のそれに実体法上依存する関係にあることから，第三者が直接既判力を受けるわけではないが，反射的に利益・不利益が及ぶことをいう。例えば，保証人は主債務者と債権者との間の判決の既判力を受けるわけではないが，主債務者が勝訴判決を得て，債権者に対する弁済の必要がなくなれば，保証債務の附従性から，保証人も，債権者に対しその勝訴の結果を援用することができるとする学説がある。しかし，反射効を認めるべきか否か，認めるとした場合，その根拠（既判力拡張，反射効(注1)）・範囲については争いがある（最二小判昭31.7.20民集10-8-965 [58]，最一小判昭51.10.21民集30-9-903 [32] 参照）。

後者の判例（最一小判昭51.10.21）は，次のとおりである。債権者甲が主債務者乙，連帯保証人丙を共同被告として，乙に対し貸金返還，丙に対し連帯保証債務履行請求訴訟を提起したところ，乙は争ったが，丙は請求原因を認めたため，裁判所は丙に対する請求を分離して甲の丙に対する請求を認容し同判決が確定した(注2)。その後，甲乙間の貸金返還請求訴訟では，甲の請

(注1)　反射効説内部でも，いわゆる権利実在説の観点から説明する見解と手続保障論の観点から説明する見解などがあり，必ずしも内容の一致をみていない。
(注2)　この場合，紛争の相対的解決の観点からは，甲丙間訴訟について弁論を分離することは当然に許される。もっとも，弁論を分離して判決を言い渡すことに抵抗を感じる事案もありえなくはない。　　（つづく）

求は棄却され同判決が確定した。甲が丙に対し確定判決に基づき強制執行を開始したところ，丙は甲乙間の敗訴判決確定を請求異議事由として執行の排除を求めた。判旨は，まず「保証人が主債務者勝訴の確定判決を援用することが許されるにしても，これは，右確定判決の既判力が保証人に拡張されることに基づくものではないと解すべきである」として，既判力拡張説を否定し，また，反射効の是非についても仮定論を展開しているにすぎない。したがって，判例が反射効を認めるものか否かは態度未定といわざるをえない。そして，本件については，丙は，保証人敗訴の確定判決の効力として，主債務の不成立・無効などその標準時以前の事由に基づいて自己の義務を争うことはできない以上，その後に主債務者勝訴の判決が確定したとしても，自己が受けた確定判決の失権効によって遮断されている事由をもって債権者の権利を争うに等しく，丙は乙勝訴の確定判決を援用することはできないとして，上告を棄却した。

　主債務と保証債務との紛争には関連があり，矛盾なく解決できるのが理想ではある（保証人が債権者に対し保証債務を履行することによって，求償権をめぐる紛争として再燃する余地がある。）。その意味では，反射効理論が主張されることには相応の理由がある。しかし，民事訴訟は紛争の相対的解決を原則とするものであり，その克服を検討する学説による反射効の議論状況はなお不明確な現状にある。この点，判例としても，仮定論に止まっていることからみて，反射効についてはなお慎重に検討すべきであろう。

（つづき）ただし，この種の訴訟は通常共同訴訟と解されており，弁論を分離しないだけでは問題は解決しない。

第9章　多数当事者訴訟

第1　序説

　民事訴訟は，対立する二当事者の関与を予定する単独訴訟を基本型として手続を組み立て，紛争の相対的解決を指向する。これは処分権主義・弁論主義を採用して当事者の自律的訴訟追行を予定する構造を採用する以上，当然のことといわなければならない。したがって，複数の利害関係人が存在する紛争であっても，個別訴訟による解決を許すのが基本的な原理である。しかし，社会に生起する法的紛争はときに複雑多岐にわたり，1対1の紛争に限られず，3人以上の当事者を必然的に巻き込んだ形態での紛争が多角的に現れることや，他人間で進行中の訴訟に第三者が深刻な利害と関心を寄せざるをえないということがあり得る。このような場合，紛争の実態を訴訟手続に反映させて的確な解決を示すことが求められる。また，紛争を同一訴訟手続内で扱うこととすれば，統一的な審判が可能となり，矛盾判断を回避しつつ当事者の便宜に適うメリットがある反面，統一的審判の目的を実現するためには，当事者の訴訟追行の自由を制約せざるをえない場合が生じるとともに，手続が複雑重厚なものとなり，遅延の原因にもなり得るというデメリットが考えられる。ここでは，これらの諸要請をいかに調和させるかが問われることとなる。

第2　共同訴訟

1　総説

(1)　共同訴訟の制度目的と必要性

　共同訴訟とは，一つの訴訟手続に数人の原告又は被告が関与している訴訟形態をいう。多数の当事者によって構成される紛争をなるべくそのまま訴訟当事者として同一の訴訟手続内で同時に審判すれば，共通の争点について審理の重複を避けられ，当事者も労力を削減することができるし，統一的な紛争解決も期待できる。法が共同訴訟をかなり広範に許しているのは，このような利点が重視されていることによる。

(2)　共同訴訟の訴訟法的効果

　共同訴訟が成立すると，通常の個別訴訟に比して，どのように異なる扱いがなされるのか。後述するように，共同訴訟にも複数の類型が認められるのであって，これらに対する制度論的及び解釈論的考察においては，どのような効果を付与するのが訴訟法的規律として合理的か，を検討しなければならない。

　そこでまず，共同訴訟が成立した場合の効果面を整理すると，次のようにいうことができる。

ア　審理の併合

　共同訴訟である限り，各当事者に対する手続は併合され，同一期日が指定され，審理の足並みが整えられる。その結果，各共同訴訟人が同一の訴訟代理人を選任し，また，相互に攻撃防御方法を利用しあうこともでき，共同訴訟人のみならずその相手方にとっても労力を節約するのに役立つ。また，審理の重複を避け，事実上訴訟資料の統一を図ることができ，紛争の統一的解決を図ることが可能となる。

第9章　多数当事者訴訟

　　　審理の併合は，裁判所の訴訟指揮権の発動によって生じるのが基本であり（法152条［弁論の併合］），いったん生じた併合関係を解き，弁論を分離することも妨げられない。そのため，この訴訟指揮権に対する法律上の拘束を認めるか，事実上のものに止めるかは，当該共同訴訟形態における統一的審判の要請の強度等に関わる立法政策又は解釈論上の問題となる。

　イ　証拠共通・主張共通

　　　併合された手続の中で，ある共同訴訟人が提出した主張や証拠提出の効力が，他の共同訴訟人に対しても当然に及ぶという効果を認めるべきかどうかが問題となる（後述のように，必要的共同訴訟には法律上この効果が認められるが，通常共同訴訟において認めるべきかどうかについて争いがある。）。共同訴訟による紛争解決の統一性を重視するならば，このような訴訟法的効果を広く認め，裁判資料を共通化すべきとの政策判断が導かれることとなる。前記アの効果が審理手続面での事実上の統一性を期待するというにとどまるのに対し，この場合には，それに加えて審理の内容（訴訟資料）面での統一性を確保することになるので，当事者の負担を軽減するとともに統一的解決がより強く確保されることになる。

　　　しかし他方，このような効果は，当事者の自律的訴訟追行の自由を制約する可能性があることにも留意しなければならない。

　ウ　訴訟進行の統一

　　　いったん併合された手続でも，種々の事由によって再び手続が分離される可能性がある。また，例えば，共同訴訟人の1人について生じた事由（取下げ，上訴，中断事由など）が他の共同訴訟人にどのような影響を及ぼすのかという問題もある。ここでも統一的解決を重視するならば，弁論の併合を強制したり，分離を禁止したりすることが考えられるし，訴訟進行の統一を確保するため，1人について生じた事由を全訴訟に影響させることが考えられる。

　　　しかし他方，このような訴訟法的効果は，共同訴訟の手続を重く複雑なものとするというデメリットもある。

　エ　訴訟共同の強制

　　　また，紛争の統一的解決を徹底するならば，訴訟提起の当初から共同訴訟としなければ，訴えそのものを不適法とする取扱いも考えられる。すなわち，紛争の実情等に応じて，関連紛争の統一的かつ全面的解決を図るためには，関係者全員がそろって訴えを提起し，あるいは関係者全員を相手方として訴えを提起しなければならず，その一部のみによる訴えについては不適法であるとしてこれを拒絶するものである。このような取扱いは紛争の一挙的な統一的解決を可能にするものといえる。

　　　しかし他方，原告となるべき者の一部が反対したり，行方不明であったりするような場合には，原告になろうとする者の裁判を受ける権利の確保が十分ではないということができるし，関係者全員を被告としなければならないとするのは，原告に対し，困難な調査・探索の負担を課すことになりかねないというデメリットがあることにも留意しなければならない。

(3) **共同訴訟の類型**

第2 共同訴訟

共同訴訟は，各共同訴訟人につき合一確定が要請されない通常共同訴訟と，各共同訴訟人につき合一確定が要請される必要的共同訴訟とに分かれる[注1]。後者は更に，全員が共同で訴え又は訴えられなければならないとして合一確定の要請がより強度な場合と（固有必要的共同訴訟），個別に訴えを提起することが可能であるが，共同で訴え又は訴えられた以上は合一確定が要請される場合（類似必要的共同訴訟）とに分かれる。

具体的な訴訟がこれらのいかなる類型に該当するかは，ときに困難な問題となる。伝統的見解によると，訴訟法的効果により，次のような枠組みが与えられてきた。

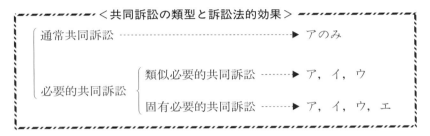

一見明快であるが，これは，訴訟物たる権利の性質，紛争解決の実効性，当事者間の利害調整，当事者外の利害関係人との利害調整など，実体法的観点と訴訟法的観点からそれぞれ衡量した結果を，明確で安定した基準・概念の定立を要請する訴訟法理論の枠組みにおいて表示したものにすぎないともいえる。その意味では，具体的な訴訟類型について，上記アないしエの効果を付与するのが合理的か否かを個別的実質的に検討する必要がある[注2]。

もっとも，最近では，このような枠組思考そのものに対し疑問が提起されており，必要的

（注1） ここに「合一確定」とは，同一人に対する判決の効力の衝突を避けなければならない法律的要求のある場合をいい，それは共同訴訟人の1人の受けた判決の効力が他の共同訴訟人にも及ぶ場合をいうと解されている。判決（既判力）による紛争解決機能を背景に法40条が解釈された結果であり，このような場合に各共同訴訟人について区々の判決がなされると，各共同訴訟人が当事者として受けた判決の既判力と他の共同訴訟人に対する判決から拡張される既判力とが矛盾衝突し紛争解決に役立たないこととなるというのがその理由である。

（注2） 共同訴訟の類型につき，通常共同訴訟，必要的共同訴訟（固有・類似）という概念的区分がなされるのは，あらかじめこれらの類型が所与のものとして存在していたわけではなく，審理に関する訴訟法的効果を規定した明文規定の解釈問題の結果として現れてきたことに留意する必要がある。すなわち，法40条が，合一確定の要請が存在する場合について，共同訴訟人間の証拠共通・主張共通と訴訟進行の統一という訴訟法的効果を規定していることから，解釈上，訴訟共同の必要を導き，「必要的共同訴訟」という概念が構築されるに至ったと考えられる。これとの対比において，法39条の共同訴訟人独立原則はこのような効果を否定していると解釈された結果，「通常共同訴訟」の概念が設定されているとみられる。そして，（つづく）

第9章　多数当事者訴訟

共同訴訟の枠組みを弾力化する方向や通常共同訴訟のうちの一定のものについてもイ，ウの効果を認めるべきとの解釈なども展開されている。

2　通常共同訴訟

(1)　意義

通常共同訴訟は，個別訴訟の併合形態であって，もともと各請求はそれぞれ個別的，相対的に解決され得る訴訟であるから，審理及び判決の統一性が法律上保障されておらず，各共同訴訟人が各自独立で係争利益を処分する権能を保持し，それに伴い，訴訟追行権も各自独立に有する訴訟形態である（法39条参照）。したがって，同一期日で弁論・証拠調べ等がなされる限りにおいて審理の重複を回避し，心証形成上の共通化が事実上期待され得るに止まる。

例えば，主債務者と連帯保証人とを一緒に訴える場合（最一小判昭27.12.25民集6－12－1255），複数人に対して自己の所有権の確認を求める場合（最二小判昭34.7.3民集13－7－898［45］，最一小判昭33.1.30民集12－1－103［6］）や登記の抹消を求める場合（最二小判昭29.9.17民集8－9－1635［86］，最二小判昭31.9.28民集10－9－1213［72］）などは，認定判断が区々になっては論理関係上おかしいという意味での事実上の統一的解決の必要性や全員に対して勝訴しなければ訴えの目的が達せられないという意味での実際上の統一的解決の必要性は認められるが，各共同訴訟人の訴訟追行権を制約してまで合一に確定すべき法律上の要請は存在しないとして，通常共同訴訟とされている。

(2)　通常共同訴訟の審判

ア　併合要件

共同訴訟として扱われるには，併合審理をするための合理性を基礎づける要件の充足が必要である。通常共同訴訟の場合には，まず，請求の併合が伴うから，法136条（客観的併合要件）の充足が必要である。加えて，複数当事者の個別訴訟を束ねることの合理性・妥当性が要求され，請求が相互に一定の共通性・関連性を有する必要がある（主観的併合要件）(注1)。法38条はこれを規定する。すなわち，訴訟の目的である権利又は義務が，以下のいずれかに該当することを要する。

(ア)　共通であるとき(注2)

(イ)　同一の事実上及び法律上の原因に基づくとき(注3)

（つづき）　必要的共同訴訟の範囲を考えるについては，訴訟共同強制という強い効果は，当事者が本来的に有する訴訟追行の自由に対する制限を意味するため，そのような制限をしてまで合一確定の要請を優先すべき場合に限定されるべきとの解釈態度が導かれる。したがって，両者のバランスの幅の中で，中間形態として「類似必要的共同訴訟」という概念が構築されたということができよう。このような概念生成の経緯に照らすと，いかなる紛争類型がどの共同訴訟形態にあたるかはもっぱら解釈問題であることが理解される。

(注1)　客観的併合要件は，第4章第6の2のとおり，訴訟制度の維持の観点からの公益性を帯びた要件であるため，職権調査事項であるが，主観的併合要件は，自己に無関係な他人間の紛争に巻き込まれる相手方の不利益を防止することにその趣旨を置く訴訟要件である以上，相手方からの異議をまって初めて審査すれば足りる。その意味において職権調査事項ではない。

(注2)　例えば，連帯債務者に対する支払請求，数人に対する同一物の所有権確認など。

(注3)　例えば，同一事故に基づく数人の被害者による損害賠償請求など。

(ウ)　同種であって事実上及び法律上同種の原因に基づくとき（注1）
イ　共同訴訟人独立の原則（法39条）
　(ア)　意義
　　　通常共同訴訟では，各共同訴訟人は他の共同訴訟人に制約されることなく各自独立に訴訟を追行する権能を有する。この建前を共同訴訟人独立の原則という。例えば，各自独立に請求の放棄・認諾，和解，自白，上訴，訴え・上訴の取下げなどをすることができ，その効果も行為者と相手方との間においてのみ生ずる。また，1人について生じた中断・中止の効果も他の者に影響を与えない。その結果，訴訟資料は各共同訴訟人に共通ではなくなるし，訴訟の進行も結果も，判決の確定時期も異なり得る。裁判所も，訴訟の具体的状況に応じて，弁論の分離や一部判決をすることもできる。
　　　もっとも，このような権能を行使するか否かは共同訴訟人の自由であり，一部の者が積極的に上記権能に係る処分行為をしない限り，共通の期日を通じて，共通の主張や証拠申出がなされることにより，訴訟進行と裁判の統一を事実上期待することができ，その限度においては訴訟経済にも合致することとなる（注2）。
　(イ)　証拠共通・主張共通
　　　このようにみてくると，通常共同訴訟人間には，訴訟法律関係が存在しないため，対立当事者間に妥当するいわゆる証拠共通の原則や主張共通の原則が機能する場面は，本来的には存在しないということができる。
　　　しかし，自由心証主義を背景として，認定事実となる歴史的事実は一つしかないことを根拠に証拠共通を認めるのが確立した判例（大判大10.9.28民録27－1646，同昭6.9.11新聞3313－13，最判昭45.1.23判時589－50）及び通説である（共同訴訟人間における証拠共通の原則（注3））。すなわち，共同訴訟人独立の原則が働く通常共同訴訟においても，共同訴訟人の1人が提出した証拠又はこれに対して提出された証拠は，他の共同訴訟人と共通あるいは関連する係争事実については，特にその援用がなくても事実認定の資料とすることができると解されている（注4）。

（注1）　数通の手形の各振出人に対する手形金請求，家主が数軒の借家人に対する賃料請求をする場合など。
（注2）　とはいえ，やはり単純な訴訟構造を複雑化させる要素があるため，訴訟の進行上種々の配慮が必要となることは否めない。共同訴訟人間には訴訟法律関係は存在しないため，例えば，書類の送達は不要であるが，相共同訴訟人に対しても準備書面や書証として申出予定の文書を送付しておくこと，文書の成立に関する主張を個別にさせる必要があることなどに留意しなければならない。また，人証の取調べに際しても，相共同訴訟人の主尋問の範囲を超えず補充的あるいは反対尋問的な尋問である限り，申出をした共同訴訟人の主尋問，相手方の反対尋問，申出をしない共同訴訟人の尋問という順序でよいが，相共同訴訟人の主尋問の範囲を超える場合や，基本的に同一でありながら一部異なる場合又は観点を異にする場合などは，当該証人に対する証拠申出書を別に提出させ，最初の共同訴訟人の主尋問，他の共同訴訟人の主尋問，そして相手方の反対尋問の順にさせる必要もあろう。
（注3）　なお，共同訴訟人間における証拠共通の原則の根拠については，自由心証主義との直接の結びつきは希薄であって，むしろ「併合審理を行う以上は，同一事実についての認定が区々になる不自然さを避けたいという実践的要求と統一的心証形成によってもたらされる座りのよさに支えられている」と分析する見解も有力である。
（注4）　なお，防御権保障の観点から，明示の援用を要するとしたり，不利益には働かないとし（つづく）

第9章 多数当事者訴訟

　では，主張共通についてはどうか。弁論主義との関係で消極に解するのが一般的であるが，証拠関係について共同訴訟人独立の原則が修正・制限されるのであれば，更に一歩進めて，共同訴訟における共同審判の効用を活かし，また，当事者間の公平の観点から，主張関係についても，共同訴訟人の一方の主張は，他方の共同訴訟人にも直接影響を持ち，他方のためにも主張されたものと扱うことはできないかが問題とされている。すなわち，通常共同訴訟とされる場合にも各請求間の関連性は，相互に緊密なものからほとんど直接の関連性を欠くものまで種々の濃淡があるため，紛争の実態によっては，独立原則の形式的画一的な適用が不当な結果をもたらすおそれがあるとの指摘がある。この点，共同訴訟人間に補助参加の利益が存在する場合には，たとえ申出がなされていなくても補助参加があったものとして取り扱い，それによって主張共通を導こうとする「当然の補助参加関係理論」は，そのための解釈論的努力の一つであったが，手続の明確を欠き，安定性を犠牲にするのみならず，裁判所の負担増大をもたらすものであって相当でない。判例もこれを否定している（最一小判昭43.9.12民集22－9－1896［72］）。そこで更に，ある共同訴訟人がした主張につき，他の共同訴訟人がこれと抵触する行為を積極的に主張していない場合には，その主張が他の共同訴訟人に利益なものである限り，この者にもその効果が及ぶとして，端的に主張共通を認める見解も現れている。この見解は，独立原則は各人に与えられた訴訟追行権の行使を保障するものであって，積極的に行使しなかった場合にはもはや独立原則とは無関係であり，むしろ共同訴訟人が「独立」ではなく，「孤立」してしまう弊害を伴うことを考慮すると，共同審判の効用を活かすために主張共通を認めるべきとする。しかし，独立原則はやはり独立の訴訟追行権の行使のみならず不行使をも含めた自己責任原則の表現であるというべきであるし，「当然の補助参加関係理論」に向けられた疑問を払拭しえていない。したがって，解釈論として主張共通を認めることは相当ではなかろう。もっとも，各説が意図するところについては，裁判所の適切な釈明権行使により実質化してゆくことが可能であり，また，相当であろうと思われる。

3　必要的共同訴訟

(1) 意義

　共同訴訟人全員について一挙一律に紛争解決を図ることが法律上要請される訴訟形態であり，共同して訴訟を遂行することが「必要的」なものとされる。必要的共同訴訟の中には，利害関係人全員が当事者とならなければ当事者適格を欠き，訴えが不適法として却下される固有必要的共同訴訟と各自が単独で当事者適格を有するものの，数人の者が当事者となり共同訴訟となった場合には，法律上統一的な審判が要求される類似必要的共同訴訟とがある（第9章第2の1(3)参照）。

(2) 固有必要的共同訴訟

　どのような紛争態様について固有必要的共同訴訟の取扱いをすべきかは，多くの場合，解釈に委ねられている。抽象的指針としては，訴訟共同強制の効果が付与される訴訟類型であ

（つづき）　たりすることを提唱する学説もある。

第2　共同訴訟

るため，各共同訴訟人の訴訟追行の自由を制限し，共同訴訟提起の困難性等を斟酌してもなお当初からの合一確定を要求しなければならない高度の法律上の要請がある場合ということができよう(注1)。

一般的には次のものが固有必要的共同訴訟に属すると解されている。

ア　他人間の法律関係の変動を生じさせる訴訟

　第三者が提起する他人間の法律関係の変動を生じさせる形成訴訟及びこれに準ずる確認訴訟については，法律関係の主体たるべき者全員を共同被告としなければならないとされている。例えば，第三者が提起する人事に関する訴えは当該身分関係の当事者双方を共同被告としなければならない（人事訴訟法12条2項）。また，取締役解任の訴え（会社法854条）は，会社と取締役の双方を被告としなければならない（会社法855条，最二小判平10.3.27民集52-2-661[15]）。これらの場合，法律関係の主体を除外してその変動をもたらす判決をするのは手続保障の観点から相当でないし，訴訟共同を強制しないと判決内容が区々になる可能性が生じ，法律関係の画一的な変動を図ることができなくなるためである。

イ　数人が共同してのみ管理処分すべき財産に関する訴訟

　もともとは1個の法主体として訴訟当事者となり得る者について，その管理処分権が複数主体に分属している場合には，当該複数主体を当事者としなければならないと解されている。例えば，数人の受託者のある信託財産に関する訴訟（信託法24条），数人の破産管財人が選任されている破産財団に関する訴訟（破産法76条），隣接する土地の一方又は双方が数人の共有に属する場合の境界確定訴訟（最一小判昭46.12.9民集25-9-1457[43]）(注2)などがある。

(3) 類似必要的共同訴訟

（注1）　つまり，訴訟政策的観点からすると，多数の者が関係する紛争の統一的抜本的解決を指向するならば，固有必要的共同訴訟の範囲を拡大すべきこととなるが，共同訴訟人となるべき者の全員が揃わなければ当事者適格が認められない以上，関係人の中に共同当事者となることを拒否したり，あるいは所在不明で探索困難であったりする場合などには裁判手続を利用する途を閉ざすおそれがある。また仮に当事者適格が肯定された場合であっても，訴訟追行の自由は合一確定の要請からある程度制約を受けざるをえない。そこで，逆にこれを不都合であるとして，固有必要的共同訴訟の範囲を狭小化して個別提起を広く認めると，紛争解決は不完全となり被告が再応訴を余儀なくされるほか，矛盾判断のおそれも生じ終局的解決が困難になることも考えられる。このような対立緊張関係の中から訴訟類型を選別し，訴訟共同強制の効果を認めるべきか否かが問われるのが，ここでの解釈問題の本質である。後記「4共同所有関係紛争と共同訴訟」参照。

（注2）　第4章第1の2(3)参照。そうすると，共有者が訴えを提起するには，本来，その全員が原告となって訴えを提起すべきこととなるが，共有者のうちに訴え提起に同調しない者がいるときにはどのようにすべきか。この点については，隣接する土地所有者とともに訴え提起に同調しない者を被告にして訴えを提起することができるとするのが判例（最三小判平11.11.9民集53-8-1421[29]）である。すなわち，共有者の中に非同調者がいる場合であっても隣接する土地との境界に争いがあるときにはこれを確定する必要があることは否定できないこと，境界確定の訴えにおいては，裁判所は，当事者の主張に拘束されないで，自らその正当と認めるところに従って境界を定めるべきであって，当事者の主張しない境界線を確定しても法246条の規定に違反するものではないという特質を有することからすれば，共有者全員が必ず共同歩調をとることを要するとまで解する必要はなく，共有者の全員が原告又は被告いずれかの立場で当事者として訴訟に関与していれば足りると解されている。なお，判例（最二小判昭41.11.25民集20-9-1921[95]）は，入会権を対外的に確認する場合，入会権の団体的権利性（総有）にかんがみ，固有必要的共同訴訟と解するが，最一小判平20.7.17民集62-7-1994[20]は，これについても，入会権確認の訴権を保護すべきであるなどの理由から，訴え提起に同調しない入会集団の構成員を被告とする訴えを適法とした。

第9章　多数当事者訴訟

　　　ア　意義
　　　　訴訟共同が強制されるわけではないが，共同訴訟が成立した場合には合一確定の要請が働き，統一的抜本的解決を指向すべき場合である。個別に訴え又は訴えられることができるので，「類似」必要的共同訴訟と呼ばれる。例えば，数人の株主が提起する株主総会決議取消し又は無効の訴え（会社法831条，830条），数人の株主による株主代表訴訟（会社法847条），数人の債権者の債権者代位訴訟（民法423条），数人の差押債権者による取立訴訟（民事執行法157条1項），複数の住民が提起する住民訴訟（地方自治法242条の2）などがこれに属するとされている。
　　　イ　共同訴訟参加
　　　　既に先行して係属している訴訟に，第三者が原告又は被告の共同訴訟人として加入する場合で(注1)，その結果，必要的共同訴訟として法40条の規律を受ける場合を共同訴訟参加といい，類似必要的共同訴訟を発生させる参加形態といえる（法52条，規則20条3項）。

(4)　**必要的共同訴訟の審判**
　　合一確定の必要から，訴訟資料や訴訟進行を整え，一律にするための規制が行われる。すなわち，共同訴訟人独立の原則の適用を排除し，共同訴訟人間に連合関係を認める。
　　ア　共同訴訟人の1人がした訴訟行為は，他の共同訴訟人の利益になる場合には全員のために効力を生じる（法40条1項）。したがって，1人でも相手方の主張を争えば（否認・抗弁の提出等），全員が争ったことになる。
　　　　これに対し，不利になる場合には，他の共同訴訟人に対する関係ではもちろんのこと，訴訟行為をした共同訴訟人についても効力を生じない。例えば，1人のした自白や請求の認諾・放棄は効力を生じない(注2)。訴えの取下げは，類似必要的共同訴訟では単独でできるが，固有必要的共同訴訟では全員が共同でしなければならない。固有必要的共同訴訟において，原告が共同被告の一部についてした訴えの取下げは効力を生じない（最三小判平6.1.25民集48-1-41［3］）。
　　イ　相手方の訴訟行為は，1人に対してなされても，全員に対して効力を生じる（法40条2項）。共同訴訟人の一部が欠席しても，相手方が訴訟行為をすることに支障がないように便宜を図る趣旨であり，したがって，その行為の有利不利を問わない。期日に共同訴訟人の1人でも出頭していれば，相手方は準備書面に記載しない事実でも主張でき，全員に対して主張したことになる。
　　ウ　共同訴訟人の1人について手続の中断又は中止の原因があるときは，訴訟進行の統一を図るため，全員について訴訟の進行が停止される（法40条3項）。弁論の分離，一部判決も許されない。判決の確定も全員について上訴期間が経過するまでは生じない。上訴した共同訴訟人のうちの一部の者が上訴を取り下げても，その者に対する関係において，原判決が

―――――――――――――――――――――――――――――――――
（注1）　したがって，参加する第三者は当該訴訟の当事者適格を有するものでなければならない（最二小判昭36.11.24民集15-10-2583［121］）。
（注2）　もっとも，弁論の全趣旨として心証形成に影響を与え得ることまでは排除されないし，1人だけ期日に出頭してこの者が自白した場合には他の者がその後の期日に出頭して争わないと擬制自白が成立し得ることは別問題である。

エ これに関連して，共同訴訟人の1人が上訴すれば，全員に対する関係で判決の確定が遮断され，当該訴訟は全体として上訴審に移審し，上訴審の判決の効力は上訴をしなかった共同訴訟人に及ぶと解される。共同訴訟人の一部の者がした訴訟行為は，全員の利益においてのみ効力を生じるとされているところ（法40条1項），上訴は上訴審に対し原判決の敗訴部分の是正を求める行為であり，一般的に他の共同訴訟人に利益な行為とみられ，合一確定（法40条3項の基礎にある訴訟進行の統一）の要請にも適うからである。もっとも，自ら上訴をしなかった共同訴訟人も上訴人の地位につくのか否かについては議論がある[注1]。

4 共同所有関係紛争と共同訴訟

固有必要的共同訴訟の成否が最も争われたのは，共同所有関係に関する紛争である。共同所有関係にある財産をめぐる紛争につき訴訟を提起する場合，全員が揃って原告又は被告にならなければ当事者適格は認められないのか。ここでは固有必要的共同訴訟と通常共同訴訟との選別が問題とされている。

(1) 問題の所在

民事訴訟は実体権の実現・処分のプロセスである以上，当事者適格の選別に当たっても実体法上の管理処分権の帰属の態様等が基準となるはずであり，そこでは訴訟物たる権利関係の性質を中心とする実体法的考慮をすることが不可避である。しかし他方，当事者適格は訴訟追行権という訴訟上の権能に関わる問題でもあり，その決定については，紛争解決の実効

（注1） 従前は上訴人の地位につくと解する見解が有力であり，判例も，住民訴訟の事案につき，この立場を採用していた（最二小判昭58.4.1民集37-3-201 [8]）。上訴人説によると，上訴審は，上訴しなかった者も上訴人として扱うことを要し，期日呼出し，準備書面の送付をする必要があるほか，判決に当事者として表示した上，これを送達しなければならないこととなる。しかし，これに対しては，上訴しなかった共同訴訟人の合理的意思に反して実情にそぐわない取扱いをするものであるとの批判もあった。その後，同じく住民訴訟の事案につき，判例（最大判平9.4.2民集51-4-1673 [23]）は前記最二小判昭58.4.1を変更し，一部の者の上訴によって，原判決は確定を遮断され訴訟全体が移審するが，上訴しなかった共同訴訟人は上訴人にはならない旨判示した。この判旨は，合一確定のためには原判決の確定遮断，訴訟全体の移審及び上訴しなかった共同訴訟人に対し判決効が及ぶと解すれば足り，上訴しなかった共同訴訟人を上訴人として扱うことまでも要するものではなく，訴訟追行意思を欠くに至った者に対し，その意思に反してまで上訴人の地位に就き続けることを求めるのは相当ではないとし，さらに，住民訴訟が個人的主観的利益追求を目的とする訴訟ではなく，提訴後に共同訴訟人の数が減少しても，審判範囲・態様，判決効等には何ら影響がないことを考慮している。前2者の理由からは類似必要的共同訴訟一般も同様に解する余地を残すが，住民訴訟の特質を考慮した側面が強い。もっとも，住民訴訟と同様の特質・構造を有する訴訟類型については上記判例の趣旨を推し及ぼすことが可能である。数人の株主が共同して追行した株主代表訴訟の事案において，判例（最二小判平12.7.7民集54-6-1767 [24]）は，上記訴訟類型が類似必要的共同訴訟であるとした上で，株主代表訴訟においても，前記大法廷判決の趣旨に従い，共同訴訟人の一部の者が上訴をした場合，上訴をしなかった者は上訴人にはならないとして，上訴審における審判対象の問題と当事者との問題とは必ずしもリンクしないことを明らかにした。株主代表訴訟は，個々の株主が共益権に基づいて実質的には他の株主全体を代表して，第三者の法定訴訟担当として提起追行する類似必要的共同訴訟であるところ，個々の株主にとっても個別具体的利益が直接問題となるものではなく，原告株主の数が提訴後に減少しても，審判の範囲，審理の態様，判決の効力には差異を生じないことや，株主全体の代表として訴訟を追行する意思を失った者に対してその意思に反してまで上訴人の地位に就き続けることを求めるのが相当でないという点では，住民訴訟と基本的に異なるところはないと考えられる。

性，訴訟経済等の諸要請との関係における訴訟政策的判断が必要不可欠である。これらのいずれの観点を重視するか，どこで調和点を見出すかがこの問題を理解するポイントとなる。

(2) **議論の状況**

ア 出発点——実体法的考慮

実体法的観点，すなわち，管理処分権の実体法的性格からこの問題を考えると，一応次のようにいうことができる。共同所有は，総有，合有，共有とに分類される。①総有の場合は，構成員は物の使用収益権能を有するにすぎず持分を有しない。そのため，その処分は構成員全員でしなければならないとされているから，固有必要的共同訴訟となる。②合有は持分を観念することはできるが，その処分権能は制限され，一般には管理処分権能は共有者に共同帰属すると解されているから，やはり固有必要的共同訴訟となる。③これに対し，共有の場合には，各共有者は持分を有し，自由に管理処分権を行使することができるから，個別提起による通常共同訴訟になると考えることができる。

イ 修正要因——訴訟政策的考慮による共同訴訟強制の縮小化

しかしながら，固有必要的共同訴訟に取り込まれる部分が多くなると，次のような問題が表面化する。①共同訴訟人となるべき者が1人でも欠けていると，その訴えは不適法となり，②行方不明の者がある場合や共有関係者の範囲が不明確な場合には提訴が困難になったり，事実上不可能となったりする。③原告の請求を争わない者も手続的理由により被告としなければならないのは手続上不経済であるし，④手続中に原告の主張を認める被告が現れても，請求の認諾や訴えの取下げができない結果，その被告を手続負担から解放する手段がない。⑤しかも，上訴審で共同訴訟人となるべき者が発見されると，それまでになされた手続や判決は失効し，⑥1人について生じた中断・中止事由は全員について効力を有するため，訴訟遅延の原因ともなる[注1]。

要するに，必要的共同訴訟の手続が厳格かつ重厚にすぎる面が意識され，訴訟経済の観点からは固有必要的共同訴訟とすべき範囲を狭め，個別訴訟として許容すべきことが要請されているといえる。そこで，通説及び判例（後述のとおり）は，持分権，保存行為（民法252条ただし書），不可分債権（民法428条），不可分債務（民法430条，432条）の理論を駆使して，訴訟共同強制の範囲を縮小し，個別訴訟化を図る方向にあるということができる。

ウ 反対説——訴訟政策判断優位による共同訴訟強制の拡大化

これに対し，このような個別訴訟化を批判する見解もある。この見解は固有必要的共同訴訟の枠組みを弾力化すべきことを主張するとともに，紛争解決効率の向上・実質化を企図するものといえる。すなわち，個別訴訟を許すと，(イ)共有者の一部のみを相手方として

(注1) 固有必要的共同訴訟における提訴拒絶者に対する参加命令の問題

このような不都合に対処するため，平成8年改正法の検討過程においては，原告側の固有必要的共同訴訟の事例で，原告となるべき他の者が訴え提起に応じない場合には，裁判所が参加命令を発し，これに従わなかった者については，原告に加えなくても残りの者だけで訴訟追行を可能にする趣旨の規定を設ける考えが示されていた。しかし，当事者適格は実体法上の管理処分権を基準とし，あるいは重要な考慮要因とする以上，これを離れて判決をしても紛争解決の実効性に疑問の余地があることや一部の者だけで訴訟追行可能であるとすると固有必要的共同訴訟の概念の再検討を迫られることから，なお議論を尽くす必要があるため，立法化するには至っていない。

勝訴しても，紛争は完全には解決されず，裁判制度上，不都合かつ不経済である。㈹共有者の一部に対する訴訟を認めることは，被告選択に関する原告の処分権の過大評価であって許されるべきではない。㈦原告側に個別訴訟が認められた場合，被告が数度にわたる応訴の負担を課せられることになるし，これを避けるためには被告が他の共有者を探索して消極的確認訴訟を提起しなければならないとするのは不公平である。㈡共同訴訟における訴訟の帰結は共同所有者全員の利害に関わることであり，一部のみでなし得るとすべきではない。㈭原告が共同所有者の一部の者に対して勝訴判決を得た場合，その債務名義に基づいて目的物に対して強制執行をかける可能性があり，他の共同所有者の利益が無視される危険がある，などという批判を展開している。

エ　小括

反対説は，通説及び判例理論の抱える理論的な問題点を鋭く指摘するものではあるが，やや観念的思考にすぎる側面があることは否定できない（原告が恣意的に一部の被告のみを選択して訴訟提起をしたり，一部の者に対する債務名義で強制執行をしたりすることはむしろ例外的事象ではなかろうか。）。現実的な問題解決としては，やはり判例理論によるのが相当であろう。また，訴訟政策的アプローチを過度に重視することは，逆に実体法との整合性に疑問が生じるため，採り難い。

(3) **共有不動産に関する当事者適格をめぐる判例理論**

ア　共有者が原告となって提起する場合の原告適格（能動訴訟）

㈠　共有不動産についての所有権（共有権（注1））確認

この場合，共有者全員が原告とならなければならない固有必要的共同訴訟であり，単独で訴訟提起して敗訴した場合には他の共有者に事実上不利益をもたらすおそれがある以上，「保存行為」にはあたらないとしている（大判大5.6.13民録22－1200ほか，最一小判昭46.10.7民集25－7－885［60］）。

㈡　共有不動産についての持分権確認

この場合は，各共有者が有する権利の確認を求めるものに止まるから，各自単独での個別訴訟を可能としている（大判大13.5.19民集3－211，最一小判昭40.5.20民集19－4－859［37］）。

㈢　共有物の妨害排除請求

共有権に基づく妨害排除請求を，「保存行為」として個別訴訟によることを許容している（大判大10.7.18民録27－1392）（注2）。

㈣　共有物の引渡（返還）請求

上記㈢と同様に，個別訴訟によることを認めている（大判大10.3.18民録27－547，大判大10.6.13民録27－1155）。もっとも，その理論構成については，前者の判例は「不可分債権」

(注1)　数人が共同して共有物上に成立し有する1個の所有権を「共有持分権」と区別する意味で「共有権」という。

(注2)　この場合に限らず，個別訴訟の途を開く判例理論に対し，多くの学説は結論的には賛成するが，「保存行為」によるのではなく，「不可分債権」の類推適用によるべきとしている。これは，訴え提起時において敗訴判決を受ける可能性を秘めていることは㈠の場合と異ならないとして，もはや「保存行為」として理解することはできず，「処分行為」に匹敵するとみているものと理解される。

によっているのに対し，後者は「保存行為」にあたることを理由としている。
　(オ)　登記手続請求
　　共有持分権に基づき登記名義人に対して抹消登記手続を求める場合は，妨害排除請求にほかならず，「保存行為」にあたるものとして個別訴訟提起を認めている（最一小判昭31.5.10民集10－5－487［27］，最三小判昭33.7.22民集12－12－1805［86］，最二小判平15.7.11民集57－7－787［16］）。
　　これに対し，共有権に基づき移転登記手続を求める場合は，登記の受領という側面がある以上，共有者の1人にすぎない原告名義に全部の移転登記を命ずるのは実体関係を反映しない登記を作出するに等しく，妨害排除と同列に考えることはできない。この場合，判例は固有必要的共同訴訟と解している（最一小判昭46.10.7民集25－7－885［60］）。
イ　共有者が被告とされる場合の被告適格（受動訴訟）
　(ア)　確認請求
　　複数人に対して自己の所有権の確認を求める場合には，必要的共同訴訟ではないとされ（最二小判昭34.7.3民集13－7－898［45］），賃借人が賃貸人の相続人複数に対し賃借権の確認を求める場合も同様に解されている（最二小判昭45.5.22民集24－5－415［15］，なお，相続人が承継した賃貸借契約上の債務は「不可分」であることを理由とする。）。
　(イ)　給付（引渡し・登記手続）請求
　　必要的共同訴訟と解するものもあるが（所有権に基づく抹消登記手続請求につき最三小判昭38.3.12民集17－2－310［26］），農地の買主がその売主の相続人複数に対してした知事に対する許可申請協力義務の履行請求（最三小判昭38.10.1民集17－9－1106［64］），不動産の買主がその売主の相続人複数に対し売買契約に基づき所有権移転登記を求める訴訟（最二小判昭36.12.15民集15－11－2865［138］，最一小判昭44.4.17民集23－4－785［99］），土地所有者が土地上の建物の所有権を共同相続した者らに対し所有権に基づき建物収去土地明渡しを求める訴訟（最二小判昭43.3.15民集22－3－607［37］）などについては，「不可分債務」にあたることを理由に個別訴訟を許容している。
ウ　共有者内部での紛争
　(ア)　共有物分割の訴えは，固有必要的共同訴訟とするのが判例（大判明41.9.25民録14－931ほか）である。
　(イ)　共有関係が成立するかどうか共有者たる人の範囲に争いがある場合も，固有必要的共同訴訟とされている（大判大2.7.11民録19－662）。
　(ウ)　共同相続人間における遺産確認の訴えは，固有必要的共同訴訟である（最三小判平元.3.28民集43－3－167［5］）。
　(エ)　共同相続人間における相続人の地位存否確認の訴えは固有必要的共同訴訟である（最三小判平16.7.6民集58－5－1319［20］）。
　(オ)　共有者間の共有持分の確認訴訟は，自己の共有持分を争われた者がこれを争う者のみを相手方として自己の共有持分のみの確認を訴求すれば足りるとされている（最一小判昭40.5.27判時413－58）。
　(カ)　共有者間の更正登記（一部抹消登記）については，個別訴訟が可能とされている（最三

小判昭56.9.29判時1023-51，最三小判昭59.4.24判タ531-141，最二小判昭60.11.29集民146-1970)。

5　訴えの主観的追加的併合

(1)　意義

訴訟の係属中に，第三者の当事者に対する請求（第三者による追加）又は当事者の第三者に対する請求（当事者による追加）につき，併合審判を求めることを，訴えの主観的追加的併合という。法も一定の場合にはこれを認めている。第三者による追加としては，共同訴訟参加（法52条）があり，当事者による追加としては，訴訟引受け（法50条，51条）などがある。

(2)　議論の状況

上記のような法の規定がある場合に限らず，当事者からの追加や第三者からの追加を認めて，併合審理を保障すべきではないかとする学説が有力である。

すなわち，この併合形態は，別訴を提起して既に係属している訴訟と弁論の併合をすれば，同様の目的を達することができると考えられるが，弁論を併合するか否かは裁判所の訴訟指揮権に関わる裁量事項であって，関連紛争の統一的解決が要請されるにもかかわらず併合審判の保障がなく，しかも，弁論の併合は官署としての同一裁判所に係属する事件にのみ可能であるに止まる。そこで，当事者の申立権として構成しつつ「主観的追加的併合」を認めるべきではないか，が議論されている。

(3)　判例

判例（最三小判昭62.7.17民集41-5-1402［28］）は，当事者による追加の事案につき，このような併合を認める明文の規定がないこと，これを認めた場合でも新訴につき旧訴訟の訴訟状態を当然に利用できるかどうかについては問題があり，必ずしも訴訟経済に適うものではないし，かえって訴訟を複雑化させるという弊害も予想されること，軽率な提訴ないし濫訴が増加するおそれもあり，新訴提起の時期いかんによっては訴訟の遅延を招きやすいことなどを理由に，弁論の併合によらない当然の併合審理の効果を認めることはできないとして，これを消極に解している。

6　訴えの主観的予備的併合

(1)　意義

各共同訴訟人の，又はこれらに対する各請求が実体上両立しえない関係にある場合に，原告側がいずれか一方の審判を優先して申し立て，それが認容されることを解除条件として他の請求の審判を求める併合形態を，異別の当事者についての訴訟が予備的に併合されていることから，主観的予備的併合という。例えば，代理人と契約したことを理由に，第1次的に本人に対し履行を請求し，併せて無権代理の疑いがあるとして，第2次的に無権代理人の責任を追及するために両者を併合提起する場合や，民法717条に基づく損害賠償請求につき，第1次的に占有者を，第2次的に所有者を被告とする訴えを提起する場合などが考えられる。これらの場合，予備的請求も主位的請求と同時に訴訟係属を生じるが，主位的請求につき認容判決をするときは，予備的請求について審判する必要がなくなる。主位的請求につき棄却判決をするときは，予備的請求について審判しなければならない。

(2)　議論の状況

第9章 多数当事者訴訟

このような併合形態の許否については，明文の規定がなく，判例（最二小判昭43.3.8民集22－3－551 [35]）は，予備的被告の応訴上の不安定・不利益，原告の便宜に偏することを理由に，これを不適法としている。判例に影響を与えたとされる否定説は，①被告及び請求原因の特定は原告の権能かつ責任であり，これを尽くしていないこの併合形態は不適法というほかなく，原告の事前調査の疎略さを予備的被告の犠牲において救済するのは妥当でないこと，②予備的被告の地位が不安定であり，応訴上の利益が犠牲になること[注1]，③上訴との関係において統一的裁判の保障は維持できないこと[注2]などを論拠としていた。

しかし，学説上は，この併合形態は紛争の実体的関係を訴訟手続に反映させる手段として適切であり，紛争の統一的解決に資するとして肯定する見解が強い。すなわち，上記判例により従来の全面的肯定説は影を潜めたが，否定説の論拠に対しては，それぞれ克服できない問題ではなく[注3]，紛争解決に適切な訴訟類型を全面的に否定するのはいきすぎであると批判している。さらに，原告の請求特定責任と予備的被告の不利益甘受の正当化要因との相関関係において，その許容範囲を個別的に検討すべきとする見解もある[注4]。

(3) 立法の試み

このように，主観的予備的併合は，判例によって明確に否定されたにもかかわらず，むしろ議論は深化している状況にある上，最高裁判例以後も，これを肯定する特段の事情があるとする下級審裁判例があり，肯定説の問題意識にも傾聴すべきものがある。そこで，平成8年改正法の審議過程においても明文化が検討されたが，要件・許容範囲等につき議論があり，立法技術上の問題点も指摘され，立法化は見送られた。もっとも，平成8年改正法は肯定説の問題意識を吸収する形で，通常共同訴訟・必要的共同訴訟と並ぶ第3の共同訴訟形態を創設した。これが次に検討する同時審判共同訴訟である。

7 同時審判共同訴訟

(1) 意義・制度趣旨

前記のとおり，判例によって訴えの主観的予備的併合が否定されたため，実体上両立しえない請求をするには，単純併合・通常共同訴訟によらざるをえない。しかし，この場合，請求の内容は択一的関係にあるにもかかわらず，両請求に対する勝訴を求める形式となるため

（注1）　この予備的被告の地位の不安定・不利益とは，自己に対する請求の審理に入る保障はないにも関わらず終始審理に関与しなければならず，しかも主位的請求の認容判決が確定すれば請求棄却判決を得ることもなく訴訟係属が消滅してしまい，それまでの訴訟関与が徒労に帰することを意味し，加えて，原告の再訴に対してはこれを封ずる手段が存在しないことを指す。
（注2）　これは，この併合形態において，主位的請求が認容され，これに対し上訴が提起された場合，予備的請求は上訴審に当然には移審しないから，その結果，併合関係は維持できず，統一的裁判は確保されないことを意味する。
（注3）　例えば，法40条を準用して合一確定訴訟として扱うべきとする説や信義則の援用や当事者の合理的意思解釈により不都合は回避できるとする説など，多様な角度から否定説の問題提起に応えてこのような併合形態を許容すべきとする論調が強い。
（注4）　この見解によると，例えば，ア　予備的被告の同意又は異議なき応訴がある場合，イ　予備的被告が関連請求につき既に同一手続内で被告とされている場合，ウ　本人と代理人，法人と代表者，法人格否認のケースなど，原告が請求の相手方を特定できない原因を，予備的被告自身が取引ないし紛争過程において与えており，原告が相手方を1人に絞り込むまでの責任を負わないと認められる場合などについては，否定説の①は妥当しない上，②の予備的被告の不利益も甘受すべきことなどを指摘する。

に，原告の主張の一貫性を確保しにくいという問題がある。しかも，単純併合である以上，裁判所の裁量による分離が可能であることや上訴に際して併合関係が解消される余地があるため，第一審でも控訴審でも統一的審判が保障されないという難点がある。そこで，両請求が実体上両立しえないという密接関連性を有することを基礎とし，訴訟政策的観点から同時審判を保障し，原告の利益確保を図る趣旨から，同時審判共同訴訟という併合形態が創設された（法41条）。これは基本的には通常共同訴訟（単純併合）ではあるが，審判の同時性を確保するため，裁判所の訴訟指揮権に対し拘束を加えるものである。

(2) **訴えの主観的予備的併合との関係**

訴えの主観的予備的併合肯定説の問題点は，予備的被告の応訴上の地位の不安定及び上訴により審判の統一が確保できないことであったが，同時審判共同訴訟によると，訴訟法律関係は共同被告それぞれについて確定的に成立しているので，被告の不利益という問題は解消できる。審判の統一確保については，必要的共同訴訟のような審理内容にわたる強い法的規制は加えられてはいないが，審判の同時性を要求することにより訴訟進行の統一が図られ，かつ，証拠共通の原則によって事実上統一的な判断が確保される。また，上訴によって併合関係が解消しても，控訴審に併合義務を課すことによって（法41条3項），判断が区々になることを防止している。その意味では，法41条が設けられたことから直ちに主観的予備的併合に関する解釈に変更を迫ることはないにしても，従来の議論の多くは同条の解釈運用の問題に発展的に解消し得る余地があることになろう。

(3) **同時審判移行の要件（法41条1項，2項）**

同時審判の法律的保障は，裁判所の訴訟指揮権に対する重大な法的拘束をもたらすものであるから，その要件は明確なものでなければならない。

ア　共同訴訟であること

法41条1項に「共同被告」とあることから明らかなように，この同時審判の保障は既に共同訴訟として成立している場合にのみ可能であり，別々に審理されている事件の併合強制まで認めるものではない。もっとも，共同訴訟として成立している限り，訴え提起時から併合されている場合（原始的複数）だけでなく，別訴提起後に弁論の併合を受けて共同訴訟関係が成立した場合（後発的複数）であってもよい。

イ　共同被告の一方に対する訴訟の目的である権利と共同被告の他方に対する訴訟の目的である権利とが法律上併存しえない関係にあること

これは，一方の請求における請求原因事実が他方における抗弁事実になる等主張レベルで請求が両立しない関係にある場合にのみ同時審判申出を可能とする趣旨であって[注1]，請求が事実上併存しえない場合[注2]は含まれない。事実上の非両立という外延の不明確なものでは適用範囲を画することができないためである。

ウ　事実審の口頭弁論終結時までに原告が申出をしたこと

証拠共通の原則により，事実認定の統一を図ることによって統一的解決を確保しようと

（注1）　例えば，代理人と取引をした原告が代理権があることを前提に本人に対する履行請求（民法99条）の訴えと代理権がないことを前提に代理人に対する責任追及（民法117条1項）の訴えなど。

（注2）　例えば，契約の相手方がAかBのいずれかであるとして両名に対して請求をする場合など。

するものであるため，訴訟が事実審に係属中の場合についてのみ認められることを明らかにするものである(注1)。また，原告の利益保護のための制度であるから，いったんなされた申出も同時期まで自由に撤回できるが，控訴審の口頭弁論終結時までとされている（規則19条1項）。申出ないし撤回は，その効果の重大性にかんがみ，期日においてする場合を除き，書面でしなければならない（規則19条2項）。

(4) **審判手続**

上記(3)の要件を充足するときは，裁判所は，当該共同訴訟の弁論及び裁判を分離することができない。したがって，被告の一方が欠席し，擬制自白が成立する場合であっても，原告が同時審判申出を撤回しない限り，弁論を分離して原告勝訴の判決をすることはできない。通常共同訴訟としての審理はこの限度で修正されるが，共同訴訟人独立の原則は維持される。したがって，共同被告の1人による訴訟行為（主張，上訴など）の効果は他の共同被告には及ばない。

また，第一審で同時審判の申出がなされていても，各請求について各別に控訴がなされると，各訴訟は各別に係属することとなり，併合関係が解消される。しかし，控訴審においても同時審判を確保する必要があるため，控訴裁判所は，これらを併合して審判しなければならないこととされている（法41条3項）。

(5) **原告の申出を看過して分離した場合の取扱い**

原告の利益保護の制度であるから，原告が特に異議を述べなかったときは，①申出の黙示的撤回があったとみるか，又は②その手続的瑕疵は責問権の放棄・喪失の対象といい得るから，いずれにしても手続が違法となることはない。また，被告に異議を述べる利益はないと解される。

第3 選定当事者

1 意義

共同訴訟人が多数になると，審理の進行が不統一になったり，必要的共同訴訟の場合には1人に生じた中断事由等により全訴訟の進行が阻害されたりするおそれもある。また，そのような事態に至らないまでも，弁論が複雑になったり，送達事務も煩雑となったりする。そこで，この種の訴訟を単純化する方策の一つとして設けられているのが，選定当事者の制度である（法30条）。すなわち，共同訴訟人となるべき多数者（選定者又は総員）の中から代表者（選定当事者）を選んで，訴訟追行権を授与し，この者が全員のために当事者として訴訟を追行し得ることとして，訴訟の単純化・簡易化を図るものであり，明文で認められている任意的訴訟担当の一つである。

2 選定の要件

(1) **原告又は被告となるべき者が多数存在すること**

これらの多数者が社団を構成する場合には，社団が当事者となるから理論上選定の余地はない。ただし，実際問題としては，社団として当事者能力が認められるかどうかに疑いがあ

(注1) 裏を返すと，法律審である上告審においては，裁判所の訴訟指揮権は拘束されないことを明らかにするものでもある。

る場合には(注1)，これを利用する実益がある。
　(2)　多数者が共同の利益を有すること
　　　共同の利益とは，選定当事者の制度趣旨に照らし，訴訟資料が重要な部分で共通することにより訴訟の単純化が期待できることを意味し，判例（大判昭15.4.9民集19－695，最一小判昭33.4.17民集12－6－873［41］）は，共同の利益を有する多数者とは，互いに共同訴訟人となり得る関係を有し，かつ主要な攻撃防御方法を共通にする者を意味すると解している。
　(3)　選定当事者は，共同の利益を有する者の中から選定されること
　　　弁護士代理の原則（法54条1項本文）の潜脱を防止する趣旨である。
3　選定の方法
　選定は訴訟追行権の授与行為であり，各自が個別かつ無条件にすることが必要であり，訴訟係属の前後を問わない。
4　選定当事者による訴訟追行
　(1)　共同の利益を有する者が訴え提起前に選定当事者を選定し，当該選定当事者が訴えを提起し，又は当該選定当事者に対して訴えが提起される場合（法30条1項）
　(2)　訴訟係属後，共同の利益を有する者が選定当事者を選定し，訴訟から脱退する場合（法30条2項）
　(3)　既に係属中の訴訟の当事者と共同の利益を有する者で，当事者でない者が訴訟追行権を授与して選定する場合（法30条3項）
　　　この場合，選定者に係る請求を審判対象とするには，選定当事者と相手方との間で選定者に係る請求が追加定立される必要がある（法144条1項・2項）。この請求の追加の実質は新訴の追加的変更に類似するため，訴えの変更に関する手続規制を準用することとしている（法144条3項）。
5　選定者の地位
　選定当事者は，選定者総員及び自己の訴訟について訴訟当事者として訴訟追行の資格をもつ。選定当事者の受けた判決は選定者全員に対しその効力が及ぶ（法115条1項2号）。選定者は，いつでも選定の取消しができ（法30条4項前段），取消しと同時に他の者を選定すれば，選定当事者の変更（法30条4項後段）となる。訴訟中に数人の選定当事者のうちの一部の者が死亡その他の事由によりその資格を喪失した者があるときは，他の選定当事者において全員のために訴訟行為をすることができる（法30条5項）。全員が資格を喪失したときは，選定者全員又は新選定当事者において訴訟を承継し，これらの者が受継するまで，訴訟手続は中断する（法124条1項6号）。

第4　訴訟参加
1　総説
　訴訟参加とは，第三者が既に係属している他人間の訴訟に加入してその訴訟手続に関与し，自己の名において訴訟行為をすることをいう。これには当事者として参加する当事者参加（独立

(注1)　例えば，民法上の組合財産に関する訴訟を組合員が追行する場合。

当事者参加，共同訴訟参加）と，当事者とはならずに，既存の当事者の訴訟行為を補助する補助参加とがある。

　参加申立てが認められるためには参加の要件を充足しなければならないが，それぞれの参加の要件は，各参加制度の趣旨・機能，各参加制度相互の機能的連関ないし機能分担の観点から設定されており，特に，参加の利益は，判決による紛争解決を指向する観点から，判決結果についての利害関係の内容・程度を基本的要素として解釈されてきた。したがって，この点は参加人の地位の理解にも影響を及ぼすことになる。しかし，この点は近時の学説においては，紛争ないし手続過程の重視及び参加制度の機能強化の観点から各制度の枠組みを流動化する試みがなされている。

2　補助参加

(1)　意義

　補助参加とは，他人間の訴訟の本案判決の結果について法律上の利害関係を有する第三者が，当事者の一方を補助しこれを勝訴させることによって自己の利益を貫徹するため，訴訟に参加する訴訟形態をいう（法42条）。実務上比較的利用頻度の高い参加形態である。補助参加人が参加して補助する当事者を「被参加人」又は「主たる当事者」，被参加人の相手方たる当事者を「相手方」と呼ぶ。

(2)　補助参加の要件

ア　訴訟の結果について利害関係を有すること

　ここにいう「利害関係」を有することとは，法律上の利害関係を有することをいい，単に事実上の利害関係を有するにとどまる場合は補助参加は許されない（最一小判昭39.1.23集民71-271）(注1)。そして，法律上の利害関係を有する場合とは，当該訴訟の判決が参加人の私法上又は公法上の法的地位又は法的利益に影響を及ぼすおそれがある場合をいう（最一小判平13.1.30民集55-1-30［3］）。このような法律上の利害関係があれば，必ずしも判決が直接に補助参加人の権利義務に影響を及ぼすべき場合や判決効が補助参加人に及ぶ場合に限らない(注2)。被参加人が敗訴すれば，参加人が求償・損害賠償その他一定の訴えを提起される関係にある場合や被参加人の訴訟における訴訟物判断が参加人の地位の先決関係・論理的前提となる場合などがこれに該当するとされており，具体的には，債権者の主債務者に対する履行請求訴訟に対し保証人が補助参加をする場合（主債務の存否が保証債務の存否の論理的前提である。）や，債権者の保証人に対する保証債務履行請求訴訟に主債務者が補助参加をする場合（保証債務の存否が保証人から主債務者に対する求償の論理的前提である。）などが典型例とされている。

　「訴訟の結果」とは，判決主文で判断される訴訟物たる権利又は法律関係の存否を指し，

（注1）　利害関係が法律上のそれに限定される理由は，補助参加制度の機能から説明することができる。すなわち，補助参加制度は，将来，被参加人あるいは相手方との間で訴訟当事者となる可能性のある者が，既に係属している訴訟に参加する途を開くことによって紛争の合理的解決を図る機能を有する。そうだとすると，補助参加によって守られる独自の利益を有しない者，あるいは仮に利益を有していても訴訟当事者となる可能性を有しない者（単なる感情的理由や事実上の利害関係にとどまる者）については，訴訟手続の複雑化を招いてまで補助参加を認める必要はないと解されるのである。

（注2）　判決の効力が及ぶときには，共同訴訟的補助参加（後記(6)参照）の問題となる。

判決理由中の判断に利害関係があるだけでは足りないとするのが通説的見解である。その根拠としては，①他の参加制度との関係において補助参加制度の守備範囲を明確にする必要があるところ，「訴訟の結果」＝判決主文における訴訟物判断と考えるのが基準として明確であるし，文言にも適合的であること，②判決理由中の判断は，訴訟当事者間でさえ既判力が生じないとされているにもかかわらず，これに対する利害関係を理由に参加を認める反対説によれば，第三者による介入を広く認めすぎてしまうことなどが挙げられている。

イ　なお，旧法64条では，他人間に訴訟が係属中であることが要件とされていた。しかし，補助参加の申出とともに再審の訴えの提起を認める見解が強く，この解釈を採用するには「訴訟ノ繋属中」との文言が障害となっていたことから，積極説を明文化するにあたり，訴訟係属中との要件を外し，併せて，補助参加人のなし得る訴訟行為に「再審の訴えの提起」を加えている（法45条1項本文）(注1)。

(3) **補助参加の手続**

ア　補助参加の申出

補助参加の申出は，参加の趣旨及び理由を明らかにして参加後に訴訟行為をすべき裁判所にしなければならない（法43条1項）。上訴の提起，督促異議等補助参加人としてすることができる訴訟行為とともにすることができる（法43条2項）。参加申出が書面でなされたときは，参加人から提出された副本を当事者双方に送達しなければならない（規則20条1項，2項）(注2)。

イ　補助参加の許否

参加の理由を具備するか否かの調査は，当事者が異議を述べた場合に限り，調査する。当事者が異議を述べずに弁論をし，又は弁論準備手続において申述した後はその異議権を失う（法44条2項）。異議が述べられたときは，参加人は，参加の理由を疎明しなければならない（法44条1項後段）。裁判所は，参加の許否を決定で裁判する（法44条1項前段）(注3)。補助参加許可決定に対しては異議者から，不許可決定に対しては参加申出人又は被参加人から即時抗告をすることができる（法44条3項）。

(4) **補助参加人の訴訟上の地位**

ア　独立性と従属性

補助参加人は，自らの利益保全を最終目的として，既存の訴訟当事者の意思に反してでも参加することができ，自己の名と費用の投下において訴訟を追行するものであり，単な

(注1)　これは，特に判決に対世効が認められる人事訴訟において意義を有するとされている。すなわち，判例（最二小判平元.11.10民集43－10－1085 [21]）は，検察官を被告とする認知の訴えにおいて，認知を求められた亡父の子は，認知の訴えに対する補助参加をすることができるにすぎないから，その確定判決に対する再審の訴えの原告適格を有しないとしていた。このこととの関係から，自己の相続権を侵害されるおそれのある者が補助参加の申出とともに再審の訴えを提起することの有用性が認められ，明文化されたものである（再審事由としては，法338条1項5号類推適用が考えられるとされている。）。この点，再審は訴訟係属が失われた後の手段ではあるが，このような手段の実効性を高めるには訴訟係属の事実を確知させるのが望ましいことから，一定範囲の第三者に対し，訴訟係属を通知するものとしている（人事訴訟法28条）。
(注2)　口頭でなされたときは調書を当事者双方へ送達する（規則1条）。
(注3)　この審理の費用につき，法66条参照。

第9章　多数当事者訴訟

る補助者ではない。その意味では，当事者からは独立した地位を有する[注1]。しかし，相手方との間に独自の請求を定立して訴訟当事者となるものではなく（「従たる当事者」とも呼ばれる。），あくまで他人の訴訟を補助し，被参加人の勝訴を通じて自己の利益保全を図るという従属的な側面も有する[注2]。つまり，自己固有の利益を保全するために，他人を補助するという複合的性格が補助参加人の地位の特色ということができる[注3]。

イ　補助参加人のなし得る訴訟行為

参加人は，原則として，被参加人のなし得る一切の訴訟行為を，被参加人がしたのと同じ効果をもってすることができる（法45条1項本文）。しかも，補助参加の申出に対し異議があった場合であっても，参加不許の裁判が確定するまでの間は訴訟行為をすることができる（法45条3項）。もっとも，訴訟主体たる当事者の利益保護[注4]あるいは審理の混乱を回避するため，補助参加人のなし得る行為については一定の制限が加えられる。

(ア)　被参加人がもはやすることができない行為（法45条1項ただし書）

例えば，被参加人としての攻撃防御方法の提出が時機に後れている場合や，被参加人が許されない自白の撤回など，参加当時の訴訟状態に従い，被参加人がなしえない行為は参加人もすることができない。これは他人間の訴訟を前提にする以上，やむをえないし，また，審理の混乱を回避する趣旨でもある。なお，補助参加人の上訴期間は被参加人の上訴期間内に限るとするのが判例である（最二小判昭37.1.19民集16-1-106［5］，最二小判昭25.9.8民集4-359）。

(イ)　被参加人の行為と抵触する行為（法45条2項）

参加人の訴訟行為と被参加人のそれとが矛盾抵触するときは，被参加人の利益保護を優先する趣旨である。例えば，参加人が否認して争っても，被参加人が自白すれば被参加人の訴訟行為が優先する。

(ウ)　訴訟自体の処分・変更に関わる行為

補助参加は他人間の訴訟を前提とするものであるから，その処分をもたらす，訴えの取下げ，訴えの変更，反訴の提起，請求の放棄・認諾，訴訟上の和解などはできないし，自白等の被参加人に不利益な行為もできないと解されている。

(5)　補助参加人に対する裁判の効力

ア　性質

法46条は，本案についての裁判は，一定の要件の下で補助参加人に対しても効力を有す

（注1）　期日の呼出しも訴訟書類の送達も別個になされる。
（注2）　判決の名宛人となるものではなく，したがって，当事者適格は問題とならないし，補助参加人には証人適格が認められる。また，補助参加人の死亡等は中断事由とはならない。
（注3）　このような独立性と従属性に対する認識から補助参加人の地位に関する解釈論的構成の方向性が得られる。すなわち，従属的性格を強調すれば，法45条，46条はまさにその限度のものとして理解されることとなろう。これに対し，補助参加といえども自己固有の利益を有し，紛争解決への期待を込めて注ぐエネルギーは訴訟当事者と異ならないとの認識を基礎とするならば，前記法条を制限的に解釈する方向性が与えられることとなる。各学説についての詳論は避けるが，学習上の一助として指摘しておく。
（注4）　補助参加不許の裁判が確定した場合であっても，当事者が援用したときは，補助参加人の訴訟行為はその効力を有するものとされていること（法45条4項）からも，当事者の利益保護を図る趣旨が読みとることができよう。

る旨規定する。これが既判力の補助参加人に対する拡張なのか，既判力と異なる特殊な効力なのかについては議論がある。この裁判の効力を考えるにあたっては，①法46条各号に訴訟の具体的経過を顧慮した除外事由が認められていること，②参加人・被参加人間には審判対象たる訴訟物は存在しないこと，③参加人・被参加人は前訴では協調関係にあり，ここでの「裁判」とは，対立的関係において攻撃防御が尽くされた結果とは言い難いこと，④この裁判の効力は参加人・被参加人間の紛争解決に必要な部分について生ずると解されるところ，それには判決の主文判断のみならず理由中の判断も含まれると解されること，⑤訴訟告知を一方的に受けた者は，現実に訴訟に参加しなくとも裁判の効力を受けること（法53条4項）などの諸要因を考慮にいれなければならない。これらによると，既判力とはかなり異質なものといわざるをえず，性質・根拠のいずれについても既判力と同様の説明は困難であろう。このような認識を基礎として，既判力とは異なる参加的効力であると解するのが，判例（最一小判昭45.10.22民集24-11-1583 [46]）(注1)・通説である。

イ　参加的効力と既判力との対比(注2)

① 既判力は，国家による私的紛争の解決を担保するもので，法的安定の要請に基づくのに対し，参加的効力は，被参加人が敗訴の確定判決を受けた場合における敗訴責任の分担という衡平（禁反言）の理念に基礎を置く。

② 既判力は被参加人の勝訴・敗訴とを問わず生じるが，参加的効力は被参加人が敗訴した場合に限り問題となる。

③ 既判力は訴訟の具体的追行過程を問わず画一的に生じるが，参加的効力は参加人の行為が制約され敗訴責任を分担させるのが相当でない場合には効力を生じない。

④ 既判力は原則として判決の主文に包含された訴訟物たる権利関係の存否の判断についてだけ生じ，その前提となった判決の理由中の判断には及ばないのに対し，参加的効力は判決の主文に包含された訴訟物たる権利関係の存否の判断のみならず理由中の判断についても及び，これにより補助参加人と被参加人間の将来の紛争解決が期待され得る。

⑤ 既判力は公益に関するものであるからその存否は職権調査事項であるが，参加的効力は衡平に関するものであるから当事者の援用をまってとりあげれば足りる。

(6)　共同訴訟的補助参加

ア　意義

(注1)　すなわち，判例は，「いわゆる既判力ではなく，それとは異なる特殊な効力，すなわち，判決の確定後補助参加人が被参加人に対してその判決が不当であると主張することを禁ずる効力であって，判決の主文に包含された訴訟物たる権利関係の存否についての判断だけでなく，その前提として判決の理由中でなされた事実の認定や先決的権利関係の存否についての判断にも及ぶ」とし（本文記載の最一小判昭45.10.22），「この判決の理由中でされた事実の認定や先決的法律関係の存否についての判断とは，判決の主文を導き出すために必要な主要事実に係る認定及び法律判断などをいうものであって，これに当たらない事実又は論点について示された認定や法律判断を含むものではない」としている（最三小判平14.1.22金法1645-49）。

(注2)　なお，参加的効力の基礎を敗訴責任の分担という観点ではなく，参加人が被参加人とともに判決の基礎を形成している点に求め，したがって，相手方との間でも機能すべきとする参加的効力拡張説があるほか，既判力の根拠を手続保障の観点から問い直す学説からは参加的効力と既判力との同質性が主張され，参加人・被参加人との間のみならず相手方との関係でも生じ得るし，勝訴・敗訴を問わないとする新既判力説も現れている。

第9章　多数当事者訴訟

明文の規定はないが、解釈上認められている補助参加形態として、共同訴訟的補助参加がある。これは判決効の拡張を受ける第三者が当該訴訟に参加する方法としては独立当事者参加（法47条）や共同訴訟参加（法52条）があるが、当事者適格が認められない場合又はこれが制限されている場合には、これらの方法によることはできず、補助参加によらざるをえない。もっとも、補助参加人の地位には一定の制限が加えられており、判決効の拡張からその利益保護を図るには必ずしも十分ではない。そこで、形式的には補助参加人ではあるが、実質的には必要的共同訴訟人に近い訴訟上の地位を解釈上付与すべく構成されたのが共同訴訟的補助参加である。

イ　問題点

一般論として、このような解釈の実践的意図は理解できるが、いかなる場合にこの参加形態が認められるのか、独立当事者参加や共同訴訟参加との関係はどのようになるのか、また、参加人の訴訟上の地位ないし訴訟法的効果として、どのようなものが認められるのかなどについては十分に議論が尽くされているとはいえない[注1]。この点、平成8年改正法の立案過程においては、「判決の効力が及ぶ第三者がする補助参加については、法45条2項の規定を適用しない。」とする明文の規定を置くことが検討されたが、この参加形態については、なお争いがあり、かつ、未解明の問題があることなどを考慮して、立法化は見送られた。

3　訴訟告知

(1)　意義

訴訟係属中、当事者から、参加をすることができる第三者に対し、法定の方式により訴訟係属の事実を通知することをいう。これは第三者に訴訟参加の機会を与えるとともに、告知者が敗訴した場合に被告知者に参加的効力を及ぼすことによって、敗訴責任を分担させることができるところに意義がある（法53条）。

(2)　手続

訴訟告知は、告知の理由及び訴訟の程度を記載した書面を受訴裁判所に提出して行う（法53条3項）。裁判所は告知者から提出された訴訟告知書の副本を告知を受けるべき者に送達しなければならず、相手方当事者に対しては送付すれば足りる（規則22条）。

(3)　効果

被告知者は、告知によって当然に補助参加人の地位を取得するものではなく、訴訟に現実に参加するか否かも自由である。しかし、たとえ参加しなくても、参加的効力は被告知者に及ぶこととなる（法53条4項、46条）。

4　独立当事者参加

(1)　意義

他人間の訴訟の目的となっている権利又は法律関係につき、第三者が参加介入し、対立牽

（注1）　例えば、通常の補助参加の制度効率を高め補助参加人の独立性を指向する学説は、共同訴訟的補助参加を補助参加の枠組みに吸収しようとし、又は端的にその独立性を肯定して独立当事者参加との境界を流動化しようとする。さらには当事者適格を欠く者にも共同訴訟参加を認める見解も現れているなど議論は多様化している。

第4　訴訟参加

制しつつ三者間で一挙に統一的に解決するため参加する場合を独立当事者参加という。共同訴訟における合一確定の併合審判の技術（法40条）を応用し，これにより既存の当事者の訴訟追行を牽制してその間に自己に不利な判決が生じることを阻止しながら，自己の請求を貫徹し，あるいは統一的解決を図るための訴訟追行の地位と機会が確保される(注1)。

(2)　**訴訟構造と片面的独立当事者参加**

独立当事者参加の訴訟構造については，かつては二当事者対立構造の枠組みの中でとらえる試みもなされたが，紛争の実体を直截に手続に反映させる，いわゆる三面訴訟説が多数説を占めるに至り，判例もこれを基礎として，この参加は，同一の権利関係について，原被告及び参加人の三者が互いに相争う紛争を一の訴訟手続によって一挙に矛盾なく解決する訴訟形態であり，その申出は，常に原被告双方を相手方としなければならず，一方のみを相手方とすることは許されない旨判示し（最大判昭42.9.27民集21-7-1925［82］），また，当事者双方を相手方として確認請求をした場合において，当事者の一方が参加人の請求を争わないときでも，他の相手方が参加人の請求を争っている限り，旧法62条の準用により争っていることになるから，争っていない当事者との関係でも確認の利益が存する旨判示していた（最二小判昭40.10.15民集19-7-1788［76］）。

しかしながら，このような判例に対しては，手続規制から紛争の実質をコントロールするに等しく，実質的に争いのない場合にあえて請求の定立を強制するのは形式的にすぎ，かつ，紛争の実情に合致しないし，参加承継（法51条）は独立当事者参加の方式によることとされていることからも不都合があるとの指摘があった(注2)。そこで，法は，当事者の一方を相手方とする独立当事者参加（片面的独立当事者参加）を許容することとし（法47条1項），弾力的な利用を可能にしている。

(3)　**要件**

ア　他人間に訴訟が係属していること

訴訟とは判決手続を指し，督促手続を含まない。上告審で参加できるかについては説が分かれる。消極説は，上告審では参加人の請求を審判する機会がないことを理由とするが（最三小判昭44.7.15民集23-8-1532［109］），積極説は，上告が支持されて破棄差戻しとなれば，審判の機会が生じることを理由とする。しかしこの立場でも，上告が棄却されれば参加も却下されることになる。

イ　参加の利益が存すること

(ア)　詐害妨止参加（法47条1項前段）

「訴訟の結果によって権利が害されることを主張する第三者」が参加申出をする場合である。いかなる場合がこれに該当するかについて，議論がある（代表的見解を掲げ

（注1）　他方，既存の当事者からすると，自己の訴訟に別個の訴訟物が追加され，手続が重くなり，訴訟追行の自由もある程度制約を受けざるをえない点で参加人とは利害が対立する関係にある。このような利害調整や，補助参加との役割分担等の観点から，独立当事者参加の要件設定ないし手続規制が加えられている。
（注2）　被承継人と承継人（参加人）との間に承継原因につき争いがない場合には，訴訟代理人も同一人を選任するのが便宜であるが，原被告双方に対して請求を定立しなければならないとすると，双方代理になってしまうという不都合が指摘されていた。

第9章　多数当事者訴訟

る(注1)。)。

a　判決効説

　　この見解は，補助参加との対比において要件設定をする。つまり，この参加形態は，原被告間の訴訟に直接干渉し，自己の独自の立場で当事者間の紛争解決を牽制することを目的とするのであるから，補助参加の利益に比してより差し迫った必要でなければならないと考える。したがって，訴訟物たる権利関係が参加人の法律上の地位の論理的前提関係に立つことに加え，判決効が参加人にも及ぶ結果，訴訟を放置するとその判決効によって参加人の権利が侵害されることになる場合であることを要するとする(注2)。

b　詐害意思説

　　この説は，詐害再審を訴訟終了前の段階に遡らせ，詐害目的を有する訴訟追行行為の阻止というところまでその趣旨を貫徹したところに本条前段の趣旨があると解する。判決効を受ける場合でなくとも，他人間の訴訟が第三者の利益を詐害する目的を有していることが客観的に認定され，当該第三者の地位が当該訴訟の結果を論理的に前提とするため，第三者が法律上又は事実上不利益を受けるおそれがある場合に参加を認め，当該訴訟を牽制し得ると解すべきであるとする(注3)。

c　判例（大判昭12.4.16民集16-8-463）は，他人間に係属する訴訟の結果，殊に判決により自己の権利を侵害され，若しくは侵害されるおそれがある第三者をしてその権利を保全させるため当該訴訟に当事者として参加させ，被参加当事者及び参加人間の紛争を迅速かつ画一的に解決し，それを通じて訴訟経済及び判決の抵触を防止することを企図したものであるから，本条項にいう第三者とは必ずしも他人間の判決が直接に効力を及ぼし，これに服従せざるをえない者のみに限局されるべきものではなく，広く当該訴訟の結果，間接的に自己の権利を侵害されるおそれがある者をも包含する旨判示している（なお，最一小判昭42.2.23民集21-1-169［118］(注4)）。

（注1）　本文に掲げた見解のほか，補助参加との連続性を意識しつつ，条文の文言に忠実に比較的緩やかに理解し，事実上の権利侵害を受ける第三者であれば足りるとする見解（利害関係説）もある。法47条1項前段は補助参加の法42条の文言（「訴訟の結果について利害関係を有する第三者」）とほぼ同義であることから，利害関係の程度が補助参加に比べてやや強度であるにすぎないと解するわけである。
（注2）　このように判決効説が守備範囲の限定をする理由としては，本来，民事訴訟では，二当事者間における相対的な紛争解決が基本であり，独立当事者参加によって訴訟物及び争点が増加して複雑な審理となり訴訟が遅延することを極力回避したいとする実践的意図があるように思われる。また，判決効を受ける第三者という要件設定も適用範囲の明確化を指向するものといえよう。
（注3）　本条前段の参加の利益を考えるにあたり，補助参加の利益とは切断し，本条独自の参加形態の存在意義を見出そうとする見解ということができよう。
（注4）　この事案は，甲乙間に乙名義の所有権移転登記の抹消登記手続請求訴訟が係属する場合において，乙の債権者で当該不動産について強制競売の申立てをし，同開始決定を得た第三者丙が独立当事者参加を申し出たもので，第一審・控訴審いずれにおいても乙は答弁書を提出したのみで口頭弁論期日に出頭せず，訴訟は事実上甲丙間で行われたものである。甲は，甲乙間の訴訟は馴合訴訟ではないし，甲乙間の訴訟の判決の効力は丙に及ぶものではなく，また，丙は甲乙間の訴訟の結果によって乙に対する債権を失うこともない以上，独立当事者参加の要件を充足しないとの上告理由を提出したが，本文のとおりに述べて，これを排斥している。

第4　訴訟参加

(イ)　権利主張参加（法47条1項後段）

「訴訟の目的の全部又は一部が自己の権利であることを主張する第三者」が参加申出をする場合である。この場合は参加人が積極的に自己の権利を主張することに重点があり，前段の消極目的とは異なる。他人間の訴訟における請求と，参加人の請求とが論理的に両立しえない関係にあることが必要である。例えば，甲が乙に対し土地所有権確認とその引渡請求訴訟を提起したところ，丙が当該土地所有権は，自己に帰属する旨主張して，甲に対し土地所有権確認及び乙に対し同確認と引渡しを求める場合がある。

ウ　当事者の双方又は一方を相手方として自己の請求の審判を求めること

(ア)　従前は，参加の申出は常に原被告双方を相手方とすることを要すると解釈されていたが，片面的独立当事者参加が可能となるように規定が改められたことは前述のとおりである。当事者の双方を相手方とする場合，又は一方のみを相手方とする場合のいずれであっても，実質的には訴えの提起である。参加人は，参加を申し出た訴訟において自己の請求を提出しなければならず，単に当事者の一方の請求に対して訴え却下又は請求棄却の判決を求めるのみの参加の申出は許されない（最一小判平26.7.10集民247-49）。

(イ)　当事者双方に対し請求を定立する場合

この参加は，三者間の紛争を統一的に解決するために存在する以上，参加人は当事者双方に対し，自己の請求を定立するのが原理である。紛争の実情に応じて，適宜確認・給付の請求を定立する。

(ウ)　当事者の一方に対し請求を定立する場合

上記(イ)に準じるが，片面的参加をした後に，審理の進行に伴い請求を定立していなかった者に対し請求を追加する必要が生じる場合もあり得る。この場合，一種の訴えの主観的追加的併合と訴えの変更（追加的変更）とが複合した訴訟行為となる(注1)。

(4) 手続

参加の申出は，参加の趣旨及び理由を明らかにして参加後に訴訟行為をすべき裁判所にしなければならない（法47条4項後段，43条1項）。参加人としてすることができる訴訟行為とともにすることができる（法47条4項後段，法43条2項）。この参加申出は新訴提起の実質を有するものであるから(注2)，書面でなすことを要し（法47条2項），参加人から提出された副本を当事者双方に送達しなければならない（規則20条3項，2項）。

(5) 審判

ア　裁判所は，参加要件のみならず訴訟要件をも調査する。訴訟要件を欠くときは，判決で申出を却下する。参加要件のみを欠くときは，第一審における参加の場合で，参加人が独立の訴えとして審判を求める意思を有するときは，新訴の提起として扱うことができるが(注3)，あくまで統一的審判を求めるときは，判決で申出を却下せざるをえない。

（注1） 厳密には訴訟当事者外の第三者を引き込むものではないので，主観的追加的併合とはいえないし，従来は訴訟物が存在しなかった者との間で請求を定立する行為であり，主観的変更を伴う以上，訴えの追加的変更には包摂できない。

（注2） 訴状に準じて作成することを要し，参加の趣旨及び理由並びに請求の趣旨及び原因を記載し，訴状と同額の印紙を貼用する（民事訴訟費用等に関する法律3条1項別表第1の7）。

（注3） 参加要件を欠く場合の取扱いについて判示された下級審裁判例としては，第一審で参加申出（つづく）

第9章　多数当事者訴訟

　　イ　参加が適法であるときは，既存の当事者間の請求及び参加人の定立した請求は，矛盾なく統一的に判断されなければならない。したがって，審理の足並みを揃え，訴訟資料と訴訟進行を統一しなければならないため，法40条1項ないし3項が準用される（法47条4項前段）。もっとも，必要的共同訴訟では共同訴訟人間の連合関係を訴訟審理に反映させる技術として法40条が規定されているのに対し，ここでは，参加当事者は，他の当事者とは対立・牽制関係に立つ。このような相互の排斥関係を手続に反映させる技術として，法40条の準用により応用している。すなわち，二当事者間の訴訟行為は，他の1人に不利益をもたらす限り，二当事者間でもその効力を生じない（法40条1項の準用）。例えば，被告が原告に対し認諾や自白をしても，参加人が争う限り，その効力を生じない。1人から1人に対して行った訴訟行為は残りの1人に対してもしたことになる（法40条2項の準用）。1人について中断・中止の事由が生じれば，全訴訟が停止される（法40条3項の準用）。
　　ウ　本案の終局判決は，三当事者に対し，論理的に矛盾のない1個の全部判決によってなされなければならない。弁論の分離，一部判決は許されない。判決を脱漏した場合には，追加判決はできず，判決全部が違法となる（最二小判昭43.4.12民集22−4−877［27］）。
　　エ　訴訟費用は敗訴当事者が分担するが，その分担は訴訟進行の全体から適当と判断される割合による。
　　オ　終局判決に対する1人の上訴により，全訴訟が移審する。この場合，判例は，敗訴した他の当事者も上訴人となるとしていたが（大判昭15.12.24民集19−2402），その後，被上訴人となるとしている（最一小判昭36.3.16民集15−3−524［25］，最一小判昭50.3.13民集29−3−233［13］）(注1)。

(6)　二当事者訴訟への還元
　　ア　取下げ・却下
　　　　本訴の取下げ又は却下，参加申出の取下げ又は却下により，二当事者訴訟に還元される。
　　イ　旧当事者の脱退
　　　(ｱ)　参加人が参加したことにより，従来の原告又は被告は，当事者として残存して訴訟追行する必要がなくなる場合がある。例えば，給付訴訟を提起した後，係争物を第三者に譲渡し譲受人が参加してきた場合の原告や，権利者の義務者に対する履行請求訴訟に真の権利者である旨主張して参加した者がある場合，真の権利者に履行したいと考えている義務者は，いずれが権利者と判断されても構わず，権利者間で確定されればよいと考えている場合などである。このような場合，自己の主張又は相手方の主張の当否を，相

(つづき)　がなされた事案につき，新訴提起としての取扱いをすべきとする裁判例（東京高判昭46.6.11判タ267−332）や，控訴審において参加申出がなされた事案につき，審級制度は当事者の意思によって左右されず，したがって，異議を述べていないとしても第一審を省略することはできないとして，事件を第一審へ移送すべきとする裁判例（仙台高決昭48.3.5高民集26−1−101）がある。いずれも参加申出が新訴提起の実質を有することを重視している。
(注1)　両説とも難点がある。例えば，上訴人説では不服もないのに上訴人の地位に立つこととなるし，被上訴人説では全面敗訴でも被上訴人の地位に立つこととなる。要するに，上訴人説は，一当事者が勝訴すれば他の二当事者は敗訴する関係にあることから法40条1項の準用によるのに対し，被上訴人説は，三面訴訟の当事者には連合関係がない以上，敗訴当事者の1人が上訴しても，これを他の敗訴当事者のために有利な行為とみることはできず，法40条1項を準用する余地はなく，むしろ同条2項にいう共同訴訟人の1人に対する訴訟行為と解すべきであると位置づけるのである。

(イ) この場合，相手方と参加人との間に下された判決の効力は，脱退した当事者に及ぶ（法48条後段）。この判決の効力について，参加的効力説，既判力説，既判力及び執行力説（大判昭11.5.22民集15-988）などが対立する。脱退者は，訴訟追行の負担を免れる代わりに，訴訟の結果が自己の不利益に及ぶことを承認しているとみられるが，これにつきいかなる訴訟法的効果を付与するのが合理的かという問題である。

　この点，残存当事者と脱退者とは参加協力関係にない以上，参加的効力とみることは困難であり，また，既判力のみと解すると，脱退者に対する執行力を得るために別途給付訴訟を提起しなければならなくなり，脱退を認めた実益の大半が失われることとなる。そこで，この判決の効力とは，脱退者との間の請求に応じた既判力・執行力であると解されており，そのため，脱退は自己の立場を全面的に参加人と相手方との決着に委ね，これを条件として参加人及び相手方と自己との間の請求について，予告的に放棄（原告の脱退の場合）又は認諾（被告の脱退の場合）する性質の訴訟行為であるとされる。すなわち，脱退者が受ける判決の効力とは，いずれかの勝訴により現実化した放棄又は認諾の効力であるということになる。

　なお，この見解によるときは，何を債務名義とみるかも問題となる。残存当事者間の判決に脱退者の給付義務の宣言を掲げなければならないとする考え方や，脱退調書を認諾調書又は放棄調書として作成し，残存当事者の判決を条件成就の証明として取り扱う考え方などがある。

(ウ) 脱退者に既判力及び執行力が及ぶと解すれば，参加人の利益は十分に守られるので，承諾を要すべき相手方は従前の原告又は被告だけでよく，参加人の承諾を要しない（前掲大判昭11.5.22）。

第5　訴訟承継

1　訴訟承継制度の意義と必要性

　訴訟の係属中に実体関係の変動が生じ，そのために従来の当事者間ではもはや紛争の実質的な解決がもたらされず，当初の目的を貫徹するには第三者に対して別訴提起を余儀なくされる場合があり得る。しかし，このような結論は，それまでの訴訟追行の結果を無意義なものとし，訴訟経済に反するのみならず，当事者間の公平にも反する。本来，いったん訴訟が開始され，紛争解決過程としての訴訟状態，——やがて終局判決に結実するところの訴訟上の当事者の有利不利な地位(注1)——が形成された場合には，それまでの訴訟状態を引き継がせるのが合理的である。訴訟手続は，いったん開始されると，原告も被告の同意なしには訴えを取り下げられないとすること（法261条2項）によって，訴訟状態における既得的地位が当事者に保障されているし，他方，判決が形成された場合には，口頭弁論終結後の承継人に判決効を及ぼすことによって紛争解決の範囲が拡張されているのであるから（法115条1項3号），訴訟承継制度は，

(注1)　これを比喩的に「生成中の既判力」と説明する見解が有力である。

第9章　多数当事者訴訟

その中間段階である訴訟係属中における実体関係の変動についても，これを紛争主体たる地位の移転とみて訴訟手続に反映させて，当事者を交替させ，かつ，新当事者は旧当事者の訴訟状態上の地位をそのまま承継することとして，訴訟の続行を図ったものである。したがって，承継人は，承継直前の訴訟状態の下で前当事者の地位を引き継ぐこととなり，従前の弁論，証拠調べ及び裁判などは，承継後もそのまま効力を有するし，前当事者が既にすることができなくなった行為は承継人もできない。

　訴訟承継には，相続や合併のような当事者の地位の包括承継がある場合（当然承継）と，係争物の譲渡などのように当事者の地位が特定的に第三者に移転する場合（特定承継，更にこれには参加承継と引受承継とがある。）とがある。前者では訴訟主体の変更が自動的に訴訟手続に反映されることになるが，後者では新主体からの参加申立て（参加承継の場合）ないし既存の当事者からの引受申立て（引受承継の場合）をまって訴訟手続に反映されることになる。

2　当然承継

(1)　意義

承継原因が発生すれば，法律上当然に当事者が交替して訴訟承継を生ずる場合であって，その原因は，訴訟手続の中断・受継（第5章第3の7参照）に関する規定から推知される。もっとも，訴訟承継は当事者の訴訟上の地位の面を見たものであり，中断・受継は訴訟手続の進行の面を見たものであって，両者は同一事由に関する場合でも，別個の観念である。したがって，当事者は変わらないのに中断を生ずる場合（例えば，単なる訴訟能力・法定代理権の得喪変更［法124条1項3号］）もあるし，訴訟承継があっても手続が中断しない場合（例えば，訴訟代理人のある場合［法124条2項］，選定当事者を定めた場合［法30条2項］）もある。

(2)　当然承継の原因

ア　当事者の死亡（法124条1項1号）
イ　法人その他の団体の合併による消滅（法124条1項2号）
ウ　当事者である受託者の任務の終了（法124条1項4号）
エ　一定の資格に基づき当事者である者の資格喪失（法124条1項5号）
オ　訴訟係属後の選定当事者の選定（法30条2項）及び資格の喪失（法30条5項, 124条1項6号）

(3)　手続

ア　訴訟手続の中断が生じる場合

訴訟手続の中断を伴う場合において，承継人又は相手方による受継の申立てがなされたときは，裁判所は，承継人の適格を調査し，これを欠くときは受継申立てを却下し（法128条1項），承継を認めるときは受継決定をして訴訟追行を許す。もっとも，その後に適格のないことが判明すれば，終局判決で，その者の又はその者に対する訴え（又は上訴）を却下する。また，裁判所の続行命令によって手続の続行が図られることもある（法129条）。

イ　訴訟手続の中断が生じない場合

訴訟代理人のある場合には，手続は中断せず，その代理人が訴訟を追行することになる。この場合，新当事者である承継人の代理人として追行したものであり，判決も承継人に対してなされたものである。したがって，当事者の表示が変更されないまま，旧当事者の名で判決がなされたときは，判決を更正すべきであるし（法257条，最二小判昭42.8.25判時496－

43），承継人及び相手方は，後に執行等の必要が生じた場合には，承継執行文の付与を求めることになる（民事執行法27条2項準用）。

3　特定承継（参加承継・引受承継）

(1)　承継原因

　訴訟承継は，訴訟係属中の紛争主体の変動を訴訟手続上に反映させ，紛争の実質的解決を当該訴訟手続内で貫徹する目的で設けられたものであるから，その訴訟状態を引き継がせる契機となる承継原因の把握については，単に訴訟物の譲渡だけを対象とするのでは十分ではなく，訴訟法的な見地から検討を加え，何人を相手にすることが紛争の解決に適するかという観点から，当事者適格の承継として把握されてきた（適格承継説）。反面，承継人は前主の地位を有利不利を問わず引き継がなければならない関係上，新当事者に対する手続上の利益保障の観点から，新旧当事者に何らの牽連関係のない場合を除外する必要もあり，このため当事者適格の伝来的な取得に限る必要があるともされてきた。しかし，承継の前後で請求内容にズレが生じ，「当事者適格の承継」という比喩的説明では，上記の諸利益を調整するための基準として機能しない場合があることが自覚されるに至り，「紛争の主体たる地位」(注1)とか

（注1）　判例（最三小判昭41.3.22民集20-3-484［112］）は，甲が乙に対し，土地賃貸借契約終了に基づき地上建物収去土地明渡しを求めたところ，訴訟係属中に丙が当該建物を賃借し使用するに至ったので，甲は丙を相手方として訴訟引受けを申し立て，賃借部分からの建物退去を求めた事案について，次のように判示した。「賃貸人が，土地賃貸借契約の終了を理由に，賃借人に対して地上建物の収去，土地の明渡を求める訴訟が係属中に，土地賃借人からその所有の前記建物の一部を賃借し，これに基づき，当該建物部分及び建物敷地の占有を承継した者は，民訴法74条（注：旧法）にいう『其ノ訴訟ノ目的タル債務ヲ承継シタル』者に該当すると解するのが相当である。けだし，土地賃借人が契約の終了に基づいて土地賃貸人に対して負担する地上建物の収去義務は，右建物から立ち退く義務を包含するものであり，当該建物収去義務の存否に関する紛争のうち建物からの退去にかかる部分は，第三者が土地賃借人から係争建物の一部および建物敷地の占有を承継することによって，第三者の土地賃貸人に対する退去義務の存否に関する紛争という形態をとって，右両者間に移行し，第三者は当該紛争の主体たる地位を土地賃借人から承継したものと解されるからである。これを実質的に考察しても，第三者の占有の適否ないし土地賃貸人に対する退去義務の存否は，帰するところ，土地賃貸借契約が終了していないとする土地賃借人の主張とこれを支える証拠関係（訴訟資料）に依存するとともに，他面において，土地賃貸人側の反対の訴訟資料によって否定されうる関係にあるのが通常であるから，かかる場合，土地賃貸人が，第三者を相手どって新たに訴訟を提起する代わりに，土地賃借人との間の既存の訴訟を第三者に承継させて，従前の訴訟資料を利用し，争いの実効的な解決を計ろうとする要請は，民訴法74条の法意にかんがみ，正当なものとして是認すべきであるし，これにより第三者の利益を損なうものとは考えられないのである。そして，たとえ，前者と後者とが権利の性質を異にするからといって，叙上の理は左右されないというべきである。」

　この判旨には伝統的な思考様式ないし適格承継の観念では説明し尽くせないものが含まれている。というのは，第1に，本件の甲の乙に対する請求は債権的請求権であり，当該債務の帰属者のみが当事者適格を有し，債務の目的物を他に移転しても直ちに適格を喪失することはないはずであって，丙が建物の占有を取得したとしても，それによって訴訟物に関する適格を承継したことにはならないからである。第2に，乙の建物収去土地明渡義務は賃貸借契約終了を発生原因とし，丙の建物退去義務は建物占有を取得し土地を占有することによって発生するものであって，それぞれ独自の発生原因を有するものである。したがって，乙の義務が丙に移転承継されるということは理論上ありえないといわなければならない。にもかかわらず，判旨が占有の承継を認め，「紛争の主体たる地位」を承継したという評価を加えていることからすると，そこではもはや適格承継を基準に検討しているのではなく，従前の訴訟資料を第三者に引き継がせることが不当とはいえないことという実質的考慮要因と第三者の地位が前主からの伝来的取得に基づくことという歯止めを形式的考慮要因として相関的に衡量し，その結果を「紛争の主体たる地位」という前法律的概念で　　（つづく）

第9章 多数当事者訴訟

「当事者適格の依存性」との観念も提唱されている。

(2) **承継のイニシアティヴ**

　旧法では，権利の譲受人につき独立当事者参加の形式による参加承継（旧73条）と，債務の承継人につき当事者の引受申立てによって承継させる方法（旧74条）について規定がおかれているにすぎなかった。しかし，これらは典型例を示しているにすぎず，権利の承継人，義務の承継人のいずれであるかを問わず，前者は承継人が自ら訴訟に参加する場合を定め，後者は被承継人の相手方が訴訟を引き受けさせる場合を定めていると解するのが定説であり，判例（最三小判昭32.9.17民集11－9－1540［86］）も同旨であった。そこで，法はこのような解釈を明文化することとし，権利又は義務の承継人を問わず，訴訟参加をして承継することができ，また，当事者からこれらの承継人に対して訴訟引受けをさせることができることとしている（法49条～51条）。

　条文のたて方としては，権利承継人による参加承継の方法（法47条～49条）を義務承継人による訴訟参加につき準用し（法51条前段），義務承継人に対する引受承継の方法（法50条）を権利承継人に対する訴訟引受けに準用する体裁をとっている（法51条後段）。

(3) **手続**

　ア　参加承継

　　参加承継（法49条，51条前段）においては，承継人が積極的に手続に参加して，それまでの訴訟の成果を承継しようとするものであるから，独立当事者参加の形式で当事者になることができる（法47条1項）。承継原因に争いがある場合には，独立当事者参加による三面的訴訟構造を維持しつつ，対立牽制関係により統一的審判を可能にする。これに対し，承継原因に争いのない場合には，片面的独立当事者参加の形式により連合関係を構成する。そのため，この場合には，必要的共同訴訟の規律に服する（法40条）。

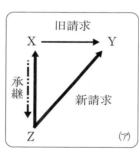

(ア)

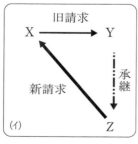

(イ)

　(ア) 権利の承継人の訴訟参加（法49条）

　　権利承継人が訴訟承継の申立てをするには，独立当事者参加の形式でしなければならない。左図において，権利の承継を主張するZは，Yに対し，Xが定立していた旧請求と同一の請求の趣旨を，Xに対しては承継原因に争いがある場合には，承継原因の主張に係る権利の積極的確認を求めることになり，三面的訴訟構造となる。承継原因に争いがない場合には，片面的独立当事者参加も許されるから，Yに対する請求のみを定立すれば足りる。この場合，承継を認める前主は相手方の同意を得て脱退することができる。一部承継の場合は，前主は当事者（共同訴訟人）として残ることになる。

　(イ) 義務の承継人の訴訟参加（法51条前段）

　　義務の承継人が参加承継する場合も，基本的には上記(ア)と同様である。すなわち，例えば，被告Yから債務を承継した

（つづき）　説明しているにすぎないともいえそうである（訴訟物たる権利の性格も考慮外にある。）。

Zも，XY間の訴訟状態を利用して紛争解決を得る利益を有するから，法51条前段によって参加する場合には，Xに対し債務不存在の消極的確認請求を定立し，Yに対しても積極的確認請求を定立して参加する。承継原因に争いがない場合には，Xに対する請求のみを定立して片面的独立当事者参加をすることになる。この場合，Yは，相手方Xの同意を得て脱退することができる（法51条前段，48条）。

イ 引受承継

これに対し，引受承継（法50条1項，51条後段）は，訴訟当事者のイニシアティヴによって，訴訟外の第三者に訴訟の成果を引き継がせるものであるから，積極的に参加する参加承継とは手続的規律を異にする。裁判所は，当事者からの訴訟引受けの申立てに対し，当事者及び承継人たる第三者を審尋し（法50条2項），決定で，その許否の裁判をする（法50条1項）。引受決定に対しては独立の抗告は許されない。後に承継資格のないことが判明すれば，本案の問題として請求棄却判決をする(注1)。

承継人は，引受決定により当事者となり，引受けまでに生じた前主の訴訟上の地位を承継する。その後の審理手続は，矛盾のない裁判を可能にするため，同時審判共同訴訟に関する規律に服する（法50条3項，41条1項・3項）。

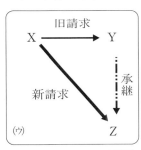

(ウ) 義務の承継人に対する訴訟引受け（法50条）

この場合は，引受承継の典型例であり，訴訟係属中，YからZへ義務の承継が生じた場合，Xとしては，それまでの訴訟状態（訴訟資料）を利用して当初の請求を貫徹する利益を有する。そこで，旧請求を維持しつつ，Xは承継人Zに対する新請求を定立して，承継人である第三者Zを訴訟に引き込み，一挙に紛争の統一的解決を図ることが可能になる。審理手続が同時審判共同訴訟に準じて扱われることは前述のとおりである（法50条3項(注2)）。この場合，XのYに対する請求と，XのZに対する請求とは法律上両立しえない関係にあり，したがって，(ア)(イ)と異なり，事実上の統一的審判を確保する限度において，同時審判共同訴訟の規律を導入しているわけである。また，前主Yは，相手方の同意を得て訴訟から脱退することができる（法50条3項，48条）。

(エ) 権利の承継人に対する訴訟引受け（法51条後段）

Yは，訴訟係属中に権利の承継を主張するZに対し，消極的確認請求を定立して，訴訟引受けの申立てをする。例えば，XがYに対し債務の履行請求をしたところ，Yは，XのZに対する債権譲渡（債権喪失）の抗弁を提出することができる。しかし，Yの抗弁が

(注1) 引受資格を当事者適格の承継の問題として捉えるならば訴え却下判決となろう。しかし，いったん引受決定により，当事者と引受承継人との間に訴訟係属が生じ，これに基づいて本案審理がなされた以上，承継資格のないことは，その請求に理由のないことに帰着するといえるし，このように解するのが訴訟経済上も相当と考えられる。

(注2) 法41条2項が準用されていないのは，この場合，引受決定による法定効果として同時審判共同訴訟が成立するのであって，申出によるものではないことによる。

認められずに，敗訴するおそれがある。他方，その後，Zから債権譲渡を主張して訴求されたときには，債権譲渡が認められて，Zに対しても敗訴するおそれがある。このようなYの統一的審判を受ける利益を確保するため，訴訟引受けが存在する。この場合の，YのXに対する債権喪失の抗弁とZに対する債務不存在は，まさに法律上両立しえない関係にあり，法41条が想定する場合に適合するし，第三者の利益保護の観点からみると，必要的共同訴訟の規律までを持ち込むのは相当ではない。そのため法は，この場合の手続の規律として，事実上の統一的審判を確保する限度に止める意味で，法41条を準用しているのである。

ウ 承継の効果

承継人が前主の訴訟上の地位を承継するとは，例えば，既に前主によってなされた弁論，証拠調べ，裁判などの効果を受けることはもちろん，時機に後れた攻撃防御方法の提出のように，前主がすることができなくなった訴訟行為もすることができなくなるなど，有利・不利にかかわらず，前主の有した訴訟状態を引き継ぐ[注1]。また，時効中断又は法律上の期間遵守の効力も，承継人のため訴訟係属の時に遡って生ずる（法49条後段）。承継人の前主が脱退したときには，承継人に対する判決の効力は脱退した前主にも及ぶ（法51条，50条3項，48条）。

（**注1**） もっとも，承継原因の発生によって，もはや利害関係のなくなった前主が訴訟の処分につながるような訴訟追行をしている場合にも，当然かつ全面的に被承継人に訴訟状態の承継を肯定することには異論があり得る。その意味で，承継原因発生時以後の被承継人の訴訟追行の具体的な態様には，訴訟運営上留意が必要となろう。

第10章　上訴・再審訴訟手続

第1　上訴制度序説
1　事件の再審理の必要性
　　裁判制度に対する国民の信頼は，迅速，適正な裁判によって確保される。すなわち，紛争解決の迅速性，事実認定・実体法規の解釈適用のみならず，これらを確保するための手続についても正当な基礎を有するものでなければならない。そのため，制度としては，判断の過誤，手続違反の可能性がある場合に，敗訴当事者に再審理の機会を与え，これを契機として，構成を異にする別の裁判所が事件を反復審理することとする。これにより，過誤の有無を検討し，過誤があればこれを是正して裁判の適正を図り，当事者の救済及び裁判の正当性を保障するとともに，司法に対する信頼を確保しようとするのである。

2　上訴と同一審級再審理との機能分担
　　このように，裁判の具体的妥当性の確保は再審理制度の重要な目的であるが，これを具体的にどのような制度の下で実現することとするのかは，立法政策判断による。すなわち，制度設計上，再審理を控訴・上告によることとするならば，手続の厳格性，認定・判断の慎重さが確保されるほか，漸次，上級・少数の裁判所の判断を経ることにより，法令の解釈適用を統一して法的安定を図ることが可能となる。他方，手続の簡易迅速性，経済性を重視するならば，同一審級による再審理又はより簡易化された上訴手続の方がすぐれているといえる。また，三審制の保障が尽きるなどにより確定した事件であっても，瑕疵が極めて重大な場合には再審理の機会を保障する必要もある。したがって，対象事件の種類・内容に応じて，その手続目的にふさわしい構造を有することが求められ，それらの間で合理的な機能分担が図られなければならない。

　　例えば，国民の権利義務に関する事項を直接に判断対象とするものは，厳格な手続である上訴によるのが相当であるが，他方，少額軽微なものや派生的事項について多大な時間と費用を費やすことは，かえって当事者の利益を損なうおそれがあるし，制度効率の観点からは適切なものとは言い難い。このような観点から，法は，再審理に関して複数の制度を用意しているのである。ここでは，上訴・再審について検討することとし，これ以外については，個別に検討する（同一審級における再審理としては，手形訴訟，少額訴訟及び支払督促における異議，民事保全事件における保全異議などがある。）。

3　上訴の意義と種類
(1)　上訴とは，自己に不利益な裁判を受けた当事者が，その裁判の確定前，上級裁判所に対し，自己の有利にその裁判の取消し・変更を求める不服申立ての方法である。裁判の確定前であるという点において，確定後の裁判に対する不服申立方法である再審（法338条），特別上告（法327条），特別抗告（法336条）と異なるし，上級裁判所に対してなされる点において，同一審級内の不服申立方法である異議と異なる。

(2)　上訴には，控訴，上告，抗告の3種類がある。
　　控訴は，第一審の終局判決に対する上訴をいい，事実上，法律上の両面から，不服の主張

第10章　上訴・再審訴訟手続

の当否を審理判断し，第一審とともに事実審に属する。

　上告は，原則として控訴審の終局判決に対する上訴をいい（例外：飛躍上告［法311条2項］），原判決に対する法律上の不服の主張の当否を審理判断する。事実審に対して，上告審を法律審という。

　抗告は，判決以外の裁判（決定又は命令）に対する上訴をいう。抗告には，不服申立期間の定めの有無により，即時抗告と通常抗告の別があり，また，最初の抗告と抗告審裁判所の決定に対してなされる再抗告の別がある。

(3)　裁判の形式と不服申立て

　上訴の種類は，原裁判の種類に対応する。上訴の方法を定めるためには，まず原裁判の種類を定めることを要する。これには本来なすべきであった裁判の形式によるか，現になされた裁判（本来なすべきであった裁判の形式と異なる形式でなされた裁判を「違式の裁判」という。）の形式によるかの2方法が考えられる。この点につき，決定・命令によって裁判をすることができない事項につき，決定・命令をもって裁判がされたときは，決定・命令に対する不服申立方法である抗告をすることができるとされている（法328条2項）。これは現になされた裁判の形式によるものとする立場を示すものである。したがって，判決をもって裁判をすることができない事項につき，判決をもって裁判がされたときについては，規定はないが，判決に対する不服申立方法である控訴・上告ができると解すべきである。もっとも，決定又は命令で裁判すべき事項について判決で裁判した場合には，原裁判が違式でなされたこと自体が当事者に不利益を与えるとはいえないから，それだけの理由では上訴で取消しを求める利益はない。

　この場合，何が現になされた裁判の形式か，すなわち，その裁判が判決か決定であるかは，裁判官の意思，裁判書の表示，形式，内容，目的，その作成手続などを斟酌して決めることとなる。このような基準によっても，結局，裁判の種類が不明な場合には，裁判所の過誤を当事者の不利益に帰することは相当でないから，本来なされるべき形式の裁判があったものとみて，これに対応する上訴をなすべきであろう（なお，最二小判昭42.7.21民集21-6-1663［64］参照）。

4　上訴の要件

(1)　意義

　上訴の審判は，直接には原裁判に対する上訴人の不服の主張の当否を対象とする。この不服の主張が，訴えにおける訴訟上の請求に相当する。裁判所は，この不服の主張に理由がないと認めれば上訴を棄却し，理由があると認めれば原裁判を取消し又は変更して，事件についての処置を講ずる。これが上訴審の裁判である。

　ところで，この本案の裁判をするためには，上訴が適法に取り上げることができるものでなければならない。上訴審の本案の裁判を受け得るための要件を上訴の要件といい，訴えにおける訴訟要件に当たる。この要件を欠くと，上訴は不適法として却下される。上訴人が上訴の要件を備え，上訴の本案裁判を受け得ることを，その者の権利としてみる場合には，これを上訴権と呼ぶ。

(2)　上訴の一般的要件

第1　上訴制度序説

ア　原裁判が上訴を許すものであること

　　例えば，控訴・上告は終局判決に対するものに限られ，中間判決のような中間的裁判に対しては独立の上訴を許さない。また，訴訟費用の負担の裁判に対しては独立の上訴をすることができない（法282条，313条）。

イ　上訴提起が適式で，かつ，有効であること

　　上訴の提起は，書面をもって原裁判所になすことが必要であり（法286条1項，314条1項，331条），法定の記載要件を充足することが求められる（法286条2項，313条，331条）。また，上告においては，上告理由書の提出が義務づけられている（法315条，316条1項2号参照）(注1)。また，各種の一般的な訴訟要件を具備している必要があることは当然である。

ウ　上訴期間の定めのある場合は期間を徒過しないこと又は追完の要件を備えること

　　すなわち，控訴・上告においては判決書又はこれに代わる調書の送達があった日から2週間（法285条，313条），即時抗告は裁判の告知があった日から1週間（法332条）の不変期間内に上訴をすることが必要であり，この期間を徒過すると上訴権は消滅する。ただし，上訴の追完（法97条）が認められる場合は別である。

エ　上訴人が上訴の利益を有すること

　　上訴を提起するには，原裁判に対する不服ないし上訴の利益が必要である(注2,注3)。いかなる場合に上訴の利益が認められるか争いがあるが，支配的見解である形式的不服説(注4)に基づき控訴の利益について整理すると，次のとおりとなる(注5)。

①　請求の全部認容判決に対しては，被告のみが上訴できる。

②　請求の全部棄却判決に対しては，原告のみが上訴できる。

③　請求の一部認容（一部棄却）判決に対しては，双方がそれぞれ容れられなかった部分に

(注1)　なお，控訴審においても控訴理由書の提出が求められているが（規則182条），上告理由書とはその趣旨において異なる。すなわち，上告理由書の提出強制は，上告審が法律審であることから書面審理になじむとともに，その負担軽減を図る必要があることから，その不提出に対しては上告却下という強制力を背景としているのに対し，控訴審における理由書提出は，控訴審における争点の早期確定を図り，集中審理を実現しようとする趣旨に基づくものであって，強制力を背景とするものではない。その意味では，控訴理由書の提出は，規則53条1項，55条，80条と思想的基礎を同じくするものといえる。

(注2)　このような上訴の利益・不服を要求するのは，「不服なきところに上訴を認める必要なし」との処分権主義に対応する認識と，当事者間の公平確保及上訴制度の合目的的又は合理的運営などの諸要請を調和させるための統制概念が必要となるからである。

(注3)　裁判外における上訴取下げの合意が成立した場合には，上訴の利益を喪失したものとして，当該上訴を却下することになる。これに関連するが，抗告後，抗告人と相手方との間において，抗告事件を終了させることを合意内容に含む裁判外の和解が成立した場合には，抗告の利益を欠くに至ることとなる（最小三決平23.3.9民集65-2-723）

(注4)　これは，原被告を問わず，原審における当事者の申立てと，その申立てに対して与えられた原判決（判決主文）とを比較して，後者が前者に質的量的に及ばない場合に不服を認める考え方であり，不服の利益の存否を形式的手続的側面から判断することができるという基準の明確性と，自ら求めた裁判を勝ち取った者が相手方当事者や裁判所の負担となる上訴によって取消し・変更を求めることを一般的には認めるべきではないとの自己責任原則に基礎を置くということができる。

(注5)　上告も基本的には同様であるが，敗訴判決がなされたことで常に上告が適法となるわけではないことに注意が必要である。上告は法律審であり，上告理由は限定されているため，法定された上告理由に該当する場合に上告は適法となる。

④　訴え却下判決に対しては，原告のみならず，請求棄却を求めていた被告も上訴の利益を有する（最二小判昭40.3.19民集19-2-484 [11]）。

⑤　請求の予備的併合において，主位的請求棄却，予備的請求認容の判決に対しては，原告は主位的請求が棄却された点に，被告は予備的請求が認容された点に，それぞれ上訴の利益を有する。

オ　上訴人が上訴権を放棄せず，当事者に不上訴の合意がないこと

(ｱ)　上訴権の放棄（法284条，規則173条，法313条）

当事者は上訴権を単独で放棄することができる。上訴権の放棄は，上訴提起前は原審裁判所に，上訴提起後には上訴の取下げとともに訴訟記録の存する裁判所に対する申述によって行う(注1)。この申述があったときは，裁判所書記官はその旨を相手方に通知しなければならない（ただし，放棄の効力は申述の時に生ずる。）。

(ｲ)　不上訴の合意（法281条1項ただし書）

当事者はあらかじめ上訴しない旨の合意をすることもできる。この不上訴の合意は，特定事件について審級制度を排除する訴訟上の契約である。当事者双方が上訴しない旨の合意をすることを要し，一方だけが上訴しない旨の合意は無効である（大判昭9.2.26民集13-271）。この合意は一定の法律関係に基づく訴えに関し，書面で（法281条2項，11条2項），終局判決後にしなければならない。上告をする権利を留保することを要するかについては説が分かれる。法281条1項ただし書は上告を留保しなければ合意ができないとしたものと解する余地もあるが，多数説は，上告権の放棄を当事者双方もすることが可能であるし，不上告の合意も認め得るとすれば，これとの権衡上も上告権の留保を要件とする必要はないとする。

(3)　**要件具備の標準時**

上訴審の弁論終結時を基準に判断される。しかし，上訴提起行為そのものについての要件（前記(2)ア～ウ）は，その性質上，上訴提起の時に具備することを要する。

(4)　**上訴の効果**

上訴があると，裁判の確定が遮断され（確定遮断効，確定妨止効），事件は上級審に係属することとなり（移審効），即時抗告では執行停止効（法334条1項）が認められる。

なお，上訴審の審判は，上訴人の不服申立ての限度においてなされるが，上訴の効力（移審ないし確定遮断）は不服申立ての限度に止まらず，同一当事者間の原判決全部に及び（上訴不可分の原則），当事者はその後不服の範囲を拡張することができる。もっとも，原裁判の一部についての不上訴の合意ないし附帯上訴権の放棄によって，その部分のみ他と独立に異時確定をすることがある。

第2　控訴審手続

1　意義

(注1)　もっとも，必ずしも同時でなくてもよい（最判昭27.7.29民集6-7-684）。

第一審の終局判決に対して，その事実認定又は法律判断を不当として，不服を申し立てる上訴である。控訴審は第2の事実審であり，原裁判の事実認定，法律判断の両面にわたってこれを審判することができる。

なお，簡易裁判所が第一審であるときは地方裁判所が，地方裁判所が第一審であるときは高等裁判所が，それぞれ控訴裁判所となる。

2　控訴提起の方式

(1) 控訴状の提出

控訴の提起は，控訴状を第一審裁判所に提出してしなければならない（法286条1項）。これは，原裁判所である第一審裁判所に控訴の適否についての形式的事項（控訴期間経過後の控訴など）について判断する機会を与え，補正不能な不備がある場合の原審却下（法287条）により迅速な処理を可能にすると同時に，控訴状の提出先を第一審裁判所に限定することにより，控訴の有無を第一審裁判所の書記官が知り得ることとし，迅速に判決の確定証明を発することができることを考慮したものである。控訴期間は，控訴人が判決書又はこれに代わる調書の送達を受けた日から2週間の不変期間である（法285条）[注1]。

(2) 控訴状の方式

控訴状には，当事者及び法定代理人，第一審判決の表示及びその判決に対して控訴をする旨を記載しなければならない（法286条2項）。不服申立ての限度は必要的記載事項とはされていないから，必ずしも控訴状に記載することを要しないが，審理の便宜上記載されることが多く，控訴状に攻撃防御方法が記載されたときは準備書面を兼ねるものとされる（規則175条）。控訴審での審理の集約化，争点中心審理のため，控訴状には第一審判決の取消し又は変更を求める事由（控訴理由）の具体的な記載がなされることが望ましい（規則182条参照）。

(3) 控訴状を受理した第一審裁判所での取扱い

控訴状を受理した第一審裁判所は，控訴状の形式的事項を審査し，控訴が不適法でその不備を補正することができないことが明らかであるときは，決定で，控訴を却下しなければならない（法287条1項）。そうでない限り[注2]，第一審裁判所は，遅滞なく，事件を控訴裁判所に送付しなければならず，事件の送付は，第一審裁判所の書記官が，控訴裁判所の書記官に対し，訴訟記録を送付して行う（規則174条）。

(4) 控訴裁判所での控訴状の取扱い

控訴裁判所の裁判長は，控訴状の要件を審査し，法286条2項の規定に違反する場合及び控訴提起の手数料を納付していないときは，補正を命じ，控訴人が補正しないときは，命令で，控訴状を却下する（法288条，137条）。適式な控訴状であるとき又は補正がなされたときは，控訴状を被控訴人に対して送達する（法289条1項）。控訴状の送達が不能であるときは（送達費

（注1）　判決正本が誤って第三者に送達された場合は，送達を受けるべき当事者が判決正本を現実に入手した時から起算する（最二小判昭38.4.12民集17-3-468［30］）。
（注2）　控訴状に不備があるものの補正不能とは認められない場合に第一審裁判所は補正命令を発するべきか。原審却下制度は，第一審勝訴者の利益保護及び訴訟経済上の要請に基づき，原審において明白に不適法な控訴の却下を認めるものにすぎず，控訴審の裁判長による控訴状の審査権の一部を第一審裁判所に移譲するものではない。したがって，補正不能が明白ではない限りは，適法な控訴と認めて控訴裁判所への送付を行うこととなる。

第10章　上訴・再審訴訟手続

用の不予納を含む。），控訴裁判所の裁判長が控訴人に対し補正を命じ，補正に応じないときは，命令で，控訴状を却下する（法289条2項，137条）。

3　控訴提起の効力

(1)　確定遮断効

判決の確定は，控訴が控訴期間内に提起されることによって遮断される（法116条2項）。確定が遮断される結果，執行力の発生も妨げられる。しかし，仮執行宣言のように，未確定判決に対し特に執行力が付与された場合，控訴には執行を停止する効力はない。

仮執行宣言付判決に対する控訴の提起があった場合，原判決の取消しの原因若しくは変更の原因がないとはいえないこと又は執行により著しい損害が生じることにつき疎明があったときは，申立てにより，控訴裁判所は，決定で，その執行停止を命じることができる（法403条1項3号）。なお，この申立てについての裁判に対する不服申立ては許されず（法403条2項），また，訴訟記録が原裁判所に存するときは，原裁判所がその裁判をする（法404条1項）。

(2)　移審効

控訴の提起によって，事件は第一審裁判所の係属を離れて，控訴裁判所に係属し，控訴裁判所は，不服申立ての範囲において第一審の口頭弁論を続行し，かつ裁判をすべき権限を有するに至る。

(3)　控訴の不可分

確定遮断効，移審効は，原判決の一部に対し不服を申し立てたとしても，その全部について生ずる。これを控訴不可分の原則という。口頭弁論終結に至るまで控訴人は不服申立ての範囲を拡張することができるし，被控訴人は附帯控訴によって不服申立てをすることができること，また，当事者双方に不服のない部分も，控訴裁判所が仮執行の宣言を付することによって執行力を生ずるものとされていること（法294条）から，このことが窺われる。

これに対し，通常共同訴訟における判決のように，判決が形式上1個でありながら，実質的には数個である場合には，その一部に対して控訴の提起があっても，判決の全部につき確定が遮断されるわけではなく，他の部分は独立して確定する。また，原告一部勝訴の場合，この部分について被告が附帯控訴権も放棄すれば，原告が控訴した敗訴部分に先立って確定するように，例外的に，一部が先に確定することがある。

4　控訴の取下げ

(1)　意義

控訴の取下げとは，いったん提起した控訴を撤回する旨の裁判所に対する一方的意思表示である。控訴のみの撤回であるから，訴えの提起を撤回し，訴訟係属を遡及的に消滅させる訴えの取下げと異なる。また，控訴権の放棄が確定的に控訴を不適法とするのに対し，控訴の取下げは，それまでの控訴審手続を失効させるにすぎず，控訴期間中であれば，再控訴できる。

(2)　要件

控訴の取下げが有効であるためには，訴訟行為の一般的有効要件のほか，次の要件を具備することを要する。

ア　控訴の取下げは，控訴の全部についてなすことを要する。控訴の提起により，請求全部が移審することになるから，一部の取下げは無意味で，効力を生ずる余地はない。
　　イ　控訴の提起後終局判決のあるまで取り下げることができる（法292条1項）。上告審が事件を差し戻し，又は移送された後の控訴審手続においても控訴の取下げをすることができる。しかし，控訴審の終局判決後は，訴えの取下げは格別，控訴の取下げは相手方の同意があっても許されない。これを許すと，附帯控訴が提起された結果，控訴人にとって第一審判決より不利な判決があった場合に，有利な第一審判決を確定させるために控訴を取り下げるという事態が生じ得るからである。
　　ウ　相手方の同意は常に要しない。法292条2項が法261条2項を準用していないことからも明らかであり（規則162条2項と同趣旨の177条2項を設け，書記官が控訴の取下げがあった旨を相手方に通知することとしている。），控訴の取下げによって，相手方に有利な判決が確定するだけで，特に不利益を与えないからである。
　　エ　控訴の取下げは，訴訟記録の存する裁判所にしなければならない（規則177条1項）。控訴状の形式的審査による原審却下の制度があることから（法287条），控訴裁判所への記録送付前においては原審に，記録送付後は控訴審に対して行うこととなる。

(3) **方式・効果**

　　訴えの取下げに準じて行う（法292条2項）。すなわち，控訴の取下げは，期日においてする場合を除き，書面でしなければならず（法261条3項準用），有効な控訴取下げがなされた場合には，控訴審の手続は遡及的に消滅する（法262条1項準用）。控訴の取下げ擬制もあり得る（法263条の準用）。

5　附帯控訴

(1) **意義**

　　附帯控訴は，被控訴人が，控訴人の控訴を契機に，原判決を自己のためにも有利に取り消し，又は変更するよう主張して，その当否の審判を求める攻撃的申立てである。これは，控訴人が控訴提起後不服の範囲又は請求を拡張できることとの権衡と，附帯控訴は主たる控訴と同一の弁論で審理されるから，これを認めても別段控訴人を煩わせることにならないことから認められたものである。独立の控訴とは異なる特殊性が認められる。

(2) **要件及び方式**

　　ア　控訴審手続が係属し，口頭弁論終結前であること（法293条1項）
　　　事件が上告審から控訴審に差し戻された場合にも，附帯控訴をすることができる。附帯控訴を取り下げるには相手方の同意を要せず（最一小判昭34.9.17民集13-11-1372［74］），いったん取り下げても，口頭弁論終結に至るまでは，再び申し立てることができる（最二小判昭38.12.27民集17-12-1838［109］）。
　　イ　附帯控訴権の放棄がないこと
　　ウ　附帯控訴の方式は控訴の規定による（法293条3項本文）
　　　もっとも，附帯控訴は，法286条1項の例外として，附帯控訴状を控訴裁判所に提出してすることができる（法293条3項ただし書）。

(3) **効果**

控訴審の審判は，不服申立ての範囲に限られるから（法296条1項，304条），控訴人だけが不服申立てをしている限りでは，この控訴人に対しては，原判決以上の不利益な変更はなされないはずである。しかし，被控訴人からの附帯控訴があると，審判の範囲は拡張され，控訴人に不利益な原判決の変更が可能になる（すなわち，控訴人に対する法304条の不利益変更禁止が解かれて，被控訴人には有利な変更を得られる可能性が生じる。）。例えば，被控訴人は，第一審において全部勝訴の判決を得ていても，附帯控訴によって，請求の拡張をすることができるし（最二小判昭32.12.13民集11-13-2143［121］），反訴を提起して原判決で裁判されなかった事項について審判を求めたり，独立に不服申立てのできない訴訟費用や仮執行の宣言などの裁判に対する不服申立てをしたりすることも可能となる。

　　　附帯控訴は，主たる控訴を前提とするから，その効力も付随的である。したがって，控訴の取下げ又は却下があれば失効する（法293条2項本文）。しかし，その場合でも，附帯控訴が控訴の適法要件を備えていれば，独立の控訴とみなされ，その控訴審手続が続行される（法293条2項ただし書）。

6　控訴審の審理
(1)　**審理構造**
　　　控訴審の構造をどのようなものとして組み立てるかは，立法政策的判断によるものであり，審判対象を原判決の当否とするか請求の当否とするのか，審判の基礎となる訴訟資料は全く新たに収集し直すか原審の資料を使用するのか，などに関連して多様な建前があり得る。現行法の控訴審は続審制を採用する。すなわち，控訴審は第2の事実審として，第一審判決に対する当事者の不服主張の当否を審判するのに必要な範囲で，改めて事実認定と法律判断をし直すものであり，第一審の訴訟資料と控訴審で追加された訴訟資料とで，控訴審の弁論終結時において，第一審判決がなお維持できるか否かを検討する。

　　　このほかに，第一審の審理とは無関係に裁判の再施を行う覆審制，訴訟資料を原則として第一審のものに限定して原判決の当否を審査する事後審制などの立法例がある。理念的な意味での続審制は，覆審制と事後審制との中間に位置づけられるが，運用の在り方いかんによっては，各建前との境界線は流動的となる。すなわち，続審制の下でも，控訴審において当事者の新主張を無制限に認めるならば覆審制に接近することとなり，第一審判決は事実上無意味なものとなるだけでなく，審理の長期化を招くおそれがある。他方，控訴審での新たな攻撃防御方法の追加提出を極端に制限すると，訴訟資料は，事実上，第一審において収集されたものに限定されることとなり，事後審制に接近する。その意味では，理念型としての控訴審の構造は立法政策によるものとしても，現実の構造としては訴訟政策的判断による影響があり得る。

(2)　**審理の対象・手続**
　ア　審理手続
　　　控訴審の審理においては，続審制を採用していることから，原則として第一審手続の規定が準用される（法297条）。もっとも，控訴審の独自の機能を発揮させるため，特別の定めがおかれている。
　イ　審理の対象

第2　控訴審手続

㋐　不服の範囲

　　控訴は不可分であって，移審の効力は訴訟の全部について生ずるが，処分権主義を採用する民事訴訟の下では，当事者が求める以上の裁判をすることは許されない。そのため，控訴審における審理の範囲は，当事者が第一審判決の変更を求める限度に止まる（法296条1項）。この不服申立ての範囲は控訴状の必要的記載事項ではないが（法286条2項参照），控訴審における審理の実質的構成部分であって，早期に明らかにされることにより，控訴審における審理が争点中心の充実したものとなる。そのため，控訴審における集中審理に資するため(注1)，控訴状にその記載のないときは，控訴人は，控訴提起後50日以内に控訴理由書を控訴裁判所に提出しなければならないこととし（規則182条），他方，裁判長は，被控訴人に対して，控訴理由書に対する反論書の提出を命ずることができることとしている（規則183条）。

㋑　申立ての拡張

　　審級の利益を確保するため，控訴審において新たに請求を追加することは制限される。法は，反訴について，相手方の同意を要することとしてこのことを明らかにしており（法300条1項，2項），これを選定者に係る請求の追加について準用している（同条3項）。これは，反訴は「請求又は防御の方法と関連する」（法146条1項）限りは可能であることから，第一審における本訴の審理との関係が希薄な場合があり得ることを考慮したもので，このことは「係属中の訴訟の原告又は被告と共同の利益を有する」（法30条3項）ことのみが要求されるにすぎない選定者に係る請求の追加の場合も同様であることが考慮されている。

　　しかし，そうだとすると，他方において，同じく新訴の提起であっても，第一審において実質的に審理が尽くされている場合には，相手方の審級の利益を失わせることはないといえる。したがって，そのような場合には，相手方の同意を要求する実質的基盤はない（反訴の提起につき相手方の同意を要しないとした事例として，最一小判昭38.2.21民集17-1-198［13］，第4章第6の4⑵イ参照）。第一審において判断されなかった予備的請求についても同様である（最三小判昭33.10.14民集12-14-3091［110］）。また，訴えの変更は「請求の基礎」の同一性が要求されるのであるから（法143条），訴訟資料が共通であることが多いため，相手方の同意を要しないと解される。これらの新請求の追加によって弁論の対象の範囲は拡大されることとなる（もっとも，法301条による制限はあり得る。）。

㋒　不服申立てのない範囲

　　控訴審の弁論の範囲は不服申立ての範囲に止まる。しかし，控訴によって第一審判決の他の部分も確定が遮断されるため，勝訴した原告は判決による権利実現が困難となる。そこで，控訴裁判所は，不服申立てのない部分に限り，申立てにより，決定で，仮執行宣言をすることができることとされている（法294条）。なお，仮執行に関する裁判は本案に付随する裁判であるから，独立の不服申立てを許さないのが原則であるが（法295条本

(注1)　すなわち，不提出の場合でも控訴を却下することはできないし（法315条，316条1項2号参照），理由書の提出先も，上告理由書は原審却下を背景とするため原裁判所とされているのに対し，控訴理由書は争点把握を目的とするため控訴裁判所とされている。

文），法294条の申立てを却下する決定に対しては，即時抗告をすることができる（法295条ただし書）。

　ウ　控訴審の弁論——続審制と集中審理

　　控訴審の口頭弁論は，第一審の口頭弁論の続行として行われる。当事者は，第一審に現れた一切の訴訟資料を控訴審に提出しなければならず（法296条2項），第一審においてした訴訟行為は控訴審においてもその効力を有する（法298条1項）。そして，これを前提にしつつ，当事者は更に新たな攻撃防御方法を提出することができる。

　　もっとも，第一審における争点中心集中審理の実効性を確保するため，控訴審における攻撃防御方法等の提出につき規制が加えられている。すなわち，第一審において争点整理手続を経ている場合には，当事者は，攻撃防御方法の追加提出に関する説明義務（法167条，174条，178条）の負担は覚悟しなければならないし（法298条2項，規則180条），また，裁判長は，当事者の意見を聴いて，攻撃防御方法等の提出等の期間を設定することができ（法301条1項。法162条と異なり，請求の追加等を含む一切の申立行為が対象とされている。），この期間経過後に提出をする当事者は，期間内に提出できなかった理由を，裁判所に対して説明しなければならない（法301条2項，規則181条。法167条と異なり，相手方に対する説明ではない。）。この攻撃防御方法等の提出時期の設定及び説明義務負担という間接的規制の存在は，第一審における集中審理に寄与するといえよう。

　　また，控訴審においても事案と争点の性質及び手続選択の必要に応じ，適宜争点整理手続を利用して控訴審における争点の把握を行うこととなる(注1)。

7　控訴審の判決

　控訴審での審理が尽くされると，終局判決がなされることとなる。この場合，控訴審の機能・審理構造を反映して，以下のとおりの判決内容となる。いずれについても，迅速な言渡しを可能にするため，控訴審の判決書又はこれに代わる調書における事実及び理由の記載は，第一審の判決書又はこれに代わる調書を引用してすることができる（規則184条）。

(1)　控訴棄却

　ア　原判決が正当で，控訴又は附帯控訴による不服申立てを理由がないとする場合には，控訴又は附帯控訴を棄却しなければならない（法302条1項）。原判決が訴訟判決であっても同様である（最三小判昭34.6.16民集13-6-718 [35]）。この場合において，控訴が訴訟の完結を遅延させることのみを目的として提起した控訴権の濫用と認められる場合には，控訴裁判所は，控訴人に対し，控訴提起の手数料として納付すべき金額の10倍以下の金銭の納付を命ずることができる（法303条）。

　イ　原判決がその理由ではその判断を正当とすることができないが，他の理由によれば正当として是認することができる場合，例えば，原審の証拠評価に誤りがあるが控訴審で新たに提出された資料を加えれば原判決の認定を支持できるときや，原審の法律解釈に誤りが

（注1）　なお，控訴裁判所が高等裁判所である場合には，地理的状況等に照らし，当事者の出頭の必要性を緩和しつつ争点整理を円滑に進める必要が高い場合も多いと考えられる。この点，書面による準備手続については，高等裁判所においては受命裁判官も主宰できる（法176条1項ただし書）ほか，控訴審における最初の口頭弁論期日前においても実施できることとされている（規則60条ただし書参照）。

あるが，控訴審が正当とする別の解釈によっても主文に変動がないときにも，控訴を棄却しなければならない（法302条2項）。
ウ　控訴棄却判決の確定によって第一審判決が確定するが，その既判力の標準時は，控訴審の口頭弁論終結時である。

(2) **原判決取消し**
ア　取消原因
第一審判決が不当である場合（法305条），第一審の判決の手続が法律に違反したとき（法306条），訴えが不適法である場合（控訴裁判所が訴訟要件が欠けることを発見し，補正不能のとき）は，控訴審は第一審判決を取り消す。

イ　自判
控訴裁判所が第一審判決を取り消す際には，続審である以上，自判するのが原則である。その内容は原判決を変更することであるが，不服申立ての限度を超えて控訴人に有利な判決をしてはならないし（利益変更の禁止），不利益な判決をしてもならない（不利益変更の禁止）。例えば，一部敗訴の判決に対して原告が控訴した場合，全部理由なしとする判決をすることはできないし，被告の控訴に対し原審が被告に支払を命じた金額以上の支払を命ずることはできない。もっとも，このことは処分権主義・弁論主義に根拠を置くから，職権調査事項である訴訟要件が欠けることや，重要な訴訟手続の違反を理由として原判決を取り消す場合には，不利益変更の禁止の適用はない。

なお，控訴審判決が金銭の支払の請求に関するものであるときは，控訴裁判所は，申立てにより，原則として，無担保で仮執行宣言を付さなければならない（法310条）。これは仮執行宣言の制度趣旨にかんがみ，控訴審判決に至ることによって事実審理が尽きたことから，勝訴当事者の早期権利実現の要請に応えようとするものである。

ウ　差戻し
(ｱ)　原判決が訴えを不適法として却下した場合に，控訴裁判所がこれを取り消すときは，原則として事件を第一審に差し戻さなければならない（法307条本文）。これを必要的差戻しという。この場合は，本案に対する第一審の判断が示されていないため，いわば第一審がないのと同様であって，審級の利益が害されるからである。

しかし，事実関係につき当事者間に争いのない場合，原告の請求が主張自体から理由のない場合には，事件につき更に弁論をする必要がないため差し戻す必要がない（法307条ただし書）。また，第一審で実質的に請求の当否につき審理が尽くされていると認められる場合も同様である。

上記のほか，控訴裁判所が原判決を取り消す際に，審級の利益を確保させるため，更に第一審の弁論を行う必要があると認められるときも，事件を第一審に差し戻す（法308条1項）。これを任意的差戻しという。

(ｲ)　差戻判決も事件を当該審級から離脱させる終局判決であるから，これに対しては直ちに上告することができる（最判昭26.10.16民集5-11-583）。

第一審裁判所の訴訟手続が法律に違反したことを理由として差し戻された場合には，その訴訟手続は取り消されたものとみなされるが（法308条2項），その余の手続は差戻し

後も有効であり，新資料の提出も許される。
(ウ) 第一審裁判所は控訴裁判所が取消しの理由とした法律上及び事実上の判断に拘束される（裁判所法4条）。

エ 移送

控訴裁判所は，管轄違いを理由として第一審判決を取り消すときは，事件を管轄裁判所に移送しなければならない（法299条，309条）。再訴の労を省くとともに，訴え提起の効力を保持させるためである。移送判決も終局判決の一つである。移送を受けた裁判所は，この判決に拘束され，更に事件を他に移送することができないし，また，事件は初めから同裁判所に係属するものとみなされると解される。

第3 上告審手続

1 意義

上告とは，原則として，控訴審の終局判決に対し，法令違反を理由として不服申立てをする上訴である。上告制度は，一面において控訴と同様，誤っている原判決を取り消し，又は変更して当事者の権利の救済を図るとともに，他面，法規の解釈適用の統一を図ろうとするものである。このため，上告審ではもはや事実審理は行われない（法律審）。

上告裁判所は，第一審裁判所の事物管轄の区分に応じて，高等裁判所である場合と最高裁判所である場合とに分けられる。すなわち，高等裁判所の終局判決に対する上告及び地方裁判所の第一審の終局判決に対する飛躍上告は最高裁判所に，地方裁判所が第二審としてした終局判決及び簡易裁判所の終局判決に対する飛躍上告は高等裁判所に，それぞれ提起することができる（法311条）。後述するとおり，法はこの区分に応じて手続規制に差異を設けている。特に，最高裁判所は上告事件数の増加により，過度な負担を担い，憲法判断及び法令解釈の統一確保というその本来的機能が著しく阻害されているとの指摘があった。そのため，法は，法律審として期待される役割を十分に果たすため，最高裁判所での審理にふさわしい上告理由を備えた事件に限定する一方で（最高裁への上告理由の制限），重要な法律問題を含む事件については，当事者の権利としての上告が許されない場合であっても，一定の事件につき，最高裁判所が，裁量により，上告事件として受理することができるものとしている（上告受理申立て，裁量上告）。

2 上告理由（法312条）

上告審は法律審であるから，上告審の審理対象は法律問題に限定される。上告の適法要件である上告理由は(注1)，最終審の判断を受けるにふさわしい事件選別の機能を担う。

以下の上告理由の存在を主張する場合を，後述する裁量上告との対比において，権利上告ともいう。

(注1) 旧法における上告理由は，上告の適法要件である（旧394条）とともに，これが認められれば原判決破棄事由ともなっていた（旧407条1項）。しかし，現行法においては，最高裁に対する上告については上告理由が制限された結果，両者は必ずしも一致しない（例えば，絶対的上告理由があるとして提起された上告について，調査の結果，上告理由はないと判断された場合においても，判決に影響を及ぼすことが明らかな法令違反があるときは，原判決を破棄することができる［法325条2項］。）。法312条と325条とを対比すると，前者は上告の適法要件としての上告理由，後者は原判決の破棄事由をそれぞれ規定し，両者の連動を解除している。なお，高等裁判所への上告の場合は旧法と変わりがない。

第3　上告審手続

(1) **最高裁判所への上告**
　　最高裁判所に対する上告は，次の上告理由が存在する場合に限られる。
　ア　憲法解釈の誤り又はその他憲法違反があること（1項）
　イ　重大な手続違反（絶対的上告理由）があること（2項）(注1)

(2) **高等裁判所への上告**
　　高等裁判所に対する上告は上記アイに加え，次の事項も上告理由となる。
　ウ　判決に影響を及ぼすことが明らかな法令違反があること（3項）(注2)

3　上告の提起

(1) **上告状等の提出**
　　上告は，原判決又はこれに代わる調書の送達を受けた日から2週間の不変期間内に，上告状を原裁判所に提出して提起しなければならない（法314条，313条，285条）。上告状の記載事項は控訴状に準ずる（法313条）。また，上告状の送達に必要な費用のほか，上告提起通知書，上告理由書及び裁判書の送達並びに上告裁判所が訴訟記録の送付を受けた旨の通知に必要な費用の概算額を予納しなければならない（規則187条）。

(2) **原裁判所における事件処理**
　ア　原裁判所の裁判長は，上告状について必要的記載事項（法313条，286条）の記載の有無，相当印紙の貼用の有無を調査し，その不備があれば補正命令を発し，上告人が補正しないときは，命令で上告状を却下する（法313条，288条，314条2項，289条2項）。
　イ　上告状が適式であれば，原裁判所は上告の適否を審査し，上告が不適法でそれが補正できないことが明らかであるときは，決定で，上告を却下しなければならない（法316条1項1号）。
　ウ　上告状の却下命令，又は上述の上告却下決定がなされないときは，原裁判所は，当事者双方に上告提起通知書を送達し（規則189条1項），同時に上告状を被上告人に送達する（同条2項）。なお，原裁判所の判決書又はこれに代わる調書の送達前に上告の提起があった場合には，上告提起通知書の送達は，判決書又はこれに代わる調書の送達とともにしなければならない（同条3項）。これは原判決送達前に上告理由書提出期間が満了することを避けるためである。
　エ　上告状には準備書面に関する規定が準用されるから（規則186条，175条），上告理由を上告

(注1)　法312条2項が絶対的上告理由と呼ばれるのは，同条3項が判決への影響を問題とする相対的上告理由であることに比して，2項は同項所定の事由があれば判決への影響を問うことなく上告理由とするためである。そのため，同項は公益，公平，公正さ等に関わる重大な手続違反に限定して上告理由を列挙している。

(注2)　法令違反と判決への影響について，かつては単に法令違反（違背）を上告理由としており，そのため法令違反がなければ異なった判決になった可能性で足りると解されていたが，昭和29年の改正において，上告を制限する趣旨で判決への影響の明白性が加えられた。したがって，法令違反がなければ異なる判決がなされる蓋然性まで要求する趣旨と考えられている。なお，この要件が外延の広い弾力性を有するため，一般的な上告理由とされていた旧法下では，事実認定に不満があるにすぎない場合や判決の確定を引き延ばそうとするだけの場合にも上告制度が利用されているとの指摘があった。このような背景事情の下，現行法（平成8年改正法）では，最高裁への上告理由から外されている。もっとも，後述する上告受理申立ての理由とはされている。

第10章　上訴・再審訴訟手続

状に記載することもできるが，上告期間との関係で困難な場合もある。そこで，これを補い，上告の適否の判断に資するため，上告理由書の提出を認めている。これにより，いかなる根拠に基づき，いかなる範囲で不服があるのかを明示させることとするとともに，これを法律上の義務として規定し，上告提起通知書の送達を受けた日から50日以内に（規則194条），具体的かつ明確な根拠をもって記載することを要するものとしている（規則190条～193条）。上告理由書の記載が規則に定めた方式に違反することが明らかなときは，原裁判所は，決定で，相当の期間を定めて補正を命じなければならない（規則196条1項）。その期間内に補正しないときは，原裁判所は，決定で，上告を却下しなければならない（法316条1項2号，規則196条2項）。上告理由書を提出しないときは，原裁判所は，補正を命じることなく，決定で，上告を却下する（法316条1項2号）。

オ　上告状の却下命令又は上告却下決定をした場合を除き，原裁判所は，事件を上告裁判所に送付しなければならない（規則197条1項前段）。この送付によって事件が上告裁判所に移審すると解するか，上告提起自体によって移審すると解するのかについては争いがある[注1]。事件の送付は，原裁判所の書記官が，上告裁判所の書記官に対し，訴訟記録を送付して行い（規則197条2項），送付を受けた上告裁判所の書記官は，速やかにその旨を当事者に通知しなければならない（規則197条3項）。

カ　上告がなされたときは，原判決の全部について確定が遮断され，事件の全部が移審するが[注2]，執行停止の効力は生じない。仮執行宣言付判決に対して上告の提起（又は上告受理申立て）があった場合において，原判決の破棄の原因となるべき事情及び執行により償うことができない損害を生ずるおそれがあることにつき疎明があった場合に限り，上告裁判所は，申立てにより，決定で，執行停止等を命ずることができ（法403条1項2号），訴訟記録が原裁判所に存するときは，その裁判所が裁判をする（法404条1項）。また，原判決中不服申立てのない部分について，上告裁判所は，決定で，仮執行宣言を付することができる（法323条）。

4　上告受理申立て（裁量上告）

(1)　意義

（注1）　旧法下では，控訴状の提出先が原審に限定されていなかったこと，控訴に際する原審却下制度（法287条）は存在しなかったこと及び他方において，上告については現行法と同様の原審の権限を認めていたことなどから，控訴については控訴提起によって移審し，上告は事件の送付によって移審するという見解が有力であった（これに対し，上訴一般を通じて一貫した解釈をとるべきであるとして，上告の場合も上告提起によって事件は移審し，原審に認められた権能は事件送付まで付随的になし得るものであると説明する見解もあった。）。現行法は，控訴における第一審での取扱いを上告における控訴審での事件処理に近づけたものと評することができるし，控訴の取下げも訴訟記録の存する裁判所にすることとしている（規則177条）ことからすれば，控訴も上告も事件の送付によって移審すると解釈することも可能となった。しかし他方，控訴における原裁判所による却下は，第一審勝訴者の利益保護及び訴訟経済上の要請に基づき，原審において控訴の却下を認めるものにすぎず，上告における控訴審の事件に対する関与の程度とは相当程度異なること（例えば，控訴においては，第一審裁判所が補正を命じ，補正がなされない場合に控訴を却下することは認められていない。）を重くみると，現在においても，控訴においては控訴提起によって移審するが，上告においては事件の送付によって移審するとの解釈を維持することも可能であろう。

（注2）　ただし，移審の効力発生時期については，前述のとおり，争いがある。

上告理由が制限されたことの反面として，上告受理申立制度が設けられた。法312条1項・2項に該当しない場合であっても（法318条2項），最高裁判所は，法令解釈の統一確保の観点から，法令解釈に関する重要な事項を含むと認めた場合には，申立てにより，上告事件として事件を受理することができる（法318条1項）。

法318条1項が上告受理申立ての要件として例示するのは，原判決の判断に判例[注1]（最高裁判例，これがない場合にあっては，大審院判例又は上告・控訴裁判所である高裁判例）違反のある場合であるが，このほか，①これまで最高裁判所の判断がない解釈問題につきこれを示すべき場合，②最高裁判所の従前の判断を変更すべき場合，③高等裁判所の判断に誤った法令解釈が含まれている場合にこれを是正すべき場合などが挙げられるが，下級審実務の指針を提供するため，従前の最高裁判例の射程を明らかにするために必要な場合も含まれると解される。

(2) **手続**

上告受理の申立てに対し，受理決定があった場合は，上告があったものとみなされる（法318条4項前段）。この申立てに関しては，原則として，上告の提起に関する規定の準用により規律される（法318条5項，規則199条）。したがって，申立てが不適式ないし不適法な場合には，それぞれの瑕疵に応じて，原審裁判長による申立書却下命令のほか，上告受理申立てが不適法で補正不能な場合及び上告受理申立理由書の不提出又はその記載の方式が不適式であるときは，原裁判所による申立却下決定，そして，「法令の解釈に関する重要な事項」を含むものと認められないときは，最高裁判所による不受理決定がなされることになる。

なお，上告と上告受理申立ては，截然と区別され，相互に融通性を認めないが（法318条2項），上告の提起と上告受理申立てを1通の書面ですることは可能である（規則188条）[注2]。上告受理申立てにも確定遮断効が認められ（法116条），執行停止の申立ても上告と同一の要件の下において許される（法403条1項2号）。

受理決定があったときは，上告があったものとみなされ，法319条以下の適用がある。申立ての理由中，排除（法318条3項）されなかったものを上告理由とみなし，これは調査の範囲を画する機能をも担うこととなる（法318条4項後段，320条）。

このように，上告受理申立ては，上告として受理することを求める側面と，受理決定されたことを条件として本案についての審判を求める側面とから構成される複合的な申立てである。前者については，裁判所に応答義務が生じるのに対し，後者は受理決定がされることによって初めて判断対象に取り込まれることになる。この点，受理・不受理の決定と本案の理由の有無とは必ずしも連動せず，本案自体には理由のないことが明らかであっても，重要な

(注1) 判例とは，具体的事件の解決に不可欠であった論点について法律判断が示された部分をいい（規範的理由付け），いわゆる傍論として説示された部分を含まない。

(注2) この場合の手数料につき，民事訴訟費用等に関する法律3条3項参照。なお，上告状か上告受理申立書かが不明な場合の取扱いが問題となる（抗告においても，特別抗告か許可抗告かが不明な場合につき同様の問題がある。）。申立書の記載から窺える当事者の客観的意思を推断して検討すべき問題であるが，さしあたり当事者に有利な扱いである上告提起事件（又は特別抗告）として受理し，当事者に対し，必要に応じて補正を勧告するのが相当であろう。

法令解釈上の論点が含まれる場合には，受理決定をすることも可能である。

5　上告審の審理

(1)　上告理由の調査

事件の送付を受けた上告裁判所は，原裁判所が明白に不適法な上告ではないと認めたものであっても，更に一件記録を調査し，法316条1項各号に該当すると認めるときは，決定で，上告を却下することができる（法317条1項）。また，上告裁判所が最高裁判所である場合において，上告理由が明らかに法312条1項・2項に該当しないときは，決定で，上告を棄却することができることとされている（法317条2項）。最高裁判所の機能及び審理充実の観点から，形式的に上告理由が主張されていても実質的には審理に値しない事件について，簡易な排除を認める趣旨である。

これらの決定をしないときは，原則として，被上告人に上告理由書の副本を送達しなければならない（規則198条）。

(2)　書面審理と口頭弁論

上告審は法律審であることから，本案判決につき口頭弁論を経ないでする余地を拡大している点に，審理手続の特色がある。

ア　上告裁判所は，上告状，上告理由書，答弁書（提出命令につき規則201条）その他の書類により，上告に理由がないと認めるときは，口頭弁論を経ないで，判決で，上告を棄却することができる（法319条）。

イ　上告裁判所は，書面審理によって上告棄却の判決をしないときは，口頭弁論を開いて審理する。

上告裁判所は，上告理由に基づき，不服申立ての限度においてのみ調査をする（法320条）。上告審の口頭弁論は新たな口頭弁論ではなく，上告裁判所は，原審の事実認定を前提とし，その法律面における当否を審査する。原判決が適法に確定した事実は上告裁判所を拘束し（法321条1項），控訴審の口頭弁論終結前の事実はもちろん，その後に生じた事実についても，新たな攻撃防御方法の提出を許さない。もっとも，不適法に確定された事実，例えば，判決に影響を及ぼすべき事実主張を斟酌しなかったとき，証拠調べをしないで事実を確定したとき，不当な経験則を用いて事実を確定したときなどは，上告裁判所はその事実認定に拘束されない。また，訴訟要件や上訴要件の存否，強行規定の遵守の有無など職権で調査すべき事項を判断するについては，上告理由に拘束されない（法322条）。

6　上告審の終局判決・決定

(1)　上告却下

上告の適法要件を欠く場合になされる。原裁判所によるスクリーニング（法316条）をパスした場合や上告理由調査に基づく上告却下決定をしなかったときでも，後日，上告が法316条1項各号に該当し不適法であることが判明した場合には，決定で，上告を却下することができる（法317条1項）。

(2)　上告棄却

不服の主張につき理由のない場合になされる。最高裁判所にあっては法312条1項・2項所定事由がないこと，高等裁判所にあってはこれらに加えて，同条3項所定事由がないこと及

第3　上告審手続

び法令違反があってもそれが判決に影響を及ぼすべきことが明らかな法令違反ではないことのほか，このような法令違反があっても他の理由によって正当として是認し得ること（法313条による302条2項の準用）も含まれる。もっとも，上告裁判所が最高裁判所であるときは，決定で，上告を棄却することができる（法317条2項）[注1]のに対し，高等裁判所が上告を棄却するには，判決でしなければならない。

(3) 原判決破棄

上告を認容する場合になされる。破棄理由により通常破棄と特別破棄とに区別される。いずれの場合も，上告審では事実認定をし直さないから，事実認定の必要があれば原審級へ差戻し又は移送することとなり，控訴審の場合とは逆に，自判は例外となる。

ア　通常破棄（必要的破棄）

上告理由に基づいて原判決を破棄する場合であり，最高裁判所にあっては憲法違反（法312条1項）及び絶対的上告理由（同条2項），高等裁判所にあってはこれらに加えて判決に影響を及ぼすことが明らかな法令違反（同条3項）にあたる事由があるときになされる（法325条1項）。

イ　特別破棄（裁量的破棄）

最高裁判所が上告裁判所となる場合，法312条3項は適法な上告理由とはならないが，上告を契機としてなされた職権調査の結果，判決に影響を及ぼすことが明らかな法令違反があるときは，原判決を破棄することができる（法325条2項）。すなわち，上告審の調査事項の範囲の制限（法320条）は職権調査事項には及ばず（法322条），また法の解釈適用は裁判所の当然の職責であるから，最高裁判所は上告理由に限定されることなく調査することができる。そして，その過程において，事案の適正な処理のために看過できない上記事由が認められるときには，最高裁判所は，適法な上告理由に基づく上告ではないとしてもこれを破棄して当事者救済を図り得ることとしている。

ウ　破棄後の手続

(ア) 原審級への差戻し又は移送

原判決に代わる裁判をするためには，通常，事実の確定からやり直さなければならないから，原裁判所へ差し戻し，又は原裁判所に裁判をさせることに支障があるときには，これと同等の他の裁判所に移送する（法325条1項，規則202条）。

差戻し又は移送を受けた裁判所は，その審級の訴訟手続に関する規定に従い，新たに弁論を行い裁判をしなければならないが，その弁論は従前の弁論の続行であり前後一体となる（法325条3項前段）。したがって，控訴範囲の変更，附帯控訴，訴えの変更，反訴の提起，新たな攻撃防御方法の提出が可能となる。また，原判決は，破棄された限度で失効しているから，これには拘束されないが，上告裁判所が破棄理由とした事実上[注2]又

（注1） 従前の実務では，決定手続における審理の結果，申立てに理由なしと判断するときでも「却下」とする扱いが多かった。しかし，決定手続であっても，法317条1項は，申立てが不適法なときは「却下」，実体審理の結果，理由がないときには「棄却」として，法文上書き分けていることに注意が必要である。同様に，再審に関する法345条1項と2項も書き分けている。

（注2） なお，同条の「事実上の判断」とは，職権調査事項につき上告審のした事実上の判断だ（つづく）

は法律上（注1）の判断には拘束される（法325条3項後段）。さもないと，事件が上告裁判所との間を往復し，いつまでも解決しないおそれがあるからである。破棄差戻し後の判決に対する上告審も，前に自ら破棄の理由とした判断に拘束される。この拘束力を実質的に確保するため，原判決に関与した裁判官は，差戻しを受けた事件の判決に関与することができない（法325条4項）。

(イ) 自判

原判決の確定した事実だけを前提として，原判決に代わる裁判をすることができる場合になされる。原裁判所の立場に立って原判決がすべきであった裁判をするのであるから，本案判決（注2）に限らず，訴訟判決のこともあるし（注3），事件を全部落着させない場合もある（注4）。

(4) 最高裁判所への移送

高等裁判所が上告裁判所である場合において，憲法その他の法令の解釈について，その高等裁判所の意見が判例（最高裁判例，これがない場合にあっては大審院判例又は上告・控訴裁判所である高裁判例）と相反するときは，決定で，事件を最高裁判所に移送しなければならない（法324条，規則203条）。

7　特別上告

(1) 高等裁判所が上告審としてした判決は，最高裁判所による判断と同じく最終審による判断であり，三審制による不服申立方法は尽きる。もっとも，その判決に憲法解釈の誤りがあることなど憲法違反を理由とする場合には，最高裁判所が，違憲審査について終審裁判所としてこれを決定する権限を有するから（憲法81条），同裁判所による憲法判断を受ける機会を保障しなければならない。この場合に認められる特別の上訴が特別上告である。

(2) この手続には上告に関する規定が準用されるが（法327条2項），原判決の確定とは無関係であり（法116条），確定後であっても特別上告を提起することはできるし，確定前に特別上告が提起されても確定を遮断しない。執行の停止等を求めるには，不服の理由として主張した事情が法律上理由あるとみえ，事実上の点について疎明があり，かつ，執行により償うことができない損害が生ずるおそれがあることにつき疎明があったときでなければならない（法403条1項1号）。この裁判は，訴訟記録が原裁判所に存するときは，原裁判所がする（法404条）。

(つづき) けを指し，訴えの本案たる事実に関する判断を含まない（最三小判昭36.11.28民集15-10-2593 [127]）。
(注1) 破棄理由とした法律上の判断の拘束力の範囲に関する判例として，最三小判昭43.3.19民集22-3-648 [18] 参照。
(注2) 例えば，控訴審における法令の適用のみが誤っている場合は，原判決を取り消して自ら認容又は棄却の本案判決をし，第一・二審ともに誤っていれば，いずれも取り消して本案判決をする（法326条1号）。
(注3) 例えば，事件が裁判所の権限に属しない（法326条2号）などといった訴訟要件を欠く場合，第一審が訴えを却下していれば，控訴棄却の本案判決をするが（最三小判昭34.6.16民集13-6-718 [35]），第一審も本案判決をしていれば，いずれも取り消し，自ら訴え却下の訴訟判決をする。
(注4) 例えば，訴えを不適法として却下した第一審判決を原判決が認容しているときは，いずれも取り消し，事件を第一審裁判所に差し戻す。

第4　抗告手続
1　意義
(1)　訴訟手続に関連してなされる裁判のうち，判断形式として判決によらない裁判としては決定及び命令があり，これらの裁判が不当なものである場合には，多くの場合，包括的に終局判決とともに上訴審の判断を受けることによって是正することが可能である。しかし，これらの決定・命令の中には，事件の実体とは直接の関係がなく，派生的事項に関するものも多いため，これを控訴・上告という通常の上訴の対象とすることは，上訴審理を煩雑なものとすると同時に，判断対象に比して過度に慎重な手続を持ち込み，解決が遅延することとなる。さらに，終局判決がなく，それに対する上訴の機会のない決定・命令（民事執行法上の裁判，訴状却下命令など），終局判決後に生ずる裁判（例えば，更正決定など）及び当事者以外の第三者に対する裁判（例えば，証人・鑑定人に対する過料決定又は費用償還決定，文書提出命令など）は，控訴・上告によって裁判の是正を求める機会はない。そこで，法は，本案審理との関係が密接ではなく，これと一応独立して判断し得る事項については，控訴・上告とは別に，抗告という不服申立方法を認め，簡易迅速な手続により，必要に応じて不服申立期間につき時間的制約を設けて手続の安定を図るなどの合理的規整を加えて事件処理をすることとしている。

(2)　抗告の種類には，最初の抗告と再抗告（最初の抗告に基づく抗告審の決定に対する抗告［法330条］）という審級による区別と，通常抗告と即時抗告という抗告期間の有無による区別がある[注1]。また，民事執行法上には執行抗告（民事執行法10条）が，民事保全法上には保全抗告（民事保全法41条）があり，それぞれの法の目的に応じ，民事訴訟法の特則が設けられている。

2　抗告をすることができる裁判
(1)　**口頭弁論を経ないで訴訟手続に関する申立てを却下したこと（法328条1項）**
　ア　訴訟手続に関する申立てを却下したこと
　　　裁判事務[注2]としての一切の裁判所の訴訟処理に関する申立てであって[注3]，当事者に申立権が付与されている場合に[注4]，これを却下した決定又は命令について抗告申立権を認める趣旨である。

(注1)　通常抗告は，抗告期間の定めがないもので，原裁判の取消しを求める利益がある間はいつでも提起することができる。抗告の通常の形式で執行停止効はなく（法334条参照），民事訴訟法が特に即時抗告としない場合は，原則として通常抗告である。これに対し，即時抗告は，特に法がその旨規定するか，又は解釈上これと同一と認められる場合（例えば，法79条3項の同意擬制による担保取消決定に対する抗告［大決昭17.2.24民集21-141］）の抗告で，一定の不変期間内（例えば，法332条など）に提起することを要し，裁判の性質上，迅速に確定させることにより法律関係の安定を期し，又は本体的手続を前提とする付随的裁判の場合において本体的手続の安定を図る必要があるものについて認められる。また，利害関係人への影響が大であるため，原則として執行停止効を有する（法334条1項：例外として破産手続開始決定に対する即時抗告［破産法30条2項参照］）。
(注2)　司法行政事務を含まない。
(注3)　移送申立て（法16～19条），特別代理人の指定（法35条1項），訴訟引受の申立て（法50条1項），担保取消しの申立て（法79条1項），受継申立て（法128条1項），証拠保全の申立て（法234条）など。
(注4)　裁判所の職権又は裁量的裁判は抗告に親しまない（例えば，弁論の再開［法153条］，弁論の併合・分離［法152条］など）。

イ　口頭弁論を経ないでなされたこと

　　抗告の対象となる裁判は，必要的口頭弁論に基づくことを要しない裁判でなければならない。口頭弁論に基づいてすべき裁判は，終局判決の前提として本案審理と密接不可分の関係にあるから，終局判決と一体として不服申立てをさせ，審理するのが適切であるとの考慮に基づくものである(注1)。

ウ　不服申立てが禁止されていないこと

　　例えば，法10条3項，25条4項，214条3項，238条，274条2項，403条2項などは不服申立てを禁止しているし，抗告以外の不服申立方法が認められている場合（例えば，保全異議［民事保全法26条］，裁判所書記官の処分に対する異議［法121条］など）には抗告が許されない。

エ　決定又は命令であること

　　裁判所書記官の処分は，裁判ではないから抗告することはできないが，特別の不服申立てが認められている（法121条，386条）。また，最高裁判所は，訴訟法で定める抗告（特別抗告，許可抗告）以外の裁判をする権限を有しないから（裁判所法7条2号），高等裁判所又は最高裁判所の決定又は命令に対しては抗告できない。

　　裁判長の命令に対しては，裁判長が独立の裁判機関としてしたとき(注2)には抗告することができるが，合議体の一員としてしたとき(注3)は，抗告することができず，異議申立てができるに止まる。受命・受託裁判官の裁判は，まず授権をした受訴裁判所の監督に服させるのが適当であるから，その裁判が抗告に親しむものに限り，受訴裁判所に異議を申し立て，その決定に対して抗告することができる（法329条）。

(2) **特に個別的に又は特別の定めがある場合に限って抗告が許されている決定又は命令**

　　個別に抗告が許されている例としては，法21条，44条3項，75条7項，86条，92条4項，137条3項，199条2項，209条2項，223条7項，230条2項，394条2項，民事保全法19条，41条などがあり（すべて即時抗告である。），特別の定めがある場合に限って抗告が許されている例としては，民事執行法10条による同法45条3項，127条3項，132条4項，145条5項，153条4項，171条5項，家事事件手続法85条による同法110条，123条，156条，172条，186条，198条などがある。

(3) **決定又は命令で裁判すべき根拠がないのにされた決定又は命令（法328条2項）**

　　いわゆる違式の裁判であり，判決で裁判すべき事項について決定をしたような場合や，上訴，再審の訴えの提起がないのに発せられた執行停止決定のように，法律上の根拠を欠いた決定をしたような場合である。

3　抗告の提起

(1) 抗告裁判所

　　抗告を管轄する裁判所は，簡易裁判所の決定及び命令に対しては地方裁判所（裁判所法24条

(注1)　例えば，訴え変更の不許（法143条4項）や攻撃防御方法の却下（法157条）は口頭弁論に基づくから抗告できない。もっとも，本来，口頭弁論に基づくことを要しない裁判は，裁判所が特に口頭弁論に付した場合でも抗告を妨げない。訴訟引受けの申立てや補助参加の申立てのように，第三者が裁判を受けるときには不服申立てができないことになるからである。

(注2)　例えば，法137条2項，288条，314条2項など。

(注3)　例えば，法148条，149条1項，202条2項など。

第 4 抗告手続

4号)，地方裁判所のそれに対しては高等裁判所である（裁判所法16条2号）。
(2) 当事者
　抗告を提起する者を抗告人といい，これを受ける者を相手方という。抗告を提起することができる者は，原裁判によって不利益を被った者で，訴訟当事者，補助参加人又は第三者である。相手方となるのは，原裁判の内容上利益が対立する者で，その他の当事者又は第三者であるが，判決手続と異なり，相手方が存在しない場合もあり（例えば，訴状却下命令に対する抗告），必ずしも厳格な当事者対立構造を有しない。

(3) 抗告の方式
　抗告は派生的事項等に関する決定手続とはいえ，不服申立てとしては控訴に相当するから，抗告及びその手続には，性質に反しない限り，控訴に関する規定が準用される（法331条本文，規則205条本文）。したがって，抗告の提起は，原裁判所に対し，抗告状を提出してしなければならない（法286条の準用）。また，抗告が不適法で補正不能であることが明らかな場合には，原裁判所は，決定で，抗告を却下しなければならない（法287条の準用）。控訴理由書提出義務に準じて，抗告状に原裁判の不当性に関する具体的記載がないときは，抗告提起後14日以内に抗告理由書を原裁判所に提出しなければならない（規則207条）。

(4) 抗告の時期
　ア　通常抗告は，抗告期間の定めがないから，原裁判の取消しを求める利益の存する限り，いつでも抗告することができる。逆にいえば，当事者が抗告権を放棄したときや，抗告できる裁判の基盤である訴訟手続が終了したときは，許されない。
　イ　即時抗告，執行抗告は1週間の不変期間内にしなければならない（法332条，民事執行法10条2項）。他の法律では2週間とするものもある（民事保全法41条1項，非訟事件手続法67条1項，家事事件手続法86条，破産法9条，民事再生法9条，会社更生法9条など）。この不変期間の起算点は裁判の告知を受けた時である。
　ウ　決定・命令の告知前になされた抗告は不適法であって，その却下前に抗告をした者に不利益な決定・命令が告知されても，瑕疵は治癒されない（最一小判昭32.9.26民集11-9-1656［93］）。

4　審理手続
(1) 再度の考案
　原裁判をした裁判所又は裁判長は，自ら抗告の当否を審査して，理由があると認めるときは，原裁判を変更することができる（法333条）。これを更正といい，法令違反のみに限らず，事実認定の不当も含み，このために新資料を加えて判断してよい。更正されると，その限度で，抗告の目的を達するから抗告手続は終了する。
　審査の結果，理由がないと認めるときは，原裁判所は，意見を付して事件を抗告裁判所に送付しなければならない（規則206条）。

(2) 抗告審の手続
　抗告裁判所は，抗告が不適法である場合等を除き，抗告状及び抗告理由書の写しを相手方に送付する（規則207条の2）。また，口頭弁論を開くかどうかを裁量で決し，開かないときは，抗告人その他の利害関係人を審尋することができる（法335条）。抗告審は事実審であるから，

発生の時期を問わず，新たな事実や証拠を提出することができる。

5 再抗告

(1) 再抗告は，抗告審の終局決定に対し，憲法違反又は法令違反を理由として不服申立てをする抗告である（法330条）。したがって，上告と同様の実質を備えるため，再抗告及びこれに関する手続については，その性質に反しない限り，上告及び上告審手続に関する規定が準用される（法331条ただし書，規則205条ただし書）。

(2) 再抗告をすることができるかどうか，その再抗告が即時抗告であるか通常抗告であるかは，再抗告の対象となる裁判の内容によって定まる。したがって，最初の抗告が即時抗告であった場合に，これを却下又は棄却した裁判に対する不服申立てとしての再抗告も即時抗告となる（不服申立ての対象となる裁判が抗告を許す裁判であることが前提として必要である。）。

6 特別抗告

(1) 判決に対する特別上告の途を開いているのと同様に（第10章第3の7参照），判決以外の裁判形式である決定・命令であって，不服申立てを許されていないものについても，最高裁判所による憲法判断を受ける機会を保障するために認められているのが特別抗告である。

(2) 地方裁判所及び簡易裁判所の決定及び命令で不服を申し立てることができないもの並びに高等裁判所の決定及び命令であるため一般的に不服申立てが許されていないもの（許可抗告の対象となるものを含む。）で，憲法違反を理由とするときは，最高裁判所に対し特別抗告の申立てをすることができる（法336条1項）。抗告は5日の不変期間内に提起しなければならない（法336条2項）。特別抗告及びこれに関する訴訟手続には，その性質に反しない限り，特別上告の規定が準用される（法336条3項，規則208条）。

7 許可抗告

(1) 意義

抗告については，最高裁判所による法令解釈の統一は，憲法判断に関わる限りにおいては，特別抗告によって図ることができるが，それのみでは一般の法令違反を理由とする場合には十分ではない。特に，民事保全事件，民事執行事件，破産・会社更生事件など決定手続で審理される事件については，重要かつ困難な法律問題が含まれている場合があり，高等裁判所の判断が区々に分かれるという好ましくない事態が生じる可能性がある。そこで，決定手続で審理される事件についても，法律審としての最高裁判所の判断を受ける機会を付与するのが望ましい。もっとも，最高裁判所の機能確保の観点からは，その範囲を合理的かつ適正な限度に制限しなければならず，この点，上告制度や上告受理制度（裁量上告）のように，最高裁判所自ら取り上げるべき事件の選別を担うことは，負担軽減を図る法の趣旨に適合しない。そのため，法は，一般的には最高裁への抗告を否定しつつ，原裁判をした高等裁判所が許可した場合に限り，その途を開くこととして，両者の調和を図っている。これが許可抗告である。いわば上訴制限を特定の場合に解除する例外的制度である。

(2) 許可抗告の対象となる裁判

許可抗告の対象となる裁判は，高等裁判所の決定又は命令であるが，次の3点は除外される。

ア 再抗告についての裁判[注1]（法337条1項本文かっこ書）

（注1） これは高等裁判所が再抗告審として行った裁判に対する更なる許可抗告を排除する趣旨（つづく）

イ　抗告許可を求める申立てに対する裁判(注1)（同）
　　　ウ　高等裁判所の決定又は命令が，地方裁判所の裁判であるとした場合に抗告の対象とならない裁判(注2)（同項ただし書）
　(3)　**抗告許可の申立て**
　　　抗告許可の申立ては，裁判の告知を受けた日から5日の不変期間内に，原裁判をした高等裁判所に対して，抗告許可申立書によってしなければならない（法337条6項，336条2項，313条，286条）。申立書を受理した高等裁判所の裁判長は，申立書を審査し（法337条6項，313条，288条，289条），申立書に理由の記載がないときは，抗告許可申立て通知書の送達を受けた日から（規則209条，189条），14日以内に理由書を提出させなければならない（法337条6項，315条，規則210条）。憲法違反を理由とするときは特別抗告（法336条）によるべきであり，抗告許可申立ての事由とすることはできない（法337条3項）。
　　　なお，抗告許可の申立ても上告受理の申立てと同様の複合的申立てであるといえる。
　(4)　**抗告許可の裁判**
　　　高等裁判所は自らした裁判につき，法令の解釈に関する重要な事項を含むと認める場合は，決定で，抗告を許可しなければならない（法337条2項）(注3)。この許可に際し，重要でないと認める申立ての理由を排除することができる（法337条6項，318条3項）。
　　　抗告許可決定があったときは，最高裁判所への抗告があったものとみなされ（法337条4項），その後の手続は特別抗告に準ずる（法337条6項，336条3項）。最高裁判所は，裁判に影響を及ぼすことが明らかな法令違反があるときに，原裁判を破棄することができる（法337条5項）。その上で，差戻し又は移送あるいは自判をすることになる（法337条6項，336条3項，327条2項，325条，326条）。

第5　再審

1　意義
　(1)　不服申立方法が尽きると裁判は確定し，紛争解決の客観的基準として機能する。この不服申立方法が尽きたことは双面的な要請を生み出す場合がある。すなわち，不服申立方法が尽

（つづき）　である。すなわち，この場合は，抗告裁判所としての地方裁判所の判断を経た上で高等裁判所において再抗告の裁判がなされている以上，三審制の保障が尽きているといえ，重ねて上訴を認める必要性がないことに基づく。
（注1）　抗告許可の申立てを却下した裁判に対し，更に抗告許可申立てを認めると際限なく繰り返されるおそれがあるし，許可の裁判に対しては独立の不服申立てを認める必要はない（最高裁判所における審理において原裁判の当否を争う機会がある。）からである。
（注2）　これは，許可抗告が，上訴制限を法令の解釈適用の統一という観点から特に一定の場合に解除する例外的制度であることにかんがみ，およそ上訴ができないものについて，許可抗告を認める結果となるのを避ける趣旨である。この点，民事保全法41条2項との関係が問題となるが，高等裁判所が保全抗告審としてした裁判であっても，上記の趣旨に照らすと，法337条1項ただし書の適用はなく，許可抗告の対象となると解することができよう。
（注3）　法が例示するのは，判例（最高裁判例，これがない場合にあっては，大審院又は上告・抗告裁判所である高裁判例）と相反する判断がある場合であり，上告受理申立て（裁量上告）と同様である（法318条1項参照）。

きることによって，確定裁判に示された基準に従い法的安定の要請が現実化する。しかし他方，不服申立方法が尽きていることから，一定の場合には再審理のための特別な救済手段を設けなければならない場合がある。すなわち，いかに裁判が確定しようとも，その手続に重大な瑕疵が発見され，あるいは判断の基礎とされた資料に犯罪的行為が関わっている場合には，それを看過した裁判をそのまま適法なものとして維持することは，裁判の適正に対する疑念を生じさせ，ひいては裁判制度に対する信頼を失わせるおそれがある。そこで，確定裁判はたとえ瑕疵があっても当然無効とはならないとの原則をとって法的安定性の要請を尊重しつつ，重大な瑕疵を内在する裁判に限り，これを取り消して再審理を許すことにしている。これが再審制度である。

(2) 再審とは，法定の再審事由を主張して，確定判決を取り消し，これにより終結した従前の訴訟（これを再審請求に対して本案事件ともいう。）の再審判を求める訴えである。確定判決に対し，その判決をした裁判所の再審判を求める点で上訴とは異なる。再審は，確定判決の取消しと事件の再審判を目的とするから，前者の面では訴訟上の形成の訴えとして位置づけられ，後者の面では付随訴訟である。このような再審訴訟の目的に合致するよう，①再審事由の存否に関する手続と，②再審事由が存在するものと認められた場合の原確定判決審理手続とに分離した手続構造を有する（後記4(2)参照）。

2 再審事由

(1) 意義

再審事由は，法338条1項に列挙された事由に限定される。これらの事由に当たる事実がそれぞれ再審の訴えの請求原因となり，その各個の事由ごとに別個の請求となる[注1]。表示された不服の理由（法343条3号）が再審事由に該当することが訴えの適法要件となるから，表示自体これに当たらない請求は不適法として却下される。

(2) 種類（法338条1項）

ア 裁判所の構成に違法があること（1号，2号）
イ 当事者の訴訟追行に障害があること（3号）
ウ 判決の基礎資料に犯罪と関係する重大な欠陥があること（4号〜7号）
エ 判決の基礎の変更（8号）
オ 重大な判断の遺脱（9号）
カ 既判力の抵触（10号）

(3) 再審の二次性

再審事由があっても，当事者（その訴訟代理人を含む[注2]。）が，判決の確定前に，上訴により

(注1) 判例（最二小判昭36.9.22民集15-8-2203[101]）は，再審の訴え提起後に再審事由を変更した場合においては，変更の時に新再審事由による訴えの提起があったものとして出訴期間（法342条）を計算すべきであるとして，再審事由ごとに訴訟物が異なると解する見解を前提にしている。これに対しては，当事者が数個の再審事由を主張していても1個の確定判決の取消しを求める法的地位を訴訟物として把握し，再審事由は攻撃方法とみるべきとする見解もある（しかし，既判力によって遮断される範囲を拡大することは不当な結果をもたらすおそれがあることには注意が必要であろう。）。

(注2) 最一小判昭32.8.1民集11-8-1437[78]

第5 再審

主張して棄却されている場合，又はこれを知りながら(注1)上訴によって主張することなく（再審事由があることを知りながら，上訴を提起しなかった場合をも含む(注2)。），判決を確定させた場合は，その事由に基づいて再審の訴えを提起することができない（法338条1項ただし書）。これは，再審事由が判決確定前ならば当然に上告理由になることを意味する。

3 再審の訴えの要件

(1) 再審の対象

再審の訴えは，確定した終局判決を対象とする。中間的裁判には独立の再審の訴えは許されないが，これらに再審事由があれば，それに基づき終局判決に対する再審事由とすることができる。

同一事件に対する下級審判決と，これに対する上級審判決（上訴を却下し又は棄却する判決）とがともに確定しておれば，原則として，各別に再審の対象となる（大判昭11.7.31民集15-1598）。この場合，再審開始決定が確定すると，再審の対象たる判決の審級に従い再審の審判が行われる（法341条，規則211条2項）。したがって，再審の本案判決に対する上訴もその審級に対応する(注3)。しかし，控訴審において控訴棄却の本案判決がなされた場合は(注4)，第一審の訴えに対し，全面的に再審判がなされたわけであるから，法は，第一審判決に対する再審の訴えを許さない（法338条3項）。

(2) 出訴期間

代理権を欠くことや，確定判決の抵触を理由とする場合は出訴期間の制限はないが（法342条3項），そのほかの場合は，確定判決後，再審事由のあることを知った日から30日の不変期間内で（法342条1項），かつ，判決確定後（再審事由が判決確定後に生じた場合はその事由が発生した日）から5年内に提起しなければならない（法342条2項）(注5)。

(3) 当事者適格

ア 再審原告

確定判決の効力を受け，その取消しを求める利益を有する者が再審原告としての当事者適格を有する者であり，原則として，前訴の当事者で全部又は一部敗訴した者である。口頭弁論終結後の一般又は特定承継人，第三者の訴訟担当の場合の実質的利益帰属主体も判決効を受けるから，当事者と並び，又はこれに代わって，再審原告となることができる。また，判決の効力が第三者に対して拡張される場合については，法が第三者に原告適格を

(注1) 再審事由該当事実が犯罪を構成する場合（4号〜7号），法338条1項ただし書にいう再審「事由を知る」とは，再審事由該当事実を知るということで足り，その事実が犯罪を構成するかどうかまで認識することを要しない（最三小判昭36.9.19民集15-8-2189［100］）。
(注2) 最一小判昭41.12.22民集20-10-2179［104］
(注3) 例えば，控訴審判決に対する再審手続は控訴審手続であり，この再審の本案判決に対する上訴は上告である（最二小判昭42.7.21民集21-6-1663［64］）。
(注4) 法338条3項は，控訴審の本案判決を書き分けていないが，控訴審が第一審判決を取り消したときは，その第一審判決は再審の対象となる余地はない。
(注5) したがって，判決確定前に既に生じていた再審事由に基づき，判決確定後5年を経過して提起された再審の訴えは，その事情のいかんを問わず不適法として却下されることを免れない（最一小判昭29.2.11民集8-2-440［18］）。

第10章　上訴・再審訴訟手続

認めることがある（会社法853条，行政事件訴訟法34条等）^(注1)。

イ　再審被告

再審原告との間で確定判決の効力を受け，その取消しによって不利益を受ける者であり，原則として，前訴で勝訴した当事者である。この者が死亡した場合は，その一般承継人を被告とすべきである。人事訴訟で相手方とすべき者が死亡した後は，検察官を被告とすることができる場合がある（人事訴訟法12条3項，42条1項，43条2項）。口頭弁論終結後の特定承継人を生じた場合には，再審判決の効力を及ぼすためにその者をも被告とすべきである（大判昭8.7.22民集12－2244）。

(4)　管轄

再審は，不服申立てに係る判決をした裁判所の専属管轄である（法340条1項）。訴額や審級に関わらない。ただし，審級の異なる裁判所が同一事件についてした判決に対する再審の訴えを併合して提起する場合は，上級裁判所が管轄する（法340条2項）。

4　訴訟手続

(1)　訴えの提起

訴状には，再審の趣旨及び不服の理由として具体的な再審事由を記載しなければならない（法343条）ほか，不服の申立てに係る判決の写しを添付しなければならない（規則211条1項）。なお，再審の訴えの提起は，前訴及びその判決に対し直接影響を及ぼさない。したがって，原判決の執行力は当然には停止されず，裁判所は，申立てにより，厳格な要件の下において，強制執行の一時停止又はその取消しについての仮の処分をすることができるにすぎない（法403条1項1号）。

(2)　審理及び裁判

ア　再審の訴訟手続には，その性質に反しない限り，各審級における訴訟手続に関する規定が準用される（法341条，規則211条2項）。

イ　前述したように，再審の訴えは，確定判決の取消しとその判決に代わる新判決とを求める複合的な申立てであるから，これに対する審理手続も，理論上，再審開始許否の審理と本案の実体審理とがあり，法もこれを手続構造に反映させている^(注2)。

(ｱ)　適法要件の審理

まず，裁判所は，再審の訴えの訴訟要件を調査し，不適法である場合には，決定で，これを却下しなければならない（法345条1項）。

(ｲ)　再審事由の審理

訴訟要件の調査後は，本案よりも再審事由の審理を先行させ，これに焦点を絞った審理を行う。

(注1)　その他，明文の規定がなくとも，確定判決の効力を受ける第三者が独立当事者参加の申出をした場合に再審の訴えの原告適格を認めた判例がある（最一小判平25.11.21民集67－8－1686）。

(注2)　旧法はこの両者を一体的手続によって審理することとしていたため，①再審事由と本案についての各攻撃防御方法が同時並行的に提出され審理を複雑化させ，②再審の第一審が再審事由ありと認めて本案判断まで行ったところ，その上訴審では再審事由なしとの判断に至った場合，原審における本案審理は無用であったことに帰し，効率性，経済性に欠けるという問題があった。そこで，法は，これらの問題点を解消するとともに，再審の論理構造を手続に反映させるため，段階的審理構造を採用している。

裁判所は，再審事由がない場合には，決定で，再審の請求を棄却しなければならない（法345条2項）。また，この決定が確定したときは，同一の事由を不服の理由として，更に再審の訴えを提起することができない（法345条3項）。再審棄却決定の紛争解決機能を高め，法的安定を確保する趣旨である。

これに対し，再審事由があると認めるときは，裁判所は，再審開始決定をする（法346条1項）。この場合，再審手続が開始されれば，確定判決の効力が覆る可能性が生じることとなり，相手方当事者にとって重大な利害を及ぼすこととなるため，あらかじめ相手方を審尋しなければならない（法346条2項）。

なお，以上の決定に対しては，即時抗告ができることとして，両当事者の利益保護を図るとともに，本案審理前の判断を確定させることによって，手続の安定と経済性を確保することとしている（法347条）。

(ウ)　本案の審理

再審開始決定が確定した場合には，裁判所は，不服申立ての限度で，本案の審理・判断をする（法348条1項）。本案の審理は，原訴訟の口頭弁論終結前の状態に復し，再審事由が付着する訴訟手続又は訴訟資料を取り除き，瑕疵ある手続をやり直し，当事者双方から新たに提出される訴訟資料を加えて判断をする。審理の結果，原判決を不当と認めれば，これを取り消して更にこれに代わる判決をし（法348条3項），原判決を正当とするときは，再審の請求を棄却する（法348条2項）。

5　準再審

即時抗告をもって不服を申し立てることができる決定・命令が確定した場合に，これに再審事由があれば，判決の再審手続に準じて，再審が許されており（法349条，規則212条），決定手続によって審理される。

第11章　簡易裁判所の訴訟手続の特則

第1　通常訴訟手続の特則

1　序説

簡易裁判所は，比較的少額軽微な事件を，国民が利用しやすい簡易な手続で，迅速に解決するために設けられた第一審裁判所である（法270条）。そのため法は，簡易裁判所の訴訟手続を利用しやすいものとするため，地方裁判所の第一審手続に対する特則を設け，民間人の手続関与（司法委員）による市民密着型の裁判運営を企図するとともに，簡易裁判所の機能を十分に発揮させるため，審理も複雑なものにならないよう各種の手続的配慮をしている[注1]。

2　訴え提起手続の簡素化（法133条の特則）

(1)　口頭による訴えの提起

訴えは口頭ですることができる（法271条）。当事者双方が開廷時間中に揃って出頭すれば，直ちに口頭弁論の開始を求めることができ，この場合も口頭で訴え提起がなされることになる（法273条）。法133条1項の特則である。

(2)　請求の原因と紛争の要点

ア　訴え提起においては，請求の原因に代えて紛争の要点を明らかにすれば足りる（法272条）。これは，法的知識の十分ではない一般市民でも利用しやすい手続とするための配慮であり（民事調停規則3条参照），法133条2項2号の特則である。したがって，そこでは，被告の応訴態度と原告に対する釈明等を通じて争点を明らかにしてゆくという審理の流れが予定されているといえる。

イ　この点，簡易裁判所に係属する事件の性質上，紛争の要点のみでも多くの場合は請求も特定されることになると考えられるが，紛争の要点だけでは請求が特定されない場合も生じ得る。この場合，補正を命じた上での訴状却下命令はできないが，被告の防御上の利益を確保し，審理が散漫なものにならないよう，また，既判力の範囲を確定する上でも，裁判所は積極的に釈明権を行使して，早期に（遅くとも証人尋問開始時点までに）原告に対し請求を特定させる必要がある。

ウ　請求原因の記載の簡略化に伴い，被告が不出頭の場合，「紛争の要点」のみが記載された訴状を基礎に，いわゆる欠席判決をすることができるか，が問題となる。欠席判決をするには，擬制自白（法159条1項，3項）の対象事実が明らかにされていなければならないから，このままでは弁論を終結することはできない。もっとも，争点が単純な軽微事件を手続対象として予定する簡易裁判所の事件では，原告に補充的な追加主張をさせても，被告に対する不意打ちにはならず，法276条2項，3項に反しない場合も少なくないと解され

（注1）　すなわち，簡易裁判所の扱う事件は，本来，判断に困難を伴わない比較的軽微かつ容易な事件であることが予定されている。しかし，現実には事物管轄・訴訟の目的の価額の引上げや，簡易裁判所固有の手続規定が乏しいことなどに起因して，小型地方裁判所化しているとの指摘もあったため，現行法は地方裁判所と簡易裁判所の機能分担を明確にし，簡易裁判所の特則を更に簡易なものに改めるほか，別途少額訴訟手続を創設し，簡易裁判所を国民に密着した，より利用しやすいものにしている。

る。したがって，そのような場合には，被告欠席のまま，「準備をしなければ陳述をすることができない」事項には該当しないとして，原告に補充主張をさせた上で弁論を終結することが可能であろう(注1)。

3 複雑困難な訴訟の地方裁判所への移送

簡易裁判所においては，移送に関する一般的規定（法16条，17条，19条(注2)）のほか，簡易裁判所の手続構造及び当事者の利益を考慮して，当該簡易裁判所に管轄が存在してもなお地方裁判所への移送を許容する規定をおいている。

(1) 不動産訴訟の必要的移送

簡易裁判所は，不動産に関する訴訟につき被告の申立てがあるときは，訴訟の全部又は一部をその所在地を管轄する地方裁判所に移送しなければならない（法19条2項）。不動産に関する訴訟は，一般に当事者の利害が交錯し，審理が複雑困難になることが多く，しかも地方裁判所と簡易裁判所の競合管轄である（裁判所法24条1号，33条1項1号）ことから，原告が訴え提起による裁判所の選択権を有することに対応し，被告に地方裁判所への移送申立権を認めたものである(注3)。被告がこの必要的移送の申立てができるのは，被告が本案について弁論をするときまでである。

(2) 反訴提起に基づく必要的移送

被告が反訴で地方裁判所の管轄に属する請求をした場合において，相手方（本訴原告）の申立てがあるときは，簡易裁判所は，本訴及び反訴を地方裁判所に移送しなければならない（法274条）。反訴は本訴の目的たる請求又は防御の方法と牽連する場合に認められるのであって（法146条），審理の重複・矛盾判断を回避するため同一裁判所で併合審判される。他方，当初本訴を簡易裁判所に提起した原告の利益も考慮して，その申立てがなされたときに，必ず移送することとしたものである。この移送決定に対しては不服申立てはできない。

(3) 裁量移送

簡易裁判所は，相当と認めるときは，申立て又は職権により，訴訟の全部又は一部をその所在地を管轄する地方裁判所に移送することができる（法18条）(注4)。これは，移送の一般的規

（注1）　この点，簡易裁判所の訴訟事件の大多数を占める消費者信用事件（いわゆる業者事件）については，法272条の立法趣旨が妥当しないとみることもできよう。また，運用面としても，利用頻度等からみて理由付け請求原因までの記載まで求めておくことは不可能を強いるものではないし，欠席判決を念頭において理由付け請求原因までの記載を求めることは，債務名義の迅速な取得を企図する原告の意思にも合致するものであろう。したがって，運用上は，業者事件については理由付け請求原因の記載を求めておくのが相当である。
（注2）　法19条1項は，当事者及び相手方の同意があるときは訴訟の全部又は一部を簡裁から地裁へ，あるいは地裁から簡裁への必要的移送を規定する。これは合意管轄の趣旨を移送規定に及ぼしたものであり，「複雑困難」「遅滞を避けるため」などの要件は不要である。従前は簡裁から地裁への移送の場合のみを可能としていたが，当事者の便宜を考慮する趣旨であるため，最寄りの簡裁への移送も可能とするよう改められた。なお，第2章第7参照
（注3）　法19条1項と異なり，原告の同意は不要である。
（注4）　裁量移送の基準
　　これは当該事件が簡易裁判所の特別手続による審理に適するか否かという観点から決定され（つづく）

第11章 簡易裁判所の訴訟手続の特則

定や必要的移送の要件を具備しない事件においても,「相当と認めるとき」には地方裁判所への移送の途を開き,簡易裁判所の本来的機能を発揮させる趣旨である。申立てがある場合には相手方の意見を聴くことを要し（規則8条1項),職権による場合には当事者双方の意見を任意的に聴くことができる（同2項)。

職権による移送決定に対しては当事者双方が,申立てによる移送決定に対しては相手方が,移送申立ての却下決定に対しては申立人が,それぞれ即時抗告できる（法21条)。この場合の移送の当否については当該簡易裁判所の判断に委ねられているから,抗告審において審査の対象となるのは,移送を相当と認めた簡易裁判所の判断が裁量権を逸脱しているか,濫用がないかの点に絞られる。

4 審理手続の簡素化

簡易裁判所が取り扱う事件としては,少額・軽微で複雑な争点を含まないものが予定されており,そのため訴訟手続の簡易化・迅速化,当事者の負担軽減の要請が強い。そこで,法は,審理方法に関する特則を定めている。

(1) 書面による準備の省略

簡易裁判所においては,書面による準備が不要とされ,当事者は口頭弁論に出頭して主張すれば足りる（法276条1項［法161条1項の特則])。ただし,相手方が準備なしには応答できない事項については,準備書面を提出するか,期日前に直接相手方に通知しなければ,相手方が欠席した口頭弁論期日で主張することはできない（法276条2項・3項［法161条3項の特則])。

(2) 擬制陳述の拡張

訴訟手続において擬制陳述が許されるのは,訴訟の主題を提示する場である最初の口頭弁論期日に限られるのが原則であるが（法158条),簡易裁判所においては,続行期日の場合でも,当事者の一方が欠席していても,書面が提出されている場合には,当該準備書面の記載事項を陳述したものとみなすことができる（法277条)。

(3) 書面尋問

簡易裁判所は,相当と認めるときは,証人,当事者本人又は鑑定人の尋問に代え,書面の提出をさせることができる（法278条)(注1)。一般規定として法205条が存在するが,簡易裁判所において書面尋問を行うについては要件が緩和されている（当事者の異議の有無を確認することは要件とされていない。)点及び被尋問者が拡大されている点で特則として位置づけられ

(つづき) るべき問題である。裁量移送を活用しなければ,簡易裁判所に託されている本来の役割を十分に発揮できなくなるおそれがある。具体的に考慮すべき要因としては,争点の性質,予想される証人の数・性格,予想される審理期間・態様,原告の便宜・被告の応訴の利益などが考えられる。事件類型としては,①憲法問題を含む事件,②行政処分の効力が問題となる事件,③国家賠償請求事件等社会的影響の大きな事件,④労働関係の紛争が内在している事件,⑤医療過誤・薬害事故,製造物責任等の特殊損害賠償事件,⑥不動産関係事件で事案複雑かつ審理期間が長期化する可能性のあるもの,⑦地方裁判所に関連事件が係属し併合審理が相当な事件,⑧反訴事件の訴額が140万円を超える事件（この場合,法274条による必要的移送も考えられるが,相手方の申立てがない場合には,事案の内容により裁量移送を検討する余地が残る。),⑨法廷警備を要するなど法廷の混乱が予想される事件,などが一般的に考えられる。
(注1) なお,規則171条,124条参照。

る(注1)。遠方や老齢・病気のため出頭困難な場合や尋問事項が簡明な場合には，審理の迅速化に役立つといえる。書面尋問の結果が不適当であった場合には改めて証人尋問を行うことも可能であり，書面尋問の方法をとったからといって，証人尋問が排除されるわけではない。

(4) 口頭弁論調書の簡略化

軽微かつ判断容易な事件を対象に簡易迅速に解決する簡易裁判所の役割からすると，証人尋問等の内容を具体的に記録する必要性の乏しい事件も少なくないことが考えられる。そこで，裁判官の許可がある場合には(注2)，証人の陳述又は検証の結果の記載を省略することができるものとしている（規則170条1項）。この場合，裁判官の命令又は当事者の申出があるときは，裁判所書記官は録音テープ等に記録しなければならず，当事者の申出があるときは当該録音テープ等の複製を許さなければならないこととして，当事者の便宜に供することとしている（同条2項）。この録音テープ等は，「当事者の裁判上の利用に供するため」に記録されるものであり，訴訟記録の一部をなすものではない。

5　司法委員の立会

司法委員は，簡易裁判所が国民に最も身近な裁判所であることから，裁判事務に健全な一般国民の良識を反映させて市民に密着した解決を図る趣旨で設けられた制度である（法279条）。和解の補助や審理に立ち会わせて事件につき意見を聴くことなどができる。

6　判決書の簡素化

判決書の記載事項については，法253条を基本としつつ，これを簡素化して，事実及び理由を記載するには，請求の趣旨及び原因の要旨，その原因の有無並びに請求を排斥する理由である抗弁の要旨を表示すれば足りる（法280条）。

7　和解に代わる決定

(1) 意義

金銭の支払の請求を目的とする訴えについては，被告が原告の主張した事実を争わず，しかも，遠隔地その他の事情により期日に出頭しないときは，いわゆる欠席判決で事件を終局することになるのが通例であるが，なかには被告が和解的解決を希望する場合に，原告もま

(注1)　書面尋問の相当性
　地方裁判所における同趣旨の規定（法205条）と異なり，当事者の異議の有無にかかわらず，裁判所の裁量的判断によって行うことができるが，やはり相当性の判断資料としての当事者の意向は重要であろうし，当該証人に対する反対尋問の必要性，尋問事項の重要度，尋問事項の簡略度，距離的・身体的障害の有無などを総合的に考慮する必要があると解される。
(注2)　裁判官の許可にかからしめているのは，当該事案の性質・内容を総合的に判断させる趣旨である。①単純な消費者信用事件，②公示送達事件，③和解・取下げにより終了し，又はその見込みがある事件などについては，実務上省略可能という運用がなされているようである。省略許可にあたっては当事者の意見を聴くことは必要ではないが，当事者の録音テープ等への記録申出の機会を確保するため，また，運営の円滑を図る意味で，尋問に先立ち証拠調べの方針や調書省略の趣旨を説明して，当事者に異議がないことを確認して省略許可がなされるのが通例であろう。もっとも，例えば，裁判官が調書省略の許否を証拠調べ実施後に判断するために録音等を命じていた場合や，裁判所書記官が調書作成の補助とする目的で録音等をしていたなどの事情により，あらかじめ録音がなされていた場合には証拠調べ実施後に許可することも可能であると解される。

第11章　簡易裁判所の訴訟手続の特則

た強制執行の負担を回避するため，分割払による和解を希望する場合がある[注1]。このような場合，裁判所は，当事者間において事実関係に争いがない場合であって，相当と認めるときは，被告に対し，分割払等の定めを付した上で原告への金銭の支払を命ずる決定をすることができる（法275条の2）。

(2) **要件**

和解に代わる決定は，被告が原告の主張事実を争わず，何らの防御方法をも提出しない場合においてなされるものであり，したがって，原告の請求を全部容認することができる場合であることが前提であることから，次のような要件を具備することが必要とされている。

ア　原告の意見聴取

原告に譲歩する意思がないなどその意思に反する内容の決定であったときは，原告は，異議の申立てをしなければ全部認容の判決を得ることができないことになる。したがって，原告に無用な手続負担を課すのは相当ではないため，原告の意向を尊重しなければならない（法275条の2第1項）。

イ　和解的解決内容の限定

まず，①支払期限を猶予すること（一括払），若しくは，②分割払の定めをすることが基本となる条項である（法275条の2第1項）。次に，②分割払の定めをするときは，分割期間を異議申立期間経過時から5年を超えない範囲内とし（法275条の2第1項），期限の利益の喪失条項を定めなければならない（法275条の2第2項）。そして，期限どおりに支払ったとき（①），若しくは期限の利益を失うことなく支払をしたとき（②）は，訴え提起後の遅延損害金の支払義務を免除する旨の定めを加えることができる（法275条の2第1項）。

(3) **効果**

ア　当事者がこの決定の告知を受けてから2週間以内に異議を申し立てなかったときは，この決定は裁判上の和解と同一の効力を有することとなる（法275条の2第3項・5項）。

イ　当事者から異議が申し立てられたときは，和解に代わる決定はその効力を失い，裁判所は従前の訴訟手続を進行させ，判決をすることになる（法275条の2第4項）。

第2　訴え提起前の和解

1　訴え提起前の和解とは，訴訟係属を前提としない，簡易裁判所の専属管轄に属する裁判上の和解（法275条）をいう。指定した最初の期日で和解が成立することが多いことから，実務上，

（注1）　このような場合については，書面受諾和解（法264条）を利用することも不可能ではなかったが，この種の事案における被告の多くは初めて裁判所の手続に関与するため和解条項案の提示，受諾書面の提出という方法は，手続負担が大きく，簡易迅速な手続というニーズに応えるには十分ではなかった。そこで，従前の簡裁実務では，被告から聴取した和解希望条件を聴取して，原告との間で調整を試み，事実上合意が調った場合に，事件を民事調停法20条により調停に付した上で，同法17条に基づき，分割払等を内容とする決定（いわゆる「17条決定」）をして和解的解決をしてきた。しかしながら，この調停に代わる決定の制度は，本来は調停の試みがある程度進んできたが最終段階でもう少しのところで合意に至らないというような場合に，「決定」として裁判所の解決策を示す場合の手続として予定されているものであって，上記のような実務は便宜的にすぎるのではないかとの指摘がなされていた。そこで，平成15年改正法において，本文にあるように，和解に代わる決定の制度を導入し，和解的解決を円滑に図ることができるようにしたものである。

第2 訴え提起前の和解

即決和解ともいわれる。訴訟係属を前提としない点で訴訟上の和解とは異なるが，その効力は異ならない（法267条）(注1)。

2 　和解の申立ては，請求の趣旨及び原因並びに紛争の実情を表示して行う（法275条1項）。和解が成立するとこれを調書に記載する（規則169条）。この調書の記載は確定判決と同一の効力を有する（法267条）。和解が調わない場合において，期日に出頭した当事者双方が申し立てたときは，裁判所は訴訟の弁論を命ずる（法275条2項）(注2)。当事者の一方が期日に欠席したときは，裁判所は，和解が調わないものとみなして手続を終結することができる（法275条3項）。

なお，書面受諾和解（法264条），裁定和解（法265条）の適用はない（法275条4項）(注3)。

(注1) 　訴訟外の交渉過程において作成される書面で最終的に強制執行によって権利実現が裏打ちされているものとしては，公正証書と訴え提起前の和解がある。公正証書に執行受諾文言の記載がある執行証書の場合には，民事執行法22条5号による内容上の制約があるのに比して，訴え提起前の和解にはそのような制約がない点が異なる。したがって，例えば，実務上，訴え提起前の和解は，建物明渡しについての債務名義を作成しておく必要がある場合にも利用されている。

(注2) 　このように，和解不調に際して当事者が申し立てたときには訴訟手続への移行が生じるので，訴え提起前の和解手続自体は訴訟手続ではないが，「民事訴訟に関する手続」（法1条参照）として民事訴訟法において規律されているのである。

(注3) 　これらの制度は，当事者の出頭の必要性を緩和し（法264条），あるいは裁判所と当事者との間で信頼関係が形成された場合（法265条）に適用されることを前提としているところ，訴え提起前の和解は，期日を重ねることが多くないのが通常であるため，これらの規定の準用はない。

第12章　手形・小切手訴訟手続

第1　意義

　手形・小切手訴訟手続は，手形・小切手制度が高度の流通性と簡易迅速な決済を予定する法技術的制度であることから，手続的にもその趣旨を貫徹するため，証拠を書証に限定して手続を簡略化するなどし，迅速に債権者に債務名義を取得させることを目的とした判決手続である[注1]。

　法は，手形訴訟について規定を設け，小切手訴訟にこれらを準用するものとしている（法367条）。以下，手形訴訟の概略について述べる。

第2　手形訴訟の提起

1　請求適格

　手形訴訟を利用できるのは，「手形による金銭の支払の請求」及び「これに附帯する法定利率による損害賠償の請求」を目的とする訴えに限られる（法350条1項）。手形訴訟特有の特別訴訟要件である。

(1)　手形による金銭支払請求権とは，手形上の主たる債務者に対する手形金の支払請求権，従たる債務者に対する遡求金額の支払請求権，手形保証人，参加引受人及び無権代理人に対する支払請求権を指す。したがって，手形の引渡請求権や手形上の権利ではない利得償還請求権などは含まれない。また，支払の請求である以上，給付訴訟でなければならず，確認訴訟や形成訴訟は含まれない。

(2)　支払呈示期間内の呈示に対する支払拒絶の場合における満期以後の法定利息は，手形による金銭支払請求権に含まれるが，満期後の呈示における履行遅滞による損害賠償請求権や特約による損害賠償請求権（ただし，年6分の範囲内）も附帯請求として手形訴訟の目的とすることができる。

2　訴訟提起時における原告の手続選択

(1)　原告となる手形債権者が，手形訴訟を選択する場合には，訴状に，手形訴訟による審理及び裁判を求める旨の申述を記載しなければならない（法350条2項）。手形訴訟は，通常訴訟とは異なる諸種の制約・特異性を有する略式訴訟であるから，原告の手続選択の意思が明確であることを要する。

　なお，訴えの提起に際しては，訴状に手形又は小切手の写しを添付しなければならない（規則55条1項2号）。

（注1）　手形の流通性確保の法技術は，手形債務の抽象性・合同性（手形法47条），人的抗弁の切断（手形法17条）などに表現されているが，最終的に支払がなされないときに迅速かつ効率的な救済が図られるからこそその信用が維持されるといっても過言ではない。そして，このような特別の訴訟手続の創設が許容されるのは，手形・小切手の設権証券性，呈示証券性からみてその権利の存在及び帰属の確実性が極めて高度であるという手形・小切手の基本的性格によるものである。また，過去の実績においても抗弁対抗を含む原因関係上の主張の多くは不当な訴訟延引策に利用されるにすぎず，原告の勝訴率も高いものであったため，権利救済の簡易迅速化を企図して政策的にも特殊な訴訟手続を設ける必要性が高いという背景も存在する。

(2) 訴え提起前の和解手続において，和解不調により訴訟に移行する場合に，手形訴訟による旨の申立てをすれば，手形訴訟の提起があったものとみなされる（法365条）。督促手続において，支払督促の申立てに際して予備的に手形訴訟による旨の申述をしておけば，仮執行宣言前の督促異議により，手形訴訟に移行する（法366条1項）。仮執行宣言後の督促異議があったときは，手形訴訟ではなく，通常訴訟手続が開始される（法366条2項）。

(3) なお，いったん手形訴訟によって訴えを提起しても，口頭弁論終結前は原告の一方的意思表示により通常訴訟へ移行させることができる（法353条1項，2項）が，これについては後記第5参照。

3 管轄裁判所

被告の住所地（法4条）のほか，手形・小切手の支払地（法5条2号）を管轄する裁判所にも訴えを提起することができ，訴額に応じて，地方裁判所又は簡易裁判所が管轄する。

第3 手形訴訟における審理手続の特則

手形訴訟手続は，訴訟指揮への配慮，証拠制限，手続の複雑化回避の各側面から審理の迅速化を図っている。

1 集中迅速審理

(1) 期日指定・呼出し

手形訴訟が提起されたときは，裁判長は，直ちに口頭弁論期日を指定し，当事者を呼び出さなければならない（規則213条1項）。通常訴訟においても早期期日指定が要請されていることは既述のとおりであるが，規則60条の文言との対比からみても，手形訴訟においては特に迅速に指定することが要請されているといえよう。また，呼出状には，あらかじめ必要な準備をなすべき旨を，特に，被告に対して一定期間内に答弁書を提出すべき旨及び何らの防御をしないときは，通常訴訟としての弁論終結の不利益があり得ることを警告する（規則213条2項，3項）。

(2) 一期日審理の原則

手形訴訟においては，最初にすべき口頭弁論期日において，審理を完了しなければならない（規則214条）。やむをえず期日の変更や弁論の続行をする場合には，次回期日は，原則として，15日以内にしなければならない（規則215条）。

2 証拠制限

(1) 証拠調べは，原則として，書証に限られる（法352条1項）。しかも，証拠方法たる文書は，挙証者が所持するものに限られ，文書提出命令（法220条以下）や送付嘱託（法226条）によることは許されない（法352条2項）[注1]。また，取調手続も，受訴裁判所自らなし得るものに限られ，他の裁判所に対する証拠調べの嘱託（法185条，規則142条）や調査嘱託（法186条）もできない（法352条4項）。即時に取調べ可能な文書に限定することによって，審理判断の迅速性を

(注1) 受訴裁判所が保管している他の事件の記録の提示を求め，当該記録中の文書を証拠として援用することは，法226条にはあたらない。

第12章　手形・小切手訴訟手続

確保しようとする趣旨である(注1,注2)。
(2)　ただし，例外的に，文書の成立の真否又は手形の提示に関する事実については，申立てにより，当事者本人を尋問することができる（法352条3項）。これらの事実は文書のみで立証することが困難な場合があるし，当事者本人尋問は証拠制限の趣旨（証拠調べの即時性）に反しないからである(注3)。

(**注1**)　この証拠制限は手形訴訟の簡易迅速性を実質的に支えている本質的制度である。被告の応訴態度等に応じて場合を分けて検討する。
①　被告が請求原因事実を争わない場合（答弁書を提出せず不出頭であった場合，請求原因事実を認めた場合，請求原因事実を否認しても原告提出の書証［手形・小切手等］の成立を認めた場合など）には，直ちに終結して判決をすることが可能になる。この場合に，被告から悪意の抗弁その他の抗弁事実の主張がなされても，原告がそれを争う限り，証拠制限によって，被告は抗弁を立証できない場合が多い。
②　被告が原告提出の書証の成立を争った場合においても，証拠とされた手形等に押捺された印影が被告の印章によるものであることを被告が認めたときは，法228条4項に関するいわゆる「二段の推定」により，上記①と同様となる。
③　これに対し，被告が印影の同一性をも争っている場合，又は被告が不出頭で請求原因事実を否認する旨の答弁書を提出している場合には，原告において書証である手形・小切手の成立の真正を立証する必要がある。この場合，原告は，その立証をいかなる方法で行うか，すなわち，証拠制限内の本人尋問か書証か，を決定しなければならない。そして，原告が迅速に判決を取得するには書証によるのが適切である。この場合の書証としては，第1回期日までに，被告の取引銀行に対し被告の銀行取引印の印影につき弁護士法23条の2による照会を行い，その回答書をもって手形・小切手に押捺された印鑑との同一性を立証することも行われているほか，契約書，勘定元帳等多様な文書が証拠方法として提出される。これらの方法を駆使することにより，成立が否認された場合であっても，直ちに取り調べた上，即時終結が可能となる（ただし，被告が裏書人であるときは，その裏書行為を書証によって立証することは一般的にみて困難であると考えられるから，通常移行によらざるをえない。）。
　このように，証拠制限は簡易迅速性を確保する上で重要な機能を担っており，証拠制限の趣旨を十分に理解して，1回終結が可能なように事前準備に万全を期すことが肝要である。
(**注2**)　証拠制限を回避する目的で作成された文書の証拠調べができるか（否定裁判例：東京地判昭40.8.25判時427-41）。文書の作成目的・動機を認定することは一般的にみて困難であるという実際的側面とそうかといって放置するのも証拠制限の趣旨に合致しないという理論的側面とが衝突する困難な問題である。少なくとも当該書面の性質から証拠制限回避の趣旨が看取される場合には（例えば，人的抗弁に関する事情が記載された文書や筆跡・印影に関する訴訟外の鑑定書等は記載の内容自体から本来手形訴訟では提出できないはずのものとして，），その提出を留保させるべきとの見解が有力である。
(**注3**)　文書の成立の真否と提示に関する事実のみに法定されていることとの関係で尋問の範囲について問題がある。
①　手形の成立の真否と原因関係についての尋問
　原因関係不存在は被告の抗弁であるが，原因関係の存否は手形成立の真否を推認させる重要な間接事実であるから尋問は許される。しかし，尋問の結果を原因関係の存否の認定資料とすることは法の趣旨を逸脱し許されない。
②　領収書の真否と弁済の有無についての尋問
　被告が弁済の抗弁を提出し証拠として手形金受領書を提出したが，その成立が否認されたため被告本人尋問を求められた場合，弁済事実につき尋問をすることは被告の抗弁事実の当否を判断するかのような様相を呈する。しかし，あくまで「書証の成立の立証方法」として直截かつ効果的な内容である弁済に触れることは差し支えないというべきであり，ただ，尋問の結果を弁済の認定資料に供することはできないという限度で証拠制限の趣旨を貫徹すれば足りると解される。

(3) なお、この証拠制限は請求の当否の判断に関する事項に限られ、訴訟要件の存否等の職権調査事項については及ばない（法352条5項）。

3 反訴禁止

反訴の提起による手続の複雑化と遅延を避けるため、手形上の請求であっても、反訴を提起することは許されない（法351条）。

第4 手形判決

1 手形判決の表示

手形訴訟における判決に対する不服申立方法は、通常訴訟におけるそれとは異なるので、判決書（又は判決書に代わる調書）自体に判決が手形訴訟でされたものか、通常の手続でされたものかを明らかにするのが便宜であるから、手形判決と表示する（規則216条）。

2 訴訟判決

(1) 請求の全部又は一部が手形訴訟としての適格を欠くとき

口頭弁論を経ないで、判決で、訴えの全部又は一部を却下することができる（法355条1項）[注1],[注2]。却下されても通常訴訟によることができるから、これに対して控訴その他の不服申立てをすることは許されない（法356条）。この判決を受けた原告が、その送達後2週間以内に通常手続により訴えを提起すると、時効中断及び法律上の期間遵守との関係では、手形訴訟提起時に訴えを提起したものとみなされ（法355条2項）、貼用印紙も流用される（民事訴訟費用等に関する法律5条1項）。

(2) 一般的訴訟要件を欠くとき

訴え却下の訴訟判決をすることになるが、補正不能が明白な場合には、口頭弁論を経ないで、判決で却下することもできる（法140条）。訴訟手続一般と共通の問題であり、手形訴訟固有のものではなく、これに対する不服申立ては控訴である（法356条ただし書）。控訴審が原判決を取り消す場合には、原則として、第一審に差し戻すことを要する（法307条）

3 本案判決

一般・特別訴訟要件を具備するときは、請求の全部又は一部を認容又は棄却する本案判決をする。これに対する不服申立ては、控訴ではなく（法356条本文）、異議（法357条）という、同一裁判所が通常訴訟手続で再審理する方法による。請求認容の給付判決には、職権で、原則として無担保の仮執行宣言を付すことを要する（法259条2項）。

第5 通常訴訟手続への移行

1 総説

手形訴訟は、手形債権の実体法的性格ないし法技術を訴訟手続へ反映させ、政策的に迅速性の要請を優先させた略式手続といえる。したがって、その紛争の終局的解決のためには、なお

（注1） 法355条1項は、法87条1項本文の例外規定の一つとして位置づけることができる。
（注2） もっとも、実務上の処理としては、裁判所の指摘等を契機として原告が通常訴訟への移行の申述をし、以後通常訴訟として審理される（法353条）ことが少なくなく、この却下判決がなされるのは極めて稀である。

第12章　手形・小切手訴訟手続

通常手続に移行させる可能性を用意しておく必要がある。法は，手形訴訟を第一審のみの特別手続とする建前を採用しているので，通常手続への移行は第一審係属中に行われることとなるが，これには手形判決前の移行と手形判決後の移行とがある。

2　手形判決前の通常移行――原告の申述 (注1)

(1) 移行の申述と効果

原告が手形訴訟で訴えを提起しても，口頭弁論終結前は，被告の承諾を要せずに，通常訴訟手続へ移行させる旨の申述をすることができる（法353条1項）。この申述は裁判所に対する意思表示であり，これにより手形訴訟特有の手続上の制限が解除され，訴訟は直ちに通常手続に移行する（法353条2項）。いったん移行の効果が発生した以上，撤回は許されない。また，手数料の納付を要せず，裁判所も申述に対し応答する必要はない。

(2) 移行後の手続

通常移行の申述が，被告の出頭した期日で口頭でなされたとき以外は，裁判所は，訴訟が通常の手続に移行した旨を記載した書面を被告に直ちに送付して知らせる必要がある（法353条3項）。移行後の弁論は従前の手形訴訟の弁論と一体となる。既に口頭弁論期日が指定されているときは，その期日は通常手続のために指定されたものとみなされる（法353条4項）。移行後の弁論において，被告が原告の主張事実を争わず，その他何らの防御方法を提出しないときは，裁判所は口頭弁論を終結し（法354条）判決をすることができる。この判決は，通常訴訟手続によるものであるから，被告は第一審の訴訟手続を失うことになる。

(3) 併合訴訟の一部についての通常移行

客観的併合と主観的併合とを問わず，原告は各別に通常移行の申述をすることができる。これらの場合，裁判所は，弁論を「通常手続としての手形金請求事件」と「手形訴訟としての手形金請求事件」とに分離した上，審理及び裁判をすることになる。

なお，通常移行があっても事件番号の変更はされず，事件記録の表紙に「通常移行」と朱書する扱いになっているが (注2)，どの部分が通常移行しているのか明確に特定する必要がある。

3　手形判決後の通常移行――手形判決に対する異議

(1) 手形判決に対する不服申立て

手形判決に対しては控訴は許されず（法356条），不服申立方法は，同一審級で通常訴訟による審判のやり直しを求める異議（法357条）が認められる。手形訴訟が第一審手続の特則として略式化されていることから，異議によって通常手続による第一審の再審理を保障するのである。

(2) 異議申立て

(注1)　実務上次のような場合に原告から通常移行の申述がなされることがある。
① 手形訴訟の特別訴訟要件を欠いていることに気付いた場合
② 手形訴訟の証拠制限の下では勝訴の手形判決が見込めない場合
　例えば，手形の成立が否認され，手持ち文書又は原告本人尋問等で振出又は裏書等の手形行為の事実を立証することが困難な場合があるが，このような場合には手形訴訟によらず，当初から通常訴訟が選択されることも多い。
(注2)　昭和39.10.1最高裁訟三第102号総務局長通達「手形訴訟事件における事件の取扱について」

異議は不服申立ての利益を有する者（請求認容判決の場合は被告，棄却判決の場合は原告，一部認容・一部棄却の場合は双方）が，手形訴訟の判決書又はこれに代わる調書の送達を受けた日から2週間の不変期間内に，判決裁判所に対してしなければならない（法357条）。申立ては書面でなすことを要し，裁判所は，これを相手方に送付し，異議によって通常手続に移行したことを知らせなければならない（規則217条）。相手方に送付する書面は，異議申立書の写しで足り，謄本や副本のような様式を整えた書面である必要はない（規則47条1項）。

なお，不適法な異議については，訴状却下の規定の準用がないから，裁判所が補正を命じ，補正がないときに，口頭弁論を経ないで，判決で，却下することになる（法359条）。

(3) **異議の取下げ**

異議は，通常手続による第一審の終局判決の言渡しがあるまで取り下げることができるが，常に相手方の同意を要する（法360条1項，2項）。異議によって相手方も通常手続による審判を受ける利益が生じているから，これを一方的な意思によって奪うことは相当でないからである。

異議の取下げについては訴えの取下げに関する規定の一部が準用される（法360条3項，法261条3項～5項，262条1項，263条）。すなわち，異議の取下げは，相手方の面前でなされた場合を除き，書面でなすことを要し，異議取下書が提出されたときは，裁判所は相手方にこれを送達しなければならない（法261条3項，4項の準用）。相手方が異議取下書の送達を受けた日又は異議取下げの事実を知った日から2週間以内に何らの応答をしなかったときは，異議取下げに必要な同意をしたものとみなされる（法261条5項の準用）。異議の取下げにより異議の申立てはなかったことになり，通常訴訟としての係属は遡って消滅し，異議手続は終了する（法262条1項の準用）。通常手続移行後の期日における当事者双方の不出頭等の場合に異議取下げの擬制がある（法263条の準用）。

(4) **異議申立ての効果**

適法な異議申立てにより手形判決の確定は遮断され，手形訴訟の口頭弁論終結前の状態に復し，改めて通常手続による審判が行われる（法361条）。しかし，手形判決が失効してしまうわけではなく，仮執行宣言も当然には効力を停止しないから，執行を阻止しようとするには，別に執行の停止又は取消しの決定を得なければならない（法403条1項5号）。

(5) **異議後の通常手続**

手形訴訟において終結された弁論は当然再開され，その後，通常の第一審手続が行われ，口頭弁論は前後一体をなす。したがって，手形訴訟でなされた訴訟行為の効力や既に発生した訴訟上の効果もそのまま維持されるとともに，手形訴訟における証拠制限等の特則は排除される。

異議後の通常手続における審判は，手形判決の訴訟物全部について不可分に行われる。したがって，控訴におけるように不服の限度が問題とならないから，利益又は不利益変更禁止の原則も働かないと解される[注1]。手形判決中の判断が異議後の裁判所に対して拘束力をもつかどうかについては争いがあり，これを全く否定する考え方と，同一資料に基づく判断に関

(注1) もっとも，学説上，異論がないわけではない。

する限りこれを肯定する考え方とがある[注1]。

(6) **異議後の通常手続における新判決**

ア 通常手続でなすべき判決が，手形判決と符合するときは，手形判決を認可する旨の判決をする（法362条1項本文）。ただし，手形判決の成立手続に違法があるときは，これを取り消して判決をし直さなければならない（法362条1項ただし書）。

手形判決を認可した場合の債務名義は手形判決である。

イ 両者が符合しないときは，手形判決を取り消した上，原告の請求の当否について新たな判断を示す（法362条2項）。

ウ 異議後の新判決又はこれに代わる調書における事実及び理由の記載は手形訴訟の判決書又はこれに代わる調書の記載を引用することが許される（規則219条）。

エ 訴訟費用については，手形判決中の訴訟費用に関する裁判を認可するときは，異議後のそれについてだけ裁判すれば足りる（法363条）。

（注1） ここでいう「拘束力」を法律上の拘束力として議論するのであれば疑問というべきであろう。

第13章　少額訴訟に関する特則

第1　意義

1　少額訴訟とは，比較的小規模な紛争について，係争額に見合った時間と費用と労力で，効果的な解決を図ることができるように，手続をできる限り簡易にして迅速な解決を可能にしたものであり，簡易裁判所の訴訟手続の特則である。

2　そもそも簡易裁判所は比較的少額軽微な事件を，一般市民が利用しやすい手続で迅速に解決するために設けられた裁判所であり（法270条），そのために簡易裁判所の訴訟手続には特則が設けられ（法第2編第8章，本書第11章），運用上もこの理念を実現すべく工夫がなされてきた。

　しかし，簡易裁判所の訴訟手続は，基本的には，地方裁判所以上の裁判所と同一の手続規制を前提とするため，少額で複雑困難でもない事件については，訴額に見合わず，なお重厚にすぎる面があるという指摘もあった。

3　そこで，利用可能な紛争の訴額の上限を比較的低く抑えた上で，手続を大幅に簡略化して迅速かつ弾力的に紛争を解決できるよう創設されたのが少額訴訟である。詳しくは，以下において順次述べるが，ここで主要な特徴を挙げると，①審理は，即時に取り調べることができる証拠に限定して1回の期日で審理を終えて判決に至ることを原則とするなどして，審理の簡易迅速化を図り（法370条1項，371条，374条），②裁判の内容面でも，判決において支払猶予を定めることができるものとして弾力化し（法375条），③不服申立方法についても，控訴を禁止して異議による同一審級における是正の余地があり得るに止まるものとしている（法377条，378条）。このように，少額訴訟手続は，通常の訴訟手続と比較すると，思い切って簡易かつ弾力的な手続として構成されている。したがって，この手続目的を効果的に実現するためには，少額訴訟手続にふさわしい事件の選別，利用者の意思を尊重することが重要であり，裁判所の適切な対応も必要となる[注1]。

第2　手続対象の限定

1　簡易裁判所が管轄する事件は訴額が140万円以下の事件であるが，少額訴訟の対象はそのうち

（注1）　少額訴訟手続に適する事件の選別
　少額訴訟は本文で述べるような特色ある手続として構成されているため，これに適する紛争の選別が重要である。手続の円滑や効率的・実効的解決のための考慮要因としては，①争点が比較的単純であること，②即時取調べ可能な証拠（書証や当事者本人尋問程度）の取調べで審理を遂げられる見込みがあること，③当事者への送達や事前準備等の関係で連絡が円滑に進む見込みがあること，④訴訟準備について当事者の意欲・協力が見込まれること，⑤被告が応訴する可能性が高いこと（被告が争わないのであれば支払督促等他の経済的な手段の利用を検討するのが合理的であろう。），などが挙げられよう。要するに，少額訴訟と支払督促，調停，通常訴訟との役割分担の問題である。

第13章　少額訴訟に関する特則

　　60万円以下の金銭の支払の請求を目的とする訴えに限定される（法368条1項本文）(注1), (注2)。60万円の基準となる「訴訟の目的の価額」は，法8条，9条と同義であり，例えば，附帯請求の価額は訴額に算入されない。
　　また，金銭を請求する給付訴訟に限ったのは，訴額が60万円以下の事件であっても，例えば，物の引渡請求や金銭債務の不存在確認請求などは，簡略化された手続内で対処できない複雑困難さを有する場合が多いと考えられるからである。
　2　ただし，上記対象適格を有する請求のすべてが少額訴訟で審理されるわけではなく，簡易裁判所の通常訴訟手続によることもできる。したがって，両者の手続相互の関係が問題となるが，この点については「第3」で扱う。

第3　手続の選択と通常訴訟への移行
　1　総説
　　少額・軽微な事件のうち，前記第2の少額訴訟の要件を充たしていない事件はもちろんのこと，要件を具備する事件であっても少額訴訟手続の特殊性にかんがみ，通常の手続による審理・裁判の途を開いておく必要がある。したがって，少額訴訟の守備範囲に入る事件については，通常の訴訟手続との併存を認めることとなり，手続利用のイニシアティヴを誰に与えるかが問題となる。他方，少額訴訟を離脱する自由の保障の要否・程度も考慮しなければならない(注3)。
　2　原告の手続選択権
　　(1)　前記のように，少額訴訟手続は，迅速かつ効果的な権利救済を企図して構成されているが，証拠制限があるほか判決によって支払猶予がなされる可能性があるなど権利の実現を求める原告にとって必ずしもその意思に合致しない場合も考えられる。したがって，通常の訴訟手続による審理・裁判を希望している場合にまで少額訴訟として取り扱うのは相当ではない。

（注1）　平成8年改正法で新設されたときは30万円を上限としていたが，その後の運用実績からみて，利用者からの評価が高く，国民がより多くこの手続を利用できるようにする見地から対象事件の範囲を広げるため訴額を引き上げるべきとの指摘を受けて，平成15年改正法において，60万円に引き上げられた。それと同時に，少額訴訟の運用経験から簡易裁判所の通常訴訟事件の運営にも好循環が生まれており，簡易裁判所の機能の充実が運用面からも図られている。簡易裁判所が，国民に身近な裁判所として簡易迅速に軽快な手続負担で紛争解決にあたるその本来の機能を発揮しているといえよう。
（注2）　一部請求により少額訴訟の対象とすることの可否
　これを認めると，高額の請求権を分割して何度も少額訴訟を利用できることになり，また，請求権の一部のみの試験訴訟を許すのは請求適格を限定した趣旨に合致しないとして否定する考えもある。しかし，前者については回数制限（法368条1項ただし書，規則223条）がある以上，濫用がそれほどあるとは考えられないし，後者についても，金額の高低は，略式訴訟で扱うことが社会通念に照らし相当と認められる限度を画す機能を営むにすぎないのであって，手続利用を封じるほどの絶対的基準とは解されない。本来的な請求権の金額が高額であっても事案としては単純な場合もありうるのであるから，単に一部請求であるとの一事をもって少額訴訟手続を利用できないとは解すべきではない。少額請求に分割して訴求したとしても，60万円の訴額の範囲内であれば受理して差し支えなく，事案における個別事情を総合考慮して，なお相当でない場合には通常手続への移行（法373条3項4号）で対処すれば足りると解される。
（注3）　少額訴訟は，原告・被告双方がこの手続による解決に合意したのと同視できる状況にあること（原告が少額訴訟手続を選択し，被告が通常訴訟への移行申述をしていないこと）を前提とするといえる。

第3　手続の選択と通常訴訟への移行

そこで，少額訴訟手続によるかどうかの第1次的選択権を原告に認めることとし（法368条1項本文），これを希望する場合には訴え提起の際に明らかにしなければならないこととしている（法368条2項）^(注1)。被告の応訴準備や裁判所が審理予定を立てる関係でも，少額訴訟であるか否かは重大な差異をもたらすといえる。

(2)　ただし，国民が平等にこの手続を利用する機会を保障するため，同一の原告が，同一の簡易裁判所において，同一の年に10回を超えて少額訴訟手続を利用することはできないものとされている（法368条1項ただし書，規則223条）。このため少額訴訟による訴えを提起する際には，その申述とともにその年の利用回数を届け出ることを要し，虚偽の届出をしたときは10万円以下の過料に処せられる（法368条3項，381条1項）。

3　被告の移行申述権

(1)　原告が少額訴訟手続を選択した事件について，被告は，簡易裁判所における通常訴訟手続に移行させる旨の申述をすることができる（法373条1項本文，2項）。原告に手続の選択権を認めた以上，当事者間の公平を図り，被告の利益を十分に保障するために，被告にも手続の選択権を付与したものである。少額訴訟による迅速な手続進行は，応訴の煩雑さからの解放という点で，被告の利益にもなることではあるが，やはり不服申立ての制限があるなど必ずしも被告の意思に合致しない場合があり得る。少額訴訟は1回の審理で終結し直ちに判決可能な状態まで進行することを予定しており，その円滑な実施のためには被告の協力も不可欠であり，被告の意思を尊重する必要がある。被告の移行申述権はそのような現実的基礎をも有するものである。

(2)　被告の移行申述は，手続の重大な相違をもたらすため，期日においてする場合を除き，確実性の観点から，書面でなすことを要し，裁判所書記官は，速やかに原告に対し手続が通常手続に移行した旨を通知しなければならない（規則228条1項，2項）。

(3)　ただし，手続安定の見地から，被告の移行申述は，被告が最初になすべき口頭弁論期日において弁論をし，又はその期日が終了するまでに限られる（法373条1項ただし書）^(注2)。

4　職権による移行決定

(1)　裁判所としても，少額訴訟による審理及び裁判をするのを相当でないと認める場合等には，通常の手続への移行決定をしなければならない（法373条3項）。

　ア　訴えが法368条1項所定の少額訴訟の要件を満たさないとき（1号）

　イ　相当期間を定めた催告があったにもかかわらず，原告が利用回数の届出をしないとき（2号）

　ウ　公示送達によらなければ，被告に対する最初になすべき口頭弁論期日の呼出しができな

（注1）　したがって，通常訴訟として訴えを提起した後に少額訴訟手続へ変更することは許されない。
（注2）　この規定は，少額訴訟が原則として1回の審理で終結することを目標に，当事者・裁判所がともに準備することを予定する手続であるから，実際に審理を開始した後に手続移行を認めるのはこの手続の基本的性格に反するし，他方，被告も最初の口頭弁論期日までには少額訴訟手続の意義・特色等について裁判所の教示を得て，少額訴訟の特則を十分に理解していることを前提にするものである。また，被告が口頭弁論期日に欠席した場合や出頭しても弁論をしないで退廷した場合には，弁論をした場合以上の手続保障を付与する必要はないと考えられるため，期日の終了を基準に被告の移行申述権を喪失させることとしている。

第13章　少額訴訟に関する特則

　　　　　いとき（3号）(注1)
　　　　エ　少額訴訟による審理・裁判を相当でないと認めるとき（4号）(注2)
　　(2)　これらの事由に基づき移行決定がなされた場合，裁判所書記官は，当事者に対し，通常手続へ移行した旨を速やかに通知しなければならない（規則228条3項）(注3)。また，裁判所の移行決定に対しては，不服を申し立てることはできない（法373条4項）。少額訴訟か通常手続かの選択の適否について紛争化を許容すると，その審理のために時間と費用を要することになり，簡易迅速に，かつ，低廉な費用で紛争解決を図ろうとする趣旨に反するからである。

第4　審理手続の特則
　1　総説
　　　少額訴訟の制度趣旨を実現する上で要となるのは，審理を，いかに簡易化しつつも実質的なものとし，かつ，分かりやすく経済的な手続として構築するかという点である。基本的には，手続を簡素化して迅速審理を実現し，審理内容の実質化については，裁判所書記官による手続教示と事前準備，裁判官による冒頭説明及び的確な訴訟指揮による集中審理によって図られているといえる。
　2　一期日審理の原則
　　(1)　少額訴訟は，原則として，1回の口頭弁論期日で審理を完了し，その後直ちに判決の言渡しをする（法370条1項，374条1項）。そのため，当事者は，最初になすべき口頭弁論期日の前か，遅くともその期日においてすべての攻撃又は防御の方法を提出しなければならない（法370条2項本文）。このような一期日審理の原則の下，集中的な審理を実現するためには，利用者である当事者が，少額訴訟の意義，特色，留意点等を十分に理解しておくとともに，争点に関する証拠を準備しておくことが重要となる。そこで，裁判所書記官は，少額訴訟における最初にすべき口頭弁論期日の呼出しに際し，少額訴訟手続の内容を説明した書面を交付しなければならないとされている（規則222条1項）(注4)。そして，少額訴訟の審理にあたる裁判官

(注1)　当初から公示送達によらなければならないことが明白な場合，裁判所は，職権により通常手続への移行決定をして，期日の呼出し（呼出状の送達）と移行決定の告知（決定正本の送達）を同時に行うことも可能である。
(注2)　証拠調べの即時性の制限（法371条）に適しない場合（呼出証人の尋問や裁判所外の検証が必要なときなど），一期日審理の原則（法370条）に適しない場合（多数の証人尋問が必要なとき）などのほか，当初の予測とは異なり複雑な争点へ展開していった場合などが例として挙げられよう。
(注3)　これは当事者の準備に与える影響が大きいことを考慮したものであり，不服申立ての機会を保障する趣旨に出たものではない。
(注4)　少額訴訟は，訴訟に関する知識経験の乏しい一般市民を利用者として想定して組み立てられている手続であるから，原告との間ではこの手続教示書面の交付や窓口相談を契機として，被告との間では訴状送達後の電話照会等を通じ，裁判所書記官は口頭弁論期日までの間に当事者から提供される情報に接することになる。そこで，書記官は，裁判官に対し，これらの訴状に表れない紛争の背景事情や周辺事情（訴状送達の見込み，被告の応訴態度の見込み，証拠の種類・性格など）を説明するなどして事件の進行等に関し十分な協議を行い，問題点を把握して，争点判断に必要な証拠の準備を当事者に指示し，その上で審理に要する時間を見込むなどの，いわゆる事前準備や口頭弁論期日への出頭確保の作業が重要となる（とはいえ，少額訴訟手続に適する事件を選別する観点からすると，その軽微性の故に，事前準備も自ずから重厚（つづく）

第4　審理手続の特則

は，最初にすべき口頭弁論期日の冒頭において，当事者に対し，①証拠制限，②被告の通常手続移行申述権，③判決に対する不服申立方法としての異議について説明しなければならない（規則222条2項）。

(2) ただし，例外的に「特別の事情がある場合」には期日を続行することができ，その場合，当事者は攻撃防御方法を続行期日において提出することができる（法370条1項，2項ただし書）。これは当事者が必要な訴訟資料のすべてを常に準備できるとは限らないことなどに配慮したものである。もちろん，最初の期日に提出された訴訟資料の限度で審理及び裁判をすることも考えられるが，当事者に不満を残すおそれもある。また，証拠収集が不十分な場合には，通常手続に移行させて十分に証拠を収集する時間的余裕を与えるのが相当であると解されるが，証拠となるべき文書を持参するのを失念したにすぎない場合等には，なお少額訴訟によって簡易迅速に解決する利点は失われていないというべきである(注1)。したがって，「特別の事情がある場合」とは，事件の内容，当事者の訴訟準備の状況，続行の必要性・理由等を総合的に考慮して，期日を続行してでもなお少額訴訟手続によるのが紛争解決として相当な場合ということになろう。

3　証拠調べの制限（即時性）

少額訴訟における証拠調べは，即時取調べ可能な証拠に限られる（法371条）(注2)。審理の迅速性を確保して，一期日審理の原則を支える趣旨である(注3)。訴訟主体兼証拠方法としての当事者については，審理の円滑を期するため，協力を得ることが不可欠であり，必要に応じて随時事情を聴取できるよう，裁判所は，訴訟代理人が選任されている場合であっても，当事者又はその法定代理人の出頭を命じることができる（規則224条）。

4　証人等の尋問

(1) 総説

少額訴訟手続を利用しやすく，分かりやすい手続とするためには，柔軟な審理方式によって弾力的かつ機動的に対応できるようにする必要がある。そのため，少額訴訟の証人等の尋問の手続についても，通常訴訟とは異なる手当てがなされている。

(2) 証人の任意的宣誓

少額訴訟における証人尋問の際には，宣誓させないで尋問することもできる（法372条1項）。これは法201条1項にいう「特別の定め」にあたる。当事者本人尋問の場合は，本来的に任意的

（つづき）　なものにはなりえない。複雑な準備・教示を要する事件は，そもそも少額訴訟になじまないというべきであり，通常移行を検討すべきである。）。なお，これらの情報収集に当たっては，裁判の公正を疑わしめることのないよう注意が必要である。
(注1)　ただし，本文で述べたいずれの場合についても，きちんと1回の審理で決着がつくように準備してきた他方の当事者の利益・立場に対する配慮も忘れてはならないであろう。
(注2)　なお，ここでの即時性は証拠方法に関するものであり，法188条と短絡させてはならない。要求される立証の程度は証明である。
(注3)　具体的にどのような証拠調べが可能であるかについては，証拠制限の趣旨に照らして一期日審理の原則を確保できるかどうか，証拠制限のない通常訴訟手続との役割分担などを考慮しつつ決定されることとなろう。この場合，少額軽微な市民紛争を簡易迅速にして軽快な手続で柔軟に解決しようとする法の趣旨にかんがみ，重い手続にならないような配慮が必要であると考えられる。

第13章　少額訴訟に関する特則

宣誓とされているので（法207条1項後段），少額訴訟の特則は設けられていない。証人についても任意的なものとしたことに法372条1項の意味がある。

(3) 証人等の尋問順序

証人又は当事者本人尋問の順序についても，訴訟に関する知識経験の乏しい一般市民が利用することを前提にするならば^(注1)，交互尋問の原則（法202条1項）を貫くことは相当でないため，裁判官が相当と認める順序で行うこととされている（法372条2項）。

(4) 尋問事項書の提出不要

通常の訴訟手続においては，証人尋問の申出をするときは，同時に，尋問事項を個別的かつ具体的に記載した尋問事項書を提出しなければならない（規則107条1項，2項）が，少額訴訟手続の対象事件の性格からみて，尋問事項書がなくとも尋問事項が容易に判明することが多いであろうし，手続的にも煩瑣であることなどから，少額訴訟においては，尋問事項書の提出を要しないものとされている（規則225条）。

(5) 電話会議の方法による証人尋問

少額訴訟においては，電話会議の方法による証人尋問をすることも可能である（法372条3項）^(注2)。この方法を用いて尋問できるのは，当事者が通話先電話番号及びその場所を明らかにして申し出た場合に限られる（規則226条1項・2項）。裁判所は，当該申出を審査し，通話先の場所が相当でないと認めるときは，その変更を命ずることができる（規則226条3項）。尋問を行ったときは，その旨，通話先の電話番号及びその場所が調書の必要的記載事項となる（規則

（注1） 少額訴訟手続は，複雑困難ではない市民間の少額紛争を対象とするものであり，争点が単純で一期日審理に適合する紛争を予定するものであるから，そこでは，裁判所にも容易に争点及び証拠の概要を把握でき，証人等の供述内容がある程度予測できることが前提となっているといってよい。しかも，一般市民が自ら訴訟追行することを予定している。このような少額訴訟の特質から，交互尋問制の原則的排除（法372条2項）や尋問事項書の不要（規則225条）などの規定の合理性が基礎づけられよう。

（注2） 電話会議の方法を利用する手続の比較

現行法上，電話会議の方法には，少額訴訟手続における証人尋問のほか，弁論準備手続における期日実施，書面による準備手続における争点整理の補助手段としての利用がある。

①電話会議の利用上の要件

弁論準備手続では当該手続内で電話会議の方法を利用するための要件として，書面による準備手続ではそもそも当該準備手続に付すための要件として，それぞれ「当事者が遠隔の地に居住しているときその他相当と認めるとき」であることが必要である（法170条3項，175条）。これに対し，少額訴訟の証人尋問の方法として利用する場合には，単に裁判所が「相当と認めるとき」で足り，要件が緩和されている。

②当事者の出頭の要否

弁論準備手続では当事者の一方が裁判所に出頭していることが必要であり（法170条3項ただし書），書面による準備手続では当事者双方がいずれも出頭せずに3者間通話により手続を進行させる。少額訴訟における電話会議は証人尋問である以上，当事者双方が法廷に出頭し，証人だけが裁判所外の別の場所にいることを予定している。

③ファクシミリの併用

少額訴訟における電話尋問はその供述内容が直ちに証拠資料となるものであるから，効果的かつ正確な供述を確保するためにファクシミリ併用の特則を置いている（規則226条4項）が，弁論準備手続及び書面による準備手続については規定がない。これはあくまで争点整理の資料提出の方法としてファクシミリを利用できることは当然だからである（規則3条参照）。

226条5項)。

また，効果的な尋問及び尋問の正確性を担保するため，ファクシミリの併用が認められている（規則226条4項）。

(6) **証人等の陳述の調書への記載**

少額訴訟においては，証人等の陳述を調書に記載する必要はない（規則227条1項）。少額訴訟は，原則として一期日で審理を完了し判決に至ることを予定する手続であるから，審理及び判断の上で陳述を記録する必要性は乏しいからである。かえって記録化を要するとすれば，そのために手続を簡易迅速化した趣旨が損なわれるおそれがある。

もっとも，尋問前に裁判官の命令又は当事者の申出があるときは，裁判所書記官は，当事者の裁判上の利用に供するため[注1]，録音テープ等に記録しなければならない（規則227条2項）。

5 **反訴禁止**

そのほか，手続の簡素化のあらわれとして，少額訴訟及びその終局判決に対する異議審においては，反訴が禁止されていることが挙げられる（法369条，379条2項）。審理が複雑化するおそれがあり，一期日審理の原則と相容れないからである[注2]。

第5 裁判及び強制執行の特則

1 **総説**

少額訴訟の制度趣旨である，簡易迅速かつ経済的な手続で，しかも実効性ある紛争解決は，裁判の終局的場面・権利の事実的実現過程においても貫徹されなければならない。すなわち，判決の言渡しも迅速になされる必要があるし，訴額が小さいことにかんがみ，原告勝訴が判決において宣言された場合であっても，被告が任意に履行しやすいようにするなど，できるだけ原告の手続負担が軽減されることが望ましい。また，強制執行の手段を選択せざるをえない場合であっても，迅速に手続を開始できるようにしておくのが制度趣旨に適合する。そのため，法は次のような特則を設けている。

2 **判決言渡しの特則**

(1) **即日言渡しの原則**

（注1） 当事者の裁判上の利用に供する目的の限度での録音テープ等への記録化であり，例えば，当事者が証人等の供述の反訳書面を異議審で提出するためであるとか，異議審段階で訴訟委任しようとする場合等が考えられる。

（注2） なお，訴訟物の複数提示や訴えの変更は可能である。この点，併合請求については客観的併合（法136条）と主観的併合（法38条）とを問わず許されると解されている。併合訴訟が常に複雑であるとは限らないし，主債務者と保証人に対する請求などのように併合提起を認めた方が紛争の統一的解決に資する場合もあるからである。また，訴えの変更（法143条）についても，請求やその原因を変更せざるをえない場合はそもそも少額訴訟になじまないとの考えもあり得るが，むしろ少額訴訟は法的知識が必ずしも十分ではない一般市民が利用する手続である以上，訴えの変更を許容して弾力的な運用をしなければ紛争の的確な解決が困難になるおそれもある。そこで，これらについては，少額訴訟においても一般的には許容した上で，その結果，少額訴訟に適しないものについては個別に裁判所が通常手続への移行決定（法373条3項4号）で対処することで足りよう。

第13章　少額訴訟に関する特則

少額訴訟の判決の言渡しは，原則として，口頭弁論の終結後直ちに行う（法374条1項）。これは，前述の一期日審理の原則と連動して少額訴訟の簡易迅速な処理に寄与する制度である。すなわち，通常訴訟の一般原則によると，争いのある事件については，別途判決言渡期日を指定して（法251条），事前に判決書の原本を作成してこれに基づいて言渡しをしなければならない（法252条）。この一般原則を少額訴訟の判決にもそのまま維持すると，一期日審理の原則に従って審理を遂げても少額訴訟の制度趣旨に適合しないこととなる。そこで，法374条に特則を設け，法254条1項の要件に該当しない場合であっても（実質的に争いがある場合であっても），言渡しは判決原本に基づくことを要せず（法374条2項前段），調書判決を利用することができることとしている（法374条2項後段）。

即日言渡しをする場合，主文及び理由の要旨を告げることで足りる（規則229条2項による155条3項の準用）。また，少額訴訟は不服申立方法について重大な制限を加えており（後述），少額訴訟の判決は通常の手続に基づく判決と異なる特徴を有することから，判決書又はこれに代わる調書には，「少額訴訟判決」と表示しなければならない（規則229条1項）。

(2)　**例外**

もっとも，審理の終了後に和解を試みるのが適当な場合や，審理の終了後ある程度の時間をおいてから判決の言渡しをしたほうが，当事者が判決を冷静に受け止めることができるとか，被告に任意の履行を促しやすいというような事情があることも考えられる。このため，裁判所が直ちに判決を言い渡すのを「相当でないと認める場合」には，通常の言渡しの手続（法251条，252条）によることもできる（法374条1項）。

3　支払猶予判決

(1)　**意義**

少額訴訟を真に効率的かつ効果的な紛争解決手段とするためには，被告の任意履行が期待できる判決内容とし，原告の強制執行の負担を軽減する必要がある。そこで，裁判所は，請求の全部又は一部を認容する判決をする場合において，被告の資力その他の事情を考慮して特に必要があると認めるときは，認容額の支払猶予や分割払を内容とする判決をすることができることとされている（法375条）。

(2)　**支払猶予判決が許容される理論的根拠**

実体的権利とその実現・形成過程である訴訟手続は，いわば車の両輪に例えられるところ，原告が，実体法上，一時払を請求できる権利を有し，訴訟上もその実現を求めている場合に，何故に裁判所が裁量で支払猶予判決をなし得るのか，が問題となる。

理論的には，一時払請求に対し期限の猶予を付した判決をすることは，当初の請求に包含されているとみることができ，一部認容（一部棄却）判決の一種として処分権主義の射程内といえよう。しかし，分割払判決を処分権主義の範疇で説明することは困難であり，この判決はもはや実体権の変更をもたらすものといわざるをえない[注1]。そこで，両者を統一的観点から検討すると，処分権主義を離れて，原告の手続選択の際の黙示の同意又は裁判所への手続

（注1）　原告が求めているのは一時払の給付判決であるのに，これに対して支払猶予判決をすることは実体的な権利内容の変更をもたらす形成的裁判の部分を含む応答をすることになる。

的授権という観点から理解することができる。すなわち，少額訴訟は原告が第1次的手続選択権を有しているのであり，自ら既述のような特質を有する手続を選択しているという原告の訴訟追行に，実体権変更をもたらす支払猶予判決の可能性に対する黙示の同意ないし裁判所への授権がなされていると解することができよう。

そうだとすると，実体権の変更という形成的裁判の部分に対応する原告の申立てがないため，支払猶予判決は原告の請求に対する応答としてなされるものではなく，裁判所がこのような手続選択の中に含まれる授権に基づいて，職権でする裁判という性格を帯びることになる(注1)。

(3) 支払猶予判決の内容

ア　期間的制限

支払猶予判決においてなし得る実体権の変更は，判決言渡しの日から3年を超えない範囲内の限度に止まることが必要である(注2)。

イ　支払猶予の方法

判決で定める支払猶予の方法は，以下のとおりである。

①　支払期限を定めること（一括払）

又は

②　分割払の定めをすること(注3)

さらに，①又は②と併せて，

③　①の場合につき支払期限どおりに支払をしたとき，②の場合につき期限の利益を失うことなく支払をしたとき，には訴え提起後の遅延損害金の支払義務を免除する旨の定めをすること(注4)

(注1)　支払猶予（期限猶予・分割払）判決は，原告の請求をすべて正当として是認した場合であっても，なお裁判所が被告の資力等を斟酌して行うことのできる裁量的裁判である。したがって，支払猶予判決それ自体が，直ちに一部棄却判決を意味するものではない。

(注2)　支払猶予等の上限が明らかになっていないと，原告に不測の損害を生じさせるおそれがあり，黙示の同意ないし手続的授権の前提が欠けるおそれがあることを考慮したものである。したがって，被告の資力等との関係で3年を超える分割払の弁済計画を立てなければならない場合には，支払猶予判決をすることはできず，和解によらなければならない。その意味では，少額訴訟の審理においては，争点部分だけではなく，被告の支払能力等についても対象となろうし，場合によっては，事前準備の段階で裁判所書記官が審理充実事務の一環として情報を得ておく必要があろう。したがってまた，被告の資力等に関する資料がないままに欠席判決で終結せざるを得ない場合には，制度趣旨及び文言に照らし，支払猶予判決によることは相当ではないと解される。

(注3)　この場合には，被告が分割金の支払を怠ったときは期限の利益を喪失する旨の定めをしなければならない（法375条2項）。

(注4)　支払猶予判決の主文は和解条項類似の内容を含むことにはなるが，あくまで判決による解決であり，和解とは異なることに注意しなければならない。例えば，和解では，一定額の支払義務を履行したときはその余の義務を免除する旨の条項が設けられることも多いが，猶予判決では，免除の対象は訴え提起後の遅延損害金に限定され，元本，利息，訴え提起以前に既発生の遅延損害金は免除の対象とはならない。また，そもそも猶予判決は，必ずしも被告の意思を基礎にするものではない場合がある点で，当事者の互譲を基礎とする和解とは決定的に異なる。

第13章　少額訴訟に関する特則

(4) 支払猶予判決に対する不服申立て

判決で支払猶予の定めをしたこと又はしなかったことについては不服を申し立てることができない（法375条3項）(注1)。これは支払猶予判決の相当性に関する基礎事情（「被告の資力その他の事情」及び特別の必要性［法375条1項］）が審理の中心的争点となることは少額訴訟の基本構造に合致しないことが考慮されたものである。

4　必要的仮執行宣言

請求を認容する少額訴訟判決については，裁判所は，職権で，立担保又は無担保での仮執行宣言を付さなければならない（法376条1項）。これは法259条1項の特則であり，少額訴訟の迅速かつ効率的な紛争解決の理念及び審判対象を少額の金銭請求に限定しているために原状回復が容易であることなどから，仮執行宣言が必要的なものとされている(注2)。

5　単純執行文の不要

さらに，仮執行宣言付支払督促と同様に，簡易迅速な強制執行を実現するため，少額訴訟判決によりこれに表示された当事者に対し，又はその者のためにする強制執行については，執行文を要しない（民事執行法25条ただし書）。もっとも，いわゆる事実到来執行文や承継執行文（民事執行法27条1項，2項）については，原則どおり，各執行文の付与を要する。

6　少額訴訟債権の強制執行

簡易迅速な手続である少額訴訟の利便性をより向上させるため，簡易裁判所において簡易迅速に債権執行手続をとることができるよう特則が設けられている（民事執行法167条の2ないし14）。少額訴訟手続によって形成された債務名義に基づく債権執行は，債務名義の作成区分に応じて決定される簡易裁判所に所属する裁判所書記官を執行機関とし（同法167条の2），書記官による差押処分（同条2項，同法167条の5）と弁済金交付（同法167条の11第3項）による簡易迅速な執行手続とされている。第三者異議の訴えの管轄裁判所は地方裁判所とされ（同法167条の7），転付命令・譲渡命令・売却命令などの別途換価命令を要する申立てがなされたとき（同法167条の10），債権者が競合して配当手続を実施しなければならないとき（同法167条の11第1項）は，地方裁判所における債権執行手続に移行させなければならない。

第6　不服申立て

1　不服申立方法の制限

少額訴訟の終局判決に対する不服申立てについては，控訴が禁止され（法377条），その判決をした簡易裁判所に対する異議の申立てが許されるにすぎない（法378条1項）。また，異議審の終局判決についても，控訴が禁止され（法380条1項），憲法違反を理由とする最高裁判所への特別上告を除き（法380条2項），不服を申し立てることはできない。したがって，少額訴訟は，原則として，第一審である簡易裁判所限りの手続ということになる。

(注1)　もっとも，支払猶予判決が法375条1項，2項に違反しているときは異議の理由として主張することができることは当然である（法375条3項は「前二項の規定による定めに関する裁判」としている。）。
(注2)　手形訴訟における必要的仮執行宣言は請求権の性格を手続的に反映させた結果として理解できる（したがって，法文上も手形訴訟の特則としてではなく，一般規定である法259条2項に規定がおかれている。）が，少額訴訟におけるそれは，制度趣旨に基づく政策的なものであり，少額訴訟における特則である。

第6　不服申立て

　少額訴訟について，通常手続と同様の不服申立てを許容すると，紛争の終局的解決まで相当の時間と費用を要することになるし，他方，一切の不服申立てを認めないこととすると，裁判所が慎重な審理を期するあまりに，いずれにしても，柔軟な手続で簡易迅速かつ弾力的な紛争解決を可能にしようとする趣旨が損なわれるおそれがある。そこで，少額訴訟の制度趣旨を活かすとともに，異議によって開始される同一審級の手続を証拠制限等のない通常の手続とし，そこでの再審理を保障することで，当事者の裁判を受ける権利を実質的に確保して，両者の調和を図ったものである。

2　異議審の審理・判決
(1)　異議の効果

　少額訴訟の判決に対し適法な異議があったときは，訴訟は，口頭弁論終結前の程度に復し，通常の手続によって審理及び裁判をすることになる（法379条1項）。したがって，異議審の口頭弁論は少額訴訟のそれと一体となり，少額訴訟手続によって行われた証拠調べの結果等はそのまま異議審の訴訟資料となる。審判対象は少額訴訟判決の当否ではなく，原告の請求の当否である。ただし，既に債務名義が存在することを前提にしなければならない点では，手形・小切手訴訟における異議審の審判と同様の状況にある。そこで，法は，手形訴訟に関する規定（法358条〜360条，362条，363条）を準用している（法378条2項，379条2項）。また，異議申立てに伴う執行停止についても，手形判決に対する異議申立てにおけるそれと同一の要件の下において認められる（法403条1項5号）。

(2)　異議審の基本的性格と審理・判決手続

　上記のとおり，異議により同一審級での通常手続による異議審が開始され，これについては手形訴訟に関する規定の準用があるが，手形訴訟とは基本的性格に重大な相違があり，全く同様の状況になるわけではない。すなわち，手形訴訟における異議審はこれを第一審としてその後三審制による審理が予定されており，純然たる通常訴訟手続である。これに対し，少額訴訟での異議審は，いわば少額訴訟手続における最終審であり，法は，少額訴訟制度の趣旨を確保しつつ，不服ある当事者の裁判を受ける権利を保障するための手続規制を構築する。

　ア　まず，少額訴訟の基本理念は異議審においても貫徹されなければならない。そのため，法は少額訴訟の準用規定を設け，①異議審においても反訴は禁止され（法379条2項による法369条の準用），②証人等の尋問順序も弾力化されている（法379条2項による法372条2項の準用）。③異議審における少額異議判決においても支払猶予判決は可能である（法379条2項による法375条の準用）。

　イ　これに対し，異議審では少額訴訟の最終審であることから，審理の簡易迅速化を図る諸規定の準用はなく，通常の手続と同様の審理が要請され，不服申立手段としての実効性が優先されている。すなわち，一期日審理の原則（法370条），証拠制限（法371条），証人尋問の際の宣誓省略（法372条1項），電話会議の方法による証人尋問（法372条3項），証人等の陳述の調書記載の省略（規則227条）の各規定の準用はなく，通常の手続による[注1]。

(注1)　もっとも，あくまで簡易裁判所の通常訴訟手続に服するということであるから，簡易裁（つづく）

第13章　少額訴訟に関する特則

　　ウ　また，判決言渡しに際しては，法374条の準用もないので，実質的に争いがある場合には調書判決の方法によることは許されず（規則231条1項が予定する調書判決は，法254条1項所定の事由に基づく場合である。），原本を作成しこれに基づいて言い渡すことを要する（法252条）。

　　　なお，異議訴訟における終局判決の判決書又はこれに代わる調書には，控訴禁止等の特別の効果が結びつけられるので，「少額異議判決」と表示しなければならない（規則231条1項）。

　　エ　通常手続への移行決定の可否
　　　当事者の通常手続への移行申述権は，異議審の段階では問題にはならない。これに対し，裁判所の移行決定については時期的制限がないので，異議審において裁判所の裁量で移行決定ができるかが問題となる。少額訴訟における異議審は少額訴訟の手続の特質を斟酌しつつなされる最終審であるから，異議審においてはもはや通常手続への移行決定はできないと解される。法379条2項が373条を準用していないのもこのような趣旨で理解されよう。

（つづき）判所の訴訟手続に関する特則の適用までは排除されない。したがって，例えば，必要ならば，書面尋問（法278条）は可能であるし，少額訴訟の特則としての調書記載の省略（規則227条）の準用はなくとも，規則170条による調書記載の省略は可能である（裁判官の許可を要する。）。

第14章　督促手続

第1　意義

1　督促手続とは，金銭その他の代替物又は有価証券の一定数量の給付請求権に関する債権者の主張を債務者が争わないことを根拠に，その実質的審理を経ないで，簡易迅速かつ経済的に債権者に債務名義を取得させる略式手続である。事前に債務者を審尋せずに債務名義を形成してしまう点で訴訟手続とはいえないが，債務者からの異議申立てがあれば通常の給付訴訟に移行する点でその先駆的手続といえ，訴訟手続との交渉が生じ得るため，「民事訴訟に関する手続」（法1条参照）として民事訴訟法の規律対象とされている。

2　督促手続では，申立人を債権者，相手方を債務者という。申立てに対する審査及び発付権限は，裁判所書記官にある（法382条）。従前は，「支払命令」との呼称で裁判官の権限とされていたが，平成8年改正法により書記官権限とされるとともに，呼称も「支払督促」に改められた。

第2　申立て

1　申立て先

支払督促の申立ては，請求の価額に関わらず，法383条所定の裁判所書記官に対してする（債務者の普通裁判籍の所在地を管轄する簡易裁判所の裁判所書記官を原則とし［同条1項］，請求との関連で付加的な申立て先を認めている［同条2項］。）(注1)。

2　要件（法382条）

(1)　金銭その他の代替物又は有価証券の一定数量の給付を目的とする請求であること

この種の請求に限定したのは，その執行が容易であるとともに，仮に誤って執行してもその原状回復が容易であることによるものである。

(2)　債務者に対し，日本国内で公示送達によらずに送達できる場合であること

支払督促は，実体的審理をせずに債務者から異議がないことを執行力付与の正当化根拠とするものであるから，異議申立ての機会を実質的に保障しなければならないことに基づく。

3　手続

支払督促の申立てには，その性質に反しない限り，訴えに関する規定が準用される（法384条）。したがって，申立ては，申立ての趣旨及び原因を記載して請求を特定し，書面で行うことを要する（法133条参照）。簡易裁判所に対する訴えの提起においては，請求の原因に代えて紛争の要点を明らかにすれば足りる（法272条）が，簡易迅速に債務者を審尋せずに債務名義を形成する督促手続の性質上，請求が特定されないままでは発付できないことは明らかであって，申立て時に特定されていることを要する。したがって，法272条は督促手続には，性質上準用されないと解される。

(注1)　なお，法397条による拡張に注意（後記第7参照）。

第14章　督促手続

第3　申立てに対する処分

1　申立ての却下処分

(1)　申立てを受けた裁判所書記官は，法382条，383条所定の要件審査を行い，そのいずれかに違反するとき，又は申立ての趣旨から理由がないことが明らかなときは[注1]，その申立てを却下しなければならない（法385条1項）[注2]。その効力は相当な方法で告知されたときに発生する（同条2項）。

(2)　裁判所書記官の申立却下処分に対しては，告知を受けた日から1週間の不変期間内に，当該裁判所書記官の所属する裁判所に対し，異議を申し立てることができる（法121条，385条3項）[注3]。この異議申立てに対してなされた裁判所の決定に対しては，不服を申し立てることができない（法385条4項）。

2　支払督促の発付

(1)　申立書を審査して適式なものと認めたときは，裁判所書記官は，債務者を審尋しないで支払督促を発付する（法386条1項）。支払督促には法387条所定事項を記載し，その原本に裁判所書記官が記名押印し（規則233条），債務者にその正本を送達しなければならない（法388条1項，規則234条1項）。支払督促は債務者への送達時に効力を生ずる（法388条2項）。債権者に対しては，支払督促を発付した旨を通知すれば足りる（規則234条2項）。

(2)　支払督促が送達不能の場合，公示送達によることはできない（法382条ただし書）から，債権者が申立てを取り下げない限り，事件は係属し続けることになる。しかし，それでは簡易迅速に債務名義を取得させる督促手続の性質にそぐわないことから，裁判所書記官から送達不能であった旨の通知を受けた日から2か月以内に，債権者が別の送達場所の申出をしないときは，支払督促の申立てを取り下げたものとみなされる（法388条3項）。

3　支払督促の更正

支払督促に計算違い・誤記その他これに類する明白な誤りがあるときは，裁判所書記官は，申立て又は職権により，いつでもこれを更正することができる（法389条1項，74条1項）。債務者は，告知を受けた日から1週間の不変期間内に，この更正処分に対して異議を申し立てることができ（法389条1項，74条2項，71条3項・4項），この異議申立てに対する裁判所の決定（法121条）に対しては即時抗告をすることができる（法389条1項，74条2項，71条7項）。

なお，仮執行宣言後に督促異議があった場合と更正処分に対する異議との関係については，後記第5の2(2)参照。

[注1]　強行法規違反はもちろん，申立ての趣旨及び原因に記載された債権者の主張自体から不合理であることが明白な場合（有理性を欠く場合）も含まれると解される。
[注2]　もっとも，任意的補正処分を行うことは禁止されていない。
[注3]　従前は，支払命令の申立てを却下する決定に対しては，不服申立てができなかった（旧433条2項）が，支払督促の発付権限を裁判所書記官に付与したこととの関係で，裁判所に対する異議を認めることとしたものである。ただし，法律関係の早期安定のため，異議申立てについて期間制限を設けるとともに，裁判所の決定に対しては更なる不服申立てを許容しないこととしたものである。

第4　仮執行宣言
1　申立て・処分
(1)　債務者に対して支払督促の送達後2週間を経過すれば，債権者は支払督促に仮執行宣言を付するよう申し立てることができる（法391条1項本文）。仮執行宣言が発付されたときは，支払督促に対し，執行力が付与されることになる。

(2)　仮執行宣言の申立却下処分に対しては，債権者は，1週間の不変期間内に，その裁判所書記官の所属する裁判所に対し，異議を申し立てることができ（法391条3項，385条3項，121条），その裁判所がした決定に対しては即時抗告をすることができる（法391条4項）。

(3)　ただし，督促手続の迅速性にかんがみ，債務者が支払督促の送達を受けた日から2週間経過後，債権者が30日以内に仮執行宣言の申立てをしないときは，支払督促はその効力を失うこととなる（法392条）。

2　効力
(1)　仮執行宣言が付された支払督促は，確定をまたずに執行力を生じ，債務名義となる（民事執行法22条4号，その執行には原則として執行文を要しない［民事執行法25条ただし書］）。仮執行宣言を付した支払督促に対し，債務者がその送達後2週間内に督促異議の申立てをしないとき，あるいは督促異議の申立てを却下した決定が確定したときは，督促手続は終了し，支払督促は，確定判決と同一の効力を有する（法396条）。

(2)　法396条にいう「確定判決と同一の効力」とは執行力，法律要件的効力を指し，既判力を含まない。支払督促は，債権者の主張についての実体的審理・判断は行われないからであり，このことは，既判力の時的限界を裏から規定する請求異議事由についての制限規定（民事執行法35条2項）に支払督促が規定されていないこと(注1)からも推知される。

したがって，確定した支払督促の成立を争うには，再審ではなく，請求異議訴訟（民事執行法35条1項後段，「裁判以外の債務名義」に含まれる。）によることになる。

第5　督促異議
1　意義
債務者は，支払督促に対して，これを発した裁判所書記官の所属する簡易裁判所に不服申立てをすることができる（法386条2項）。これを却下処分に対する異議と区別する意味で「督促異議」といい(注2)，適法な異議申立てがあったときは，督促手続を排し通常訴訟に移行する（法395条）。すなわち，督促異議は，督促手続の排除と通常訴訟による審判とを求める旨の債務者の対抗手段となる。督促異議が申し立てられたときは，簡易裁判所は異議申立ての適否を調査し，

(注1)　旧法当時の民事執行法35条2項は，確定した支払命令には既判力があることを前提に，「確定判決についての異議の事由は口頭弁論の終結後に生じたものに限り，仮執行の宣言を付した支払命令についての異議の事由はその送達後に生じたものに限る。」と規定していたが，平成8年改正に際して，同項中支払命令に関する部分は削除された。

(注2)　却下処分に対する異議（法385条3項）は債権者にのみ，督促異議（法386条2項）は債務者にのみ，申立適格がある。

不適法であると認めるときは，決定で却下する[注1]。これに対しては即時抗告ができる（法394条）。

督促異議には，仮執行宣言前のものと仮執行宣言後のものとがあり，請求を通常訴訟手続に移行させて審判を求める点では共通であるが，異議の効果を異にする。

2　異議の効果

(1)　仮執行宣言前の督促異議

債務者が，仮執行宣言前に適法な督促異議の申立てをすると，支払督促は，その督促異議の限度で効力を失う（法390条）。この場合の異議は，督促手続における請求についてその当否の審判を求めるものである。

(2)　仮執行宣言後の督促異議

仮執行宣言を付した支払督促に対しては，送達後2週間の不変期間内に督促異議の申立てをすることができ，これを経過したときは申し立てることができない（法393条）。仮執行宣言後に適法な異議が申し立てられると，支払督促の確定は阻止されるが，仮執行宣言の執行力は当然には失効しない。したがって，これに基づく執行を阻止するためには，執行停止の裁判（法403条1項3号，4号）を求める必要がある[注2]。

なお，仮執行宣言後に適法な督促異議の申立てがあったときは，更正処分に対する異議を申し立てることができない（法389条2項）。異議訴訟において，更正処分の正当性についても判断されることになるからである。

(3)　訴訟手続への移行

適法な督促異議の申立てがあったときは，督促異議に係る請求については目的の価額に従い，支払督促の申立ての時に，支払督促を発した裁判所書記官の所属する簡易裁判所又はその所在地を管轄する地方裁判所に訴えの提起があったものとみなされ，督促手続の費用は訴訟費用の一部として取り扱われる（法395条）。簡易裁判所に訴えの提起があったものとみなされたときは，簡易裁判所は速やかに口頭弁論期日を指定しなければならない（法139条，規則60条）。地方裁判所に訴えの提起があったものとみなされたときは，裁判所書記官は，遅滞なく，地方裁判所の裁判所書記官に対し，訴訟記録を送付しなければならない（規則237条）。

第6　移行後の訴訟手続

異議後の手続は，支払督促と同一の請求の当否について審判をする第一審の通常訴訟手続である[注3]。督促手続はその後の訴訟手続とは一体をなすものであり，審判の対象は本来の請求の当否

（注1）　これは簡易裁判所の決定でなされなければならない。すなわち，異議申立てがなされた時点で，異議の適法性いかんを問わず，当該請求は督促手続を一応離脱する。そして，簡易裁判所がこれを不適法却下して確定した場合には督促手続に復するが，適法と認めた場合には，訴訟手続が当然に開始されることにより，確定的に督促手続を離脱することになる。

（注2）　この執行停止の裁判は，通常訴訟手続移行後は，訴額に応じて係属している地方裁判所又は簡易裁判所がなすべきことは当然であるが，異議申立てと同時に執行停止の申立てがなされた場合には，督促異議の申立てを受けた裁判所（支払督促を発した裁判所書記官の所属する簡易裁判所）に事件記録があるのでその裁判所が行うこととなる（法404条2項）。

（注3）　通常訴訟移行後は法383条の適用はなく，一般の管轄規定に従い，特別の裁判籍がある限（つづく）

であって，異議の当否ではない。このことは仮執行宣言後においても同様である[注1]。しかし，仮執行宣言後の場合には既に債務名義が存在していることを考慮しなければならない。すなわち，通常訴訟における請求の当否に関する審判の結論が，支払督促と符合し，かつ，仮執行宣言を付して執行力を持続させるのが相当であるときは，債務名義たる仮執行宣言付支払督促の効力を失わせる理由もなく，また相当でもないからこれを認可して維持し[注2]，支払督促と符合しないときは，その限度で全部又は一部について取消し，変更を宣言する（最二小判昭36.6.16民集15-6-1584［71］）。

なお，適法な異議により，支払督促の申立てが訴えの提起とみなされた場合，支払督促申立書が訴状として取り扱われるから，手数料を追納しなければならない（民事訴訟費用等に関する法律3条2項1号，8条）。追納がないときの取扱いについては，①訴状（支払督促申立書）却下命令（法137条2項）によるとする説と，②訴え却下判決（法140条）によるとする説とに分かれている[注3]。

第7　電子情報処理組織を用いて取り扱う督促手続の特則
1　特則の趣旨

督促手続は，それ自体簡易迅速に債務名義を取得できるよう各種の技術的考慮がなされた手続であるが，事件が増加するとその簡便さを十分に発揮できないおそれがある。そこで，迅速かつ効率的に大量の事件を円滑に処理することを可能にするため，コンピューター・システム

（つづき）　り，管轄違いとはならない（大判昭6.9.17民集883，最一小判昭32.1.24民集11-1-81［4］）。
（注1）　実務上，欠席判決によって終局することが多く，調書判決（法254条）になじむ（調書判決の請求の表示は，特定請求原因による訴訟物の特定・明示が要請されるところ，支払督促における請求の原因は特定請求原因であり，事務処理上もなじむといえる。）。
（注2）　このような認可判決をする趣旨は，別途給付判決を行うと同一の請求に対し仮執行宣言付支払督促と判決という二重の債務名義が存在してしまうことを防止することにある。したがって，認可判決がなされた場合の債務名義は，あくまで仮執行宣言付支払督促であると解さなければならない。取消し・変更判決の場合には，当該判決が債務名義となる。

なお，督促手続とその後の通常訴訟手続を一体のものと理解し，仮執行宣言付支払督促に対する異議訴訟の審判の対象を請求の当否とする本文掲記の最判の趣旨からすると，同訴訟において認可判決をする場合，終局判決において訴訟費用の全部について裁判しなければならない以上（法67条1項本文），単に「訴訟費用は被告の負担とする。」という主文を用いるのが適するようにもみえる。しかし，この主文では，法395条との関係で督促手続費用の部分（支払督促の申立てから異議申立て前までの訴訟費用）について重複を免れない。そこで，これを避けるために「異議申立て後の訴訟費用は被告の負担とする。」旨の主文を用いるのが実務の取扱いである。
（注3）　この場合，手数料追納の有無に関わらず督促異議申立てによって訴え提起が擬制されており，既に実質的に訴状に代わる書面が被告に送達されてしまっているのであるから，法137条2項を適用する余地はない。口頭弁論を開かずに判決で訴えを却下すべきであるとするのが後説の考え方である。実務的には前者の取扱いも多い。

さらに，仮執行宣言付支払督促に対する異議訴訟の場合には，上記却下命令又は判決によって，仮執行宣言付支払督促は当然に失効するのか否か，また，同時にその取消宣言を（必要的あるいは任意的に）すべきか否かについては問題がある。本文掲記の最判の趣旨によると，仮執行宣言付支払督促が存在していても，当該訴訟の審判対象はその基礎である請求の当否自体であるから，却下により，当然に失効すると解するのが適するであろう。ただし，債務名義の失効を明確にするために，却下命令又は判決と同時に仮執行宣言付支払督促の取消宣言をしておくのが相当である。

第14章　督促手続

を利用することができるよう規定を整備する必要がある。そして，このような効率的なシステムを導入する以上は，広く利用に供する必要があると同時に，当該システムを導入した簡易裁判所にできる限り多くの事件を集中して処理するのが適切である。このような観点から，法は電子情報処理組織を用いて事件を処理する場合の特則を設けている。

2　申立てに関する特則

(1)　電子情報処理組織を用いた支払督促の申立方法の特則として現在行われているのは，インターネット回線を利用した申立てである（法132条の10。いわゆる「督促手続オンラインシステム」）[注1]。支払督促の申立てのほかに，仮執行宣言の申立てやそれらの申立ての取下げ等も，この方法によることができる。

(2)　この電子情報処理組織を用いた支払督促の申立ては，法383条所定の簡易裁判所以外の裁判所として，最高裁判所規則で定める簡易裁判所[注2]の裁判所書記官に対し，申立てをすることができる（法397条）。

3　督促異議に関する特則

(1)　電子情報処理組織を用いた督促手続による支払督促に対し，適法な異議の申立てがあったとき，当該支払督促を発付した裁判所書記官の所属する簡易裁判所に訴え提起があったものとみなされるとすると（法395条），債務者は遠隔の地での異議訴訟の追行を余儀なくされるおそれがある。この債務者の管轄の利益を保護する必要があるとともに，督促異議後の手続は通常の手続と異なるところはないことから，督促異議に係る請求については，その目的の価額に従い，支払督促の申立てのときに，法383条に規定する簡易裁判所で支払督促を発した裁判所書記官の所属するもの，若しくは法397条の別に最高裁判所規則で定める簡易裁判所又はその所在地を管轄する地方裁判所に訴えの提起があったものとみなすこととしている（法398条1項）。

(2)　法398条1項で訴訟が移行することとなる裁判所が2箇所以上あって，一義的に決まらない場合には，第1順位として，債務者の普通裁判籍の所在地を管轄する簡易裁判所又はその所在地を管轄する地方裁判所，第2順位として，事務所又は営業所の所在地を管轄する簡易裁判所又はその所在地を管轄する地方裁判所に訴えの提起があったものとみなされる（法398条2項）。これは債務者の管轄の利益を考慮したものであるが，他方，債権者には法383条と法397条のいずれかの裁判所を選択する自由があるのと同様に，督促異議後の手続利用について，債権者に明確な意思がみられるときにはこれを尊重するのが適当である。そこで，法は，債権者が電子情報処理組織を用いた支払督促の申立てのときに，法398条2項所定の裁判所のうち，特定の裁判所を指定したときは，その裁判所に訴えの提起があったものとみなすこととしている（法398条3項）。

(注1)　いわゆる「OCR」で読み取る方式の申立ては，平成19年1月31日限り廃止された。
(注2)　民事訴訟法第132条の10第1項に規定する電子情報処理組織を用いて取り扱う督促手続に関する規則1条1項において，東京簡易裁判所が指定されており，同条2項により，法383条に規定する簡易裁判所が東京簡易裁判所以外である場合にも，申立てをすることができる。

事項索引

あ

相手方の援用しない自己に不利益な事実……… 120
争いのない事実…………………… 121, 158, 182

い

異議………………195, 273, 327, 364, 377, 381
遺言無効確認の訴え………………………………72
遺産確認の訴え……………………………73, 306
違式の裁判………………………………………328
意思表示の瑕疵…………………31, 136, 247
意思表示を求める判決…………………………270
移審………………………… 79, 303, 330, 332
移送………………………………………… 34〜
　──の裁判……………………………………37
板まんだら事件…………………………………69
一期日審理の原則
　手形訴訟…………………………………… 361
　少額訴訟…………………………………… 370
一事不再理……………………………………… 277
一部請求
　──と判決確定後の残部請求……………… 64
　──と相殺……………………………………282
一部認容………………………………………63, 68
一部判決………………………………………… 261
インカメラ審理………………………………… 222
印紙の貼用……………………………………… 87

う

訴え
　──の種類……………………………………53
　訴え提起前の和解…………………… 250, 358
訴えの提起………………………………………52
　──の効果……………………………………90
　──の実体法上の効果………………………93

　──の方式……………………………………84
訴えの取下げ……………………………… 243〜
　──の擬制………………………………… 245
　──の合意………………………………… 136
訴えの併合
　客観的併合………………………………28, 77
　主観的追加的併合………………………… 307
　主観的併合………………………………28, 77
　主観的予備的併合………………… 307, 309
　選択的併合……………………………………79
　単純併合………………………………………78
　予備的併合……………………………………78
訴えの変更………………………………………79
　交換的変更……………………………………80
　追加的変更……………………………………80
訴えの利益………………………………………69

え

営業秘密………………………………………… 148
援用………………… 118, 191, 226, 230, 299

お

応訴管轄…………………………………………31
大阪国際空港夜間飛行差止訴訟…………………69

か

外国裁判所の確定判決………………………… 276
外国人の訴訟能力…………………………………44
外国法の証明……………………………………181
解釈規定………………………………………… 242
解除権（既判力の時的限界）………………… 280
介入尋問………………………………………… 195
回避………………………………………………25
回付………………………………………………27
書留郵便に付する送達………………………… 112

事 項 索 引

確定判決
 ——と同一の効力…………247, 249, 250, 253
 ——の効力………… 290, 294, 351, 352, 353
 ——の変更を求める訴え……………………288
確認の訴え………………………………………53
確認対象…………………………………………72
確認の利益………………………………………71
確認判決……………………………………53, 54
隔離尋問………………………………………196
過去の法的事実の確認…………………………73
過去の法律関係の確認…………………………73
過失……………………………………………123
過失相殺…………………………………126, 283
仮定抗弁………………………………………234
株主総会決議取消しの訴え………………54, 302
仮執行宣言………………………………270, 381
仮執行免脱宣言………………………………271
過料……………………………………………224
簡易却下…………………………………………25
簡易裁判所……………………………… 9, 25, 27
簡易呼出し……………………………………105
管轄……………………………………………26～
 ——違いに基づく移送…………………………34
 ——の合意………………………………………31
 ——権の調査……………………………………33
管轄権…………………………………………25
間接事実…… 121, 122, 123, 158, 181, 232, 234
 ——の自白……………………………………184
 重要な——……………………………86, 123, 158
間接証拠………………………………123, 179, 181
間接反証………………………………………232
鑑定…………………………………………204～
鑑定証人………………………………………192
鑑定人……………………………… 204, 205, 206
鑑定嘱託………………………………………206
関連裁判籍……………………………………29

き

期間……………………………………104, 107
期日……………………………………104, 105, 106
期日外釈明…………………………………8, 129
擬制自白………………………………………186
羈束力…………………………………………268
規範分類説……………………………………40
既判力……………………………………274～, 381
 ——の物的限界（客観的範囲）……………280
 ——の作用……………………………………276
 ——の時的限界（標準時・基準時）………278
 ——の遮断効（失権効）……………………278
 ——の人的限界（主観的範囲）……………284
 ——の双面性…………………………………278
忌避……………………………………………24
 ——権の濫用…………………………………25
客観的証明責任………………………………232
旧訴訟物理論……………………………57, 286
休止……………………………………105, 141
給付判決………………………………………53
給付の訴え……………………………………53
 現在の——…………………………………53, 70
 将来の——…………………………………53, 71
境界確定訴訟…………………………………55
供述録取事務…………………………………144
共助……………………………………………39
強制執行…………………………………53, 291
協同的訴訟進行……………………………96, 102
協働……………………………………10, 88, 178
共同所有関係紛争と共同訴訟………………303
共同訴訟………………………………………295～
共同訴訟参加…………………………………302
共同訴訟的補助参加…………………………316
共同訴訟人独立の原則………………………299
業務執行組合員………………………………77
共有物分割の訴え……………………………55
許可抗告………………………………………348

事　項　索　引

禁反言……………………………………… 183

く

具体的争訟性………………………………69

け

経験則………………………122, 181, 212, 228
警察予備隊違憲無効確認訴訟………………69
形式的確定力……………………………… 269
形式的形成訴訟………………………………55
形式的証拠力……………………………… 209
形式的当事者概念……………………………40
形式的不服説……………………………… 329
形成権の訴訟上の行使…………………… 137
形成の訴え……………………………………54
形成力……………………………………… 292
係争中の訴え…………………… 53, 77, 79, 82
係争物の譲渡………………………… 286, 322
欠席判決…………………… 11, 88, 186, 375
決定…… 37, 81, 101, 106, 116, 117, 140, 148, 149, 160, 190, 195, 223, 227, 258, 259, 262, 268, 273, 274, 276, 313, 325, 331, 339, 340, 341, 342, 344, 345, 346, 347, 348, 349, 352, 380
原因判決…………………………………… 261
厳格な証明………………………………… 180
現在の給付の訴え　→　給付の訴え
検証………………………………… 214, 225
顕著な事実………………………………… 182
顕著な事由………………………………… 106
現地和解…………………………………… 251
限定承認……………………………… 283, 284
原本………………………………109, 208, 266
権利抗弁…………………………………… 234
権利根拠規定……………………………… 236
権利自白　→　自白
権利主張……………………………52, 56, 234
権利主張参加……………………………… 319

権利障害規定……………………………… 236
権利消滅規定……………………………… 236
権利推定…………………………………… 241
権利阻止規定……………………………… 236
権利能力………………………………………42
権利能力なき社団　→　法人格なき社団

こ

合意管轄………………………………………30
後遺損害………………………………………66
合一確定……………………297, 298, 301, 302
公開………………………………… 97, 148, 191
　　当事者――………………………… 97, 163
　　関係者――………………………… 98, 163
　　一般――……………………… 97, 160, 163
合議制…………………………………………23
攻撃防御方法……… 59, 94, 132, 151, 161, 166, 187, 336
　　――の却下……………………………… 140
　　――の提出時期………………………… 138
抗告………………………………………… 345
交互尋問…………………………………… 194
公示送達…………………………………… 112
　　――と上訴の追完……………………… 113
公示による意思表示……………………… 113
公証人による宣誓認証制度……………… 226
更正決定……………………………… 262, 268
更正権…………………………………………50
控訴………………………………………… 330
控訴審
　　――の審理……………………………… 334
　　――の判決……………………………… 336
　　――の弁論……………………………… 336
控訴不可分の原則………………………… 332
控訴理由書………………………………… 335
公知の事実…………………………… 182, 185
高等裁判所……………167, 331, 338, 346, 347, 348
口頭主義……………………………… 99, 141, 142

事 項 索 引

口頭弁論
　　——に代わる審尋……………………… 101
　　——の意義………………………………… 96
　　——の一体性…………………………… 138
　　——の準備……………………………… 150
　　準備的——……………………………… 160
　　任意的——………………… 101, 140, 180
　　必要的——……………………………… 100
口頭弁論期日
　　——における当事者の欠席…………… 140
口頭弁論終結後の承継人………………… 285
口頭弁論調書……………………………… 142
交付送達…………………………………… 110
公文書……………………………………… 208
抗弁…………………………… 122, 132, 233
抗弁事項…………………………………… 264
小切手訴訟………………………………… 360
国際裁判管轄……………………………… 26
告知………………………………………… 259
固有期間…………………………………… 107
固有必要的共同訴訟……………………… 300

さ

債権者代位訴訟……………… 76, 91, 92, 285
債権譲渡と原因行為……………………… 127
債権的請求権……………………………… 286
再抗告……………………………………… 348
最高裁判所
　　——への上告…………………………… 338
再抗弁……………………………… 122, 133
最初にすべき口頭弁論期日前の参考事項聴取
　　………………………………………… 89
再審………………………………………… 349
再審事由の訴訟内顧慮…………… 183, 244
再訴の禁止………………………………… 246
裁定管轄…………………………………… 30
裁定期間…………………………………… 107
再度の考案………………………………… 347

裁判
　　——の意義……………………………… 258
　　——の種類……………………………… 258
　　——の脱漏……………………………… 262
裁判官………………………………… 22, 23
　　——の更迭……………………………… 99, 190
　　——の私知……………………………… 182
裁判所
　　——に顕著な事実……………………… 182
　　——の構成……………………………… 23
　　——の事務分配……………………… 27, 87
裁判上の自白　→　自白
裁判上の和解　→　和解
裁判所書記官　→　書記官
裁判所調査官……………………………… 176
裁判資料…………………………………… 118
裁判籍……………………………………… 28
裁判長… 23, 87〜89, 102, 109, 129, 152, 167,
　　331, 339
債務不存在確認
　　——請求………………………………… 91
　　——訴訟………………………………… 67
債務名義…………………………………… 70, 71
裁量移送……………………………… 37, 355
詐害妨止参加……………………………… 317
差置送達…………………………………… 110
差戻し……………………………… 337, 343
参加承継…………………………………… 324
参加的効力………………………… 315, 316
参考人……………………………………… 206
三審制……………………………… 27, 349
暫定真実…………………………………… 242
三面訴訟…………………………………… 317
残部判決…………………………………… 261

し

事案解明義務……………………………… 159
識別説……………………………………… 85

— 388 —

事　項　索　引

事件
　　——の分配……………………………87
　　——の呼上げ…………………………105
時効中断……………………………………93
自己拘束力…………………………………267
自己使用文書………………………………216
事後審………………………………………334
事実上の主張………………………………132
事実上の推定……………………………211, 240
事実審の口頭弁論終結時…………………186, 278
事実推定……………………………………240
事実認定………………………………178, 207, 228
死者を被告とする訴訟……………………40, 41
失権効…………………………………139, 159, 278
執行官………………………………………22, 258
執行停止……………………………………24
執行力………………………………………291
実質的証拠力………………………………212
実質的確定力………………………………269, 274
実体法……………………………1, 58, 59, 62, 118, 304
指定管轄……………………………………29
支配人………………………………………49
自白
　　擬制——……………………………186
　　——の撤回…………………………183
　　間接事実の——……………………184
　　権利——……………………………186
　　裁判外の——………………………38
　　裁判上の——………………………182
　　文書の成立の真正に関する——…185
　　補助事実の——……………………185
自白契約……………………………………136
自縛性………………………………………267
支払督促……………………………………10, 99, 379
支払猶予判決………………………………374
自判……………………………………………337, 344
事物管轄……………………………………27
私文書………………………………………208

司法委員………………………………354, 357
司法共助　→　共助
司法行政………………………………25, 345
氏名冒用訴訟…………………………40, 41
釈明権…………………………………128
釈明処分………………………………130
社団……………………………………42
遮断効…………………………………278
遮へい…………………………………199
　　——の処置に対する異議…………201
　　——の措置……………199, 200, 201, 202
主位的請求……………………………78
終局判決………………………………260, 261
自由心証主義…………………………191, 228, 299
集中証拠調べ……158, 165, 168, 187, 189, 191,
　　197, 213
集中審理………………………8, 190, 266, 335, 336
自由な証明……………………………180
住民訴訟………………………………302, 303
主観的証明責任………………………232
主観的追加的併合……………………307
主観的予備的併合……………………307
受寄者…………………………………287
受給権…………………………………58
受継……………………………………115
主尋問…………………………………194
受訴裁判所……………………………22
受託裁判官………23, 100, 102, 105, 191, 198,
　　225, 251, 258
主張共通の原則………………………120
　　共同訴訟人間の——………………299
主張責任………………………………119, 232
出訴期間………………………………54, 94, 351
主文……………………………………85, 266, 281, 313
受命裁判官………23, 100, 102, 105, 163, 164,
　　169, 191, 198, 204, 225, 227, 251, 258
主要事実………………………………121
　　——と間接事実との区別…………123

— 389 —

事 項 索 引

不特定概念と―― ……………………………… 124
準再審 …………………………………………… 353
準消費貸借における旧債務 …………………… 238
準備書面 …………………………………… 150, 356
準備的口頭弁論 ………………………………… 160
準文書 …………………………………………… 208
少額訴訟 ………………………………………… 6
少額訴訟債権の強制執行 ……………………… 376
消極的確認 …………………… 53, 67, 74, 91, 93
消極的釈明 ……………………………………… 130
証言拒絶 ………………………………………… 193
証拠
　――の申出 ……………………………… 187
　――の採否 ……………………………… 188
証拠価値 ………………………………………… 179
証拠共通の原則 …………………… 188, 191, 230
　共同訴訟人間における―― ………………… 299
証拠結合主義 …………………………………… 191
証拠決定 ………………………………………… 190
証拠原因 ………………………………………… 178
証拠調べ
　――の結果 ……………………………… 228
証拠資料 ………………………………………… 178
証拠制限
　少額訴訟における―― ……………………… 371
　手形訴訟における―― ……………………… 361
証拠制限契約 …………………………………… 136
証拠説明書 ……………………………………… 214
証拠提出責任 …………………………………… 232
証拠能力 ………………………………………… 179
証拠の構造的偏在 ……………………………… 217
証拠方法 ………………………………………… 178
証拠保全 …………………………………… 24, 226
証拠力 …………………………………………… 179
上告 ……………………………………………… 338
上告受理申立て ………………………………… 340
上告提起通知書 ………………………………… 339
上告理由 ………………………………………… 338

上告理由書 ………………………………… 339, 340
証書真否確認の訴え ………………………… 54, 72
上訴 ……………………………………………… 327
証人 ……………………………………………… 192
　――汚染 ………………………………… 197, 213
証人義務 ………………………………………… 192
証人尋問 ………………………………………… 192
抄本 ……………………………………………… 208
証明 ……………………………………………… 179
証明主題の選択 ………………………………… 240
証明責任 ………………………………………… 231
　――の転換 ……………………………… 240, 241
　――の分配 ……………………………… 235
証明度の軽減 …………………………………… 230
将来の給付の訴え　→　給付の訴え
書記官 … 10, 22, 24, 25, 87, 88, 90, 105, 112,
　114, 129, 142, 147, 161, 178, 194, 196, 213,
　227, 233, 245, 249, 253, 258, 267, 270, 272,
　276, 292, 330, 331, 333, 340, 346, 357, 369,
　370, 373, 375, 379, 380, 381, 382, 384
職分管轄 ………………………………………… 27
職務上の当事者 ………………………………… 76
書証 ………………………………………… 84, 207
除斥 ……………………………………………… 24
職権証拠調べ …………………………………… 28
職権進行主義 ……………………………… 11, 96, 102
職権送達主義 …………………………………… 108
職権探知主義 …………………………………… 130
職権調査事項 ……………………………… 131, 263
処分権主義 ……… 11, 62, 65, 95, 243, 273, 285,
　288, 295, 329, 335, 374
処分証書 …………………………………… 208, 212
書面受諾和解 …………………………………… 252
書面尋問 …………………………………… 197, 356
書面による準備手続 …………………………… 166
所有権移転経過（所有権の主張立証の特質）
　……………………………………………… 126
白地補充権 ……………………………………… 280

事　項　索　引

信義則	139, 161
真偽不明	231
審級管轄	27
審級代理	50
進行協議期日	169
人事訴訟	45, 54, 63, 78, 131, 246, 287
人証	179, 192

審尋
　　口頭弁論に代わる―― ……………… 101
　　証拠調べとしての―― ……………… 101

新訴訟物理論	58
審理計画	171, 172, 173
審理の併合（共同訴訟）	295
審理の現状に基づく判決	142

す

随時提出主義	138

推定
　　事実上の―― ……………… 240
　　法律上の―― ……………… 240〜241

推定事実（法律上の推定） ……………… 240

せ

請求
　　――の拡張 ……………… 82
　　――の基礎 ……………… 80
　　――の減縮 ……………… 82
　　――の趣旨 ……………… 85
　　――の単複異同 ……………… 57
　　――の特定要素 ……………… 61
　　――の認諾 ……………… 247
　　――の併合　→　訴えの併合
　　――の変更　→　訴えの変更
　　――の放棄 ……………… 244, 247
　　――の目的物の所持人 ……………… 287
　　――を特定する事実　→　特定請求原因
　　――を理由づける事実　→　理由付け請求原因
　原因

請求原因	87
請求原因事実	132
制限付自白	234
正当な当事者	75
成年後見監督人	76
成年後見人	48, 76
成年被後見人	45, 76
正本	109, 208, 267
責問権	104
積極的確認の訴え	53, 74, 91
積極的釈明	130
積極否認	233
絶対的上告理由	339
先決関係	277, 281
宣誓	193, 194, 203, 204, 371
宣誓無能力	193
専属管轄	32
専属的合意管轄	30
選択的併合	58, 79
前提事実（法律上の推定）	240, 241
選定者	311
選定当事者	310
全部判決	261
専門委員	173〜

そ

相殺の抗弁	140, 235
――と既判力	282
――と二重起訴	91
送達	108
争点	8, 11, 86, 95, 158
争点及び証拠の整理手続	8, 158, 187
争点整理	95, 158, 159, 213, 214
送付	108, 152
双方審尋主義	98〜99, 114, 188, 189
双方代理	317
訴額	27
即時確定の利益	74

事 項 索 引

即時抗告……………………… 88, 223, 268, 345
続審制………………………………………… 334
訴状
　　──の記載事項………………………… 84
　　──審査………………………………… 87
訴訟委任による訴訟代理人………………… 49
訴状却下命令…………………………… 85, 88
訴訟共同の強制（共同訴訟）……………… 296
訴訟上の救助………………………………… 272
訴訟記録……………………………………… 147
訴訟係属………………………… 81, 90, 244, 246
訴訟契約……………………………………… 136
訴訟行為
　　──と私法規定………………………… 134
　　──の瑕疵と治癒……………………… 137
訴訟告知……………………………………… 316
訴訟参加……………………………………… 311
訴訟指揮………………………………… 102, 103
訴訟終了宣言…………………………… 247, 255
訴訟障害事由………………………………… 92
訴訟承継……………………………………… 321
訴訟状態…………… 4, 41, 79, 255, 307, 314, 322, 326
訴訟上の合意………………………………… 136
訴訟上の請求………………… 52, 53, 56, 60, 79
訴訟上の和解………………………………… 250
訴訟資料……………………… 8, 12, 118, 150, 302
　　──と証拠資料の峻別………………… 120
訴訟進行の統一（共同訴訟）……………… 296
訴訟代理人………………… 48, 49, 50, 115, 322
訴訟担当………………………………… 76, 285
訴訟追行権…………………………………… 75
訴訟手続
　　──の中止……………………………… 117
　　──の中断……………………………… 115
訴訟当事者…………………………………… 40
訴訟能力……………………………………… 44
訴訟判決……………………………………… 262
訴訟費用………………………………… 271, 272

訴訟物………………………………………… 57
訴訟物論争…………………………………… 59
訴訟法律関係……………… 9, 90, 107, 299, 309
訴訟要件……………………………… 262〜263
即決和解……………………………………… 359
続行命令……………………………………… 116
疎明…………………………………………… 179

た

大規模訴訟……………………… 23, 171, 204
第三者の訴訟担当…………………………… 76
胎児…………………………………………… 42
対質………………………………………… 197
代償請求………………………………… 71, 78
対象選択の適否……………………………… 72
対審…………………………………………… 97
代表者…………………………… 42, 43, 135
代理権………………………………………… 48
代理人………………………………………… 47
多数当事者訴訟……………………………… 295
脱退………………………………… 321, 325, 326
建物買取請求権………………… 137, 140, 280
弾劾証拠……………………………………… 188
単純否認……………………………………… 233
単純併合……………………………………… 78
単独制………………………………………… 23

ち

知的財産権訴訟……………………………… 176
地方裁判所……………………… 9, 23, 27, 331, 354
中間確認の訴え…………………………… 83, 281
中間の争い………………………………… 260
中間判決…………………………………… 260
仲裁契約…………………………………… 263
中止………………………………………… 117
中断………………………………………… 115
調査嘱託…………………………………… 226
調書省略…………………………………… 146

調書判決	90, 267
徴憑	122
重複質問	195
重複訴訟の禁止 → 二重起訴の禁止	
直接事実	121
直接主義	99, 190, 198
直接証拠	179
直送	108, 152
陳述書	213
沈黙	133

つ

追加判決	262
追認	46, 138
通常期間	107
通常共同訴訟	298
通常訴訟への移行	363, 368
通知	108, 316
付添い	199
——の処置に対する異議	200
——の措置	199, 200, 202

て

出会送達	110
定期金賠償判決変更の訴え	288
停止	114
提訴前証拠収集処分	153, 155
提訴予告通知	154
提訴前照会	154
手形訴訟	360
手形判決	363
適時提出主義	138, 187
テレビ会議の方法による証人尋問	198
天皇	25
電話会議の方法	
——による期日実施（弁論準備手続）	165
——による争点協議（書面による準備手続）	167
——による証人尋問（少額訴訟手続）	372

と

当事者	
——の確定	40
——の表示	84, 266
——の一方の欠席	140
——双方の欠席	141
当事者照会制度	157
当事者尋問	203
当事者適格	75
当事者能力	42
同時審判共同訴訟	308, 325
当然承継	322
当然の補助参加関係	300
答弁書	151, 187
謄本	109, 208, 267
督促異議	381
特定請求原因	87
特別抗告	348
特別裁判籍	29
特別代理人	44, 48
独立当事者参加	92, 262, 316, 324
土地管轄	28
土地境界確定訴訟 → 境界確定訴訟	
特許等に関する訴訟	37
苫米地事件	69
取消権（既判力の時的限界）	279
取締役解任の訴え	301
取立訴訟	76, 92, 285

に

二重起訴	57
——の禁止	90
二段の推定	211
二当事者対立構造	62, 88, 90
二当事者対立の原則	40
任意管轄	27

事　項　索　引

任意訴訟の禁止………………………………… 136
任意代理人………………………………………49
任意的口頭弁論………………………………… 101
任意的差戻し…………………………………… 337
任意的訴訟担当…………………………………77
任意的当事者変更………………………………41

の

ノン・リケット………………………………… 231

は

陪席裁判官…………………………………23, 129
背信行為と認めるに足りない特段の事情
　………………………………………………… 239
破産管財人…………………………… 76, 84, 301
判決
　──の言渡し………………………………… 266
　──の確定…………………………………… 269
　──の確定時期……………………………… 269
　──の確定証明……………………………… 269
　──の更正…………………………………… 268
　──の自己拘束力…………………………… 267
　──の成立…………………………………… 265
判決原本…………………………………266, 267
判決書……………………………………266, 357
　──に代わる調書……………………267, 336
判決理由中の判断…………………………… 281
反射効…………………………………………… 293
反証………………………………………232, 233
反訴………………………………82, 355, 363, 373
反対尋問………………………………………… 194

ひ

引受承継………………………………………… 325
引換給付判決…………………………………64, 284
非公開……………………………………………97
被参加人………………………………………… 312
必要的共同訴訟………………………………… 302

必要的口頭弁論　→　口頭弁論
必要的差戻し…………………………………… 337
ビデオリンク方式による尋問………………201, 202
否認………………………………………133, 233
被保佐人…………………………………………45
秘密保護のための閲覧等制限……………… 148
秘密保持命令………………………………… 149
表見法理………………………………………… 135

ふ

ファクシミリ…………………………………108, 372
不意打ち………………63, 120, 126, 127, 153, 186
付加期間………………………………………… 108
付加的合意管轄………………………………30, 36
不可分債務…………………………………… 304
不起訴合意…………………………………… 136
武器平等の原則…………………………………99
覆審制…………………………………………… 334
副本………………………………………84, 88, 109
物権的請求権……………………………………61
不執行の合意………………………………… 284
不受理決定…………………………………… 341
附帯控訴………………………………………… 333
不知……………………………………………… 133
普通裁判籍………………………………………29
物証………………………………………179, 207
不変期間………………………………………… 107
不利益変更禁止……………………………334, 337
文書……………………………………………… 208
　──の真正の証明…………………………… 209
　──送付嘱託………………………………… 224
文書提出義務………………………………… 215

へ

併合請求の裁判籍………………………………29
併合和解………………………………………… 251
変更判決………………………………………… 268
弁護士……………………………………………47

事　項　索　引

弁護士強制主義……………………………………47
片面的独立当事者参加……………………317，325
弁論…………………………………………………97
　──の更新………………………………99，190
　──の全趣旨…………………………130，186，228
　──の併合・分離・制限……………………117
弁論主義………12，95，118，230，232，234，264，
　285，295
弁論準備手続……………………………………162
弁論能力……………………………………………47

ほ

法規………………………………………………181
報告証書……………………………………208，213
法人……………………………………………42，84
法人格のない社団・財団………………………42
法定管轄…………………………………………27
法定期間…………………………………………107
法定証拠主義……………………………228，231
法定証拠法則……………………………210，228
法定訴訟担当……………………………………76
法定代理人……………………………………84，266
法的三段論法……………………………181，186
法不適用原則……………………………231，235
法律関係文書……………………………………216
法律上の推定……………………………………240
法律要件的効力…………………………………293
法律要件分類説…………………………………235
法令違反…………………………………………343
保佐人……………………………………………45
補佐人……………………………………………50
補充尋問…………………………………………195
補充送達…………………………………………110
補助参加…………………………………………312
補助参加人………………………………………313
補助事実……………………………………121，122
補正命令……………………………………………87
保存行為……………………………………304，305

本案の申立て……………………………………132
本案判決…………………………………………262
本証………………………………………………232

み

未成年者…………………………………………45
民事裁判権…………………………………22，25
民事執行法………3，22，32，108，274，276，285，
　290，291
民事訴訟規則………………………………1，7
民事訴訟費用等に関する法律……………1，27
民事訴訟法……………………………………1～
民事保全法……………………………3，32，180，274
民法上の組合……………………………43，77，311

む

矛盾関係…………………………………………277

め

明示的一部請求……………………………67，91，283
命令…………………………………………258，259

も

申立事項…………………………………………63
黙示の同意・撤回…………………………183，188

や

やむをえない事由………………………………107

ゆ

唯一の証拠方法…………………………………189
誘導質問…………………………………………195
猶予期間…………………………………………107

よ

要件事実……………………………………121，181
要証事実……………………………………161，167，168
要約書面…………………………………………161

事 項 索 引

要領調書……………………………………… 144
予備的抗弁…………………………………… 235
予備的請求……………………………………… 78

り

利益文書……………………………………… 216
利益変更禁止原則…………………………… 337
離婚原因………………………………… 58, 60
立証…………………………………………… 133
　　──の必要性………………………… 232
理由付否認　→　積極否認
理由付け請求原因……………………………… 87
稟議書………………………………………… 219

る

類似必要的共同訴訟………………………… 301

れ

歴史的証明…………………………………… 180

ろ

録音テープ等の調書代用…………………… 145
録音反訳…………………………… 144, 145, 146

わ

和解
　訴え提起前の──………………………… 358
　裁判外の──………………… 243, 244, 250
　訴訟上の──……………………………… 250
和解に代わる決定…………………………… 357

民事訴訟法講義案(三訂版)

2016年6月	第1刷発行
2020年2月	第3刷発行
2021年10月	第4刷発行
2024年2月	第5刷発行

監　修　　裁判所職員総合研修所
発行人　　松　本　英　司
発行所　　一般財団法人　司　法　協　会
　　　　　〒104-0045　東京都中央区築地1-4-5
　　　　　第37興和ビル7階
　　　　　出版事業部
　　　　　電話　(03)5148-6529
　　　　　FAX　(03)5148-6531
　　　　　http://www.jaj.or.jp

落丁・乱丁はお取り替えいたします。　　印刷製本／中和印刷(株)
ISBN978-4-906929-48-1　C3032　¥4096E

司法協会おすすめ図書

裁判所職員総合研修所監修　民事訴訟法講義案
　民事訴訟実務を理解するのに必要な理論的事項を取り上げ，併せて，実務的な観点も踏まえて解説されています。

民事実務講義案シリーズ
　民事実務講義案は，広汎な民事訴訟手続を要領よくまとめたもので，裁判所職員総合研修所の教材として，また，民事実務に携わる裁判所書記官必携の参考資料として長年親しまれてきている三部作です。

裁判所職員総合研修所監修　民事実務講義案Ⅰ
　民事訴訟の開始から終了までの手続過程で，裁判所書記官が行う事務について，可能な限りその理論的根拠まで言及しながら解説されています。

裁判所職員総合研修所監修　民事実務講義案Ⅱ
　送達事務をはじめ，訴訟費用，人事訴訟，手形訴訟手続等について解説されています。

裁判所職員総合研修所監修　民事実務講義案Ⅲ
　簡易裁判所特有の民事関係手続について解説されています。

　書籍の最新，詳細情報は，ホームページでご確認ください。http://www.jaj.or.jp